KB151267

교육현장 리더와
연구자를 위한

# 교장론:
## 성찰적 실천의 관점

Thomas J. Sergiovanni · Reginald Leon Green 저

신현석 · 이경호 · 정양순 · 윤지희 · 신범철 · 이예슬 공역

The Principalship:
A Reflective Practice Perspective

박영story

# 저자 소개

## Thomas J. Sergiovanni

Sergiovanni는 현재 Texas주 San Antonio시에 있는 Trinity University에서 Lillian Radford 교육학 교수로 재직하고 있다. 그는 이 대학에서 학교 리더십 및 5년제 교사 교육 프로그램에서 강의하고 있다. Trinity 대학으로 옮기기 전에, Sergiovanni는 University of Illinois−Urbana Champaign 교육행정학과 교수로 19년 동안 재직했었고, 학과장으로 7년을 봉직했다. 그는 이전에 *Educational Administration Quarterly*의 부편집장, *Journal of Personnel Evaluation in Education* 및 *Catholic Education: A Journal of Inquiry of Practice*의 편집위원으로도 활약했었다. 그의 최근 저서로는 *Moral Leadership* (1992), *Building Community in Schools* (1994), *Leadership for the Schoolhouse* (1996), *The Lifeworld of Leadership: Creating Culture, Community, and Personal Meaning in Our Schools* (2000), *Strengthening the Heartbeat Leading and Learning Together in Schools* (2005), *Supervision: A Redefinition (2007), Rethinking Leadership* (2007) 등이 있다.

## Reginald Leon Green

Green은 현재 University of Memphis에서 교육 리더십학과 교수로 재직하고 있다. 이 대학 전에는 Ohio주 Dayton시에 있는 Wright State University의 교육행정학과 교수로 있었다. 그보다 전에는 초중등학교 교사, 교장, 부교육장, 교육장 등으로 재직한 이력이 있다. 1977년에 그는 Rockefeller 재단의 교육장 양성 프로그램(Superintendency Preparation Program)에 참여하는 전국에서 뽑힌 5인 중의 한 사람이었다. 1996년에는 John Goodlad 박사가 소장으로 있었던 Institute for Educational Renewal의 부소장으로 활동하였다.

최근에 Green은 저서인 *Practicing the Art of Leadership: A Problem−Based Approach to Implementing the ISLLC Standards*(4판)과 *The Four Dimensions of*

*Principal Leadership: A Foundation for Leading 21st Century Schools*(초판)을 출간하였다. 그는 또한 도심 교육에 관한 저술 및 교육 재구조화, 학교폭력 등 교육 현장의 최근 쟁점들을 다루는 연구논문을 쓰기도 하였다. Green은 또한 최근에 학교를 육성하는 데 필요한 특성 및 학교 재생 노력의 한 부분으로서 행해지고 있는 기준과 평가 척도에 관한 전국적 조사를 마쳤다. 이 작업을 통해, Green은 비전통적인 접근을 활용하는 도심 학교들에 근무하게 될 5년짜리 교장 양성 프로그램을 직접 운영하면서, 이 프로그램이 소속된 Center for Urban School Leadership의 발전을 견인하였다. 현재 그는 수업 리더십에 초점을 맞추는 교육 리더십, 학교 재생, 저성취 학교들을 전환시키는 모형에 관한 과목들을 강의하고 있다.

# 저자 서문

학교를 개선하기 위한 쉬운 해결책을 가진 사람은 꼭 어디에나 있다. 학교 개선을 위한 원리들이 제 위치에 잘 놓이게 되면 혹은 그런 일련의 행동들이 교수, 경영, 장학에 잘 활용되면 모든 것이 잘될 것이라고 연구들은 말해준다. 이런 것들로 어떤 사람의 커리어가 시작되고, 학술지가 채워지며, 또한 기업가적 마인드를 가진 어떤 사람에게는 해결책의 제안대로 엄청난 부를 갖다 주기도 한다.

이런 거대한 해결책이라는 기계를 추동하는 엔진이 바로 우리가 찾는 간단한 해답이다. 우리가 두렵게 느끼기도 하는 이러한 탐색은 우리가 하는 일에 대해 합리적인 전통에 따라 생각하게 하고, 현존하는 세계에 대한 선형성과 예측가능성이라는 보장할 수 없는 가정을 하게 만들며, 연구와 실제가 견고하게 연계된 것으로 과장하도록 밀어붙인다. 그 결과로 페이퍼 상으로 그럴듯하게 보이고 매혹적으로 들리며 그럴싸하게 느껴지는 경영 이론과 리더십 실제가 채택된다. 그러나 그 이론과 실제는 학교교육의 실질 세계에 잘 맞아 떨어지지 않는다.

'합리주의적(rationalistic)'이라는 용어는 '합리적(rational)' 혹은 '비합리적(irrational)'이라는 용어와 구별되도록 일부러 선택된 말이다. 왜냐하면 비합리적으로 여겨지는 것이 종종 실제에서는 합리적인 경우가 있으며, 그 반대의 경우도 종종 발생한다. Winograd and Flores(1986)는 그 용어의 차이를 다음과 같이 언급하였다.

> 전통 이론에서 '합리주의적'이라는 말은 '합리적'이라는 말과 등치되지 않는다. 우리는 비합리성을 옹호하거나 합리성이 없는 직관에 대한 신비주의적 호소에 관심이 없다. 합리주의적 전통은 넓은 관점에서 봤을 때 종종 합리적이지 않은 태도와 활동을 유도하곤 하는 합리성의 특정 측면에 대해 폭 좁게 초점을 맞추는 것과 구별된다. 그래서 우리는 합리성의 새로운 근거를 발전시키는데 몰두하고자 한다. 그 근거는 합리주의적 전통이 보여주었던 열망만큼이나 엄격한 것이지만 그렇다고 합리주의의 전제를 그대로 공유하지는 않는다. (p. 8)

비슷한 맥락에서 Kozlov(1988)는 인공지능 분야 연구자들을 분류하기 위하여 '깔끔족(Neats)'과 '혼란족(Scruffies)'으로 범주화하였다. 깔끔족 연구자들에게 생각한 아이디어가 수학 로직으로 표현되지 못하면 그것은 가치가 없는 생각이었다. 반면에, 혼란족 연구자들은 입증되지 않은 아이디어들조차 아주 재미있는 것으로 받아들였다 (pp. 77-78).

그 누구도 혼란족이 되기란 쉽지 않다. 결국, 깔끔족이 되는 것이 오히려 편안하다. 여러분들은 모든 해답을 갖고 있고, 멋지게 관료적, 기술적, 합리적 문화에 젖어든다. 멋지게 적응함으로써 커리어를 통해 많은 보상을 수확하게 된다. 그러나 우리들 중 많은 사람들이 아직도 깔끔족의 입장에 대해 불편함을 느낀다. 이런 불편함에 대한 첫 번째로 흔한 반응은 이론에 맞게 세상을 변화시키려고 노력하는 것과 그 노력에 협력하지 않는 세상을 경멸하는 것이다. 이에 대해 우리가 제안하고자 하는 보다 나은 대안은 세상에 맞게 우리의 이론을 우리가 직접 바꾸자는 것이다. 너저분하고 어지러운 세상은 그에 맞는 혼란스러운 이론을 필요로 한다. 우리가 3장에서 설파할 성찰적 실천(reflective practice)은 혼란스러운 이론을 만드는 열쇠이다. 만일 우리가 더 나은 학교를 원한다면 학교를 다르게 관리하고 이끌어가는 방법을 배워가야 한다. 본서는 그 해답을 제공하려는 것이 아니라 여러분들이 그 해답을 찾을 수 있도록 도와주려는 것이다.

너저분하고 정돈되지 않은 세상에서 리더십에 대한 도전을 수용하는 데 있어서 요체는 교장들이 리더십을 종래와 다르게 이해하는 것이다. 교장에 대한 책과 연구논문을 쓸 때, 가장 흔한 접근은 학교가 성공적으로 기능하기 위해서 교장이 얼마나 중요한지를 제시하는 것이다. 이런 의식의 일환으로 교장은 고수준의 강력한 '수업 리더십'과 구성원들을 높은 단계로 도약하도록 고무시키는 메시아적 능력을 결합한 일종의 슈퍼 히어로로 그려진다. 학교에서 교장들은 정말 중요한 존재이고, 그들의 리더십은 필요불가결하다. 그러나 다른 면에서 교장들은 보통 생각되어지는 것처럼 꼭 그렇지는 않다.

깔끔족의 관점에서 볼 때, 교장들은 어떤 지렛대를 끌어와서 학교를 다르게 구조화할지 그리고 어떤 버튼을 눌러서 구성원들이 요구하는 것을 동기부여할지를 계산하면서 리더십을 발휘한다. 깔끔족 교장들은 리더십 드라마에서 매우 자주 출현하는 배우이다. 학교의 모든 것들이 그 교장을 중심으로 돌아간다. 만약에 깔끔족 교장들이 요구되는 리더십을 발휘하는 데 실패한다면 사태는 뒤틀려지게 된다.

혼란족 교장들은 리더십의 문제를 다르게 본다. 그들에게 리더십은 아주 미묘하다. 그들은 리더십을 학교 그 자체로 대체할 수 있는 것을 모색하는 데 목표를 둔다. 혼란족 교장들이 주장하기를 리더십을 대체하는 것은 교사와 학생들이 스스로 자신을 관리해나갈 수 있도록 해주는데 필요한 요체이다. 혼란족 교장들은 리더십 권위의 원천이 도덕적 헌신(moral commitment)에 기반한 아이디어일 필요가 있다고 본다. 그들의 직무는 구성원들 사이의 관계를 새롭게 창출하는 것이며, 구성원들을 하나의 아이디어 틀로 연결시키는 것이다. 혼란족 교장들은 결합과 결속을 통해 리더십을 발휘함으로써 그들의 직무를 수행한다. 그러므로 그들의 궁극적인 목적은 학교에서 팔로워십을 구축하는 것이다. 왜냐하면 리더십의 비밀은 팔로워들이 도덕적으로 헌신할 수 있고, 믿고 따를만한 가치가 있는 것을 마련하는 것이기 때문이다.

본서의 핵심 주제는 우리가 리더십과 경영에서 진실이라고 믿고 있는 것이 학교를 이해하기 위하여 사용하는 은유(metaphor)에 의존하고 있다는 것이다. 예를 들어, 학교는 전통적으로 형식적 *조직*(formal *organizations*)으로 이해되어 왔다. 이러한 은유는 학교 조직 구조, 교사 동기부여, 권력과 권위, 교육과정 개발, 장학과 평가 등에 대해 숙고하도록 부추겼다. 만일에 그 은유가 *공동체*(*community*)로 바뀌었다면, 기존의 학교 경영과 리더십을 보는 방식들은 더 이상 의미가 없었을 것이다. 대신 공동체의 정의와 기능에 좀 더 부합하는 새로운 경영과 리더십이 만들어졌을 것이다. 그 주요 요체는 학교 전반에 통용되는 실천 공동체들을 개발하는 것이었을 것이다. 이러한 실천 공동체들은 어떤 곳에서 전문적 학습 공동체(professional learning communities)로 알려져 있고, 또 다른 곳에서는 비판적 동료 집단(critical friends groups)으로 알려져 있다.

실천 공동체의 구성원들은 상호간 학습, 공유, 돌봄에 몰입되어 있다. 그들은 그렇게 하는 것이 일종의 의무이기 때문에 자발적으로 함께 한다. 이러한 자발적 몰입과 실천이 없으면 오랫동안 학교에서 바람직한 결과가 나타나지 않을 것이다. 상호간의 관계를 신뢰하는 것이 요체이다. 왜 우리는 실천 공동체를 필요로 하는가? 왜냐하면 오늘날 학습의 필수 요건들이 동료 간 협동을 통해 교수 실제에서 공유될 때 충족되기 때문이다. 실천 공동체는 집단의 화합에 경도된 사람들의 아늑한 모임체가 아니다. 공동체는 학생들을 위하여 옳은 것을 하는데 몰입한다.

학습은 종종 두려운 일이며, 늘 그렇듯이 고된 작업이다. Wilson and Berne(1999)

는 학습에 대해 다음과 같이 우리를 상기시켜준다. "여러분들이 읽고, 생각하며, 말하세요. 어떤 것이 잘못되었고, 어떤 것을 이해하지 못했으며, 그것을 시정하려고 노력하세요. 때때로 생각하면서 벽을 치기도 하고, 마찬가지로 때로는 좌절 그 자체일 수 있습니다. 그렇습니다, 학습은 즐거운 일일 수 있고 고무적인 것일 수도 있지만, 마찬가지로 종종 우리를 비참하게 만들 수도 있습니다. 그리고 우리가 앞으로 나아가기 위해서는 우리가 모른다는 것을 종종 인정해야 합니다."(p. 200). 교사들의 현존 가정들이 도전받을 때, 즉 교사들이 비평형 상태(disequilibrium)를 경험할 때 중요하고 의미 있는 학습이 나타난다. "생산적인 비평형 상태는 교사들의 학습을 위한 유용한 공간을 제공해준다"(Wilson & Berne, 1999, p. 200을 인용한 Ball & Cohen, 2000).

그러나 왜 함께 학습해야 하는가? 왜냐하면 학교가 갖고 있는 가장 위대한 자산은 집단지성이기 때문이다. 리더들은 학교가 소기의 목적을 달성할 수 있도록 이러한 집단지성을 이용할 줄 알아야 하고, 기를 줄 알아야 하며, 활용할 줄 알아야 한다. 그러나 학교의 집단지성은 종종 개인별로 나눠져 있어서 집단지성의 효과를 경감시키곤 한다. 이와 같이 본서에서 살펴보겠지만 학교 리더십은 개인들을 위하여 그들을 스마트하게 만드는 것에 단지 초점을 맞춰서는 안 된다. 학교를 스마트하게 만드는 것이 되어야 한다. 학교는 개인 지성이 총체적으로 합쳐질 때 스마트해진다. 그리고 스마트한 학교는 스마트한 학생들을 길러낸다.

1장에서는 *生活世界(lifeworld)*라는 개념이 소개된다. 우리는 생활세계를 학교 문화로 정의되는 전통, 의식, 규범 안에서 구체적으로 표현되어 있는 학교의 독특한 가치, 전통, 의미, 그리고 목적으로 보고자 한다. 생활세계는 학교의 조직 특성을 결정하는 핵심부에 있기 때문에 중요하다. 이러한 학교의 독특한 성격(특성)은 학교가 특별히 초점을 맞추고 있는 것, 기본적인 사고구조를 이루게 하는 것, 시민성과 학생 성취 수준으로 측정되는 학교교육의 효과성과 일관성 있게 연계된 목적을 지향하도록 하는 것으로 나타난다. 1장은 또한 학교의 표준들(standards)이 내부 생활세계에 의해 추진된 것인지 혹은 외부로부터 들어온 것인지에 따라 학교의 조직적 특성 발전을 돕고 있는지 아니면 방해하고 있는지를 검토한다.

본서를 통해 독자들은 수많은 목록과 질문들을 발견할 수 있을 것이다. 이것들은 쟁점을 불러일으키고 분명히 하는 데 도움을 줄 것이다. 또한 사고와 성찰을 자극하고, 개념과 아이디어를 논의하는 데 기초를 제공할 것이다. 목록과 질문들은 '연구의 목적'에 적합하도록 세련되게 정리된 측정 도구 형태로 제시되지 않는다. 그러나 교수들과 여러 집단들은 논의와 성찰을 위한 근간으로서 학교 데이터를 수집하고 그 결과들을 활용하는 이점을 얻을 수 있을 것이다.

## 감사의 말씀

본서와 같은 성격의 작업들은 명백히 여러 수많은 인사들로부터 도움을 받을 수밖에 없다. 제일 먼저 우리는 이번 7판을 가다듬는데 활용된 연구를 수행할 수 있게 도움을 준 University of Memphis의 연구 조교인 Pastella Hampton 박사와 대학원 조교인 Lakesha A. Simmons에게 감사를 표하고자 한다. 그리고 14장에 대한 편집 코멘트를 해준 Eastern Kentucky University의 Sherwood Thompson 교수에게도 감사를 드리고 싶다. 이리한 감사의 표현은 각 장 말미의 시나리오 장작과 셀프 체크 퀴즈를 위한 선다형 문제들을 위해 귀중한 노고를 해준 Shelby County School System의 Chimneyrock 초등학교 교장인 Tonya Cooper에게도 돌아가야 한다.

이외에도, 우리는 7판을 작업하는 내내 동기를 부여하고 격려와 지지를 아끼지 않은 University of Memphis의 리더십 학과장인 Larry McNeal 박사와 University of Texas at Permian Basin의 William Allan Kritsonis 박사에게 감사의 말씀을 전하고 싶다.

마지막으로, 저자들은 이 7판의 검토자들인 Illinois State University의 Guy Banicki, Loyola University의 Judith Docekal, Unoversity of North Carolina at Charlotte의 Lisa G. Driscoll, Wayne State University의 Michael Owens, University of Wisconsin－Madison의 Kent D. Peterson에게 감사를 드리고 싶다.

# 참고문헌

Ball, D. L., & Cohen, D. K. (2000). Developing practice, developing practitioners: Toward a practice—based theory of education. In L. Darling—Hammond & S. Sykes (Eds.), *Teaching as the learning profession: Handbook of policy and practice*. San Francisco: Jossey—Bass.

Kozlov, A. (1988). Aristotle in the fast lane. *Discovery, 9*(7), 77—78.

Wilson, S. M., & Berne, J. (1999). Teacher learning and the acquisition of pro— fessional knowledge: An examination of research on contemporary  professional development. In A. Iran—Nejad & P. D. Pearson (Eds.), *Review of  research in education* (pp. 173—209). Washington, DC: American Educational Research Association.

Winograd, T., & Flores, F. (1986). *Understanding computers and cognition*. Norwood, NJ: Ablex.

# 역자 서문

본서는 Thomas J. Sergiovanni와 Reginald L. Green이 저술한 'The Principalship'을 번역한 것이다. 언젠가부터 leadership을 '지도성' 대신 그냥 영어의 우리말 표기인 '리더십'으로 번역하듯이, principalship도 '교장론' 대신 '프린시펄십'이라고 번역할 수도 있으나 어딘가 어색하다. 하긴 principalship이라는 단어도 우리말로 '교장론'이라고 표현하는 것이 적합한지도 의문이다. 사전에는 '교장의 직'이라고 해석되어 있지만 또 다른 문헌에서는 '교장학'이라는 표현도 있다. 그렇지만 어느 것 하나 원어 principalship의 본래 의미에 온전히 부합되는 것 같지는 않다. 그래서 사실 이 책을 번역하면서 principalship을 어떻게 번역할 것인가가 첫 번째 고민이었다.

영어 단어 principalship과 같이 '사람＋ship'로 구성된 합성어는 많다. leadership(leader＋ship), membership(member＋ship), friendship(friend＋ship), scholarship(scholar＋ship), sportsmanship(sportsman＋ship) 등이 그 예이다. 이러한 '사람＋ship'의 합성어들은 대부분 있는 그대로 앞 사람의 '직위' 혹은 '직책'을 의미하지만, 영어 원전을 읽다 보면 단순히 표면적인 직위의 사실적 표현 이상이 담겨있다는 것을 알 수 있다. 예를 들어, leadership은 단순히 리더라는 직책에 대한 로고스적인 이야기만 담겨있는 것이 아니라 리더로서의 에토스적인 내용도 같이 포함되어 있다. 즉, 리더의 행위에 관한 사실적인 내용뿐 아니라 리더로서 갖추어야 할 기품과 풍모 등 판단을 요하고 당위를 요하는 규범적인 내용까지도 같이 곁들여져 있는 것이다. 이렇게 볼 때, '사람＋ship'의 합성어는 해당 직위에 있는 사람의 직책 수행과 관련이 있는 사실적 행위와 규범적 기풍이 복합적으로 곁들여진 개념으로 해석되는 것이 타당해 보인다. 따라서 본 번역서에서 principalship을 '교장론'이라 번역한 것은 '교장 혹은 교장직에 대한 제반 논의'를 포괄하는 의미에서 의역한 것임을 먼저 밝힌다.

본 번역서의 원전은 교장론에 대한 진지한 논의와 풍부한 자료의 제시 그리고 학습을 위한 다양한 정보의 제공이라는 전형적인 미국의 대학원 교재의 공통적인 특징을 넘어선 가치가 있는 저작으로 평가된다. 무엇보다 우선해서 제기할 수 있는 이 책의 가치는 세계 교육행정학계의 석학으로서 Thomas J. Sergiovanni의 3대 바이블적 교재 중의 하나라는 것이다. Supervision, Educational Administration and Governance 와 함께 본서 Principalship은 단순히 과거와 현재의 지식을 쌓아놓은 대학원 수업을 위한 판매용 교재가 아니라 개정에 개정을 더해 판 수가 누적될 때마다 그 분야의 학자들과 그들의 저작이 놓치고 있는 숨겨진 아이디어를 발굴하여 논의의 흐름을 주도하고 미래를 예견하는 놀라운 혜안을 발휘해왔다. 7판인 본서는 '성찰적 실천의 관점'(A Reflective Practice Perspective)이라는 부제하에 학교를 도덕적 공간으로 보고 공동체적 접근을 통해 그동안 학교를 효율적 조직관리 입장에서 합리적이고 타산적으로 이해하고자 했던 전통적 관점의 반성과 성찰을 촉구하고 있다. 이에 따른 교장의 역할과 해야 할 일들이 무엇인지를 이 책은 담담하면서도 호기 있게 그려내고 있다.

7판인 이 책에는 이전 판에서는 볼 수 없었던 학교 리더십의 새로운 필수요건과 교장론에 대한 새로운 접근들이 포함되어 있다. 그리고 교장의 역할과 기능을 업데이트하는 데 최근의 연구결과들을 활용하였다. 본 판은 이러한 내용 구성의 충실한 업데이트뿐 아니라 대학원 교육을 위한 교재로 널리 활용될 수 있도록 성찰적 질문이 포함된 시나리오를 제공하여 이 책에서 논의된 개념을 실제 상황에 적용하여 분석할 수 있도록 하였다. 또한 각 장 말미에 제시되어 있는 '자신에 대한 이해'에서는 성찰적 질문을 통해 각 장에서 논의된 주요 개념과 쟁점들을 독자들이 얼마나 이해하고 있는지 스스로 파악할 수 있도록 도와주고 있다. 이 외에도 제4장에서는 교장론의 새로운 이론이 확장·소개되고 있으며, 교육 변화를 이끌기 위해 활용될 수 있는 모형들이 제15장에서 추가되었다.

본서의 저자들은 7판의 기본적인 아이디어는 다음과 같다고 소개하고 있다.
- 교장 리더십에는 4개의 차원이 있다.
- 효과적인 교장 리더십에는 힘과 단계가 있다.
- 교사 효과성 모형이 대두하고 있다.
- 효과적인 학교들은 학습공동체들이다.
- 전문성 개발은 학교 개선에 활용될 수 있는 필수적인 도구이다.
- 효과적인 교장은 수업 리더십을 발휘한다.
- 효과적인 교수 프로그램을 개발하고 실행하는 데 장학이 중요하다.
- 학교 리더십에는 도덕적 명령들이 있다.

위와 같은 아이디어와 함께 본서에서는 다음과 같은 기본적인 질문들이 답해진다.

1. 교장은 무엇을 알 필요가 있고, 무엇을 할 수 있는가?
2. 교장은 어디서, 어떻게 시간을 보내는가?
3. 오늘날 학교장들이 직면하고 있는 가장 도전적인 이슈는 무엇인가?
4. 효과적인 교장은 지역과 학교를 어떻게 변화시키는가?
5. 효과적인 교장은 어떻게 경영과 리더십 기능을 조화시키는가?
6. 교육청은 교사 효과성을 어떻게 측정하는가?
7. 학교에서 전문적 학습공동체의 이점은 무엇인가?
8. 효과적인 학교 리더들의 역량과 성향은 무엇인가?
9. 학교 리더십의 도덕적 명령은 무엇인가?

이러한 질문들은 미국의 학교장들이 어떤 사람들이고, 무엇을 하고 있는지를 사실적으로 알 수 있는 것들이기에 비교의 관점에서 우리에게도 중요하다. 또한 학교장의 리더 역량에 대한 학술적 연구에도 불구하고, 우리의 현실에서 교장들은 그것들이 먼 이야기처럼 들리는 연구와 실제의 괴리를 느끼고 있고, 정책적으로 추진하려는 위로부터의 압박으로부터 실천의 간극으로 인한 심리적 불안과 긴장으로 마음 편할 날이 없다. 그럼에도 불구하고 교장은 여전히 학교 안팎으로 중요한 존재이며 공동체의 리더로서 그에 부합되는 역할을 수행하고 상이한 생각을 가진 다중적 가치 집단을 목표 지점을 향해 이끌어가야 한다. 교장이 갖는 이러한 존재론적, 가치론적 위상은 미국이나 우리나라나 별 차이가 없을 것으로 보인다. 그러므로 특별히 위와 같은 질문이 어떻게 답해지는지 본서의 내용을 심각하게 이해하고 고민할 필요가 있다.

본 역서의 번역에는 현장 교직경험이 풍부한 현직 교장과 교사들이 참여하였다. 그들은 모두 대학원에서 교육행정학 박사과정 공부를 하고 학위를 취득한 소위 '중간계 지식인'들이다. 또한, 그들은 현직 경험이 풍부하면서 박사학위가 있는 실제와 이론 영역 사이에 있는 그냥 중간적 존재가 아니라 학습한 것을 현장에 실천하여 개선하고, 현장의 경험을 연구를 통해 이론화하는 능동적 지식인으로서 '학자―실천가(scholar―practitioner)'이다. 학자―실천가는 학술적 실천가(scholarly practitioner)로 해석되든 아니면 실천적 학자(practical scholar)를 의미하든 상관없다. 그들은 이론과 실제 사이에서 현장 기반 연구를 중심으로 이론을 실용화하고, 실제를 근거 있게 개선하는 데 몰입하는 '전문성을 바탕으로 하는 실용적 지식인'이다. 이러한 중간계 실용적 지식인들은 향후 한국 교육행정학을 이끌어가는 데 중추적인 다수로서 역할을 하게 될 것이라 믿고, 새로운 학풍 조성에 커다란 기여를 할 것이라고 확신한다.

본서는 단순히 이론과 지식을 나열하는 수준의 책이 아니기 때문에 번역할 때 개념의 적합한 선택과 행간 혹은 문장 뒤에 감춰진 의도와 맥락을 끄집어내는 데 많은 어려움을 겪었다. 더욱이 현장 경험이 풍부한 번역진의 높은 이해력에도 불구하고 여러 사람이 공동 번역을 하는 과정에서 공통적인 이해를 바탕으로 일관성 있는 개념의 선택과 사용이 쉽지 않았다. 그래서 일일이 처음부터 끝까지 개념과 내용의 일관성과 통일성을 검토하고 재검토하는 과정을 거쳤다. 쉽지 않은 작업이었지만 이런 노력과 수고를 아끼지 않은 번역진의 노고와 열정에 감사를 드리고 싶다. 마지막으로, 이렇게 귀한 책을 번역할 수 있도록 기회를 주고, 기다려준 박영스토리의 직원들에게도 감사의 말을 전하고 싶다.


번역진을 대표하여 신현석 씀

# 차 례

## PART 01
## 도덕적 차원

## PART 02
## 교장 리더십 이론의 새로운 지향

# PART 03
# 리더십 제공하기

# PART 04
# 수업 리더십

# PART 05
# 동기부여, 헌신, 그리고 변화

교
장
론

01

# 도덕적
# 차원

# 자신과 타인에 대한 이해

이 책의 제1부는 이중적인 목적을 갖고 쓰였다. 첫째로, 제1부는 이 책의 전체 내용을 이해하기 위한 토대를 제공하고자 한다. 다음은 교장직의 도덕적 차원에 대한 것으로, 현재와 미래의 학교에서 요구되는 리더십의 틀을 세우고자 한다. 제1부는 독자들에게 자신을 이해하고, 자신이 믿는 것과 가치를 이해할 기회를 제공하도록 계획되었다. 또한, 효과적인 교장들은 교장직을 수행할 때 어떻게 행동하는지에 대한 여러 방안들이 제1부에서 제시된다. 더불어 효과적인 리더의 자질과 특성, 교장들이 숙달해야 하는 역량, 그리고 교장 역할을 수행하면서 효과적으로 학교를 이끌기 위해 그들이 습득해야 하는 기술들도 다루어진다. 이러한 논의들은 확인된 교장의 자질들이 교장 리더십을 위한 일종의 도덕적 명령들이라는 전제에 바탕을 두고 있다.

리더십은 다양한 차원에서 정의될 수 있는데, 수업 리더로서 교장이 복무하는 중에 직면하게 되는 몇몇 도전 과제들이 제1부에서 개략적으로 제시된다. 독자들은 자신에 대한 이해와 교장이 직면한 도전들을 탐구한 후 다른 동료와 학교에서 교육서비스를 받는 사람들을 깊이 이해해가도록 요구받는다.

종합적으로, 제1부는 전반적으로 이 책을 이해하기 위한 토대를 닦는 부분으로, 교장직 수행을 위한 도덕적 명령들과 이러한 명령들을 교장이 성찰적 실천(reflective practice)을 통해 어떻게 이행할 수 있을지를 다루고 있다. 이를 통해 독자들은 (1) 교장이 된다는 것은 무엇을 의미하는지, (2) 어떻게 교장의 역할 수행에 충분한 기예적 지식(craft knowledge)[1]을 발전시키는지, (3) 학교 교육의 다른 측면들, (4) 학교 건물 내에 존재하는 제반 조건들, (5) 권위의 원천들, (6) 관계 형성의 중요성에 대해 깊이 이해할 수 있게 될 것이다.

---

1) 본서에서는 craft를 기예(技藝)로 번역한다. craft는 보통 공예, 수공, 솜씨 등으로 번역되나 본서에서는 의역한다면 이러한 솜씨를 숙련, 숙달, 혹은 수련한다는 의미로 해석될 수 있다. 그러나 Sergiovanni는 오랫동안 'art'로서 교육활동이 갖는 특수성, 즉 미성숙한 아동을 성숙한 사회의 구성원으로 계발해 나가는 창조적 행위를 곧 예술 작품의 탄생에 비유하는 특별한 성격에 주목해왔다는 점에서 예술적 의미를 강조해왔다. 이런 점에서 후자처럼 craft를 단순히 일반 직종에서 지식이나 기술을 연마하는 것으로 본다면 교직의 특수성 맥락을 담아내는 데 한계가 있다. 이에 따라 본 번역서에서 craft는 교육을 art적인 측면에서 공학적 기술과 함께 예술 작품을 만들어간다는 의미가 포함된 복합적인 의미로 '기예'로 번안한다. 이런 관점에서 보면 교육은 인간을 전인적으로 발달하도록 계발하고 도와주는 창조적 행위이다. 마찬가지로 교육행정은 교육의 목적을 달성하기 위하여 지원하는 과정에서 과학성과 예술성이 복합적으로 공존하고 있다(안암교육행정학연구회, 2018; 18－19)고 보는 접근과 유사하다.

# 무대의 세팅: 도덕적 기예로서의 행정

이 장의 초점은 일관성 있는 변화 전략과 도덕적 차원을 중시하는 교장리더십의 토대를 마련하는 데 있다. 교장으로서 리더십을 발휘하는 것은 매우 힘든 일이지만 성공한 교장들은 어디서든지 찾을 수 있다. 모든 도전에는 그에 상응하는 보상이 교장뿐만 아니라 그들의 학교와 학생들에게 주어진다는 사실을 교장들은 잘 알고 있다. 교장들의 헌신과 노력에 대해 주어지는 보상은 다른 직업 세계에서는 거의 경험할 수 없을만큼 매우 크다.

당연한 이야기이지만 교장 리더십은 효과적인 학교에서 매우 중요한 요소이다. 따라서 21세기 학교를 이끌기 위해서는 매우 특별한 사람이 필요하다. 교장은 자신과 다른 사람들을 이해하고, 조직 생활의 복잡성을 이해하고, 사람들과의 관계를 통해 가교를 잘 형성하며, 그리고 리더십 우수사례 발표에 참여하여 필요한 역량들을 개발할 수 있어야 한다(Green, 2014). 이러한 4가지 차원들을 모두 갖추게 되면, 비로소 효과적 리더십 발휘를 위한 기초가 다져지게 된다.

이상에서 언급된 4가지 차원들을 작동시키게 되면 교장들은 교사와 교장들 간에 서로 **신뢰하는 관계**(trusting relationships)[2)]가 형성되고 조직 전반에 걸쳐 리더십이

---

2) 행동을 통해 신용성, 일관성, 정당성, 의존성 및 정직성을 입증하는 어떤 개인 혹은 개인들의 집단과의 관계들.

분산되는 전문가 학습공동체를 구축할 수 있다. 일단 구성원들 간에 신뢰가 돈독해지고 가치가 공유되며 협업이 활발해지면, 학교에는 공통된 행위 규율이 생기고, 교직원들은 탐구한 것을 모범적인 실천으로 실행에 옮기며, 성찰적 실천을 통해 자신들의 전문성 성장과 학생들의 성공을 위한 실천적인 행동들이 취해진다(DuFour, Dufour, Eaker, & Many, 2010; Fullan, 2003a). 학교에 전문가 학습공동체를 구축하는 것은 큰 도전이다. 그러나 일부 학교 리더들은 전문가 학습공동체를 구축하는 데 성공했다. 우리는 그러한 리더들로부터 성공에 이르게 된 올바른 과정과 절차를 학습하고 또 새로운 리더들이 많이 양성될 수 있는 조건들을 제공해야 한다(Fullan, 2003a). 이러한 과정에서 직면하는 도전들을 극복하는 것은 도덕적 리더십의 몫이지만 여전히 장애물들은 존재한다. 특히 가장 큰 장애물은 학교사회에서 우리를 늘 갈라놓는 구성원들 간의 관계이다. 구성원들 간 관계의 질은 학교사회의 지속적 변화에 필요한 구성원 간 신뢰에 많은 영향을 미친다. 우리는 구성원 간의 신뢰라는 개념을 다음에서 중요하게 논의할 것이다. 신뢰는 더 나은 변화를 가져오는데 매우 중요한 요소이기 때문이다.

## 관계적 신뢰[3] 구축하기

Roland Barth(2006)는 학교 내 구성원들 간의 관계를 평행관계, 대립관계, 우호관계, (전문가) 동료관계[4] 4가지로 분류한다. **평행관계**의 경우, 유치원 교실의 서로 다른 장소에서 책을 읽고 있는 5살짜리 두 명의 아이를 생각해보라. 한 아이는 개에 관한 책을 그리고 다른 아이는 고양이에 관한 책을 읽고 있다. 즐겁게 책을 읽고 있는 것처럼 보이는 그들은 모두 애완동물에 관한 책을 읽고 있지만, 결코 책 내용을 함께 공유할 생각은 하지 않는다. **대립관계**의 경우, 교사들이 학생들을 서로 다른 교실에서 학업성취도 평가 대비 지도를 하고 학생들이 최고의 성적을 내기를 기대하면서 그 결과를 기다린다. 이와 반대로 **우호관계**(congenial relationships)[5]는 다른 사람들을 배

---

3) 두 명 이상의 개인이 서로에게 유지되는 상호관계에서 나타나는 존중과 개인적 관심; 개인들에게 그러한 관계를 초래하는 역량과 성실성.

4) collegial (relationship)의 번역어로 collegial은 정확하게 '전문가 동료들 간의 참여와 협력'의 의미를 담고 있으나 여기서는 간단하게 '동료'라는 말로 축약하여 사용하였다(용어사전에서 collegial culture에 대한 번역을 참고할 것).

려하고 도움을 주는 상호적, 긍정적, 개인적 관계이다. 이러한 좋은 점에도 불구하고 우호관계에는 단점이 있는데, 그것은 서로 간에 감히 넘지 못하는 선(line)이 있는 것처럼 보인다는 것이다. 모든 아이의 성공적 학습을 위해 동료와 함께 교수·학습을 고민하고 비법을 공유하는 일들이 일어날 수 있지만, 우호관계에서는 이러한 일이 거의 일어나지 않는다. 그 선을 넘는 경우는 우리가 **실천공동체**(community of practice)[6]로서 함께 할 때 가능하다. 실천공동체에서 가장 중요한 것은 동료관계이다. 학교에서 의미 있는 개선이 일어나기 위해서는 반드시 협력적인 동료 문화가 존재해야 한다. 이러한 **동료 문화**(collegial culture)[7]에서는 전문가들이 실천에 관해 이야기하고, 그들의 기예적 지식을 공유하며, 그리고 다른 사람의 성공을 관찰하고 응원한다. 이러한 협력적 문화가 부재할 경우, 교직원 및 교육과정 개발, 교사리더십, 학생평가, 팀티칭, 학부모 참여 등의 영역에서 지속적인 변화가 일어나는 것은 불가능하다 (Barth, 2006).

## 교장론의 관점

이 책에서는 전략적 문제해결자, 문화적 리더, 물물교환자, 창시자 등 교장을 바라보는 다양한 관점에 관해 이야기한다. 이러한 것들이 성공적인 교장이 되기 위해 우리가 따라야 할 리더십 역할과 이미지인가? 우리가 4장에서 살펴보게 될 경영 및 리더십 관련 새로운 원칙들의 중심이 되는 개념과 아이디어들의 경우는 또 어떠한가? 성공한 학교들의 특징, 리더십의 원천, 변화 전략, 학교문화, 그리고 다른 장에서 논의될 다양한 개념들에 대한 논의를 통해 우리가 얻을 수 있는 이점은 또한 무엇인가? 이러한 아이디어들을 우리가 그대로 활용한다면 성공한 교장이 될 수 있는가? 그 대답은 긍정적으로 답하면 '예'일 수도 있지만 실제로는 아마 '아니오'일 것이다. 왜냐하면, 이 책에서 논의되는 개념들이 모든 독자에게 적합하거나 우리가 처한 모든 상황과 문제에 딱

---

5) 다른 사람들에 대한 배려를 반영하고 가능할 때 도움이 되는 상호작용적이며 긍정적인 개인적·우호적인 관계.

6) 실천의 가치를 존중하고 더 많은 것을 배우기 위해 함께 학습하도록 이끄는 교사들의 협력으로, 이 과정을 통해 학생들에게 더욱 효과적으로 (교육활동을) 제공함.

7) 전문가들이 실천에 관해 대화하고, 기예적 지식을 공유하며, 서로의 성공을 위해 관찰하고 응원하는 문화.

맞아 떨어질 것이라는 보장이 없기 때문이다. 리더십은 매우 개인적인 것으로, 사람의 심장, 머리, 그리고 손이라는 3가지 중요한 차원으로 구성되어 있다. 이러한 차원들은 [그림 1.1]에 잘 설명되어 있다. 이것이 바로 동일한 문제를 다루는 상황에서 교장들의 행동이 다른 이유이다.

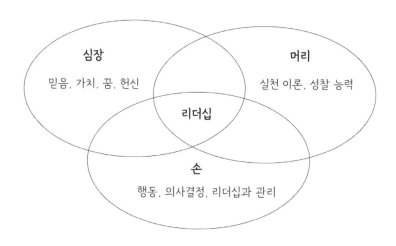

[그림 1.1] 리더십의 심장, 머리, 손

# 리더십의 심장, 머리, 손

*심장*– 리더십의 심장은 그 사람의 믿음, 가치, 꿈, 그리고 헌신을 의미하는 것으로, 흔히 그 사람의 개인적 비전이라고 볼 수 있다. 좋은 학교는 어떠해야 하는지에 대한 생각들은 사람들 간에 대체로 비슷하지만, 그것을 개인적으로 진술하게 하면 상당히 다른 모습으로 그려진다.

*머리*– 리더십의 머리는 사람들이 그동안 발전시켜 온 실천 이론과 이러한 이론에 비추어 우리가 직면한 상황을 성찰하는 능력과 관련된다. 이러한 성찰의 과정은 우리의 개인적인 비전과 결합하여 우리의 전략과 행동의 기초가 된다.

**손**-리더십의 손은 우리가 취하는 행동과 의사결정, 그리고 전략이 학교 프로그램, 정책, 절차의 형태로 제도화될 때 발휘되는 리더십 및 관리 행동과 관련된다.

리더십의 심장 및 머리와 마찬가지로, 우리가 학교를 어떻게 관리하고 이끌어갈 것인지에 대한 선택에서 중요한 것은 우리의 비전 및 실천 이론에 대한 개인적 성찰뿐만 아니라 직면하고 있는 독특한 상황에 대처하는 우리의 대응방식과 성격에 대한 성찰 능력이다. 오늘날 특이하고 복잡한 세상에 최적의 일방적 접근과 단절적 전략 실행은 잘 작동하지 않을 것이다. 대신 교장 리더십 발휘에 가장 요구되는 것은 바로 다양성이다. 만약 리더십의 심장, 머리, 손이 성공적으로 작동되려면, 교장들은 자신을 이해하고(Green, 2010), 해결방안을 찾고, 그리고 자신의 접근방식을 지속적으로 발전시켜 나가야 할 것이다.

그렇다면 이 책에서 논의되고 있는 것들이 진실이 아니라는 말인가? 진실이 아니어서 배우지 말아야 할 것들이 있다면 과연 그것들은 무엇인가? 그 진실들은 서로 다른 종류의 개별 진실을 포함하고 있다. 이 책에서 제안되고 있는 진실들은 은유적으로 부티크와 저장소라는 개념으로 표현될 수 있다. 다양한 아이디어들을 탐색할 때는 여기저기서 옷을 맞춰보는 부티크를, 그리고 직면한 상황을 새롭게 이해할 필요가 있거나 다른 실천 대안을 찾아 나설 때는 저장소를 방문하는 식이다. 부티크와 저장소처럼, 학교 교육 관련 지식의 역할은 교장이 가져와 일률적으로 적용하던 것으로부터 이제는 교장이 실행에 옮길 때 내리는 의사결정에 도움을 제공하는 유용한 것으로 변하고 있다. 이것이 바로 **성찰적 실천**(reflective practice)[8]의 본질이다. 교장들은 그들의 행위에 대해 성찰하고, 이러한 성찰은 교장들에게 계속적인 학습 과정의 부분이 된다.

---

8) 전문적 지식이 과학 지식과 다르다는 사실에 기초함; 지속해서 학습 과정에 참여할 수 있도록 자신의 행동을 성찰할 수 있는 능력. 반복적으로 실천을 검토함으로써 일상적인 행동에 정보를 제공하는 실천적인 가치와 이론에 주의를 기울임.

# 도덕적 명령[9]

비록 많은 사람들이 교육행정을 확고한 지식기반을 갖춘 일종의 응용과학으로 인식하고 있는지 모르지만, 우리가 직면한 현실에서 바라보면 교육행정은 훨씬 더 **기예에 가깝다**(craftlike).[10] 이러한 현실이 주는 메시지는 분명하다. 성공적인 교육행정은 **기예에 대한 노하우**(craft know-how)[11] 개발에 있다는 것이다.

그러나 교육행정은 그냥 평범한 기예가 아니다. 앞에서 언급한 리더십의 머리, 심장, 손을 조합한 행정이 실제에서 요구된다. 그리고 학교 자체의 독특한 사명, **느슨하게 구조화되고**(loosely structured)[12] **비선형적인**(nonlinear)[13] 학교 교육의 복잡한 상황이 서로 결합하여 행정을 **도덕적 기예**(moral craft),[14] 가르침으로 공유된 운명(a fate shared with teaching)(Tom, 1984), 관계의 구축(Green, 2010), 그리고 장학(Sergiovanni & Starratt, 1988)으로 보도록 만들었다. 이렇게 **도덕적 명령**이 필요한 이유는 (1) 학교를 조직(organizations)에서 제도(institutions)로 변화시킬 필요성, (2) 인격을 함양하고 덕(virtue)을 배양할 필요성, (3) 기준을 채택할 필요성, (4) 관계를 발전시킬 필요성, (5) 재량의 필요성 등이다.

---

9) Moral Imperative에 대한 번역어로, 구체적으로 도덕적 차원에서 다소 강제적으로 요구되는 사항을 의미한다. 목적화(purposing), 권한 부여, 분노 및 타인의 분노에 불붙이기와 같은 리더십 가치의 제도화; 학교에서 권위의 관료적, 심리적, 전문적, 그리고 도덕적 원천 간의 균형을 주장하며, 과정에 관한 관심보다 실질적인 것에 관한 관심을 더욱 확고히 하는 것.

10) 참된, 진정한 기예는 아니지만 진정한 기예와 유사한 특징을 지닌 것.

11) 특정 전문 분야를 제대로 수행하는 데 필요한 입증된 지식과 기술; 교육과정 프로그램을 개발하는 데 필요한 입증된 지식과 기술.

12) 긴밀하게 구조화된 조직에서 통제되는 것과 달리, 관료적인 수단으로 통제되지 않아 서로 독립적으로 운영되는 경향이 있는 조직의 부분들.

13) 예측할 수 없는 결과를 초래하는 두 사건 간의 관계; 규칙을 바꾸는 방법을 지닌 게임을 하는 행위(예: 상황이 변화함에 따라 리더십 행동이 상황에 맞게 바뀜. 비선형 조건으로는 각 단계마다 북쪽 위치가 바뀌면 이에 따라 경영진이 나침반을 따르는 것과 비슷함).

14) 전문적 학습공동체에서 교수·학습을 위한 기준이 설정되어 있고, 교사들이 교과를 잘 알고 학생들을 가르치는 방법을 알고 있으며, 교사들이 학생과 학생의 학습에 전념하는 공정하고 배려 깊은 환경을 포함하는 학교를 말함.

## 조직에서 제도로의 변화

교장의 직무는 학교를 객관적인 성과 추구를 위해 기술적인 기능에만 관심이 있는 보통의 조직(organization)으로부터 하나의 *제도(institution)*로 변모시키는 것이다. 일반적으로 조직은 단지 목표를 달성하기 위한 기술적 도구에 지나지 않는다. 도구로서의 조직은 "옳은 일을 하기"보다는 "일을 올바르게 하는 것"에 더 많이 관심을 둠으로써 효과성과 효율성의 가치를 중시한다. 그러나 제도는 효과적, 효율적이면서 그 이상의 것을 추구한다. 제도는 특정한 일의 완성뿐만 아니라 그 자체로서도 의미 있는 뛰어난 적응력과 대응력을 갖춘 존재이다. Selznick의 말에 따르면,

> 조직은 도구로서만이 아니라 직접적인 개인 희열의 출처 그리고 집단 도덕성의 매개체로 중요하게 가치가 우러날 때 비로소 제도가 된다. 이러한 가치의 주입(infusion)은 조직의 독특한 정체성을 만들어낸다. 제도화가 잘 진행되는 곳에서는 특징적인 외관, 습관과 다양한 헌신들이 하나로 통일되게 하고, 조직 생활의 모든 측면에 생명력이 부여되어, 형식적인 조정과 명령을 넘어 사회적 통합을 가능하게 한다. (Selznick, 1957, p. 40)

Selznick의 제도라는 개념은 학습공동체로서의 학교와 그 의미가 매우 유사하다. 학습공동체에서 강조하는 것이 학습이므로 교육자들은 자신과 학생들의 높은 수준의 학업성취를 위해 헌신한다(DuFour, DuFour, Eaker, & Many, 2006). 어느 쪽을 성취하든 학교 리더는 목표 설정 과업에 대한 목적과 역할 수행에 관한 관심을 넘어 학교의 구조 속으로 접근하여, 이 목표들이 리더가 관여하는 학교의 모든 부분에 구현되도록 하고, 구성원들을 중립적인 참여자에서 헌신하는 팔로워로 변모시키는 효과를 발휘한다. 목표의 구현과 팔로워십의 개발은 도덕적이라는 것을 피할 수 없다. 이러한 주장에 대한 합리적 근거가 다음 절에서 상세하게 이어진다.

## 인격 함양과 덕의 배양

학교 리더의 직무는 학생들에게 지식과 기술을 제공하고, 그들의 *인격(character)* 형성을 돕고 *덕(virtue)*을 배양하는 것이다. Cuban(1988)이 지적한 바와 같이, 교육과

행정의 현장에서 기술적 이미지와 도덕적 이미지는 함께 존재한다. "기술적 이미지는 축적된 지식, 효율성, 질서정연함, 생산성, 사회적 유용성과 같은 가치를 주로 포함한다. 하지만, 도덕적 이미지는 이러한 기술적 이미지를 무시하지는 않지만 주로 인격 및 태도의 형성, 덕이 있고 사려 깊은 인간 육성에 관련된 가치들을 찬사한다"(p. xvii). 교육행정 현장에서 기술적 이미지와 도덕적 이미지는 서로 분리될 수 없다. 모든 기술적 차원에서의 의사결정은 도덕적인 함축성을 갖는다. 예를 들면, 학교에서 질서정연함의 강조는 학생들에게 성실성이라는 의미를 줄 수 있지만, 교사들에게는 관료적 가치가 타협되면서까지 교사들이 전문적 목적을 자유롭게 추구할 수 없다는 것을 상기시키는 것일 수도 있다.

## 적절한 기준의 채택

중요한 관심사가 덕에 있는지 아니면 효율성에 있는지를 판단하는 *기준(standard)*이 있어야 한다. 이 상황에서 효율적이란 무엇인가? 덕은 어떻게 결정될 수 있는가? Green(2013)은 오늘날의 학교에서 다음과 같은 질문들에 답할 수 있도록 적절한 기준들이 제공되어야 한다고 주장한다: "오늘날 학교에서 효과적인 리더가 되기 위해 필요한 기질의 유형과 지식, 기술, 특성은 무엇인가?"(p. 5). 효과적 리더십과 교수에 관한 판단 준거를 결정하고, 무엇이 좋은 훈육 정책인지를 결정하며, 또한 승진에 대한 준거 기준을 이해하려고 한다는 것은 모두 가치 판단을 요구한다. '무엇을 그리고 어떻게'라는 질문에 대한 답은 그 질문이 마치 사실적인 주장인 것처럼 보이지만 실제로는 그렇지 않기 때문에 객관적으로 해결될 수 없다. 따라서 그러한 질문에 대한 답은 **규범적 주장**(normative assertions)[15]으로 다루어져야 한다. 규범적 주장은 단지 '그렇다'라고 결정했기 때문에 진실이 된다. "우리는 그 사안이 어떠해야 한다고 규정하는 것이지, 사안이 무엇인지 조사를 통해 어떠해야 하는지를 발견하는 것은 아니다."(Taylor, 1961, p. 248). 따라서 규범적 주장은 도덕적 진술이다.

---

15) 사실에 근거하지 않은 해야 할 것에 대한 선언, 설명 또는 진술 설명(예: 모든 3학년 학생들이 읽을 수 있어야 한다).

## 교장과 다른 사람들 간 관계의 균형 유지

권한 부여와 공유된 의사결정에 대한 헌신에도 불구하고, 교장과 다른 사람들 사이의 관계는 본질적으로 불평등하다. 종종 이러한 측면이 경시되고 있지만, 원하든 원하지 않든 교장들은 일반적으로 교사, 학생, 학부모, 그리고 다른 사람들보다는 더 많은 *힘*(power)을 가지고 있다. 이 권력은 부분적으로 그들의 계층적 위치에서 합법적으로 파생되지만, 대부분은 교장 지위가 그들에게 제공할 수 있는 정보와 사람들에 대한 더 큰 접근성에 의해 얻어진다. 교장들은 학교의 빡빡한 일정에 얽매여 있지 않다. 그들은 많이 돌아다니고, 전화를 받고, 거리에도 나가고, 교육청을 방문함으로써 정보에 대한 더 많은 접근성을 갖는다. 결과적으로, 교장들은 흔히 외부 기관과의 관계에서 흔히 대표자와 연락관 역할을 한다. 더 많은 정보에 대한 접근성은 교장이 어떤 정보가 다른 사람들과 공유되거나 보류될지 그리고 잊혀도 괜찮은지를 결정하게 한다. 종종 학교 교직원들은 교장이 그들의 일과 다른 사람들의 일을 연결하는 '중간 조정자' 역할을 해주기를 기대한다. 교직의 일은 경계가 매우 불분명하므로 조정자 역할은 매우 중요하다. 게다가 교장이 가진 많은 정보들은 기밀 사항이다. 교사들은 흔히 문제가 있을 때, 그것을 교장에게 털어놓기 때문이다. 정보는 권력의 원천이고 따라서 축적된 권력은 도덕적일 필요가 있다.

두 사람 사이에 불평등한 힘의 분배가 있을 때, 그 관계는 도덕적인 것이 된다. 리더의 의지와 상관없이 리더십은 상대방을 통제한다는 의도를 수반한다. 팔로워는 그러한 통제가 사적으로 이용되지 않으리라는 것을 전제로 이러한 의도를 수용한다. 이런 의미에서 리더십은 권리가 아니라 책임이다. 도덕적 측면에서 보면, 리더십의 목적은 리더의 지위를 높이거나 자신이 원하는 것을 쉽게 얻고자 하는 데 있는 것이 아니라 학교에 이익을 주는 데 있다. 따라서 이런 조건에서 **도덕적 리더십**[16]의 성패 여부는 통제를 받아들인 결과 팔로워의 역량, 행복, 그리고 자주성이 증진되었는지, 그리고 학교에 이익을 가져왔는지에 달려 있다. Tom(1980)은 "학생과 교사의 관계도 본질적으로 불평등한 관계이므로 도덕적"이라고 지적하면서 비슷한 주장을 하였다"(p. 317).

---

16) 자기 이익을 생각하지 않고 의사결정 과정에서 자신과 다른 사람들을 참여시키는 것.

## 재량의 활용

행정이 구현되는 상황은 놀라울 정도로 느슨하고 혼란스럽고 모호하다. 이처럼 교장의 세계를 선을 그어 제한하는 다양한 요구와 제약들에도 불구하고, 실제로 교장의 직무에는 *재량(discretion)*이 주어지고, 이러한 재량은 도덕적으로 함축되어 있다.

예를 들면, 밖으로 보이는 현상은 실제 작동하는 것과는 다른 경우가 많다. 학교경영의 실제를 지속해서 연구해오고 있는 Morris와 그의 동료들(1984)은 교장과 학교들이 공식적으로 허가된 것과는 거리가 먼 정책을 은연중에 수립하고 시행하는 수많은 사례들을 발견했다. 그들은 학생 등록률을 유지하고 높이는 것은 교장의 경영적 필요에 의한 것처럼 보이는 것에 주목하였다. 그러나 교장들은 공식적으로 "교육적" 혹은 "사회적"인 이유가 아닌 더 많은 학교자원의 확보를 위해 동기화되어 있었다. 인사 방식과 예산 할당은 종종 동료들 사이에서 교장 자신의 입장과 연결되어 있었고, 또한 교사들의 사기 및 생산성에 관련되어 있었다. 게다가 큰 학교의 교장은 교육청에 더 많은 영향력을 갖는다. 간단히 말하면, 교직원과 예산은 많을수록 더 좋은 것으로 보인다. 그러나 자원을 잃어버린 학교는 "일반적으로 운영 자금 손실 이상으로 합목적성, 안정성, 그리고 자신감이 저하되는 고통을 겪는다"(p. 128).

결과적으로, 교장들은 은연중에 학생 등록과 취학을 점검하고, 유지하고, 증가시키는 것을 그들의 주요한 업무로 여기는 경향이 있었다. 이는 교장들이 공식적으로 승인된 과업과 역할들에 대해 편차가 있는 행동지침을 갖도록 이끌고 있다. 예를 들어, 현재 프로그램을 바꾸고 교육과정을 개정하려는 전방위적 노력은 사실 학생들의 관심을 끌어 더 나은 학생 등록률을 유지하려는 것이다. 한 교장은 "일례로, 우리는 물리 과목을 없애고 환경과학 과목을 개설해야 할 것입니다. ...... 나는 우리 교사들이 학교의 전통적인 교육과정을 재설계해야 할 필요성을 이해했으면 합니다. 그렇지 않으면 교사 직업이 위기에 처하게 됩니다"라고 이야기한다(Morris et al., 1984). Morris 등의 연구에서 또 다른 교장은 교육적, 철학적 목적에서가 아닌 주변 가톨릭 학교와 단지 경쟁하기 위해 자신의 유치원 프로그램에 변화를 주었다.

취학 절차를 규정하는 명확한 지침(예: 취학 범위 및 연령)에도 불구하고, 교장들은 학생 입학 규칙을 유연하게 적용하고, 등록 정보를 교육청에 보고할 때 융통성을 발휘하였다. 한 교장이 말로는 "나는 일반적으로 우리 학교 학생이 어디 사느냐에는 관심이 없는 사람이다"라고 하였다. 그런데 실제로는 어떤 학생이 계속해서 행동에 문제가 있거나 혹은 행동에 문제가 있는 것으로 의심될 경우, 그 교장은 항상 그 학생의 집 주소를 확인했다(Morris et al., 1984). 어떤 교장들은 학생이 "매우 똑똑하다"고 생각하면 그 학생이 다른 학교 구에서 왔다는 것을 알았을 때조차 위반에 대해서 문제 삼지 않는 경향이 있었다. 또 어떤 교장들은 학생에게서 훌륭한 행동과 더 많은 성취를 끌어낼 생각으로 취학 범위 지침을 관대하게 적용하기도 하였다. 교장들은 이를 통해 부모와 학생들에게 편의를 제공하고 있다고 강조하였고, 그 대가로 좋은 행동을 기대하였다. 모든 학생들이 동등하게 대접받는 것은 아니다. 똑똑한 학생들은 취학을 권유받고, "문제 아동들"은 그렇지 않다. 한 교장은 "문제가 많은 아이들은 내버려 두시죠. 그 아이들은 학교에 와봐야 말썽만 피울 뿐입니다"라고 이야기한다(Morris et al., 1984).

교장에게 제공되는 재량권은 남용될 수도 있지만, 리더십 발휘에 꼭 필요한 선결 요소이나. "선택은 자율성에서 나온다. 자율성은 리더십이 발현될 수 있도록 하는 필수 불가결한 조건이다. 따라서 선택권이 없다면, 자율성은 존재하지 않는다. 그리고 자율성이 없다면, 리더십은 존재할 수 없다"(Cuban, 1988). 따라서 교장이 효과적으로 활동하기 위해서는 재량권이 꼭 필요하다. 그러나 교장이 재량권을 어떻게 다루느냐는 도덕적인 이슈를 제기하며, 학교에 도덕적인 영향을 미친다.


## 리더십 우수사례 관여하기

효과적인 학교 리더들은 학생들의 사정된 요구(assessed needs)를 충족시키기 위해 우수한 사례들을 찾고 이를 활용한다. 리더들은 실천적 이론들을 활용해 대중과 소통하고, 의사 결정하며, 갈등을 관리하고, 변화를 이끈다. 이러한 일들은 상당한 정도로 교수-학습에 영향을 주는 실천, 과정, 프로그램, 절차 등을 결정하게 한다. 그러나 이러한 부분에 대해 교장이 잘 이해하지 못하면 교사의 태도 및 학생의 학습에 전혀 다른 효과를 주게 된다. Houchens and Keedy(2009)에 의해 지지된 추론의 요지는 교장들이 갖는 실천적 이론들은 학교의 문화와 풍토 변인에 영향을 미치며, 궁극적으로는 교수-학습 과정에 영향을 준다는 것이다. 그러므로 모든 학생에게 학습할 기회를 효과적으로 제공하는 우수 실천 사례를 발굴하는 것은 도덕적 명령이다.

# 리더십의 도덕적 차원에 대한 이해

    리더십에서 도덕적 차원을 이해하는 열쇠는 규범적 합리성(normative rationality)[17]과 기술적 합리성(technical rationality)[18]의 차이를 이해하는 데 있다. 다행히 이 둘은 서로 배타적이지 않다. 학교장들은 학교를 위해 좋으면서 효과적인 것을 원한다. 그러나 이 2가지가 서로 충돌할 때, 도덕적 선택은 후자보다는 전자를 선택한다. Starratt은 다음과 같이 이점을 명확히 지적한다. "조직의 효과성은 기술적, 기능적 합리성, 선형적 논리를 활용한다. 여기서 최고의 가치는 충성도, 조화, 명예, 아름다움, 진리가 아니라 효율성이다. 우리는 효율적인 인종청소 수용소나 효율적인 수도원을 운영할 수 있다. 그러나 기본적으로 두 곳 모두 효율성의 원리가 작동한다는 측면에서 똑같다(Sergiovanni & Starratt, 1988)."

## 규범적 합리성

    도덕적 리더십은 **규범적 합리성**에 기초한다. 도덕적 리더(교장 혹은 때에 따라서 교사)는 어떤 사람이 일을 강제로 하도록 하는 관료적 권위 혹은 그 일을 하도록 사람을 조종하는 심리적 권위에 의존하는 대신, 다른 대안 선택에 대한 이유를 제시해준다. 제시되는 이유는 모든 사람의 논의 및 평가의 대상이 될 수 있도록 공개된다. 규범적 합리성을 인정받기 위해 제시되는 이유는 그 조직이 공유하는 목적과 가치, 즉 학습공동체 구성원으로서 학교의 모든 사람을 하나로 묶어주는 성스러운 약속을 구현할 수 있어야 한다.

    연구물이나 개인 경험에 대한 성찰은 흔히 많은 학생과 교사들이 똑같은 방식으로 반응하는 경향을 보이는 특징적인 패턴을 우리에게 알려준다. 이러한 형태의 지식과 통찰력은 교장들에게 매우 소중한 자산이 된다. 그러나 이러한 지식이 **도덕적 권위**[19]를 대치하는 실행을 위한 권위의 원천이 될 수는 없다. 이에 대해 Smith and

---

17) 우리가 믿는 것과 좋은 것으로 간주하는 것에 근거한 합리성, 도덕적 리더십의 기초를 제공함.

18) 효과적이고 효율적인 것에 기초한 합리성

19) 널리 공유된 가치, 아이디어 및 이상에 대한 교사들 간의 연결로 인해 교사들이 서로에 대해 그리고 학교에 대해 느끼는 의무와 책임의식에서 비롯됨; 공동의 약속과 '우리'라는 의식에서 비롯된 상호 의존성에 대한 반응.

Blase(1987)는 다음과 같이 설명한다.

> 도덕적 용어로, 리더는 정확하게 예측하고 교육의 과정을 완벽하게 통달하는 우리의 능력에 대한 심각한 한계를 온전하게 인식하고 있는 사람이다. 게다가 이러한 리더는 다른 사람들도 이러한 한계를 충분히 인식하도록 독려해야 한다. 이러한 깨달음에 바탕을 두고 도덕적 리더들은 주요한 교육학적 쟁점들에 대한 논의가 학자들의 연구물에 의해 지배당하는 것을 허락하지 않는다. 연구물을 추종하는 것은 우리가 실제 갖고 있지 않은 지식을 우리가 갖고 있다는 착각을 지속시키는 것일 수 있다. 오히려 무엇을 어떻게 가르칠 것인가에 대한 의견의 불일치가 조리 있는 담론으로 작용하게 될 것이다. 교육적 탐구의 일반화는 물론 이러한 이성적 사유의 부분일 수 있으나 그렇다고 인식론적 특권을 부여받은 것은 아니다. 그러므로 교육적 탐구의 일반화는 개인의 경험, 다른 사람들의 경험에 터한 이야기들과 이성적 사유의 과정을 공유해야 하고, 철학적이고 사회학적인 측면 등도 함께 고려되어야 한다. (p. 39)

여기서 우리가 주목해야 할 문구는 **인식론적 특권**[20]이다. 인식론적 특권은 연구의 발견들이 중요하지 않다는 의미가 아니라, 교육적 탐구 일반화를 이끄는 다른 권위의 원천들보다 그렇게 중요하지 않다는 것이다. Smith and Blase가 교육적 탐구 일반화에서 고려해야 할 목록에 추가로 보태야 할 것이 있다면 학교가 독특한 학습공동체로서 가치가 있다는 개념이다.

규범적 합리성은 2가지 방식으로 학교에서의 리더십 실천에 영향을 미친다. 교장은 자신의 직무를 수행할 때 편견과 선입견, 고정된 사고방식, 변덕스러운 개성, 작동하는 것과 그렇지 않은 것에 대한 이분법적 생각, 중시되는 가치, 자신의 호불호 행위에 영향을 미치는 개인적인 실천 이론으로 작동하는 요인들과 같은 규범적 짐보따리를 잔뜩 가져온다. 학교문화도 유사하게 학교를 제도로 보고 공유된 가치와 규약의 중심을 나타내는 편견 덩어리로 정의되고 있다. 가치와 규약은 학교에서 진행되고 있는 일들에 대해 표준과 지침으로 기능하는 규범의 원천이다. 학교의 문화가 강화되고 가치의 중심이 좀 더 공개적이고 확산되면 규범적 합리성은 더 정당한 것이 된다. 우리

---

20) 특정 탐구 분야에서 지식의 창출 및 전파와 관련된 이슈와 관계됨(예: 다음과 같은 질문에 대한 답변들 : 정당화의 개념을 이해하는 방법? 정당화된 신념을 정당하게 하는 것은 무엇입니까? 정당화는 자신의 마음 내적인 것인가 혹은 외적인 것인가?).

모두는 학교가 무엇을 위해 그 자리에 있는지 그리고 왜 존재하는지 목적을 잘 알고 있다. 우리는 이러한 목적들을 구체화해서 행동을 위한 지침으로 사용할 수 있다. 이러한 목적을 내부적으로 구축하는 것은 "집단 내 개인들을 중립적이고 기술적인 단위로부터 개성 있고, 민감하고, 헌신적인 참여자로 변화시킨다"(Selznick, 1957, p. 150). 2가지 형태의 합리성에 대한 주요 분류 요목들을 제시하면 [참고 1.1]과 같다.

[참고 1.1] 규범적 합리성과 기술적 합리성

| 리더십의 도덕적 차원 이해하기<br>규범적 합리성 vs. 기술적 합리성 | |
|---|---|
| 규범적 합리성 | 기술적 합리성 |
| • 신념과 좋다고 생각하는 것<br>• 주장의 이유<br>• 충성, 조화, 명예, 아름다움, 신뢰<br>• 집단의 가치<br>• 공동체 의식 | • 관료적 권위<br>• 심리적 권위<br>• 최상의 가치는 효율성과 효과성<br>• 연구 발견 및 데이터 기반 주장<br>• 개인적 사고 및 일반적 관행 |

# 심장박동21) 강화하기

리더십은 경영 비법뿐만 아니라 **가치**와 윤리가 내포된 개념이다. 결과적으로, 리더십의 실행은 무엇이 효과적이고 무엇이 좋은지, 잘 작동하는 것은 무엇이고 이치에 맞는 것은 무엇인지, 그리고 일을 올바르게 하고 옳은 일을 하는 것이 무엇인지와 연관되어 있다. 학교를 개선하고자 할 때, 효과성과 효율성에 대한 문제만큼 무엇이 좋고 의미가 있는지 그리고 실행할 가치가 있는지 고려하는 것은 가치가 있다. 이러한 2가지 가치가 충돌할 때, 리더가 중시하는 가치가 드러난다.

리더가 학교를 더 좋게 변화시키고자 할 때 직면하는 장애물에 대한 학교의 최선

---

21) 학교에 존재하는 리더십의 유형으로, 리더십의 작동 방식과 학습과의 관계, 교사와 학생들에게 제공되는 지원, 교사와 학생이 필요로 하는 돌봄의 제공, 그리고 신뢰 관계와 상호 역할을 포함함. 은유적인 표현으로 '학교역량'을 의미함.

의 방어책은 강력한 심장박동(heartbeat)이다. 그러나 학교의 심장박동 강화를 도모할 때 우리는 리더십이 무엇인지, 리더십은 어떻게 작동하는지, 학습과 리더십의 관련성은 무엇인지 그리고 우리는 왜 학습과 리더십을 동시에 수행할 필요가 있는지 등에 대해 다시 생각해 볼 필요가 있다.

리더로서 교장이 학교의 심장박동을 강화할 수 있을 때, 그 학교는 더 강해지고 더 많은 회복 탄력성을 갖게 된다. 이러한 특성들은 리더들이 리더십 부담을 다른 사람들과 나누고, 협력적인 문화를 만들고, 지속적인 학습자가 되도록 돕는다. 필연적으로 리더십은 변화를 동반하고, 변화는 학습을 수반한다. 변화와 학습은 우리의 실행 장면에 적용될 **마음풍경**(mindscapes)[22]을 우리가 원하는 관점에서 이해하고, 검토하며, 변화시킬 수 있을 때 개선하면 훨씬 더 잘 이루어질 수 있다. 변화는 리더십 실행의 동력인 우리의 심장, 머리, 그리고 손과 함께 시작된다.

많은 단어들이 *심장박동(heartbeat)*이라는 단어를 이해하는데 사용될 수 있을 것이다. *사회적 자본(social capital), 공동체(community), 그리고 관계적 신뢰(relational trust)*[23]라는 세 단어가 가장 좋은 예가 될 수 있겠다. 각각이 의미하는 것은 조금씩 다르다. **사회적 자본**[24]은 학생과 교사들이 필요로 하는 지원을 제공한다(Coleman, 1988; Smith, 2000-2009). **공동체**[25]는 학생과 교사들이 필요로 하는 돌봄을 제공한다(Lenz, 2007; Sergiovanni, 1994). **관계적 신뢰**는 강한 도덕성이 함축된 깊은 상호 간의 역할과 그러한 역할 관계들을 발전시키는 토대를 제공한다(Bryk & Schneider, 2002). 구성원 간 상호관계는 그냥 통상적인 학교를 신성한 장소로 변혁시킬 수 있다. 예를 들어, 이러한 관계들은 학교공동체를 구축하는데 필수적인 요소들이다. 그리고 이러한 3가지 요소는 리더십을 풍요롭게 하고, 강화된 심장박동이 어떻게 교사와 학생들의 심화된 학습을 지원할 수 있는지를 보여준다.

리더십은 일반적으로 사람들이 직면하고 있는 문제의 답을 찾아주는 것이라고 이

---

22) 정신적, 심리적 장면 또는 상상의 영역; 어떤 아이디어나 이슈가 검토되고 인정되는 방식.

23) 두 명 이상의 개인이 서로에게 유지되는 상호관계에서 나타나는 존중과 개인적 관심; 개인들에게 그러한 관계를 초래하는 역량과 성실성.

24) 학교공동체 사람들 사이의 상호관계에 의해 생성되는 규범, 의무 및 신뢰(Coleman, 1988, 1990; Gamoran, 1996).

25) 사람들 간의 관계가 본질적으로 의미 있고 중요하다고 보기에, 일련의 공유된 아이디어와 이상으로 함께 결합된 사람들의 집합체.

야기된다. 그러나 현실적으로 리더십은 사람들이 문제를 이해하고 해결하고 더 나아가 그 문제를 안고 살아가는 것에 도움을 주는 것 이상의 것이다. 따라서 최상의 상황에서조차 리더십을 발휘하는 것은 쉽지 않다. 공동체에서의 리더십 발휘가 가장 좋은 예가 될 수 있다. 공동체 구축과정에서 자신의 노력이 조화(harmony)를 도모하는 완벽한 모델이라고 생각하는 리더는 거의 없다. 활기차고 우수한 교사들 사이에는 서로 다른 차이들이 존재한다. 그러나 현명한 리더는 구성원들 간에 무엇이 중요하고, 함께 지키고 공유해야 할 것이 무엇인지를 포함하는 조화의 중심이 필요하다는 것을 알고 있다. 동시에 현명한 리더들은 이러한 생각의 중심이 실제 구현되는 과정에서는 차이를 드러내도록 권유한다. 따라서 리더들에게 있어서 공동체라는 것은 서로 다른 요인들로 구성되어 있지만, 공통적인 틀에 접착된 모자이크(Etzioni, 1996/1997)에 비유될 수 있다.

모든 리더가 항상 모든 역량을 갖추고 있는 것은 아니며, 그렇다고 일이 행해지는 특정의 순간에 필요한 모든 정보를 가진 것도 아니다. 따라서 현명한 리더는 다른 사람들에게 의지하거나 다른 사람들에게서 리더십 역량을 신장시키려고 노력한다. 리더는 지속해서 보충해 줄 수 있는 지식과 기술들을 쌓아놓아야 한다. 리더가 해야 할 중요한 일 중의 하나는 학교조직의 집단역량 강화를 위해 **지적 자본**(intellectual capital)[26]을 배양하고 축적하는 것이다. 의심할 여지 없이 똑똑한 리더는 분명 조직에 도움은 되지만, 시간이 지남에 따라 차이를 만드는 것은 똑똑한 학교라는 조직이다. 이점이 바로 리더십과 학습이 함께 중요한 이유이다. 우리는 리더십도 가질 수 있고, 학습도 가질 수 있다. 우리는 개인에 초점을 맞출 수 있고, 또한 학교에 초점을 맞출 수도 있다. 우리는 학습을 학교의 목적 달성과는 상관없이 개인의 이익에 부합되는 사적재(private good)로 볼 수 있다. 그렇지 않으면, 우리는 학습을 학교가 개인들의 목표를 성취하도록 도와주는 공공재(public good)이기 때문에 그들이 강제적으로 해야 하는 것처럼 느껴지는 어떤 것으로 볼 수도 있다(Elmore, 2002a). 어떠한 경우에서든, 이러한 다양한 차원들이 동시에 일어난다면 그 효과는 배가될 것이다.

---

26) 학생 성취도를 산출하고, 물리적 자산의 산출량을 늘리며, 경쟁적인 우위 확보하거나 다른 유형의 자본의 가치를 향상하는데 사용되는 학교조직 내 교직원들의 집단 지식.

# 13가지 핵심역량

규범적 합리성과 도덕적 명령은 오늘날 교장직 수행에 있어서 성공에 이르는 열쇠인 13가지 핵심역량에 직결되어 있다. 일단 이러한 역량들이 숙달되면, 학교조직 차원의 역량 및 공동체 구축 그리고 다양한 아이디어로 조직을 이끌어가는 것이 교장직 수행에 있어서 중요한 일이 된다. 관심(attention)의 관리, 의미(meaning)의 관리, 신뢰(trust)의 관리, 자신(self)의 관리 등 4가지 역량은 Warren Bennis(1989)로부터 차용되었다. 그리고 나머지 9개 역량은 역설(paradox)의 관리, 효과성(effectiveness)의 관리, 추수(follow-up)의 관리, 수업 리더십(instructional leadership)의 관리(교수-학습의 관리), 다양성(diversity)의 관리, 책임(responsibility)의 관리, 협력(collaboration)의 관리, 성찰(reflection)의 관리, 학습공동체(learning communities)의 관리이다. [참고 1.2]는 이러한 역량들을 열거한 것이다. 성공적인 개발자와 공동체 구축자가 되기위해, 리더들은 다양한 아이디어들로 자신들의 리더십을 보완할 필요가 있을 것이다. 다양한 아이디어로 조직을 이끌어가는 것이 성공적이려면, 리더들은 다음에 언급되는 13가지 기본적인 역량들을 통달해야 할 것이다(Green, 2013; Sergiovanni, 2001).

**[참고 1.2] 규범적 합리성과 도덕적 명령에 직결되는 13가지 역량**

1. 관심의 관리
2. 의미의 관리
3. 신뢰의 관리
4. 자신의 관리
5. 역설의 관리
6. 효과성의 관리
7. 추수의 관리
8. 수업 리더십의 관리
9. 다양성의 관리
10. 책임의 관리
11. 협력의 관리
12. 성찰의 관리
13. 학습공동체의 관리

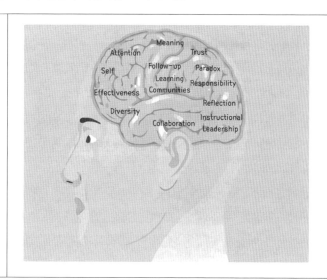

## 관심의 관리

*관심*의 관리는 학교에서 사람들을 결속시키고, 진행되고 있는 일들에 대한 권위의 합리적 근거를 제공하는 가치, 아이디어, 목적, 목표에 사람들을 집중시키는 능력이다. 리더들은 자신이 하는 말과 보상하는 것, 시간을 투입하는 것, 중시하는 행동, 그리고 의사결정에 대한 논리 제시를 통해 관심을 관리한다.

리더들은 학교의 목적을 명료하게 하고, 합의를 이끌어내며, 몰입할 수 있게 하는 행위(혹은 실행)의 지속적인 흐름으로 정의되는 **목적화**(purposing)[27]를 실행한다 (Vaill, 1984). 목적화는 리더의 비전과 학교 구성원 간에 공유된 합의사항을 포함한다. 성공한 학교에서는 구성원들의 합의 및 공유 수준이 높다. 학교구성원들의 존재 의미와 그들이 성취하기를 기대하는 것을 이끌어내는 것만으로는 충분하지 않다. 따라서 리더는 공생을 위한 가치 체계를 상징하고 의사결정과 행위의 근거를 형성하는 결속력 있으면서 견고한 합의를 이끌어내기 위해 지속적으로 노력한다(Green, 2010; Sergiovanni, 1992).

## 의미의 관리

*의미*의 관리는 교사, 학부모, 학생들의 삶이 유용하고 현명하며 소중하다는 것을 발견하도록 그들을 학교와 연결해주는 능력이다. 평범한 일상적인 학교의 일도 소중한 것이다. 늘 행해지는 학교의 평범한 일조차 그들(교사, 학부모, 학생들)이 누구인지, 왜 학교에 있는지, 왜 학교는 그들을 필요로 하는지, 그리고 그들의 학교 참여는 왜 가치가 있는지를 정의하는 더 커다란 목적과 의미에 연결되어 있다. 한편, 어떤 수준에서건 학교 리더가 개별 구성원들의 장점 및 관심을 파악하고, 더불어 그들이 누구와 일하고 봉사하는지를 아는 것은 매우 유익하다(Green, 2010). 관심 및 의미의 관리는 공히 다음의 질문들에 답을 준다. 우리의 우선순위는 무엇인가? 우리가 서로에게 기대하는 헌신은 무엇인가? 그 헌신들은 왜 중요한가? 그 헌신들을 우리가 하는 일상적인 것들과 어떻게 연결할 것인가? 이러한 질문들에 대한 답들은 사람들을 서로 연결

---

27) 어떤 것(예: 의도되거나, 원하는 결과)이 존재하거나 끝나게 되는, 만들어지거나 사용되는 이유에 대한 합리적 근거.

하고 학교에 연결시키며, 희망과 헌신을 구축하는데 관계하도록 하고, 그리고 시민성과 학구적인 참여 수준을 높이는데 관여하게 한다. 이로써 구성원들 간에 학생들의 학습력 향상이라는 합의된 목적을 갖게 된다(Green, 2010).

## 신뢰의 관리

*신뢰*의 관리는 믿을 수 있고, 정당하며, 정직하게 보일 수 있도록 하는 능력이다. Bennis(1989, p. 21)가 말하기를 학부모, 교사, 학생들은 리더가 하는 것을 좋아하든 혹은 좋아하지 않든 간에, 그들은 리더가 어디서 왔는지, 무엇을 위해 그 자리에 있는지, 그리고 왜 그런 일을 하는지 항상 알고 있다는 것을 전달하기 위하여 *항상성(constancy)*이라는 용어를 사용한다. 의사결정을 하는 것만으로는 충분하지 않으며, 리더들은 결정 내용을 설명해야 하고, 또한 그 결정들이 어떻게 학교의 심장박동과 연결되는지를 보여주어야 한다.

그러나 신뢰는 개인적인 자질 이상의 의미가 있다. 신뢰는 사회적 자본 발달의 핵심적인 요소이다. Coleman(1988)은 사회적 자본이 **인적 자본**(human capital)[28] 발달과 상관관계가 높다는 것을 발견했다. 이러한 발견은 최근의 Putnam(2000)과 Bryk and Schneider(2002)의 연구에서도 확인되었다. 특히, Bryk and Schneider(2002)는 학교에서 나타나고 학생들에게 유용한 관계적 신뢰(relational trust)의 정도와 이후의 학생들 학업성취 간에는 높은 관련이 있다는 강력한 사례를 제시하였다. 사회적 자본은 학습과 연관되어 있을 뿐만 아니라 학생 및 다른 사람들의 사회적 요구와도 관계가 있는 것으로 보인다. 만약 사회적 자본이 학생들에게 이용할 수 있지 않다면, 그들은 자신들의 하위문화와 규범들에 의존하여 스스로 사회적 자본을 창출해낸다. 그러나 흔히 그러한 규범들은 학생들의 학업성취를 방해한다.

---

28) 예를 들어, 학교에서는 더욱 많은 학습. 인적 자본은 조직의 개인이 보유한 기술, 지식 및 경험의 일체를 의미한다. 인적 자본은 조직에 창의성과 가치를 가져오기도 하며, 개인이 새로운 방식으로 행동할 수 있게 한다.

## 자신의 관리

*자신*의 관리는 자기가 누구인지, 무엇을 소중히 여기는지, 무엇을 믿는지, 왜 그런 행동을 하는지를 아는 능력이다. 리더의 행동이 다른 사람들에 의해 이해되고 존경을 받는 방식으로 옹호될 수 있을 때, 자기 자신을 잘 알고 있다고 할 수 있다. Green(2010)은 만약에 리더가 자신의 신념, 가치, 그리고 장점에 대해 명확한 이해가 없다면, 어떤 집단이나 조직도 성공적으로 이끄는 것은 어렵다고 설명한다. 자기관리의 중요성에도 불구하고 너무 흔하게 이러한 역량은 경시되고 있다. 자기관리는 실천 지능(practical intelligence) 없이는 그 누구도 습득이 쉽지 않지만 개발할 가치가 있는 일종의 예술과 같은 것이다. 여기서 실천 지능은 일들이 어떻게 돌아가는지를 아는 능력이자, 그 일들이 잘 돌아가게끔 하는 능력이다. 예를 들어, 인간의 본성에 대한 예리한 통찰력을 배양하고, 이러한 지식을 실천적인 방식으로 활용하는 것이다(Sternberg, 1996).

## 역설의 관리

*역설*의 관리는 서로 상충되는 것처럼 보이는 아이디어들을 함께 모으는 능력이다. 표준화에 대한 거부와 엄격한 표준에 대한 강조를 통합하거나 현장의 이견을 조율하는 것, 교사들에게 전문직 종사자로서 스스로 통제할 수 있는 권한을 부여하면서도 많은 것을 기대하는 것, 청소년들에게 엄격한 규율이 적용되는 안전지대를 제공하면서 독립성에 대한 요구를 들어주는 것, 교육의 전문적 자율성을 타협하지 않으면서 학부모들의 참여를 유도하는 것, 그리고 다양성과 혁신적인 아이디어 창출을 독려하면서도 공유된 공통의 가치로 구성원들을 함께 묶어주는 것 등이 역설의 예이다. 겉으로는 서로 모순된 것처럼 보이는 이러한 아이디어들은 구성원들을 단합시키고, 더 밝고 강하게 만들어서 더 큰 목적을 달성하게 한다. 역설의 관리는 리더의 직무수행에 대한 권위의 도덕적 의미로서 공동선(common good)의 아이디어, 가치와 비전에 기대를 걸 때 훨씬 더 쉬워진다.

## 효과성의 관리

**효과성**의 관리는 장시간에 걸쳐 성과를 개선할 수 있도록 학교에서 역량을 개발하는데 집중하는 능력을 말한다. 효과성 관리의 핵심 사항은 학교 성공(school success)이 구성원들에게 어떻게 이해되고 측정되느냐이다. 효과성이 잘 관리될 때 학교 성공은 기대한 결과 이상의 것을 얻을 수 있다. 학교 성공은 학습과 구성원 간 관계 증진도 의미한다. 학습은 교사들이 자신의 업무를 더 많이 알고, 성공에 이르는 더 좋은 경로를 창출하는 방법을 이해하며, 결과적으로 실천력을 향상시키는 역량을 구축하게 한다. 이전에 지적했듯이 구성원 간의 관계 구축은 교사들이 학습자 및 실천의 공동체로서 함께 가야 할 필요가 있다는 주장을 뒷받침한다. 다음의 3가지 질문들에 답함으로써 시도된 정책들의 성공 여부가 판가름 될 수 있다.

1. 성취된 것은 무엇인가? 그 결과들은 질적으로 우수한가? 성취 결과는 학부모 및 조직 구성원들에게 의미가 있는가?
2. 구성원들은 업무와 관련하여 무엇을 학습하고 있는가? 그들은 다음번에는 더 효과적으로 일을 할 수 있을 것 같은가? 그들은 학습한 것들을 어떻게 공유하고 있는가?
3. 모든 구성원은 실천공동체의 일원으로 함께 협업하는가? 모든 구성원은 서로 지원하고 돕고 있는가? 공동체는 자신들이 하는 일을 자랑스럽게 여기고 협업을 즐기는가?

구성원들 간에 신뢰가 먼저 구축되고 나서 비전이 요구된다. 그 다음에 전략이 나오고 이에 대한 구체적 실행계획이 이어진다. 그러나 성공하기 위해서는 그 다음 단계로 더 가야 한다. 전략과 실행계획은 일상적인 계획과 실행을 요구한다. 누가 무엇을, 언제까지, 그리고 누구와 함께할 것인가? 성공하기 위해서는 어떤 구체적인 연수가 필요할까? 현재 진행되고 있는 것을 현장에서 모니터링하고, 교실에서 당장 요청되는 전문성 개발 프로그램을 제공하기 위해 체계적인 장학이 요구된다. 예를 들어, 교사들은 도움이 필요하면 바로 그 즉시 현장에서 필요한 부분을 얻을 수 있어야 한다. 답변이 요구되는 또 다른 질문들은 "어떤 종류의 사정(assessment)이 요구되는가?", "실천계획을 현실화하기 위해 행해질 필요가 있는 모든 작은 일상 업무들에 대한 책임은 누구에게 있는가?"이다. 다시 말해 리더는 **추수 관리**(follow-up)에 유능할 필요가 있다.

흔히 리더들은 상세한 일들이 내려지면 싫증을 내며, 그 책임을 다른 사람들에게 돌리곤 한다. 학교 및 학교 구 리더십의 충실한 보완에 의한 추수관리가 없으면 그 어떤 일도 성공의 기준점에 도달하기 힘들다. 계획의 실행은 상세하고, 주의 깊은 지속적인 장학, 지원, 그리고 사정을 필요로 한다.

### 추수(追隨)의 관리

*추수*의 관리는 교장이 과업 실행에 매일매일 열심히 관여할 때 더 잘 이루어질 것이다. 예를 들면, 교장은 교직원 연수에 적극적으로 참여해야 한다. 교실 순시도 일상적으로 행해지는 교장 업무의 한 부분으로서, 교실을 방문해 무엇이 진행되고 있고 어떤 발전이 있는지 직접 점검할 필요가 있다. 추수 활동에 대한 책임은 공유될 수는 있지만, 누군가에게 위임되어서는 안 된다. 교장이 업무 실행과정의 중심에 있지 않고, 관리와 사정에서 핵심적인 역할을 수행하지 못한다면, 과업 실행의 질적 수준은 장시간 증발할 가능성이 크다. 교장은 학생의 학업성취도 향상을 위한 사전 계획과 함께 평가과정을 수립할 필요가 있다. 교사 리더십도 성공적인 추수에 매우 중요한 요인이다. 교사의 리더십이 적극적으로 개입되지 않는다면, 밖으로 드러나는 현상은 바꿀 수 있어도 실질적인 변화를 가져오는 것은 어렵다.

### 수업 리더십(교수-학습)의 관리

효과적인 리더는 현행 지식을 학습 및 인간발달에 적용하는 것을 촉진한다. 리더들은 모든 학생들의 요구를 충족시키는 수업 결정을 위해 데이터를 사용하는 학습자 공동체를 구축할 수 있다. 리더들은 데이터 기반 의사결정을 바탕으로 학생들의 학업성취도 향상을 위한 지원을 조정하는 교수학습 프로그램을 반드시 설계한다.

### 다양성의 관리

효과적인 리더는 민주사회에서 학교 교육의 윤리적·도덕적 명령이 가치 있는 환경을 구축함으로써 다양성을 관리한다. 공정하지 못한 대우와 형평성에 어긋나는 행위는 포착되고 제거된다(Green, 2010). 다양한 인종이 다니는 학교에서 학생들은 다양한 문화 및 사회적 배경을 지닌 학생들을 이해할 수 있다. 게다가, 학생들은 다문화 세상에서 살아갈 준비를 하게 된다. 학생들은 누군가로부터 배우고 서로 교류할 기회를 절대 박탈당해서는 안 된다.

## 책임의 관리

**책임**의 관리는 학교구성원들이 학교와 서로에게 헌신하게 하는 가치 및 목적을 내재화하는 것과 관련이 있다. 그동안 전문가들은 사람들을 동기부여 시키는 외적 보상과 내적 보상의 효력을 이야기해왔다. 이 2가지 보상은 "*보상을 받은 것은 이루어진다*"와 "*보람 있는 것은 이루어진다*"라는 널리 인정되고 있는 두 개의 동기부여 법칙을 구체화한 것이다. 현실에서 사람들은 3가지 법칙에 따라 동기부여 되는데, ㄱ 세 번째 법칙은 "*해야 할 의무로 느껴지는 것은 이루어진다*"이다. 사람들이 어떤 일에 대해 의무감을 느낄 때는 상황이 어려움에도 불구하고 잘 해낼 뿐 아니라, 설령 그 일을 하는 것이 쉽지 않더라도 해낸다. 이 세 번째 동기부여의 법칙, 즉 의무감은 이익이나 즐거움보다 강할 뿐 아니라 장기간에 걸쳐 지속해서 유지되기 때문에 중요하다.

이처럼 책임을 관리하는 가장 좋은 방법은 동기부여 요인으로 의무감을 불러일으키는 것이다. 구성원들의 의무감은 학교가 학습과 돌봄의 공동체일 뿐 아니라 책임의 공동체가 될 때 생긴다. 책임의 공동체에서 리더십은 다른 종류의 권위에 기초하는데, 그것은 내부의 목소리에 귀 기울이고 스스로 자기관리를 하도록 격려한다는 아이디어와 밀접한 관련이 있다. 리더를 단순히 추종하기보다는 헌신, 약속, 의무, 타당한 연구물, 건전한 원칙, 동의된 표준 등에 강조점이 주어진다. 책임의 공동체에서 강조되는 규범, 가치, 신념, 목적, 목표, 표준, 희망과 꿈 등은 도덕성에 기초한 리더십에 아이디어를 제공한다. 이러한 아이디어들은 모든 사람들이 일률적으로 이것을 따를 것을 강요하는 필사본이 아니다. 오히려 그 아이디어들은 사람들에게 심층적 이해, 의미, 그리고 의의를 제공하는 틀에 더 가깝다. 리더십이 도덕성에 기반을 둘 때, 리더십이 정신, 헌신, 그리고 결과에 미치는 영향은 강렬하기 때문에 학교가 헌신과 다짐으로 운영될 수 있도록 한다.

## 협력의 관리

협업의 관리는 모든 이해당사자들을 자기 동기화, 능동적인 탐구, 긍정적인 사회적 상호작용을 가치 있게 여기는 돌봄과 안전의 공동체를 구축하는 데 참여하게 하는 것이다. 그들은 다문화 환경에서 다양한 관점과 이해를 가진 사람들과 함께 일을 하며, 학생들의 학업성취를 향상시킬 수 있다(Green, 2010). 예를 들면, 학교에서 교장과 교직원들은 수업 전략과 학생의 수행에 대해 협의하는 공개적인 대화의 장에 참여하고, 지식과 배움을 공유하며, 주어진 과업을 완성하고 공유된 학교목표를 성취하기 위한 합의를 도출하는 과정에서 종종 팀을 이뤄 함께 협력한다.

## 성찰의 관리

효과적인 리더는 이미 보증된 미래의 교육 수행을 수정하기 위해 자신의 실천을 성찰하고 그 결과를 평가한다. 그들은 자신을 평가하고 자기개선을 위한 실행계획을 실천하는 능력이 효과적인 리더가 되기 위한 중요한 측면이라는 것을 깨닫고, 자기에 대한 이해를 높이기 위해 자신에 대한 지식을 모으고 분석한다(Green, 2010).

## 학습공동체의 관리

효과적인 리더는 혁신, 의사결정에의 참여, 지속적인 전문성 개발을 성원하는 활력이 넘치는 환경을 조성한다. 그들은 조직 전반에 리더십을 분산시키고, 조직의 목적 달성을 위해 구성원들이 서로 지원하도록 영향력을 행사한다(Green, 2010).

요약하면, 13가지 기본 역량은 아이디어 기반 리더십을 개발하고 활용하는 바탕이다. 이러한 역량의 활용은 리더십 권위의 원천을 관료적 요건과 리더 개인적 매력으로부터 목적, 가치, 이론 그리고 다른 인식 틀로 바꾼다. 이러한 특징적인 모습들이 이 책 전체에 걸쳐 설명될 것이다. 물론 관료적, 개인적 요건들이 도움은 되지만, 이것들이 무엇을 할 것인가를 결정하는 중심으로 자리 잡으면 안 된다. 이러한 역량들을 실행하고자 할 때, 큰 뜻을 품은 실천적 교장들은 오늘날 학교에서 여전히 학교 리더의 개인적 자질이 지나치게 중시되고 수업 실제에서 필요한 인지적 요구 측면이 경시되고 있다는 점을 깨달을 필요가 있다. 학교를 변혁시키는 성공적인 리더는 효과적인 수업 실행에 대한 분명한 지식을 갖고 있다. 성공적인 리더들의 학습과 그들이 알고 있는 학습이론들은 그들의 리더십 수행과정에서 분명하게 드러난다. 성공적인 리더들은 자신의 학습을 향상시키기 위해 전문성 개발 활동에 적극적으로 참여하고, 효과적 수업 실행, 과정, 절차에 관한 대화에 다른 사람들의 참여를 독려한다. 또한, 그들은 학교개선을 영향력 있는 교수−학습 지식이 배울 준비가 되어 있는 모든 개인에게 제한 없이 열려있는 학습 문화에서 일어나는 변혁의 과정이라고 이해한다(Elmore, 2003; Green, 2010; Green, 2013).

우리가 통상적으로 과정보다는 실질적인 결과가 중요하다고 인식할 때, 리더십은 더 강화되고 리더십이 의도한 바가 가장 잘 이루어진다. 예를 들어, 성공적인 학교 리더는 과정과 실질적인 결과 모두를 중시한다. 그러나 이러한 성공적인 리더들은 어떻게 일이 행해지느냐도 중요하지만 결국에는 우리가 무엇을 하느냐가 훨씬 더 중요하다는 것을 알게 된다. 이와 관련된 리더십 주제가 다음 장에서 논의된다.

## 목표는 팔로워십이다.

리더십을 목적화하는 것은 리더십이 어떻게 이해되고 실행되는지에 변화를 주기 때문에 중요하다. 현재 학교에서 자리 잡고 있는 리더십 목적화를 살펴보면, 먼저 팔로워가 되지 않으면 리더가 될 수 없다는 것이다. 팔로워십의 개념은 6, 7, 8장에서 더 논의될 것이다. '팔로워'가 된다는 것과 '부하'가 된다는 것의 의미는 매우 다르다. 부하는 관료적 권위, 때론 개인적 권위에 반응한다. 이에 반해 팔로워는 아이디어[29]에 반응한다. 따라야 할 어떤 중요한 것이 없다면 우리는 팔로워가 될 수 없다. 덧붙여 Zaleznik(1989)는 부하는 경영체제에 협조할 수 있지만 헌신하는 경우는 드물다고 제언한다. 이와 대조적으로 팔로워가 된다는 것의 상징적인 특징 중의 하나는 헌신이다. 진정한 팔로워는 조직에 헌신하는 사람이다. 팔로워들은 **기예적 지식**(craft knowledge)을 개발하고, 역량을 갖추고 있으며, 조직의 목적과 원칙을 지지하며 실현을 위

---

29) 의미 있고 가치 있는 생각들

해 최대한 노력한다. 그들은 때론 자신의 이익보다 더 중요한 대의가 있다는 입장을 받아들인다(Kelly, 1988). 개념 정의에 따르면, 팔로워들은 결코 작은 것에 얽매이지 않고, 보통 기대를 초과하는 성과에 헌신하는 것으로 특징지어진다. 이와 대조적으로, 부하는 단지 기대되는 것만을 할 뿐 그 이상의 것은 하지 않는다는 의미를 갖고 있다.

학교에 팔로워십이 활성화되면, 전혀 다른 종류의 계층구조가 나타난다. 교장, 교사, 학생, 학부모 등은 그들이 헌신하고 있는 공유된 아이디어와 개념들에 대한 동등한 위치의 '부하'임을 발견하게 된다. 결과적으로, 교사들은 교장의 지시 때문이 아니라 공유된 가치들에 대한 의무감과 헌신에 대해 반응하고 있음을 알게 된다. 이것이 바로 팔로워가 된다는 의미이다.

교장의 직무는 학교에서 팔로워십이 활성화되도록 돕는 일종의 목적화를 제공하는 것이다. 다음에 교장은 구성원들이 동의한 가치들이 일관성 있게 실행될 수 있도록 조건과 지원을 제공한다. 동시에 교장은 지속해서 공유된 가치들을 강조하고, 수호하며, 그리고 잘 실행되는지 감찰하는 특별한 책임을 갖는다. 이러한 상황에서 교장이 구성원들로 하여금 이러한 가치들을 지키는 책임을 공유할 수 있도록 하는 능력이야말로 리더십의 진정한 시험대라 할 수 있다. 이러한 리더의 역할에 대한 호소가 본서에서 목적화, 권한위임(empowerment)과 추동(enablement), 분노(outrage), 구성원들의 분노 유발에 의한 리더십 등으로 논의될 것이다.


## 권위의 균형

행정이 갖고 있는 지속적인 문제 중의 하나는 어떻게 구성원의 복종을 이끌어내느냐는 것이다. 이것은 교장의 핵심적인 역할이다. 불변하는 사실이지만 복종은 권위에 조응하여 일어난다. 그러나 모든 권위의 원천이 똑같이 파워가 있고 좋은 것은 아니다. [참고 1.3]에 제시된 바와 같이 이 책에서는 4가지 권위의 원천, 즉 관료적, 개인적, 전문적, 도덕적 권위에 대해 논의할 것이다. 학교가 효과적으로 운영되려면 4가지 권위는 모두 나름 수행해야 할 역할이 있다. 그러나 그 권위들은 서로 경쟁을 한다. 교장이 관료적 권위를 사용할 때, 그들은 리더십 발휘를 위해 규칙, 지침, 규정 등에 의존한다. 교장이 개인적 권위를 사용할 때, 그들은 리더십 발휘를 위해 자신의 인간관계 기술, 영리함, 꼼수, 정치적 노하우, 경영 및 심리 기술 등에 의지한다. 교장이 전문적 권위에 의존할 때, 그들은 교육현장을 가장 잘 설명하는 기예적 생각과 교육연구로 부터의 과학적 결과에 의해 타당화되는 기술적 합리성에 아마도 모든 사람이 따를 것이라 기대하며 전문적인 것에 호소한다. 교장이 도적적 권위에 의존할 때, 그들은 구성원들을 이념, 이상, 공유된 가치에 따르게 하고, 의무 이행, 계약 충족, 책임 수용을 통해 도덕적으로 행동하도록 요청하는 규범적 합리성을 전면에 내세운다. 모든 권위의 원천들은 중요하다. 그러나 행정의 묘미는 관료적, 개인적 권위를 경시하지 않으면서 도덕적, 전문적 권위가 제대로 발휘되는 방식으로 이 4가지 권위의 균형을 맞추는데 있다.

[참고 1.3] 4가지 권위의 원천

| 관료적 권위 | 개인적 권위 |
|---|---|
| 전문적 권위 | 도덕적 권위 |

## 리더십의 난제: 관리적 리더십과 도덕적 리더십 균형 맞추기

교장론에서, 리더십은 두 개의 경쟁적인 명제인 경영과 도덕의 명제를 조화시키는 도전에 직면해 있다. 이 두 명제는 서로 피할 수 없는 관계이고, 어느 한쪽을 경시할 경우 문제를 발생시킨다. 학교가 살아남기 위해서는 효과적이면서도 효율적으로 운영되어야 한다. 이를 위해서는 다양한 정책들이 적절하게 실행되어야 한다. 즉 예산이 수립되어야 하고, 수업 일정이 마련되어야 하며, 각종 리포트가 완성되어야 하고, 표준화된 시험이 시행되어야 하며, 각종 물품이 구매되어야 하고, 환경 미화가 이루어져야 하며, 학생들은 폭력으로부터 보호되어야 하고, 교실은 질서가 잡혀 있어야 한다. 이러한 정책들은 학교가 하나의 조직으로서 생존을 보장하는 필수적인 과업들이다. 그러나 Dufour and Dufour(1998)가 이야기한 것처럼 학교가 조직에서 제도(institution)로 변모하기 위해서는 하나의 학습공동체로 거듭나야 한다. 제도화는 오늘날 교장들이 직면하고 있는 도덕적 명령이다.

행정에서 도덕적 명령을 논의하고, 리더십의 중요한 가치로 목적화, 권한위임, 분노, 구성원들의 분노 유발을 제안하며, 전문적이고 도덕적인 방향으로 현저하게 기울어져 있는 학교에서 관료적·심리적·전문적·도덕적 권위의 원천 사이에 균형이 중요하다고 주장하는 것은 과정에 관한 관심보다 실질에 관한 관심에 확실히 우위를 둠으로써 종래 교장직을 '전문적 관리자'로 규정하는 개념에 도전하는 것이다.

위편에서, 학교 행정을 관리기술의 한 형태로 바라보는 관점은 기술적, 법적, 관료적 복잡성이 지속해서 증가하는 교육체제를 다루는데 필요한 경영 노하우와 조직 기술에 관심을 집중할 필요가 많아지면서 발전해왔다. 한편 아래편에서는 전문직주의가 교장 자신을 정치가, 교육자, 철학자로 인식하기보다 Abraham Zaleznik(1989)이 언급한 *경영의 신비로움(managerial mystique)*에 심취한 조직전문가로 자임하게 하는 결과를 종종 초래하였다. "이러한 '경영의 신비로움'은 발전하는 과정에서 관리자들이 아이디어, 사람, 감성, 직접 대화 등을 무시하고 과정, 구조, 역할, 간접적인 의사소통에 더 치중하게 하였다. 이러한 '경영의 신비로움'을 믿는 사람들에게 보상과 확신을 주기도 했지만, 교육 현실에서 실행되고 있는 실제 모습을 외면하게 했다"(p. 2). '경영의 신비로움'은 '올바른 관리기법(the right methods)'이 좋은 결과를 낳고, 기법 자체가 결과를 대리한다는 믿음을 강하게 지지한다. 그리고 경영 및 관료적 통제가 사람들의 단점을 극복하고, 생산성을 향상시키며, 통제 자체가 목적이라는 믿음을 갖고 있다. 예를 들어, 학교개선 계획은 학교개선을 위한 대체물일 뿐이다. 교사평가 양식에서 점수는 잘 가르친 것에 대한 대체이다. 과목 이수로부터 얻은 누적과 필수 전문성 개발 워크숍은 학교 실제에서 변화의 대체물이다. 훈육 계획은 학생 통제를 위한 대체물일 뿐이다. 리더십 유형은 목적과 실체의 대체이고, 우호적 태도는 동료문화의 대체이며, 협동은 헌신의 대체이고, 그리고 복종은 결과에 대한 형식적 대체물이다.

Zaleznik(1989)은 '경영의 신비로움'은 리더십과 정반대되는 개념이라고 주장한다. '경영의 신비로움'의 요체는 어떤 사람이든지 한 기업체를 잘 운영한 기업가는 다른 종류의 기업체도 잘 운영할 수 있다는 믿음이다. 그리고 조직의 공유된 목적이나 실체에 대한 것보다는 일반적인 경영 기법 및 인간관계 기술을 강조한다. Zaleznik는 조직에 공유된 목적이나 실체가 없다면, 리더십은 존재할 수 없다고 주장한다. "리더십은 이끄는 사람과 따르는 사람들을 똑같이 도덕적, 지적, 정서적으로 헌신하도록 결속시키게 하는 동의에 기반한다"(p. 15).

## 학교교육의 생활세계

다른 직업 세계의 사람들처럼 학교구성원들도 모두 좋은 학교를 원한다. 우리는 좋은 학교를 찾아내고 그들로부터 배우고, 그리고 좋은 학교의 숫자를 늘릴 수 있어야 한다는 데 동의하지 않는 사람은 없을 것이다. 게다가 학교와 주 정부의 교육에 대한 목표와 열망이 무엇인지 알고 있을 때, 자신의 학교가 현재 어느 위치에 있는지에 관한 정보를 학교관계자들과 대중들에게 제공하는 것은 합리적인 생각이라고 대부분의 사람들이 믿고 있다. 학교들은 개선을 추구하는 과정에서 다음 단계, 새로운 방향, 그리고 다른 조치들에 관한 계획을 수립하기 위해 이러한 정보들이 필요하다. 그러나 이러한 것들은 우리의 학교가 표준과 평가 사정에 관한 근본적인 활동에서부터 관여하지 않는다면 일어날 가능성이 없을 것이다. 여기서 각 학교가 근본적인 활동에 관여한다는 것은 먼저 "좋은 학교란 무엇인가"에 대한 훌륭하고, 실천적이면서 폭넓은, 현실적인 생활세계를 일컫는 개념을 확정하는 것을 의미한다.

'*生活世界(lifeworld)*'라는 용어는 약간의 설명이 요구된다(Segiovanni, 2000 참조). 철학자이면서 사회학자인 Jurgen Habermas(1987)로부터 차용된 개념인 **생활세계**는 학교 장면에서 학교 특유의 가치, 전통, 의미, 그리고 목적 등으로 생각할 수 있다. 최선의 상황에서, 생활세계는 학교의 숙원을 성취할 목적으로 취해지는 학교의 여러 조치를 결정하고 정당화한다. 생활세계는 학교의 문화를 규정하는 전통, 의식, 규범 등을 포함한다. 생활세계는 학교마다 다르고, 이러한 차이는 학교들이 독특한 특성을 개발하게 하는 토대가 된다. 학교가 자신만의 특성을 갖게 되면, 학생들의 지적, 사회적, 문화적, 시민적 요구를 받드는 학교의 역량이 신장된다. 이러한 학교의 특성은 학교가 좀 더 효과적일 수 있게 한다. 여기서 **효과성**은 광의로 정의하면 "높은 수준의 교육학적 사고에 도달하고, 배려와 예의바름으로 특징되는 인간관계를 발전시키며, 다양한 평가에서 학생 성과의 질이 향상되는 것"이다.

다수의 연구들(예를 들면, Block, 2008; Bryk, Lee, & Holland, 1993; Coleman & Hoffer, 1987; DuFour et al., 2006; Evans, 2012; Hill, Foster, & Gendler, 1990)에 의해 입증된 결론에 따르면, 독특한 가치가 중요하게 초점이 맞춰진 공동체로 작용하는 학교, 서로에게 배려하는 것이 규범인 학교, 학업과 관련된 일들이 중시되는 학교, 그리고 학부모, 교사 학생들이 공동선에 헌신할 수 있도록 **사회적 규약**이 잘 수립되어 있고 공유되는 학교는 생활세계의 가치들을 활용하여 놀랄만한 좋은 결과를 가져올 수 있다는 것이다. 특히 Evans(2012)는 이에 대해 "교사는 각본대로 선형적인 수업절차에 따라 단순히 지식을 전달하는 사람이 아니라, 필요에 따라 즉흥적으로 수업계획을 수정할 수 있는 능숙하게 상황에 적응하는 사람들"(p. 104)이라고 하였다. 학교의 생활세계와 효과성 간의 이러한 연계는 학교의 특성에 따른 권위의 확립이 어떠한 학교 효과성 방정식에서도 필수요소가 된다는 것을 말해준다.

## 효과적인 것 이상의 것

'좋은' 학교란 어떤 학교인지 정의하려고 애쓰는 것보다 '효과적인' 학교를 정의하기가 훨씬 더 쉽다. 효과성에 대해 더 의미 있고 포괄적인 개념 정의를 하는 대표적인 연구가 Sara Lawrence Lightfoot의 *The Good High School*(1983)이라는 책에 수록되어 있다. 그녀는 이 책에서 서로 다르지만, 좋은 6개 고등학교의 모습을 설명하고 있다. 그녀의 연구로부터 새롭게 떠오른 사실은 좋은 학교로 판정될 수 있는 단일의 지표들을 알아내기는 쉽지 않다는 것이다. 좋은 학교는 구성원들에게 효과적으로 봉사하는 방법을 창안해 내고, 목적과 목표를 다양하게 결합하며, 이러한 목적과 목표를 달성하기 위해 독특한 방법들을 사용한다고 Lightfoot은 발견하였다. 최근의 많은 연구들(Clifford, Menon, Gangi, Condon, & Hornung, 2012; Thapa, Cohen, Higgins－D'Alessandro, & Guffey, 2012)은 Lightfoot의 발견과 비슷하게 좋은 학교의 주요 지표들을 제시함으로써 그녀의 연구를 지지하고 있다. 또한, 좋은 학교들은 리더십 전략과 스타일을 독특하게 혼합하는 교장들을 갖고 있다. 좋다는 것은 전체와 목적에 관한 것이며, 학교의 특성에 이바지하는 독특한 특징과 필요에 대한 일종의 대응으로 나타나는 것이다. 좋은 학교는 특정 학교와 그 공동체가 가치 있게 여기는 것으로부터 구축되고 발전한다. 따라서 외부로부터 부과된 조직구조나 지침이 아니라, 학교의 생활세계가 바로 이러한 광의적 관점의 효과성에 이르는 열쇠라는 것을 알 수 있다.

# 학교의 특성 구축하기

이 책의 중요한 주제 중의 하나는 학교문화가 중요하다는 것이다. 싫든 좋든 문화는 학교에서 생각하고, 말하고, 행동하는 것들에 상당한 영향을 끼친다. 특성은 문화와 비슷한 개념이지만 중립적인 개념은 아니다. 어떤 학교의 특성은 윤리적, 도덕적인 측면에서 내부 및 외부 사람들이 그 학교를 어떻게 바라보느냐와 관련되어 있다. 학교 특성의 구축 및 발전은 학생, 교사, 학부모, 행정가들 사이에 그리고 더 넓게는 외부 지역사회에 신뢰를 얻는데 매우 중요한 요소이다. Wilkins(1989)는 조직특성을 이해할 수 있는 구성요소로 "우리가 누구인가"에 대한 정체감과 목적에 대한 공통된 인식, 리더십의 공정성과 과업이 성공적으로 수행되도록 헌신하는 조직의 능력에 대한 구성원들의 믿음, 암묵적인 관습과 개인들의 네트워크 그리고 조직 외부의 다른 사람들과 협력하도록 구성원들 사이에 수용된 방식을 규정하는 독특한 문화적 속성 등에 주목하였다. 학교에서 행해지는 실행은 얼마나 믿을만한가? 그 학교의 신념은 얼마나 확고한가? 그 학교의 생각은 얼마나 정당한가? Wilkins는 목적, 신념, 그리고 문화적 속성이 "조직의 역량을 총체적으로 증진한다"라고 역설한다(1989, p.27). 그에게 있어, 신념은 조직특성의 중요한 요인으로 매우 특별하다. 만약 조직이나 리더십에 신념이 없다면 조직의 특성이 사라지는 결과를 초래한다. 신념의 구축은 조직의 특성을 복원하는 것이고, 신념의 강화는 조직의 특성이 증가하게 한다. 만약에 신념과 조직의 특성이 없다면, 그 조직과 구성원들은 탁월한 성과 이상의 결과를 얻을 수 없다. 그러나 신념이 있다면, 탁월한 성과 이상의 변혁이 가능하다. 교장들이 끊임없이 관리적 명령을 추구하더라도, 신뢰로운 실행과 확고한 신념 그리고 정당성을 추구하는 기질은 도덕적 명령의 결과이다. 이러한 도덕적 명령에 주의를 기울이지 않으면 조직의 특성이란 존재할 수 없으며, 조직특성이 없는 학교는 훌륭하지도 그리고 효과적이지도 않을 것이다(Sergiovanni, 2000, 2005).

# 민주적 가치에 대한 헌신

교육행정에서 행정업무가 지닌 피할 수 없는 도덕적인 성격, 특히 목적화(purposing)

와 공유된 가치의 형식으로 구현되고 **문화적 리더십**으로 표명되는 도덕적 권위를 세우려는 노력은 조작과 통제에 대한 중요한 의문을 제기한다. 문화적 리더십은 관료적, 심리적 권위보다 교장이 다른 사람을 움직일 수 있는 더 강력한 지렛대를 제공할 수 있다. Lakomski(1985)는 다음과 같은 의문을 제기한다.

> 좀 더 강력한 이의 제기를 하자면, 만약 학생들의 견해와 의견 등을 포함한 학생들의 문화에 관한 학습과 문화적 분석을 교장과 교사들이 효과적인 학생 억압의 권력적인 수단으로 활용한다면, 이러한 방법은 학생(과 다른 억압받는 집단들)의 교육활동에의 민주적 참여를 방해하는 교묘한 수단 중 하나일 뿐이다. (p. 15)

Lakomski의 이러한 주장은 교사뿐만 아니라 다른 사람들에게도 적용될 수 있다. 게다가 문화적 리더십은 학교가 직면하고 있는 다양성, 정의, 평등과 관련된 많은 문제들을 은폐하는 강력한 무기가 될 수 있다. 문화적 리더십에는 내재적으로 민주적인 그 어떤 것도 들어있지 않다. 사실, 문화적 리더십의 실체를 무엇으로 보느냐에 따라서 민주적 가치를 지닐 수도 있다. 합의의 구축과 공유된 가치에 대한 헌신은 불만족한 상황을 약간 개선하고 이견을 잠재우는 도구에 지나지 않을 수 있다. 결국, 각 학교의 합의 및 공유된 가치는 모두 똑같은 것이 아니며, 학교공동체의 '중심'(center)을 표상하는 가치들은 학교마다 달라 서로 호환될 수 있는 것들도 아니다.

문화적 리더십은 목적을 달성하고 비전을 구체화하는데 이용 가능한 기술(technology)로 활용될 수 있거나 혹은 미국의 민주주의 전통에서 발견되는 일련의 기본적인 가치들을 존중하는 수단으로 이해되고 실행될 수 있다. 예를 들면, 학교공동체를 표상하는 기본 가치가 효율성, 효과성, 그리고 수월성과 같은 것들인지, 아니면 이러한 가치들은 단지 정의, 다양성, 평등, 선의라는 목적 가치를 위한 수단에 지나지 않는지에 따라 학교 차이가 발생한다. Clark and Meloy(1984)는 '독립선언문'을 후자의 관점에서 관료제를 대체할 수 있는 학교관리를 위한 은유로 제안한다. 이 은유는 학교경영이 모든 사람에게 구성원들의 동의를 기반으로 평등, 삶, 자유, 행복추구와 같은 가치를 지지하고 보장한다는 메시지를 던져준다.

학교에서 민주주의에 대한 논의는 늘 환영을 받는다. 그러나 Quantz, Cambron-McCabe, and Dantley(1991)가 지적한 바와 같이, 민주주의는 과정

(process)과 실질적 결과(substance)가 늘 함께 이해되는 것은 아니다.

종종 민주주의를 단순한 과정으로 혼동하는 경우가 있다. 즉, 의사결정 과정에 구성원의
참여만 있으면 그것은 민주적이라는 것이다. 그러나 우리는 민주주의란 과정과 목적, 2가지 모
두를 함축하며, 종종 모순적일 수 있지만 분리될 수 없다고 주장한다. 우리는 민주적인 과정이
비민주적인 결과를 정당화할 수는 없다고 믿는다. 예를 들면, 우리는 다수가 찬성한다고 해서
인종차별과 성차별을 정당화할 수는 없다. 민주주의를 위한 이러한 이중적 준거 판별이 간단하
거나 깔끔하지 않고, 때론 민주주의라는 이름으로 양립할 수 없는 것들 사이에서 선택을 강
요당하기도 하지만, 우리는 그 문제에 접근할 뾰족한 방안이 없다고 생각할 수 있다. 다시 말
해서, 비록 민주적 권위가 모든 특정 사례에 적용될 수 있는 분명하고 명쾌한 청사진을 제공해
주지 못할 수도 있지만, 학교행정가들이 지적, 도덕적 의사결정을 하는데 일반적이고 실행 가
능한 방향을 제공해줄 수는 있을 것이다. (p. 6)

학교에서 도덕적 리더십의 난제 중 하나는 사람들이 의사결정 과정에서 개인적 이
익을 추구하지 않게 하는 데 있다. 우리는 승자가 될지 패자가 될지에 상관없이 평가
방침, 훈육절차, 수준별 분반, 장학전략 등을 논의하고 결정할 수 있을까? 예를 들어,
학생훈육을 위해 통상적으로 학생을 교장실로 보내는 것이나 동질집단별 분반을 하는
것은 교사들에게는 이익이 될 수 있지만, 학생들에게는 그렇지 않을 수도 있다. 책무
성을 묻기 위해 모든 교사에게 똑같은 방식으로 가르치도록 요구하는 것은 교사의 책
무성을 유지하는데 교장에게는 좋을 수 있지만, 자신에게 의미 있는 방식으로 가르치
고 싶어하는 교사들에게는 그렇지 않을 수도 있다. 학부모의 학교 거버넌스 참여를 제
한하는 것은 몇몇 학교관리자의 골칫거리를 줄여주겠지만, 학부모의 학교참여권 자체
를 박탈하는 것이다. 이러한 상황에서 무엇이 정의(just)로운 것인가? John Rawls
(1971)는 이러한 상황에서의 결정은 어떤 대안이 공정한지를 모르는 소위 '무지의 장
막'(a veil of ignorance)이라는 상태에서 선택하는 사람들에 의해 이루어져야 한다고
제안하였다. 이 생각은 우리가 우리 자신에 대해, 즉 성별, 인종, 지위, 재능 등에 대해
아무것도 모르는 상태를 가정한다. 다시 말하면, 우리는 우리가 흑인인지 백인인지,
교장인지 교사인지, 학생인지 보호자인지, 학부모인지 교사 조력자인지 등을 모르는
상태를 말한다. 우리의 정체성은 '무지의 장막'이라는 상태를 벗어날 때만 드러난다.

Rawls는 우리는 우리가 누구인지와는 상관없이 이런 방식으로 원칙을 세우고 의사결정을 할 수 있다고 주장한다. 편견이 줄어듦에 따라, 원칙은 좀 더 공정해지고 정의로운 결정이 내려질 가능성은 높아진다.

## 시간, 감정, 초점

교장직에 열망이 있는 사람은 누구나 일에 열중하는 것이 좋을 것이다. 이러한 주장은 아마도 "*성공적인* 교장이 되기를 열망하는 사람은 누구나 일에 열중하는 것이 좋겠다"로 수정되어야 할 것이다. 성공은 대가를 요구한다. 예를 들어, 이와 관련된 다음의 진술을 생각해보자.

> 수월성에 대한 열정은 크게 생각하고, 출발은 작게 한다는 것을 의미한다. 수월성은 원대한 목표와 강렬한 실용주의가 만났을 때 일어난다. 이것은 거의 진실에 가깝다. 수월성에 대한 열정은 대가를 요구한다고 우리는 믿는데, 이것을 간단하게 기술하면, "수월성에 대한 모험은 심장이 약하면 할 수 없는 엄청난 열정을 요구한다는 것이다".
>
> 모험? 맞는 말이다. 모험한다는 것은 일상적으로 이루어지는 일이 아니라, 개인의 엄청난 헌신을 요구한다. 10억 달러 가치의 기업이든 아니면 3인으로 구성된 소규모의 회계 부서이든 상관없이, 수월성이라는 것은 의심과 두려움에도 불구하고 온 신경(그리고 열정)을 집중하여 다른 사람들(즉, 고객과 동료들)에게 면대면으로 다가가는 사람들에 의해 얻어지는 것이라는 것을 우리는 알고 있다. 수월성을 추구하는 사람들은 이러한 행위가 탁월한 성과를 얻기 위해 치러야 할 공정한 거래라고 인식하고 사무실의 문, 위원회, 또는 다른 직원들 뒤에 숨지 않는다. 최근 "나에게 있어서 평균적으로 생각하는 것은 지옥을 두려워하는 것에 지나지 않기 때문"이라고 어떤 동료 학자가 설명한 것처럼, 수월성을 추구하는 사람들은 최고가 되고 싶은 열망이 있으므로 애정을 갖고 앞에 나서고 결과에 있어서 차이를 만들어낸다. (Peters & Austin, 1985, p. 414)

높은 수준의 성과를 가져오고 학교를 변혁시키는 리더들과 그들의 노력에 관한 연구는 몇 가지 성공 요인을 말해준다(Brown, 2012; Green, 2010; Vaill, 1984). 고수준의 성과를 보이는 리더들은 팔로워들을 잘 알고 이해하며, 엄청난 시간을 투입하고, 리더십 과업을 다른 사람들과 공유하며, 조직의 목적 달성에 대한 강한 감정을 갖고 있고, 교육과정과 교수활동에 능동적이고 협력적으로 관여하며, 사람들과 공식적·비공식적으로 많은 상호관계를 구축하고, 핵심적인 이슈와 변수들에 집중한다(Brown, 2012; Green, 2010; Vaill, 1984). 요약하면, 고수준의 성과를 보이는 리더들은 과업에 많은 시간을 투입하고, 사람들의 감정을 잘 이해하고, 중요한 부분에 집중한다. 어떠한 경우에도 이 3가지 요인은 공통적으로 함께 나타난다(Vaill, 1984). 우수한 리더들은 많은 시간을 투입함으로써 어려운 일도 두려워하지 않는다는 것을 보여준다. 그러나 그들은 자신들의 시간을 다양한 것들을 하는데 분산시키지 않고, 그들의 노력을 다른 것보다도 조직의 성공에 좀 더 분명하게 중요한 특성적인 것들과 가치들에 집중한다. 게다가 차갑고 계산적이고 객관적이며 조직에 대한 애정이 없는 관리자들과는 달리, 이들은 사람들에게 깊이 영향을 미치는 어떤 열정을 조직에 불어넣는다.

교장직과 학교 리더십에 대한 광범위한 연구를 통해 Greenfield(1985)는 교장들이 자신의 업무에 대해 더 열정적이고, 성취하고자 하는 것들에 대해 더 명확하며, 학교 교육의 개선을 이끌어내는 지식을 탐색하는데 좀 더 과감할 필요가 있다는 결론을 내렸다. Greenfield는 열정을 "자신이 달성하고자 하는 것의 가치를 믿고, 일상적인 활동에서 목적을 실현하는데 헌신하는 것을 보여주는 것"이라고 말한다(p. 17). 명확한 목표와 결과는 과정, 절차 및 기타 달성 수단에 관한 유연한 몰입이 수반되어야 한다고 Greenfield는 주장한다. 즉, 목표와 결과에 대한 명확성과 더불어 목표실현을 위한 과정, 절차, 수단 등에 유연성이 요구되어야 한다는 것이다.

Colvin(2007), Hess and Kelly(2007), Leithwood, Louis, Anderson, Wahlstrom (2004), 그리고 Portin(2004)은 최근의 연구에서 교장을 인사, 학생, 외형적인 발전 및 재정 관리자로, 장기계획 개발자로, 학교에 대한 국가 및 지역사회 수준의 지각에 영향을 미치는 사람, 그리고 교육과정과 학업 성과를 변화시키는 수업 리더로 묘사한다. 이 중에서도 **교수 리더십** 발휘가 교장의 가장 중요한 책임이라는 경험적 증거가 있다 (Leithwood et al., 2004).

마지막으로, 좋은 교장이 되고자 하는 사람은 누구나 리더로 사는 삶을 인도해주고 헌신할 수 있는 자신이 중시하는 가치 혹은 개인적인 비전에 대한 이해가 요구된다. 이에 대해 Green(2010)은 다음과 같이 이야기한다.

학교 리더들이 학교의 개인과 집단들과의 상호작용을 촉진하고자 할 때, 그들은 서로 다른 상황과 사람들의 개성으로 인해 도전에 직면하게 된다. 그러한 도전을 헤쳐나가기 위해 그들에게 필요한 것은 자기 자신과 이끌어가야 할 사람들에 대한 깊은 이해이다. 자신의 강점, 가치, 믿음 그리고 다른 개인적 특성에 대한 이해는 분명한 목표 비전을 갖게 하고, 자신의 행동이 다른 사람의 행동에 어떻게 영향을 미치는지 알 수 있게 해준다. 이러한 부분에 대한 지식과 이해를 통해 학교 리더들은 섣부르게 짐작하여 일반화하는 생각과 행동을 삼가게 되며, 개인적 가치의 내면적인 힘과 밖으로 표출되는 행동 간에 균형을 유지할 수 있다. (p. 25)

Barth(1990)는 그의 리더십 연구에서 이에 대해 다음과 같이 진술하고 있다.

학교의 관찰자들은 교사, 교장, 학생의 삶이 간결함, 파편성, 그리고 다양성으로 특징지어진다는 결론을 내렸다. 예를 들어, 통상적으로 하루 동안 교사나 교장은 매일 사람들과 700번에 이르는 상호 작용을 한다. 많은 학부모들도 마찬가지이다. 개인이 갖고 있는 비전은 다른 사람들을 알아차리고 파악하여 대응하는데 활용하는 틀을 제공한다. 좀 더 중요한 것은 이러한 생각의 틀이 학습자와 리더로 구성된 학교공동체 중심부에 자리하고 있으며, 학교에서 매일 일어나는 수백 가지 상황에 대응할 수 있도록 로드맵을 아주 사려 깊은 방식으로 제공하고 있다는 것이다. 만약에 비전이 없다면, 마치 화재 발생 시 불을 재빠르게 꺼야 바로 다음 불을 끄는 데 열중하는 행위를 해야 하는 것처럼, 우리의 행동은 반사적이고 일관성이 없으며, 근시안적일 것이다. 만약에 운이 좋다면 5년 내 우리 학교는 화재가 없겠지만 많은 변화도 없을 것이다. 여전히 걱정은 많고, 유머는 별로 없을 것이며, 리더십에도 진전이 없을 것이다. 어떤 교사는 이것을 다음과 같이 의미심장한 글로 썼는데, "명확한 목적의식이 없으면 우리는 길을 잃을 것이고, 학교생활은 단지 불만으로 가득 찬 빈 배에 불과할 것이다"라는 것이다. 이것을 뱃사람들은 "목적지가 없는 선원에게 더 이상 순풍은 없다"라고 표현하였다. (p. 211)

## 서번트 리더십

리더십의 커다란 비밀 중 하나는 구성원의 존경과 팔로워십을 요구하기에 앞서 먼저 조직의 목적 달성에 열성을 다하고, 조직의 목적 실현에 필요한 통상적인 과업에 매일 열심히 일하고 있는 조직의 구성원들에게 헌신하는 모습을 보여줘야 한다는 것이다. Greenleaf(1977)가 지적하였듯이 사람들은 "서번트로 입증되고 믿음이 가는 리더들로 선택된 개인들에게만 자유롭게 반응할 것이다"(p. 10). 이러한 관점을 반영하고 있는 것이 바로 *서번트 리더십*이다(Greenleaf, 1977).

서번트 리더십은 교장이 된다는 것은 무엇을 의미하는지를 잘 말해준다. 교장은 재직하고 있는 학교의 요구사항들을 '실행하는'(ministering) 책임이 있다. 그러한 요구사항들은 공유된 가치와 학교규약(school's covenant)의 목적에 잘 표현되어 있다. 교장들은 학부모, 교사, 학생들에게 도움을 주고 서비스 제공을 실행한다. 교장들은 구성원들이 리더가 될 수 있도록 그들 편에 서서 용기를 북돋아 주는 방식으로 리더십을 실행한다. 그리고 그들은 학교의 가치들을 강조하고 보전함으로써 실행한다. 이 같은 실행자로서 교장은 대의명분, 미션, 또는 이념에 심혈을 기울이는 사람이고, 이러한 명분에 봉사할 의무와 책무를 받아들인다. 궁극적으로 리더의 성공 여부는 구성원들에게서 나타나는 팔로워십의 질에 의해 결정되는 것으로 알려져 있다. 팔로워십의 질은 도덕적 권위가 관료적, 심리적 권위를 얼마나 대체했는가에 따라 결정되는 바로미터이다. Greenleaf(1977)는 이에 대해 다음과 같이 말한다.

모든 성취는 목적으로부터 시작된다. 그러나 모든 사람이 그렇게 하는 것은 아니다. 특별히 목적이 위험을 감수해야 하거나 달성하기 힘든 것이라면, 목적으로부터 시작하는 리더는 먼저 구성원들의 신뢰를 끌어내야 한다. 왜냐하면, 그 리더는 구성원들에게 위험을 감수할 것을 요구하기 때문이다. 구성원이 리더의 가치와 역량(판단을 포함하여)에 대해 확신이 없다면, 또한 리더가 고집스럽게 목적을 추구하는 끈질긴 정신을 갖고 있지 못하면, 그 리더들은 구성원들의 신뢰를 이끌어내지 못한다. (p. 414)

도덕적 권위가 리더십의 실천을 추동할 때, 교장은 동시에 리더 중의 리더, 이념의 추종자, 가치의 실행자, 그리고 팔로워십에 대한 서번트를 중시하는 사람이다.

# [1장 마무리 활동]

## 자신에 대한 이해

<<**안내사항**>> 이 장에서 논의된 내용에 대한 이해도를 높이고, 당신의 생각, 가치, 신념이 그 내용과 얼마나 관련되어 있는지에 대한 성찰을 위해, 다음 각각의 질문 혹은 진술문을 읽고 응답해 보세요. 답을 모색하는 과정에서, 이 장에서 논의된 내용을 리뷰하는 것이 도움을 줄 수 있을 것입니다.

1. 교장으로서, 당신은 권력과 통제를 어떻게 획득할 것인가? 권력과 통제가 팔로워들을 착취하는데 이용하지 않을 것이라는 확신을 주기 위해 당신이 취할 수 있는 행동에는 무엇이 있는가?

2. 교장이 효과적으로 학교를 운영하기 위해 융통성을 가질 필요가 있다면 재량권이 필요하다. 교장은 어떻게 재량권을 행사하고 그에 따른 도덕적 결과들에 어떻게 대처할 것인가?

3. 당신이 학교, 사람, 사회에 대해 일반적으로 갖고 있는 믿음은 무엇인가?

4. 당신이 가진 현재와 미래 학교의 리더십에 관한 개인적인 비전은 무엇인가?

5. 당신이 과거에 수행한 주요 결정들을 되돌아볼 때, 성공적인 결과로 이어진 결정들의 과정은 어떠했는가?

6. 오늘날 학교에서 도덕적으로 긴급히 필요한 것들에는 무엇이 있는가?

7. 당신이 좋은 것을 선호한다면 결정을 내릴 때 무엇을 활용할 것인가? 효율성, 효과성에 반대되는 좋고 의미 있고 가치 있게 할 수 있는 것에는 무엇이 있을까?

8. 당신은 성공하는 학교장이 되기 위해 얼마나 헌신하고 있는가? 일반적으로 말해서 현 직무에 대한 당신의 헌신은 직업에 대한 전반적인 헌신을 엿볼 수 있게 한다. 당신은 현재의 직무에 얼마나 헌신하고 있는가? 현재의 직무에 대한 헌신도를 알아보기 위해 다음의 [참고 1.4] 직무 헌신도 지표에 답하세요. 이 지표는 사람들이 자신의 직무에 대해 어떻게 느끼고 있는지를 측정하는 16개의 문항으로 구성되어 있다. 각각의 문항에 대해 자신이 생각하는 정도를 기입하세요. 점

수를 계산할 때, 역점수 문항은 6, 8, 9, 16번입니다. 합산한 점수는 최저 16에서 64인데, 64는 최고 수준의 헌신을 의미합니다. 직업에 대한 헌신도 점수는 높게 나오는데, 현재 직무에서 예상치 못한 어려움을 겪고 있어서 헌신의 정도가 낮고 점수 결과가 적게 나올 수도 있다는 점을 늘 명심하십시오. 여러분의 교장은 이 지표에 어떻게 응답할까요?

---

**[참고 1.4] 직무 헌신도 지표**

---

응답: 4-매우 그렇다, 3-그렇다, 2-그렇지 않다, 1-전혀 그렇지 않다.　　　1　2　3　4

1. 나에게 매우 의미 있는 중요한 것들은 나의 일과 연관되어 있다.　　　＿ ＿ ＿ ＿
2. 나는 근무시간 중이든, 이후든 대부분의 시간을 나의 직무와 관련된 것들에
　 사용한다.　　　＿ ＿ ＿ ＿
3. 나는 나의 직무를 잘 수행하지 못할 때 기분이 좋지 않다.　　　＿ ＿ ＿ ＿
4. 나는 일을 하지 않을 때도 나의 일을 생각한다.　　　＿ ＿ ＿ ＿
5. 나는 꼭 해야 할 필요가 없는 일도 꿋꿋이 할 것이다.　　　＿ ＿ ＿ ＿
6. 나는 나의 직무가 내 삶의 다른 측면을 방해하고 있다고 생각하지 않는다.　　　＿ ＿ ＿ ＿
7. 일을 잘 수행하는 것은 나에게 매우 중요한 의미가 있다.　　　＿ ＿ ＿ ＿
8. 나에게는 현재 하는 직무보다 다른 일들이 훨씬 더 중요하다.　　　＿ ＿ ＿ ＿
9. 나는 과중한 책임과 의무가 따르는 업무는 피한다.　　　＿ ＿ ＿ ＿
10. 나는 그 어떤 것보다 나의 일을 즐긴다.　　　＿ ＿ ＿ ＿
11. 나는 그럴 필요가 없는 경우에도 직무를 마치기 위해 연장근무를 한다.　　　＿ ＿ ＿ ＿
12. 나는 종종 잠자리에 누워 다음날 할 일을 생각한다.　　　＿ ＿ ＿ ＿
13. 나는 나의 직무를 수행하는데 가치 있는 능력들을 활용할 수 있다.　　　＿ ＿ ＿ ＿
14. 나는 나의 직무가 잘 진행되지 않을 때 우울함을 느낀다.　　　＿ ＿ ＿ ＿
15. 나는 나의 직무를 잘 수행할 때 기분이 좋다.　　　＿ ＿ ＿ ＿
16. 나는 내가 굳이 하지 않아도 될 일은 하지 않을 것이다.　　　＿ ＿ ＿ ＿

---

출처: 직무 헌신도 지표는 Becky Health Ladewig and Priscilla N. White(Department of Human Development and Family Life, University of Alabama)에 의해 개발된 직업 헌신도 측정 도구(Occupational Commitment Scale)를 수정·보완함

---

# 시나리오 분석

　<<**안내사항**>> 이 시나리오에서는 본 장에서 다루어진 개념들이 실제에서 어떻게 적용되고 있는지를 보여줍니다. 시나리오 뒤에 일련의 질문들이 제시됩니다. 시나리오를 읽고 난 후 각 질문에 답하세요. 질문들에 답하는 데 어려움을 느낀다면, 이 장의 주요 내용을 다시 읽어봄으로써 도움을 받을 수 있을 것입니다.

## TRI-STATE고등학교에서의 성찰적 실천: 도덕적 차원의 요구사항

### 자신과 타인에 대한 이해

　Tri-State고등학교는 미국에서 저명한 공립 고등학교 중 하나이다. 그 학교의 교육프로그램은 특수과정, 일반과정, 우등과정, AP 과정으로 구성되어 있다. 이 학교는 매년 다수의 국가 최우수 장학금 수혜 학생들(National Merit Scholars)을 배출하고 있다. 전국적인 뉴스잡지에 의하면, 이 학교는 미국에서 가장 우수한 성과를 보이는 학교 중 하나로 평가받고 있는데, 이러한 영예는 미국 내 모든 고등학교의 7% 미만에게만 주어진다.

　우등과정(honors program)에 들어가는 것은 복권식 추첨 방식으로 결정된다. 우등과정 학급의 학업성적 명성 때문에, 학부모들은 자녀의 우등과정 등록을 희망하며 며칠 동안 교육위원회 건물 앞에서 야영할 정도라고 한다.

　Pettis 교장은 이렇게 유명한 학업 공동체를 구축하는 데 매우 중요한 역할을 해왔다. 이 학교 유명세의 상당 부분은 그녀의 역할 덕분이라고 할 수 있다. 학교가 이렇게 특별한 명성을 유지하게 된 것은 대체로 그녀의 몫이었다. 그녀가 가진 강점은 좋은 학업 프로그램을 위해 충분한 자원을 확보하고, 특히 우등과정 및 AP 과정을 위한 훌륭한 교수진을 확보하는 데 있다. 이러한 과정들을 가르치는 교수진의 89%는 국가에서 인정하는 우수 교사자격증이나 상위 수준의 학위를 갖고 있다. 또한, 그녀는 자신의 전문성 개발도 열심히 하는데, 이는 학생의 성장 및 학업성취와 관련된 엄격한 표준에 관한 예리한 이해를 가진 것으로부터 알 수 있다. Pettis 교장은 효과적인 우등과정 운영에 대한 콘퍼런스에도 자주 참여한다. 그 결과, 매년 졸업생의 상당수가 아이비리그 학교로부터 많은 장학금을 받는다.

수년 동안 이 학교의 학업성취는 주로 우등과정과 AP 프로그램에 의존해왔다. 과거 여러 해 동안 이 두 과정에 있는 학생들의 학업 성취도가 굉장히 우수함으로써 이 학교의 유명세가 유지되어 온 것이다. 그런데 올해 주 교육부는 학교의 성과를 평가하는 새로운 방법을 발표했다. 새로운 평가방법은 학업 성취도와 더불어 학생의 성장에 근거해서 학교를 평가하겠다는 것이다. 따라서 이제 교장들은 다양한 학생집단들(예를 들어, 저소득층, 특수과정 등록생, 다양한 인종집단 특성별 집단)의 학업 성장 정도를 보여줄 것을 요구받고 있다. 각 학교의 교장은 공부를 잘하는 집단과 그렇지 못한 집단 간의 성적 차이를 줄이도록 요구받고 있다. Tri-State고등학교에 다니는 다수의 학생들은 우등과정이나 AP 과정에 등록되어 있지 않다. 학교 내에서 적어도 60%의 학생들은 이러한 우수한 학급에 속해 있지 않다. 과거 여러 해 동안 이러한 학생들은 주의 성취도 고사에서 좋은 성적을 내지 못했다. 그러나 과거의 평가방식에서는 이들의 낮은 성적이 학교순위에 크게 영향을 주지 않았다.

Pettis 교장은 주의 새로운 학교평가방식에 관해 이해관계자들을 교육하고자 지역사회 회의를 개최하고, 새로운 기준에 관한 정보를 알려주었다. 회의가 진행되는 동안 일반과정에 등록된 학생의 학부모는 그의 아들을 지도하는 선생님들이 우등과정이나 AP 과정을 지도하는 선생님들만큼 우수한 자격증을 갖고 있지 않다는 지적을 해 행정가들의 관심을 받았다. 또한, 그는 자기 아들이 듣고 있는 과목 중 적어도 2개 과목에서 대체교사들의 높은 이직률이 있었다고 지적했다. 그가 말하기를, 이러한 상황을 더욱 악화시킨 것은 학업이 지지부진한 아들에 대한 상담을 받고자 했을 때 교사나 행정가들이 별로 관심을 주지 않았다는 것이었다. 계속해서 그는 아들의 대학입학 관련 계획을 세우는 것과 관련하여 11학년 진학상담사의 도움을 충분히 받지 못했다고 지적하였다. 게다가 그는 지난 3년에 걸쳐 보관해 놓은 아들의 성취도 고사 결과를 보여주면서, 형편없는 시험성적으로 인해 대학진학에 대한 전망이 어둡다고 이야기하였다.

회의 후에 Pettis 교장은 자신의 집무실에 혼자 앉아 그녀가 여러 해에 걸쳐 우등과정과 AP 과정에 기울였던 투자에 관해 되돌아보았다. 그녀의 의도는 어떤 학생의 필요를 결코 소홀히 하려는 것은 아니었으나, 결과적으로 이러한 일이 일어난 것은 분명하다.

### 성찰적 질문과 시나리오 분석

1. 당신은 Pettis 교장의 마음을 어떻게 표현할 수 있을까?
2. Tri-State고등학교에 어떤 도전이 있다면, 그 도전은 리더십을 은유적으로 표현한 심장, 손, 머리의 결과인가, 아니면 이러한 3가지 요소를 합한 결과인가?
3. Tri-State고등학교에서 크게 불안요소로 다가오는 도덕적 차원의 요구사항은 무엇인가?
4. Pettis 교장이 성찰적 실천을 하고자 한다면, 표면화될 가능성이 있는 요인은 무엇인가?
5. 학교의 심장박동을 튼튼하게 하려면 당신은 어떤 조처를 할 것인가?
6. Pettis 교장의 리더십은 13가지 핵심역량 중 어느 것을 놓치고 있는가? 이 장에서 논의된 내용을 가지고 당신의 주장을 펼쳐보세요.

# 02

교장
리더십
이론의
새로운
지향

오늘날 학교장의 직무는 무엇인가? 교장은 어떤 역할을 하는가? 교장은 어떻게 시간을 보내는가? 교장은 어디에서 시간을 보내는가? 교장은 관리 업무를 수행하는가, 아니면 리더십 업무를 수행하는가, 아니면 둘 다 수행하는가? 교장은 임기응변적인 스타일을 사용하는가, 아니면 변혁적인 스타일을 사용하는가? 교장이 이끄는 학교의 풍토는 어떠한가? 교장은 모든 이해관계자가 의사결정 과정에 참여하고 비전과 목표 달성에 전념하는 학습자 공동체를 이끄는가? 이러한 질문들과 여타 질문들에 대한 답을 찾을 목적으로, 본 저자들은 본 교재의 2부에서 현재와 미래의 학교를 효과적이고 효율적으로 이끌기 위해 교장들이 알고, 할 수 있을 필요가 있는 것(기예적 지식[1])을 살펴볼 것이다. 또한, 교장들이 시간을 보내는 방법과 장소에 관한 정보를 제공해 주는 연구들을 검토할 것이다.

많은 단체들이 교장의 기예적 지식(craft knowledge)을 알려주고 있고, 그들의 역할과 책임을 주장하고 있다. 많은 경우(다 그런 것은 아니지만) 그 단체들은 기준, 역량 및 책무성 도구들을 사용하여 지식을 알려주고 역할의 중요성을 강조하고 있다. 전체적으로 볼 때, 최종적으로 교장직을 재정의하는 것과 교장이 자신의 전문가적 기예를 발휘하기 위해 사용해야 하는 접근법을 옹호하는 것으로 마무리한다. 이를 위해 2부에서는 다음과 같은 4가지 차원을 포함하는 이론, 즉 교장 리더십에 대한 새로운 이론을 제시한다. 그 4가지 차원은 자기 자신과 타인에 대한 이해, 조직 생활의 복잡성에 대한 이해, 관계를 통한 가교 구축, 그리고 리더십 모범 사례에의 참여 등이다. 이러한 4가지 차원의 원칙은 리더십에 대한 균형 잡힌 접근을 주장한다. 이 균형은 전통적인 관리적 업무와 교육적 리더의 업무, 기준 기반 접근법과 가치 기반 접근법, 그리고 직접 리더십과 간접 리더십 사이에서의 균형을 말한다. 본 교재 2부의 결론적인 장인 5장은 도덕적 공동체로서의 학교, 도덕적 공동체로서의 학교가 정의되는 방식과 그 특성, 그리고 도덕적 공동체가 학교에서 어떻게 달성되는지에 대해 언급한다.

본 교재의 2부를 마친 후에 독자들은 위에서 언급된 개념들을 대조할 수 있는 위치에 있어야 할 것이다. 이에 따라 독자들은 학교 리더십의 도덕적 명령(moral imperatives)[2]이 전문적 학습공동체에서 작동하는 과정에서 성찰적 실천을 통해 가장 잘 습득된다는 설명을 내놓을 수 있다.

---

1) craft knowledge, 구체적인 의미는 1장과 '용어사전'을 참고할 것.

2) 도덕적 차원의 요구사항들, '용어사전'을 참고할 것.

CHAPTER **02**

# 교장 직무의 현재와 미래

교장의 직무에 대해 우선 이 역할을 구성하는 과업과 기능 그리고 그것들의 상대적 중요도에 대한 여러분의 인식을 살펴보기로 한다. 여러분 자신이 필라델피아 근처 지역의 800명 학생으로 구성된 어떤 중학교 교장직의 지원자라고 상상해보자. 관리자로서의 전반적인 자격 증명과 교사로서 예전에 성공적이었던 당신의 배경은 충분히 인상적이어서 교장직 추천위원회가 당신을 상위 세 명의 후보 중 한 명으로 고려하고 있다. 당신은 해당 학교를 방문할 것과 그 직무에 적합한지에 대해 위원회와 교육감으로부터 면접을 받도록 요구받게 되었다. 위원회는 방문 준비를 돕기 위해 살펴보고자 하는 많은 분야 및 논의하기를 원하는 여러 문제들에 대해 당신에게 알려준다. 다음과 같은 것들이 있다.

- 교장의 주요 과업은 무엇이라고 생각하시나요?
- 중요도에 따라 그 과업들의 우선순위를 정해 보시오.
- 일일 및 주간 일정을 계획할 때 각 과업에 어느 정도의 시간을 할당할 것인가요?

당신은 면접을 위해 최대한 준비가 잘되기를 원할 것이다. 상기 질문들을 검토하고 자신의 생각을 적어보세요. 교장의 역할에 대한 인식과 학교 교육 구조의 일부로서 교장이 존재하는 주된 이유에 대해 일반적인 설명을 간략하게 작성하는 것으로 시작해 보세요. 이 일반적 설명 다음에 교장의 책임을 규정하는 것으로 생각되는 역할 및 과업 영역을 목록화해 보세요. 교육과정 및 프로그램 개발, 수업 장학 및 평가, 학생 훈육 등이 당신의 마음에 떠오를 수 있는 과업 영역의 예일 것이다. 목록을 검토할 때 당신에게 중요한 순서대로 과업을 정렬시켜 보세요. 그 다음, 평균 근무시간 안에서 당신에게 가용한 시간의 100%를 사용하여, 이번 교장 자리를 얻게 될 경우, 각 영역에서 소비하려고 할 시간의 백분율로 그 과업들을 배분해 보세요.

교장직의 책임, 역할, 그리고 과업을 깊이 생각할 때, 당신은 아마도 이상적인 학교의 관점에서 생각해 왔을 것이다. 그리고 당신은 무엇이 중요한지에 대한 인식과 당신이 생각하기에 교장이라면 *마땅히 해야 할 것*을 설명해왔을 것이다. 그러나 당신의 이상적인 관점은 교장들이 실제로 하는 것의 현실과는 꽤 다를 수 있다.

# 교장직 역할의 정의: 이상 대 현실

교장의 역할과 책임에 대한 정의는 시간이 지남에 따라 변해왔다. 전통적인 정의는 학교가 잘 운영되게끔 하기 위해 강조되어야 하는 행정 과정과 기능에 초점을 맞추었다. 예를 들어, 효과적인 교장은 기획, 조직, 지휘 및 통제의 책임이 있다. *기획*이란 학교의 목적과 목표를 설정하고, 이를 실행하기 위한 청사진과 전략을 개발하는 것을 의미한다. *조직*은 확인된 목표를 효율적으로 달성하기 위해 필요한 인적, 재정적 및 물리적 자원을 한데 모으는 것을 의미한다. *지휘*는 하급자들을 지도하고 동기를 부여하며 감독하는 것과 관련이 있다. *통제*는 교장의 평가 책임을 말하며, 업무 수행 검토 및 조정, 피드백 제공 혹은 목표 달성 기준을 따르는 것을 포함한다.

점차적으로 과업과 역할의 목록이 기준과 역량에 자리를 내주게 되었다. 21세기 교장들의 역할과 책임을 알려주는 기본적인 기준은 학교리더자격인가협의회(Interstate School Leaders Licensure Consortium)의 6개 기준이다(ISLLC, 2008). 이러한 직무수행 기준은 모든 학생을 사회적 및 정치적 민주주의 아래에서 생산적인 시민이 되고, 삶을 살고 일할 수 있도록 준비시키기 위한 협력적 환경을 조성하고 역량을 구축하는 데 있어서 교장이 사용할 수 있는 구조적인 틀을 제공한다.

교장이 역량을 갖추어야 할 필요가 있는 영역을 다양한 단체들이 확인해 왔다. 많은 문헌으로부터 효과적인 교장이라면 마땅히 할 수 있어야 하는 것을 기술하고 있는 13개의 핵심역량이 확인되었다. 제1장에서 논의된 이러한 역량은 새로운 개혁 운동으로 인해 학교장에게 요구되고 있는 기술과 자질의 유형을 알려준다. 그 13개의 핵심역량은 리더십의 깊이와 핵심역량이 기술하고 있는 행동을 드러내 보이는 교장의 파워에 대해 말해 준다. 많은 전문적 단체들은 21세기 교장들이 이러한 13개 영역에서 유능할 필요가 있다고 주장하고 있어서, 그 영역에 관해서는 본서 전반에 걸쳐 언급할 것이다.

직무수행 기준과 역량 외에도, 교장 직무를 정의하는 방법으로서 학교에서 교장들이 달성해야 할 것들에도 강조점이 주어지고 있다. 이러한 추세의 이면에 있는 생각은 학교가 추구하고 학생들이 달성해야 할 성과를 결정하려는 것이다. 그러나 성과를 결정하기 위한 세부적인 과정에 대해서는 주의를 많이 기울이지 않는다. 아마도 학교장들이 성과 달성에 필요한 것은 무엇이든 해야 할 것으로 기대되고 있는 것이 아닐까 싶다. 이런 방식으로 직무를 정의하는 것은 교장과 함께 일하는 다른 사람들을 관료적 제한과 제약으로부터 자유롭게 하는 이점이 있다. 교장이 따라야 할 대본은 거의 제공되지 않는다. 교장이 해야 할 일의 목록은 최소한으로 유지된다. 이와 같은 결과에 대한 초점은 학교와 학교 구 목표 그리고 간혹 기준에 맞추어진 측정 가능한 개선 목표의 개발로 이어진다. 이렇게 되면, 일은 의도보다는 결과에 근거하여 평가된다(DuFour, DuFour, Eaker, & Many, 2006, p. 5; Hoy & Hoy, 2013; Rosenbach, Taylor, & Youndt, 2012; Schmoker, 1999).

그러나 성과 측면에서 교장의 역할을 정의하면 수단이 목적으로부터 분리될 가능성이 증가한다. 목적과 수단을 분리하는 것은 위험한 일이며, 학교에서 문제가 될 수 있다. 예를 들면, 모든 중요한 결과를 사전에 구체적으로 명시하기 어렵다. 이해하기 쉽고 평가하기 쉬운 결과를 명시하는 경향이 나타나게 된다. 결과적으로, 더 중요할지도 모르는 많은 다른 성과들이 간과된다. 게다가 효과적인 실천과 좋은 실천 사이에는 차이가 존재한다. 예를 들어 교장과 교사가 하는 일이 효과가 있을지 모르지만 올바르지 않을 수도 있다. 성과 접근법은 무엇이 옳은가보다는 작동되는 것의 관점에서 효과성을 정의하는 경향이 있으며, 이러한 경향은 중요한 도덕적 질문을 제기한다. 그럼에도 불구하고, 이 새로운 접근은 많은 이들이 진작에 취했어야 할 것으로 생각되는 교육적 일관성을 어느 정도 학교 리더십에 제공한다. Newmann과 그의 동료들은 **교육적 일관성**(instructional coherence)을 "교육과정, 수업, 평가 및 학습 환경에 대한 공통의 구조적인 틀(framework)에 의해 주도되고, 지속적으로 일정 기간 추구되는 학생과 교직원을 위한 일련의 상호 연계된 프로그램으로 정의한다(Newmann, et al., 2001: 297). 이 접근법의 성공을 위해서는 공통의 틀을 수용하고 사용하는 것이 중요하다.

# 두터운 비전: 가치기반 접근

일부 단점을 피하면서 교장의 역할을 정의하기 위한 성과 기반 접근 방식의 장점을 활용하는 한 가지 방법은 **가치기반 접근**(values – based approach)을 채택하는 것이다. 이 접근법이 사용될 경우 중요한 것으로 여겨지는 가정과 신념은 교장 및 기타 사람들이 해야 하는 것이 무엇인지를 결정하는 기반으로 구체화되고 사용된다. 가정과 신념의 구체적인 세부내용은 무엇이 좋고 나쁘며, 효과적이고 비효과적이며, 수용될 수 있고 없는지를 결정하는 기준을 제공해 준다. 때로 그 기준은 엄격한 연구에 의해 뒷받침되기도 하고, 어떤 경우에는 정보에 입각하여 높이 평가되는 기예적 지식(craft knowledge)에 의해 뒷받침되기도 한다. 그리고 다른 경우에는 그 기준이 철학적 입장, 가정, 판단의 추론된 표현이기도 하다. 교장의 역할을 정의하는 데 있어 가치기반 접근을 사용하면, 교장이 수행하기로 결정한 것이 수용 가능한 기준을 충족한다는 것을 확실하게 할 뿐만 아니라, 교육적 및 도덕적 건강을 규정하는 일련의 지표들을 학교에 제공한다.

가치 접근 방식은 두터운 비전(thick vision)[3]을 확인한 다음에 그 비전을 우리가 원하는 학교의 이미지로 변환한다. **두터운 비전**은 공식적인 사명 진술서(mission statements) 이상이고, 매혹적인 산문 및 영감을 주는 단어 그 이상이다. 두터운 비전은 무엇이 중요하고, 왜 중요한지, 그리고, 우리의 의무가 무엇이고, 우리가 가고자 하는 곳에 어떻게 도달할 수 있는지를 공식적으로 명시해 주는 작업 문서이다. 두터운

---

3) 무엇이 중요하고, 왜 중요한지, 의무, 그리고 조직 내 개인이 원하는 곳에 어떻게 도달하는지를 공개적으로 설명하는 작업 문서; 계약, 구체적으로 학교와 학교의 비전에 대한 교직원의 역할과 책무성을 설명하는 규약.

비전은 학교 및 학교의 비전에 대한 우리의 역할과 책임을 명시하는 계약, 심지어 규약(covenants)[4]이다. 두터운 비전의 이러한 이미지는 학교가 방향을 조정하는 데 도움을 주는 목표와 경로를 포함하며, 그 학교가 성공하기 위한 틀, 구조, 규범 및 기타 수단을 창출하는 데 도움이 된다. 두터운 비전은 교장이 이행해야 할 일련의 약속과 교장이 (교사, 학생, 부모 등) 다른 사람들이 해주기를 요청하는 일련의 약속들을 동반한다. 약속은 학교가 비전에 더 가까워지도록 하기 위해 각 구성원 집단들이 해야 하는 것들을 자세하게 포함하고 있다. 두터운 비전이 실천적이고 효과적이도록 하기 위해서는 그 구성원 집단들이 하는 일에서 비전을 구현하도록 의무화해야 한다. 또한, 교장의 업무에 대한 정보를 제공하는데 필요한 연구물을 모으고, 높이 평가받는 기예적 지식을 검토하며, 그 가치들을 목록화해야 한다. 두터운 비전은 우리가 추구하는 것에 대한 생생한 이미지를 제공하고, 거기에 도달하는 방법에 대한 통찰력을 제공한다. 두터운 비전은 교장이 해야 할 일, 학교가 해야 할 일, 그리고 그 비전이 실현되도록 하기 위해서 다양한 구성원 집단이 해야 할 일이 무엇인지를 언명함으로써 수행하게 한다(DuFour & Eaker, 1998). 가치기반 접근의 예는 전국중등교장협의회(National Association of Secondary School Principals, NASSP)에서 발행한 보고서, *서열 깨기 I, II(Breaking Ranks I and II)*과 *서열 깨기* 틀에서 찾아볼 수 있다.

## 서열 깨기(Breaking Ranks)

1996년 카네기 교육진흥재단(The Carnegie Foundation for the Advancement of Teaching)과 공동으로 전국중등교장협의회(NASSP)가 *서열 깨기: 한 미국 교육기관의 변화(Breaking Ranks: Changing an American Institution)*라는 보고서를 발표했다. 이 보고서는 교육 기준을 정의하기 위해 가치기반 접근방식을 사용하는 예를 제공한다. *서열 깨기*는 미국 고등학교를 변화시키기 위해 80개가 넘는 시행 권고안 목록을 제시했다. 이 보고서는 21세기의 고등학교는 더 학생 중심적이고, 무엇보다도 프로그램, 지원 서비스, 지적 엄격함에 있어 보다 더 개인맞춤형이 되어야 한다는 믿음에 바탕을

---

4) 어떤 공동체의 구성원들이 지키기로 맹세한 가치에 기반한 약속 혹은 서약

두고 있다(NASSP, 1996). 그 보고서의 작성자들은 일곱 가지 권고안의 달성을 염두에 두었다. 이 7가지 권고안은 <표 2.1>에 나타나 있다.

**〈표 2.1〉 전국중등교장협의회(NASSP)의 1996년 *Breaking Ranks* 보고서의 일곱 가지 권고안**

1. 모든 학생은 개인적인 성인 옹호자가 있어야 한다.
2. 카네기 단위[5]는 교체되거나 재정의되어야 한다.
3. 학생 익명성은 폐지되어야 한다.
4. 교사는 하루에 90명 이하의 학생을 만나야 한다.
5. 개인별 발전 계획이 모든 학생에 대해 개발되어야 한다.
6. 창의적이고 유연한 일정이 하루의 순서가 되어야 한다.
7. 모든 교장과 교사는 개인별 학습 계획을 수립해야 한다.

출처: NASSP *Breaking Ranks* Report of 1996, p. vi.

## 서열 깨기 II

*서열 깨기: 한 미국 교육기관의 변화*를 8년간 시행한 후인 2004년에 전국중등교장협의회(NASSP)에서는 Brown 대학교의 교육연합(Education Alliance)과 협력하여 *서열 깨기 II: 고등학교 개혁 선도 전략(Breaking Ranks II: Leading High School Reform)*을 발표했다. 이 프로그램 계획은 또한 교장 역할과 책임을 확인하는 가치 접근방식의 예이기도 하다. 이 문서에서는 미국의 고등학교를 변화시키기 위한 두터운 비전이 논의되었을 뿐만 아니라 미국의 고등학교를 두텁게 만드는 실행 전략도 논의되었다.

*서열 깨기 II*는 고등학교를 변화시키기 위한 31가지 권고안을 제공했는데, 각 권고안은 아래의 3가지 핵심 영역 중의 하나에 속하게 된다.

1. 협력적 리더십 및 전문적 학습공동체
2. 개인별 맞춤화(personalization)
3. 교육과정, 수업 및 평가

---

5) 미국 (중학교에서) 한 과목을 1년간 수료한 경우 주어지는 학점

같은 논점이 두 보고서 모두에서 모두 다루어졌지만, *서열 깨기 II*는 몇 가지 중요한 면에서 달랐다. 기존의 82가지 *서열 깨기* 권고안 중 많은 것이 통합되었으며, 교장의 통제를 넘어선 권고안은 삭제되었다. 두 번째 보고서에서의 강조점은 고등학교를 향상시키기 위해 수행되어야 할 일과 그것을 하는 방법에 관한 것이었다.

## *서열 깨기*의 틀

학교를 보다 학생 중심적으로 만들고 무엇보다도 프로그램, 지원 서비스, 지적 엄격함(intellectual rigor)에 있어 보다 개인별 맞춤형으로 목표 달성을 향한 15년간의 진척과 경과 후에 *서열 깨기 I, II*에서 얻은 지식과 경험 체계가 *서열 깨기* 틀(*Breaking Ranks* Framework)의 개발을 이끌었다. *서열 깨기* 틀은 전국의 유치원에서 고등학교까지의(K−12) 학교 리더들이 매우 도전적인 학업성취 결과에 학생들이 참여하는 것을 보장하는 실천사례를 채택하고 시행할 것을 권고한다(NASSP, 2013). 학교 운영에 대한 전통적인 접근방식과 달리하고자 할 경우, 교장이 다루어야 할 9가지 기본 요소가 그 기저에 놓여 있다. 9개 영역 중 전부는 아니더라도 많은 영역이 4장에서 논의되는 교장직에 관한 새로운 이론에 의해 뒷받침된다. 전국중등교장협의회(NASSP) 뿐만 아니라 새로운 이론은 학교 리더가 다음과 같은 영역에서의 변화를 고려해야 한다고 주장하는데 곧, (1) 리더십, (2) 전문성 개발, (3) 문화, (4) 조직, (5) 교육과정, (6) 수업, (7) 평가, (8) 관계, 그리고 (9) 형평성이 바로 그러한 영역들이다(NASSP, 2013). 이러한 영역에서의 변화는 교장이 **전통적인 관리**와 리더십의 한계를 극복하는 것을 가능하도록 해 줄 것이다.

요컨대, 가치기반 접근방식은 교장에게 자신의 책임을 상기시키고 자신의 학교가 어떤 모습으로 보여야 하는지를 비전의 관점에서 교장의 성공을 규정한다. 그 다음에는 그러한 비전을 추구하겠다는 공적 약속과 그 비전을 실현하기 위해 다양한 구성원이 해야 할 약속과 떠맡아야 할 의무가 뒤따른다.

## *서열 깨기* 학교 비전의 달성

*서열 깨기* 학교의 비전은 학교와 지역사회 내에서의 수많은 사려 깊은 대화들의

결과로 창출된다. 전국중등교장협의회(NASSP, 2004)는 *서열 깨기* 학교에 입학하면 다음 사항을 관찰할 수 있을 것이라 주장한다.

---

1. 교수·학습의 정신이 학생 탐구, 성찰 및 열정에 의해 추동되고, 존중과 신뢰에서 유래된 문화를 반영하는 전문적 학습공동체

2. 어떤 학년 수준에 들어가더라도 전환 프로그램을 통해 가용한 기회에 친숙해지도록 허용되어 있으며, 최고 수준의 잠재력에 도달하기 위해 성취해야 할 것으로 기대되는 바를 이해하는 학생들

3. 학교와의 개인적인 연계 구축을 위한 토대를 마련하기 위해 교사 및 기타 교직원 구성원과 만남이 이루어지는 학생들

4. 각 학생의 개인적 필요에 대해 이해하며, 지적, 사회적 및 개인적으로 그러한 필요의 충족을 촉구하도록 고안된 계획을 실행하는 행정, 교수진 및 직원

5. 각 학생이 다음 사항을 적극적으로 행할 수 있도록 하는데 전념하는 행정, 교수진 및 직원
   - 개인적인 관점의 표명
   - 개인 및 집단 정체성의 창출
   - 선택사항의 검토를 통한 자신의 진로 경로 선택
   - 위험을 감수하고 효과를 평가
   - 자신의 상상력 발휘
   - (학업) 숙달 정도의 입증

6. 각 학생이 자문 프로그램, 활동 프로그램, 학생 전시 및 프레젠테이션을 통해, 또한 각 교실 및 일대일 및 집단 환경에서 자기 자신을 표현할 수 있는 여러 무대를 제공하는 행정, 교수진 및 직원

7. 각 학생이 소속감을 느끼고 친목을 도모할 수 있는 집단(프로젝트 집단, 자문 집단 등)을 제공하는 행정, 교수진 및 직원. 학생들은 개별적으로 또한 적절할 경우 집단 환경에서 탁월하고, 탁월성을 인정받도록 장려됨.

8. 정기적으로 학습의 숙달을 입증하는 프로젝트를 창조하고 개발하고 공개적으로 드러내 보여주며, 더 큰 학습 목표를 충족하는 데 필요한 기술과 지식에 직접 연계된 학생 활동 프로그램 및 서비스 학습 프로그램을 통해 자신들의 독창적인 재능을 보여주는 학생들

9. 교육과정을 통합하는 팀 교사들이 설계한 강좌, 세미나, 수업에 참여하는 학생들에 의해 주도되

---

는 학업적 성취

10. 모든 수업에서 글을 쓰고, 약점을 해결하면서 동시에 자신의 강점을 이용하여 다양한 관점에서 도전과제에 공격적으로 달려들 것이 권장되는 학생들

11. 개인별 성인 옹호자(Personal Adult Advocate) 프로그램을 통해 각 학생의 잠재력을 파악하는 행정, 교수진 및 직원. 이 프로그램의 주안점은 각 학생의 교육적 경험을 개인별로 맞춤화하기 위해 교사가 부모 및 멘토와 더 많은 시간을 주고받을 수 있고, 소수의 학생 집단에게 효과적으로 조언을 제공할 수 있도록 교사당 총 학생 수를 줄이는 것임.

12. 학생의 학업적, 사회적, 여타 열망과 요구를 상세히 기술하는 개별적인 개인별 발전 계획(Personal Plans for Progress)을 개발하고 점검하기 위해 학생들과 협력하는 성인 옹호자

13. 각 학생의 잠재력이 교실, 현장, 지역사회, 그리고 가장 중요하게는 학생들의 마음속에서 실현되고 있는지를 보장하기 위해 학생, 부모, 교사와 함께 협력하는 성인 옹호자

14. 학업이 정해진 기준을 충족할 때까지 자신들의 학업을 다시 할 수 있는 여러 번의 기회를 가지며, 교육적으로 도전받고 문화적으로 다양한 학생들을 포함한 이질적 집단으로 반 편성이 이루어진 학생들

15. AP(Advance Placement) 과정, IB(International Baccalaureate) 프로그램, 대학 학점 인정 과정, 인턴십 및 봉사 학습 기회 등을 기꺼이 도전하고자 하는 학생 모두에게 제공함으로써 각 학생의 개인적 욕구와 포부를 지원하는 엄격한 교육과정 운영

16. 모든 학생이 우등생 프로그램과 자신만의 특유한 업적으로 우수상을 받는 것이 가능한 조직 구조

*서열 깨기* 고등학교의 성공을 실현하고 그 성공을 현실로 만들기 위해 행해져야 할 것들을 이루기 위해서, 핵심 권고안은 역할 정의서(role definitions)와 실천을 위한 경로로 간주되어야 한다. 핵심 권고안은 앞에서 논의된 3가지 주요 과업 영역으로 분류된다. 즉, 첫째는 협력적 리더십과 전문적 학습공동체를 개발하는 것을 돕고 그런 다음 이를 지원하는 것, 둘째로는 학생들이 수용하고 성공하는데 필요한 개인별 맞춤화를 학생들에게 제공하는 학교 돌봄 문화의 개발을 돕는 것이고, 셋째는 교육과정, 수업, 평가 개혁에서 새로운 계획들을 주도하는 것이다. 그런데 이 3가지는 동의를 얻겠지만 행동으로 이어질 것 같지는 않다. 이들을 구현하는 데 필요한 권고안과 경로가 그러한 과업 영역에 추가될 때, 비로소 그 과업 영역은 행동을 이끄는 두터운 비전의

일부가 된다. 비전이 두터우면, 각 과업 영역은 선도적인 변화에 대한 책임을 공유하는 교장 및 기타 사람들을 위해 구역을 구분하고 길을 가리키는 구체적인 경로와 연결된다. 비전이 두터우면, 교사, 학부모, 교장 및 기타 사람들이 그 경로를 따라 이동하고 비전을 구현하기 위해 가져야 할 책임이 상세히 묘사된다. *서열 깨기* 권고안에 대한 자세한 설명을 보려면 www.principals.org 사이트를 방문해 보시오.[6]

## 표준 중심 접근

현재, 교장들은 표준,[7] 역량, 책무성 수단의 시대 속에서 학교를 이끌어 나가고 있다. 국가, 주 및 지역 표준이 학교 리더의 행동과 실천에 대한 정보를 알려주기 위해 고안되어 사용되고 있다. 새로운 역량 및 책무성의 수단은 이러한 표준과 연계되어 있으며, 교장 업무 수행의 효과성을 평가하는 데 사용된다. 이 표준들은 또한 대학에서의 준비 프로그램을 마치고 교장을 지망하는 이들이 21세기 학교를 이끄는 데 필요한 기술과 자질을 습득했다는 것을 보장하는 데 사용되고 있다. 새로운 표준, 역량 및 책무성 수단들은 리더십 준비 프로그램의 재설계와 개별 학교 리더의 효과성이 결정되는 방식을 만들어 왔다.

표준은 위협적일 수 있다. 표준은 객관성과 과학적 타당성으로 가득한 일종의 "황금 기준"(gold standard)의 이미지를 염두에 둔다. 그러나 당연히 그래야 하는 것에 대한 대부분의 처방들이 그러하듯이 표준은 객관적이지 않다. 표준은 전문가, 정책 입안자, 그리고 기타 사람들로 구성된 위원회의 판단을 나타낸다. 이러한 판단은 연구결과로부터 영향을 받고 정보를 제공받게 된다. 이러한 태도는 주관성이 개입될 여지를 상당히 남겨둔다. 이것이 바로 서로 다른 위원회가 종종 서로 다른 기준을 제시하는 이유이다. 그럼에도 불구하고, 교육행정에서의 표준화 운동은 일부 연구 전통이 말하는 효과적인 학교에 기여하는 교장 행동기준이라는 것에 근거를 두고 있는 것 같다. 이에 따라 표준은 전국에 걸쳐 학교 리더십 정책, 프로그램 설계와 시행, 교장 평가 등에 영향을 주고 있다. 이러한 이유들 때문에, 표준을 가볍게 여겨서는 안 될 것이다.

---

6) 현재는 폐쇄되어 있음.

7) 영어로 standard임. 개별적인 사안인 경우에는 '기준'으로, 집합적인 표현일 경우에는 '표준'으로 해석함.

## 리더십에 표준을 제공하는 단체들

교육행정에서 리더십 표준의 개발과 실행 방안을 제공하는 단체는 국가교육행정정책위원회(National Policy Board for Educational Administration, NPBEA)와 그 회원 단체이다. 다음은 국가교육행정정책위원회(NPBEA)의 회원 자격을 보유한 단체 목록이다.

- 미국교사교육대학협회(American Association of Colleges for Teacher Education, AACTE)
- 미국학교행정가협회(American Association of School Administrators, AASA)
- 장학및교육과정개발협회(Association for Supervision and Curriculum Development, ASCD)
- 주교육부장관협의회(Council of Chief State School Officers, CCSSO)
- 전국초등교장협회(National Association of Elementary School Principals, NAESP)
- 전국중등교장협회(National Association of Secondary School Principals, NASSP)
- 전국교사교육인증협의회(National Council for Accreditation of Teacher Education, NCATE)
- 전국교육행정교수협의회(National Council of Professors of Educational Administration, NCPEA)
- 전국교육위원회협회(National School Boards Association, NSBA)
- 교육행정대학협의회(University Council for Educational Administration, UCEA)

## 전국학교리더자격인가컨소시엄(ISLLC)의 표준

1996년, 주교육부장관협의회(Council of Chief State School Officers, CCSSO)는 전국학교리더자격인가컨소시엄(Interstate School Leaders Licensure Consortium, ISLLC)에서 제공한 학교 리더들에 대한 6가지 표준 목록을 채택했다. 이 표준은 리더십을 생산적인 학교 및 향상된 교육 성과와 보다 강력하게 연계시키기 위해 설계된 지식, 성향 및 수행이라는 공통 핵심 요소를 제시하였다. 비록 다른 목적을 위해 개발되었지만, 이 기준은 미래 학교의 리더십 재창출에 관한 주요 국가 보고서뿐만 아니라 학교 행정을 위한 전국교사교육인증협의회(National Council for Accreditation of Teacher Education, NCATE) 교육과정 지침과도 조화되도록 설계되었다. 이처럼 ISLLC 표준은 학교 리더의 기술을 향상시키고 효과적인 교육 프로세스 및 가치있는 성과를 리더십과 결합하기 위한 협력적인 노력의 또 다른 부분을 보여주었다(CCSSO, 1996: 3).

원래의 표준은 10년간 교육계에 기여하고 광범위한 연구를 거친 후에 개정되었다. 개정은 국가교육행정정책위원회(NPBEA)와 학교리더자격인가컨소시엄(ISLLC)의 회원들로 구성된 합동 운영 위원회(joint steering committee)에 의해 수행되었다. 개정된 기준(ISLLC, 2008)은 학교 기반 리더(즉, 교장)가 알고, 할 수 있어야 하는 일에 대한 안내 및 공유된 비전과 국가의 효과적인 행정가 인력 풀을 확장하기 위한 최선의 정책과 우수 사례를 제공한다. 개정된 기준의 목록은 <표 2.2>에 제시되어 있다.

**〈표 2.2〉 개정 ISLLC 교장 직무표준**

**기준 1**: 교육 리더는 모든 이해당사자에 의해 공유되며 지지를 받는 학습 비전의 개발, 상세화, 실행과 책무를 촉진함으로써 모든 학생의 성공을 증진한다.

**기준 2**: 교육 리더는 학생의 학습과 교직원의 전문성 신장에 기여하는 학교문화와 수업 프로그램을 지지, 개발 및 지속함으로써 모든 학생의 성공을 증진한다.

**기준 3**: 교육 리더는 안전하고 효율적이고, 효과적인 학교 환경을 만들기 위한 조직, 운영 및 자원에 대한 관리를 보장함으로써 모든 학생의 성공을 증진한다.

**기준 4**: 교육 리더는 교직원 및 지역사회 구성원들과 협력하고, 다양한 지역사회의 이익과 요구를 반영하며, 지역사회의 자원을 동원함으로써 모든 학생의 성공을 증진한다.

**기준 5**: 교육 리더는 진실하고 공정하며, 윤리적으로 행동함으로써 모든 학생의 성공을 증진한다.

**기준 6**: 교육 리더는 정치, 사회, 경제, 법률 및 문화적 맥락을 이해하고 대처하며, 영향력을 발휘함으로써 모든 학생의 성공을 증진한다.

출처: Interstate School Leaders Licensure Consortium of the Council of Chief State School Officers, 2008.

## 전국초등교장협회(NAESP)의 표준

교장에 대한 표준을 제공하는 또 다른 단체는 전국초등교장협회(National Association of Elementary School Principals, NAESP)이다. *학습공동체 이끌기: 교장이 알아야 하고 수행할 수 있어야만 하는 기준(Leading Learning Communities: Standards for What Principals Should Know and Be Able to Do)*이라는 제목의 발간물에서 전국초등교장협회(NAESP)는 교장이 *학생 및 성인 학습, 다양한 공동체, 21세기의 학습, 지속적인 개선, 지식과 데이터 사용, 부모·가족·지역사회 참여*를 주도해야 한다고 주창한다(NAESP, 2008b).

## 전국교사교육인증협의회(NCATE)의 표준

2003년에는 새로운 전국교사교육인증협의회(National Council for Accreditation of Teacher Education, NCATE)의 표준이 인증을 받고자 하는 대학의 교사양성 프로그램을 평가하는 데 사용되었다. 이전에 사용된 표준에서 제시된 것과 대부분 동일한 영역을 포함하지만(ISLLC 기준을 재구성하는 것이 대부분이었음), 새로운 표준은 수행에 기반을 둔다는 점에서 차이를 보였다. 그 표준은 대학들이 올바른 내용을 다루고 있다는 것을 보여줄 수 있도록 요구할 뿐만 아니라, 대학의 학생들이 각 기준 영역에서 요구되는 역량 수준으로 수행할 수 있다는 설득력 있는 증거를 제공하도록 요구하였다. 2011년에는 성공적인 학습이나 수행을 명확히 정의하려는 의도와 함께 개별 학교 리더(교장)가 학생 학습을 향상시키는 리더십 구축에 내재된 지식, 기술, 실천의 습득을 보장하기 위해 두 번째 개정을 거쳤다(NPEA, 2011). <표 2.3>은 개정된 기준 목록을 보여주고 있다.

**〈표 2.3〉 미국교육리더십대표자협의회(Educational Leadership Constituent Council)의 개정된 기준**

기준 1.0: 이 프로그램을 수료한 지원자는 학교 공동체가 지원하는 학교 또는 학교구의 학습에 대한 비전의 개발, 상세화, 실행 및 책무를 촉진함으로써 모든 학생의 성공을 증진할 수 있는 지식과 능력을 갖춘 교육 리더다.

기준 2.0: 이 프로그램을 수료한 지원자는 긍정적인 학교문화를 촉진하고, 효과적인 교육 프로그램을 제공하며, 학생 학습에 우수 사례를 적용하고, 직원들에 대한 종합적인 전문성 성장 계획을 설계함으로써 모든 학생의 성공을 촉진할 수 있는 지식과 능력을 갖춘 교육 리더다.

기준 3.0: 이 프로그램을 수료한 지원자는 안전하고 효율적이며 효과적인 학습 환경을 증진하는 방식으로 조직, 운영 및 자원을 관리함으로써 모든 학생의 성공을 촉진할 수 있는 지식과 능력을 갖춘 교육 리더다.

기준 4.0: 이 프로그램을 수료한 지원자는 가족 및 기타 지역사회 구성원과 협력하고, 다양한 지역사회의 이익과 필요에 부응하며, 지역사회 자원을 동원함으로써 모든 학생의 성공을 촉진할 수 있는 지식과 능력을 갖춘 교육 리더다.

기준 5.0: 이 프로그램을 수료한 지원자는 성실하고 공정하며 윤리적인 태도로 행동함으로써 모든 학생의 성공을 촉진할 수 있는 지식과 능력을 갖춘 교육 리더이다.

기준 6.0: 이 프로그램을 수료한 지원자는 더 큰 정치적, 사회적, 경제적, 법률적, 문화적 맥락에 대해 이해하고 대응하며, 영향을 미침으로써 모든 학생의 성공을 촉진할 수 있는 지식과 능력을 가진 교육 리더다.

기준 7.0: 인턴십. 인턴십은 졸업 학점을 위한 기관과 학교구 인사부서에 의해 운영상 계획되고 안내되며, 실제 환경에서 실질적이고 일관된 기준 기반 과업을 통해서 기준 1-6에서 확인된 지식을 종합하고 적용하며, 기술을 실천하고 계발하는 중요한 기회를 지원자에게 제공한다.

출처: NPBEA, 2011, p. 20.

# 교구 설립 학교

교구 설립 학교(parochial school) 교장의 경우, 교장직을 규정하는 역할과 책임들의 진열에 종교적 차원을 추가해야 한다. 예를 들어, 가톨릭학교 교장의 사회화에 대한 분석에서, Augenstein(1989; Augenstein & Konnert, 1991)은 종교적 차원의 역할 요건을 다음과 같이 정의한다. 곧, 교장이 교회 문서와 종교적 자원에 대해서 알고 이를 이용할 수 있으며, 영적 계발을 가능하게 하고, 기도의 리더가 되며, 종교교육을 위한 환경을 조성하고, 복음 가치와 그 외의 종교 원리를 교육과정에 통합시키며, 교구와 시민공동체에 예배를 제공하는 것 등이 바로 그것이다. 유대인 학교와 이슬람 학교 뿐만 아니라 다른 유형의 기독교 학교도 각각의 고유성을 반영하는 부가적인 역할, 책임 및 능숙도 유사한 목록을 가질 것이다. 오늘날의 능숙도 목록은 과거의 일반적인 목록보다 훨씬 더 설명적이고, 학교 교육 및 교수·학습의 보다 구체적인 맥락을 강조하는 과업과 역할이 새롭게 창출된 모습을 제공한다.

호주 뉴사우스 웨일즈의 시드니 가톨릭학교는 6가지 차원의 리더십으로 구성된 가톨릭 학교 리더십 틀을 개발했다(<표 2.4> 참조). 6가지 차원은 3가지 주요 범주, 즉 목적, 지원 및 개인적 차원으로 확인되어 분류된다. 종교적 리더십이 그 틀의 핵심에 있다.

종교적 리더십이 없게 되면, 가톨릭 학교와 여타 다른 교구 학교는 그들만의 고유한 초점이 위험에 빠지게 된다. 이 초점을 놓치면 여타의 다른 리더십 차원이 약화된다. Hilt, Foster and Gendler(1990)는 가톨릭계 초점 학교와 공립학교 학생들의 성취도 수준을 비교한 연구에서 초점 학교와 학군 내 종합 공립학교 사이의 몇 가지 차이점을 언급했다. 그들은 초점 학교들이 서로서로 닮았으며, 2가지 면에서 같은 학군 내 종합 공립학교와 차이가 있다고 보고했다. 첫째, 초점 학교의 임무는 명확하며 복잡하지 않다. 초점 학교의 임무로는 학생들에게 제공하려는 경험과 학생들의 수행, 태도 및 행동에 영향을 미치려는 방식에 중점을 둔다는 것이다. 둘째, 초점 학교의 조직 구조는 강하며, 그 조직 구조는 시간의 경과 속에서도 존속하기 위해서 자신들의 사명을 좇아 행동을 주도할 수 있는 역량을 초점 학교에 제공한다.

〈표 2.4〉 호주 뉴사우스 웨일즈의 시드니 가톨릭 학교의 리더십 틀

| 리더십 기반 | 설명 및 초점 영역 |
|---|---|
| 종교적 리더십 | 현대 가톨릭교회의 사명에 초점이 맞춰진다. 교육과정은 종교 교육, 가톨릭 생활/가치의 통합, 목회적 돌봄, 공동체에 대한 봉사, 사회 정의 및 기독교 리더십에 기반을 두고 있다. |
| 학습을 위한 리더십 | 이 리더십은 교육 비전을 수립하고, 학습 문화를 구축하며, 학생 학습 성과를 설정하고, 학생 요구를 평가한다. 교육과정 설계, 수업 실천, 평가와 보고, 질 보증 및 학습 자원 도 또한 초점 영역이다. |
| 인적 자원 리더십 | 고용 과정/관점, 교직원/직장실무 개발, 성과 관리 및 검토, 피고용인 관계, 교직원 개발, 고용승계 계획, 지원 인력, 노조와의 관계는 인적 자원 리더십의 초점 영역이다. |
| 전략적 리더십 | 전략적 리더십의 하위 영역은 비전/사명/목적, 대교구적 맥락, 전략 방향, 변화의 문화, 실행의 연례 주기, 성찰과 검토 및 개선의 문화, 지역 사회 리더십, 학교 마케팅의 리더십 등이다. |
| 조직 리더십 | 조직 리더십은 학교 프로세스 및 활동의 조정, 법률적/규정적 요구사항, 기술(technology), 기록 관리, 재무 관리, 위험 관리, 재산 및 시설, 입학/장래 계획을 포함한다. |
| 리더십의 개인적 차원 | 리더십의 개인적 차원은 신앙/영성, 인간적/개인적 차원, 관계/커뮤니케이션, 윤리적/도덕적 차원, 인지적/감정적 차원, 의사 결정/책임, 리더십과 학습자로서의 리더를 포함한 리더십 틀의 모든 영역을 뒷받침하고 관련된다. |

출처: Sydney Catholic Schools(2003).

또한, 조직 구조는 학교가 자신의 문제를 해결하고 대외적인 관계를 관리할 기회를 학교에 주는 방식으로 개발된다. 직원, 학생, 학부모들의 마음속에는 다른 학교들과 차별화되는 이 학교만의 독특한 특성이 있다. 이 특별한 정체성은 가치를 창출하고, 태도에 영향을 미치며, 다양한 지식의 원천을 통합하는 충직한 공동의 책임감을 불러일으킨다. 그들의 주된 관심사는 가장 광범위한 의미에서의 교육, 즉 전체 학생의 발전인데, 여기에는 사실을 전달하고, 기술을 전수하며, 십대들을 책임감 있고 생산적인 성인으로 탈바꿈하는 것이 포함된다(Hill, Foster, & Gendler, 1990). 초점 학교에는 교사, 학생, 학부모, 행정가의 상호 책임을 규정하는 강력한 **사회적 계약**(social contracts)이 있다. 이 계약을 충실히 이행하는 것이 어떤 이득이 있는지는 모두에게 분명하다. 교사들과 행정가들은 학생 양육에 있어서 강한 헌신을 보였고 학생들의 가치 체계 형성을 위해 열심히 노력하였다. 그들은 체계화된 공통의 교과 기능과 관점을 배우는 방향으로 학생들을 몰아가는 "구심적인 교육과정(centripetal curricula)"을 가

지고 있었다.

위에서 논의된 차원들이 그 조직의 특성을 가늠하는 DNA이다. 그 차원들은 폭넓게 수용되는 명확하고 독특하며 의미있는 목적을 가진 학교들에서 개발하기가 더 쉽다. 학습을 위한 리더십(leadership for learning)도 중요하지만, 이러한 학교들이 하는 일에 초점을 제공할 뿐만 아니라 권위의 원천이 되는 가치, 전통, 의식, 그리고 규범을 포함하는 목적의 농축된 핵심을 제공하는 것은 바로 그 종교적인 주제(religious theme)이다. 일반적으로, 미국교육리더십대표자협의회(Educational Leadership Constituent Council)의 표준 목록은 교구 설립학교 교장에게도 적용된다. 그러나 위에서 제시한 바와 같이, 중요한 차이점이 있다. 종교계 학교의 교장은 교육 및 경영 리더일 뿐만 아니라 목회적 특성이 내재된 학교 내의 신앙 공동체를 건설할 책임이 있는 영적 리더일 것이 기대된다. 예를 들어, 샌프란시스코 대학의 가톨릭 교육 리더십 연구소(Institute for Catholic Educational Leadership, ICEL) 졸업생에게는 다음과 같은 것이 기대된다.

1. 학교의 사명을 명확하게 표명하는 비전있는 리더로서 *성장에 개방적.* 학습에 대해 인식하고 이를 동료 및 학생에게 전달하는 교육 리더.

2. 학자, 연구자, 교육자이자 리더로서 *학문적 및 전문적인 역량*이 있음.

3. 가톨릭 교육을 교회의 교육 사명의 핵심적인 부분으로 이해하는 *종교적 리더.* 이 믿음을 다른 사람들에게 전달할 수 있는 믿음이 있는 사람. 삶의 방식이 복음 가치에 기초를 두고 있으며, 학생과 학부모 그리고 교직원의 역할 모델이 되는 사람. 도덕적 교육자이자 리더.

4. 기민하고 민감하며 학교 풍토를 파악하고, 학교의 모든 측면에서 공동체 의식을 촉진할 수 있는 *공동체 형성자.* 다른 사람들과 더불어서 일을 잘 하는 협력자. 학생과 학부모 및 교직원의 참여를 고무시키고, 자신의 의사결정이 공동체 전체의 이익뿐만 아니라 개인의 필요에 부응하게끔 하는 자애로운 리더.

5. 다른 사람들에게 정의와 봉사를 증진시키기 위해 신앙을 문화와 삶에 통합하고, 또한 학교 공동체 내의 각 개인의 온전함을 보장하면서 학교 공동체 내의 사람들이 지역 그리고 국가 및 전 세계적 요구에 주의 집중하도록 고무함으로써 *정의 구현에 헌신*(Traviss & Shimabukuro, 1999).

# 관리 업무의 복잡성

표준, 권고 및 요구되는 숙련도에 대한 진술들은 교장이 실제로 하는 일은 무엇이고 시간을 어떻게 보내는지를 우리에게 알려주는 "실제 세계"에 기반한 보고서와 어느 정도 일치하는가? 우리는 이러한 보고서들을 교장의 직무에 관한 기술 연구(descriptive studies)로 생각할 수 있을 것이다. 1973년도의 Henry Mintzberg의 저서 *'관리 업무의 본질(The Nature of Management Work)'*의 간행은 교육행정의 기술 연구에 상당한 관심을 불러일으켰다. 기술 연구는 관리자가 실제로 하는 일에 초점을 맞춤으로써 교장의 실제적 역할과 과업을 파악하려고 시도한다. 관리 업무의 복잡한 성격은 학교의 DNA에 뿌리박혀 있고 단순화를 거부한다. 학교라는 직장에서 교장을 피상적으로 그림자처럼 따라다니기만 해도 이러한 복잡성이 드러나게 될 것이다. 이와 같이 Mintzberg의 연구결과는 최근에 나온 것이 아니지만, 오늘날의 관리자들도 비슷한 세상을 경험하고 거의 동일한 방식으로 반응한다는 것을 알 수 있다.

예를 들어, Mintzberg는 관리자의 업무가 간결함, 다양성 및 분절성으로 특징지어지며, 관리 활동의 대부분은 종종 단 몇 분밖에 걸리지 않는 짧은 기간 안에 이루어진다는 것을 발견했다. 활동들은 다양할 뿐만 아니라, 패턴이 없고, 단절되고, 사소한 일들로 점철되어 있다. 그래서 결과적으로 관리자는 종종 분위기와 지적 프레임을 바꾸었다. 이러한 발견은 행정업무에 상당한 수준의 *피상적인 면(superficiality)*이 있다는 것을 암시한다. 끝이 없는 관리 업무의 특성 때문에 관리자는 수많은 과업을 신속한 속도로 수행해야 한다고 Mintzberg는 주장하였다. 이러한 특성이 업무의 피상성에 한층 더 기여하게 된다. 자유 시간은 거의 이용되지 않고, 직무 책임은 불가피한 것처럼 보인다.

Mintzberg의 연구에서 관리자들은 실제 행동과 그런 행동을 처리하는 구두(口頭) 수단을 선호한다는 것을 보여주었다. 관리자들은 추상적, 기술적, 일상적인 요소들보다 직무의 현재적이고 활동적인 요소들을 선호했다. 관리자들은 서면 의사소통 수단에 의존하기보다는 사람들을 개인적으로 방문하고, 전화 통화를 하며, 공식 및 비공식으로 회의하는 것을 선호했다. 이러한 구두 행위 성향 때문에 조직에서의 일은 기록되지 않고 관리자의 기억에 저장되었다. 이는 다시 위임과 공동 의사결정을 어렵게 만들었다. Mintzberg는 관리자가 조직에 관한 *독점적* 지식으로 과부하되고, 다른 사람들이 이런 정보를 찾으면서 관리자의 시간에 갑자기 끼어드는 것에 따르는 과도한 부담이 있음을 발견했다. 또한, Mintzberg는 관리자가 사건을 따라잡는 데 어려움을 겪었으며, 사소한 책임을 덜어줄 메커니즘이 존재하지 않는다는 것을 발견했다. 거의 모든 일에 관여해야 한다는 명백한 요구사항에 직면했을 때, 관리자가 의존할 것이라고는 아주 피상적인 방식으로 업무 활동을 처리하는 것이었다.

Mintzberg의 연구결과와 맥을 같이 하면서 Sproul(1976)은 *지엽적인(local)*, *구두의(verbal)*, *끊임없이 바뀌는(choppy)* 그리고 *다양한(varied)* 등의 단어가 전형적인 관리 업무의 근무시간을 묘사하는데 가장 자주 사용된다는 사실을 발견했다. 예를 들어, 변동이 심함(choppiness)이라는 것은 짧은 기간 동안 많은 활동이 이루어진다는 것에 의해 입증되었다. Sproul의 연구에 참여한 어떤 복합 업무 관리자는 평균 약 9분이 걸리는 56개의 활동에 매일 관여했고, 평균 6분이 걸리는 65개의 사건(events)에 참여했다. 이 사건들은 관리자가 전화, 대화 또는 메모와 같은 하나의 의사소통 매체를 사용하는데 소요되는 1분 남짓의 시간으로 묘사되었다.

학교 교장 역시 종종 피상적으로 다방면의 업무들을 다루어야 한다. 그럴 수밖에 없는 이유는 교장이 갖는 광범위한 책임들을 검토하게 되면 이해될 수 있다. Barth(1980)는 이러한 책임의 범위를 다음과 같이 기술한다.

궁극적으로 교장은 학교 내외에서 발생하는 거의 모든 것에 책임이 있다. 우리 교장들은 교직원들이 실제로 출근하여 최선을 다해 일하고 있다는 것을 확실하게 하는 인사 관리의 책임이 있다. 우리 교장들은 교사들이 가르치기로 되어 있는 것을 가르치고 있고, 이를 학생들이 배운다는 것을 보장하는 프로그램에 대한 책임을 지고 있다. 우리 교장들은 학부모 각자에게 문제를 표명할 기회가 주어지고, 그런 문제는 다루어지고 해결된다는 것을 보장하는 학부모에 대한 책임이 있다. 매일 아침 집을 떠나는 수백 명의 활기 넘치는 아이들이 오후에도 똑같이 활기차게 되돌아온다는 것을 보장하는 곧, 아이들의 신체적 안전을 지킬 것이 우리에게 기대된다.

여러 해에 걸쳐 교장은 학교에서 집까지 학생들의 안전한 통학에 대한 책임, 가정에서 학교까지의 안전한 통학에 대한 책임, 겨울에 눈이 왔을 때 보행로가 제설되는 것을 확실하게 할 책임, 건강 교육과 성교육 그리고 도덕 교육에 대한 책임, 학교 버스에서 대피하고 안전하게 자전거를 타도록 아이들에게 가르치는 책임 등 하나의 책임에서 잇따라 또 다른 추가적인 책임을 계속해서 떠맡아 오게 되었다. 우리는 점심 식사 프로그램, 그다음에는 아침 식사 프

로그램을 떠맡았다. 그리고 난방로, 배선, 운동장 설비의 물리적 상태에 대한 책임을 떠맡게
되었다. 우리는 이제 학생들이 각 학년 수준의 최소 기준 달성, 특별한 도움이 필요한 아이나
영재아동 또는 이 둘 다에 해당하지 않는 아이들의 성장에 대한 책임을 지고 있다. 교장은 어
떻게 해서든 탄탄한 기능들의 교육이 이루어지도록 하면서 사회적 서비스, 음식 서비스, 건강
관리, 레크리에이션 프로그램 및 이동 수단 등의 제공자로 일해 왔다. (pp. 4-6)

## 이후의 연구

위에서 제시한 바와 같이 Mintzberg의 연구는 1973년에 출판되었고, Barth의 묘사
는 1980년 출판물에 실렸지만 (현재의) 교장의 직무가 덜 복잡해졌거나 시간을 덜 요
하거나 여유롭게 성찰하는 것을 허용한다고 믿을 만한 근거는 없다. 사실, 전국중등교
장협회(NASSP)가 실시한 2001년 연구에 따르면, 한 주간 동안 전형적으로 교장이 일
하는 평균 시간은 62.21시간이었다. 여자 교장은 노동 시간이 69.67시간, 남자 교장이
60.51시간이라고 보고되었다. 충분하지 않은 시간, 너무 많은 서류 작업 및 불충분한
재정 자원은 교장의 70.3%, 69%, 50.8%가 각각 걸림돌로 언급되었기 때문에, 이들은
교장이 직면한 주요 문제라고 볼 수 있다. 교장의 28%가 소진(burnout)을 문제로 언
급하였다.

Wallace 공공의제재단(Public Agenda for the Wallace Foundation)에서 실시한
2003년 연구에 따르면, 조사 대상 교장들 가운데 58%는 그들이 직면한 가장 시급한
문제로 **낙오아동방지법**(No Child Left Behind)의 불충분한 자금 지원 및 실행을 꼽았
다(Farkas, Johnson, & Duffett, 2003). 교장의 63%는 "행정가가 알맞지 않은 양의 재
원과 기타 자원을 특수 교육에 사용해야 할 의무가 있다"라는 데에 동의했다(p. 13).
81%는 "특수 교육에 관한 연방 및 주정부 규정의 규모와 복잡성이 최근 악화되었다"
라는 데에 동의했다(p. 13). 교장의 45%가 "날마다의 돌발사건이 교실이나 수업 문제
에 더 잘 사용될 수 있는 시간을 빼앗고 있다"라는 것이 교장 자신의 상황에 어느 정
도 근접한 진술이라고 응답했고, 29%는 이 진술이 매우 근접한 진술이라고 하는 등
총 74%가 이 진술에 동의한다고 하였다(p. 15). 낙오아동방지법(NCLB)에 관한 교장
들의 의견에 주목할 가치가 있다.

# 낙오아동방지법(NO CHILD LEFT BEHIND)

2001년 부시 대통령은 낙오아동방지법(NO CHILD LEFT BEHIND, NCLB)에 서명했다. 1965년에 처음 제정되고 1994년에 재승인된 초중등교육법(Elementary and Secondary Education Act)의 재승인이라고 볼 수 있는 낙오아동방지법(NCLB)은 미국의 공립교육을 개선하려는 의도로 제정되었다. 낙오아동방지법은 교육에서 연방정부의 역할을 확대시켰고, 혜택받지 못한 학생들의 교육을 향상시키는데 특별한 목표를 두었다.

낙오아동방지법의 핵심에는 학생 성취도를 크게 높이고, 주와 학교가 학생들의 향상(student progress)에 대해 더 많은 책임을 지도록 고안된 많은 조치들이 있었다. 각 조치는 목표를 충족시키지 못할 경우의 제재와 결과뿐만 아니라 이행 목표 날짜를 수반하고 있다(미국 교육부, 2001). 이 조치에는 주 학업 기준에 부합하는 선정된 과목 영역에서 매년 시행되는 시험, 확인된 "능숙한" 수준을 충족시키기에 충분히 요구되는 학업 향상도, 학생 성취 결과를 보여주는 연간 성적표, 가르치는 교과 영역에서 "우수한 자격을 갖춘" 교사, '독서 우선(Reading First)'이라 불리는 경쟁적인 보조금 프로그램의 창출, 연방정부의 할당금을 사용하는 데 있어서 가난한 아이들이 매우 집중되어 있는 학교구에 유연성을 제공하는 재정 배분 변경 등이 포함된다(U.S. Department of Education, 2001). 의심할 여지없이, 낙오아동방지법(NCLB)은 학교 행정과 교장이 학교에서 리더십을 제공하는 방법에서 많은 변화를 불어 넣었다.

2003년 공공의제 조사(Public Agenda Survey)에 따르면, 획기적인 연방정부의 조치에는 장점이 있지만, 교장들 사이에는 이를 실행하는 것이 도전이라고 여기는 광범위한 의견일치가 있었다. 주요 불만 중의 하나는 낙오아동방지법(NCLB)이 예산 지원 없는 명령이라는 것이었다(88%가 동의). 3명의 교장 중 1명은 낙오아동방지법(NCLB)의 실행이 직면하고 있는 가장 시급한 문제라고 말했다. 주요 우려 사항 중 일부는 낙오아동방지법(NCLB)이 표준화 시험에 너무 많이 의존한다는 점(73%가 동의), 통상적으로는 주 및 지방 정부에 맡겨진 영역에 대한 연방정부의 침해이고(53%가 동의), 측정하지 않은 학교에 관한 결과가 불공평하다(57%가 동의)는 것이었다.

긍정적인 점을 언급해 보면, 교장의 57%는 교사가 우수한 자격을 갖추게 하는 것이 실현가능하다고 생각했다. 매년 학생들을 시험 치게 하는 것은 개선이 필요한 부분을 드러내는 데 도움이 되었다고 53%가 답했다. 그리고 아마도 가장 중요하게, 37%는 인종 등 집단별로 시험 및 여타 정보를 종합하는 것이 학교에서 성취도 격차를 다루는 데 도움이 된다고 말했다. 공공의제/Wallace 보고서(Public Agenda/Wallace Report) 는 낙오아동방지법(NCLB)에 대해 학교 리더들 사이에 어느 정도의 의혹은커녕 의심 이나 염려가 전혀 없었다고 결론지었다. 그러나 목전의 혁명은 없었고, 더 중요한 것 으로 그 법령의 기본 가정에 대한 완고한 저항도 없었다.

## 2006년 공공의제 조사

낙오아동방지법(NCLB) 및 2003년의 학교 관료제에 관해 대부분의 교장들이 느끼 는 압박과 불명확한 견해에도 불구하고, 2006년 공공 의제(Public Agenda) 조사의 업 데이트 버전에서 교장들은 낙관주의와 희망을 표명했다. 2006년 개정된 공공의제 (Public Agenda) 조사에서 교장들은 자신의 학교가 얼마나 잘 수행하고 있는가에 대 해 일반적으로 만족한다고 보고했다. 교장의 90%는 자신들 지역의 공립학교가 탁월하 거나 괜찮게 일을 하고 있다고 말했다. 80%는 아이들이 받는 교육이 자신들이 학생들 이었을 때 받은 교육보다 더 낫다고 답했다. 교장이 직면한 긴급한 문제를 확인해 줄 것을 요청받았을 때, 41%는 자금 부족을, 22%는 낙오아동방지법(NCLB)의 요구사항 을 충족하는 것이라고 했고, 16%는 관료주의와 서류 작업을, 12%는 정말로 유능한 교 사들이 부족한 것이라고 답했다. "매일 벌어지는 돌발사건이 학업이나 수업 문제에 더 잘 사용될 수 있는 시간을 빼앗고 있다"는 진술은 교장으로서 그들의 경험을 설명하 는데 매우 근접한 것이라고 교장의 28%가 응답했고, 40%는 어느 정도 근접한 진술이 라고 응답했다.

낙오아동방지법(NCLB)과 관련하여, 설문 조사에 참여한 교장들은 "2005−2006년 말까지 핵심 학과목을 담당하는 모든 교사가 가르치고 있는 교과목의 자격증을 소지 하고 대학에서 전공을 했거나 혹은 교과목 시험을 통과하는 등 우수한 자격을 갖추어 야 하는" 요구조건을 충족시키는 것을 학교구가 기대하는 것이 현실적인지 혹은 비현 실적이라고 생각하는지에 대한 질문을 받았다. 교장 중 71%는 현실적인 목표라고 응 답했고, 29%는 비현실적인 목표라고 응답했다.

마지막으로, 2006년 조사에서 교장들은 자신들이 가지고 있는 의사결정 권한의 양을 평가하도록 요청받았다. 6%는 효과적이라 하기에는 너무 적은 권한을 가졌다고 응답했고, 38%는 충분히 효과적이라 하기에는 자신들이 가진 권한이 충분하지 않다고 응답했으며, 55%는 자신들의 일을 잘 수행하는 데 필요한 양의 권한을 가지고 있다고 응답했다. 이 응답 경향은 약 절반의 교장이 학교를 이끌기에 충분한 자원을 제공받고 있다는 것을 인정하고 있는 셈이다. 그럼에도 불구하고 너무 많은 교장이 (그 자원들을) 충분히 활용하지 않고 있고, 더디게 진행되고 있었다.

## 요구, 제약 그리고 선택

또 다른 고전적 연구에서 Rosemary Stewart(1982)는 관리 직무가 "*요구*라는 내적 핵심, *제약*이라는 외적 경계, *선택*이라는 중간 영역(inner core of demands, an outer boundary of constraints, an in−between area of choices)"으로 구성된다고 설명한다(p. 14). 요구는 교장들이 해야만 하는 것들이다. 교장들이 요구사항을 이행하는 데 실패하면 제재를 받으며, 종종 이러한 제재는 자신의 직무를 위험에 빠뜨릴 정도로 심각하다. 요구사항은 학교 성과에 대한 상세한 설명, 법적인 요구조건, 관료적 규칙과 규정, 그리고 교육감, 교육위원회 위원, 교사, 학부모와 같은 중요한 타인들의 집합적인 역할 기대에 의해 결정된다. *제약*은 지역사회 또는 학교에 존재하는 규범 및 가치, 인적 및 물적 자원의 가용성, 노동조합 계약, 공간 제한 및 교장이 함께 일해야 하는 교사 및 기타 직원들의 능력 한계에 의해 결정된다. 요구사항과 마찬가지로 제약 조건을 무시하는 교장은 고용 안정에 위협을 받을 가능성에 직면한다.

두 명의 교장이 동일한 요구사항과 제약을 받을 수는 있지만, 그럼에도 불구하고 각자의 리더십 실천은 대체로 다양하다. 어떤 요구와 제약 조건 세트 내에서도 같은 일을 다르게 하고, 요구되거나 금지되지 않은 다른 일을 할 수 있는 기회의 형태로 선택이 항상 존재한다. 탁월성을 발휘할 수 있는 기회가 존재하는 것은 바로 이 선택의 영역 안에서이다. 이러한 기회가 번성할지의 여부는 교장이 스스로 만들 수 있는 재량 범위에 달려 있다. 성공적인 교장의 특징 중 하나는 선택 영역을 확장하고, 그럼으로써 요구와 제약을 줄이는 능력이다. 이 재량 범위의 추가적인 이득이 학교의 전반적인 효과성을 향상하는 데 있어서 중요한 차이를 만든다.

# 변화하는 교장의 역할

1998년 전국초등교장협회(NAESP)의 교장 연구는 교장의 역할이 이전 10년 동안 극적으로 변화했다고 지적하였다(Doud & Keller, 1998, p. 2). 예를 들어, 교장들은 다음과 같은 영역에서의 책임이 상당히 증가(55% 이상 증가)했다고 보고하였다.

| 책임 영역 | 증가율 |
|---|---|
| 1. 학교와 교육에 대한 지원을 얻기 위한 홍보/정치 등 | 70.0% |
| 2. 사회 기관과의 협력 | 66.0% |
| 3. 현장 기반 교직원 개발의 기획/실행 | 65.5% |
| 4. 교수 실천사례 개발 | 63.5% |
| 5. 교육과정 개발 | 62.4% |
| 6. 현장 기반 협의회/다른 구성원과의 협력 | 61.6% |
| 7. 잠재적인 법적 책임에 관련된 문제에 대한 주의 | 58.1% |

3가지 상위 책임 지표는 지역 학교 현장에서의 자율성 증가, 학교 선택에 대한 강조의 증가, 자신의 학교를 효과적으로 홍보할 필요, 그리고 관련된 정치적인 문제 처리라는 주제와 직결된 것들을 나타내고 있다. 교육과정 개발 및 교수 실천사례 영역에서는 현재 개별 학교가 주 기준에 따라 수행하고 책임을 지는 것에 점차 중점을 두고 있음을 시사한다.

1998년의 전국초등교장협회(NAESP)의 연구는 13개 영역의 목록에서 응답자들이 가장 많은 시간을 보냈던 3개 영역을 확인한 응답자의 비율을 보고했다. 확인된 상위 3개 영역은 (1) 장학/교직원과의 교류, (2) 학생과의 상호 작용, (3) 훈육/학생 관리였다. 홍보, 선택, 단위학교 자율 경영체제, 교육과정 및 교수(teaching)를 다루는 데 있어서의 책임이 극적으로 증가했음에도 불구하고 교장의 시간에서 가장 큰 부분을 차지했던 것은 교사, 직원 및 학생들과 매일 그리고 지속적으로 상호작용하는 것이었다. Doud and Keller가 지적한 바와 같이 "이 순위 중에서 가장 놀라운 것은 아마도 교직원 개발 계획 및 실행에 대해 상대적으로 낮은 우선순위가 주어진 것이었다(13위 중 11위). 대부분의 현장 기반 단위학교 경영 지지자들의 요청과 수많은 현장 기반 단위학교개선 계획 과정에서 교직원 개발에 우선순위가 주어짐에도 불구하고, 책임 영역의 순위에서 교직원 개발은 교장의 시간에서 상대적으로 거의 할애를 받지 못한다는 것을 명확하게 제시하고 있다"(1998, p. 12).

## 2008년 전국초등교장협회(NAESP) 조사

**교장 참여 영역.** 1998년 조사 이후, 교장의 직장 생활은 계속해서 변해왔다. 전국초등교장협회(NAESP, 2008a) 조사에 응답한 교장들은 수업 리더십(instructional leadership) 영역에서의 참여가 증가한 것으로 보고했다. 가령, 교장들은 16개 영역에서 자신의 참여가 증가했는지 감소했는지 또는 지난 3년간에 걸쳐 책임 영역에 변화가 있었는지의 여부를 표시해 줄 것을 요청받았다. 제시된 선택 중에서 응답한 참여자의 절반 이상이 책임 영역의 증가를 인지하게 된 7개 영역을 선택했다. 그 영역 중 세 개는 1998년 조사에서 나열되었고, 3가지 항목 중 2가지는 보고한 응답자의 비율에서의 증가를 반영했다. 증가를 반영하는 두 영역은 효과적인 교수 실천사례의 도입 및 이용 그리고 교사 개발 기회의 기획/실행이었다. 효과적인 교수법의 도입 및 사용은 63.5%에서 77.4%로 증가했으며, 교사개발 기회의 기획/실행은 65.0%에서 65.7%로 증가했다. 교육과정 개발을 선택한 응답자의 비율은 감소했다. 감소는 62%에서 59.1%로 나타났다.

2008년 조사에서 4개의 새로운 항목은 학생들의 성취도와 학교 및 교실의 환경에 초점을 맞추고 있다. 그 4개 항목은 (1) 교육 계획에서 평가 데이터를 사용하는 것으로, 응답자의 86.4%가 보고했으며, (2) 학교 및 전문적 학습공동체 개발로, 응답자의 75%가 보고하였고, (3) 학교 인정(accreditation) 및 이미지를 위한 학생평가 점수의 향상을 위한 노력을 처리하는 것으로, 응답자의 73.1%가 보고하였으며, 마지막으로 (4) 안전 및 보안 문제로, 응답자의 66.4%가 보고하였다.

**교장이 시간을 보내는 방식.** 2008년 조사에 응한 교장들은 또한 더 길어진 근무일(9.8시간)을 보고했고, 56시간의 주당 총 근무시간에 대해서 야간과 주말 동안 학교 관련 업무에 보낸 시간이 약 6.9시간 증가했다고 말했다. 교장들은 "처음부터 다시 시작한다면 초등학교 교장이 되고 싶습니까?"라는 질문을 받았을 때 긍정적인 반응을 보였다. 1998년과 2008년 조사에서는 응답한 10명의 교장 중 9명이 '그렇다'고 대답했다. 그러나 좀 더 냉정하게 보면, 2008년 조사 응답자의 거의 3분의 2는 ***훌륭한 사람***

들을 *계속해서 초등학교 교장직으로 유치할 수 있는 공교육의 능력*에 대해 우려를 나타냈다. 이렇게 제시한 이유로는 급여 수준, 긴 근무시간, 책임 증가, 업무 관련 스트레스가 포함되었다. 시간을 보낸 영역에 대해 교장이 응답한 비율을 비교해 볼 때, 상위 3개 영역은 1998년에 보고된 것과 동일했다. 즉, 장학/교직원과의 교류는 79.6%, 학생과의 상호 작용은 53.0%, 훈육/학생 관리는 51.2%로 보고되었다(NAESP, 2008a).

세 영역 각각에서 응답자 비율이 1998년에 보고된 응답자 비율보다 낮은데, 이는 교장이 시간을 보내는 방식에서의 변화를 시사하고 있음을 주목하는 것이 중요하다. 교장이 가장 적은 시간을 보내는 것으로 보고된 영역은 안전과 보안 문제, 예산 관리, 그리고 개인적인 전문성 발달인 것으로 나타났다. 이들 영역은 각각 10.2%, 9.1% 및 1.8%로 보고되었다. 다른 조사 영역인 (1) 마케팅/홍보 정책, (2) 잠재적인 법적 책임과 관련된 문제, (3) 유아 보육 제공자와의 관계, (4) 인사 선발, (5) 학교 현장 기반 협의회 또는 기타 구성원과의 협력, (6) 정책 개발 참여, (7) 자원 배분, (8) 사회적 서비스기관과의 협력, (9) 인사 평가에는 최고 48.4%에서 최저 10.9%로 응답을 하였다(NAESP, 2008a).

**낙오아동방지법(NCLB)의 영향.** 2008년 조사에 참여한 교장들은 낙오아동방지법(NCLB)이 그들의 학교 면면에 미친 영향을 평가하도록 요청받았다. 나열된 18개 항목 중 4개 항목에서 긍정적인 응답이 나왔고, 3개 항목은 부정적인 응답의 비율이 높았다. 긍정적인 응답을 받은 항목은 다음과 같다.

- 수업을 촉진하기 위한 평가 데이터의 사용(75.3%)
- 수업에 초점을 맞춤(71.7%)
- 모든 학생의 요구에 관한 관심(63.8%)
- 내용 영역 기준에 대한 이해(63.3%)

부정적인 응답의 비율이 높은 항목은 다음과 같다.

- 책무성 압박으로 인한 스트레스(65.0%)
- 학교의 사기(60.2%)

· 평가되지 않은 교과 영역에의 영향(59.4%)

요약하면, 2008년도까지 교장들이 시간을 보냈던 방식과 그들이 우선순위를 부여
한 직무 관련 영역에서 계속해서 변화가 일어났다. 그러나 변화는 느렸고, 교장들은
낙오아동방지법(NCLB)을 시행하는데 계속해서 어려움을 겪었다. 게다가 교장들은 수
업 리더가 되어야 한다는 교육 비평가들의 요구가 더욱 커졌다. 이 문제는 모든 학생
의 학업 성취도 향상에 대한 주 및 지방 수준에서 비평가들의 외침과 국가 수준에서
낙오아동방지법(NCLB) 재승인의 지연과 결합되어 **'정상을 향한 경주**(Race to the
Top)'의 도입에 영향을 미쳤다. 이 주제는 이번 장의 뒷부분에서 논의된다.

## 예외적인 학생들을 위한 서비스 지원

교장 역할의 변화에 영향을 미치는 또 다른 요인은 예외적인 학생들에게 서비스를
제공해야 할 필요성이다. 미국 정부가 장애인교육법(Disabilities Education Act)(1975)
을 제정한 이후 공립학교 교실은 비교적 동질적인 학생 집단의 교실로부터 점차 다양
해지는 학생 집단으로의 현저한 이행이 나타나게 되었다. 미국 교육부(U.S.
Department of Education)(2011)에 따르면 출생 연령에서 21세 사이의 700만 명
(7,267,005명) 이상의 학생들이 장애 아동에게 서비스하는 공적 재정 지원을 받는 교
육 프로그램에 등록되었다. 이 중에서 58%는 비장애인 동료학생과 함께 일반 교실에
서 80~100%의 시간을 보냈다(Turnbull, Turnbull, Wehmeyer & Shogren, 2013). 교
장들은 역사상 이 정도의 다양성을 경험한 적이 없었는데, 이는 교장직에 새로운 도전
과 기회를 가져다준다.

2001년에 초중등교육법(ESEA, 낙오아동방지법으로도 알려짐)의 개정으로 인해 학
교 리더에게는 장애를 가진 학생들을 포함한 모든 학생의 교육 성과를 개선해야 할 기
대가 주어지게 되었다. 각 학생의 학업 성취도를 측정하기 위한 노력의 일환으로 이
법은 처음으로 모든 학생, 심지어 가장 중대한 장애가 있는 학생에게도 종합평가
(summative evaluation)를 실시하도록 규정했다. 이 규정은 교장이 자신의 학교 장애
학생에게 필요한 많은 관심을 기울여야 한다고 요구했다. 그러나 이 법의 규정을 충족
시키는 데 필요한 방법은 구체화되지 않았다. 따라서 교장은 법에서의 이러한 변화를

충족하기 위한 교육 전략을 확인하고 실행해야 하는 과제를 떠안게 되었다.

오늘날 교장들은 장애 학생들의 교육적 요구를 충족시키면서 동시에 일반 학생들에게 도전을 불러일으키는 효과적인 교육환경을 조성해야 할 필요성에 직면해 있다. 학교 리더로서의 첫 직책을 맡기 전에 많은 교육 리더들이 예외적인 학생들에 관한 전반적인 준비 부족으로 인해 이 과업은 종종 난해하게 된다(Christensen, Robertson, Williamson, & Hunter, 2013). 교장이 효과적인 교육과정의 계획과 조직 및 통제에 관여하게 될 때, 이렇게 증가된 다양성이 가져오는 증대되는 요구의 깊이를 고려하는 것이 중요하다. 모든 학생에 대해 공통적인 답을 찾는 것이 똑같이 어려울 수 있는 것처럼 교장이 매일 맞닥뜨려야 하는 수많은 과업들을 수행할 때도 "일률적인 (one-size-fits-all)" 접근 방식은 효과적일 것 같지 않다.[8]

## 교장의 직무에 관한 다른 최근 연구

2010년에 Horng, Klasik, and Loeb(2010)가 이끄는 연구팀은 Miami-Dade 카운티 공립학교 65명의 교장을 그림자처럼 따라다녔고, 41명의 고등학교 교장의 시간 활용 자료를 수집했으며, 또한 비교를 위해 12명의 초등학교 교장 및 12명의 중학교 교장의 사례를 수집하였다. 연구자들은 (1) **교장은 무엇을 하는가?**, (2) **교장은 어디에서 시간을 보내는가?** 의 2가지 질문을 제기했다. 교장에 의해 수행된 직무는 다음 6가지 범주로 종합되었다.

1. 행정
2. 조직 관리
3. 일상적인 교육
4. 교육 프로그램
5. 내부 관계
6. 대외 관계

---

8) 예외적인 학생들의 지원에 관한 소절은 멤피스 대학교의 Robert Williamson 교수와 Laura Baylot Casey 교수가 기고하였다.

이러한 과업 영역에서 소요된 시간을 분석한 결과, 교장은 대부분의 시간을 행정 영역에서 소비했으며 교육 프로그램 과업을 수행하는 데는 매우 한정된 시간을 보냈다. <표 2.5>는 교장이 시간을 보내는 방법을 나타내는 목록을 포함하고 있다.

### 〈표 2.5〉 교장이 시간을 보내는 여섯 개 항목

1. 교장은 학생들의 규율을 관리하고 규정 준수 요건을 충족하는 것과 같은 학교 운영을 원활하게 유지하기 위한 행정 활동에 가장 많은 시간을 할애하는데, 학교 일과의 약 30%를 차지했다.
2. 예산 관리, 인사 관리 및 직원 채용과 같은 조직 관리 과업에 일과의 1/5 이상을 소비했다.
3. 학생들과 관계를 발전시키고 직원과 사회적으로 상호 작용하는 등의 내부 관계 과업에 평균적으로 그들 시간의 15%를 소비했다.
4. 기금 모금과 같은 대외 관계 과업에 5%를 소비했다.
5. 일상적인 교육 업무(6%) 등을 포함하여 교육 관련 활동에 총 시간 중 가장 적은 양을 할애하는 것으로 나타났다.
6. 일반 교육 프로그램 책임은 교장의 시간의 7%를 차지했다. 교육 프로그램 과업에는 교육과정을 평가하고 전문성 개발을 계획하는 것과 같은 활동이 포함되었고, 매일의 교육에는 교실 방문 및 비공식적으로 교사 코칭을 수행하는 활동이 포함되었다.

출처: Horng, Klasik, and Loeb(2010)의 Miami-Dade 카운티 공립학교 교장들에 관한 연구 결과에 근거함

두 번째 질문에 대한 응답을 보면, 교장은 대부분의 시간을 사무실에서 보내고 아주 한정된 시간을 교실에서 보냈다. 연구에서 교장이 시간을 보내는 곳으로 보고된 그래프 분석이 [그림 2.1]에 나타나 있다.

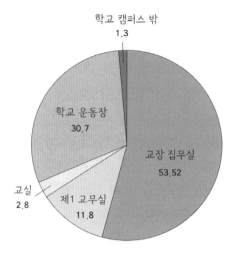

**[그림 2.1]** 교장이 시간을 보내는 장소

출처: Horng, Klasik, and Loeb's (2010)의 Miami-Dade 카운티 공립학교 교장들에 관한 연구 결과에 근거함

# 정상을 향한 경주(RACE TO THE TOP)

낙오아동방지법(NCLB)의 기준을 충족하기 위해 다양한 프로그램과 전략을 시행하는 교장들이 수년간을 고군분투한 후에, 버락 오바마 대통령은 "**정상을 향한 경주 (Race To The Top, RTTT)**" 보조금 제공으로 주지사와 학교위원회, 교장과 교사, 기업 및 비영리 단체, 학부모와 학생들에 대한 도전을 발표하였다. 구체적으로 교육과정, 기준, 평가 및 책무성 수단에 초점을 맞추어 학교개선에 대한 구체적인 개혁 계획을 이행하는 주(state)는 낙오아동방지법(NCLB)의 요구사항으로부터 유연하게 면제 혜택을 받게 되었다(SREB, 2011). 그러나 면제를 받는 것에 제약이 없는 것은 아니었다. RTTT 보조금을 받는 주는 다음과 같은 4가지 특정 영역에서 교육개혁을 추진할 것을 요구받았다.

- 학생들이 대학과 직장에서 성공하고 글로벌 경제에서 경쟁할 수 있도록 준비시키는 기준과 평가를 채택할 것
- 학생의 성장과 성공을 측정하는 데이터 시스템을 구축하고 그 데이터 시스템이 어떻게 수업을 개선할 수 있는지에 대해 교사와 교장에게 정보를 제공할 것
- 특히 가장 필요로 하는 곳에서 효과적인 교사와 교장을 모집, 개발, 보상하고 보유할 것
- 성취도가 가장 낮은 학교를 회생시킬 것

이러한 영역에서의 프로그램 실행은 이전에 경험했었던 것과는 또 다른 교사와 교장 간의 상호작용을 요하는 다양한 교사 효과성 모델의 구현을 교장에게 요구했기 때문에 교사와 교장 간의 관계를 크게 바꿔 놓았다. 이러한 모델은 이후 장에서 보다 심층적으로 살펴보겠다.

RTTT 보조금 프로그램하에서, 캘리포니아, 델라웨어, 플로리다, 조지아, 하와이, 메릴랜드, 매사추세츠, 미네소타, 뉴욕, 노스캐롤라이나, 오하이오, 로드아일랜드, 테네시, 워싱턴, 애리조나, 콜로라도, 일리노이, 켄터키, 루이지애나, 뉴저지, 펜실베니아 등 21개 주와 컬럼비아 특별구는 보조금을 받았다. 이들 주는 야심차지만 달성 가능한 교육개혁 계획을 시행하여 전국의 주와 지방 학교구에서 따라야 할 본보기를 보임으로써 학교개선에 앞장설 것으로 기대된다(U.S. Department of Education, 2012).

비록 21개 주가 보조금을 받았음에도 불구하고, **정상을 향한 경주**(Race To The Top)는 또한 정치인들, 정책 분석가들, 교사 노조, 그리고 교육자들의 비판을 받아왔다. 교사 노조와 교사들은 이 새로운 프로그램에 의해 요구되는 시험이 교사를 측정하는 부정확한 방법이며, 과거에도 효과가 없었다고 불평을 표명해 왔다. 보수주의자들은 이 프로그램이 주의 학교들에 대해 연방정부의 통제를 부과한다고 불평해왔다. 비판자들은 또한 고부담 시험을 신뢰할 수 없고, 차터 스쿨이 공교육을 약화시키거나 연방정부가 지역 학교에 영향을 미쳐서는 안 된다고 말한다(McNeil, 2011). 따라서 이 새로운 계획이 교장에게 부여된 책임을 더하거나 줄이게 될지의 여부는 단지 기다려 볼 수밖에 없다. 의문의 여지없이 이 계획은 교장이 교육 리더가 되고, 학교가 리더 공동체를 추구하는 것을 강화시켜 왔다.

## 2013년 메트라이프(MetLife) 재단의 조사

2008년의 전국초등교장협회(NAESP) 조사가 이어진 수년 동안 교장들의 정서가 계속해서 변했다. 2013년에 발표된 K-12 공립학교 교장과 교사를 대상으로 한 MetLife 조사에서 학교 교장들은 그들의 직업에 대해 (2008년 때와는) 다른 의견을 전했다. 조사에 참여한 교장 대다수는 2008년과 2013년 사이의 5년 동안 학교 리더십의 책임이 크게 변화했다는 우려를 표명하였다. 자신이 이끄는 학교의 유형에 관계없이 교장 4명 중 3명은 교장 직무가 "너무 복잡해졌다"고 생각하는 것으로 보고되었다. 또한, 조사된 교장들 가운데 3분의 1은 향후 5년 안에 교장직을 떠날 가능성이 있다고 말했으며, 거의 절반은 "일주일에 며칠 동안 큰 스트레스를 받고 있음"을 느낀다고 내비쳤다. 같은 기간 동안 교장들의 직무 만족도는 크게 떨어져서, 2008년 "매우 만족"한다는 응답이 68%에서, 2013년 조사에서는 만족한다는 응답이 59%였다.

**장애물과 도전.** 자신들이 직면한 주된 장애물과 당면 과제에 대해 질문을 받았을 때, 교장들은 다음 4가지 영역임을 밝혀주었다. (1) 개별 학생의 요구에 부응하는 것, (2) 예산과 자원 관리, (3) 학부모 참여, (4) 공통 핵심 학습기준(Common Core State Standards)[9]을 실행하는 것이 그것이다. 조사에 참여한 학교 리더 중 83%는 "개별 학생의 요구에 부응하는 것"을 "도전적" 또는 "매우 도전적"인 것으로 평가했다. 78%는 "예산 및 자원 관리"를 "도전적 또는 매우 도전적"인 것으로 평가했다. 교장의 절반 이상이 2012년에 학교 예산이 감소했다고 보고했고, 35%는 변동이 없었다고 말했기 때문에 이러한 응답은 놀라운 것이 아니었다. 교장 리더십의 새로운 초점 중 하나인 "교사의 효과성 평가"는 교장의 53%가 이를 도전과제로 지적하여 보다 낮은 순위를 차지한 것에 주목해야 한다.

**통제력 부족.** 많은 교장들은 자신들이 직면한 중대한 문제들이 그들의 통제 밖에 있는 것으로 보았다. 조사에 참여한 교장 중 22%만이 "재무에 관한 결정을 내리는 데 있어 상당한 통제권을 가지고 있다"고 답했다. 교사 인사에 관하여 교장의 43%는 교

---

9) Common Core(공통 핵심 교과과정)는 미국 50개 주의 모든 학생을 동일하고 일관된 기준으로 평가하자는 취지임. 주 정부들과 민간단체들이 협력하여 제정한 교육개혁을 위한 교육과정 운영 제도(http://www.corestandards.org 참조).

사를 해임하는 과정에 대한 통제권을 가지고 있다고 응답했고, 42%는 교육과정과 수업에 대한 통제권을 가지고 있다고 응답했으며, 교장의 3/4 이상이 교사의 채용과 일정에 대한 통제권을 가지고 있다고 답했다. 중요한 요소들의 통제에 대한 비관적 견해에도 불구하고, 교장들은 학교 건물 안의 일상 활동을 관리하는 것에 대해 커다란 책임감을 느끼고 있다고 보고했다. 10명의 교장 중 9명은 "교장은 자신의 학교에서 아이들에게 일어나는 모든 일에 책임을 져야 한다"고 내비쳤다.

**경험과 기술.** 마지막으로, 수업 개선을 위해 학생 성과에 관한 데이터를 사용하는 것은 교장에게 가장 중요한 경험과 기술(skills) 중 하나라고 조사된 교장의 85%가 응답하였다. 이 순위 평가는 데이터 사용을 오늘날의 학교 교장들이 필요로 하는 기술 목록의 상단에 위치시키고 있다. 강력한 교사의 개발과 교사 효과성 평가는 데이터 사용의 아래 순위를 차지했다.

비록 교장을 리더 중의 리더로 보고 학교를 리더 공동체로 보는 데 어느 정도 진전이 있었지만, 리더십의 부담은 교장의 어깨에 분명하게 남아 있다. 중요한 질문은 현재 존재하는 책임의 부담을 재분배하는 문제를 숙고하지 않고서 새로운 역할 정의와 책임을 교장과 학교에서 효과적으로 떠맡게 될 수 있는지의 여부이다. 실천공동체 개발 및 동료 평가에의 참여를 통해 교사들이 장학 및 평가 영역에서 더 많은 책임을 받아들이게 된다면, 교장은 오늘날 학교에서 자신이 직면하고 있는 새로운 요구에 대해 더 많은 시간을 할애할 것이다. 책임의 이러한 재분배는 효율적일 뿐만 아니라 교사 간 전문성 제고 및 역량 구축 향상으로 약진의 표본이 될 것이다. 실제로 많은 전문가들은 분산적 리더십이 학교개선에 결정적이라고 믿는다(Spillane, Halverson, & Diamond, 2001).

# 교장의 우선순위: 인식 비교

이번 절에서는 2가지 인식 세트를 검토한다. 한 세트는 학교 교장에게 중요한 경험과 기술(skills)에 대한 교장의 인식과 교장의 임무를 수행하는데 교장에게 중요한 경험과 기술에 대한 교사들의 인식을 비교한다. 또 다른 세트는 개방적 관계의 요소와 관련한 교장의 인식을 교사의 인식과 비교한다. 이러한 비교는 교장이 가질 수 있는 사각지대를 드러낼 수 있다. 교장은 학생들에게 귀를 집중하는 것이 중요하다고 느낄 수도 있지만, 교사와 학부모 그리고 학생들은 동의하지 않을 수도 있다. 사각지대는 변화의 장애물이다. 사물을 있는 그대로 보지 않으면 변화는 일어나지 않을 것이다 (Green, 2013).

## 학교 교장에게 중요한 경험과 기술

첫 번째 비교(<표 2.6> 참조)에서, 교장들은 오늘날 학교를 효과적으로 이끌기 위해 필요한 최고의 기술은 수업을 개선하기 위해 학생들의 학업 수행에 관한 데이터를 사용하는 방법에 대한 지식이라고 생각한다. 교사들은 이 요소를 훨씬 더 낮은 필요로 인식하여 7가지 요소 중 6위를 차지하게 하였다. 교장이 수업 리더가 되어야 한다고 독려하는 현재 상황에서, 교장들이 왜 이 항목을 1위로 선정했는지는 이해할 만하다. 반대로 교사들은 데이터 사용을 보다 교실 기능에 해당하는 것으로 보았다. 교장의 두 번째 순위는 학교 전체에서 강력한 교수 역량 개발을 이끌어낼 수 있는 능력을 갖고 있는 것이라는 항목이었고, 여러 척도를 사용하여 교사 효과성을 평가하는 것이 그 뒤의 순위였다. 교사들이 이러한 영역을 각각 2순위와 4순위로 선정하였기에 교장들과 교사들 간에는 이러한 요소에 대해 근접한 일치를 보이고 있다.

교장과 교사의 가장 큰 불일치는 교장이 교장직을 맡기 전에 교실 교사로서의 경험이 필요한지에 대한 순위였다. 교사들은 이 요소를 교장이 필요로 하는 1순위 기술로 꼽았지만, 교장은 4순위로 평가했다. 교사들의 이러한 순위 매김을 통해 새로운 교사 효과성 모델의 주요 구성 요소로서 교실 관찰에 높은 중점을 두는 것과 관련한 그들의 정서를 엿볼 수 있다. 아마도 교사들은 교사 수행을 효과적으로 평가하기 위해서는 교사로서의 경험이 교장에게 필요하다고 느끼고 있는 것이다. 또 다른 눈에 띄는 불일치는 시설, 일정, 예산 관리 등 강력한 관리 기술을 갖추고 있는지에 대한 것이었다. 교사들은 이 요소가 교장의 주요 기술이 되는 것이 필요하다고 인식하여 3순위에 올렸으며, 반면에 교장들은 그것을 6순위에 올리면서 덜 중요하다고 보았다.

리더십 책임을 교사 및 다른 직원과 공유하는 것에 관해 교장은 이 요소를 5위에,

그리고 교사는 4순위에 위치시키면서 교장과 교사 간에 근접한 일치를 보였다. 또다시 언급하면, 교장이 수업 리더가 되어야 한다는 압박이 이 요소의 순위에 영향을 미쳤을 수 있다. 교장이 수업을 향상시키기 위해 기술을 사용할 수 있는 기량을 갖추어야 할 필요성에 대해 교장과 교사 두 집단 모두 7순위에 올리면서 합의가 이루어졌다.

〈표 2.6〉 학교장에게 중요한 경험과 기술

| 기술(skills) | 순위 | 교장 비율 | 순위 | 교사 비율 |
|---|---|---|---|---|
| 수업 개선을 위한 학생들의 수행에 관한 데이터 사용 | 1 | 85% | 6 | 56% |
| 학교 전체에 걸쳐 강력한 교수 역량 개발을 주도하는 능력보유 | 2 | 84% | 2 | 69% |
| 여러 척도를 사용한 교사 효과성 평가 | 3 | 79% | 4 | 67% |
| 교실 교사로서의 경험 | 4 | 78% | 1 | 79% |
| 교사 및 직원들과 리더십에 대한 책임 공유 | 5 | 77% | 4 | 67% |
| 시설, 일정, 예산 등의 관리와 같은 강력한 기술 보유 | 6 | 62% | 3 | 68% |
| 수업 향상을 위한 기술 사용에 대한 이해 | 7 | 50% | 7 | 46% |

출처: MetLife Survey of the American Challenges for School Leadership(2013).

**학교에서 개방적인 관계.** 일반적으로 학교에서 교장과 교사 사이에 개방적인 관계가 존재하는지에 관해 불일치가 존재한다. 일반적으로 교사의 50%와 비교되게 교장의 84%는 학교에서 관계가 개방되어 있다고 인식했다. 개방된 관계를 보여주는 영역에서 그 차이는 더욱 컸다. 예를 들어, <표 2.7>에서 볼 수 있듯이 교사의 54%와 비교하여 교장의 89%가 협업이 발생하는 것으로 인식하였다. 교장의 84%는 친화적인 환경이 존재한다고 인식했지만, 교사 중 57%만이 이 요소가 존재한다고 인식했다. 교장의 89%가 사람들이 정중하게 대우받는다고 인식한 반면, 교사는 58%만이 그렇게 인식하고 있었다. 교장의 86%가 학교 환경이 지원적이라고 인식하였고, 교사는 60%가 그렇게 인식하고 있었다.

〈표 2.7〉 학교에서 개방적인 관계

| 영역 | 교장 | 교사 |
|---|---|---|
| 개방적 관계 | 84% | 50% |
| 협업 | 89% | 54% |
| 친화성 | 84% | 57% |
| 존중 | 89% | 58% |
| 지원 | 86% | 60% |

출처: MetLife Survey of the American Challenges for School Leadership(2013).

교장과 교사의 인식 차이는 교사가 개방적 관계에 대해 오해하고 있거나 혹은 그들이 매일 스트레스를 겪고 있다는 것을 암시할 수 있다. 이 주장은 자신들의 일에 만족한다고 보고한 교사가 62%에서 39%로, 교사들의 전반적인 만족도가 떨어졌다는 조사 결과가 이를 뒷받침한다. 어쨌든 학생의 성취를 높이는 데 있어 교사와 교사 간 그리고 교사와 교장 간의 긍정적인 대인 관계의 중요성을 고려할 때, 교사가 그들의 학교 개방성을 다르게 인식하지 않으면 학생 성취도가 향상될 것 같지 않다.

# 향후 전망

학교를 이끄는 것과 관련된 복잡성과 교사·학부모의 관심사 그리고 모든 학생의 요구에 부응하기 위해 필요한 기예적 지식에도 불구하고, 이러한 것들은 다소간 오늘날의 교장에 의해 충족되어야 할 도전이다. 그 강조점은 수업 리더십에 주어지고 있으며, 교장들이 이런 강조를 좋아하든 그렇지 않든 그 기대는 존재한다.

질 높은 학교 교육을 촉진하는 데 있어서 교장이 어떤 차이를 가져왔는지에 대한 전형적인 연구에서, Smith and Andrews(1989, p. 8)는 강력한 교장들이 활기찬 에너지, 주도권, 모호성에 대한 용인, 유머 감각, 분석적 능력, 삶에 대한 실용적 자세를 교장직 수행 실제에 끌어들여 영향력 있는 역동적인 리더로서 기능했다는 결론을 내렸다. 그들은 교장과 교사 간의 전략적인 역할 상호 작용의 다음 4가지 광범위한 영역은 (1) 자원 제공자, (2) 수업 자료(instructional resource), (3) 의사소통자, (4) 눈에 띄는 존재감이라는 것을 확인하였다. 그들의 연구는 이 4가지 역할 차원에서 교사들이 강력한, 평균적인, 그리고 약한 교장을 바라보는 방식에서 중요한 차이점이 있음을 보여준다. 모든 경우에 있어서, 강력한 교장은 평균적이거나 약한 교장보다 더 긍정적인 평가를 받았고, 평균적인 교장은 약한 교장보다 많은 긍정적인 평가를 받았다. Smith and Andrews의 이 연구는 기존 문헌(Dufour et al., 2006; Leithwood & Riehl, 2003; MetLife Survey, 2013; Teddlie, Kirby & Stringfield, 1989)에서 잘 밝혀진 결과들처럼 학교의 **핵심 기술**(core technology)인 교수와 학습에 가장 많은 관심을 기울이는 교장의 중요성을 입증하고 있다.

강력한 교장은 교수와 학습 그리고 적극적인 리더십 행동에 초점을 맞춘다. 예를 들어, 강력한 리더들은 다음과 같은 일을 할 가능성이 더 높고, 그렇게 할 능력을 더 많이 가지고 있다.

1. 교직원 성과를 판단하는 기준을 명확히 전달한다.
2. 자신들의 학교에 대한 명확한 비전을 제시한다.
3. 수업 문제에 대한 명확한 의사소통을 제공한다.
4. 자신을 수업 지원자로 간주한다.
5. 수업 및 학생 성취도에 관한 공식적 논의를 주도한다.
6. 전문성 개발 정보를 제공하고 교수법을 향상시키는 교사의 수행에 대한 평가를 제공한다.
7. 수업 및 학생 성취와 관련된 문제를 논의할 수 있도록 한다.
8. 수업 자료에 대해 잘 알고 있다.
9. 학업 목표 달성을 위해 학교구의 지원을 동원한다

이와는 대조적으로, 눈에 띄는 존재가 되고, 많은 수업 전략의 사용을 장려하며, 교육적 관심을 가진 교사들이 찾는 사람이 되는 것 등은 강력한 리더와 약한 리더를 크게 구별하는 특성은 아니다. 이러한 결과는 강력한 리더와 약한 리더 둘 다 이러한 활동에 관여하지만, 이러한 활동이 교육적 리더십 효과성의 지표가 아니라는 것을 시사한다.

이후를 예견해보면, 이전에 설명한 특징들 외에 학교에서 리더십 기술(art)을 발휘하는 개인들은 다양한 학습자의 요구를 파악하여 교수 및 학습과 모든 학생의 학업 성취 향상을 충족시키는 기예적 지식을 필요로 할 것이다. 또한 공통핵심학습기준

(Common Core state standards)의 실행, 전문적 학습공동체의 구축, 교사 효과성 모델의 구현, 교사의 직무 만족에 영향을 미치는 리더 행동에 대한 모델 개발, 열의가 넘치고 열정적이며 학교에 대한 자부심이 있는 교사 리더 팀의 구성, 그리고 학부모와 지역사회가 학생들을 위한 교육 향상에 참여하게끔 하는 것이 필요할 것이다(MetLife Survey, 2013, NAESP, 2008a, Protheroe, 2011).

## 수업 리더십에 대한 새로운 강조

수업 리더십은 교장이 중요하다고 생각하는 것과 그들이 어떻게 시간을 보내고 싶어 하는지에 대한 조사에서 항상 중요한 역할을 차지하였다. 이상적으로 교장은 학생 성취 향상에 중점을 둔 수업 리더이어야만 한다. 그러나 교장이 실제로 시간을 보내는 방법에 관한 연구는 그들이 이러한 이상과 거의 부합하지 않는다는 것을 보여준다.

그러나 증거에 따르면 상황이 바뀔 수도 있다. 낙오아동방지법(NCLB), 표준화 운동, RTTT(정상을 향한 경주), 그리고 교육감의 압력 덕분에, 교장은 좀 더 자주 "신뢰로운 행동을 보여주기(walk their talk)" 시작했다. 이는 학교를 개선하고 학생 학습량 증가를 측정하는 방법으로서 학교구 전체에 걸친 개혁조치들(whole-district initiatives)에 참여해 온 대도시 학군에서 특히 그러하다.

한 번에 한 학교의 개선에 집중하는 대신 전체 학군의 변화를 강조하는 것은 더 집중된 공익 의식과 "학생들이 알아야 할 것과 할 수 있어야 하는 것"의 공통적인 정의, 교수-학습 전략의 보다 더 공통적인 관점 및 공통 평가를 필요로 한다.

이 길을 따르는 학교구들이 있는 도시에는 Boston, Providence, Memphis, New York, 그리고 San Diego가 있다. 한 가지 중요한 발전은 이 접근법이 성공하기 위해서는 교육감 역시 교육 리더가 되어야 한다는 것이다. 더 이상 방관할 수 없는 상황에서 교육감들은 교사의 역량을 구축하고, 교장이 정말로 수업 리더십에 전념하고 있는지 확인하기 위한 모니터링 시스템을 개발하는 데 직접적인 노력을 기울이고 있으며, 제공하는 것을 철저히 따르고 있고, 교장들의 노력이 성과를 거두는지를 확인하기 위한 자료 및 여타 정보를 가지고 있다. 이 새로운 교육감의 역할은 교장이 진척 정도를 보여야 한다는 압박 수단으로 가해지게 되었고, 이에 수업 리더십에 대한 강조가 더욱 증대되고 있다.

비록 전체 학군의 변화가 교장 및 학교가 하고 있는 것과 평가되는 과성에 대한 과잉 표준화를 반드시 초래하는 것은 아니지만, 실제로는 종종 그렇기도 하다. 그리고 그럴 경우, 교장은 일이 되게끔 하기 위해 자신이 필요로 하는 재량권과 권한이 없다는 것을 알게 된다. 앞서 언급했던 5개 도시 지역에서는, 대체로 모든 사람이 종교적으로 따라야 하는 각본을 제공하는 것에 강조점이 주어지는 것이 아니라, 학교개선 역량 구축을 통한 교수 및 학습이 강조되었다. 역량 구축에 대한 강조는 과잉 표준화에 대한 완충 역할을 한다.

예를 들어, Boston은 교장들의 노력을 유도하기 위해 종합적인 학교개선의 6가지 필수 요소(Six Essentials of Whole School Improvement)를 채택하였다. 이들 필수 요소들이 학교 운영에서 구현되도록 보장하는 데 있어 날마다 책임을 지는 주된 사람은 교장이다. 리더십은 6가지 핵심 필수 요소 각각에서 중대하게 여겨져서, 교장의 역할이 점점 더 수업 리더십에 초점을 맞추는 것을 가능하게 한다. 그 필수 요소는 다음과 같다.

**필수 요소** 1: 효과적인 수업 실천과 협력적인 학교 분위기는 향상된 학생 학습으로 이어진다.
**필수 요소** 2: 학생 과업과 데이터 중심의 수업 및 전문성 개발은 수업 향상을 이끈다.
**필수** 3: 전문성 개발에 대한 투자는 수업을 개선한다.
**필수 요소** 4: 공유된 리더십은 수업 개선을 유지시킨다.
**필수 요소** 5: 자원 사용은 수업 개선과 향상된 학생 학습을 지원한다.
**필수 요소** 6: 학교는 학생 학습을 지원하기 위해 가족 및 지역사회와 협력한다.

Memphis는 학생 성취를 높이기 위해 고안된 교사 효과성 모델을 완성하는 데 굉장히 몰두하고 있다. 이 모델에는 5가지 구성요소가 포함되어 있는데, 그중 하나는 교장 관찰로, 이는 교장이 교실에서 상당한 시간을 보낼 것을 요구하고 있다.

# 직접 및 간접 리더십

수업 리더십의 중요성에도 불구하고 교장은 학생들의 학습을 향상시키는 직접적인 역할을 할 뿐만 아니라 간접적인 역할도 맡아야 한다는 점에 유의해야 한다. 교장의 직접적인 수업 리더십의 역할은 분명히 차이를 만들지만, 장기적으로 보면 간접적인 리더십이 더 중요할 수 있다.

Hallinger and Heck(1996a, 1996b, 1999)이 발간한 일련의 중요한 논문들은 학생 성취를 향상시키는 데 있어서 교장의 간접적 리더십의 중요성에 대해 지지를 표명했다. 그들의 결론은 교장의 행동이 학교의 효과성이나 학생의 성취에 직접적인 영향을 미치지는 않으나, 측정 가능한 간접적인 효과를 제공한다는 것이다. 교육행정이 과거에 그랬던 것보다 더 교수·학습에 기반을 두는 전문 영역이 되고자 함에 따라 강조되고 있는 직접 리더십 대 간접 리더십의 논제를 어떻게 풀어갈 것인지 검토해 보는 것은 흥미로울 것이다.

직접 대 간접 문제보다 더 중요한 것은 무엇보다도 교장 리더십의 내용과 초점일 것이다. 고등학교 교장들과 그들이 시간을 어떻게 보내는지에 대한 2001년 조사에서, 직접 대 간접과 같은 수사(rhetoric)가 옳긴 했지만, 교장들이 하고 싶은 것과 해야 할 것 그리고 그들이 실제로 하고 있는 것 사이에 차이가 있다는 것이 발견되었다. 전국중등교장협회(NASSP, 2001)의 보고서에 따르면,

> 고등학교 교장들은 열심히 일하고, 매우 헌신적이며, 교수·학습 업무에 전념하고 있지만, 그들의 시간과 에너지를 학생들의 학습, 효과적인 교수법, 또는 이들 둘 다에 도움이 되는 분위기를 창출하는 것과 거의 관련이 없는 기능을 수행하는 데 소비하고 있다고 보고한다. 현재 구조화된 교장의 역할은 주로 긴급한 활동에 관여하는 관리자의 역할이라고 조사 응답자들은 대답한다. 교장들은 보통 근무하는 13시간 동안 계속해서 타오르는 "불"을 끄는 것을 도와주도록 요구된다.(p. 31)

보고서에서 전국중등교장협회(NASSP)는 다음과 같이 수업 리더십을 정의함으로써 간접 리더십과 직접 리더십을 결합한다.

수업 리더가 되기 위해서는 계획, 팀 구축, 교사 개발, 관계 구축 등 중요하지만 종종 시급한 것이 아닌 그런 일을 하는 데 상당한 시간을 보내는 교장의 목적적이고 의도적인 행위를 필요로 한다. 교장이 관리자로서의 시간을 줄이고 수업 리더십에서 시간을 증가시키려면, 관련 준비와 직전 및 현직전문성 개발, 학교 관리 과업을 돕기 위한 조직 구조와 인력, 그리고 교직원 전문성 개발을 지원할 자원 등을 이용할 수 있어야만 한다. 리더십은 지역사회에서 활용가능한 지원뿐 아니라, 교장의 경험, 기술, 의지에 의존하기 때문에 학교마다 다를 수 있다. 하지만 모든 고등학교 리더의 초점은 학생들의 학습과 수업이어야 한다.(NASSP, 2001, p. 31)

여러 가지 어려움에도 불구하고 교장이 교사 학습을 위한 조건과 수단을 제공하려고 노력할 때 학생의 성취가 증가한다는 것은 분명하다(Darling-Hammond, 1997). 교장이 학교 내 교사들을 위한 효과적인 학습과 보살핌의 공동체 구축에 중점을 둘때, 교사 학습은 향상되고 결과적으로 학생 성취의 이득을 얻을 수 있게 된다(Sergiovanni, 1994). 교장이 학생들에게 안전하고, 존중하며, 배려하는 환경을 제공하기 위해 노력할 때, 학생 성취가 향상된다(Sebring et al., 1995, 1996). 학교 문화가 중요하며, 교장이 강력하고 효과적인 문화를 구축하기 위해 쏟는 모든 노력은 학생 학습에 대한 투자이다.

효과적인 교수와 학습에 대해 우리가 알고 있는 것은 교장이 20세기 후반에 일어났던 것보다 훨씬 더 큰 정도와 깊이로 수업 문제에 관여해야 한다는 것을 암시한다(Resnick, 2001/2002). 그들은 리더십 모범 사례를 실천하는 데 능숙해야 하며, 그런 실천 사례들은 교사들을 반드시 포함해야 한다. 일어나는 변화는 이 교실에서 저 교실에 이르는 교실 수업을 분석할 수 있는 선도 교수진의 창설을 심사숙고해야만 한다. 또한, 세분화된 시험 데이터를 분석할 수 있어야 하며, 그 데이터는 사회경제적 지위, 인종, 민족, 언어 집단별로 세분화되어야 한다. 일단 데이터가 분석되면 기준점(benchmark)을 설정하고 학생들의 수행이 주 및 학교구 기준에 충족되도록 하기 위해 그런 기준점(benchmark)을 기준으로 점검되어야 한다(Resnick, 2001/2002).

만약 학교 리더들이 이 장의 앞부분에 제시된 표준을 충족하기를 원한다면, 그 성공 가능성은 훌륭한 교수(teaching)에 대한 기준의 설명을 개발하는 데 있어서 교사들과 협력함으로써 증대된다. 또한, 가르치는 것을 관찰하기 위해 매일 교실을 방문함으로써, 교실 관찰과 학생 데이터 및 채택된 수업 프로그램의 특성에 기초하여 개별 교사들과 함께 전문성 계발 계획을 세움으로써, 아울러 확인된 기준에 교과서 또는 기타 교수 자료를 맞춤으로써, 그리고 학교에서 교사들과 함께 일하는 가용할 수 있는 콘텐츠 코치(content coaches) 및 멘토와 함께 하는 전문성 개발 활동의 세부 계획을 수립함으로써 그 표준들이 달성될 수 있을 것이다(Resnick, 2001/2002).

# [2장 마무리 활동]

## 자신에 대한 이해

<<**안내사항**>> 이 장에서 논의된 내용에 대한 이해도를 높이고, 당신의 생각, 가치, 신념이 그 내용과 얼마나 관련되어 있는지에 대한 성찰을 위해, 다음 각각의 질문 혹은 진술문을 읽고 답해 보세요. 답을 모색하는 과정에서, 이 장에서 논의된 내용을 리뷰하는 것이 도움을 줄 수 있을 것입니다.

1. Resnick은 교육 리더들이 매일 하는 일들의 6가지 예를 제공한다. 2가지 예를 더 들어보세요. 8가지 예를 두 그룹, 즉 보다 직접적인 리더십과 보다 간접적인 리더십 그룹으로 나누어 보세요. 귀교의 교장 선생님이나 당신이 알고 있는 교장 선생님은 얼마나 자주 이런 활동에 참여하나요? 항상, 종종, 때때로, 드물게, 거의 하지 않는 중에 어느 것인가요? 귀교의 교장 선생님이나 알고 있는 교장 선생님이 종종 또는 늘 수행하는 기타 교육 리더십 활동에는 어떤 것이 있나요?

2. 학생들이 더 많이 연계되고 학생 성취 수준을 향상시키기 위해 당신의 학교에서 필요로 하는 개혁에 관한 대화를 시작하는 데 관심이 있다고 가정해 보세요. 당신은 당신의 학교 학생, 교사, 학부모들에게 보내는 공개편지 속에 어떤 종류의 그림을 그리고자 하나요?

3. 교장으로서 업무를 처음 시작할 때 제일 먼저 해야 할 일은 무엇인가요? 그 다음에 수행할 2~3가지의 다른 단계들을 나열해 보세요.

4. 당신이 근무하는 학교 및 지역의 교장 직무 기술서를 구해보세요. 그런 다음 <표 2.5>에 보고된 바와 같이 교장이 시간을 보내는 방법과 비교하여 그 활동들을 분류해보세요.

5. 당신의 교장 선생님이 직면한 요구, 제약 및 선택에 대해 생각해 보세요. 당신의 교장 선생님이 해야만 하는 5가지를 열거하세요. 다음 교장 선생님이 하지 않을 수 있는 5가지를 열거하세요. 선택 영역은 얼마나 큰가요? 당신의 교장 선생님이 가진 선택의 예로는 어떤 것들이 있나요? 당신의 교장 선생님은 이 선택 영

역을 활용하시나요? 예를 들어 보세요.

6. 2008년 조사에서는 교장의 역할 변화에 대해 무엇을 말했나요? <표 2.6>에 나타난 2008년 전국초등교장협회(NAESP) 데이터 및 형식을 사용하여 오늘날 교장이 시간을 어떻게 사용하는지를 평가할 수 있는 도구를 개발해 보세요. 교장 선생님에게 <표 2.6>에서 그들이 가장 많은 시간을 보내는 7가지 영역을 확인하도록 요청하세요. 응답자 샘플을 수집하기 위해, 10명의 교사에게 각각 두 명의 교장을 확인하도록 요청하고 두 교장 선생님에게 응답하도록 요청하세요. 당신의 이 20건의 교장 연구결과와 더 대규모인 2008년도 조사 결과를 비교하세요.

# 시나리오 분석

<<안내사항>> 이 시나리오에서는 본 장에서 다루어진 개념들이 실제에서 어떻게 적용되고 있는지를 보여줍니다. 시나리오 뒤에 일련의 질문들이 제시됩니다. 시나리오를 읽고 난 후 각 질문에 답하세요. 질문들에 답하는 데 어려움을 느낀다면, 이 장의 주요 내용을 다시 읽어봄으로써 도움을 받을 수 있을 것입니다.

# QUINN 교장의 리더십: 성찰적 실천

## 조직 생활의 복잡성 이해하기

Quinn 교장은 학교구의 정책과 절차를 철저히 준수하면서 학교를 운영했다. 결정을 내릴 경우 그는 전체 문제를 조사하고 정책 및 절차에 대한 자신의 이해와 학교 관리자로서의 수년간의 경험을 토대로 최종 결정을 내렸다. Richardson 고등학교의 교장으로서 그는 기예적 지식에 따라 지시를 내리는 것에 자부심을 가지고 있다. 그가 지시가 내렸을 때 잘 따르기를 기대한다고 교수진, 직원, 학생 및 학부모에게 분명하게 했다. 그가 어떤 이해 관계자와 상호 작용했는지는 중요하지 않았다. 일단 그가 상황을 어떻게 다룰지 정하면 그것이 최종 결정이었다. 그는 이런 유형의 리더십 행동이 학교를 통제하고 올바른 결정이 항상 이루어질 것이라는 확신을 그에게 준다고 믿었다.

그 학교의 문화는 단순했다. 모든 이는 Quinn 교장이 말한 것을 이행했다. 교수진과 직원은 그의 결정에 대해 거의 의문을 제기하지 않았다. 만약 그들이 의문을 제기한다면, Quinn 교장은 그들이 팀플레이어가 아니라고 판단했다. 학부모가 자녀에 관해 그와 만나려고 하면, Quinn 교장은 그들의 걱정에 귀를 기울이지만 상황을 어떻게 처리하느냐에 관해서는 항상 자신의 입장을 고수했다. 많은 경우에, 당면한 문제가 좋은 결과를 얻지 못한다면, Quinn 교장은 다른 사람들이 그를 오해했거나 제시된 대로 그의 지시를 정확히 따르지 않기 때문이라고 확신했다.

Randle 선생님은 Richardson 고등학교의 새로운 교수진이었다. Quinn 교장이 다른 사람들과 어떻게 상호작용했는지 살펴봄으로써, 그는 Quinn 교장과 상호작용할 때마다 자신이 어떻게 행동해야 하는지를 매우 빨리 배웠다. 점심시간에 Randle 선생님은 휴게실의 교사들이 Quinn 교장의 철권통치에 대해 불만을 표하는 것을 앉아서 듣곤 했다. 교수진들 사이의 최근 우려는 봄 방학이 시작되기 전 금요일 오후에 예정된 막판의 2시간짜리 필수 회의에 참석해야 한다는 것이었다. Quinn 교장은 이메일에서 교수진이 휴가를 떠나기 전에 논의하고 해결되어야 할 몇 가지 문제들이 있다고 밝혔다.

가장 최근에는 Quinn 교장 선생님에 대한 학부모들의 불만이 쏟아졌다. 교육감은 그에게 연락을 취했고 학부모들과 만나서 즉시 문제를 해결할 것을 요청했다. 이제 Quinn 교장은 금요일 오후에 2시간 동안 회의를 위해 머물러야 하는 것에 대해 우려를 표명한 교사들이 몇 명 있다는 것을 알게 되었다. 그는 왜 갑자기 모든 사람이 그의 권위에 의문을 갖기 시작했는지 이해하지 못했다.

Randle 선생님은 우편함을 확인하기 위해 수요일 오후에 본 교무실에 갔다. Quinn 교장이 한 학부모를 사무실에서 배웅하고 있을 때 Randle 선생님이 안으로 들어왔다. 대화가 잘되지 않는 것 같았다. Quinn 교장이 사무실에 다시 들어갔을 때, Randle 선생님은 기회를 잡기로 결심하고 자신과 이야기할 시간이 있는지 문의해 보았다. Quinn 교장이 동의했다. Randle 선생님은 Quinn 교장에게 교장자문위원회(Principal's Advisory Committee)를 구성하는 것을 고려해 본 적이 있는지 물었다.

"교장자문위원회라구요?" Quinn 교장이 대답했다. "내가 당신에게 내 세계를 소개해 보겠소. 나는 거의 매일 아침 6시 30분에 이 건물에 들어와요. 책상에 앉자마자 전화가 울리기 시작하죠. 추측하건데, 전날 방과 후 일어난 사건에 관해 이야기하기를 원하는 학부모죠. 그 학부모의 불만 사항을 처리한 후 전화가 다시 울리죠. 이번에는 또 다른 보고서를 요청하는 교육청의 행정가일 가능성이 높죠. 마지막으로, 사무실을 나와서 학교 버스에서 내려 복도에 모이는 학생들을 만나죠. 그들이 지정된 장소로 이동하도록 하게 한 후, 모든 것이 그날의 시작을 위해 제대로 되어 있는지를 확인하기 위해 건물을 둘러보죠. 순회하는 동안, 교육과정 문제 또는 근무자 편성표, 또는 둘 다에 관한 문제를 제기하는 몇몇 선생님들에 의해 걸음이 멈춰지게 되죠. 사무실로 돌아와서, 교사가 보내어 나를 보려고 기다리는 학생들의 끝없는 줄을 발견하게 되죠."

"학생들이 수업에 복귀하도록 내보낸 후 수업 관찰을 위해 한두 군데의 교실을 방문할 시간을 얻죠. 그런 후에, 나는 사무실로 돌아와 회의 안건을 개괄적으로 살펴보고, 방과후학교 활동을 계획해요. 점심식사 후 주로 교육청 행정가들에 의해 잡힌 회의에 참석하거나, 학부모들이 일정을 잡은 회의에서 그들과 만나요. 게다가 영업 사원들과의 만남, 구매 주문 승인, 주요 일정 계획에 따른 행사 등의 참석, 모든 유형의 전문성 개발 활동에의 참여를 요구하는 교사들의 특별 요청에 응해야 하죠. 자, 선생님은 내가 자문위원회를 구성하여 거기에 제 일정을 맞추길 원합니다. 농담이시죠?"

Quinn 교장의 말을 듣고 Randle 선생님은 이전 학교에서 유사한 위원회에 근무했던 경험을 공유했다. 그는 위원회가 학교 공동체에 영향을 미치는 문제에 대한 정보에 입각한 결정을 내리는데 Quinn 교장 선생님을 돕기 위한 목적으로 학생, 학부모, 교수진, 직원, 지역사회 구성원들로부터의 통찰력을 Quinn 교장 선생님에게 제공하기 위해 존재할 것이라고 설명했다. Randle 선생님은 교장자문위원회가 학교의 최종 의사결정 권한을 가진 것이 아니라 특정 문제에 대하여 단지 의견을 제공하게 될 것이라고 계속해서 설명해 나갔다. 학교 관련 결정에 무게를 두고 있는 어떤 위원회라는 것에 관한 Quinn 교장의 초기 생각은 긍정적인 것이 아니었다. 그는 내려져야 할 결정에 대해 여러 사람들의 응답을 듣거나 함께 일해야만 한다는 것에 편안함을 느끼지 못했다.

처음에는 주저했지만, Quinn 교장은 위원회라는 아이디어와 그의 과업을 경감시켜 줄 수 있는 리더십 팀을 어떻게 구축할 것인가를 생각했다. 그는 수년간 리더십에 대한 자신의 접근 방식을 성찰했으며, 최근 표면화된 불만에 비추어 학교 리더로서 그의 접근 방식을 재고해야 한다는 것을 깨달았다. 그가 리더로서 개선해야 할 필요가 있는 한 영역은 더 강한 학교 공동체를 구축하기 위해 다른 사람들과 보다 긴밀하게 협력하기 위한 목적으로 이해 관계자와 관계를 구축하는 것이라고 판단했다.

교장자문위원회가 구성되어 학교에 관련된 주제와 쟁점을 토론하기 위해 매달 만났다. 그것은 곧 이해당사자들이 학교 내에서 무슨 일이 진행되고 있는지 알게 되는 훌륭한 포럼이 되었다. Quinn 교장은 다른 사람들을 이제 좀 더 기꺼이 만날 수 있었고 함께 일할 수 있었다. 리더로서 자신을 좀 더 자세히 살펴보고자 했던 그의 의지와 그가 리더로서 발전시킬 수 있는 방법들 덕택에, Quinn 교장은 최적의 학습 환경과 학교 공동체를 만들기 위해 이제 다른 사람들과 함께 잘 협력하게 되었다.

## 성찰적 질문과 시나리오 분석

1. 시나리오에서 '서열 깨기' 학교의 원칙과 일치하지 않는 구절을 확인해 보세요.
2. 수단과 목적의 측면에서 Quinn 교장의 행동에 대해 숙고해 보세요. 수단과 목적을 분리하는 것을 정당화할 수 있을까요? 그렇다면 왜 그럴까요? 그렇지 않다면 왜 안 될까요?
3. 자문위원회를 구성하기 전에 Quinn 교장이 시간을 보냈던 방식을 어떻게 설명하시겠습니까?
4. 만약 Quinn 교장의 행동을 알려주지 않는 ISLLC 표준이 있다면 당신은 어떤 기준을 제시하겠습니까? 당신의 대답을 설명해 보세요.
5. 만약 당신이 교수진이고 학교개선위원회의 일원이 될 기회를 갖게 된다면, 어떤 권고를 하시겠습니까?
6. Quinn 교장이 간과하고 있는 도덕적 강령(도덕적 차원의 의무사항)은 무엇입니까?
7. Randle 선생님의 리더 행동을 어떻게 특징지을 수 있을까요?

CHAPTER 03

# 전통적 관리 이론의 한계

동일한 요구와 제약에 직면했을 때조차도 어떤 교장이 다른 교장보다 더 효과적이라는 것은 우연이 아니다. 효과적인 교장은 학교교육의 세계와 학교 리더십이 어떻게 작동하는지 더 잘 이해하고 있다. 효과적인 교장은 자신의 실천을 다른 이론에 기반을 두고 있으며, 이를 통해 보다 효과적인 실천을 할 수 있게 된다.

교장들은 중요한 선택에 직면해 있다. 그들은 실천의 기반을 한편으로는, 직면하고 있는 대부분의 문제에 대해 미리 결정된 해결책 또는 연구에 기반한 이론과 기법에 직접적으로 연계된 해결책이 존재한다는 가정에 둘 수 있다. 다른 한편으로는, 직면하고 있는 문제들 중에 미리 결정된 해결책에 적합한 문제는 거의 없다는 가정에 그들의 실천의 기반을 둘 수 있다. 그들은 실천할 때 실용적인 지식(knowledge in use)을 만들어 내야 하는 어려운 과제를 순순히 받아들일 수밖에 없다. 두 번째 것을 선택하는 교장은 첫 번째 것의 매력에도 불구하고 미리 결정된 해결책은 고정되고 안정적인 환경에 놓여 있는 몇 가지 문제에 대해서만 효과가 있는 것으로 신뢰할 수 있을 뿐이라는 것을 깨닫는다. 그들은 직면하고 있는 대부분의 문제와 상황들이 모호함과 혼란으로 특징지어진다는 것을 깨닫는다. 그것들은 실천이 대체로 불확실한 격동의 환경에 놓여 있는 문제들이다. 두 번째 것을 선택하는 교장들은 Donald Schön과 마찬가지로 교장이 직면한 가장 중요한 문제들은 기술적, 합리적인 해결책의 범위를 넘어선다고 주장할 것이다. Schön의 말로 표현한다면 "실천가(practitioner)는 선택을 해야만 한다. 곧, 실천가는 지배적인 엄격한 기준에 따라 비교적 중요하지 않은 문제들을 해결할 수 있는 고지대에 머무를 것인가, 아니면 중요한 문제와 엄격하지 않은 탐구의 늪지로 내려갈 것인가?"(1987: 3).

## 실천의 마음풍경1)

교장이 내리는 선택은 주로 실천에 대한 자신의 이론 또는 마음풍경(mindscapes)에 의존한다. 마음풍경은 우리가 보고, 믿고 행하는 것에 영향을 미친다. 교육하기와 관리하기에 대한 2가지 뚜렷한 견해는 식별될 수 있고, 설명하고 이해할 가치가 있으며, 실제적인 실천의 마음풍경과 잘 맞는지로 평가될 수 있다. 그것들은 '깔끔족(Neats)'의 마음풍경과 '혼란족(Scruffies)'의 마음풍경이다.2) '깔끔족(Neats)' 또는 '혼란족(Scruffies)'인 교장과 연구자는 실제의 본질에 대한, 그리고 이러한 실제와 이론 및 연구에서 나온 지식 사이의 관계에 대한 광범위하게 서로 다른 개념을 가지고 있다. '깔끔족(Neats)'에게 이론적 지식은 실제보다 상위에 있다. 반면에 '혼란족(Scruffies)'에게, 이론적 지식은 실제보다 하위에 있다. 그들 각각의 견해는 다음과 같이 요약될 수 있다.

- ■ '깔끔족(Neats)'은 교육행정이 이론과 연구가 직접적이고 직선적으로 실제와 연결되는 응용과학을 닮았다는 견해를 갖고 있다. 전자(이론과 연구)는 항상 후자(실제)를 결정하고, 따라서 지식은 교장보다 우위에 있고 실제를 처방하도록 설계되었다.

---

1) 정신적, 심리적 장면 또는 상상의 영역; 어떤 아이디어나 이슈가 검토되고 인정되는 방식.

2) Kozlov(1988)는 인공지능(artificial intelligence) 분야의 연구의 복잡성과 난해성을 지적하면서 그 분야 연구자들을 응용과학자(Neats)와 실무전문가(scruffies)의 두 부류로 분류할 수 있다고 주장한다. '깔끔족(neats)'은 응용과학자를 은유적으로 표현한 것으로 어떤 아이디어든지 수학적 논리로 표현될 수 없다면 논의의 가치가 없다고 주장하며, 실무전문가의 은유적 표현인 '혼란족(scruffies)'은 증명될 수 없는 아이디어야말로 가장 흥미있는 것임을 강조한다(p. 76). 즉, Neats는 논리적인 사고나 증명이 최고의 가치가 있는 것으로 주장하는 데 반해, scruffies는 경험적 지식을 통해 체득한 보다 직관적이며 막연하고 임의적인 방법을 선호한다.

* 출처: 장이철(1996). 교수공학에 있어 감응 시스템(Appreciative System)의 역할: 응용과학(Neats)인가? 실무기능(Scruffies)인가?. 교육공학연구, 12(1), 169-194.

* Kozlov, A.(1988). Aristotle in the fast lane. Discover, July, 75-79.

- '혼란족(Scruffies)'은 교육행정은 실제가 성찰과 실행 에피소드와의 상호작용으로 특징지어진 **유사 기예적인 것**과 닮았다는 견해를 가지고 있다. 이론과 연구는 지식의 한 원천에 불과하다. 이 지식은 교장보다 하위에 있으며, 실제를 알리기 위해서이지 처방하기 위해 설계된 것은 아니다. 암묵적 지식과 직관은 이론, 연구, 경험 및 다른 이들의 기예적 지식을 통해 알려짐에 따라 발전하고 강화된다.

# 깔끔족

'깔끔족(Neats)'은 실제를 위한 가장 좋은 방법을 알아내는 것이 가능하고도 바람직하다고 믿는다. '깔끔족(Neats)'은 누구나 어디에서나 배워야 하는 것을 구체화하는 최고의 기준 목록을 탐색한다. 그들은 학교를 효과적으로 만들기 위해서 학교 특성에 관한 최고의 목록 또는 학교교육의 최고의 모델을 채택한다. '깔끔족(Neats)'은 맥락, 가치, 목적 및 기타 "상황에 따라 달라지는" 변수에 상관없이 모든 학생에게 모든 상황에서 모든 교사에 의해 적용될 수 있는 일반적인 교수 효과성 행동의 집합이 존재한다고 믿는다. 효과적인 학교, 리더십 스타일 및 갈등 관리 전략에 관한 연구는 수용되고 적용되어야만 하는 진리와 유사한 것으로 간주된다. 교장직의 실제는 직접적으로 학습되고 기계적으로 적용될 수 있는 연구 기반의 기법이 될 수 있는 것으로 간주된다. '깔끔족(Neats)'에게는 교장이 고도로 훈련된 기술자로서 기능할 것으로 간주된다.

'깔끔족(Neats)'의 견해는 실제의 진짜 세계에 얼마만큼 들어맞을까? 별로 잘 들어맞지 못한다. 학교 실제의 양상은 사실 엄청난 불확실성, 불안정성, 복잡성 및 다양성으로 특징지어진다. 가치 충돌과 독특성은 교육환경에서 수용되는 양상이다. Schön(1983)에 따르면 이러한 특성은 의학, 공학, 경영 및 교육을 포함한 모든 주요 전문직업에서의 전문적인 실천 세계의 중심으로 인식된다. "전문가적 지식은 실천 상황의 변화하는 특성에 들어맞지 않는다"고 그는 결론짓는다(p. 14). 교장직을 예측 가능한 문제에 표준 기법을 적용하여 문제를 해결하는 논리적 과정으로서 보는 것이 편할지 모르지만, 보다 정확한 시각은 "혼잡 관리의" 과정일 수 있다(p. 16).

실제 학교교육의 세계에서, 교장의 과업은 의미의 이해, 발견, 전달을 증대시킴으로써 복잡한 상황을 이해하기 쉽도록 만드는 것이다. 실제의 상황은 일반적으로 독특한 사건으로 특징지어진다. 따라서 문제에 대한 획일적인 답은 도움이 될 것 같지 않다. 교사, 장학담당자, 학생들은 자신들의 교실에 믿음, 가정, 가치관, 의견, 선호 및 성향을 가지고 온다. 따라서 객관적이고 가치중립적인 행정 전략이 중요한 문제를 해결할 가능성은 낮다. 불확실성과 복잡성은 학교교육 과정에서의 정상적인 측면이다. 알려진 것으로 구체화될 수 있는 것과 구체화될 수 없는 것의 격차를 메우기 위해서는 직관이 필요하다. 그러나 보통의 직관으로는 가능하지 않다. 직관은 한편으로는 이론적인 지식과 현재의 연구를 통해, 다른 한편으로는 상황에 대한 충분한 이해를 통해 도야되어야 한다.

# 성찰적 실천: 혼란족의 패러다임

교상식에 대한 '혼란족(Scruffies)'의 관점은, 실세의 이론에 근거하며, 이론적인 마음풍경뿐만 아니라 실천적인 마음풍경을 교장에게 제공하는 과학인 실천과학의 관점이다. **성찰적 실천**의 개념은 이 새로운 과학에 있어 매우 중요하다. 성찰적 실천은 전문적 지식이 과학적 지식과는 다르다는 실재에 기반을 두고 있다. 불분명하고 독특하며 변화하는 문제에 직면한 전문가가 행동 방침을 결정할 때 전문적 지식이 사용 중에 생성된다. 유명한 교육 정치가 Ralph Tyler는 연구자들이 교육에 관한 전문적 지식의 본질을 완전히 이해하지 못하고 있다고 주장했다. 그는 다음과 같이 언급했다.

> 연구자들과 많은 학자들 역시 교육적 실천을 오해하고 있다. 모든 직업의 실천은 비형식적으로 진행되며, 전문적인 직업상의 절차는 일반적으로 연구결과에 근거한 체계적인 설계로부터 도출되지 않는다. 전문직은 주로 시행착오와 직관적 노력을 통해 발전해 왔다. 수십년에 걸쳐, 전문직 종사자들은 제대로 작동하는 것 같은 절차 및 실패한 다른 절차를 발견했다. 법률, 의학, 신학의 전문적 실천뿐만 아니라 교육이라는 전문적 실천도 전문직 종사자들, 특히 평균적인 사람들보다 더 창의적이고, 독창적이고, 관찰력이 있는 사람들의 경험의 산물이다. (Hosford, 1984, p. 9)

다양한 전문직종에서의 과학적 연구는 중요하다. 그러나 Tyler에 따르면 과학은 현상을 설명하지만, 실제를 만들지는 않는다(Hosford, 1984, p.10). 전문가들은 사용 중인 지식을 창출할 때 정보를 제공받은 직관에 크게 의존한다. 직관은 한편으로는 이론적인 지식에 의해, 다른 한편으로는 실천의 맥락과의 상호작용을 통해 정보를 제공받는다. 교사가 정보에 입각한 직관을 사용할 때, 그는 성찰적 실천에 참여하고 있는 것이다. 교장이 정보에 근거한 직관을 사용할 때, 그 역시 성찰적 실천에 참여하고 있는 것이다. 앎은 실행 그 자체에 있으며 성찰적 전문가는 자신의 실천의 학생이 된다. 그들은 맥락을 연구하고 다른 행동 방침을 가지고 실험을 한다. Schön(1983)은 다음과 같이 제안했다.

> 예를 들어, 그들은 다음과 같이 자문해 볼 수도 있다. "내가 이것을 인식한다고 할 때, 나는 과연 어떤 특징들을 알아차리는 것인가? 내가 이 판단을 내리는 기준은 무엇인가? 이 기술을 발휘할 때 나는 어떤 절차를 수행하고 있는 것인가? 내가 해결하고자 하는 문제에 대해 나는 어떻게 틀을 잡으려고(framing) 하는 것인가?" 대개의 경우, 행위 안에서의 앎(knowing-in-action)에 대한 성찰은 가까이 있는 것에 대한 성찰과 함께 간다. 개인이 다루려고 하는 혼란스럽거나, 골치 아프거나 흥미로운 현상이 있다. 그가 그것을 이해하고자 할 때, 그는 자신의 실행 속에 내재되어 온 이해, 곧 후속 행위에서 표면화하고 비판하고 재구조화하고 구체화시키는 이해에 관해서 성찰한다.
>
> 실무자들이 때때로 불확실성, 불안정성, 독창성, 가치 충돌 상황을 다루는 "예술"의 중심에 있는 것은 이러한 행위 안에서의 성찰(reflection-in-action)의 전체 과정이다. (p. 50)

행위 안에서의 성찰(reflection−in−action)[3]은 매우 혼란스러운 업무의 맥락을 관리하고자 하는 노력 속에서 판단을 내리고 있는 교장을 포착한다. 혼란스러운 상황을 관리하는 것은 쟁점이나 현상에 대해 즉시 주의를 환기하고, 이를 평가하고, 경험된 현상에 대한 직관적인 이해를 재구조화하고 평가하며, 그리고 종종 그 상황과의 성찰적 대화에 참여하는 것을 포함한다(Schön, 1984).

'혼란족(Scruffies)'의 패러다임을 받아들이는 것이 '깔끔족(Neats)'의 입장이 틀렸다는 것을 의미한다면 삶은 더 단순해질 것이다. 현실은 그 둘 다 옳다는 것이다. 확정

---

3) 현재 하고 있는 행위에 대한 차이를 만들어내므로 행위에 대해서 직접적인 중요성을 지님.

적인 상황하에서의 안정된 환경 속에 존재하는 단순한 문제의 경우, '깔끔족(Neats)'처럼 생각하는 것이 교장에게는 충분히 도움이 된다. 그러나 불확정적인 상황하의 격동의 환경 내에 존재하는 복잡한 문제의 경우, '혼란족(Scruffies)'처럼 생각하는 것이 보다 이치에 맞는다.

리더십을 예로 들어보자. '혼란족(Scruffies)'의 경우, 관리하기와 지시하기는 홀까지의 거리가 항상 변하는 골프 게임과 유사하다. 여러분은 홀이 바로 앞에 있다는 것을 알고 있지만, 그것이 얼마나 멀리 떨어져 있는지는 결코 확신할 수 없다. 여러분은 각 클럽으로부터 갖게 될 수 있는 거리에 대해 꽤 잘 알고 있지만(클럽의 비거리), 현재 홀이 있는 곳을 기준으로 클럽을 선택할 수 없다. 여러분은 스윙 후 홀이 어디에 있을지 추측해야 한다. 이런 맥락에서 club payoff[4]에 대한 지식은 여전히 중요하지만, 직접적으로 사용될 수는 없다. 대신에, 이러한 지식은 추정된 거리에 알맞은 클럽을 선택할 때 경험에서 우러난 추측을 하기 위한 개념적 프레임워크의 일부가 된다. 이 게임에서는 홀이 다음 어디에 있는지를 결정하는 법칙은 있지만 그 법칙들을 완전히 이해할 수는 없다.

더 실력이 좋은 골프선수들은 경기가 진행되는 동안 홀의 과거, 현재 및 가능성있는 홀 모양에 대한 직관적인 감각을 발달시킨 사람들이다. 그들의 경기는 변덕스럽지도 무작위적이지도 않다. 대신, 그들은 성숙하고 경험에서 우러난 추측을 한다(교장의 경우, 정보에 근거한 전문적인 판단). 이러한 추측들은 club payoff에 대한 지식과 결합되어 그들이 승리하는 데 도움을 준다. 경기가 이뤄지는 각 홀의 지형적인 잔디 떼(잔디 뗏장), 녹지의 움직임, 잔디와 러프(rough[5])의 질감, 그리고 모래 구덩이(벙커)의 특성에 익숙해지면 저기가 아닌 여기에서 홀이 불쑥 나타나게 되는 쓸모가 있을 수도 있고 없을 수도 있는 다른 정보 조각을 얻을 수 있다. 지형과 club payoff에 대한 확실한 위치 결정은 나타날 가능성이 있는 패턴에 대한 감각을 키우지 못한다면 충분하지 않다. 하지만, 똑같이 중요한 것은, 패턴을 예측하는 데 꽤 능숙하지만, 코스 지형이나 club payoff에 대한 이해가 부족한 것은 큰 도움이 되지 않는다.

성찰적 실천의 열쇠는 메사추세츠주 캠브리지의 교사들에게 보낸 William James

---

4) 페이오프(pay off): 볼을 놓는 순간(골프 용어)

5) 러프(Rough): 페어웨이(Fairway), 즉 스루 더 그린(through the green) 안에 잔디가 짧게 다듬어져 있는 곳 바깥 쪽에 주변 잔디가 길게 자란 지역(골프 용어).

의 1892년 메시지에서 찾을 수 있다. 그는 과학적 지식의 실천적 적용에 있어서의 "중개하는 창의적인 정신"의 중요성을 지적했다.

논리의 과학은 결코 사람이 올바르게 추론하도록 만들지 못했고, 윤리학은… 결코 인간을 올바르게 행동하도록 만들지 못했다. 이러한 과학이 할 수 있는 가장 큰 일은 만약 우리가 잘못 추론하거나 행동하기 시작하면 우리 스스로를 붙잡고 점검하는 것을 도와주고, 또한 우리가 실수를 한 후에 우리 자신을 더 분명하게 비판하는 것을 느끼게 한다는 것이다. 과학은 예술의 법칙이 반드시 그 안으로만 떨어져야 하는 선, 예술의 추종자가 어겨서는 안 되는 법칙을 규정하기만 한다. 그러나 그가 그 선 안에서 적극적으로 어떤 일을 할지는 전적으로 그의 천재성에 맡겨진다. (p. 8)

성찰적 실천에 대한 아이디어는 아직도 비교적 새로운 것이며, 교육행정에서 성찰적 실천을 개발하고 사용하는 데에는 매우 많은 숙고가 이루어져야 한다. 그럼에도 불구하고, 성찰적인 교장들이 자신들의 전문적 실천을 책임지고 있다는 것은 분명해 보인다. 그들은 해결책을 수동적으로 받아들이지 않고 기계적으로 적용하지 않는다. 그들은 기준이 실천할 수 있는 유일한 방법이라고 생각하지 않으며 그에 따라 복잡한 질문에 대한 쉬운 답을 의심한다. 그들은 맥락과 상황이 어떻게 다르고, 교사들과 학생들이 많은 면에서 어떻게 다른지, 그리고 학교 목표와 목적이 실제로 얼마나 복잡한지를 통감하고 있다. 그들은 어려운 가운데서도, 문제에 대한 맞춤형 처치가 기준이 되어야 한다는 것을 알고 있다. 동시에, 성찰적인 전문가적 실천이 이루어지기 위해서는 교장이 가용한 최고의 이론 및 연구와 축적된 실제 지혜를 건전하게 존중하고, 그것들에 대해 잘 알고 사용하는 것 등이 요구된다. 이러한 모든 정보의 출처는 이해를 높이고 실천사항을 알려주는 데 도움이 된다. 문제는 교장이 아무리 성찰적으로 되고자 할지라도, 전적으로 전통적인 관리이론에 기반을 둔다면 효과성은 달성하기 어려울 것이다. 관리 이론 그 자체가 재고안되어야 한다. 전통적인 관리와 리더십에 대한 그래픽 설명은 [참고 3.1]에 나타나 있다.

| 관료주의와 개인적 권위에 근거한<br>전통적 관리 | 인간관계와 개인적 권위에 근거한<br>비전통적 관리 |
| --- | --- |
| 깔끔족(Neats)/이론 기반 연구 | 혼란족(Scruffies)/성찰적 실천 |
| • 이론에 근거한 지식 | • 실천할 때 사용 중에 생성된 지식 |
| • 선형적 연결 | • 비선형적 연결 |
| • 엄격히 구조화되고 연결된 조건 | • 느슨하게 구조화된 조건 |
| • 일상적 수준의 역량 필요 | • 규정되지 않은 실천 |
| • 최선의 모범 사례 | • 다양한 방식의 사례 |
| • 기준 기반 | • 상황 기반 |
| • 고도로 훈련된 기술자로서의 교장 | • 직관적 실천가로서의 교장 |

# 마음풍경 바꾸기

전통적인 관리는 학교 행정가를 위한 여러 주의 수도와 수많은 대학 준비 프로그램에서 공식적인 제재를 행사하고 있다. 전통적인 관리는 또한 학교개선 관련 문헌의 많은 부분을 지배하고 있는 마음풍경이다. 그러므로, 그런 마음풍경이 많은 교장들의 사고에 뿌리박혀 있고 변화시키기 어렵다는 것은 놀라운 일이 아니다.

예를 들어, 초등학교 교장 Jane의 경우를 생각해 보시오. Jane 교장은 최근 주법에 규정된 "수업 리더"가 되기 위해 현재 자신의 시간의 3분의 1에서 2분의 1까지를 소비한다. 이 법에 따르면, Jane 교장은 "효과적인 교수법"에 관한 수십 개의 서로 관련이 없는 연구보고서로부터 얻은 50개의 일반 교수 행동 목록으로 구성된 주 평가 도구를 사용하여 일 년에 두 번씩 학교에 있는 모든 교사를 평가할 것이 요구된다. 또한, 그녀는 이 평가의 일환으로서 주의 의무적인 표준화 숙련도 시험에서 학생 점수를 고려할 것이 요구된다. 이 평가 도구는 여러 장으로 구성되어 있으며 각 평가에 대해 한 시간의 교실 관찰에 더하여 상당히 많은 문서 작업을 포함한다. Jane 교장은 진지하게 책임을 떠맡고 있으며, 꼼꼼하게 평가 업무를 하려면 각각의 평가에 약 3시간이 소요될 것이라고 예측한다.

교사들은 Jane 교장이 점검해야 하는 "성장 계획"(growth plans)을 개발해야 한다. 이 성장 계획은 각 교사가 어떻게 해야 자신의 교수법이 더 높은 평가 점수를 얻게 되는지를 보여준다. Jane 교장은 요구되는 평가를 수행만 하는데도 1년에 180시간, 또는 22일이 소요된다고 추정한다. 그녀는 성장 계획을 수집, 연구, 논평하고, 또한 교사 본인들이 수행할 것이라고 주장하는 것을 추적하는 비록 효율적이기는 하지만 민감한 방법들을 찾아내는 데 소요되는 많은 시간을 두려워한다. Jane 교장은 성장 계획들이 종종 형식적이라는 것을 알아차리는데, 이것이 그녀를 괴롭힌다.

Jane 교장의 다른 수업 리더십 책임 중에는, 가르치는 각 과목이나 과정에 대해 주가 정한 기준을 따르고, 규정된 일정에 따라 적절한 시간 할당을 준수하는지를 보장하기 위해 교사들을 매일 모니터링하는 것이 포함된다. Jane 교장은 "순회하면서 관리하는 것"을 실천함으로써 이 과정을 확인할 수 있지만, 이 과정에만 의존해서는 그녀의 학교가 잘 따르고 있는지를 상급자에게 구체적으로 입증할 수는 없다. 상급자로부터의 낮은 평가를 피하기 위해, Jane 교장은 각 수업목표를 가르치는 데 소비하는 시간의 양뿐만 아니라 매일의 수업 계획에서 교사들이 가르치고 있는 기준을 표시할 것을 교사들에게 요구한다. 그녀는 매주 금요일마다 이 수업 계획들을 성실히 수집한 후 교사들이 잘 따르는지를 확인하기 위해 검토한다. 시간이 허락될 경우, Jane 교장은 교사들이 자신들의 수업에 대해 더 효과적으로 생각하고 더 잘 가르치게 되는 것으로 귀결될 수 있는 수업 계획에 대한 논평을 쓰고자 한다.

Jane 교장의 학교구에서는, 필수 기준과 밀접하게 연계된 주가 주관하는 시험을 강조한다. 이 시험들의 결과는 해당 교육구의 중앙 교육청 및 그 교육청을 경유하여 주 교육부에 제출되어야 한다. 그런 후, 이 시험의 결과는 주 전체의 교육구별 비교 및 교육구 내 학교별 비교가 행해지면서 신문에 게재된다. 학교는 그 시험 비교에서 잘 해내야 한다는 엄청난 압력이 있다. 만약 그녀 학교의 시험 점수가 충분히 높지 않다면, Jane 교장은 교육감 사무실로부터 이에 대해 듣게 된다. 예를 들어, 자신에 대한 평가의 일환으로, 그녀는 금년도의 시험 결과를 그녀의 상급자에게 보고하고, 이 결과를 지난 2년 동안의 시험 점수와 비교하여 향상되었음(또는 향상되지 못하였음)을 언급해야만 한다.

종종 Jane 교장은 교육감이 어떤 대가를 치르더라도 점수를 올리기를 원한다는 것과 중요한 것은 최종 결과라는 인상을 받는다. 결국, 그녀는 학생들이 시험을 잘 보는 것을 보장하기 위해 교사들에게 엄청난 압력을 가한다. 예를 들어, 모든 교사들에게 "현직 연수"가 이루어져서 더 나은 학생 성취를 가져올 것으로 생각되는 일련의 특정한 절차들로 구성된 유행하는 교수 모델에 기초해서 그들의 매일매일의 가르침이 행해져야 한다. Jane 교장은 현재 시행 중인 평가 시스템과 수업 계획서 및 시험 점수에 대한 점검 이외에도, 요구되는 교수 기법을 교사들이 사용할 것을 보장하기 위해 교사들을 코치하고 점검하는 데 많은 시간을 소비한다.

Jane 교장은 자신의 학교에서 교사들이 하기로 되어 있는 것들이 제때에 행해지고 있는지를 확실히 하기 위해서 측정 가능한 목표, 매우 구체적인 교육과정 및 필수적이고 세분화된 시간 계획을 제어 감지 시스템과 연결하도록 시도하는 "수업 관리 시스템"을 통제한다. 이런 관리 시스템에도 불구하고, 결과는 실망스러웠다. 시험 점수, 특히 하위 수준의 기능과 관련해서는 시험 점수가 소폭 상승했지만, 여러 문제가 발생했다. 교육과정은 점점 폭이 좁아지고 있고, 결석률은 상승했다. Jane 교장은 교사들이 재능과 기술을 점점 더 직게 사용하고 있다고 걱정한다. Jane 교장은 자신의 학교에서 교사들에게 일어나고 있는 일을 설명하기 위해 일부 사람들이 사용하는 탈숙련화(deskilled)라는 용어의 귀에 거슬림에 진저리치지만, 그럼에도 불구하고 그 용어의 이미지에 시달린다.

이 특정 교육 관리 시스템을 사용함으로써 발생하는 여러 가지 기타 '예상치 않은 결과"가 나타나고 있다. 교사들은 점점 더 시험에 맞추어 가르치고 있는 것처럼 보인다. 게다가, Jane 교장은 교사들이 그녀가 참석하여 관찰하고 있을 때에는 필수 교사 평가 도구에서 나타나는 지표를 "구경거리로 보여주기"하고 있지만 다른 시점에서는 그 지표를 사용하지 않는다는 것을 확신한다. 더 높은 평가 점수를 얻기 위한 교사들의 노력 속에서 지표를 쉽게 보여줄 수 있는 연출된 수업(staged lessons)을 대개는 관찰하고 있는 것이 아닌가 하고 그녀는 생각하게 된다.

Jane 교장은 무엇이 잘못되었는지 궁금해 한다. 머피의 법칙이 사실일 수 있을까? 전통적인 관리의 관점에서 볼 때, 비록 자신이 해야 할 일을 하고 있고, 필요한 수업 관리 시스템이 갖추어져 있으며, (최소한 공개적으로는) 교사들이 자신들이 해야 할 일을 하고 있다는 증거를 댈 수 있을지라도 외관은 실제와 맞지 않고, 일이 잘 되어 가고 있지 않음을 Jane 교장은 느낀다. 매우 고통스러운 반성 후에, 그녀는 무언가 다른 것이 행해져야 한다는 결론에 도달한다.

이 결론은 Jane 교장에게 매우 당혹스럽다. 그녀는 이른바 "중년의 위기"와 비슷한 직업상의 경력 위기를 경험할 지경에 처해 있다고 느낀다. 어쨌든 Jane 교장은 교육행정학 전공 대학원 기간 동안 뛰어난 학생이었다. 그녀는 주정부 후원의 리더십 계발 아카데미에서 제공하는 필수 워크숍에 참여했고, 지난 여름에는 아카데미의 훈련자가 되라는 요청을 받을 정도로 잘 해냈다. 그녀는 POSDCoRB[6]와 같은 관리 개념이 학교가 잘 작동하게 하는 데 필요한 합리적이고 효율적인 관리를 제공하는 데 얼마나 중요한지 알고 있다. 그녀는 최근의 워크숍에서 배운 리더십 행동들을 어떻게 보여주어야 하는지 알고 있으며, 지난 여름 그녀는 갈등 관리와 성공적인 회의 진행 방법에 관한 그녀 자신의 워크숍을 계발했다. Jane 교장은 사람들을 다루는 방법을 아는 것으로 명성을 얻어 왔다.

Jane 교장의 사무실 벽에는 널리 수용되고 있는 관리 원칙에 대한 경구가 포함되어 있는 몇 개의 명판이 진열되어 있다. 각각의 명판들은 리더십 개발 아카데미 워크숍 중 하나를 수료한 것에 대한 상으로 그녀에게 주어진 것들이다. 명판 하나에는 "만약 어떤 것을 측정할 수 없다면, 그것을 관리할 수 없다."고 쓰여 있다. 또 다른 명판은 "보상이 된 것이 행해진다."고 쓰여 있다. 그리고 세 번째 것은 "측정된 것이 가르쳐진다."라고 쓰여 있는데, 이는 주 교육위원회 위원이 주 전역에 걸친 연설에서 학교에 대한 자신의 비전을 공유할 때, 종종 되풀이하는 말이다. 다른 명판들은 Jane 교장에게 명확한 목표를 갖는 것, 사람들에게 정확히 무엇을 기대하는지 알려주는 것과 합리적이고 객관적인 관리자가 되는 것의 중요성을 상기시킨다.

Jane 교장은 '깔끔족(Neats)' 이론인 전통적인 관리이론의 차원, 원리, 표현에 둘러싸여 있다. 게다가, 이 이론은 관리가 무엇이고, 학교가 제대로 기능하려면 어떻게 운영되어야 하고, 학교 교장으로서 어떤 종류의 리더십을 제공해야 하는지에 대한 그녀 자신의 마음풍경과 잘 들어맞는다. 마침내, 이 마음풍경은 그녀의 교육구에서 자리잡은 보상 시스템에 의해 자양분을 공급받는다. 그녀의 실천이 전통적인 관리이론을 더 많이 반영하면 반영할수록, 더 성공적일 것이라고 여겨진다. 일이 잘 작동하지 않는다는 것을 깨닫고는 Jane 교장이 불협화음과 불안을 겪는 것은 놀랄 일이 아니다. 사람

---

6) POSDCoRB: Gulick과 Urwick이 제시한 행정활동 과정의 일곱 가지 단계인 ① 계획(planning), ② 조직(organizing), ③ 인사배치(staffing), ④ 지휘(directing), ⑤ 조정(coordinating), ⑥ 보고(reporting), ⑦ 예산(budgeting)의 축약어.

의 마음풍경을 바꾸는 것은 자신의 종교를 바꾸는 것과 어느 정도는 같다.

최근 몇 달 동안 Jane 교장은 전통적인 관리 방식이 작동하기 위해서는 학교가 전형적인 경우일 때보다 더 **단단하게 구조화되고** 예측 가능해야 하며, 사람들은 보통보다 더 수동적이고 한결같을 필요가 있다는 것을 깨닫게 되었다. 처음에 그녀는 같은 일을 계속하면서, 단지 더 잘 함으로써, 이러한 인식에 대응했다. 그러나 서서히 그녀는 세계가 자신의 이론에 맞게 변화될 수 없을 때는, 세상에 맞추어 자신의 이론을 바꾸는 것이 더 낫다는 사실을 받아들였다. 이 생각은 그녀가 관리와 리더십의 차이에 대해 어디에선가 읽었을 때 더 잘 이해가 되었다. 그녀가 기억하기로는 관리는 일을 제대로 하는 데 관심이 있다. 리더십은 올바른 일을 하는 것과 관련이 있다.

Jane 교장은 성공적인 교장은 효과적인 관리자이자 효과적인 리더라는 것을 깨달았다. 하지만 둘 중 하나를 선택해야 한다면, 유일한 현명한 선택은 옳은 일을 하는 것이다. 비록 그것이 시스템에 의해 명시된 방식으로 일을 하고 있지 않다는 것을 의미하더라도 말이다. 이 결정에의 도달은 Jane 교장에게 중요하고 대담한 이정표였다. 처음에는 불안해했지만, 그녀는 관료적 권위와 도덕적 권위가 갈등할 때 도덕적 권위가 항상 우선되어야 한다는 생각에 이제는 편안함을 느낀다. Jane 교장은 무모한 사람으로 인식되고 있지 않았다. 사실, 오히려, Jane 교장은 일을 하는 방식에 있어서 꽤 관습적이고 보수적인 것으로 여겨졌다. 그럼으로써, 항상 그녀는 문구가 아닌 규칙의 정신을 반영하는 방식으로 규칙을 (사정에 맞게) 맞추고 문제를 해석함으로써 학교교육의 구조에서 발견된 느슨함에 대응하기 시작했다. 상급자들이 세밀하게 감독하기 때문에 시스템이 엄격해지는 상황에 접했을 때, 또는 시스템에 의해 사람과 상황에서의 개별적인 차이를 무시할 것이 강요되었을 때에는, Jane 교장은 그 규칙의 정신이 아니라 규칙의 문구를 강조함으로써 앞서와 정반대의 방향을 취하곤 했다. 교사들이 유사한 곤경에 빠졌을 때 대개 이롭게 하려고 사용한 기술인 형식적인 실행이 그녀의 경영 레퍼토리의 일부가 되었다.

표준화된 시스템을 사용하여 교사를 평가하는 동안, Jane 교장은 나열된 모든 교수 행동들을 교사들이 드러내어 보여주어야 한다고 주장하지 않고, 예를 들어, 교사들이 가르치고 있는 단원이나 단위, 설정한 목표, 그리고 학생들의 학습 요구를 고려하여, 단지 타당한 교수 행동을 보여주면 된다고 주장함으로써 필요한 절차를 자유롭게 했다. Jane 교장은 교사들이 수업에서 성취하고 싶어하는 것과 그 방법에 관해서 그들과 이야기하곤 했다. Jane 교장은 교사들의 교수 스타일을 결정짓는 성격에서의 차이에 민감했고 이를 존중했다. 예를 들어, Jane 교장은 과묵한 선생님들이 외향적인 선생님들보다 "승점 따기"라는 거품이 낀 강화와 피드백을 제공하는 데 더 많은 어려움을 겪었다는 것을 깨달았다. Jane 교장과 교사들이 함께 특정한 교수 에피소드가 평가되고 확인된 특정한 교수 문제에 비추어 가장 적합한 것으로 보이는 8개 또는 10개의 행동들을 결정하면서, 4장에 달하는 필수 교수 행동 목록을 검토했다. 그 때 평가는 이처럼 더 짧았지만 더 의미있는 버전을 기반으로 해서 이루어졌다.

　　Jane 교장은 종종 자신이 관료주의가 원하는 것과 연구 및 기타 정보에 입각한 실제가 말하는 것이라는 2가지 상반되는 권위의 원천의 한 가운데 있는 것을 발견했다. 예를 들어, 관료주의는 그녀가 의무화된 기준을 작은 조각으로 나누는 것을 요구하는 엄격한 정렬 전략(alignment strategies)을 사용하고, 이러한 조각을 직접적으로 가르치며, 이 조각들이 학습되어진 정도를 측정하는 실행된 평가(practiced assessments)를 사용하기를 원했다. 다행히도 Jane 교장은 교수 및 학습 관련 결정을 돕기 위해 학생 성적 표본의 사용을 검토하는 지역 교장 센터 연구 집단의 일원이었다. 이 연구 모임은 실제적인 지적 작업과 표준화 시험에서의 점수 사이의 관계에 대한 Fred M. Newmann, Anthony S. Bryk 및 Jenny K. Nagaoka(2001)의 연구를 논의해 왔다. 그들의 연구결과의 요점은 학생들의 생각을 사용할 것을 요구하는 보다 강력한 과제를 내주었던 시카고 교사들이 학생들에게 기본 기술의 집중적인 사용만을 요구하는 과제를 내준 교사들보다 교육구의 표준화 시험에서 더 좋은 결과를 얻었다는 것이다. 이 두 번째 교사 그룹은 필요한 기술을 직접 가르쳤다. 연구자들은 학생들에게 주어진 실질적인 지적 작업을 요구하는 과제가 실제로 전통적인 시험에서 학생들의 점수를 향상시켰다는 결론을 내렸다. 연구자들은 또한 교실에서의 실질적인 지적 작업에 더 중점이 주어진다면 시카고의 표준화 시험의 연간 증가점수가 전국 평균 수준을 능가할 수 있을 것임을 제시했다. Jane 교장이 그 결과를 교수진과 공유한 후, "시험을 위한 교수"를 요구하는 엄격한 정합 접근방식을 사용하는 것으로부터 보다 강력한 수업을 정교하게 만드는 방향으로 전략의 변화가 있었다. 일단 시험 점수가 향상되자, 교수진들은 매료되었고, 이 주제는 가장 중요한 학교 전문성 개발의 주제가 되었다. 교사들이 내준 과제를 살펴보는 것부터 시작하여, "학생 성적이 충분히 좋은가?"라고 묻고, 만약 그 답이 '아니오'라면 "무엇을 할 필요가 있는가?" 등 다양한 질문을 던지며, 교수진들은 학생 성적을 검토하는 데 중점을 두었다.

　　Jane 교장은 또한 교사들이 학교의 각 교실을 거닐며 반나절을 번갈아가며 그녀와 함께 시간을 보낼 수 있는 방법으로 "학습 산책"에 참여했다. Jane 교장과 그녀의 교수 파트너는 좋은 가르침에 대한 학교의 "우리가 믿는 바로 이것" 원칙의 실천 사례를 찾고 있었다. 학습 산책은 항상 교사들의 경험에 관한 대화로 이어졌다. 교사들이 Jane 교장에 의해 방문을 받던지, 아니면 교장을 방문하든 간에, 그들은 학습 산책 경험을 즐기는 것처럼 보였다. 학습 산책은 곧 Jane 교장과 그녀 학교의 교수진이 코칭을 시도하는 것으로 이어졌다. 지금까지 코칭 도입은 잘 진행되고 있었고, 교사들은 Jane 교장과 지역 내 다른 학교들의 아이디어를 모델링하는 코칭 프로그램을 시작하는 것에 관해 이야기를 나누었다. 교사들은 교육청에서 자금을 조달할 계획이며 그 지역의 전문성 개발 책임자와 이야기를 나누고 있다.

　　Jane 교장의 감독관들이 무슨 일이 일어나고 있는지 눈치채고 시스템에 보다 명확하게 따르도록 단속할 때마다, Jane 교장은 다른 일을 위해 가능한 한 많은 시간을 절약하기 위해 신속하게 사람들을 정례적으로 평가하는 것으로 그녀의 전략을 바꾸었다. 일단 평가가 완료되고 서류 작업이 제출되면, Jane 교장과 교사들은 수업의 개선에 대해 더 의미있고 더 나은 방식으로 일할 수 있었다. Jane 교장은 복잡하고, 혼란스러우며, 비선형적인 혼란족(Scruffies) 세계에서 리더십을 제공하는 방법을 빨리 배우고 있다. 그녀가 실제에서 마주치는 풍경과 일치하도록 그녀의 관리와 리더십 이론에 대한 마음풍경은 변화하고 있다.

# 서로 상반된 전통적 관리이론과 리더십의 비교

　　전통적인 관리이론이 쓸모없다고 Jane 교장이 믿게 되면 실수일 것이다. 그녀는 전통적인 관리 이론을 포기해서는 안 되며, 오히려 그녀에게 가장 이롭게 되도록 그것을 활용하는 방법을 배워야 한다. 전통적인 관리이론은 장점과 한계를 가지고 있으며, 교장이 그 차이점을 아는 것이 중요하다.

■ 전통적인 관리이론은 선형 조건으로 특징지어지는 실천 상황에 적합하다. 그러나 이 이론의 유용성은 비선형적 조건이 시작되는 곳에서 끝난다.

■ 전통적인 관리이론은 예상치 못한 폐해를 일으키지 않으면서 긴밀하게 구조화되고 연결될 수 있는 실천 상황에 적합하다. 그러나 이 이론의 유용성은 느슨하게 구조화된 조건이 시작되는 곳에서 끝난다.

■ 전통적인 관리이론은 일상적인 수준의 역량 및 성과를 야기할 필요가 존재하는 상황에 적합하다. 그러나 이 이론의 유용성은 특별한 헌신과 성과를 불러일으키고자 하는 것이 목표일 때 끝을 맺는다. 전통적인 관리이론은 효율성 개선을 위한 표준화의 조치가 필요할 때, 그리고 측정된 많은 양의 공통의 이해가 고차원 학습의 전제조건일 때 유효하다.

## 선형적 및 비선형적 조건

관리 및 리더십 전략을 결정할 때 어떤 조건이 선형적인지 아닌지를 고려하는 것이 중요하다. 선형적 조건은 다음과 같이 특징지어진다.

· 안정적이고 예측 가능한 환경
· 긴밀한 관리의 연결
· 느슨한 문화적 연결
· 별개의 목표들
· 구조화된 과업
· 단일 해결책
· 쉽게 측정되는 성과
· 확립된 운영 절차
· 행위의 명확한 결과
· 분명한 권한 범위

선형적 조건에서는 단순성, 명확성, 질서 및 예측가능성이 존재한다. 전형적으로 선형 조건에 들어맞는 관리 과업의 예로는 버스 시간표에 따른 경로 배정하기, 책 구매하기, 회의 시간 계획하기 및 인간 상호작용이 단순하거나 부수적이거나 존재하지 않는 여타 사건이나 활동이 포함된다. 하지만, 가령 8인치의 눈보라가 버스 시간표에 혼란을 야기할 수 있는 것처럼 이러한 과업들조차도 곧 비선형적이 될 수도 있다.

이와 반대로 비선형적 조건은 다음과 같이 특징지어진다.

- 역동적 환경
- 느슨한 관리의 연결
- 긴밀한 문화적 연결
- 다수의, 그리고 경쟁하는 목표들
- 비구조화된 과업
- 경쟁하는 해결책
- 측정하기 어려운 성과
- 확립되지 않은 운영 절차
- 행위의 불명확한 결과
- 명확하지 않고 대립하는 권한 범위

학교에서 이루어지는 인간 상호작용의 대부분은 비선형적인 것으로 묘사될 수 있다. Gleick은 「카오스, 새로운 과학의 창조」라는 책에서 "비선형성은 게임을 하는 행위가 규칙의 변화를 가져오게 한다는 것을 의미한다"고 하였다(1987: 24). 비선형적 상황에서는 기준 시점(시간 1)의 조건에 대응하여 이루어지는 모든 결정은 이러한 조건을 변경하여 시간 1에서 이루어진 연속적인 결정도 더는 들어맞지 않게 된다. 따라서 교장이 일련의 단계를 계획하거나, 단계적 절차를 수행하거나, 그렇지 않으면 초기의 가정에 근거하여 혁신적인 관리와 리더십 결정을 내리는 것은 어렵다. 맥락이 변경되면 원래의 순서는 더 이상 의미가 없다. 그 조건이 경험되기 전까지는 시간 2의 조건을 예측할 수 없다.

비선형 조건에서 관리란 북쪽 위치가 당신이 취하는 걸음에 따라 바뀔 때의 나침반을 따르는 것과 유사하다. Cziko(1989)는 다음과 같이 표현한다. "카오스가 나타내는 과정은 전개 과정에서 각 개별 단계마다 엄격한 결정론적 인과 관계가 유지되는 과정이지만, 그럼에도 불구하고 그 과정에서 어떤 일련의 단계의 순서에 대해서는 결과를 예측하는 것은 불가능하다." 요약하자면, 두 사건 사이의 비선형적 관계는 예측할 수 없는 결과를 초래한다. 게다가 관리하기, 지휘하기 및 가르치기의 경우에서처럼 행위의 맥락이 변경되면 원래의 순서는 더 이상 의미가 없다.

Vaill(1989)은 관리에 대한 비선형적 맥락을 "불변하는 하얀 물"이라고 적절히 묘사한다. 하얀 물은 폭포, 백파, 그리고 급류에서 발견되는 거무스름하고 난기류가 흐르는 물이다. 이 은유는 다음과 같은 것을 관찰한 한 관리자가 Vaill에게 제안한 것이다.

> 대부분의 관리자들은 자신들을 조용하고 고요한 호수에서 노를 젓고 있는 것으로 생각하도록 교육받는다. 그들은 자신들의 통제하에 있는 수단을 사용하여 자신들이 원할 때, 원하는 곳으로 갈 수 있어야 한다고 믿게 된다. 하지만 그들은 급류로부터 절대로 벗어나지 않는다는 것이 내 경험이었다! 많은 변화들이 동시에 일어나고 있다. 그 느낌은 계속되는 혼란과 카오스의 느낌이다. (p. 2)

Vaill은 관리에 있어서 "상황이 부분적으로만 통제되고 있지만, 급류에서 효과적인 항해자는 임의대로 또는 목적 없이 행동하지 않는다"고 지적한다(p. 2). 요약하자면, 선형을 비선형 조건으로부터 차별화시키는 것은 "불변하는 하얀 물"을 닮은 전개되어 가는 사건들의 역동적인 성격이다. 후자(비선형적 상황)에서의 성공적인 실천은 교장과 교사가 무슨 일이 일어나고 있는지에 대해 알고 있는 것을 끊임없이 시험할 수 있는 일종의 성찰을 요구한다.


## 긴밀하고 느슨한 구조

Wick(1976)은 학교를 느슨하게 연결된 조직으로 보는 것을 강하게 주장해왔다. 느슨한 결합은 실행 중인 의사결정, 조치 및 프로그램이 관련이 없다는 것을 의미하는 것이 아니라, 서로가 느슨하게 관련되어 있음을 의미한다(March & Simon, 1958: 176).

학교의 목표와 목적에 관한 문제가 좋은 예를 제공한다. 명시된 목표와 조직에서 발생하는 정책, 의사결정 및 조치 사이의 긴밀한 연결이 있다는 것이 일반적으로 가정된다. 그러나 문제는 학교가 여러 가지 목표를 가지고 있으며 그것을 성취할 것으로 기대된다는 것이다. 때로는 어느 한쪽으로의 진전을 이루는 것이 또 다른 쪽으로의 진전을 이루지 못하는 것을 의미할 정도로 목표가 서로 충돌한다. 개별 목표 또는 각각이 순차적으로 수반되는 개별적 다중 목표의 관점에서 생각하는 것은 학교 고유의 가치 체계의 특수한 특성에 맞지 않는다. 따라서 비선형적이고 느슨하게 구조화된 조건 하에서, 학교는 특정 가치에 대응하는 만큼 목표를 많이 달성하지 못하고, 시간이 지남에 따라서 생존을 보장하는 특정의 명령에 치우치기 쉽다(Parsons, 1951b).

아마도 학교에서의 느슨함이 가장 눈에 띄는 예는 교사를 규칙에 연결하는 것이다. Jane 교장은 필수적인 교수(teaching) 평가 시스템을 시행하려고 했을 때 이러한 현실을 어렵게 깨닫게 되었다. 악기를 사용하는 수업을 참관하면서 교실에 있었을 때, 교사들은 자신들이 하기로 되어 있는 일을 했기 때문에 Jane 교장은 자신이 참관할 것으로 예정되어 있는 것을 보게 되었던 것이다. 하지만 Jane 교장이 교실을 떠났을 때, 교사들은 자신들과 자신들의 동료들에게 의미가 있는 방식으로 가르쳤다. 교사들은 부과된 관리 시스템에 대해서보다 가치, 신념 및 규범과 더 긴밀하게 연결되어 있었다. Jane 교장은 교사들을 서로서로 및 그들의 업무와 연결하는 가장 좋은 방법은 문화를 바꾸는 것이라는 것을 깨닫게 되었다(Sergiovanni, 2001). 이러한 새로운 문화의 중심에는 아이디어들이 있을 것이고, 그 아이디어로 이끄는 것이 Jane 교장의 실천의 중심이 될 것이다(Sergiovanni, 2005).

## 평범하고 특별한 헌신과 수행

"정당한 하루의 보수를 위한 정당한 하루의 일"을 야기하는데 필요하고, 영감을 받고 탁월한 특별한 헌신과 성과를 학교에서 달성하기 위한 최소한의 계약을 초월하는 데 요구되는 관리와 리더십은 다르다(Bass, 1985; Bums, 1978; Herzberg, 1966, Kelly, 1988, Sergiovnni, 1990). 전통적인 관리이론과 실제는 전자는 제공할 수 있지만, 후자는 제공할 수 없다. 예를 들어, Jane 교장은 전통적인 관리를 실천함으로써 교사들로 하여금 자신들이 하기로 되어 있는 일을 하도록 만들 수 있었지만, 지속적이고 탁월한 결과를 얻을 수는 없었음을 지적했다.

어째서 전통적인 관리이론과 실제가 최대치가 아닌 최소치 달성에 한정되는지에 관한 2가지 이유가 있다. 첫째, 전통적인 관리이론은 관료주의적 및 개인적 권위에 근거한다. 누군가가 무언가를 하도록 만들기 위해 규칙, 명령, 절차, 규정 및 공식적인 기대에 의존하는 것이 관료주의적 권위의 예이다. 이러한 형태의 권위가 사용될 때 교사들은 이를 따를 것이 기대되며 그렇지 않을 경우, 부정적인 결과에 직면한다. 교장이 사람들이 순응하게끔 만들기 위해 인간관계 기술에 의존할 때, 그들은 개인적인 권위를 사용하고 있는 것이다. 이 인간관계 기술은 순응에 대한 교사들의 필요를 충족하고, 교장들의 희망을 성공적으로 교환할 수 있게 해준다. 교사들은 내면으로부터 동기부여되기보다는 외부적 이유에 반응하도록 동기부여가 된다.

외부적 권위는 효과가 있고, 대부분의 교사와 학생들이 그것에 반응한다. 그러나 외부적 권위는 사람들로 하여금 하급자(부하)로 반응하게끔 하는 경향이 있다. 괜찮은 부하 직원들은 항상 그들이 해야 할 일을 하되, 그 외의 다른 것들은 거의 하지 않는다. 특별한 헌신과 성과를 위해 평범한 역량을 초월하는 것은 하급자로부터 팔로워로의 전환을 요구하는데, 이것은 다른 종류의 이론과 실제를 필요로 한다. 하급자는 외부적 권위에 반응하지만, 팔로워는 아이디어, 가치관, 신념 및 목적에 반응한다. *전통적인 관리이론은 전자를 포함하지만, 후자는 포함하지 않는다.*

둘째, 관료주의적 근원을 가진 전통적인 관리이론은 표준화와 관례화에 지나치게 치우쳐 있다. 비록 학교교육의 많은 측면들이 관례화되어야 하지만, 전통적인 이론은 변화되어야 하는 것도 관례화시키려고 한다. 학교가 탁월해지려면, 교사 및 행정가는 그들끼리는 물론 학생들과의 상호작용하는 과정에서 독특하고 특별한 것에 관심을 가져야 한다. 교사 및 행정가의 상호작용이 효과적인지에 대한 판단은 모든 학생이 높은 수준의 학업적, 사회적 및 개인적 목표를 달성하는 데 있어서 성공적이라는 것 −교육과정의 조직과 제시 및 교수−학습에서의 참여에 대한 표준 레시피(방법)를 적용해서는 달성할 수 없는 과업− 을 보증하는 그들의 능력으로부터 나온다. 표준화와 관례화는 그다지 대단하지 않은 결과가 허용되는 안정된 환경하에서 이루어지는 단순한 업무를 위한 공식일 수는 있지만, 보기 드물게 대단한 헌신과 성과를 위한 공식은 아니다.

# [3장 마무리 활동]

## 자신에 대한 이해

<<**안내사항**>> 이 장에서 논의된 내용에 대한 이해도를 높이고, 당신의 생각, 가치, 신념이 그 내용과 얼마나 관련되어 있는지에 대한 성찰을 위해, 다음 각각의 질문 혹은 진술문을 읽고 응답해 보세요. 응답을 모색하는 과정에서, 이 장에서 논의된 내용을 리뷰하는 것이 도움을 줄 수 있을 것입니다.

1. 'Neats(깔끔족)'와 'Scruffies(혼란족)'의 마음풍경은 다르다. 어떤 마음풍경이 여러분의 교장 선생님을 가장 잘 묘사하는가? 예를 들어보시오. 어떤 마음풍경이 가장 편하다고 느낍니까?
2. Jane 교장의 리더십 실제의 변화에 대한 당신의 반응은 무엇입니까? 관리와 리더십에 대한 새로운 접근법에 관여하면서 동시에 어떻게 Jane 교장은 그녀의 감독관들을 행복하게 해 줄 수 있을까요?
3. Gleick(1987)에 따르면 "비선형성은 게임을 하는 행위들이 규칙을 바꾸는 방법을 가지고 있다는 것을 의미한다." 이 말은 가르침에 있어서 진실입니까? 농구나 축구의 경우는 어떻습니까? 비선형성은 지시하고자 하는 사람에게 유리한 것인가요, 아니면 불리한 것인가요?

## 시나리오 분석

<<**안내사항**>> 이 시나리오에서는 본 장에서 다루어진 개념들이 실제에서 어떻게 적용되고 있는지를 보여줍니다. 시나리오 뒤에 일련의 질문들이 제시됩니다. 시나리오를 읽고 난 후 각 질문에 답하세요. 질문들에 답하는 데 어려움을 느낀다면, 이 장의 주요 내용을 다시 읽어봄으로써 도움을 받을 수 있을 것입니다.

# Collins 교장의 마음풍경

Collins 교장은 자신의 회사와 지역 학교구 간의 파트너십 프로그램에 지원하는 결정이 있기 전에 앞서 15년 이상 어떤 미국 기업에서 관리자로 근무했다. 이 파트너십은 학교 리더십 교육 프로그램에 참여한 후 학교의 교장이 될, 비즈니스 분야에서 뛰어난 재능을 가진 사람들을 영입하고자 하는 리더십 훈련 프로그램을 장려했다. 이 프로그램은 참가자들이 효과적인 행정가를 염두에 두고 1년간 인턴으로 봉사하면서 교육 리더십의 기본 이념에 노출되도록 고안되었다. 참가자들은 전문적 개발 환경에서 일련의 모듈을 완성할 수 있는 기회를 얻었다.

## 교장직에 대한 계획 세우기

프로그램을 성공적으로 마친 후 Collins 교장은 Conway 중학교 교장으로 임명되었다. 그 직책을 맡자마자, 신규 교장인 Collins 교장은 그가 미국 기업에서 일하면서 사용했던 오래된 사업 계획 모델을 찾아냈다. 그는 성공적인 학년도 계획에서의 첫 번째 단계는 학교 운영의 모든 측면을 자신의 사업 계획 모델에 배치되도록 하는 것이라고 결정했다. Collins 교장은 흐름도의 형태로 수업 지도안 모형을 설계하기까지 했다. 그는 이 차트를 사용하여 직원들에게 이윤을 57% 늘리기 위해 사용했던 특정 영업 전략에 대해 훈련시킨 적이 있다.

## 첫 번째 교직원 회의

학교가 이 특별한 학년도를 시작하기에 앞서 추진한 현직교육 주간 동안, Collins 교장은 그의 이전 고용주의 대규모 회의실 중 한 곳에서 첫 번째 교직원 회의를 가졌다. 교사들은 회의 일주일 전에 연락을 받고 학교 대신에 이곳에서 만날 것을 요청받았다. Collins 교장은 교사들이 참여했었던 것 중에 아마도 가장 종합적인 회의가 될 그 회의에서 모든 최신 기술과 자료들을 마음대로 사용할 수 있게 되어 다행이라고 생각했다.

도착하자마자, 각 교사는 자료 꾸러미를 건네받았고, 그들의 이름이 좌석표에 기재되어 있는 곳에 앉을 것을 요청받았다. Collins 교장은 학교 운영이 사업 운영과 얼마나 유사한지를 주제로 한 파워포인트 발표 자료를 시작으로 회의를 시작했다. 그는 학년도 말에 학생들의 학업성취도 향상을 보장하는 확실한 계획을 가지고 있다는 것을 교사들과 공유했다. 그는 또한 지난 3년간 학교의 가장 최근의 학업 성과를 나타내는 여러 그래프를 제시했다. 막대 그래프, 산포도 그래프 및 파이 차트는 주 교육부의 학업 성취 기대치와 관련하여 학교의 위상을 설명하는 수단으로 제시되었다. Collins 교장은 자신의 계획을 따르고 계획한 대로 시행한다면, 작년의 표준화 시험 점수가 충분히 증가하게 되어 주 요건을 충족시킬 것이라고 교수진에게 전했다.

파워포인트 발표가 끝나고 Collins 교장은 교사들에게 자신들의 꾸러미를 열어서, 직무기술서와 함께 모든 사람의 직위가 지정된 조직도를 볼 것을 요청했다. 어떤 교사는 학년 부장으로 선출되었으며 추가 책임을 맡았다. 이 책임에는 학년도 중에 매주 "The Power Hour!"라는 회의가 포함되었다. 매주 수요일 정오까지 주간 보고서가 제출되어야 할 것이라고 Collins 교장이 조언했다. 교사들은 전통적으로 연초에 그들에게 지급되었던 300달러의 임의성 자금이 이미 할당되었음을 바로 알아챘다. 또한 꾸러미에는 이 학교에서의 모든 과목과 학년별로 9주 단위 계획을 담은 수업지도안 양식도 포함되었다. 그 양식을 언급하면서 Collins 교장은 학년 부장들에게 그 계획이 작성된 대로 정확히 지켜지는지 확인하는 것이 그들의 책임이며 모든 교직원들이 그 계획을 따르기를 기대한다고 말했다. 올해 그들의 목표는 시험 점수를 올리는 것이며 모든 이들이 그 길로 매진할 것임이 기대된다고 Collins 교장이 말하면서 회의는 끝났다. 목적이 달성되었는지 확인하기 위해 Collins 교장은 견제와 균형의 시스템을 설명하는 종이를 배포했다.

## 그 다음 주

그 후 몇 주 동안 Collins 교장은 모든 교실을, 때로는 하루에 두 번씩 방문을 하면서 자신의 계획을 점검하겠다는 발언에 책임을 졌다. 그는 교사들이 그가 고안한 계획에 충실하지 않다고 느낄 경우, 툭하면 교사들의 교사용 상자에 메모를 붙이거나 이메일을 보내곤 했다. 교사들이 시종일관 현미경 아래 있는 것처럼 느끼기 시작하는 것은 그리 오래 걸리지 않았다. 교사들은 아무것도 제대로 할 수 없는 것 같다고 서로 불평하기 시작했다. 많은 사람들은 자신도 조사를 받는 것처럼 느낀다는 것을 Rose 교감에게 털어놓았다. Collins 교장을 처음 만났을 때, Rose 교감은 교장이 그녀의 무릎에 유인물 한 무더기를 내려놓고, 나눠주라고 지시했던 것을 떠올렸다. 그 상황에서 그녀는 전문직이라고 느끼지 못했었다. 그 일이 있은 후, 그들은 가벼운 대화도 나누지 않았다. Rose 교감은 왜 자신이 리더십 팀의 도움이 되는 일원으로 포함되지 않았는지 당혹스러워했다. Rose 교감은 학생들의 성적을 올리고 싶어한다는 점에서 Collins 교장의 의도는 좋다고 느꼈다. 하지만, 그녀는 교수진과 직원들이 불만을 갖고 있고 교장의 계획을 실행하도록 동기가 부여되지 못했다는 사실을 교장이 알아차렸는지 궁금했다. 교사 결근률이 사상 최고를 기록했고, 학년 회의 동안 교사들은 학생들의 실제 요구를 충족시킬 수 있는 아이디어들을 말하고 제공하는 것을 두려워했다. 결과적으로, Rose 교감은 그녀가 관찰해 왔던 것에 대해 Collins 교장과 이야기하기로 결정했다. 그녀가 교수진으로부터 받은 피드백에 관해 토론하면서, 교직원과 직원들이 얼마나 냉담해하는지 Collins 교장이 인정하는 데에는 오랜 시간이 걸리지 않았다. Collins 교장은 학생들의 성적뿐 아니라 교수진과 직원들의 성과에서도 하향 곡선을 예상했다. Collins 교장은 이제 자신의 전술에 대해 교사들이 수용할 여지가 거의 없다는 것과, 이것이 학교 내의 사기 저하로 이어지게 되었다는 것을 깨달았다.

## Matthews 교장의 리더십

Collins 교장은 인턴십 경험을 되새기며 멘토였던 Matthews 교장의 리더십 스타일과 실천을 떠올려 보았다. 인턴십 기간 동안 Matthews 교장과 함께 보낸 한 해를 돌이켜보는 가운데, 그는 자신과 Matthews 교장의 리더십 스타일에서 현저하게 달랐다는 것을 깨달았다. Matthews 교장은 이해 관계자들과 함께 일했으며 번성하는 학습 공동체를 만들었다. Matthews 교장이 훌륭한 학교를 운영하지만, 견고한 사업 실천 관행이 보이지 않는다고 Collins 교장은 인턴 과정에서 종종 혼잣말하곤 했다. 자신의 관리 관행을 되새겨 보고 Collins 교장은 그것의 한계를 깨달았다.

Collins 교장은 2가지 리더십 스타일을 비교하면서 Matthews 교장이 교수진, 직원, 학부모 및 지역 사회 대표자가 학생 성취 및 전체적인 학교 공동체와 관련된 문제를 논의하기 위해 교장과 만나는 매주마다 리더십 자문회의를 주재했던 것을 상기하였다.

이 회의에서, Matthews 교장은 그들이 교육에서 직면했던 도전들에 관해 이야기하곤 했다. 그러나 그는 단지 그런 도전들에 관해 이야기만 하는 것이 아니라, 그것들을 해결하기 위한 해결책을 고안하기 위해 이해당사자들과 협력하곤 했다. 지역사회 이해당사자들은 학교와 더 큰 공동체 사이에 존재하는 분열을 해소하기 위한 노력으로 학교 공동체와 긍정적인 관계를 형성하는 방법에 대한 조언을 제공하였다. 이러한 대화로부터 학교는 몇 시간 후에, 가족이나 기업이 지역사회 회의, 세미나, 프로그램을 개최하는 주말마다 환영의 장소가 되었다. 이해당사자 참여의 결과로 학교와 지역사회의 관계는 더욱 강화되었고, Matthews 교장은 학교의 아이들에게 유익한 것으로 증명된 방식으로 지역사회 구성원들과 계속해서 협력할 수 있게 되었다.

Matthews 교장은 기획회의 동안 교수진과 협력하는 것이 중요하다는 것을 알고 있었기에 데이터를 수집하고 교육과정을 구성하며 아이들에게 교육을 제공하는 가장 효과적인 방법에 대해 교수진의 의견을 구했다. Matthew 교장의 실천을 되새기면서, Collins 교장은 이러한 실천이 학생의 성장과 성취, 교사의 협력적 참여와 높은 사기를 증진시킬 가능성이 있다는 것을 깨달았다.

## 성찰적 질문과 시나리오 분석

1. Collins 교장의 리더십 특성 중 어느 것이 비효과적이었나요?
2. Collins 교장의 마음풍경은 어떻게 특징지을 수 있는가? 당신의 응답이 타당함을 보여주기 위해 시나리오의 절 부분을 이용하세요.
3. Matthews 교장의 마음풍경은 어떤 것인가요? 당신의 응답이 타당함을 보여주기 위해 시나리오의 절 부분을 이용하세요.
4. Collins 교장은 어떻게 원래 계획을 수정하여 성공을 거둘 수 있었나요?
5. Collins 교장의 계획 구성요소 중 선형적이었던 것은 어떤 것이었는가? 어떤 구성요소가 비선형적이었나요?
6. 당신은 2가지 리더십 관행 중 가장 좋은 것을 어떻게 사용하시겠습니까?
7. Conway 중학교에서 일어난 예기치 않은 결과에는 어떤 것이 있습니까?

# 교장론을 위한 새로운 이론

전통적인 관리와 리더십의 한계를 극복하기 위해 교장직의 새로운 이론, 곧 비선형적 조건과 느슨한 구조에 더 잘 대응하며, 특별한 헌신과 성과를 고취할 수 있는 이론이 개발되었다. 이러한 이론은 이전 이론을 대체하는 것이 아니라 포괄해야 한다. 예를 들어, 전통적인 관리의 역할은 학교 정책과 실천을 개발하는 *전략적 모델*로부터 새롭고 보다 폭넓은 기반을 가진 강력한 관리 이론 내에서 비록 제한적이기는 하지만 가치있는 *전술적 선택* 쪽으로 변화해야 한다. 이 새로운 이론을 구성함에 있어서, 비선형적이고 느슨하게 구조화된 조건이나 탁월한 수행의 요건이 제기될 때마다 많은 전통적인 관리의 원칙들은 재고되고 확장되어야 하며, 때때로 뒤집어야 할 필요가 있을 것이다.

## 교장 리더십의 새로운 이론을 지향하며

*4차원 교장 리더십*은 새로운 리더십 이론이다. 그것은 학교 및 학교 체계의 리더들에게 4가지 관점에서 리더십 실천을 분석하고 참여할 수 있는 기회를 제공한다. 즉

(1) 자신과 타인 이해, (2) 조직 생활의 복잡성 이해, (3) 관계를 통한 가교 구축, (4) 리더십 모범 사례 참여가 그것이다(Green, 2010). [참고 4.1]을 보시오.

**[참고 4.1] 4차원 교장 리더십**

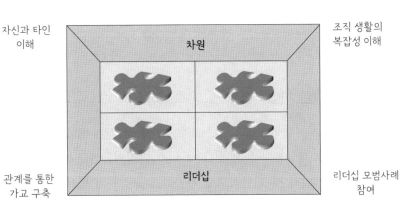

출처: Green(2010) 재인용.

이 4가지 측면은 리더십 역할에서 효과적이고자 할 경우 교장들이 실행해야 하는 실천, 과정 및 절차를 명확하게 설명한다(Green, 2010). 이 이론의 기본 전제는 선형 단계적 접근에 사용되는 전통적인 관리 실천, 과정 및 절차를 학교에서 근무하는 사람들의 복지, 욕구, 가치관 및 이익에 복종하는 인본주의적인 실천, 과정 및 절차와 혼합하는 것이다. 이를 위해, 교장, 팀장, 교수진 및 직원의 창의성, 기술 및 리더십 잠재력이 관리적으로는 느슨하지만 **문화적으로는 단단하게**(culturally tight) 결합된 상황하에서 사용되는 것을 확인할 수 있다.

## 자신과 타인 이해

이 차원은 교장이 자신 및 그와 함께 일하고 봉사하는 개인들을 이해해야 한다고 주장한다. 효과적인 교장들은 성찰적 실천에 참여하고, 자신들의 신념, 가치, 장점 및 다른 개인적인 측면을 명확히 하며, 이러한 개인적인 측면이 그들이 근무하는 학교의 문화 및 학교 체계와 어떻게 관련되어 있는지를 결정한다. 효과적인 교장들은 또한 자신들의 행동이 다른 개인의 행동에 어떻게 영향을 미치는가에 대한 실천적인 지식을 개발하기 위해 다른 사람들과 함께 성찰적 활동에 관여한다. 그리고 이들 전문직 종사자들은 다른 사람들의 믿음, 가치관, 그리고 행동이 비전, 사명 그리고 목표 달성에 어떻게 영향을 미치는지를 알아내야 한다. 이러한 이해를 바탕으로, 교장은 자신을 관리할 수 있다. Senge(1990)는 정신 모델(mental models), 즉 그것이 기능하고 있는 세계상을 보는 리더들의 능력으로 그 개념을 설명한다.

## 조직 생활의 복잡성 이해

학교는 다면적이고 복잡한 조직으로, 교장은 학교의 생활세계(Lifeworld)에 대한 지식을 습득해야 한다. 학교의 생활세계(Lifeworld)(교직원들의 문화, 풍토, 구조, 교직원의 구성), 그리고 개별적 및 집단적으로 기능하는 교직원의 필요, 기대, 욕구 및 상호작용을 이해하는 것은 교장에게는 학교가 그 비전을 향하도록 움직이게 하는 계획을 개발하고 시행함에 있어서 유용할 수 있다. 또한, 체계세계(Systemsworld)의 지식이 학교의 관리적 요소에 대한 통찰력을 제공하기 때문에 교장은 체계세계(Systemsworld)에 대한 지식을 습득해야 한다. 학교의 생활세계(Lifeworld)와 체계세계(Systemsworld)는 모두 리더십의 효과성에 중요하다.

교장이 학교를 위한 설득력 있는 목적과 방향을 수립하는 것을 도와 줄 수 있기 때문에 이 차원의 원칙들은 강력하다. 또한, 그것들은 주 및 국가 기준에 순응 또는 불응하는지 여부와 전문적 학습공동체의 특성을 보여주면서 학교의 조건과 그 조건이 비전과 사명에 부합되는 정도에 대한 정보를 제공할 수 있다.

## 관계를 통한 가교 구축

교장과 교육청의 학교 리더, 교장과 교사, 교사와 교사, 교사와 학생, 교사와 학부모, 학교와 지역사회 간의 긍정적인 대인 관계를 맺는 것은 리더십의 필수 요소이다. 본질적으로 효과적인 리더십은 긍정적인 관계의 존재와 거의 같은데, 왜냐하면, 긍정적인 관계는 학교가 원하는 결과를 얻기 위해 필요한 기반을 수립하고 유지하는 데 필수적이기 때문이다.

교장은 신뢰의 문화를 조성하고, 의사소통의 통로를 개방하며, 상호존중을 발전시키고, 창의력과 협력을 촉진하며, 학교 비전의 달성을 위한 진정한 지지를 획득할 책임이 있다. 궁극적으로, 교장의 성공은 그가 구축할 수 있는 대인 관계의 질에 의해 입증된다.

## 리더십 모범 사례 참여

모범 사례에 참여하는 교장들은 교수 향상을 위한 교수진의 노력을 제고하는 데 사용할 수 있는 기술과 특성을 개발(역량 구축)하는 데 일차적인 주의를 기울인다. 효과적인 교장들은 학교의 생활세계(Lifeworld)와 유사한 업무 관행을 사용한다. 학교 문화를 이해하고, 교육 변화를 알아내기 위해 데이터를 수집하고, 학교개선 계획을 다듬고, 학생들의 진보를 평가하며, 학생들이 배워야 하는 것을 반영하는 것은 교육 리더로서의 기능을 하는 교장의 책임이다. 리더십 모범 사례에 참여하는 것은 이러한 책임이 적절히 다루어지고 모든 학생의 교육적 요구가 충족될 가능성을 높이는 데 있어서 필수적이다. 이러한 관행이 결실을 맺게 하기 위해서 교장은 변화, 의사결정, 의사소통 및 갈등 관리 분야에서의 기예적 지식에 정통할 필요가 있다.

4차원 각각에는 교장의 행동을 알려주는 원칙이 포함되어 있다. 개별적으로 실행될 때, 그것들은 학교에 중요한 영향을 미친다. 집단적으로 실행되면, 그것들은 학교의 생활세계(Lifeworld)에 강력한 힘을 발휘한다. 예를 들어, 개별적으로 실행되면 그것들은 손가락의 힘을 가지며, 집합적으로 실행되면 주먹의 힘을 갖게 된다(Green, 2010). 다음 하위 절에는 각 차원의 원칙에 대한 예가 포함되어 있다. 이 이론은 전통적인 관리 및 리더십과 대비되는 일련의 기본적인 아이디어를 개략적으로 설명하기 위한 목적이기 때문에 그 논의는 간략하다. 이 새로운 이론의 원리를 설명하는 자세한 설명과 추가 예는 다음 장에서 제공된다.

# 새로운 이론과 학교 리더십

교장이 학교를 어떻게 이끄는지에 대한 쟁점-자신과 타인에 대한 이해

### 전통적 규칙: 리더십은 가치중립적이어야 한다.

[문제] 이 전통적인 규칙은 리더십이 리더, 리더십 및 효과성을 분리하는 객관적인 과정이어야 한다고 가정한다. 리더십은 일이 되게 하는 데 도움이 되는 도구로 여겨진다. 유능한 리더란 다른 사람들이 그들을 따르게끔 하는 사람들이다. 효과적인 리더들은 목표를 달성하는 데 능숙하다. Ronald Heifetz(1994, 22)는 "효과성은 조직의 목표를 구현하는 실행 가능한 결정을 도출하는 것을 의미한다."라고 말한다. 효과적인 리더들은 체계세계(Systemsworld)를 올바르게 만든다. 모든 조직에는 체계세계(Systemsworld)가 있다. 이 **체계세계**(Systemsworld)는 우리의 목표를 달성하는 데 도움을 주는 관리 설계, 각본, 규약, 경로, 절차, 효율성 및 책무성 보장의 형태를 취한다. 이러한 요소들은 중요하지만, 그것만으로는 요점을 놓치게 된다. 그것들은 내용보다 과정을 더 중요시한다. 그것들은 목적보다는 수단에 관심이 있다. 일이 어떻게 진행되는지가 수행된 것보다 더 중요하다. 사람들이 리더를 따르게끔 하는 것이 사람들이 자신들의 특정 맥락에 들어맞는 사상(idea)에 헌신하거나 따르도록 만드는 것보다 더 중요하다. 솔직히 말해서 그들 학교의 체계세계(Systemsworld)에서 일하는 것에 뛰어난 리더들은 잘못된 곳으로 이끄는데 효과적인 경로를 개발할 수 있다. 다른 말로 하면, 교사들 및 기타 사람들이 자신들을 따르게 하는 데는 탁월하지만, 이러한 교장들 중 일부는 어디로 가야 할지에 대해 전혀 감을 못 잡는다. 이러한 교장들을 따르는 것은 종종 덜 효과적인 학교교육으로 이어진다.

그럼에도 불구하고 학교의 체계세계(Systemsworld)는 모든 리더십 방정식의 중요한 부분이다. 신중하게 고안되어서 실행되는 수단이 없다면, 성취될 수 있는 것이 거의 없기는 하지만, 일은 그렇게 간단하지 않다. 학교 및 여타 조직들은 생활세계(Lifeworld)도 가지고 있다(Habermas, 1987; Sergiovanni, 2001). 학교생활의 생활세계(Lifeworld) 측면은 리더들과 그들의 목적, 팔로워들과 그들의 요구 및 학교 문화를 규정하는 고유한 가치, 전통, 신념, 관습, 규범과 관련이 있다. 비록 체계세계(Systemsworld)와 생활세계(Lifeworld) 둘 다 학교가 잘 작동하기 위해 필요한 것이지만, 체계세계

(Systemsworld)를 결정하는 것이 생활세계(Lifeworld)인지, 아니면 생활세계(Lifeworld)를 결정하는 것이 체계세계(Systemsworld)인지에 있어서는 큰 차이가 있다. 예를 들어 우리의 목표와 목적, 가치와 꿈, 문화와 의미는 우리가 그것들을 달성하기 위해 선택하는 수단을 결정해야 한다. 하지만 체계세계(Systemsworld)가 생활세계(Lifeworld)를 지배할 때, 오히려 그 반대가 된다. 평가가 좋은 예이다. 평가가 내부에서 시작되어 학생들이 배웠으면 하는 것을 반영하면, 생활세계(Lifeworld)가 지배하게 된다. 하지만, 시험이 외부로부터 와서 학생들이 배워야만 하는 것을 결정하게 된다면 체계세계(Systemsworld)가 지배적이 된다. 학교의 교육과정은 사람들이 학생들이 배울 필요가 있는 것들과 사회가 학생들로 하여금 배우기를 요구하는 것들에 대해 심사숙고하면서 그들에 의해서 결정되어야 한다. 교육과정은 시험으로 결정되어서는 안 된다.

### [대안] 리더십은 가치가 부가되어야 한다.

학교에서의 리더십은 교장 자기 자신, 그리고 자신이 함께 일하고 봉사하는 사람들에 대한 이해를 발전시키고 있는 교장으로부터 시작해야 한다. "자기 이해는 자신의 개인적인 신념과 사고 과정과 관계있는 지식, 그리고 주어진 상황에서 행동하거나 특정 문제에 반응하는 방법과 관련하여 개인이 가지고 있는 지식이다."(Green, 2010, p. 26). 팔로워에 대한 이해는 그들의 강점, 신념, 가치 및 욕구에 대해 교장이 습득한 지식이다(Green, 2010). 이러한 지식을 통해 교장은 앞장서서 이끌 수 있는 역량을 구축할 수 있다. 이러한 지식을 통해 교장은 개인들의 강점과 관심사를 이용하여 조직이 조직의 비전을 향해 효과적이고 효율적으로 나아가게 할 수 있게 된다.

도덕적 관점에서 리더들은 자신들의 신념, 가치, 장점, 그리고 기타 개인적 특성이 자신들의 행동 및 다른 사람들의 행동에 영향을 미치는 정도를 이해해야 한다(Green, 2010). 교장이 자신의 동기, 감정, 욕구, 그리고 그것들이 다른 사람들에게 미치는 영향을 이해하는 것은 중요하다. 예를 들어, 만약 교장이 모든 학생들이 배울 수 있다고 믿는다면, 모든 학생들이 배울 수 있는 기회를 갖게 하는 것을 보장하기 위한 수업 프로그램을 시행할 것이다. 사람은 다른 사람의 행동을 통제할 수 없다. 하지만, 자기 자신과 다른 사람들에 대해 이해하게 되면, 다른 이들의 행위에 대응하는 방법을 통제할 수 있다. 리더들은 자신 및 다른 사람들에 대한 이해를 바탕으로 체계세계(Systemsworld)

상황에서 대인 관계 갈등을 관리하는 데 사용할 리더십 전략을 개발할 수 있다.

　　리더십은 가치가 부가되어야 한다. Heifetz(1994)에게 리더십은 가치와 의미로 가득 찬 규범적 활동이다. 그것은 여기에서 저기로 가게 하는 단순한 도구, 곧 단순한 수단성이 아니다. 그의 말로 표현한다면,

> 　우리는 편을 들어야 한다. 리더십의 발휘에 대해 가르치고, 쓰고, 모델링을 할 때, 우리는 불가피하게 사람들의 자기 자신들에 대한 개념 및 그러한 개념들의 역할, 그리고 가장 중요한 것으로 사회시스템이 문제에 대해 어떻게 진전을 보여야 하는지에 대한 그들의 사상 등을 지지하거나 도전한다. 리더십에 대해 사람들이 갖고 있는 생각 속에 내재된 것은 사회적 계약의 이미지이기 때문에 리더십은 규범적인 개념이다. "리더십은 리더의 비전을 따르도록 공동체에 영향을 미치는 것을 의미한다"라는 생각과 "리더십은 공동체가 자신의 문제에 직면하도록 영향을 미치는 것을 의미한다"라는 생각을 가지고 사람들이 활동할 때 행동의 차이를 상상해보자. 첫 번째 경우는 영향력이 리더십의 표시이다. 리더는 사람들이 그의 비전을 받아들이도록 하고, 사회는 그(즉, 리더)를 바라봄으로써 문제를 해결한다. 만약 일이 잘못되면, 그 잘못은 리더에게 있다. 두 번째 경우는 문제에 대한 진전이 리더십의 척도가 된다. 리더들은 문제에 직면하도록 사람들을 결집하고, 리더들은 사람들이 그렇게 하는 것을 촉구하고 도와주기 때문에 공동체는 문제에 대해 진전을 이룬다. 만약 무언가가 잘못되면, 그 잘못은 리더와 공동체 모두에게 있다. (pp. 14-15)

　　현재는 가치중립적 리더십이 가치부가적 리더십보다 우위를 점하고 있다. 리더십은 도구로서 문제를 해결하는 것, 그리고 우리 문화에서는 최대한 빨리 문제를 해결하는 것을 강조한다. 가치부가적 접근방식에서는, 일을 해내는 것 또한 중요하다. 그러나 문제의 핵심은 리더십이란 다른 사람들에 대한 투자라는 것이다. 이 투자는 의존성을 줄이고, 역량을 구축하며, 사람들의 자기 관리를 도와준다. 사람들은 리더가 덜 필요하게 되고, 그리고 그것은 리더십이 작동하고 있다는 신호이다. 강조점은 다른 사람들이 당면한 문제를 이해하고 어떻게 대처할 수 있는지 파악하는 것을 돕는 데 있다. 때로는 대처가 해결책으로 이어진다. 그러나 대처는 또한 문제의 본질을 변화시키고 문제의 맥락을 변화시키는 것으로 이어질 수 있다. 그 결과, 문제는 사라지지 않지만 덜 성가시게 되고 감수하는 것이 보다 쉬워진다(Sergiovanni, 2005).

# 새로운 이론과 학교 조직

학교가 어떻게 구조화되어 있는가에 대한 쟁점-조직 생활의 복잡성에 대한 이해

### 전통적인 규칙: 학교는 관리적으로는 단단하지만 문화적으로는 느슨하다.

[문제] 이 전통적인 규칙은 톱니바퀴, 기어, 바퀴, 드라이브, 핀이 모두 질서 있고 예측 가능한 방식으로 단단하게 연결된 시계의 기계적인 작업과 매우 비슷하게 학교가 구조화되고 기능한다고 가정한다. 관리 과업은 마스터 휠과 핀을 제어하고 조정하는 것이다. 예를 들어 교장은 "올바른" 교사평가 시스템 또는 "올바른" 조정 시스템, 또는 교사가 무엇을 언제, 어떻게 가르쳐야 할지를 상세히 규정하는 어떤 다른 "올바른" 통제 메커니즘으로 구성된 순조롭게 움직이는 교수 전달 시스템을 시행할 수 있다. 마스터 휠과 핀이 제어되면, 다른 모든 휠과 핀은 반응하여 움직이며, 교장의 의도가 성취될 것이다.

비록 학교의 많은 측면들이 실제로 이 시계태엽 방식으로 단단하게 연결되어 있지만, 다른 측면들은 그렇지 않다. 게다가, 교사들과 학생들은 관리 체계와 규칙보다 가치와 신념에 보다 단단하게 연결되어 있다(가령, Deal & Kennedy, 1982; Green, 2010; March, 1984; Sergiovanni, 2007; Shils, 1961; Weick, 1982). 학교가 운영되는 방식에 대한 보다 전형적인 관점은 틀어진 톱니바퀴, 기어 및 핀 모두가 서로 독립적으로 회전하는 시계태엽에 대한 관점이다. 비록 관리상의 엄격함과 문화적 느슨함에 기반을 둔 관행이 종종 사람들로 하여금 그들이 해야 할 일을 하게끔 만들 수 있지만, 규칙은 그들을 하급자로서의 역할로 만들어, 지속적이고 특별한 헌신과 성과를 고무시킬 수는 없다. 또한, 규칙은 그 일이 잘 되도록 하기 위해서 느슨하게 연결된 부분들 사이에 필요한 연결을 제공할 수 없다.

### [대안] 학교는 관리적으로는 느슨하지만 문화적으로는 강하게 결합되어 있다.

사람들은 학교가 모두 같은 것처럼 학교에 대해 언급하지만, 그와는 반대로, 학교는 모두 독특하고 서로 다르다. 학교의 복잡한 본질을 이해하는 첫 번째 단계는 학교가 다면적이고 복잡한 개방적인 사회체제라는 것을 인식하는 것이다. 학교의 구조는

다양하며, 학교의 도전과제는 다양한 요소와 상황의 영향을 받는다. 조직 구성원 간의 상호의존성이라는 실제적인 사회적, 전문직업적 연결성이 있다. 그러므로 행정은 관리적으로는 느슨해야 하지만 문화적으로는 강하게 결합되어야 한다. Weick(1986)은 "불확정성은 규칙, 직무 기술서, 사전 명세서뿐만 아니라 공유된 전제, 문화, 지속성, 파벌 통제, 즉흥성, 기억 및 모방에 의해서도 조직될 수 있다"고 지적했다. Weick은 계속해서 말하기를,

> 느슨하게 결합된 시스템에서 당신은 덜 영향을 미치는 것이 아니라 다르게 영향을 준다. 관리자는 인식에 영향을 주고, 사람들이 수행하고 있는 것을 창출하고 조정하기 위해 사용하게 되는 언어를 감시하고 강화하는 어려운 과업을 담당하고 있다. 관리자는 자신이 원하는 유형의 행동을 모델링하고 핵심 쟁점을 식별하여, 몇 가지(전부는 아님) 쟁점에 대한 통제를 중앙 집중화하고 사람들이 비슷하게 그 문제를 볼 수 있도록 한다. 느슨하게 결합된 시스템의 리더들은 주위를 돌아다니고, 사람들을 직접 만나야 하며, 규칙과 규정보다는 상호 작용에 의해 영향을 주어야 한다. 인사 선발이 다른 시스템에서보다 더 중요한데 그 이유는 그 시스템에서 선택된 공통 전제(premises)가 분산된 활동이 어떻게 실행될지를 보여줄 것이기 때문이다. (p. 10)

학교가 관리적으로 느슨하고 문화적으로 단단하게 결합되어 있을 경우는 리더십을 교사, 학생 및 기타 사람들이 자신들의 경험으로부터 의미를 구성하도록 돕는 과정으로 보는 것이 가장 좋다. 이 아이디어는 리더십과 학습을 구성주의 쌍둥이로서 묶을 수 있기 때문에 강력하다. 그러나 구성주의적 리더십(그리고 구성주의적 학습)은 단단하게 결합된 시스템에서는 성공적으로 발생할 수 없다. 예를 들어, Linda Lambert (2002)는 리더십을 "교육공동체 참여자들이 학교교육의 공동 목적으로 이끄는 의미를 형성할 수 있도록 하는 상호적인 과정"으로 정의한다(p. 42). 그녀는 계속해서 "에너지처럼 리더십은 공식적인 권위와 권력에 의해 제한받지 않고, 유한하지 않다. 그것은 건강한 문화에 스며들고 필요나 기회를 보는 누구나에 의해 수행된다."라고 말했다(p. 43). 리더십이 이런 형태를 취하기 위해서는 사람들이 상호작용할 수 있는 여지가 더 많아지고, 결정할 기회가 더 많아지고, 성공적으로 실행할 수 있는 더 많은 재량권이 필요하다. 학교가 관리상으로 느슨하지만 문화적으로 단단하게 결합된 대안 규칙은

느슨하게 연결된 세계에서 사람들에게 다가가고 접촉하는데 필요한 재량권을 리더십에 제공한다.

훌륭한 조직은 교수·학습을 촉진하는 데 필요한 관리 구조, 준비 및 조정 메커니즘을 제공한다. 학교를 조직하는 방법에 대한 새로운 관리이론의 함의는 무엇인가?

## 조직화의 몇 가지 기본 원칙

조직화에 관한 어떠한 결정이 내려지든지 간에, 새로운 이론은 그 결정들이 다음과 같은 기본 원칙을 반영해야 한다고 제안한다.

1. *협동*의 원칙: 협력적인 교육 방식은 교수를 촉진하고 학습을 강화한다. 게다가, 그것은 현재의 교수활동을 특징짓는 고립을 극복하는 데 도움을 준다. 성공적인 학교에서는 조직 구조가 교사들 간의 협력을 강화한다.

2. *권한 부여*의 원칙: 교사들 간의 권한 부여의 느낌은 소유권에 기여하고 업무에 대한 헌신과 동기를 증가시킨다. 그들 자신의 행동에 대해 창안자(originators)라기보다는 볼모(pawn)[1]와 같다고 느낄 때, 교사들은 줄어든 헌신, 기계적인 행동, 무관심, 그리고 극단적인 경우, 불만족과 소외로 대응한다. 성공적인 학교에서는 조직 구조가 교사들 간의 권한 부여를 강화시킨다.

3. *책임*의 원칙: 대부분의 교사들과 학교 전문가들은 책임을 원한다. 책임감은 자신들의 일의 중요성과 그 의미를 제고하고 자신들의 성공을 인정할 근거를 제공한다. 성공적인 학교에서는 조직 구조가 교사의 책임을 고무시킨다.

4. *책무성*의 원칙: 책무성은 권한 부여 및 책임과 관련이 있다. 책무성은 자극, 도전, 그리고 성취가 중요한 무엇인가를 의미할 수 있도록 위험을 감수하고 투자를 높이는 중요성 등의 건강한 척도를 제공한다. 성공적인 학교에서는 조직 구조를 통해 교사들이 지역 기준 및 규범을 설정하는 데 참여하고, 결정 및 성과에 대해 책임을 지게 된다.

5. *의미성*의 원칙: 교사들이 자신들의 직무가 의미 있는 것임을 발견할 때, 직무는 특별한 의미를 부여하게 될 뿐만 아니라 본질적인 만족감을 제공한다. 성공적인 학교에서는 조직 구조가 의미 있는 업무를 제공한다.

---

1) 자신이 통제할 수 없는 외부 세력에 의해 결정된 대로 행동한다고 인식하는 사람. '객체'에 대한 은유적 표현.

6. *능력-권위*의 원칙: 저명한 조직 이론가인 Victor Thompson(1961)은 현대 조직이 직면한 주요 문제는 행동할 권한은 있지만 자신들의 행동이 가장 효과적이 되도록 하기 위해 필요한 능력을 갖지 못한 사람들과 효과적으로 행동할 능력을 가졌지만 그렇게 할 권한을 갖지 못한 사람들 사이에 존재하는 점차 커져가는 격차라고 기술하였다. 이 원칙은 행동할 수 있는 능력을 가진 사람들을 의사결정의 최전선에 배치하는 것을 추구한다. 성공적인 학교에서는 조직 구조가 능력에 기반한 권한을 증진시킨다. 권한이 조직의 계층 구조로부터 자신의 직위와 공식적으로 연계되는 것이 필요한 학교 및 학교구에서 매일의 실행은 이 권한을 능력이 있는 사람들에게 공식적 및 비공식적으로 위임하는 것으로 특징지어진다.

이러한 원칙들이 학교가 조직되는 방식에서 드러남에 따라, 학교는 문제에 대응할 수 있는 능력을 향상시키고, 교장은 더 효과적으로 이끌 수 있으며, 교수(teaching)는 향상되고 학습은 증가한다.

# 새로운 이론 및 관계

## 순응을 얻고 유지하는 쟁점-관계를 통한 가교 구축

### 전통적 규칙: 순응을 관리하려면 다음을 수행하라.

1. 목표를 확인하고 선언하라(주요 목표 결정).
2. 목표를 사용하여 업무 요구사항을 개발하라(업무 수행 방법 결정).
3. 업무 요구사항을 사용하여 순응 전략을 개발하라(위의 내용을 고려하여 사람들이 수행하기로 되어 있는 것을 그들이 하게끔 만들기 위해 어떻게 할 것인지를 결정)
4. 참여 및 투입 결과를 관찰하고 필요한 경우 바로 잡아라(사람들이 적절하게 동기부여를 받았는지 여부를 결정하고 그렇지 않은 경우에는 동기를 부여하는 방법을 결정).

[문제] 조직 이론가 Etzioni(1961)는 관리의 공통된 요구사항 중 하나로서 순응을

확보하고 유지할 필요가 있다고 지적했다. 그에 의하면 순응이란, 우선 학교들이 교사들과 학생들을 자신들의 일에 참여하게끔 하는 방법과 이런 참여가 시간이 지남에 따라 유지되게 하는 방법을 의미한다. 그의 이론의 핵심 포인트는 관리자가 참여를 획득하고 유지하기 위해 사용하는 전략이 사람들이 자신들의 업무와 학교 그 자체에 대해 가지고 있는 일종의 확인과 지지의 형성, 학교의 목표 형성, 그리고 목표가 추구됨에 따라 학교 내에서 발생하는 업무의 종류와 특성에 강력한 영향을 미친다는 것이다. 목표와 업무 요구사항이 제일 먼저 설정될 때에도 그렇다. 목표와 업무 요구사항은 궁극적으로 교사가 교수활동에 참여하고 유지하도록 하고 학생들이 학습에 참여하고 유지하도록 하기 위해 학교가 사용하는 수단에 적합하도록 형성된다. 이러한 수단들은 직장과 학교에서의 참여의 종류와 정도에 영향을 미친다.

이러한 영향을 감안할 때 명시된 목표와 업무 요구사항의 결과로서 참여 전략이 자연스럽게 전개되도록 놓아두는 것은 운에 맡기는 처사이다. 일부 참여 전략은 제대로 기능을 하지 않는 학교 목표와 부작용이 있는 업무 프로세스의 출현을 초래할 수 있다. 예를 들어, 규율이 서 있는 학교를 목표로 하는 교장을 생각해 보시오. 이 목표를 달성하기 위해 그는 엄격하게 감시되는 일과 및 위반에 대한 처벌에 기반한 순응 시스템의 구축에 의존할 것이다. 그 결과, 학생들은 소외되어 기꺼이 학교에 머무르려고 하지 않을 것이다. 소외된 참여는 순응을 유지하기 위해 규칙과 처벌의 사용을 강화한다. 질서정연한 학교로부터 학생 관심사 촉진으로 목표를 변경하는 것은 학생들이 하는 일과 새로운 시스템에 대한 순응을 보장하는 수단을 변화시키지 않으면 성취되지 않을 것이다. 학생들은 자신들의 관심사를 개발시키는 것의 가치를 찾아야 하며, 그들이 참여하는 활동은 그들에게 좀 더 의미가 있어야만 할 것이다.

Etzioni(1961)는 조직이나 관리자가 사람들의 참여를 확보하고 유지하기 위해 사용하는 전략이 다음 3가지 광범위한 범주로 분류될 수 있다고 제시한다.

1. 강압적(예를 들어, 사람들, 학생, 교사들은 처벌의 위협에 의해 강요당한다)
2. 보상적(사람들은 돈, 승진, 좋은 성적, 더 나은 근무 조건, 정치적 이점, 사회적 지위 향상 및 심리적 요구 충족과 같은 보상의 약속에 이끌린다)
3. 규범적(사람들은 자신들이 하고 있는 일이 옳고 좋다고 믿기 때문에 또는 참여가 본질적으로 만족스럽다고 느끼기 때문에 참여하지 않을 수 없다)

3가지 준수 전략은 각각 특정한 종류의 참여를 유발하며, 이는 결과적으로 학교 업무와 학교 목표의 성격과 특성을 형성한다. 이러한 관계는 <표 4.1>에 설명되어 있다. 어떤 일이 일어나는지 결정하는 데 있어 순응 전략의 선택이 매우 중요하기 때문에 전통적 규칙은 변경될 필요가 있는데, 먼저 교장과 학교가 사용할 순응 전략을 결정함으로써 시작해야 한다.

**〈표 4.1〉 순응 달성 방법**

|  | A 학교 | B 학교 | C 학교 |
|---|---|---|---|
| 학교의 지배적 순응 전략 | 강압적: 위반에 대해 관료적 통제와 처벌을 사용하여 사람들을 강제함 | 보상적: 참여에 대한 대가로 사람들에게 보상을 제공함 | 규범적: 사람들을 공유된 가치, 신념 및 규범으로 연결함 |
| 교사와 학생의 참여의 결과 | 무관심하고, 종종 소외됨(필요한 경우가 아니면 개입하지 않으려 함) | 계산적(교환을 통해 가치있는 것을 얻는 한 참여할 것임) | 도덕적(그것이 해야 할 옳은 일이라고 믿기 때문에 참여할 것임) |
| 교수·학습이 수행되는 방법 | 관례대로(손만 사용) | 도구적으로(마음이 손을 조종) | 본질적으로(마음, 손 및 가슴이 함께 작용) |
| 결과적으로 지배적인 관리의 목표 | 통제권을 획득하고 유지함으로써 질서 유지 | 나타나는 틈새를 메우면서 최상의 거래 및 거래의 감시에 의한 물물교환 | 강력한 문화를 개발하고 유지 |

## [대안] 헌신을 얻어내기

관계를 구축함으로써 교장은 순응을 관리하기보다는 팔로워의 헌신을 얻어내려고 한다. 대체로 헌신이 학교 리더십, 교직원 및 이해관계자 간의 교량 역할을 하는 긍정적 대인관계를 보여준다는 것이 인정된다. 이것은 상호적인 과정으로 학교 리더십에 의한 이해당사자들의 지지, 격려, 참여의 결과로서 관계가 존재한다(Green, 2010, p. 143). 긍정적인 관계는 헌신을 조장하며 더 많은 리더들이 교수진, 직원 및 기타 이해관계자를 지지하고 격려할수록, 그들이 학교 목표 달성에 전념할 가능성이 더 커진다.

효과적인 리더십의 핵심 요소는 학교 리더와 교직원 구성원 사이에 존재하는 관계이다.

학교 공동체 내에는 다양한 유형의 관계가 있으며 그러한 관계의 질은 조직의 효과성을 향상시키거나 저해할 수 있다. 이러한 관계는 직업적, 사회적, 사업적 또는 개인적일 수 있으며 학교 내부 및 외부 환경 속에 존재할 수 있다. 관계의 유형이나 그것이 존재하는 장소에 관계없이 학교 리더는 자신들을 통해 목표 달성을 위한 가교를 구축해야 한다. 학교의 리더십과 교수진 사이, 학교와 지역사회, 학교와 교육청의 행정, 학교와 정치적 유권자 및 기타 여러 단체 사이의 가교가 있어야만 한다. 따라서 질 좋은 관계를 확립하고 육성하는 것은 리더의 최우선 순위 중 하나여야 한다. (Green, 2010, p. 135)

헌신을 얻기 위해서는:

1. 먼저 당신의 헌신 전략을 수립하라(우리는 어떻게 사람들을 일에 참여시키고 계속해서 유지시키게끔 하기를 원하는가? 원하는 참여를 반영한 전략을 사용하라).
2. 리더십과 팔로워, 그리고 팔로워들 사이에 존재하는 관계의 유형을 평가하라(존재하는 관계의 유형을 감안할 때 어떤 관계 구축이 필요한가?).
3. 보완적인 업무 요구사항을 개발하라(사람들이 제대로 참여하게 만들려면 어떤 종류의 연결성이 필요한가?).
4. 업무 전략을 결정하라(원하는 연결성을 감안할 때 어떤 종류의 업무 설계와 설정이 필요한가?).
5. 평가하라(어떤 종류의 헌신과 참여가 관찰되었는가? 필요한 경우 순응 전략을 조정하라).
6. 헌신을 당신의 내면 존재의 일부가 되도록 만들어라(열의를 공유하라).

도덕적 참여는 학생, 교사 및 부모들로부터 고무된 헌신과 성과를 보장하고 유지할 가능성이 가장 높다. 도덕적 참여에의 헌신이 강압적이고 보상적인 순응을 가끔 사용하는 것을 배제하지는 않지만, 이는 순응을 위한 가장 중요한 프레임워크는 규범적이어야 함을 시사한다.

# 새로운 이론과 동기부여 전략 개발의 쟁점

## 동기부여 전략 개발의 쟁점-관계를 통한 가교 구축

### 전통적 규칙: 보상받은 것이 행해진다

[문제] 보상받은 것이 실제로 행해진다는 이 규칙은 유효하다. 그러나 교장, 교사, 학생 또는 학부모가 보상을 받을 수 없는 경우에는 어떻게 될 것인가? 안타깝게도, 이 규칙의 반대쪽 측면도 사실이다. 보상받지 못하는 것은 성취되지 않는다.

순응을 확보하기 위해 보상에 의존하는 것은 계산된 참여로 이어진다(Etzioni, 1961). 또한, 이 규칙은 다른 종류의 업무 참여를 계산된 참여로 변화시키는 경향이 있다. 예를 들어, 어떤 학생이 내재적 관심 때문에 학습 활동에 참여할 수 있다. 그녀 또는 그의 참여에 대해 금상, 등급 또는 기타 외부 보상은 제공되지 않는다. 일단 그러한 보상이 도입되면, 학습 활동에 대한 학생의 연결은 내재적에서 외재적으로 변화하는 경향이 있다. 보상을 받지 못하면 학생은 더는 활동에 참여하지 않을 것이다(Deci & Ryan, 1985; Greene & Lepper, 1974). 마찬가지로 도덕적 이유, 즉 의무감을 느끼거나 무언가가 옳거나 중요하다고 믿기 때문에, 어떤 종류의 활동에 종사하는 교사들은 일단 보상(또는 처벌)이 도입되면 계산적 참여를 위해 도덕적 참여를 저버린다.

[대안] 보상받고 있는 일이 행해지고, 잘 행해지고, 엄격한 감독이나 다른 통제 없이 행해지는 것이다. 도덕적 책임감으로 인해 우리가 믿고 해야 할 일이라고 느끼는 일이 행해지고, 잘 행해지고, 엄격한 감독이나 다른 통제 없이 행해지는 것이다.

계산된 참여는 보상이 예정된 한에서는 사람들이 해야 할 일을 하게끔 하지만, 동기를 고무하고 사람들이 자기 관리가 되도록 고무하거나, 지침이나 감독 없이 일하거나, 외부 보상을 받을 수 없는 경우에도 자신들의 일에 계속 참여하게 할 정도로 충분히 강력한 전략은 아니다. 교장직에 대한 새로운 관리 이론은 '보상받는 것이 행해진다'와 같은 그러한 개념을 도덕성, 정서 및 사회적 유대감의 중요성을 인식하는 보다 광범위한 동기부여 전략 속에 포함할 필요가 있다(Etzioni, 1988: xii). 비록 전통적인 동기 이론에서 종종 과소평가되고 때때로 간과되지만, 사람들에게 가장 중요한 것은 그들이 믿는 것과 어떻게 느끼는지, 그리고 그들이 동일시하는 소집단과 공동체에서 비롯된 공유된 규범과 문화적 메시지들이다. 예를 들어, 어떤 교장들은 자신이 시작한 프로젝트의 결말을 보아야 한다는 의무감을 느꼈기 때문에 승진이나 전보를 거부했다. 그들은 자신들이 해오고 있었던 일에 대한 의무와 약속 때문에 더 높은 급여, 승진, 더 많은 위신과 같은 외적인 이득을 포기했다. 부모와 교사들은 양육할 책임이 있는 아이들의 이익과 욕구 및 필요를 증진하기 위해 자기 자신들의 이익과 욕구 및 필요를 희생하는 것이 다반사다.

　　Etzioni(1988)의 견해를 따라, 새로운 관리 이론은 보상받은 것이 행해지고, 보상받고 있는 것이 행해지며, 좋은 것이 행해진다는 3가지 동기부여 규칙에 근거한 동기부여 전략의 개발을 제공해야 한다. 새로운 관리 이론에서는 후자의 2가지에 주요 강조점이 주어진다. 이 3가지 규칙은 다음과 같다.

| 규칙 | 사람들이 행동하는 이유 | 동기 유형 | 참여 |
|---|---|---|---|
| 보상받은 것이 행해짐 | 외재적 이득 | 도구적 | 계산적 |
| 보상받고 있는 것이 행해짐 | 내재적 이득 | 현시적 | 내재적 |
| 좋은 것이 행해짐 | 의무/책임 | 도덕적 | 도덕적 |

# 새로운 이론과 수업 변화

전략적 계획의 쟁점-리더십 모범 사례에 참여하기

**전통적 규칙: 명료성, 통제 및 합의는 효과적인 관리에 중요하며 상세한 계획에 의해 달성된다. 따라서:**

1. 측정 가능한 결과를 기술한다(구체적으로 무엇이 달성되어야 하는지 명시한다).
2. 행동적 기대사항을 제공한다(누가 무엇을 어떻게 할 것인지를 결정하고 전달한다).
3. 점검을 실시한다(예상된 행동을 관찰된 행동과 비교하고 필요할 경우, 수정한다).
4. 결과를 측정한다(관찰된 결과를 진술된 결과와 비교하고 필요할 경우, 수정한다).

[문제] 관리에는 많은 모순이 있으며 계획도 그 중 하나이다. 선형적－단계식 방식으로 계획함으로써, 사람들은 미래를 통제하는 것이 가능하다고 가정하지만 실제로는 통제력을 잃는 경우가 많다. 상세한 계획과 확실한 목표는 사람들로부터 넘겨져서, 한편으로는 미래의 실행과 자기충족적이 예언을 프로그램하고, 다른 한편으로는 우리가 더이상 여행이나 운명에 관심이 없을 때조차도 우리의 운명을 결정하는 대본이 된다. 긴밀한 구조의 선형 조건의 경우, 전통적으로 구상된 것으로서의 계획은 예상되는 결과를 얻을 수 있는 유용한 관리 전략이지만 전략으로서 전통적 계획은 사건이 일단 진행되면 종종 타당하지 않는 행동 과정에 우리를 묶어 놓는 경우가 많다.

추가 계획은 원래의 그 행동 과정이 이미 포기되었어야 하는지가 한참이 지난 후에도 비합리적으로 유지되는 행동 과정에 대한 "헌신의 증대"를 초래하는 경향이 있다(Staw, 1984). 예를 들어, 고등학교 학교 대항 스포츠 프로그램을 위한 시설에 엄청난 액수의 돈을 들이게 되면 스포츠를 그리 강조하지 않는 것이 좋은 생각일 때조차 스포츠를 덜 강조하는 것을 어렵게 만든다. 개발 계획 수립에 그렇게 많은 시간이 소요된 교원평가 시스템에 대한 몰두는 그것이 기반을 두고 있는 교수 효과 연구가 결함이 있고 그 결과 교사의 사기가 저하되고 있다는 증거가 고려될 때조차 견고하게 유지될 가능성이 높다.

마지막으로, 전통적인 계획의 측정 측면은 혁신과 우수성을 장려하는 강력한 전략 개발에 심각한 제한을 가한다. 진술된 결과와 관찰된 결과 사이에 존재하는 일관성을 가치라고 설정하게 되면 언급되지 않았거나 예상치 못한 너무나 귀중한 많은 결과들은 중요하지 않게 된다. 새로운 우선순위와 새로운 행동 방침이 누락되고 혁신은 좌절되면서 탁월함의 조건이 거의 없어지게 된다. Peters(1989a)는 이코노미스트지(Economist)에 등장한 75개 기업의 계획에 관한 연구를 인용하면서 중앙 기획자가 존재하지 않는 기업이 더 나은 결과를 얻는 경향이 있었다고 지적했다. Peters는 더 좋은 전략으로서 사람들의 재능을 최대한 활용하고 특이한 상황의 특성에 대응하고 기업 깊숙이 자리 잡고 있는 정신 및 소집단 응집력을 구축하는 방법으로서 "인간 정신과 일치하게 우리는 싸우면서 조직한다."라는 Tactical Air Command(전술공군사령부)의 Bill Creech 장군의 전략을 제시한다. 전통적인 관리의 성소(the scacred cow)인 계획은 다르게 이해될 필요가 있는 것으로 보인다.

[대안] 학교에서 진행 중인 계획 및 조치는 조정되어야 한다. 결과적으로 시스템은 인적, 재정적 및 기술적 자원을 정렬하고 효율적으로 활용할 수 있도록 갖추어져 있어야만 하며 교사 및 조직의 시간은 양질의 교육과 학생 학습을 지원하는 데 초점을 맞추어야 한다(ISLLC 기준 3). 명확성, 통제 및 합의는 효과적인 관리에 중요하며 협력과 협동에 영향을 미치는 리더십 원칙을 사용하면서 전략적으로 계획을 수립함으로써 달성된다. 따라서,

1. 기본적인 방향을 명확히 한다(논조를 설정하고 사명을 정함).
2. 목적을 제시하고 공유된 계약을 수립한다(공유된 목표, 가치 및 운영 원칙을 결정).
3. 분산적 리더십을 위한 역량을 키운다.
4. 단단하고 느슨한 관리를 실천한다(사람들이 공유된 가치에 대해 책임을 지도록 하되, 무엇을 언제, 어떻게 할 것인지 결정할 위임 및 권한을 제공).
5. 과정과 결과를 평가한다(의사결정과 사건이 공유된 가치를 구현하는지 확인).

이 대안 규칙을 지지하는 원칙은 후속되는 장에서 상세하게 검토된다. 여기서 말하고자 하는 바는 비선형적이고 느슨하게 구조화된 세계에서, 사람들이 내리는 결정이 공유된 가치와 약속을 구체화시킨다면, 사람들로 하여금 그들에게 납득되는 방식으로 결정을 내릴 수 있게끔 하는 것이 관리상 타당하다는 것이다.


## 새로운 이론과 사람을 개선 기획 과정에 어우러지게 하는 지점에 대한 쟁점

실행 기획 과정에서 사람들을 어디에 배치해야 적합한가에 대한 쟁점-자신 및 타인을 이해하고 리더십 모범 사례에 관여하기

### 전통적인 규칙: 사람들을 적응시키는 것에 관한 한:

1. 먼저 목적을 강조한다(목표를 먼저 결정한다).
2. 그런 다음 방법을 강조한다(목표에 도달하는 방법을 파악한다).
3. 그런 다음 수단을 강조한다(사람을 확인하고, 훈련시키고, 배치하고, 감독한다).

[문제] 사람들을 계획 과정의 어디에다 끼어 맞출지를 결정하는 것은 중요한 방식으로 결과에 영향을 미친다(Hayes, 1985). 먼저 사람들과 시작해야 하는지, 아니면 업무 요구 사항을 파악한 후에 사람들을 끼어 맞추어야 하는가? 전통적인 목적, 방법 및 수단의 규칙은 목표물이 움직이지 않는 안정된 환경에 적합한 관리의 "포탄(cannonball)" 이론과 양립한다. 불행하게도 Harry Quadracci(Peters, 1989b)가 지적한 것처럼, 우리는 "순항 미사일" 세계에 살고 있다. 포탄은 안정된 조건에서 고정된 목표물을 타격할 수 있는 훌륭한 무기이다. 목표물(목적)을 식별하고, 거리 및 바람(방법)을 신중하게 잡고, 잘 훈련된 사병(수단)에게 발사 명령을 내린다. 명중이 거의 보장된다. 그러나 움직이는 표적을 맞히는 것은 또 다른 문제이다. 게다가 대포가 발사된 후 처음 목표보다 더 좋은 표적을 맞힐 수 있도록 마음을 바꾸는 것은 불가능하다. 그러나 학교 교육의 세계에서 우리 목표물의 대부분은 움직이고 있으며 우리가 행동하는 동안 다양하고 더 바람직한 목표들이 자주 발견된다. 대포는 여기에서는 효과가 없다. Quadracci의 명백한 은유로 계속해서 말한다면, 미사일은 움직이는 표적을 추적하고 발사된 후에 실제로 표적을 바꿀 수 있는 능력을 구축했다.

[대안] 학교개선에 관한 한

1. 첫 번째로 수단을 강조하라(사람들에게 우선적으로 집중하고, 그들을 개발하고, 헌신을 높이고, 목적과 연결시키며, 자기 관리를 할 수 있도록 돕는다).
2. 그런 다음 방법을 강조하라(그들로 하여금 무엇을, 어떻게 해야 하는지를 이해하게끔 하라).
3. 그런 다음 목적을 강조하라(그들은 공유된 목적에 부합하는 목표를 결정하고 성취하게 될 것이다).

이 대안 규칙을 제안한 Hayes(1985)는 이것이 오늘날의 복잡한 세계에 더 잘 대응하는 전략 개발을 위한 기반을 제공한다고 믿고 있다. 수단에 먼저 집중하는 것의 핵심은 사람들이 자기 관리를 할 수 있는 역량을 키우고 그들을 공유된 가치와 공동 목적에 연결하는 것이다. 3년 후 Kelly(1988)는 자기 관리가 훌륭한 팔로워가 되는데 중요하다고 제안하면서 Hayes의 생각을 지지했다. 자기 관리가 되는 것 이외에도 그는 팔로워는 유능하고, 정직하며, 신뢰할 수 있고, 조직 목표 달성을 돕기 위해 헌신해야 한다고 주장한다.

일단 팔로워십이 형성되면 대안 규칙의 사슬에서 다른 단계들은 성과를 고무하고 특별한 결과를 가져오는 방식으로 전개된다. 대조적으로 전통적인 규칙은 권위와 결정론에 기반을 두고 있다. 그 결과로 이례적인 결과보다는 평범한 결과로서 학교에서의 팔로워십이 아니라 종속의 확립이 이루어진다.

- 그들은 스스로를 잘 관리한다.
- 그들은 조직 및 그들 외부에 있는 목적, 원칙, 또는 사람에게 헌신한다.
- 그들은 최대한의 효과를 위해 역량을 키우고 노력을 집중한다.
- 그들은 용기 있고, 정직하며, 신뢰할 수 있다(Kelly, 1988).

# 사건 혹은 확률 통제하기?

전통적 및 새로운 관리와 리더십 이론 모두 통제에 관심이 있다. 신뢰성과 예측 가능성을 높이려면 통제가 필요하다. 통제가 없다면, 수업적 일관성이 있을 수 없다. 통제가 없다면 조직적 일관성이 있을 수 없다. 전통적인 이론은 사건과 사람에 대한 통제를 증가시킴으로써 신뢰성과 예측 가능성을 추구한다. 이것이 리더십과 관리에서 *힘을 행사하는(power over)* 접근방식이다. 대조적으로, 새로운 이론은 공유된 목표와 목적이 구체화되고 달성될 확률인 개연성을 통제함으로써 신뢰성과 예측 가능성을 추구한다. 이것은 관리와 리더십에 힘을 *실어주는(power to)* 접근방식이다. 공통의 목표와 목적이 실현될 확률을 높이는 것은 일반적으로 사건과 사람들에 대한 통제를 포기하는 것을 의미한다.

학교가 사용할 수 있는 6가지 기본 통제 전략, 곧 직접적인 감독, 업무 과정의 표준화, 결과의 표준화, 전문적 사회화의 강조, 목적의 강조, 동료관계와 자연적 상호의존성의 구조화에 대해 생각해보라.[2] 비록 모든 6가지 전략이 한번쯤은 적절하게 사용

---

[2] 경영 전략에 관한 이 논의는 Mintzberg(1979)가 제안한 유형학에 주로 근거한다. 그의 유형학은 March and Simon(1958)과 Simon(1957)의 결론을 반영한다. 여기서 제시된 논의에서 중요한 것은 Peters and Waterman(1982)과 Weick(1982)의 연구이다. Sergiovanni(1987, 1990)도 참조하시오.

될 수 있지만, 6가지 전략 중 어느 것인지 또는 어떤 조합인지에 따라 학교의 통제 달성의 기본 전략에서 차이가 발생한다.

이 논의에서 우리는 Henry Mintzberg의 연구, 특히 그의 6가지 기본 경영 전략에 의존할 것이다. 예를 들어, 교사들이 수행하고 있는 것을 알아보고, 교사들이 내린 교수·학습 결정이 그 학교가 선호하는 교수활동의 개념과 일치하는지를 알아내려는 노력의 일환으로 교사들의 행동을 점검함으로써 자신의 학교에서 더 많은 수업적 일관성을 가져오기로 결정한 교장에 대해 상상해보라. 그 교장의 선택은 다음과 같다.

1. 좋은 가르침이라고 교사들이 말했던 것을 보장할 수 있도록 교사를 *직접 감독*한다. 일대일 접근 방식을 사용한다.
2. 필수 교육과정을 가르치도록 동일한 책과 자료, 동일한 일정을 사용할 것을 교사들에게 요구함으로써 업무 과정을 *표준화*하려는 노력을 증진시킨다.
3. 승인된 방법이 사용될 가능성이 높다는 것을 알기 때문에, 교사들이 달성할 것으로 기대되는 *결과를 표준화*시키고, 그들에게 그 수단을 맡긴다. 목적이 수단을 결정하는 것은 불가피하게 되고, 목적을 통제하는 것이 수단을 통제하는 한 가지 방법이다.
4. 교사들이 공유된 목표에 대한 그들의 약속을 이행해야 하는 직업적 의무를 강조하는 *전문적인 사회화 전략*과 요소를 사용한다.
5. 일이 되어 지게끔 하기 위해 집단 규범에 의존하는 학습 공동체와 실천의 공동체를 형성하기 위해 교사에게 필요한 아교를 제공하는 *의도적이고 공유된 가치*에 의존한다.
6. 교사들이 느끼고, 그들이 실천 공동체로서 기능하는 협력 문화의 일원이 되도록 고무하는 *협력관계와 상호 의존성*에 의존한다.

여섯 개 항목 중 어떤 것이라도 때때로는 타당할 수는 있지만, 이 여섯 항목 중 어느 것이 일관성과 통제를 달성하고 유지하기 위한 교장의 기본 전략이 될 것인지에는 차이가 있다. 여섯 항목 중 하나를 선택하는 데 있어 핵심은 그것이 교사들이 해야 할 업무에서 발견되는 복잡성의 종류와 양에 부합하는지의 여부이다.

따라서 교장직에 대한 새로운 관리이론은 통제 전략으로서의 전문직 사회화, 공유된 가치, 그리고 동료관계와 상호의존성에 일차적으로 관심을 기울여야 하는데 이는 그것들이 교수·학습의 복잡성과 부합하기 때문이다. 대조적으로, 다른 통제 전략에 의존하는 것은 좋은 교수·학습의 복잡성과 들어맞지 않는다. 결과적으로 교수·학습은 통제 전략에 의해 형성됨에 따라 단순해진다. Mintzberg(1979)가 지적한 것처럼 직접적인 감독은 단순 업무에는 효과적이지만, 업무가 복잡해짐에 따라, 강조점은 직접적인 감독으로부터 업무의 표준화, 산출물의 표준화, 그리고 마지막으로 전문직 사회화, 목적화, 동료관계 및 자연적 상호의존성 쪽으로 전환될 필요가 있다.

전문적인 사회화, 의도되고 공유된 가치, 그리고 동료관계가 강조될 때, 그것들은 리더십의 대체물로 기능한다. 이것은 다른 통제 전략 선택이 이루어진 경우와 마찬가지로 교장이 직접적인 리더십을 제공할 필요가 없다는 것을 의미한다. 통제와 조정 문제가 자연스럽게 처리되므로 리더십은 훨씬 덜 강렬하고 비공식적이다.

직접 감독, 표준화된 업무, 표준화된 산출물은 복잡한 관리 시스템을 필요로 하는 단순한 개념이다. 이러한 개념이 작동하려면 구조가 갖추어져야 하고 역할이 확인되고 기술되어야 한다. 아울러 모든 것이 제대로 작동하는지를 보장하기 위해서는 기대치가 명확해야 하며 점검 시스템이 갖추어져야 한다. 이 관리 시스템이 보다 복잡해짐에 따라 교사의 재량권이 축소된다. 결과적으로 가르침은 보다 단순화되고 틀에 박히게 되며, 표준화된다.

정확히 그 반대는 사회화, 공유된 가치관, 그리고 동료관계의 경우이다. 이것들은 구현하는 데 있어서 매우 간단한 관리 시스템을 필요로 하는 복잡한 개념들이다. 이러한 단순성 때문에, 그것들은 교사들로 하여금 복잡한 방식으로 기능할 수 있도록 해주고, 이는 교사들이 직면하고 있는 고유한 상황에 들어맞는 보다 대응적인 결정을 내릴 수 있게 해준다. 요컨대, 복잡한 구조는 단순한 행동을 초래하고, 단순한 구조는 복잡한 행동을 초래한다는 것이다. 더욱이, 단순한 개념은 구현하는데 복잡한 시스템을 필요로 하고, 복잡한 개념은 단순한 시스템을 필요로 한다. 첫 번째 경우는 가르침이 단순해지고, 두 번째 경우는 가르침이 더 복잡해진다. 이러한 관계를 이해하는 것이 교장직에 대한 새롭고 보다 효과적인 관리 관행을 구축하는 열쇠이다.

# 우리의 은유 변화시키기

전통적인 관리이론은 비선형적이고 느슨하게 구조화된 상황이나 특별한 헌신과 수행을 필요로 하는 조건에서는 잘 작동하지 않기 때문에 새롭고 더 잘 맞는 이론을 구현하는 데는 많은 어려움이 있다. 이러한 일이 일어나도록 하기 위해서는 관리, 리더십 및 학교교육에 대한 우리의 은유가 변해야 한다. 보다 포괄적이고 전략적인 "학습 공동체"에서 전술적 선택사항으로 "교수 전달 시스템(instructional delivery system)"을 포함하는 것은 중요한 시작이다. 공동체가 정말로 선택의 은유라면 학교는 어떨까? 이것이 다음 장의 주제이다.

# [4장 마무리 활동]

## 자신에 대한 이해

<<**안내사항**>> 이 장에서 논의된 내용에 대한 이해도를 높이고, 당신의 생각, 가치, 신념이 그 내용과 얼마나 관련되어 있는지에 대한 성찰을 위해, 다음 각각의 질문 혹은 진술문을 읽고 응답해 보세요. 응답을 모색하는 과정에서, 이 장에서 논의된 내용을 리뷰하는 것이 도움을 줄 수 있을 것입니다.

1. 사람들이 계획 과정에서 적합한 위치에 대한 2가지 견해가 있다.
A. 먼저 목표를 먼저 결정함으로써 목적을 강조하시오. 그런 다음 목표가 어떻게 달성될지를 알아냄으로써 방법을 강조하시오. 마지막으로 사람들을 확인하고 훈련하고 배치하고 감독하는 방법을 강조하시오.
B. 먼저 사람들에게 집중하고, 사람들을 계발하고, 목적과 연결시키고, 자기 관리를 할 수 있도록 돕는 것에 집중함으로써 수단을 강조하시오. 그런 다음, 그들이 무엇을 해야하는지, 어떻게 해야 하는지를 파악하게 함으로써 방법을 강조하시오. 마지막으로 의도에 부합하는 목표를 결정하는 데 도움을 줌으로써 목적을 강조하시오.

10명에게 2가지 방법 각각에 대해 신중하게 검토한 다음 어느 것이 가장 타당한지를 나타내기 위해 10점을 2가지 방법에 배분하여 줄 것을 요청한다. 만약 그 견해가 똑같이 타당한 것으로 간주된다면, 각각 5점을 할당하라. 한 견해가 항상 좀 더 타당하고 다른 관점이 결코 그렇지 않다고 생각되면, 한 견해에는 10점을, 다른 견해에는 0점을 부여하도록 하라. 당신은 10점을 어떻게 배분하겠는가?

# 시나리오 분석

<<**안내사항**>> *Marshall 고등학교의 교육 혁신(Educational Transformation)*이라는 제목의 시나리오는 독자들에게 교장을 위한 새로운 이론을 실제로 관찰할 기회를 제공하기 위해 고안되었습니다. 시나리오에서 발생하는 사건들은 전통적인 규칙과 대안적 규칙 모두를 묘사합니다. 이 시나리오에서 최대의 이익을 얻으려면 독자는 종이 한 장을 가져 와서 가운데서 아래로 선을 긋습니다. 종이의 한쪽 면에는 **전통적인 규칙**(the traditional rule)을, 다른 쪽에는 **대안적 규칙**(the alternative rules)이라고 명명합니다. 그런 다음 시나리오를 읽고 종이의 각 면에 10개의 사건 또는 관행을 나열해보시기 바랍니다. 덧붙여, 이 시나리오에서는 본 장에서 다루어진 개념들이 실제에서 어떻게 적용되고 있는지를 보여줍니다. 시나리오 뒤에 일련의 질문들이 제시됩니다. 시나리오를 읽고 난 후 각 질문에 답하세요. 질문들에 답하는 데 어려움을 느낀다면, 이 장의 주요 내용을 다시 읽어봄으로써 도움을 받을 수 있을 것입니다.

## MARSHALL에서의 교육 변혁

Marshall 고등학교에는 7-12학년으로 구성된 3,000명의 학생이 재학하고 있다. 비슷한 학년 구성을 가진 다른 학교들이 6-8학년(중학교), 9-12학년(고등학교), 또는 10-12학년으로 바뀜에 따라 그 지역에서 이러한 학년 구성을 가진 마지막 학교이다.

중앙 행정관들은 Marshall 고등학교를 재구성하려는 시도를 몇 차례 했지만, 그러한 시도는 학교 공동체의 Kyle 교장과 그의 지지자들에 의해 강한 저항에 부딪혔다. 이 저항은 중앙 행정관들로부터 호의적으로 간주되지 않았으며 종종 학교에서 받은 자원을 능가했다. 그러나 교직원, 학생, 학부모, 지역사회 이해당사자들은 20년 넘게 이 학교에 근무한 Kyle 교장을 존경하고 그의 리더십을 수용하였다. 사실 그들은 종종 그의 전제적이고 독재적인 스타일에 대해 농담을 했다.

Kyle 교장의 리더십 스타일은 매우 직접적이었다. 그는 전략적 모델로 운영하였으며 항상 지역, 주 및 국가 정책 및 절차를 조심해서 따랐다. 그렇게 함으로써 그는 학교의 교과목 교수진에게 지시를 내리고 학교 운영에 영향을 미치는 결정에 리더십을 제공했다. 그는 모든 수업 및 수업 이외의 프로그램과 활동을 점검하기 위한 과정을 마련했고 이 과정을 통해 모든 결정을 내렸다. 지역사회의 아이콘인 학교는 65%의 졸업률과 우승 운동 프로그램(축구, 야구, 농구, 육상 경기)으로 인정받았다. 불행하게도 2010학년도 말에 8학년 학생들의 50%가 주 기준을 충족하지 못했고 지난 3년간 이 숫자는 증가하고 있다. 이 같은 현상은 9−10학년의 학생 성취도 저하로 이어졌다.

7−9학년을 계속해서 자신의 지도 아래에 두는 것으로 한 Kyle 교장의 근거는 명확성과 통제력이었다. 그는 교육적 연속성과 일관성을 제공하고, 9−10학년 사이에 휴지 기간(학교의 변화)이 있을 때 발생하는 퇴보를 피했다는 점에서 7−12학년 구성이 학생들에게 큰 이점이 있다고 믿었다. 그는 또한 3년의 기간 동안만 학생들과 함께 한다면 학교가 학생들이 필요로 하는 교육적 경험을 제공하는 것은 매우 어려울 것이라고 믿었다. 마지막으로, 그는 Marshall 고등학교만큼 9학년 학생들에게 효과적인 학교가 없다고 확신했다.

매 학년도 시작에 Kyle 교장은 학생들이 고등학교의 최종 학년을 성공적으로 마치고, 대학에 들어갈 수 있도록 학업적으로 준비하기 위해 적절한 과정을 수강하는 것을 보장하기 위해 모든 11학년과 12학년 학생들의 일정을 감독하였다. 10학년의 각 학생의 일정은 Kyle 교장의 엄격한 지시에 따라 전문 상담실에서 개발됐다. 7−9학년의 일정은 Kyle 교장에 의해 만들어졌으며, 어떤 수정도 그의 승인을 받아야 했다.

학생 훈육과 출석은 교감에게 업무가 배정되었다. 그럼에도 불구하고, Kyle 교장은 교사들이 가르치고 학생들이 배우고 있음을 확인하기 위해 Marshall 고등학교의 복도를 걸었다. 좋은 수업의 주성분 및 학생들의 학습 증거들로는 교사의 강의와 학생들의 필기가 포함되었다. 노트 점검이 주 단위로 이루어졌고, 교사의 필기를 거의 정확히 그대로 따르는 단원 평가가 시행되었다. Marshall 고등학교에서 배움은 (배움의) 놀라움을 의미하지 않았다. 교육 프로그램의 이러한 측면은 긴밀하게 구조화되었고 모든 핵심 과목들은 해당 학년도에 매일 이런 방식으로 가르쳐졌다. 비 핵심 과목도 동일하게 조직되었지만 약간 다른 방식으로 구조화되었다.

예상대로라면, 교사는 교사의 교과서 버전과 상세한 수업계획에 쉽게 접근할 수 있도록 공개하고, 수업 시작 종소리가 울린 후 5분 이내에 교실 단상에 자리 잡고 있어야 했다. 교사들의 필기가 퇴색된 누런 종이에서 살아남았고, 재활용되었고, 시간이 흐르면서 이 교사에서 저 교사로 전달되었다. 예를 들어, 교사가 퇴직했거나 어떤 이유로든 다음 해에 학교로 돌아오지 않는 경우, 그 노트는 차년도 오리엔테이션 동안 새로운 교사에게 배부를 위해 사무실에서 확인되어야 했다. 오리엔테이션 중에 Kyle 교장이 신중하게 선택한 교사 리더인 각 학과의 "학년 위원장"들이 효과적인 교수·학습 과정을 모델화 했다. 전입 교사는 할 일과 하지 말아야 할 일의 목록을 받았고 탐나는 교사 노트는 또 다른 학년도의 시작을 알리는 의례 프로그램 속에서 전달되었다.

이 노트들과 매일매일의 강의들은 Kyle 교장의 리더십하에 시행되었던 과정들에 일관성을 제공했다. 그는 일반적으로 정보가 매년 재활용될 수 있고, 필요하다면 강좌의 목표의 변화에 맞게 약간 수정될 수 있다고 확신했다. 교육적 기대는 명확하게 전달됐고, 교사들은 그들에게 기대되는 것을 추측할 필요가 없었다. Kyle 교장은 교실의 문이 닫히면 교사들이 자유를 가질 것이지만, 정보가 학생들에게 전파되는 과정이 다소 다르더라도 그 내용은 확실히 변하지 않을 것이라는 것을 인식하고 있었다.

Kyle 교장은 일을 올바르게 처리하는 것에 대해 엄격한 사람이었다. 교사 면접에서 이해의 문화를 형성하기 위한 수단으로서, 그는 선택된 후보자에게 자신의 기대에 대해 조언할 것이다. Kyle 교장은 그 후보자에게 그의 다년간의 경험과 전문지식을 공유했다. 그는 아이들이 듣고 반복함으로써 배운다고 설명했다. 그는 선발된 후보자에게 만약 자신의 지시를 따른다면 Marshall 고등학교에서 성공할 것이고 학생들은 성취할 것이라고 확언했다. 간단히 말해서, 이것이 Marshall 고등학교에서의 일이 진행되는 방식이다. 이 시스템은 수년 동안 시행되어 왔고, Kyle 교장은 조직 관리와 효율적인 학교 운영의 측면에서 자신이 매우 효과적이라고 생각했다.

2013－2014학년도 초에 지역 전체 교장 회의에서 교육감은 교육 개혁이 주(州)에 도달했고, 학교구가 새롭게 수립된 주(州) 기준을 충족시키기 위해서는 학교의 구조 및 교육이 이루어지는 방식에 변화가 일어나야 할 것이라고 발표했다. 그의 개혁 노력의 일환으로, 교육감은 Marshall 고등학교의 9학년 학생들을 위한 별도의 아카데미(academy)를 제안했다. 그는 또한 학교구가 졸업률을 높이고 각 고등학교의 중퇴율을 낮추는 데 사용할 연방 보조금을 받았다고 발표했다. 학교구가 취하기로 결정한 접근 방식은 모든 고등학교에 9학년 아카데미(academy)를 개설하고 중학교 개념을 완전히

시행하는 것이었다. 모든 학교구의 학교 조직 구조는 preK-5학년(초등학교), 6-8학년(중학교), 10-12학년(고등학교 9학년이 포함된 고등학교)이 된다. 보조금은 그 학교구가 교감을 추가로 고용할 수 있도록 기금을 제공했다. 각 고등학교에서 교감 한 명은 교육을 조정하고 또다른 교감은 9학년 아카데미(academy)를 조정하기 위해 고용되었다.

평소와 같은 방식으로 Kyle 교장은 변화에 저항했다. 그러나 그의 전통적 저항은 승리하지 못했다. 따라서, 그는 순응해야 했다. 그는 회의에서 매 학년도 말에 9학년에서 진급하는 학생들의 원활한 전환을 위해 학교 수준의 교장(building-level principals)과 9학년 아카데미(academy) 교감이 어떻게 협력하여 일해야 하는지에 대해 교육감이 자신의 기대를 언급했던 것을 상기했다. 교육감은 또 9학년 담당 교감들이 9학년 아카데미(academy)의 정책과 절차 지침 내에서 프로그램을 운영할 자율권을 갖게 될 것이라고 설명했다. 그렇지만, 또한 교육감은 모든 행정관들이 전체 학생의 이익을 위해 함께 일할 것으로 기대한다고 설명했다. 교육감은 학교구에 9학년 아카데미(academy)와 중학교를 출범시킬 때 모든 행정관들에게 조언하고 지원하기 위해 학교구 차원에서 시스템이 마련될 것이라고 계속해서 공유하면서 말했다.

Anderson 씨는 학교구에서 지시한 대로 새로 설립된 9학년 아카데미를 감독하기 위해 고용되었다. 그녀는 효과적인 리더십의 4가지 원리에 초점을 맞춘 집중적인 12개월간의 리더십 프로그램을 마친 후 교수직에서 그 직위로 전환했다. 강조된 원리 중 하나는 다양한 학습자의 필요에 따라서 교육하는 것의 중요성이었다. 그녀는 아카데미를 이끌게 되어 매우 흥분되어 있으며 다른 대안적 교육환경에서 효과적인 것으로 입증된 수업 전략을 시행할 계획을 가지고 있었다. 그녀의 수업 방법은 Kyle 교장이 설정한 방법과는 현저히 달랐지만, 그녀는 Kyle 교장의 접근 방법 중 일부를 포함하는 것이 중요하다는 것을 깨달았다. 학교에서의 강의와 필기에 대한 Kyle 교장의 기대를 완전히 무시하는 대신, 그녀는 소크라테스 교수법을 강의 기법과 학생들이 이용하는 코넬(Cornell) 노트 필기 시스템에 스며들게 하는 전략을 제안했다. 소크라테스 방식은 여전히 교사들이 주요 정보를 전파하는 것을 허용하지만, 학생들이 공부하고 있는 주제에 대해 생각하고 토론할 수 있도록 하기 위한 노력으로 학생들 사이의 탐구와 토론도 포함할 것이다. 이러한 접근은 또한 비판적 사고를 촉진시킬 것이다. 학생들은 코넬 노트 필기 시스템을 사용하여 노트를 두 개의 세로 칸으로 나누었다. 이 세로 칸

안에 학생들은 강의의 주요 아이디어를 나열한 다음 나중에 주제에 관련한 간단한 요약과 질문을 쓸 수 있는 충분한 공간을 남겨두곤 했다. 이 과정은 학생들이 주제에 대한 자신들의 이해를 높이는 데 도움이 될 것이다.

Walter Roberts는 교육 담당 교감으로 임명되었다. Roberts씨는 구조적으로 느슨하고 문화적으로 강하게 결합된 학교로부터 이동되어 왔다. 그는 공유된 가치와 약속을 구체화한 결정을 제공함으로써 그들에게 타당한 방식으로 사람들이 결정을 내릴 수 있도록 하는 것에 익숙했다. 그의 리더십 행동은 수단, 방법 및 목적의 순서대로 중점을 둔다. 그가 팔로워십을 확립하고 역량을 구축할 수 있다면, 학생 성취가 향상되고 대단한 결과로 이어질 것이라는 것을 깨달았다.

훈육 및 출석 담당인 Henry Adams 교감의 초점은 학교 풍토와 학생 안전이었다. 그는 학생과 교사 및 학생과 학생 간의 관계를 구축하는 프로그램을 강조했다. 그의 주된 관심은 사회화와 학교를 가르침과 배움이 일어나는 즐거운 곳으로 만드는 것이었다.

두 명의 신임 교감이 부임하면서 4명으로 구성된 리더십 팀이 구성되었다. 교장과 훈육 및 출석을 담당하는 교감, 교육 담당 교감, 9학년 아카데미 담당 교감 간에 협력이 이뤄졌다. 이 리더십 팀은 새로운 비전을 수립하기 위해 교수진과 지역 사회 구성원들과 함께 일했고, 이 새로운 비전은 새로운 핵심 신념, 가치, 그리고 목표를 다루었다. 곧, 5년 후에 학교가 보일 모습, 개선이 필요한 영역, 그리고 학교가 봉사하는 모든 학생들의 요구를 충족시키기 위해 일어날 필요가 있는 변화가 그것이다. 이 새로운 비전은 학교와 지역사회 전반에 걸쳐 논의되었고, 계획의 윤곽이 드러났으며, 학교의 사명 중 하나는 졸업률을 높이고, 중퇴율을 줄이면서, 모든 학생의 학업성취를 높이는 것이 되었다. 교사들은 관리자들과 함께 학생 성취와 학교 운영을 위한 소유권을 갖기 시작했다. 리더십 팀이 다른 사람들에게 투자하고, 역량을 구축하고, 사람들의 자기 관리를 도울 것이라는 것이 모든 관찰자들에게 분명했다.

9학년 아카데미는 공통 핵심 과목을 위한 별도의 이니셔티브(즉, 학교 내 학교)가 되었다. 그러나 9학년 학생들은 일반적인 학교 관련 활동에 참여했다. Kyle 교장은 Anderson 교감에게 9학년 아카데미의 모든 책임을 위임했다. Anderson 교감은 프로그램을 설계하고 조정했으며 비전을 지역 사회와 공유했다. Walter Roberts는 모든 학생들의 학업 성취도가 효과적으로 다뤄질 수 있도록 하는 모범 사례와 프로그램을 연구했다. Kyle 교장은 선도 학습자가 되었다. 곧, 그는 모든 교수진과 직원 구성원에 대한 깊은 이해를 발전시켰고 그들의 필요, 욕구, 관심, 기술, 특성에 따라 그들에게 과제를 할당했다. 모든 개인 간의 관계도 발전되었다.

## 성찰적 질문과 시나리오 분석

1. 이 시나리오에서 교장직의 새로운 이론을 뒷받침하는 일부 구절은 무엇일까요?
2. Kyle 교장의 행동 변화를 정당화하기 위해 어떤 장의 내용 자료를 사용하겠습니까?
3. 새로운 이론이 정착되면 리더십이 더 효과적이라는 것을 입증하는 몇 구절을 시나리오에서 인용하시오.
4. 시나리오에서 혼합형 또는 균형잡힌 리더십의 필요성을 보여주는 구절은 무엇일까요?
5. 시나리오에서 확인된 도덕적 의무는 무엇일까요?
6. Kyle 교장의 핵심 신념을 어떻게 특징지을 수 있을까요?
7. Kyle 교장하에서 9학년을 유지하는 것을 어떻게 정당화할 수 있을까요?
8. 시나리오에 반영된 조직의 기본 원칙은 무엇인가요?

CHAPTER **05**

# 도덕적 공동체로서 학교

리더십은 여러 가지 것들에 관한 것인데, 그 목록의 맨 윗부분에 학교의 특성을 보호하는 것이 있다. 많은 시민들의 바람은 학교가 삶에서 의미있는 신념과 가치를 반영하는 것이다. 학교 특성의 중심에는 사람들이 하는 일에 대한 권위의 원천으로 기능하는 사상(ideas)과 약속이 있다. 이러한 권위는 학교가 자신의 운명을 쟁취하기 위한 주도적 계획(initiatives)을 결정하는 가치 및 목적의 형식과 내용을 확립한다.

공동체는 학교 특성의 핵심을 뒤흔든다. 공동체는 의미 발견과 의미 부여의 내용 및 문화 형성의 틀을 제공한다. 공동체는 학교를 지키고 목표를 달성하는 데 도움을 주는 강력한 항산화제라고 생각해 보라. 공동체는 공동의 약속, 사상, 가치를 공유하기 때문에 함께 하게 되는 사람들의 집합체이다. 학교는 다음과 같이 이해될 수 있다.

- 학교 공동체의 학생과 기타 구성원이 사고하고, 성장하며, 탐구하는 데에 전념하고 학습이 활동일 뿐 아니라 태도이며, 삶의 과정일 뿐 아니라 삶의 방식인 학습 공동체.
- 구성원들이 상호 이익을 위해 서로 연결되며, 상호의존성과 상호 의무 의식을 확립하여 공동의 목표를 추구하기 위해서 연결된 협력 공동체.
- 구성원들이 서로에게 전적으로 헌신하고, 그들의 관계를 규정하는 특성이 성격상 도덕적

인 돌봄 공동체.

- 경제적, 종교적, 문화적 및 기타 차이가 상호 개별적이면서도 전체로 통합된 포용 공동체.
- 교장과 교사가 자신들의 직무 수행을 성찰하고, 직면한 문제에 대한 해결책을 모색할 때 집단적 탐구 정신에 헌신하는 탐구 공동체.
- 교장, 교사 및 학생이 학교에서 자신의 역할의 일부로서 일을 수행하는 공유된 약속과 합의된 방식을 구현해야 할 의무가 있다고 느끼는 책임 공동체.
- 교사의 개별적 실천이 비공식적으로 서로 연결되어 하나의 공유된 교수의 실행(shared practice of teaching)으로 드러나는 실천 공동체.

배움이 특히 빠르고 깊은 몇 개의 학습 교차로를 만들면서 이 학습 주제는 공동체로서의 학교의 정의에 깊이 내재되어 있다. 교사를 위한 이러한 학습 교차로 중 하나는 위에서 만들어지고 주창된 협력적 문화가 아래로부터 자발적으로 솟아오르는 비공식적인 실천 공동체를 만나는 곳이다. 이러한 용솟음이 없으면, 협업은 억지스럽게 될 위험이 있다(Hargreaves, 1989).

효과적인 교수·학습에 중요한 역할을 하는 또 다른 학습 교차로는 학생들은 학업적으로 학습에 참여할 것이고, 그들의 학습 노력이 성공하게 될 것이라는 것을 보장하는 개인 맞춤화와 돌봄에 대한 강조를 적절하게 조화시키기 위한 학습 공동체와 돌봄 공동체가 함께 하는 곳이다.


## 공동체 이야기

공동체를 이해하려면 공동체에 관한 이야기를 이해해야 한다. 공동체의 이야기란 무엇인가? 이 이야기는 학교에 관한 다른 이야기들과 어떻게 다른가? 공동체 이야기는 어떤 서사(narrative)를 포함하고 있는가? 어떤 이야기들이 우리의 관심을 끌기 위해 공동체와 경쟁하는가? 공동체의 이야기는 연결에 대한 독특한 사고방식을 포함한다. 대부분의 학교에서 연결은 사회적 계약(social contracts)의 서사를 사용하는 것으로 이해된다.[1]

---

1) 사회적 계약과 사회적 규약에 대한 논의는 T. J. Sergiovanni, "The Elementary School as a Community in a Diverse Society", William Charles McMillan III Lecture, Grosse Pointe Academy, Grosse Pointe Farms,

공동체가 되기 위해 애쓰는 학교에서는 사회적 규약(social covenants)의 서사를 활용하여 연결을 이해한다(Sergiovanni, 2000, pp. 59-68 참고). 이 두 개념은 다음의 서사에 분명히 묘사되어 있다.

사회적 계약 서사의 주요 줄거리는 거래(deal)와 관련이 있다. 계약의 각 당사자는 가치 있는 다른 것을 되찾기 위해 상대방에 대해 무엇인가를 포기한다. 이 서사에서 교사, 학부모 및 기타 사람들은 특정 혜택을 받는 대가로 그들의 재능과 에너지를 학교와 자녀에게 투자한다. 마찬가지로, 교사로부터 갈망하는 최고의 상과 칭찬을 얻고, 부모로부터 원하는 관심 및 대학 입학에 필요한 성적을 얻기 위해 학생들은 학교교육의 의례(ritual)를 견뎌낸다. 학교와의 이러한 사회적 계약은 각 당사자가 원하는 것을 얻는 한 유지된다. 교사가 계약된 혜택을 더 이상 받지 못하면 학교에 노력을 투자하려는 의지가 약화된다. 그리고 원하는 혜택을 더 이상 얻지 못하면 학생들은 학교교육의 의례를 기꺼이 견디어 내려고 하지 않게 된다. 이 이야기는 순응(compliance)에 대한 대가로 인센티브를 제공하는 거래와 관련된 계산에 관한 것이다. 자기 이익은 무엇보다 중요하다고 여겨지며 "거래합시다"가 매일의 일이다.

사회적 계약의 서사는 Locke 초등학교 교장의 실천을 다음과 같이 이끌고 있다. 그는 10월 한 달 동안 학생들이 2,000권의 책을 읽으면, 할로윈(Halloween) 밤에 마녀처럼 차려입고 학교 건물 옥상에 있는 돼지에게 키스할 것이라고 학생회 측에 약속했다. 이 목표는 달성되었고 학생들에게 기쁨을 주기 위해 그 약속을 지켰다. Locke 교장은 계약이 중요한 동기부여 장치라고 믿는다. 그는 교사, 학부모 그리고 학생이 자신들의 노력에 대해 실체가 있는 것을 얻지 못한다면 동기부여가 되지 않을 것이라고 보았다. 그들을 위한 무엇인가가 있지 않다면, 관리자가 잘 관리하거나, 근로자가 부지런히 일하거나, 축구 선수가 열심히 경기하는 것을 기대할 수는 없다. 그렇게 교장은 인센티브가 없다면 어떻게 교사들이 잘 가르치고 부모가 부모 역할을 잘 하고 학생들이 잘 배우고 학교가 스스로를 향상시킬 것을 기대할 수 있는가를 묻는다. 예를 들어, 어떻게 우리는 규정 위반에 따른 결과와 관련된 규칙과 규정의 포괄적인 목록을 제공하지 않고, 교사와 학생들이 올바른 행동을 보여줄 것으로 기대할 수 있는가?

---

MI, 1999년 3월 10일 참조할 것. 또한, Sergiovanni (2000)도 참조.

# 사회적 규약

사회적 규약(social covenants)에 관한 주된 줄거리는 훨씬 덜 조건적이다. 이 이야기에서 연결은 계산적이기보다는 도덕적이다. 결혼, 확대가족(extended family),[2] 시민 단체, 신앙 공동체, 돌봄 단체, 친구관계망은 규약 관계(covenantal relation-ships)에 의해 특징지어지는 소속 집단의 예들이다. 사회적 규약의 서사에서 사람들 사이의 연결은 공유된 사상과 가치에 연계될 때 만들어진다. 일단 성취되면, 사상에 대한 사람들의 이러한 **결합**(binding)과 사람들의 이러한 **결속**(bonding)은 집단 구성원들에 의해 내면화되는 상호적인 역할, 의무 및 책무의 뼈대를 형성한다. 이것은 사람들이 더 이상 그 거래를 좋아하지 않을 때도 쉽게 해체될 수 없는 뼈대이다. 이것은 즐거움이 사라지고, 욕구가 충족되지 않을 때, 그리고 자기 이익을 희생시켜야 할 경우에도 유지되는 뼈대이다.

사회적 규약의 서사는 Rousseau 초등학교 교장의 실천을 안내한다. 그녀는 학교의 모든 사람들이 어떻게 함께 생활해야 하는지를 알려주는 가치와 규범의 틀을 함께 개발할 것을 교사와 학생들에게 권장한다. 학교 목적, 비판적 가치 및 교육학적 신념에 대한 더 큰 비전과 연결되면서 이 규약은 교사, 행정가, 학부모 그리고 학생이 서로서로 및 학교에 대한 약속을 충족시킬 수 있는 방법에 대한 지속적인 토론의 기초를 제공한다. 예를 들어 Rousseau 초등학교의 학생들은 교사들이 열심히 일하고 돌보며 잘 가르치기를 기대한다. 관계는 상호적이므로 교사는 학생들에게 비슷한 반응을 기대한다. Rousseau 초등학교에서 중요한 것들을 결정할 때 학생들에게 상당한 재량권이 주어진다. 교사들은 학습 목표가 어떻게 달성될 것인지를 결정하는 것과 자신들의 시간을 어떻게 보낼 것인지에 관한 결정을 내리는 것을 돕지만, 결정은 학교의 약속을 구현하고 향상시키는 책임있는 결정이어야 한다. 교사와 학생 모두 재미있고 유용하면서도 또한 숙달을 증가시키는 방향의 읽기가 이루어지도록 열심히 노력한다.

Rousseau 초등학교 교장은 학교 목표, 목적, 가치 및 기타 중요한 학교 문제에 대해 중요한 결정을 내릴 수 있는 기회가 주어졌을 때, 교사와 학생은 이러한 결정을 자신들의 행동으로 구현해야 할 도덕적 의무를 지닌 것으로 반응할 것이라고 믿는다. 또

---

2) 아이들이 결혼 후에도 부모와 동거하는 대가족의 형태를 취하는 가족 형태.

한, 학교 구성원들을 공유된 사상과 이상으로 함께 이어지도록 하는 이러한 결합은 도덕적 대응성을 장려하는 규범적인 환경을 제공한다. 그녀는 사회적 계약은 현실에서 중요한 역할을 수행하지만 사회적 규약도 마찬가지라고 추론한다. 그녀는 학교가 사회적 규약에 대해 배우고, 그것을 개발하는 것을 연습하고, 업무를 관리하는데 실용적인 방법으로 그것을 사용하는 곳이라고 주장한다.

이 두 이야기를 비교하면서, Sacks(1997)는 사회적 계약은 이익의 약속이나 외부 세력의 위협에 의해 유지된다고 주장한다. 사회적 규약은 충성과 충실, 정체성, 의무, 책무, 호혜 관계 등에 의해 유지된다. 사회적 계약은 이상적으로는 국가적 이익이 되는 중요한 정치적, 기업적 목표에 기여하면서 수단적이라고 지적했다. 이와 대조적으로, 사회적 규약은 가족, 공동체, 우정을 나누는 집단 및 자발적 협회가 그 예로서 꽤 다른 제도들과 관련이 있다. 사회적 규약은 우리 시민사회의 기초를 제공한다. 건전한 시민사회는 문화적 목적, 통합 및 힘을 제공하는 도덕적 토대, 기반 및 원천이 됨으로써 국익에 공헌한다. 사회적 계약은 공식적인 조직의 세계에서 사람들을 연결하는 것의 핵심에 있고, 사회적 규약은 사회 조직의 세계에서 사람들을 연결하는 것의 핵심에 있다. 전자는 규칙에 근거하고 후자는 규범에 근거한다.

# 공동체 이론

공동체는 관계 및 공동체를 키우는 절실한 상호의존성을 중심으로 조직된다(Blau & Scott, 1962). 공동체는 사람들을 통합시키고, 그들을 일련의 공유된 가치와 사상으로 결속시키는 사회구조를 만든다. 공동체는 '나'로부터 '우리'라는 느낌을 창조하는 데 필요한 조건을 제공하며, 가치와 감정, 신념을 중심으로 정의된다.

공동체 내의 구성원들은 비슷한 의도를 가진 사람들과 함께 생활한다. 일반 조직에서 관계는 다른 사람에 의해 구성되며 위계, 역할, 역할 기대 시스템으로 체계화된다. 일반 조직과 공동체는 모두 통제의 문제를 다루어야 하지만, 공동체는 외부 통제 수단에만 의존하기보다는 규범, 목적, 가치, 전문적 사회화, 동료관계, 자연적 상호의존성에 더 의존한다. 공동체의 유대가 학교에서 확립됨에 따라, 그것이 교사들이 해야 할 일을 수행하고 있는지를 보장하기 위해 고안된 감독 및 평가라는 공식 시스템을 대체하게 된다. 공동체는 교사가 함께 일하는 방식을 '조정'하고자 하는 관리와 조직 계획을 대체할 수 있다. 공동체는 기존의 리더십을 대체할 수 있는 것이다.

또한, 공동체의 유대는 권한 부여와 동료 간 협조관계가 어떻게 이해되는지를 재정의한다. 일반 조직에서 권한 부여는 공유된 의사결정과 현장 기반의 관리 및 이와 유사한 체계와 관련된 것으로 이해된다. 공동체 내에서 권한 부여는 권리와 재량, 자유에 초점을 두기보다는 사람들이 서로에 대해 그리고 학교에 대해 느끼는 약속과 의무, 책무에 더 초점을 두고 있다. 일반 조직에서 동료 간 협조관계는 사람들이 함께 일하도록 하는 팀 티칭의 변형, 교장들의 팀 구성 기술과 같은 행정적 조치로부터 비롯된다. 공동체에서 동료 간 협조관계는 내부에서 오는 것이다. 공동체 구성원들은 상호의존성과 상호의무 및 기타의 정서적이고 규범적인 유대로 서로 연결되어 있다.

공동체는 종종 서로 다른 분야에서는 서로 다른 것을 의미한다. 사회학자들은 아프리카계 미국인 공동체, 농촌 공동체의 정치학자, 영적 공동체의 신학자, 정서 공동체의 심리학자에 대해 언급한다. 이러한 다양한 용도의 참뜻을 포착하기 위해 우리는 *공동체(community)*를 다음과 같이 정의한다. 공동체는 그 관계가 본질적으로 의미 있고 중요하다고 보기 때문에 함께 연결되고, 일련의 공유된 사상과 이상으로 함께 결속된 개인들의 집합이다. 이러한 결합과 결속은 개인을 '나의(I's)' 모음에서 집합적인 '우리(we)'로 변환시킬 만큼 단단하다. '우리(we)'로서 구성원들은 의미 있는 관계로 단단히 짜여진 그물망의 일부이다. 이 '우리(we)'는 일반적으로 공통의 장소를 공유하고, 시간이 지남에 따라 유지되는 공통된 정서와 전통을 공유하게 된다. 전통적으로 이러한 유형의 공동체는 학교에 존재하지 않았다. 그러나 21세기의 리더는 이러한 유형의 학교를 만드는 것을 잘 한다.

*게마인샤프트(gemeinschaft)*와 *게젤샤프트(gesellschaft)*의 이론은 이러한 정의 및 학교가 공동체로 변모할 때 취할 수 있는 형태를 이해하는 데 도움을 준다. *게마인샤프트(gemeinschaft)*는 공동체(community)로 번역되며, *게젤샤프트(gesellschaft)*는 사회(society)로 번역된다. 1887년도 저작에서 Ferdinand Tonnies(1957)는 우리가 수렵 채집 사회에서 농업사회로, 그 후 산업사회로 옮겨가면서 사회에서 일어나고 있는 변화하는 가치와 방향을 기술하기 위해 이 용어를 사용했다. Ferdinand Tonnies(1957)가 묘사한 각각의 사회 변혁은 곧, 성스러운 공동체에서 좀 더 세속적인 사회로 삶의 비전이 멀어지게 하면서 게마인샤프트(gemeinschaft)에서 게젤샤프트(gesellschaft) 축

으로 변화하는 결과를 낳았다. 비록 게마인샤프트(gemeinschaft)와 게젤샤프트(gesellschaft)가 현실에서 순수한 형태로 존재하는 것은 아니지만, 둘은 모두 '이상형', 2가지 다른 사고방식과 삶의 방식, 2가지 다른 유형의 문화, 2가지 대안적인 삶의 비전을 떠올리게 하는 은유이다.

Tonnies(1959)의 주장은 사회가 게젤샤프트(gesellschaft) 쪽으로 이동함에 따라 공동체의 가치가 계약적 가치로 대체된다는 것이었다. 어떤 집단의 사람들 사이에서는, 사회적 관계는 저절로 발생하지 않는다. 개인들은 서로 관련되기를 결심하는 것이고, 그리고 그 이유는 중요하다. **게마인샤프트**(gemeinschaft)에서 그렇게 하는 것은 그 자체의 본질적인 의미와 중요성을 가지기 때문에 서로 관련을 맺기로 결정한 것이다. 그 관계의 어느 당사자들도 이기적인 목표나 이익을 염두에 두고 있지 않다. **게젤샤프트**(gesellschaft)에서는 이성적인 의지가 동기부여의 힘이다. 개인들은 어떤 목표에 도달하기 위해, 어떤 이득을 얻기 위해 서로 연결되기로 결심한다. 이런 이득이 없으면 관계는 끝난다. 첫 번째 경우, 사람들 사이의 유대는 두텁고 상징적 의미를 지니며 그것은 도덕적인 유대이다. 두 번째 경우, 사람들 간의 유대는 얇으며 도구적이고, 계산된 유대이다. 이 이분법은 <표 5.1>에 설명되어 있다.

〈표 5.1〉 공동체와 사회의 이분법: 게마인샤프트 / 게젤샤프트

| 게마인샤프트/공동체 | 게젤샤프트/사회 |
| --- | --- |
| 신성한 공동체 | 세속적인 사회 |
| 공동체 가치, 공유된 장소, 공유된 신념 | 계약상의 가치 |
| 구성원은 비슷한 관심사를 가졌고, 관계는 본질적으로 의미 있고, 중요함 | 관계는 경쟁적임. 더 많은 것을 성취하는 사람들은 해당 조직에서 더 많은 가치를 부여받음 |
| 동료애는 강한 인간관계 내부로부터 나옴 | 동료애는 조직 배치의 결과물임 |
| 개인은 이기적인 목표를 갖고 있지 않고 개인의 이익을 추구하지 않음 | 개인은 어떤 목표에 도달하고 이익을 얻기 위해 서로 관련됨 |
| 사회적 상호작용이 있고 간접적인 사회적 통제를 강제할 필요가 거의 없음 | 관계는 계층, 역할, 그리고 역할기대의 체계로 문서화됨 |
| 신뢰는 규범, 목적, 가치관, 전문적 사회화, 동료관계, 자연적 상호의존성에 의존. 감독과 평가의 공식적 체제는 필요하지 않음 | 신뢰는 순응을 보장하기 위한 외부 통제 수단과 공식적인 감독과 평가 체제에 의존함 |

| 권한 부여는 사람들이 서로에 대해 느끼는 약속과 의무, 책무에 초점을 두고 있음 | 권한 부여는 공유된 의사결정 및 현장 기반 관리와 관련됨 |
|---|---|
| 공동체 구성원들은 상호의존성과 상호의무 및 기타 정서적이고 규범적인 유대로 서로 연결됨 | 관리와 조직 체계를 활용하여 일을 조정함 |
| 유대는 두텁고 상징적인 의미를 지님, 유대는 도덕적인 유대감을 의미함 | 사람들 사이의 유대는 얇으며 수단적임. 이러한 유대는 계산된 유대임 |
| 규범, 목적, 가치관, 전문적 사회화, 동료관계, 자연적 상호의존성이 존재함 | 간접적인 상호작용, 비인격적인 역할, 형식적인 가치와 믿음은 그러한 상호작용을 기반으로 함 |

## 게젤샤프트(Gesellschaft)

현대의 공식적인 조직은 게젤샤프트(gesellschaft)의 한 예이다. 조직 내에서의 관계란 규칙과 기대에 의해서 규정지어진 형식적이고 먼 관계이다. 상황은 정책과 규칙 및 문서에 구체화된 보편적 기준에 의해 평가된다. 조직에 수용되는 것은 조건부이다. 조직과 협력하고 성과를 더 많이 낼수록 수용가능성이 높아진다. 관계는 경쟁적이다. 더 많은 것을 성취하는 사람들은 그 조직에서 더 많은 가치를 부여받는다. 또한, 구성원들의 모든 관심이 타당한 것은 아니다. 정당한 관심은 필요보다는 규칙에 의해 구속된다. 주관성은 눈살을 찌푸리게 하고, 합리성은 높이 평가된다. 개인의 이익 추구가 만연되어 있다.

이와 동일한 특징들이 학교가 어떻게 조직되고, 어떻게 교수-학습이 일어나는지, 학생들이 어떻게 평가되는지, 어떻게 장학이 실행되는지, 교장과 학생들이 어떻게 동기를 부여받고 보상받는지, 리더십이 무엇이고 어떻게 작동하는지에 관련된 우리의 현재 정책들을 뒷받침한다. 대부분의 사람들은 게젤샤프트(gesellschaft)의 가치가 기업, 은행, 군대, 연구 대학, 병원과 같은 공식적인 기관을 효과적으로 작동하게 하는 데 타당성이 있다는 데 동의할 것이다. 그러나 가족, 시골 교회, 이웃, 사교 클럽, 학교에 동일한 가치를 적용하는 것은 중요한 인식론적 문제를 제기한다. 게젤샤프트(gesellschaft)의 가치는 적절한가? 그것들이 적절하지 않은데, 어쨌든 우리가 그것들을 활용한다면, 학교에 들어맞지 않는 행동 기준과 규범을 무릅쓰고 있는 것은 아닌가?

## 게마인샤프트(Gemeinschaft)

Tonnies(1957)에 따르면, 게마인샤프트(gemeinschaft)는 3가지 형태로 존재한다. 즉, **관계의** 공동체, 장소의 공동체, 마음의 공동체이다. **관계**(relationships)의 공동체는 가족이나 기타 밀접하게 연결된 사람들의 집합체에서 발견된 것과 유사한 통일성을 형성하는 사람들 사이의 특별한 종류의 연결을 특징으로 한다. **장소**(place)의 공동체는 공동의 주거지나 지역을 공유하는 것을 특징으로 한다. 지속되는 기간 동안 다른 사람들과의 이와 같은 공유는 특별한 정체성과 사람들을 특별한 방법으로 연결시키는 소속감을 만들어낸다. **마음** 공동체(Community of mind)는 사람들을 공동의 목표, 공유된 가치, 그리고 존재 및 행동에서의 공유된 개념으로 결속시키는 것으로부터 나타난다. 이 3가지 형태는 특별한 소속감과 강한 공동의 정체성을 만들어서 사람들을 하나로 묶는 의미의 그물망을 나타낸다.

학교가 공동체가 되기 위해 고군분투함에 따라 다음과 같은 질문을 해결해야 한다. 곧, 학교 교직원들 사이의 유대감과 어울림, 동료관계를 증진시키기 위해 무엇을 할 수 있을까? 어떻게 하면 교직원들 모두가 서로를 돌보고 서로 성장하고, 함께 배우고, 함께 이끌어가는 것을 돕는 전문적 공동체가 좀 더 되도록 할 수 있을까? 최근 생겨난 이 공동체에 학부모가 포함될 수 있도록 하기 위해서는 어떤 종류의 관계가 구축되도록 할 필요가 있을까? 공동체를 구현할 수 있도록 하기 위해서는 교사 간, 그리고 교사와 학생 간에 존재하는 관계의 그물망이 어떻게 규정되어야 할까? 교수·학습 환경을 어떻게 정리하면 가족적 환경과 더 비슷해지게 할 수 있을까? 어떻게 하면 가족의 집합체로서 학교가 동네 이웃처럼 될 수 있을까? 학교가 마음의 공동체가 될 수 있도록 하는 공유된 가치와 약속은 무엇일까? 어떻게 하면 이러한 가치와 약속이 공동체 구성원들이 영위하고자 하는 삶을 안내하는 실제적 기준이 될 것이며, 공동체 구성원들은 무엇을 어떻게 배우고, 서로서로 어떻게 대우할까? 공동체가 달성되게 됨에 따라 학교에서 나타나게 되는 상호 의무와 책임의 양상은 어떠한가?

비록 틀에 박힌 것은 아니지만, 공동체에 대한 공감(understandings)은 지속되는 특성을 가지고 있다. 이러한 공감은 새로운 구성원들에게 가르쳐지고, 관습과 의례 속에 기념되며, 공동체의 삶을 지배하는 기준으로 구체화된다. 게다가, 그들은 시간이 지남에 따라 공동체를 통해 구성원들의 사망에도 살아남을 수 있을 만큼 회복력이 있다. Bellah와 동료들(1985)에 의해 제안된 바와 같이, 영속하는 이해는 네 번째 형태의 공동체, 곧 *기억(memory)*의 공동체를 만들어낸다. 시간이 지남에 따라, 관계, 장소, 그리고 마음의 공동체는 구성원들에게 공통의 이미지와 공통의 학습에 대한 기억을 제공함으로써 기억의 공동체가 된다. 기억의 공동체의 일원이 되는 것은 힘들 때 우리를 지탱해주고, 우리가 육체적으로 존재하지 않을 때에도 우리를 연결시켜 주며, 우리에게 감각과 의미를 창조하는 역사를 제공한다.

## 관계의 중요성

공동체에서 두드러지는 관계의 연결망은 기업과 은행, 그리고 기타 공식적인 조직에서 발견되는 것과는 종류가 다르다. 관계의 연결망은 더 특별하고, 의미가 있으며, 개인화되어 있다. 관계의 연결망은 도덕적 함축을 지닌 유대감의 질적 수준이 된다. 게다가 도덕성의 함축 때문에, 구성원들은 서로가 서로를 돌봐야 하는 특별한 의무감을 느낀다.

일반적으로 관계의 질은 좋은 학교의 구성에서 중요한 요소라고 인정된다. 예를 들어, Claremont 대학원의 교육 및 혁신 연구소(Institute for Education and Transformation, 1992)에서 발표한 보고서에서는 학교개선을 위한 중요한 지렛대로 관계 및 기타 관계 주제를 언급한다. 또는 Claremont 대학원의 John Maguire 총장이 언급한 바와 같이, "교사와 학생의 관계가 잘못되면 어떤 이유로든 아주 오랫동안 구조조정을 할 수 있지만, 혁신은 일어나지 않을 것이다"(Rothman, 1992: 1).

Claremont 연구원들은 18개월 동안 초등학교 2개교, 중학교 1개교, 고등학교 1개교 등 문화적으로 다양한 4개교를 연구했다. 이들은 학교 내의 학생, 교사, 경비원, 비서, 식당 종업원, 학부모 및 학교 내부 사람 등을 인터뷰했다. 그리고 2만 4천 페이지 이상의 자료를 수집해 분석했다. "우리의 자료는 지금까지 확인된 학교 교육의 문제들(낮은 성취, 더 높아진 중퇴율, 그리고 교수직에서의 문제들)이 훨씬 깊고 근본적인 문제의 결과라는 것을 강력히 시사한다."(Institute, 1992: 11). 이러한 문제들은 매우 심층적이고 근본적인 문제들로 연구 내내 반복적으로 드러난 7가지 주요 쟁점들로 나타났다. 곧, (1) 관계, (2) 인종, 문화, 계급, (3) 가치, (4) 교수·학습, (5) 안전, (6) 물리적 환경, (7) 절망과 희망 및 변화의 과정이 그것들이다(Institute, 1992).

학교의 내부 환경에는 4가지 중요한 유형의 관계가 존재해야 한다. (1) 교장/교사 관계, (2) 교사/교사 관계, (3) 교사/학생 관계, (4) 학교/공동체 관계 등이 그것이다(Green, 2010). 이러한 각 관계의 중요성은 Claremont 연구에서 입증되었고 그 연구로부터 우리는 다음의 4가지 결론을 도출할 수 있다.

첫째, 우리는 관계라는 것을 사람들이 어떤 종류의 교류에 참여할 수 있게끔 하는 사람들 간의 연결이라고 결론 내린다. Claremont 연구에 따르면, 학교 안에서의 위기는 인간관계와 직접적인 관계가 있었다. 게다가 긍정적인 일이 발생했을 때, 사람들은 대개 관심을 갖고, 듣고, 다른 이를 존중하고, 정직하고, 개방적이며, 세심한 개인들을 공동체에 포함시켰다(Institute, 1992). 사람들은 인종, 문화, 계층에 상관없이 보살펴지고, 관여되며 공평하게 대우받는다는 것을 느낄 필요가 있다.

둘째, 관계의 질이 중요하다. 학교에서는 모든 인종과 계층의 부모, 교사, 학생, 교직원 및 행정가가 교육, 정직, 성실, 아름다움, 보살핌, 정의, 진실, 용기 및 의미 있는 노력을 중요시하고 원한다(Institute, 1992). 사람들이 서로를 알고 이해하는 것은 가치가 있다.

셋째, 교사와 학생 간 관계의 질이 학생의 성취에 긍정적 또는 부정적인 영향을 줄 수 있다. 교수－학습 과정이 엄격하고 재미있을 때, 학생들은 학습 경험에 열중하는 경향이 있으며 풍부한 의미로 가득 찬 복잡하지만 이해할 수 있는 과제 및 참여를 요구하는 가치에 관한 토론을 거부하지 않을 것이다(Institute, 1992). 학생들은 자신의 학습에 적극적으로 참여하고 가능할 때마다 학습을 주도하는 것이 허용될 수 있어야 한다.

네 번째 결론은 안전과 관련이 있다. 모든 이해 당사자들은 학교와 교실의 환경이 교수와 학습이 긍정적인 방식으로 이루어지는 안전한 장소라는 것을 느낄 필요가 있다. 학생들은 질서와 아름다움, 널찍한 공간을 반영하고 풍부한 자료와 매체를 포함하고 있는 학교를 원한다. 학생들은 자신의 학교가 깨끗하고, 미적으로 만족스럽고, 신체적으로 편안한 학교가 되기를 원한다(Institute, 1992). 교수·학습 과정의 중요한 요소는 안전이다. 관계를 구축하는 것은 교장 리더십의 중요한 차원이며, 인간관계가 긍정적이지 않은 환경에서 학생 성취가 향상될 가능성은 낮다. 학교에서 긍정적인 관계를 보장하기 위한 한 가지 접근법은 공동체를 위해 공식적인 조직으로서의 학교의 관

점을 포기하는 것이다. 예를 들어, Tennessee 주 Memphis의 Sharon Williams
-Griffin 박사는 먼저 리더 집단이 속한 공동체와의 협력을 위해 조직을 운영한다는
개념을 포기함으로써 저성과의 중학교를 고성과의 중학교로 탈바꿈시킬 수 있었다.


# 패턴 변수

사회학자 Talcott Parsons는 서로 다른 유형의 사회적 관계를 묘사하기 위해
Tonnies(1957)의 게마인샤프트(gemeinschaft)와 게젤샤프트(gesellschaft) 개념을 사
용했다. 그는 어떠한 관계도 대안적인 가치 지향 사이의 선택을 나타내는 다섯 쌍의
변수로 구성된 유형으로 설명될 수 있다고 주장했다. 예를 들어, 이런 관계의 당사자
들은 서로에게 어떻게 방향을 잡을지에 대한 결정을 해야 한다. 이러한 결정을 종합하
면, Parsons의 현재 유명한 "패턴 변수"를 야기하는 패턴이 나타나게 된다.


- 정서적 - 정서적 중립
- 개별주의 - 보편주의
- 확산성 - 특수성
- 귀속 - 성취
- 집단 지향 - 자기 지향


예를 들어, 학교에서 교장, 교사, 그리고 학생들은 다른 사람들과의 관계에서 각자
의 역할을 어떻게 수행할지에 대한 결정을 내려야 한다. 교사는 다음을 결정해야만 한
다: 학생들과 나의 관계는 학생들을 마치 고객인 것처럼 대하는 직업적인 전문가
(professional expert)의 관계와 유사한가(정서적 중립)? 아니면 학생들을 마치 가족
구성원처럼 대하는 부모 관계와 비슷한가(정서적)? 학생들을 획일적인 기준, 규칙, 규
정에 따라 동등한 대우를 해줄 것인가(보편주의)? 아니면 학생들을 보다 우선적으로,
그리고 개별적으로 대우받게 할 것인가(개별주의)? 역할 관계와 직무 기술은 주의집중
과 토의를 위한 구체적인 주제로 좁혀 정의할 것인가(구체성)? 또는 관계를 역할에 의
해 제한받지 않고 그럼으로써 좀 더 포괄적이고 전체론적인 것으로 간주할 것인가(확

산성)? 학생들은 "괜찮은" 학생으로 존중되고 학교에서의 지위를 유지할 수 있는 권리를 얻어야 하는가(성취)? 아니면 학생들은 학교에 등록했다는 이유만으로 완전하게 수용될 것인가(획득)? 전문적 이해관계 및 관심사가 타협하지 않기 위해서는 일정한 거리를 유지할 필요가 있다는 것을 우리가 결정하는가(자기 지향)? 아니면 우리 자신들을 의사결정을 위한 공통의 이해관계, 관심사 및 기준을 확인하는 데 있어서 학생과 긴밀하게 협력해야 하는 교사—학생 "우리"의 일부로 보고 있는가(집단 지향)?

Parsons의 5가지 변수 이외에, 실질적 및 도구적, 이타적인 사랑 및 자기중심적 사랑의 2가지 다른 "극과 극의 완전히 반대되는 것"을 고려할 가치가 있다. 실질적 및 도구적인 것은 수단과 목적의 문제에 관해 이야기한다. 조직에서는 인간 본성과 사회에 대한 도구적 관점을 전달하는 수단과 목적이 명확히 구분된다. 공동체에서는 이러한 구분이 흐릿하다. 목적은 목적으로 남게 되지만 수단도 목적으로 간주된다.

이타적인 사랑과 자기중심적 사랑은 동기 문제를 다룬다. 튀니스(Tonnies)와 마찬가지로 루소(Rousseau, 1991)도 공동체가 진정으로 달성될 수 있는지의 여부를 결정하는 핵심 요소는 사람들을 하나로 모으는 동기라 믿었다. 루소에게 결정적인 요인은 이타적인 사랑이다. 이타적인 사랑이란 헌신이나 의무에서 비롯되는 타인에 대한 사심없는 관심의 표현이다. 그것은 심리적이기보다는 문화적인 것이다. 조직의 특징인 자기중심적 사랑은 자기만족이다. 관계는 심리적인 만족의 상호 교환을 위한 암묵적 계약이다.

이 7가지 변수 세트를 함께 취하게 되면, 사람들을 서로 연결하고, 사람들을 그들의 업무와 연결하기 위한 서로 다른 유대관계를 나타내게 된다. 공동체로서의 학교에서는,

- 관계는 친밀하고 비공식적이다.
- 개별적 상황이 중요하다.
- 수용은 무조건적이다.
- 관계는 협력적이다.
- 구성원의 관심은 아무런 제한이 없으므로, 구성원의 필요가 반영되는 한 정당한 것으로 간주된다.
- 주관성이 용인된다.

- 감정은 정당한 것이다.
- 다른 공동체 구성원들을 위해 자기 이익을 희생하는 것은 흔한 일이다.
- 그 자체가 목적으로서 가치가 있기 때문에 구성원들이 서로 연결된다.
- 지식은 무언가를 얻거나 어딘가로 나아가기 위한 수단으로서가 아니라 그 자체를 위해 소중하게 여겨지고 학습된다.
- 사람들이 공동체 구성원들을 대하는 방식이 바로 그런 것이기 때문에 아이들은 수용되고 사랑받는다.
- 관계 유대의 결속은 학교가 관계의 공동체와 장소의 공동체가 되도록 돕는다.
- 아이디어 유대의 결합은 학교가 마음의 공동체가 되는 것을 돕는다.

시간이 지남에 따라 이런 집단적 정서는 사람들을 기억의 공동체로 하나로 모으고, 서로 떨어져 있게 되어도 사람들을 지탱하게 한다.


## 올바른 균형 찾기

학교를 이해하기 위한 기본 틀을 선택할 때 이것 아니면 저것 중 하나라는 입장을 취하는 것은 실수일 것이다. 그럼에도 불구하고 우리는 어떤 이론이 우리 삶의 어떤 영역을 지배해야 하는지를 결정할 필요가 있다. 대부분의 사람들은 가족, 대가족, 이웃은 게마인샤프트(gemeinschaft) 가치에 의해 지배되어야 한다는 것에 동의할 것이다. 그러나 기업, 연구실, 법원 시스템은 게젤샤프트(gesellschaft) 가치에 더 많이 기댈 것이다. 현대에 들어서 학교는 게젤샤프트(gesellschaft) 진영에서 불행한 결과를 굳게 견디어 왔다. 이제 학교가 게젤샤프트(gesellschaft) 쪽에서 게마인샤프트(gemeinschaft)로 옮겨가야 할 때이다.

# 결속과 가교 구축

공동체 이론에 문제가 없는 것이 아니다. 사람들을 하나로 모으도록 고안되었지만, 그 차원은 사람들을 구분하는 혈액의 시스템을 만드는 것과 동일한 성분으로 구성되었을지도 모른다. 공동체는 도움이 되거나 해로울 수 있다. 그 본질상, 공동체는 포괄적이면서도 배타적인 성격 둘 다를 가지고 있다. 그것은 일부 사람들을 좋은 결과로 모이게 하는 동시에 다른 사람들을 배제시킬 수 있다. 게다가, 공동체는 다른 사람들과의 차이를 과장하여 분열, 이탈, 갈등을 야기할 수 있다.[3] 이러한 문제들은 결속형 공동체나 연결형 공동체가 학교에서 함께 작동할 때 덜 전개될 가능성이 있다.

결속(Bonding)과 가교 구축(Bridging)(Putnam, 2000)은 학생과 교사가 필요로 하는 공동체 연결을 학교가 제공하는 방식이다. 결속형 연결은 안쪽을 향하고 배제 쪽으로 기울어지며, 반면에 가교형 연결은 바깥 쪽을 향하며 포함 쪽으로 기울어진다. 결속형 공동체가 되는 학교는 공통의 틀(framework)을 개발하는 것에 너무 관심을 가져서 공통성이 동일성과 동의어가 될 가능성이 있다. 이런 일이 발생하면 공동체의 강력한 규범은 입회의 대가로 모든 사람이 똑같이 생각하고 비슷해지도록 강요할지도 모른다. 그렇게 되면 사회의 연결 문제에 대한 해독제로서의 공동체가 독이 된다(Sergiovanni, 1992a: 141).

그러나 이런 가능성은 공동체가 진짜일(authentic) 경우 발생하지 않을 것이다. 공동체는 많은 의미를 지니고 있다. 그러나 그 뿌리에는 라틴어 *communis(커뮤니스)*와 라틴어 *communitas(커뮤니타스)*가 있는데, 이들은 진정한 공동체를 규정하기 위한 주제(theme)를 제공한다. *Communis(커뮤니스)*는 '공동'을, *communitas(커뮤니타스)*는 '친교'를 의미한다. 이에 Carey and Frohnen(1998)은 다음과 같이 말한다.

> 그 이름에 합당한 진정한 공동체는 구성원들이 동료애나 우정을 쌓고 유지할 수 있을 만큼 중요한 공통의 무언가를 공유하는 공동체이다. 다양한 목적이나 목표를 가진 많은 종류의 공동체가 있을 수 있다. 그러나 각각은 구성원들을 서로서로 결속시킬 만큼 중요한 특성, 경험, 실천, 신념을 중심으로 형성되어야 하며, 그렇게 함으로써 그들은 공통 운명의 "동료" 또는 공유자로서 서로를 위해 기꺼이 희생할 용의가 있게 된다. (pp. 1-2)

---

3) 이 절은 T. J. Sergiovanni, Leadership: *What's in It for Schools?* (London : Routledge / Palmer, 2001), 66~67쪽에서 발췌함.

*Communis(커뮤니스)*와 *communitas(커뮤니타스)*는 공동체 전체의 구성원 자격을 개별 회원의 합보다 더 많이 만든다.

개인(학생, 교사, 학부모)이 공유된 사상, 가치관, 신념 및 틀에 묶여 있을 때, 구성원 전체에 힘을 실어주는 도덕적 풍토를 제공하는 친교의 결속이 나타난다. 학교에서의 이 친교는 2가지 차원을 가지고 있다. 첫 번째 차원은 실천 공동체와 유사한 교수진 간의 동료관계 의식이며, 두 번째 차원은 동료를 돌보고 육성하려는 도덕적 헌신을 포함하는 리더십에 대한 아리스토텔레스의 관점이다. 학생들에게 있어서 이러한 이미지는 높은 수준의 배려와 예의 및 협력 학습으로 특징지어지는 학습 공동체이다.

아리스토텔레스(Aristotle, 1962)는 친교의 동기가 즐거움, 유용성 또는 선일 수 있다고 주장한다. 공동체 구성원들은 서로를 즐겁게 하고, 상호 이익이 될 수 있는 관계를 찾고, 도덕적으로 서로를 받아들이고 돌보아야 할 의무가 있다고 느낀다. 3가지 동기 모두가 공동체에 존재할 수 있지만, 도덕적 동기 없이는 진정한 의미에서 친교는 존재할 수 없다.

Durkheim(1960)은 루소를 인용하여 다음과 같이 지적한다.

> 화학적 화합물이 어떤 원소도 가지고 있지 않은 특성을 가지고 있는 것처럼, 공동체는 그것을 구성하는 개별 존재의 특성과 구별되는 특정 자질을 갖는 도덕적 실체이다. 이러한 모호한 관계에서 비롯된 집합체가 실제로 사회적 기구를 형성하게 되면, 모든 부분의 대응 관계를 능가하는 일종의 공통 감각(sensorium)이 있을 것이다. 공공의 선악은 단순한 집합체에서처럼 개인의 선과 악의 총합일 뿐이 아니라 그들을 하나로 묶는 관계에 놓여지게 될 것이다. 이는 그 총합보다 더 클 것이고, 공공복지는 개인 행복의 결과가 아니라 그 원천이 될 것이다. (p. 82)

공공의 복지가 행복의 원천이지 그 결과가 아니라는 루소의 인용문의 마지막 구절은 또 다른 논점을 낳는다. 공동체는 공공선을 위해 자신의 사리사욕을 희생하고자 하는 개인의 의지인 시민적 미덕을 구체화한다. 그리고 이 덕목은 일단 확립되면, 공동체가 부모, 교사, 학생을 공통의 목적으로 연합하는 데 있어서 매우 강력한 근거가 된다. 이 공동 목적은 학교 효과성에 기여하는 초점을 제공한다(예: Bryk & Driscoll, 1988; Hill, Foster, & Gendler, 1990; Hill & Celio, 1998; Sergiovanni, 1994a, 2000).

# 공동체는 왜 중요한가?

공동체는 학교가 연결성, 일관성, 역량, 헌신 및 협업을 개선하기 위한 책무와 노력을 강화하기 위해 사용할 이론과 틀을 제공한다. 이 5가지의 각각은 학생 학습과 학생 성장을 향상시키는데 큰 기여를 하고 있다. 그것들은 여기에서 다음과 같이 요약된다.

## 연결

성공적인 학교를 이끄는 데 있어서 연결이 전부다. 학생들이 학교 및 학교의 목표와 연결되지 않는다면, 배움은 거의 일어나지 않을 것이다. 연결성은 교사들에게도 중요하다. 연결되지 않은 교사들은 학생들이 성공하기 위해 필요한 헌신과 노하우를 제공할 수 없을 것이다.

개인 맞춤화(personalization)는 학생들을 연결시키는 중요한 방법이다. 예를 들어, Sebring and Bryk(1996)는 학업적 압박과 결합된 개인 맞춤화가 학생 학습의 향상과 관련이 있다는 것을 발견했다. 그들은 "교사들이 학생들에 대해서 알고 있고 학생들이 결석한 것을 인지하고 있다고 학생들이 생각하는지에서부터 교사들이 학생들에게 신경을 쓰고 학생들의 관심사를 들어준다고 느끼는지에 대한 질문에 이르기까지 교사들과의 관계에 대해 특별 질문을 학생들에게 물음으로써 개인 맞춤화 정도를 측정했다. 다른 질문은 학생들이 학습에 어려움을 겪고 있는지를 인지했는지, 그리고 교사가 개인적 문제를 가진 학생들을 기꺼이 도우려고 했는지를 다루었다"(p. 7). 특히 관심을 끄는 것은 교사들이 학생들에 대해 알고 있고, 그들의 능력을 확신하고, 결석한 후에 학생들이 학업을 따라 잡을 수 있도록 도우며, 수업 시간에 "학생들을 비난하는" 것을 하지 않는지 등이었다. Sebring and Bryk는 학업적 압박이란 지적으로 도전적인 과제에 참여하고, 수업 준비가 된 채로 수업에 참여하고, 숙제를 모두 끝마치는 것 등을 학교가 학생에게 기대하는 것이라고 정의 내렸다(p. 9). 학생들은 교사들이 자신들이 잘하기를 기대하며, 필요할 때 추가적인 과제와 도움을 제공하고, 학생들이 잘할 때 칭찬을 해준다고 보고한다.

Green(2010)은 그의 연구에서 학생들이 학교교육과 그에 따르는 학습에 관심을 갖도록 하는 전제조건으로 13가지 특성이 학교에 존재해야 한다고 결론 내렸다. 13가지 특성은 다음 4가지 주제로 분류된다. (1) 학생/교사 관계: 학생들은 자신들과 교사들 사이에 긍정적인 관계가 존재한다고 느낀다, (2) 행정, 교수진 및 직원의 전문성: 교사들은 행정, 교수진, 직원들 사이에 전문성이 존재한다고 인식한다, (3) 학교와 교실 환경: 학생들은 소속감을 가지면서 학교 환경이 안전하고 교육적이라고 느낀다, (4) 자기 자신에 대한 학생들의 감정: 학생들은 가치가 있다고 느끼고 자긍심을 가지고 있다. 이러한 주제 및 이들을 분류시킨 특성을 이용하여 2가지 도구, 곧, **_학교 육성 목록—교사용(Nurturing School Inventory for Teachers)_과 _학교 육성 목록—학생용 (The Nurturing School Inventory for Students)_**이 고안되었다.

이러한 목록을 관리한 결과, 교사들과 학생들이 앞서 언급된 특성들의 학교생활에서의 중요성에 대한 인식 정도 및 그것들이 학교에 존재한다고 인식하는 정도를 학교 리더들이 결정하려고 할 때 그들에게 꽤 유용한 것으로 입증되었다.[4] 4가지 주제와 각 주제의 13가지 특성이 <표 5.2>에 나열되어 있다.

〈표 5.2〉 교육적 학교의 13가지 특성

| 주제 A-학생/교사 관계 | 주제 B-행정, 교수진, 직원의 전문성 |
|---|---|
| · 교사와 학생 간에 상호 신뢰와 긍정적인 상호 작용이 있다.<br>· 교사는 학생들에 대한 심층적인 지식을 가지고 있다.<br>· 교사들은 학생들을 배려하는 태도를 모범으로 삼는다. | · 개인 간의 돌봄 의식과 학생의 성공에 대한 집단적 책임감이 있다.<br>· 자기실현의 필요성이 존중된다.<br>· 교사들은 그들의 교과 주제에 대한 애정을 보여주고, 끊임없이 역량을 추구한다. |
| 주제 C-학교 및 교실 환경 | 주제 D-학생들의 스스로에 대한 감정 |
| · 공동체 협력 의식(학교에 존재하는 가족 의식)<br>· 모든 사람의 개인차를 소중히 여기고, 자아는 존중되고 육성된다.<br>· 폭넓은 범위에서 재능을 인정하고, 모든 개인의 권한 부여에 대한 요구를 인정한다.<br>· 학교는 공동체의 가치를 끌어들이고 학생 공동체를 참여시킨다. | · 학생들은 자긍심과 인정됨을 느낀다.<br>· 학생들은 자신들이 교육받을 때 안전하고 참여됨을 느낀다.<br>· 학생들은 자신 및 타인을 소중히 생각한다. |

출처: Educational Services Plus의 승인하에 사용

---

4) 이 부분의 출처는 Reginald Leon Green, _The Four Dimensions of Principal Leadership: A Framework for Leading 21st—Century Schools_(Allyn & Bacon, 2010), p. 137.

전국중등교장협의회(NASSP)의 보고서 『*서열 깨기 II: 고등학교 개혁 선도 전략 (Breaking Ranks II: Leading High School Reform)*』(2004년)에는 다음과 같은 내용을 포함한 개인 맞춤화와 그 쌍둥이로서 연결에 관한 여러 건의 권고안이 포함되어 있다.

- 익명성을 몰아내기 위한 방안으로 대형 고교 내 소규모 단위 만들기
- 교사가 한 학기 동안 90명 이하의 학생에 대한 책임을 지도록 함으로써 학생들의 요구에 더 많은 주의를 기울일 수 있도록 하기
- 학생의 학업적 및 사회적 요구가 충족되고 있는지, 학생들이 자신의 학습 계획 및 점검에 참여할 수 있도록 자주 검토되는 개인별 향상 계획(personal plan for progress)을 각 학생에게 제공하기
- 교육적 경험의 개인화를 돕기 위해 각 학교에 개인 성인 옹호자를 배정하기
- 교사가 배려의식을 나타내도록 하기
- 학생의 성공을 돕는 일정표 및 학생 집단 편성 유형을 개발하기
- 학생 가족을 파트너로 참여시키기

## 일관성

연결은 학생, 교사, 그리고 기타 사람들이 학교의 일에 의미 있게 참여하도록 학교 목적에 대한 공동의 헌신 속에 결합하는 것을 강조한다. 연결의 사촌인 일관성(coherence)은 교육과정, 수업 및 평가를 위한 공통의 틀에 의해 유도되고 지속되는 기간 동안 추구되는 일련의 상호 관련된 프로그램들을 함께 결합하는 것을 강조한다(Newmann, Smith, Allensworth, & Bryk, 2001).

교육적 일관성(instructional coherence)과 조직적 일관성(organizational coherence) 둘 다 중요하다. 교육적 일관성은 교수·학습의 다양한 요소들을 어떤 의미 있는 방식으로 결합하는 것과 관련이 있고, 조직적 일관성은 교수·학습을 지원하는 데 필요한 구조와 프로그램을 제공하는 것과 관련이 있다. Newmann, Smith, Allensworth, and Bryk(2001)는 교육적 일관성을 공통 프레임워크에 의해 유도되는 일련의 상호관련 프로그램으로 정의한다. 이 프레임워크는 교육과정, 교수, 평가 및 학습 풍토에 대한 핵심 믿음, 기대 및 주요 사례들을 포함한다. 다음은 Newmann 외

(2001: 303)가 교육적 일관성을 측정하기 위해 사용하는 조사 항목의 예들이다.

- 귀하는 이 학교에서 한 프로그램에서 다른 프로그램으로의 실질적인 연속성을 볼 수 있다.
- 일단 새로운 프로그램을 시작하면, 그 프로그램이 제대로 작동하는지 확인하기 위해 후속 조치가 이루어진다.
- 교육과정, 수업, 학습 자료가 학교의 서로 다른 학년 수준에 걸쳐 잘 조정되어 있다.
- 학교의 동일한 학년 수준의 교사들 간에 교육과정, 수업, 학습 자료의 일관성이 있다.
- 학교에서 도입된 대부분의 변화는 학습에 관한 학교의 목표를 향상시키는 데 도움이 된다.

교육적 일관성이 있을 때, 교사들은 그 틀을 실행하고, 그 틀을 지원하는 전문성 개발 주제를 결정하고, 그 틀에 부합하는 평가를 계획하며, 그 틀을 가르치는 수업을 준비하고 공유할 것을 서로서로 기대한다. 이렇게 강력하고 절제된 집중은 교육적 일관성에 중요한 기여를 한다. 교육직 일관성은 시간 경과에 따른 시험 점수 상승 및 기타 지표로 측정된 것처럼 학생의 성취와 관련이 있다.

교장의 리더십은 교육적 일관성을 강화하는 데 중요한 역할을 한다. Newmann과 그의 동료들은 그들의 연구에서 더 강력한 교육 프로그램의 일관성을 위한 리더십을 제공하는 사람이 교장이며, 리더십은 우선순위가 되는 학교 전체의 교육 프로그램 틀을 창출해야 한다고 지적한다(Newmann et al., 2001). 이 연구자들에 따르면, 학교개선 계획은 몇 가지 핵심 교육 목표에 초점을 맞추어야 하며, 그러한 목표는 전문성 계발 활동과 수업 자료의 확보를 포함하는 공통의 교육적인 틀에 의해 유도되어야 한다(Newmann et al., 2001).

교육적 일관성에 대한 질문은 여기서 끝나지 않는다. 우리는 이러한 일관성이 교장의 지도 능력과 교사들의 교수 능력에 미치는 영향에 대해 고민해야 한다. 리더십과 가르침은 모두 상당한 재량권을 요구한다. 큰 의미에서 재량권이 없는 경우 리더십이 있을 수 없다. 그리고 재량권이 없는 곳에서는 적절하게 대응하는 교수(responsive teaching)가 있을 수 없다.

그러나 우리는 어떤 편을 선택할 필요는 없다. 교육적 일관성과 다른 종류의 일관성 및 초비합리성을 추구하는 표준화 전략 사이에는 큰 차이가 있다. 관찰 대상 교사가 나타내 보여주어야 하는 교수 행동의 긴 목록에 의존하는 주에서 시행하는 교사평가시스템이 그 예이다. 대체로 교사들은 그들이 관찰될 때 필요한 행동을 기꺼이 시연한다. 하지만 평가자들이 없을 때 무슨 일이 일어나는가? 상상할 수 있듯이, 아무도 보고 있지 않을 때, 교사들은 자신들에게 의미가 있는 방식으로 늘 하던 대로 가르친다. 더 강력한 수업 프로그램의 일관성을 개발하기 위해서는 학교 내 교장 리더십이 필수적이라는 사실은 의문의 여지가 없다. 그러나 이러한 리더십이 교사들의 전문적 학습 공동체나 수업 프로그램, 그리고 공동 소유권 등 학습에 있어서 필수적인 지원책의 발전을 과도하게 억압하지 않도록 주의해야 한다(Newmann et al., 2001).

아마도 그 해답은 *통제(control)*에 의존하는 관료적 일관성의 버전과 *헌신(commitment)*에 의존하는 좀 더 전문적인 일관성의 버전 사이에서 적절한 균형을 찾는 일일 것이지만(Rowan, 1990), 이 균형은 마음 내키는 대로 카드 한 벌을 떼는 것과 같이 쉬운 일은 아니다. 학교의 일관성 전략은 명확한 정체성을 가져야 하고, 효과가 있으려면 힘있게 실행되어야 한다. 통제 전략은 학습의 정해진 과정(routines)이 계획적이고 체계적으로 주의를 받도록 하는 데 도움이 되며, 헌신 전략은 진정한(authentic) 학습의 내용과 프로세스가 숙달되도록 하는 데 도움을 준다.

요약하자면, 공동체는 유의미한 일관성의 의식이 없이는 존재할 수 없다. 개인의 재량권과 공동체의 일관성 사이에서 적절한 균형을 찾는 것이 성공적인 리더십을 위해 중요하다.

## 역량

성공적인 학교에서는 공동체와 역량이 함께 간다. 학습 공동체는 적응력을 유지하는 정도에 따라 상승하거나 하강하며, 적응력을 유지하는 데는 학습에 대한 지속적인 헌신이 필요하다. 예를 들어, 교사의 학습에 있어서 시간, 자원, 에너지를 투자하면 미래의 역량이 보장될 것이다. 학생 학습을 촉진하는 데 학교 차원의 변수가 중요하다는 것에는 의심의 여지가 없다. Marzano(2000)는 자신의 연구와 다른 이들의 연구 결과, 학생 성취에 기여하는 8가지의 학교 수준 요인을 확인했다. 이 8가지 요인은 [그림 5.1]에 나타나 있다.

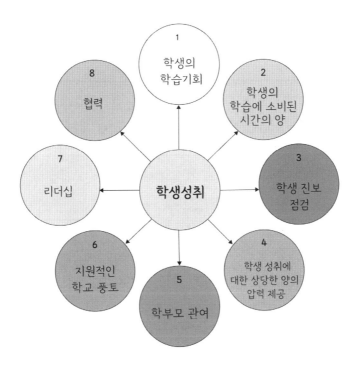

**[그림 5.1]** Marzano의 학생 성취에 기여하는 8가지 학교 수준 요인

출처: Marzano(2000)

[그림 5.1]에 열거된 각 요인들은 학생 성취에 영향을 미친다. 그러나 영향의 정도는 요인별로 차이가 있다. 가장 중요한 요인은 학생들이 배울 수 있는 기회이다. 그러므로 교장은 각 학생에게 학습 기회를 제공해 주는 조건들이 학교 내에 존재하도록 확실히 하는 것이 필수적이다. Marzano의 8가지 요인 중 두 번째는 학생들이 배우는 데 소비하는 시간의 양이다. 각각의 학생은 다르고 모든 학생은 같은 속도로 배우지 않는다. 결과적으로, 성공적인 학교들은 학생들의 학습 속도의 차이에 맞춘다. 점검되는 것은 배워지고, 따라서 세 번째 요인이 나타나는데, 즉 학생들의 진보를 점검하는 것이다. 학생들의 진보가 점검될 때, 숙달되지 않은 기술들은 교정될 수 있다. 학생들이 성취하도록 상당한 양의 압력을 제공하는 것도 또 다른 역량 요인이다. 모든 학생들에게 높은 기대치를 설정하는 것은 교수·학습 과정을 향상시키며 학생들이 그들의 잠재력을 최대한 발휘하도록 도전하게 만든다.

학부모 관여, 지원적인 학교 풍토, 리더십, 그리고 협력이 Marzano의 학생 성취에 기여하는 8가지 학교 요인 목록을 완성한다. 학교가 공동체가 되면 이런 4가지 요인들은 리더십이 공동체로 변모된 학교의 본질이기 때문에 확연히 드러나게 된다. 하지만 보이는 그대로가 다가 아닐지도 모른다. 리더십은 서로 다른 규칙에 의해 발휘된다. 예를 들어, 그것은 목숨이 여러 개이다. 그 중 하나는 학생 성취에 직접적으로 기여하는 요인으로서 독자적으로 혼자 서 있는 것이다. 그러나 다른 삶에서 리더십은 이런 변인들이 학생 성취에 영향을 미치는 데 도움이 되는 방법으로 학교 수준과 교사 수준의 변인을 자극하고 강화시키는 역할을 한다.

예를 들어, Marzano(2000)는 한 집단으로서 학교 수준의 변수가 학생 성취도에 영향을 미치는 분산의 약 7%를 차지한다는 점을 언급한다. 수업 전략, 교육과정 설계, 교실 관리 등 교사 수준의 변수가 분산의 약 13%를 차지한다. 가정 분위기가 학생 성취도에 가장 강력한 영향을 미치면서, 학생 수준의 변수, 즉 가정 분위기, 사전 지식, 동기, 적성, 흥미가 분산의 80%를 차지한다([그림 5.2] 참조).

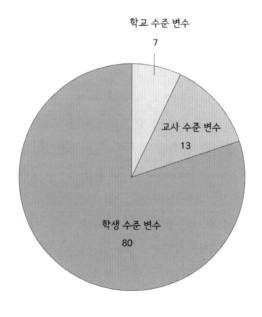

[그림 5.2] 학생 성취에 영향을 미치는 변수

학생 수준 변수와 비교하면 학교 수준 및 교사 수준 변수의 효과는 그다지 크지 않은 것처럼 보인다. 하지만 그것들은 정말로 중요하다. 예를 들어, Marzano는 "학교가 학생 성취도 차이의 10%만을 설명한다는 사실은 약 23점의 백분위 수 상승으로 환산되어 해석된다"고 지적한다. 이런 관점에서 보면, 학교는 확실히 학생 성취에 있어서 차이를 만들 수 있다"(장학 및 교육과정개발학회(Association for Supervision and Curriculum Development), 2003: 1). 교사, 학생, 학교 수준 변수의 간접적인 효과를 고려했을 때, 우리는 다른 측면을 보게 된다. 리더십은 학교가 성공하기 위해 필요하고, 교사가 효과적이기 위해 필요한 여건과 지원을 제공하는 강력한 힘으로 나타난다. 올바른 종류의 리더십이 있다면 학생 성취에 대한 교사 효과는 더 높아질 것으로 보인다.

요컨대, Marzano의 연구를 비롯한 다수의 연구들은 리더십이 실제에서는 비가시적이기 때문에 통계적으로 그 영향을 보여줄 가능성이 더 적다는 것을 강하게 암시한다. 그럼에도 학교 성공의 가장 중요한 선행조건은 리더십이며(Marzano, 2003), 이는 교장들에게 반가운 소식이다. 사실상 학교에서 학생들의 성취에 영향을 미치는 모든 변수는 교장이나 다른 사람의 리더십에 의해 영향을 받는다. 리더십이 질과 양 모든 측면에서 증가함에 따라, 학교 효과와 교사 효과는 학생들의 학습과 학교 성취에 긍정적인 방식으로 영향을 미칠 수 있게 된다. 교사의 모든 성공이 학생의 배움을 향상시키는 데 달려있다는 사실은 명백하다. 따라서 교사들의 역량의 **구축**(building)은 교장이 학생들의 학력을 향상시키는 데 있어서 가장 강력한 수단 중 하나가 된다. 학생들의 배움을 증가시키기 위한 수단으로서 학생들의 질 향상을 위해 고안된 어떠한 노력에도 리더십이 포함되어야 한다. Kent Peterson(2002)은 "학교가 효과적인 학습의 중심지가 되기 위해서는 강력한 교장들이 문화와 풍토를 조성하는 것이 매우 중요하다(p. 6)"고 결론짓는다.

## 헌신

헌신은 원인과 결과 둘 다에 해당한다. 도덕적 공동체에서는 구성원 사이에서 개발되는 유대감과 그들이 공유하는 결속력 때문에 헌신이 강력하다. 공유되는 목적 및 틀에 대한 구성원의 헌신이 크면 클수록, 구성원들은 그러한 것들을 실천을 통해 구현시켜야 한다는 것에 보다 큰 의무감을 느낀다. 그 결과는 더 많은 헌신이다. 이러한 헌신이 증가함에 따라, 학교 및 학교의 목적에의 연결은 계약적이기 보다는 규약적이게 된다. 본 장의 앞부분에서 지적했듯이, 규약(covenant)은 합의 이상의 것을 의미한다. 그것은 일종의 약속이다. 약속은 도덕 공동체에서 기능적으로 중요한 역할을 한다. 그것은 의무적인 것으로 간주되는 상호간에 의무가 있다고 여겨지는 행동과 헌신을 내포한다. 모든 기술적 세부 사항을 자세히 명시하는 법률 문서 및 기타 공식 협정과는 달리, 규약은 사람들의 마음속에 심어져 도덕적으로 묶어두고, 그들을 규약의 조건하에서 도덕적으로 의무를 지운다. 문화적 연결 관계와 규약 관계는 책임 공동체로서 기능하는 협력적 문화의 근간을 이룬다.

## 협력

성공적인 학교의 한 가지 특성은 협력적 문화를 중심으로 조직하고 그 문화를 효과적으로 활용하는 능력이다. 이러한 문화는 리더십과 배움을 함께 묶는 역동적인 학습 공동체에서 중추적인 역할을 한다. 이 2가지 요소의 결합은 학교의 일상적인 업무 뿐만 아니라, 변화를 주도하고 지속적인 개선을 위한 전략이기도 하다. 협력의 중요성에도 불구하고, 대부분의 학교에서 가르치는 것은 개별화된 실천으로 간주된다. 그래서 같은 학교에서 일하는 30명의 교사들은 30개의 개별적인 실천의 집합체라고 여겨진다. 이런 현실은 대부분의 다른 직업에서 발견되는 것과는 큰 대조를 이룬다. "어떤 조직의 역량은 특정한 개인을 추적해서 밝혀지는 경우가 거의 없기 때문에 우리는 이를 우려스럽게 받아들여야 한다. 조직 역량은 전형적으로 사람들의 네트워크 관계, 규범, 기억, 습관, 집단적 기술 등에 달려있다."(Wilkins, 1989: 41). 조직 역량은 모든 이들이 알고 사용하여 향상된 학습으로 이끄는 모든 것의 집합이다(Stewart, 1997). 이 역량은 우리가 알고 있는 것뿐만 아니라 '우리가 그것에 대해 얼마나 알고 있는지, 그것이 얼마나 넓게 분포되어 있는지, 그것의 원천이 얼마나 광범위한지, 그것을 얼마만큼 집단적으로 적용하는지, 그리고 그 중의 얼마만큼이 다른 구성원과의 협력에 의해 생성되는지'에 의해 측정된다.

역량은 대체로 각각의 구성원들 사이에 나누어져서 분포하고 있다. 이러한 분산의 결과는 각 개인이 알고 있는 것을 희석시키고, 학교가 가지고 있을지도 모르는 집단 지성을 간과하는 것이다. 학교에는 똑똑한 사람들이 많을 수도 있지만, 그들의 지식이 종합되지 않는 한 우리는 똑똑한 학교를 갖지 못할 것이다.

협력적 문화가 작동할 때, 학교의 모든 구성원은 자신의 책무를 규정하는 역할의 일부이고, 상호 간의 의무를 드러내는 호혜적인 역할 관계의 일부분이 된다. 호혜적 역할 관계는 학교에서 비공식적인 실천 공동체가 부풀어 오르고, 협력 문화가 흘러내리는 씨앗이 되는 역할 집합 내에 존재한다. 비공식적인 실천 공동체가 협력적 문화의 일부가 되었을 때, 개인의 자율성과 협력적 업무 사이에서 우리가 필요로 하는 균형을 찾게 된다.

실천 공동체는 교사들이 협력해야 할 필요를 느끼게 된 결과로서 끓어올라 생겨난다. 협력적 문화는 위로부터 리더에 의해 시작되고 지지를 받게 되는 좀 더 계획적인 것이다. 협력적 문화는 학교의 공식적인 규범 시스템의 일부로서 그리고 조직 구조의 일부로서 제도화된다는 점에서 실천 공동체와는 다르다. 공동체가 제대로 작동할 때, 구성원들이 공유하는 목적과 목표를 향해 함께 일하는데 헌신하는 사람들의 강력한 결속(bonds)을 형성하면서, 두 요소가 하나로 합쳐진다. 이 2가지가 함께 모일 때 도덕적 함축을 가진 진정한 공동체가 되어 가는 학교의 기초가 마련된다.

어떤 면에서, 실천 공동체는 개인의 필요와 의도에 기여한다. 이와는 대조적으로, 제도화된 협력적 문화는 구성원들의 사적인 힘을 기반으로 하고, 이 향상된 개인 역량을 학교의 목표 달성에 기여하는 통합적(aggregated) 조직 역량으로 전이시킨다. Richard Elmore(2002a)는 개인의 이익에 기여하고, 사적 재화라는 자체 용어로 그들의 역량을 키워주는 혜택에 대해서 언급한다. 이와는 대조적으로 학교 목적에 기여하는 통합적 조직 역량은 공공재(public good)이다. 이들은 학생 배움의 더 효과적인 경로를 개발하는 데 도움을 주는 역량과 헌신이라는 강력한 힘을 함께 창출한다. 위에서 논의된 그런 경로의 목록이 [그림 5.3]이 보여주고 있다.

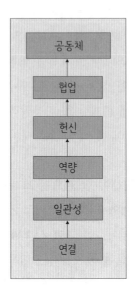

[그림 5.3] 학생 배움과 개발의 공동체가 성립되는 경로

# 학생 학습의 경로

전문가들은 학교 생활 세계에 학생 참여도가 높을 때 성적, 표준화 고사 점수, 학습 전시회(learning exhibition) 및 프로젝트 등과 같은 강력한 학습 지표로 측정되는 학생 성취가 향상된다는 데에 동의한다. 여기에서의 규칙은 올바른 교육적 환경 구성이 선행되어야 똑같이 높은 학생 참여를 유도할 수 있고, 높은 참여는 높은 수준의 학생 학습으로 이어진다는 것이다.

이때 교육적 환경의 선행조건은 무엇인가? 학교 및 교실의 어떤 측면들이 학생 참여를 촉진하는가? Fredricks, Blumenfeld, and Paris(2004)는 선행연구를 검토하면서 학생 참여의 선행 조건을 다음과 같은 2가지 주요 범주로 분류하였다.

1. *학교 수준의 선행조건*은 선택을 포함하며 그 이외에 다음의 것들을 포함한다. 곧, 명확하고 일관된 목표에의 초점. 학생들이 학교생활에 깊이 관여할 수 있는 작은 규모. 학교정책 및 경영에 있어 발전적이고 적절하게 참여할 수 있는 기회. 교사와 학생을 위한 기회 및 학생과 교사가 서로에게 협력할 수 있는 기회. 공동의 목표에 대한 공유된 책임과 헌신을 장려하는 구조와 배치. 구성원들끼리 서로 돌봐 줄 수 있는 기회. 학습의 결과와 산출물의 개발로 이어지는 진지한 학업 등이 포함된다. Lee and Smith(1993, 1995)는 국가 교육종단연구(National Educational Longitudinal Study) 데이터를 활용하여, "공동체적 조직의 요소가 더 많은 학교의 학생들이 시간이 지남에 따라 더 높은 참여와 더 커다란 성장을 보인다는 것을 발견했다."(Fredrick 외, 2004: 73).

2. *교실 수준의 선행조건*은 높은 수준의 학업적, 대인관계적 지원을 포함한다. 이러한 발견은 Sebring and Bryk(1996: 7-10)의 연구와 일치하는데, 그들은 "학업적 압력"과 "개인 맞춤화"가 함께 학생 배움의 향상과 관련이 있다는 것을 발견했다. 그 둘 중의 하나만으로는 그 일을 해낼 수 없다. 교실에서의 지적인 측면에서의 질에 대한 한 가지 보증은 "학습에 있어서 진지하고 깊이 있는 참여"라고 Newmann은 지적한다. Newmann은 아래와 같은 조건이 확실한 교실에서 참여가 더 높게 나타날 가능성이 있다고 지적한다. 그 조건은 (a) 실제적인 과업 부여, (b) 학생들이 자신의 구상, 수행, 평가 등에 대해 소유권을 부여받을 수 있는 기회의 제공, (c) 협력의 기회 제공, (d) 다양한 형태의 재능의 허용, (e) 흥미로운 학습기회 제공 등이다(Newmann, 1991; Newmann, Wehlage, & Lamborn, 1992).

참여 이탈, 연결 부족, 그 밖의 다른 소외감의 징후들은 우리가 원하는 형태의 학교 및 학생들이 높은 수준에 도달하기 위해 필요한 학습 환경을 만드는 데에 방해가 된다. 그것이 문제다. 그러나 연구 및 학교에서의 정보에 입각한 실천은 이러한 문제들이 극복될 수 있다는 것을 암시한다. 여기에서 논의된 높은 수준의 학생 참여에 대한 선행조건 중 하나는 공동체의 존재에 의해 장려된다. **공동체가 성장함에 따라, 선행조건은 발전하며, 선행조건이 발전함에 따라 공동체가 성장한다.** 이처럼 학교 개혁에 대해 진지하게 고민해본 사람에게 중요한 규칙은 학교 교육의 은유로서 공동체의 개념을 받아들여야 한다는 것이다.

# [5장 마무리 활동]

## 자신에 대한 이해

<<**안내사항**>> 이 장에서 논의된 내용에 대한 이해도를 높이고, 당신의 생각, 가치, 신념이 그 내용과 얼마나 관련되어 있는지에 대한 성찰을 위해, 다음 각각의 질문 혹은 진술문을 읽고 응답해 보세요. 응답을 모색하는 과정에서, 이 장에서 논의된 내용을 리뷰하는 것이 도움을 줄 수 있을 것입니다.

1. Andrew Hargreaves(1989)의 저작에서 '고안된 동료관계(contrived collegiality)'라는 표현을 확인하세요. 여러분의 학교 내 동료관계는 얼마나 인위적입니까? '항상, 대체로, 가끔, 전혀 그렇지 않다' 가운데 어느 것이라 말할 수 있습니까? 예를 들어 보세오.

2. 게마인샤프트(gemeinschaft) 논의에서는 학교가 공동체가 되기 위해 노력하는 데 있어서, "교직원의 연결성, 근린관계, 동료관계를 높이기 위해 무엇을 할 수 있는가?" 등 몇 가지 의문점을 해소할 필요가 있다는 점에 주목했다. 스스로 혹은 한두 명의 동료들과 함께 이 질문에 답해보고 여러분의 생각을 여러분의 학급이나 학교에서 다른 사람들과 공유하세요.

3. 실천 공동체가 부흥이 일며 협력적 문화가 하향 침투하는 시점에 학습 공동체가 출현한다. 학습 공동체는 사람들의 학습을 극대화하는 데 효과적이다. 학습 공동체를 통해 성공과 실패에서 모두 배울 수 있으며 지속적인 학습뿐만 아니라, 특히 그들이 알고 있는 것을 가장 필요한 곳에 확산시키는 데 효과적이다. 학습 공동체는 교실에서 가장 가까운 구성원들의 기예적 지식과 지혜에 대한 믿음을 가지고 있다. 학습 공동체는 배운 것과 할 수 있는 것을 확장하는 방법으로서 새로운 학습 기회를 끊임없이 찾고 있다. 또한, 협력을 믿으며, 배움을 전문적 책무로 본다. 여러분들의 학교는 이러한 특징에 어떻게 부합합니까? 필히 예시를 제시하고, 동료와 당신의 인식을 공유하세요.

# 시나리오 분석

<<**안내사항**>> 이 시나리오에서는 본 장에서 다루어진 개념들이 실제에서 어떻게 적용되고 있는지를 보여줍니다. 시나리오 뒤에 일련의 질문들이 제시됩니다. 시나리오를 읽고 난 후 각 질문에 답하세요. 질문들에 답하는 데 어려움을 느낀다면, 이 장의 주요 내용을 다시 읽어봄으로써 도움을 받을 수 있을 것입니다.

## HEARTLAND 초등학교에서 일어난 변화

### 조직 생활의 복잡성 이해

Heartland 초등학교는 1993년에 개교하였다. 교육위원회가 이 새로운 학교를 짓기로 결정했을 때, 그들은 부촌이라고 여겨지는 한 주거지역을 선정했다. 그 학교는 큰 길에서 잘 보이지 않았으며, 인근에 숲이 우거진 지역의 중심에 아늑하게 자리 잡고 있었다. 길가에 개목나무가 늘어선 구불구불한 차도 끝에 위치해 있기에 학교를 찾는 것은 모험 같았다.

학교 교직원들은 공통의 비전을 공유하고 모든 학생들의 요구를 충족시키기 위해 협력하며 함께 일했다. 그들은 공동체 구성원들이 자기 자신들과 학교에 대해 가지고 있는 가치에 대한 이해를 발전시키기 위해 노력했다. 학부모 만족 및 주와 지역 기준에의 충실을 보장하기 위해, 교장은 모든 사람이 따라야 할 공식화된 구조를 설정했고, 장학은 일반적인 관행이었다.

부모들은 자녀를 그 학교에 입학시키기 위해 많은 노력을 했고, 그들의 아이디어가 수용되고 실행되도록 하기 위해서 종종 학교를 방문했다. 교장과 교직원들은 자신들의 능력과 에너지를 학교와 학생들에게 투자했다. 그들은 특별한 행사를 개최했고, 학업적으로 성과를 거둔 학생들에게 값비싼 보상을 해주었다. 상을 받는 학생들의 선생님들 역시 상을 받았다. 교장과 교직원은 모두 학교 이름으로 이룬 성과에 대해 그들에게 주어지는 칭송을 즐겼다. 사실 종종 그들은 Heartland 초등학교에서 근무한다는 자부심을 지역 곳곳을 다니며 표현하기도 했다. 교장이 Heartland 초등학교에서 '나의 학교', '나의 성취'와 같은 표현을 하는 것은 드문 일이 아니었다.

**지역사회의 인구통계학적 변화.** 2007년에 동네가 바뀌기 시작해 학부모의 가치와 태도, 학생들의 학업능력 수준 등에서 눈에 띄는 차이가 나타나기 시작했다. "판매 중"이라는 표지판은 흔한 광경이 되었고, 많은 집들이 압류상태로 넘어가게 되었다. 한때 자녀들이 모두 Heartland에 다닌다고 자부심을 느꼈던 부모들은 자녀들을 자퇴시키면서 다른 교육적 대안을 모색했다. 새로운 가구들이 그 동네에 전입해 오기 시작했지만, 어떤 가족들은 오랫동안 그들의 아이들을 그 학교에 등록시키지 않았다. 이후 몇 년 동안 전학 비율은 매우 높았다. 그들은 서로 다른 생각과 가치관을 갖고 있었기 때문에 지역사회 구성원들 사이에는 아무런 연결이 없었다.

교사들은 상황이 예전 같지 않다고 불평하기 시작했다. 그들은 교사 휴게실에서 대화를 나누며 이 "새로운 아이들 집단"을 어떻게 다루어야 할지 알지 못한다는 것을 나타내는 표현을 했다. 13년 넘게 근무해온 교장 또한 공개적으로 교사들의 말에 동의했다. 종종 복도에서 학교가 어떻게 변했는지에 대해 그녀가 괴로움을 표현하는 소리가 들렸다. 얼마 지나지 않아 교수진과 행정직원들이 학교에 대한 관심을 잃게 되었고, 학교에 다니는 아이들도 관심을 잃었다. 양질의 수업 준비 및 전달은 감소했다. 교직원 회의는 불평의 장이 되었고, 교장은 그녀가 이전에 했던 것보다 훨씬 더 자주 아이들을 정학시키기 시작했다. 이런 추세가 지속되면서 학생들은 일일 단위 수업이나 표준화된 시험에 대한 준비가 제대로 되어 있지 못했다. 학생 비행이 증가했고, 결석률은 사상 최고를 기록했다. 학부모들의 참여가 엄청나게 줄었고, 많은 교직원들이 다른 학교로 이직했다. 성취도 점수가 3년 동안 꾸준히 하락하자 교장은 사임했다.

**Lopez 교장의 임명.** Jean Lopez 교장은 Heartland 초등학교의 새 교장으로 임명되었다. 그녀는 학교의 활성화를 위해 이해관계자들과 협력해야 하는 도전을 고대했다. 그녀는 빈곤 지역에 위치한 학교에 다니는 다양한 문화권 배경의 학생들과 함께 일해본 전문적인 경험이 있다.

Lopez 교장은 학교는 학생들의 삶의 질을 향상시켜야 하는 도덕적 책임이 있다고 강하게 느꼈다. 이 책임은 학생들에게만 적용되는 것이 아니라, 학생들의 가족에게도 확대되어 적용되었다. Lopez 교장은 교직원들을 대상으로 한 첫 공식 연설에서 관계의 중요성을 강조하면서 오늘날의 사회에서 아이들은 많은 도전에 직면해 있다고 설명했다. 이러한 도전에는 경제적 불균형을 포함하여 신체적, 정서적 학대에 이르기까지 매우 다양했다. 그녀는 이 곤경과 함께 절망과 무력감이 함께 온다고 설명했다. 이 범주에 속하는 아이들의 부모들은 종종 자식들의 삶의 질을 향상시키는 데 있어서 무력감을 느낀다고 그녀는 계속해서 설명했다. 그러므로 교직원들이 학교와 주변 지역 사회에 희망과 변화의 촉매 역할을 하는 것이 시급하다.

교장직을 맡은 직후, Lopez 교장은 교직원의 전근으로 인해 발생한 자리를 채우기 위해 교직원을 모집하기 시작했다. 그녀는 아이디어와 가치관 공유에의 관심 및 학교 건물 안팎의 사람들과 견고한 대인관계를 구축하고자 하는 의지를 표명한 개인들을 선발했다. 집중적인 채용 과정을 통해, 그녀는 서로 연계되고 공유된 공통의 약속, 아이디어, 가치관을 공유하는 교수진 구성원의 팀을 구성할 수 있었다.

그녀는 교장으로 부임한 첫 주 동안의 전반적인 관찰 내용을 목록으로 만들었다. 그 목록에는 그 학교의 환경적 쇠퇴를 초래한 많은 쟁점들이 포함되어 있었다. 각 학년은 사본으로 된 그 목록을 받았고, 학생 및 학교와 관련된 가족들에 대해서 학교의 책임이 무엇이어야만 하는지를 말해 줄 수 있는 하나의 핵심 사명서(key statement)를 개발하는 책임이 주어졌다.

일단 그 팀들이 사명서를 개발하자, 그들은 "도덕적인 학교 공동체"를 위한 필수 사항(규범)들의 목록을 만들었다. 다음은 행정가, 교수진, 직원 및 리더십 팀 등에 의해 승인된 목록이다.

교수진들은 학교 공동체 안에서 다음과 같이 일해야 한다.

1. 모든 학생들의 공통의 이익에 기여할 수 있도록 공유된 도덕적 가치로 구성된 사명 선언문을 개발시켜야 한다. 이러한 가치들이 모든 학생들에게 강조되고, 모든 학생 속에 자긍심을 증진시켜야 한다.
2. 모든 학생들에게 양질의 교육을 제공해야 한다.

3. 학생들이 견문을 넓힐 수 있는 추가 기회(예: 박물관 방문)를 제공해야 한다.

4. 이해관계자들의 의사결정을 도울 수 있는 기회를 제공해야 한다.

5. 학생들에게 자신들의 노력을 성취하고 성공할 수 있다는 것을 상기시켜야 한다.

6. 돌봄이 명확한 증거를 부여줄 수 있는 행동 유형을 모델링해야 한다.

7. 문제 및 갈등 해결을 촉진시키는 발전하는 기술로 학생들을 지원해야 한다.

8. 다양성을 촉진해야 한다.

9. 자녀에게 양질의 삶을 제공하기 위해서 교사들이 부모와 함께 일하고 싶다는 것을 부모에게 확신시켜야 한다.

10. 각 아이들이 서로 연결되어 있으며, 학교 공동체의 중요한 부분임을 느낄 수 있도록 노력해야 한다.


이러한 원칙을 4개월 동안 적용한 후, 학교에서 긍정적인 변화가 일어났다. 이해관계자들은 Lopez 교장이 학교 경영 방향을 결정하는 데 있어서 그들이 참여할 수 있도록 허용하는 방식을 존중했다. 학생들의 행동이 개선되기 시작했고, 소수의 학부모 집단이 사친회(PTA) 조직을 만들었다. 학교 공동체는 다시 한번 Heartland 초등학교 학생들에 대한 책임을 충족하기 위한 노력 속에서 필요한 프로그램과 자원을 제공하기 위해 노력하는 방향으로 움직이고 있었다.

## 성찰적 질문과 시나리오 분석

1. 본 시나리오에서 Heartland 초등학교 원래 교장의 관행을 알 수 있는 세 구절을 확인해보세요.

2. Heartland가 공동체가 될 수 있게 기여한 원래 교장의 리더십하에 발생한 5가지 사건을 열거하세요.

3. 지역사회가 바뀌었을 때 다음, 곧 연결, 일관성, 역량, 헌신, 협업 중 잃게 된 것은 무엇인가요? 시나리오의 문구를 근거로 하여 답해 보세요.

4. 만약 당신이 Heartland 초등학교의 원래 교장이었다면, 당신은 학교의 외부 공동체에 일어난 변화를 어떻게 다루겠습니까?

5. 사회적 규약에서 사회적 계약으로의 전환을 나타내는 시나리오에서의 구절을 찾아보세요.

6. Heartland 초등학교를 지역사회에 되돌려 주기 위해 Lopez 교장이 취한 5가지 행동을 나열하세요.

7. 두 교장 중 도덕 공동체를 발전시킨 사람은 누구인가? 당신이 선택하지 않은 교장은 어째서 도덕 공동체를 발전시키지 못했는지를 설명함으로써 당신의 응답이 타당함을 보여주세요.

8. 게마인샤프트(gemeinschaft)의 존재의 의미를 상징하는 구절을 시나리오에서 찾아 보세요.

9. 공동체 발전에 있어서 관계의 중요성을 입증하는 어떤 증거를 제시할 수 있습니까?

10. 시나리오에서 학교가 공동체가 되는 것의 중요성을 입증하는 어떤 증거를 제시할 수 있습니까?

# 03

# 리더십
# 제공하기

학교는 다양한 면이 있는 복잡한 조직이다. 학교의 복잡성에 영향을 미치는 요인으로 학교 조직의 구조와 문화, 풍토, 개인과 집단 간의 상호작용 등이 언급되고 있다. 학교의 복잡성으로 인하여 독립적으로 행동하는 한 개인이 학교를 효과적으로 변모시키는데 필요한 리더십을 발휘하기가 쉽지 않다. "위대한 리더는 모든 차원에서 요구되는 리더십을 갖춘 신화적 복합체(mythological composite)가 아니다. 대신, 이들은 자신감을 가지되 자만심 없이 자신의 결점을 인정하고, 조직에 강점을 보태줄 수 있는 탁월한 리더를 지명하여 리더십 책임을 분산시키는 특징을 보인다"(Reeves, 2007).

비전과 사명, 목표 달성에 이르도록 하는 방식으로 리더십을 분산하기 위해 교장들은 조직의 문화와 조직에서 일하는 구성원, 또한 조직이 서비스를 제공하는 대상에 대한 깊은 이해력을 발전시켜야 한다. 그래야 교장들은 이러한 이해가 전제되었을 때, 교장은 효과적인 교수·학습을 위해 조직의 틀을 구성하는데 필요한 지식을 활용할 수 있다(Green, 2010).

6장에서는 교장이 학교에서 진행되는 일에 긍정적인 영향을 줄 수 있는 기회를 만드는 데 도움이 되는 리더십에 대해 언급하고자 한다.

7장에서는 리더십의 네 단계에 대해 논의하고, 3가지 원형의 리더십을 검토하고자 한다. 리더십의 네 단계에 대한 이해를 발전시킴으로써 독자들은 효과적으로 학교를 발전시키는 데 있어 각 단계가 어떠한 상황에 맞는지를 판단하게 될 것이다. 또한, 독자들은 팔로워의 특정 행동에 영향을 미치는 리더십 유형에 관한 이해를 할 수 있다. 리더의 행동이 팔로워의 행동에 영향을 미치고, 팔로워의 행동이 리더의 행동에 영향을 미친다는 것을 깨달음으로써, 서로 다른 유형의 리더십이 중요하다는 것을 이해하게 된다. 결과적으로, 팔로워들을 발전시키기 위한 효과적인 리더십은 매우 중요하다. 팔로워가 없다면 리더십을 발휘할 수 없기 때문이다.

8장에서는 전문적 학습 공동체에서 활동하는 교장과 교사의 행동을 다룬다. 이 장에는 21세기 학교를 효율적이고 효과적으로 발전시키기 위해서는 학교를 전문적 학습 공동체로 만드는 것이 중요함을 암시하는 정보가 있다. 전문적 학습 공동체를 구축함으로써 나타나는 가장 중요한 이점은 분산적 리더십을 지지하게 하는 문화와 풍토가 나타난다는 것이다. 또한, 개인의 기술과 자질을 확인할 수 있기 때문에, 직무를 수행하는 개인의 능력에 기초하여 직무를 분배할 수 있다. 직무 수행에 필요한 기술과 자질이 없는 사람들에게 직무를 분배하는 것은 생산적이지 않기에 이는 매우 중요하다.

3부의 6장, 7장, 8장을 다 읽은 뒤, 독자들은 복잡한 조직으로서의 학교와 21세기 학교에 가장 효과적으로 적용될 수 있는 리더십의 유형을 이해하고, 교장이 전문적 학습 공동체를 구축하고 이끌기 위해 활용할 수 있는 과정과 절차가 무엇인지를 알 수 있다. 조직의 복잡성을 이해하는 것은 21세기 교장에게 요구되는 도덕적 명령(도덕적 차원의 요구사항)이다.

# 리더십의 힘과 학교의 문화

교장은 정말 중요하다. 사실 학교의 그 어떤 직위도 양질의 학교를 유지하고 개선할 수 있도록 하는 데 있어 교장보다 큰 잠재력을 가지고 있지는 않다. 이러한 주장은 성공한 학교에 관한 비공식적인 관찰을 통해 얻은 다수의 연구결과로 뒷받침된다. 특히, 잘 운영되고 있는 학교와 학업성취도가 높은 학교에서 교장의 공이 매우 크다는 것은 여러 연구결과에서 밝혀진 바 있다(Leithwood, Wahlstrom, & Anderson, 2010; Marzano, 2000; Marzano, Waters, & McNulty, 2005). 이는 최근에만 해당되는 것이 아니다. 지난 수십 년 동안 그래왔다. 예를 들어, 1972년 한 미국 정부 연구는 다음의 결론을 도출해냈다(U.S. Senate, 1972).

> 여러 가지 면에서 교장은 학교에서 가장 중요하고 영향력 있는 사람이다. … 학교의 분위기와 학습 환경, 전문성의 수준과 교사의 사기, 학생의 성취 여부에 관한 관심의 정도를 결정하는 것은 교장의 리더십이다 … 학교가 활기차고 혁신적이며 학생 중심적인 곳이라면, 가르치는 데 있어 탁월하다는 평을 듣고 있다면, 학생들이 자신의 능력을 최대한 발휘한다면, 이는 교장의 리더십이 잘 발휘되었기 때문이다. (p. 305)

그러나 교장의 존재만으로 교장의 리더십이 자동적으로 발휘되는 것은 아니다. 상황에 따라서는 교장이 원하는 리더가 되지 못하는 경우도 있기 때문이다. 예를 들어 한 교장은 상황에 따른 제한을 다음과 같이 말하였다.

> 나는 매년 교장 회의에 참석한다. 이 회의에서는 항상 교장들에게 관리자가 아니라 교육적인 리더가 되어야 한다고 강조한다. 물론 그러한 제안은 좋지만, 현재의 체제는 교장이 교육적인 리더가 되도록 허용하지 않는다. 교육청, 교원단체, 이사회, 학부모, 특수 이익 단체 등에 속해 있는 모든 사람은 이런저런 방식으로 학교를 운영할 수 있는 권한을 원한다. 그리하여 교장이 결정할 일은 그리 많지 않으며, 교장이 조정하거나 변화시킬 수 있는 것은 많지 않다. 권한은 교장에게만 있는 것이 아니라, 다른 이들에게도 산재해 있지만, 그들은 책임을 수반하지 않는다. (Boyer, 1983, p. 219)

그럼에도 2장에서 논의한 바와 같이, 많은 교장들은 이러한 문제와 도전들을 극복할 수 있다. 오늘날 학교에 리더십을 제공하는 데 있어서 키 포인트는 교장이 자기 자신과 타인 및 조직 생활의 복잡성을 이해하고, 타인과 관계를 통해 가교를 구축하고, 리더십 모범 사례의 활용에 적극적으로 관여하는 것이다(Green, 2010). 리더십의 이러한 차원들은 학교에서 교수·학습에 영향을 주고, 교장의 주된 관심사임에 틀림없다 (Blumberg & Greenfield, 1980; Bryk, 2010; Goleman, 2000; Green, 2010; Habegger, 2008; Protheroe, 2011; Spillane, 2009).

Blumberg & Greenfield(1980)는 일련의 연구를 수행하며 "교장은 **목표 지향적**이며 **목표의 명확성**에 대한 예리한 감각을 가진 것처럼 보인다"고 언급한 바 있다(p. 246). 이들에 따르면, 성공한 교장은 기회를 창출할 수 있는 상황에 주의를 기울여 기회를 창출하거나, 능력을 발휘하고 기회를 창출하여 학교에서 벌어지는 일에 영향을 줄 수 있는 리더십을 발휘한다. 성공한 교장은 장기적인 운영 목표를 크게 강조함과 동시에 매일의 행동도 강조한다. 교장들은 이해하고 판단할 수 있는 감각을 지니고 있으며, 개인으로서도, 직장에서의 교장으로서도 평안함을 느낀다. 그리고 실패를 하더라도, 이를 개인의 실패가 아닌 한 아이디어의 실패로 받아들인다.

뿐만 아니라, 학교를 성공적으로 이끄는 교장은 **느슨하게 구조화된**(loosely structured) 학교 조직 환경에서 모호한 면을 잘 견뎌내며 일할 수 있다. 교장은 자신이 마주하는 경계의 한계를 시험하고, 자신이 할 수 있는 것과 할 수 없는 것을 섣불리 가정하지 않는다. 이들은 학교구와 학교 공동체에 존재하는 권력의 역동성에 민감하게 반응하며, 권력을 활용할 수 있는 연합을 구축하기도 한다. 또한, 분석적으로 문제에 접근하여, 당면한 문제에서 스스로 벗어나고자 한다.

"핵심 사항"을 정리하자면, 대부분 성공한 교장들은 효과적인 학교를 만들기 위해 문화를 바로잡고 관계를 발전시키는 것(부모, 교사, 학생이 의미를 정의하고 경험하는 방법에 주의를 기울임)이 효과적인 학교를 창출하는 가장 폭넓게 용인되고 있는 2가지 규칙이라는 데에 동의할 것이다. 물론 교장들은 기준들과 교육과정, 교사개발, 시험, 자원, 학생들의 학습 연결, 과업이 잘 끝날 수 있도록 하는 데 도움이 되는 적절한 관리와 설계에 관해서도 계속 관심을 쏟아야 한다. 그러나 올바른 문화가 마련되지 않고, 부모와 교사 그리고 학생이 의미 있는 방식으로 학교와 상호작용하지 않으면, 이러한 관심은 별로 중요하지 않게 된다. 이 장에서는 이러한 설명에 초점을 맞추고 양질의 교육을 개선하고 유지하기 위해 활용할 수 있는 영향력으로서 교장의 리더십을 검토하고자 한다. 그리고 교장이 이러한 리더십을 발휘할 수 있는 방법을 제시하고자 한다.

## 리더십의 힘

리더십은 일련의 힘들(forces)을 포함하는 은유적인 의미로 볼 수 있다. 아래에 설명된 각각의 "힘"은 학교를 앞으로 나아가도록 하거나 학교가 뒤로 밀리는 것을 막기 위해 교장에 의해서 발휘된다. 서로 다른 힘들은 학교 효과성에 서로 다른 결과를 가져온다(Bryk, 2010; Goleman, 2000; Green, 2010; Sergiovanni, 1984). 기술적, 인간적, 교육적, 상징적, 문화적 "리더십의 힘"은 다음 절에서 논의된다. 이 5가지는 모두 중요하다. 기술적, 인간적, 교육적 힘은 학교가 제대로 운영되도록 보장되어야 하는 기본적인 것이며, 상징적, 문화적 힘은 학교 내 교사들의 헌신을 높이고 성과 수준을 제고시키는 것이다. [참고 6.1]은 5가지 힘에 대한 설명이다.

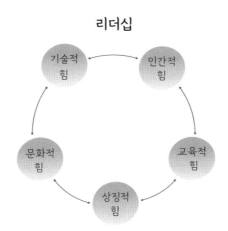

리더십

## 리더십의 5가지 힘

**기술적 힘**. 교장들이 발휘하는 첫 번째 힘은 건전한 관리 기법의 사용을 통해 얻어지는 리더십의 힘이다. 이는 리더십의 기술적 측면과 관련된다. 기술적 힘은 교장이 기획 및 시간 관리, 상황적합적 리더십 이론 및 조직 구조와 같은 개념을 강조하는 "경영 엔지니어"의 역할을 맡는 것으로 생각될 수 있다. 경영 엔지니어로서의 교장은 학교에 기획과 조직, 조정 및 일정 관리를 제공하고, 최적의 효과를 보장하기 위해 전략과 상황을 조작하는 데 능숙하다. 기술적 힘은 학교가 적절히 운영될 수 있도록 하기 때문에 매우 중요하다.

적절한 관리는 모든 조직이 매일 제대로 기능하기 위해 기본적으로 요구되는 사항이다. 학교위원회와 학교 이해당사자는 비효율적이고 관리가 어려운 학교를 좋아하지 않는다. 연구결과에 따르면, 제대로 관리되지 않는 조직은 근로자에게 좋지 않은 영향을 줄 수 있다는 것이 명백하다. 예를 들어, Hackman(1969: 158)은 "형편없는 직장"은 근로자들에게 좌절과 공격성, 불안, 부적응 등과 같은 부정적인 감정을 낳게 한다고 하였다. 직장은 사람들에게 안전을 제공하고 업무 활동에 온전히 집중할 수 있게 하기 위한 질서를 구축할 필요가 있다. 리더십의 기술적 힘은 바로 이 중요한 요구를 충족시킨다.

**인간적 힘.** 교장들이 발휘할 수 있는 두 번째 힘은 학교의 인간자원(사회적·대인 관계적 잠재력)을 활용하여 얻어지는 힘이다. "관계에서 가교를 구축(Green, 2010)"하는 것으로 여겨지는 이 힘은 리더십의 인간적 측면에 관한 것이다. 이 힘은 인간관계, 대인관계 능력, 동기부여 기술을 강조하는 "인간 엔지니어"의 역할을 가정하는 것으로 여겨진다. 인간 엔지니어로서, 교장은 교사들과 다른 사람들에게 지원, 격려, 그리고 성장 기회를 제공한다.

학교 공동체 내에는 다양한 종류의 관계가 있다. 예를 들어, 교장과 교사, 교사와 교사, 교사와 학생, 학교와 지역사회 사이의 관계이다. 이러한 관계는 전문적, 사회적, 경영적, 개인적일 수 있으며, 학교 내부 또는 외부 환경에서 존재할 수 있다. 관계 유형이나 관계가 존재하는 장소와 상관없이 학교 리더는 목표를 달성하기 위해 이들 간의 가교를 만들어야 한다. 학교의 리더십과 교직원, 학교와 공동체, 교무실과 행정실, 정치적 구성원들 간에는 가교가 필요하다(Green, 2010).

이러한 리더십의 존재 없이 학교가 제대로 기능하는 것을 상상하기는 어렵다. 학교는 인간 중심적이며 학생과 교사간 대인관계는 매우 중요하기에, 이를 무시할 경우, 문제가 뒤따르게 될 것이기 때문이다. 학생을 대상으로 하는 높은 학습 동기부여와 교사를 대상으로 하는 높은 교수 동기부여는 양질의 교육을 위한 전제조건이기에, 교장은 이를 효과적으로 다루어야 한다. 이 힘은 너무 근본적이어서 인간자원의 개발은 본문의 각 장에서 기본이 되는 주제로 나타난다.

**교육적 힘.** 교장들이 발휘할 수 있는 세 번째 힘은 교육과 학교 문제에 대한 전문적인 지식에서 파생된 힘이다. 이 힘은 리더십의 교육적 측면과 관련이 있다. 한때, 교육적 측면은 교육행정과 장학에서 중요했다. 교장은 교육 리더로 간주되었으며, 교육에 중점을 둔 대학 교육 프로그램들이 존재했다. 1950년대 후반과 1960년대의 교육행정 및 장학에서의 관리 및 사회 과학 이론의 발전은 리더십의 기술적 측면과 인간적 측면을 중심으로 다루어졌다. 반면, 교육적 측면은 종종 무시당해왔다. 그 결과 교장은 자주 교육과 분리된 학교 관리 직책으로 간주되었으며, 이 기간 동안 "책임 교사(principal teacher)"라는 교장의 본래 의미는 상실되었다. John Goodlad(1978)는 기술적 측면과 인간적 측면의 리더십에서 교육적 측면의 리더십으로 변화되어야 한다고 계속해서 강조해왔다. John Goodlad(1978)는 다음과 같이 말한다.

생존과 편리함을 이유로 기술과 인간적 문제를 중심에 두는 것은 교육과 자신의 경력에 부정적인 영향을 줄 것이다. *우리가 책임져야 할 과업은 학생들과 관계된 건전하고 종합적인 교육 프로그램을 유지하고 이를 정당화하며, 명확히 하는 것이다.* (p. 326)

Goodlad는 더 나아가 "이제 다시 올바른 것들을 중심에 두어야 할 때이다. 이는 학교 내외의 포괄적이고 질 좋은 교육 프로그램을 갖추도록 하는 것과 관련이 있다"고 하였다(p. 331).

교육과 학교 교육의 문제들이 다시 한번 최전선에 서 있다. "Engaging in Leadership Best Practices"(Green, 2010)라는 제목으로 교육적 힘이 다시 강조되고 있는 것은 최근 학교 효과성과 교수 효과성 연구 및 기타 연구 보고서로 인한 행복한 결과이다(Bryk, 2010; Good & Brophy, 2003; Green, 2010, 2013; Harvey & Holland, 2012; Marzano, 2003; Marzano, Pickering, & Pollock, 2001; Newmann & Associates, 1996). 리더십의 모범 실천 사례는 연구를 기반으로 제시되며, 다양한 환경에서 특정 결과를 생성하는 것으로 입증된 프로그램, 활동 또는 행동으로 구성된다. 이러한 데이터는 종단 데이터이기에, 설계된 대로 구현될 경우 결과가 일관되게 나타난다(Green, 2010). Green(2010)에 따르면, 가장 영향이 크게 나타나는 실천 방법은 다음과 같다.

1. 공동의 비전을 중심으로 통일된 목적을 개발하고,
2. 협력을 통해 이해 관계자를 공유 의사 결정에 참여시키며
3. 전문성 개발을 통해 수업 리더들을 발전시키고
4. 자료를 활용하여 교육과정과 교육적 결정을 알리고
5. 교사와 학생의 요구를 평가하며,
6. 전문적 학습 공동체의 개발을 촉진하는 것이다(Green, 2010).

전국중등학교교장협회(National School of Secondary School Principal: NASSP) 의 *Breaking Ranks II: Leading High School Reform*(2004), Darling-Hammond (1997), Resnick(2001/2002) 등의 교육 현황 및 미래에 대한 국가 정책 연구와 Wallace Foundation(2012)은 리더십의 교육적 측면에 대한 강조를 새롭게 부각하는

데에 큰 기여를 했다. Boyer(1983)의 시초적 저서에서 언급된 교장들의 준비에 관한 다음과 같은 진술은 현재의 생각을 대변한다.

새로운 방식의 준비와 선발 프로그램이 필요하다. 교실 경험 없이 교장은 리더십을 발휘할 수 없다. 교장들의 준비패턴은 특히 교사의 준비태세를 따르는 것이 좋다. 교실의 실제에 대한 철저한 토대가 마련되지 않는다면, 교장들은 계속해서 교육적 리더로서 역할을 하는 데 불편함을 느낄 것이다. 또한, 교장은 교사들과의 교육 문제를 나눌 때, 신뢰가 부족하게 될 것이다. (p. 223)

전국학교리더자격인가컨소시엄(주교육부장관협의회, 1996)은 "효과적인 학교 리더들은 교수·학습, 학교개선이라는 중심 문제에 자신의 과업을 부과하는 강력한 교육자"라고 말했다(p. 5). 이들은 교장 자격증의 기준을 개발하기 위한 7가지 원칙을 언급했다. 그 중 첫 번째 원칙은 다음과 같다. "학생의 학습을 중심적으로 반영해야 한다"(p. 7). 가장 최근의 기준은 2장에 제시되어 있다. 이를 검토하면, 교육적 힘이 핵심적인 역할을 한다는 것을 알 수 있다. 분명히 교육적 힘은 오늘날 많은 주목을 받고 있다.

교육적 힘을 표현할 때, 교장은 전문적인 지식과 교육, 교육 프로그램 개발 및 장학을 담당하는 "책임 교사"의 역할을 맡는 것으로 간주된다. 책임 교사로서 교장은 교육 문제를 진단하는 데 능숙하고, 교사 상담과 장학, 평가, 교직원 개발을 위한 준비, 교육과정 개발에 능숙하다.

교육적 힘은 때로는 교장을 강력한 수업 리더로, 때로는 교사와 동등하게 일하는 지식이 풍부한 동료나 리더로 간주한다. 전자는 신규교사, 역량이 부족한 교사 등에게 적합하다. 후자는 박식한 동료, 좀 더 성숙하고, 능력 있고, 헌신적인 교사들에게 적합하다. 수업 리더십은 특정 상황이나 제한된 기간 동안 적절할 수도 있지만, 전반적인 목표는 교장이 리더들의 리더가 되는 데에 있다. 리더십 발휘의 경험이 쌓이면서, 교장은 학교가 리더들의 공동체가 되기 위해 노력한다.

우수한 학교 교육을 장려하고 유지하기 위한 노력의 일환으로 리더십의 기술적, 인간적, 교육적 힘이 모아질 때, 기본적인 학교 역량에 필요한 핵심 역량이 제공될 수 있다. 3가지 중 어느 한 힘이 부족하면, 덜 효과적인 학교가 될 수 있다. 그러나 조직의 우수성에 관한 연구에 따르면 리더십의 기술적, 인간적, 교육적 측면과 기본 역량이 관련되어 있음에도 불구하고, 3가지가 존재한다고 해서 우수성이 보장되는 것은 아니다. 훌륭한 학교는 상징적, 문화적 힘으로 대표되는 다른 리더십 특성을 갖추고 있다.

**상징적 힘**. 교장이 발휘할 수 있는 네 번째 힘은 학교에 중요한 문제에 다른 사람들의 관심을 집중시키는 것에서 파생된다. 이 힘은 리더십의 상징적 측면과 관련된다. 이 힘을 표현할 때 교장은 "책임자"의 역할을 맡으며, 선별적으로 주의를 기울이고, 중요한 목표와 행동의 모델링을 강조하며, 학교에서 중요하고 가치 있는 것을 타인에게 알리는 역할을 담당한다. 아울러, 학교를 둘러보고, 교실을 방문하고, 학생들과 함께 시간을 보내며, 중요한 행사들을 주재하고, 적절한 말과 행동을 통해 학교에 통합된 비전을 제시한다.

학교에 *목적화*를 제공하는 것은 상징적 리더십의 주요 측면이다. 이는 조직의 기본 목적에 관한 명확성과 합의, 헌신을 제공하는 교장의 지속적인 행동이다. Vaill에 따르면, 성과가 좋은 조직에서는 리더가 목적화를 제시하는 공통점이 있었다(Vaill, 1984).

상징적 리더십은 중요한 일에 대한 감각을 갖추기 위해 그리고 가치 있는 것에 대한 합의를 이끌어내기 위해 구성원들로부터 힘을 이끌어내는 것을 강조한다. 학생과 교사 모두 학교의 리더십에 어떤 가치가 있는지 알고 싶어 한다. 이들은 질서와 방향을 원하고, 리더십의 의미를 다른 사람들과 공유하는 것을 즐긴다. 이들은 근무 의욕과 헌신을 제고시킴으로써 상징적 리더십에 반응한다.

상징적 리더십을 이해하기 위해 우리는 이 리더십이 무엇을 의미하는지 교장이 하는 일을 통해 자세히 살펴볼 필요가 있다. 상징적 리더십을 발휘하는 교장은 행동과 말로 다른 사람과 의사소통하며, 이들을 지지한다. 또한 교사, 학생, 학부모에게 의미를 부여하고, 공동의 대의를 위해 이들을 규합하려고 한다. Pondy(1978)는 다음과 같이 말한다.

리더의 효과성은 사람들의 행동을 바꾸려는데 있는 것이 아니라, 다른 사람들로 하여금 그들이 행하는 것에 대한 의미를 이해하고, 자신의 행동에 대한 의미에 관해 소통할 수 있도록 하는 것이다. 우리는 이러한 리더십으로부터 어떠한 통찰력을 얻을 수 있을까? (p. 94)

학교 조직에서의 삶은 문화와 풍토, 구조, 그리고 서로 상호작용하는 사람들로 구성되어 있어 복잡하다. 이러한 요소들을 이해할 경우, 조직은 효과를 이끌어낼 수 있다. 그러나 조직에 긍정적 또는 부정적인 방식으로 영향을 미칠 수 있는 단일 요소가 있다면, 이는 관리자가 이러한 요소를 이해하거나 이해하지 못하는 것이다(Green, 2010).

리더십의 기술적 측면은 구조와 사건을 관리하는 것이고, 인간적 측면은 필요와 같은 심리적 요인을 관리하는 것이며, 교육적 측면은 일의 실질을 관리하는 것이다. 대조적으로, 상징적 측면은 감정, 기대, 약속, 그리고 신념 자체를 관리한다. 상징적 리더십은 사람들이 학교에서 가지는 신념에 영향을 미치기 때문에, 교장에게 학교에 영향을 줄 수 있는 강력한 영향력을 제공하게 된다.

**문화적 힘**. 교장들이 발휘할 수 있는 다섯 번째 힘은 독특한 학교 *문화*를 구축함으로써 얻어지는 힘이다. 이는 리더십의 *문화적* 측면을 가리킨다. "학교 조직 생활의 복잡성에 기여하는 가장 중요한 요소들 중 하나는 내부와 외부의 문화이다"(Green, 2010). "문화는 수년간에 걸쳐 조직에서 형성된 공유된 가치, 신념 및 전통의 깊은 패턴으로 구성된다"(Schein, 1992).

문화적 힘을 표현할 때, 교장은 "성직자"의 역할을 맡고, 시간이 지남에 따라 학교에 고유한 정체성을 부여하며, 지속적으로 가치관, 신념 및 문화적 요소를 정의하고 강화하며 명료하게 표명한다. 성직자로서, 교장은 학교를 독특한 기관 특성으로 형성된 식별가능한 문화를 가진 별개의 독립체로 정의하는 조직의 전통(organizational saga)을 구축하고, 육성하며, 전수하는 학교를 유산화하는 일에 관여한다(Clark, 1972).

문화적 관점과 관련된 리더십 활동에는 학교의 목적과 사명을 분명히 하는 것, 신규교사를 사회화하는 것, 학교에 대한 전통과 믿음을 유지하거나 보강하는 것, "*시간이 흐름에 따라* (네 번째 힘으로 제시된 것과 같이) 상징 체제를 개발하고 보여주는 것, 그리고 이러한 문화를 반영하는 사람들에게 보상하는 것" 등을 포함한다. 문화적 힘의 순수성은 학생, 교사, 기타 사람들을 결속시키고 그들을 학교에 결속시키는 것이다. 이 경우, 학교와 학교의 목적이 중요시되고, 어떤 면에서 문화적 힘은 신성한 임무에 전념하는 이념 체제와 유사하게까지 느껴진다. 사람들은 이러한 강한 구속력이 있는 문화의 일원이 되면서, 특별히 그들이 개인적으로 중요하고 의미있는 존재라는 것을 만끽할 수 있는 기회를 갖게 된다. 그들의 일과 삶에서 더 풍부한 의미, 확장된 정체성, 그리고 특별한 어떤 것에 대한 소속감 등이 새로운 중요성을 가지게 된다. 이 모든 것들이 동기가 부여되는 조건들이다(Peters & Waterman, 1982).

문화는 한 학교의 구성원들이 다른 학교와 구별되는 마음의 집합적 프로그램으로 묘사될 수 있다(Hofstede, 1980: 13). 학교에서 문화생활이 현실로 이루어지게 되며 교장은 이러한 현실을 구축하는 데 핵심적인 역할을 할 수 있다. 학교 문화는 학부모, 학생, 교사, 그리고 집단이나 지역사회로 간주되는 다른 사람들의 가치와 상징, 믿음, 그리고 공동의 의미를 포함한다. 문화는 집단의 가치와 구성원들이 생각하고 느끼고 행동하는 방식을 결정한다. 문화의 "재료"에는 학교의 관습과 전통, 역사적인 설명, 진술과 말로 표현되지 않은 이해, 습관, 규범, 기대, 공통된 의미 및 공통된 가정이 포함된다. 사람들이 조직에서 활동하는 동안, 문화는 사람들의 행동을 유도하고, 이들이 사물에 반응하는 방식과 에너지를 투입하는 방식, 열정을 쏟는 방식을 설명하게 한다(Schein, 1992). 학교의 문화를 잘 이해하고 수용하며 응집성이 높을수록, 학교는 이상과 목표를 향해 더 효과적으로 움직일 수 있다. 궁극적으로, 문화적 리더십의 의도는 학교를 도덕적 공동체로 전환시키는 데에 있다.

## 상징적, 문화적 리더십의 실천

문화를 구축하고 목적화의 기술을 실천하는 것은 상징적, 문화적 리더십 힘의 필수 요건이다. 이러한 힘들은 비전과 일상 활동의 의미에 대한 이해를 필요로 한다.

**상징적 리더십의 표출**. 리더십의 상징적 측면을 드러낼 때, 교장들은 사건과 활동의 표면 아래에 있는 깊은 의미와 가치를 활용하려고 한다. Starratt(1973)이 언급했던 바와 같이, 리더들은 학교 내에서 의미와 생활의 흐름을 파악하여 학생, 교사, 공동체 구성원들에게 평범해 보이는 것 이상의 비전과 목적을 제공하려고 한다. 실제로, 교장들은 겉으로는 평범해 보일지언정 일상생활의 활동을 특징짓는 일상의 틀을 뛰어넘을 수 있도록 하는 인간 삶의 의미를 학교에 가져오려고 한다. 상징적 리더는 "자신과 다른 이들을 이해" 함으로써, 집단이 무엇을 하고 있고 실제로 무엇을 할 수 있는지를 파악할 수 있다. 리더들은 대부분의 상황에 내재된 가능성에 관한 감각을 지니고 있고, 사람들로 하여금 틀에서 벗어나 좀 더 활기차게 생활할 것을 촉구할 수 있다. 마지막으로, 상징적 리더들은 말과 예시로 비전을 전달할 수 있다. 리더들은 이해하기 쉬우면서 흥분감과 독창성, 신선함을 전달하는 언어를 사용한다. 이러한 노력을 통해 학교에 있는 사람들이 비전을 경험하고, 학교에서 일어나는 일을 공유하고 있다고 느끼면서 목적의식을 얻게 된다.

Lieberman & Miller(1984)는 교육 리더십에 대한 고전적인 연구의 결과에서, 교장은 기회주의자들처럼 우연한 상황에서 상징적 리더십을 실천한다는 사실을 발견했다. 예를 들면 다음과 같다.

> 잘 짜여져 있고 잘 가르쳐진 수업에 대해 교사를 칭찬을 할 때, 교장은 우수성을 인정하고 보상을 하겠다는 약속을 내건다. 반면, 교실 내 어려운 상황을 마주하고 있는 교사를 만났을 때, 교장은 교실 문을 닫은 뒤에 일어나는 일에 관한 우려를 보이며, 변화를 촉구한다. 교과과정 문제에 초점을 맞춘 부서 회의에 참석할 때, 교장은 대화와 정보에 근거한 조치를 지지한다. 이러한 모든 사건 및 조치는 합리적이고 계획된 것이 아니라 임시적이고 대응적이며, 현실적인 교육 리더십으로 정의될 수 있다. 교육 리더십은 업무의 틈새와 가장자리 주변에서 발생한다. (p. 76)

Bennis(1984)는 연구를 통해 설득력 있는 *비전*은 성공한 리더들이 발휘하는 리더십의 핵심 요소라고 말한 바 있다. 비전이란 조직에서 일하는 사람들에게 약속을 유도하는 바람직한 상황을 만들고 그 약속을 전달하는 능력이다. 이는 상징적인 리더십의 실체가 된다. 따라서 모든 이해 관계자가 학교를 이끌어가는 방향을 이해할 수 있도록 비전을 명확하게 표현하는 것이 중요하다. 교장들은 교사들에게 자신의 방향에 대한 믿음과 신뢰를 보여주고 변화 과정을 도울 수 있는 방식으로 비전을 전달해야 한다(Green, 2013).

학교를 이끄는 교장은 학교가 무엇을 해야 하는지에 대해 비전을 가지고 있어야 하며, 그 비전을 모든 이해 관계자와 공유할 수 있도록 해야 한다. 또한 비전을 점검하고, 목표를 달성하기 위한 진행 상황을 평가하는 과정이 마련되어야 한다(ISLLC Standard 1). 교장들에게 중요한 질문은 "학교를 다니는 학생들을 위한 학습에 대한 비전을 어떻게 표현하고, 비전을 관리하는 기술과 자질을 어떻게 결정할 것인가?"이다.

Lieberman & Miller(1984)는 교장의 권력을 행동과 말을 통해 상징적으로 표현하는 일종의 "도덕적 권위"라고 말한다. 학생 차별과 관련된 그들의 사례 연구에서는 이러한 권위를 다음과 같이 언급하고 있다.

교장은 항상 그래왔던 것처럼 중립을 유지하면서 일들이 진행될 수 있도록 할 수 있다. 이러한 것은 도덕적인 표현이다. 그렇지 않으면 교장은 교직원들의 가정(assumption)을 위협하고, 보다 진보적이거나 퇴행적인 방향으로 학교를 움직이는 적극적인 자세를 취할 수도 있다. 교장들은 일을 수행하면서 도덕적인 교훈을 모범으로 삼아 특정한 행동과 태도를 용인하거나 비난하기도 한다. Albion의 관리자들은 점심시간에 라디오 방송을 통해 소수 학생들의 편을 들며, 교직원들에게 인종 차별이 용인되지 않아야 한다는 분명한 메시지를 전했다. 만일 교내에 행정적인 무관심이 있었더라면 비슷한 방식으로 강력한 메시지가 전달되었을 것이다. (p. 76)

교장은 의도하든 그렇지 않든, 좋아하든 싫어하든 간에 강력한 상징적 역할을 수행해야 한다. 특정한 상황에서의 무반응은 행동만큼이나 강력한 상징적인 표현이 될 수 있다.

**문화적 리더십의 의미론.** 상징적, 문화적 리더십을 이해하고 실천하기 위해서는 음성학적 측면이 아닌 리더십의 의미론적 측면에 중점을 두어야 한다. 리더가 하는 일은 음성학(phonetics)을 나타낸다. 리더의 행동이 다른 사람들에게 받아들여지는 것은 의미론(semantics)을 나타낸다. 의미론에 초점을 두면, 의미가 작은 것도 매우 중요하다는 사실을 이해하게 된다. 상징적 리더가 되기 위해 백마를 타고 거대한 극적인 사건 앞으로 돌진할 필요는 없다. 조율된 간단한 일과 겸손한 행동도 중요한 메시지와 높은 이상을 전달할 수 있기 때문이다. Bonnici(2011)는 리더가 말하는 것은 리더가 하는 행동보다는 덜 중요하다고 언급하였다. 사무실에서 지시를 내리는 교장과 교감은 수업 시간 사이에 복도를 청소하고, 전문적인 대화를 하고, 학부모와 학생들과 함께 일하는 교사들보다 덜 효과적이라는 뜻이다.

마지막으로, Saphier & King(1985)은 상징적, 문화적 리더십의 내용이 기술적, 인간적, 교육적 리더십의 내용과 다를 것이 없다고 하였다. 이들은 "문화는 학교생활의 일상적인 업무를 통해 만들어진다. 문화를 형성하고 반영하는 방식으로 일이 처리된다. 문화의 구축은 사람들이 기술적, 인간적, 교육적 기술을 사용하여 일상의 사건을 처리하거나 정기적인 실천을 확립하는 방식으로 이루어진다"(p. 72)라고 하였다. Dwyer도 비슷한 결론에 도달했다. Dwyer는 연구에서 다음과 같이 언급하였다 (Dwyer, Lee, Rowan, & Bossert, 1983).

> 이러한 교장들의 또 다른 기본적인 특성은 행동의 일상성이다. 우리는 대규모로 혹은 극적으로 혁신을 추구하는 리더 대신에, 세부 사항에 세심하게 주의를 기울이는 남성과 여성 교장을 발견했다. 또한, 우리는 학교 환경, 학교-공동체 관계, 교직원, 학생 성취도, 학생 개개인의 향상과 신체적, 정서적 요소에 주의를 기울였다. 이들에게서 발견된 가장 중요한 활동은 모니터링, 정보 관리와 교환, 계획, 학생들과 직접적인 상호작용, 고용과 교직원 개발, 그리고 학교의 유지 및 감독 등이었다. (1984, p. 37)

교장이 관심을 집중하고 헌신하는 것은 일상을 통해서이다. 그렇지 않을 경우, 교장들은 "어떤 상황에서 가치와 신념의 합의를 이끌어내기 위해 느리지만 꾸준한 캠페인을 펼쳤다"(Dwyer, 1989, p. 22). 리더십의 5가지 힘과 성공적인 학교 교육의 관계는 <표 6.1>에 요약되어 있다.

## 학교문화의 역동적 측면

모든 학교는 문화를 지니고 있지만, 성공적인 학교는 양질의 학교 교육이라는 비전에 부합하는 강력하고 기능적인 문화를 지닌 것처럼 보인다. 문화는 사람들을 공통의 방향으로 나아가도록 하는 나침반 역할을 한다. 문화는 사람들이 무엇을 해야 하고 어떻게 해야 하는지를 알려 주는 일련의 규범을 제공하며, 교사, 학생, 관리자 그리고 다른 사람들에게 일하는 것에 대한 의미와 중요성을 알려주는 근원이다. 이와 같이 강하고 기능적인 문화는 학교 리더와 구성원들에 의해 만들어지고 형성된다.

〈표 6.1〉 리더십의 5가지 힘

| 힘 | 리더십 역할 | 리더십 실천 | 팔로워들의 반응 | 조직의 성과 |
|---|---|---|---|---|
| 기술적 힘 | 조직 관리 | 계획하고, 관리하고, 일정을 조정하는 것 | 팔로워들은 효율적인 관리에 반응하고, 운영절차의 구조화를 추구함 | 질서와 신뢰, 조직의 효과와 팔로워의 높은 사기 |
| 인간적 힘 | 인간 엔지니어/관계구축자 | 지원을 제공하고, 격려하고, 성장의 기회를 주는 것 | 교사와 학생의 개인적 필요가 충족되고, 팔로워들은 긍정적인 대인관계를 보임 | 학생에게는 배움에 대한 동기를 부여하고, 교사에게는 교수에 대한 동기를 부여함 |
| 교육적 힘 | 교육 리더/책임 교사 | 교육적 문제를 진단하고, 교사들과 상담하고, 장학과 상담을 제공하고, 교직원을 개발하며, 교육과정을 개발하는 것 | 팔로워들은 리더의 전문적 지식에 반응하고, 지원을 받게 됨. 일할 동기를 부여받고, 다른 사람들과 함께 협력하며 일을 하게 됨 | 학습자들의 공동체 |
| 상징적 힘 | 책임자 | 중요한 목표와 행동을 모델링하고, 다른 사람들에게 학교에서 무엇이 중요하며, 어떤 것이 가치가 되어야 하는지에 대해 정보를 제공하는 것 | 팔로워들은 목적과 질서에 대한 감각을 획득하고, 무엇이 중요하며, 가치가 무엇인지에 대해 이해하게 됨 | 학교의 기본 목적 설정, 명확성, 합의 및 헌신 |
| 문화적 힘 | 고위 성직자 | 전통 유산의 구축: 창조하고, 육성시키고, 교육하는 것 | 팔로워들은 확고한 이데올로기 시스템과 일련의 신념 규범 및 행동에 응답함 | 제도적 특성; 학생, 교사 및 기타 사람들의 결합: 도덕적 공동체 |

일단 학교에 강력한 문화가 형성되고 확립되면, 문화는 사고와 행동을 규정하는 사회적 도구로서의 역할을 담당한다. 그러나 그러한 문화의 형성과 확립은 갑자기 발생하는 것이 아니다. 문화는 공통된 정서에 대해 학교구성원들이 협상한 실체이다. 경쟁적 관점과 경쟁적 이데올로기가 학교에 존재할 때, 어떤 것을 포함시킬지 결정하는 데 있어 약간의 고군분투가 필요하다. 그리고 그 가운데 교장은 선택의 결과에 강력한

영향을 미칠 수 있는 유리한 입장에 있다. 예를 들어, 교장은 학교의 의사소통 구조를 통제하고 있기에 어떤 정보를 공유할 것인지, 누구와 공유할 것인지를 결정할 수 있다. 게다가, 교장은 자원의 배분을 통제하고 행동을 보상할 수 있다. Bates(1981)는 교장이 학교 문화를 형성하는데 미치는 영향에 대해 상세히 설명하고 있다.

> 학교 문화는 갈등과 협상의 산물이다. 학교의 언어, 은유, 신화, 의식에 미치는 행정적 영향은 교사와 학생의 의식에서 재현된 문화를 결정하는 데 있어 매우 중요한 요인이다. 문화가 자본축적의 은유에 기반하던 간에, 위계 구조와 지배는 문화를 구축하는데 있어 협상 과정에서 부분적으로 권력을 행사하게 된다. (p. 43)

그렇다면, 의견 불일치가 있고, 구성원 간 의견의 모호성과 다양성이 지속되는 상황에서 문화가 발생할 수 있을까? 문화의 핵심은 집단 이데올로기와 공유된 가치와 정서, 수용할 수 있는 행동을 정의하는 규범의 중요성에 달려 있다. 한편, 문화의 실체는 덜 중요하다(Sergiovanni, 1994 참고). 따라서 강력한 문화를 가진 모든 학교가 "조화"로 특징지어지는 것은 아니다. 실제로는 동의하지 않는 것 역시 문화의 핵심 가치가 될 수 있다. 이러한 것은 대학교와 학교 연구·개발 기관에서도 흔히 살펴볼 수 있다.

## 학교문화 구축하기

문화 구축은 학교 리더들이 학교생활의 비공식적이고 미묘하며 상징적인 면에 주의를 기울일 것을 요구한다. 교사와 학부모, 학생들은 다음과 같은 질문에 답을 필요로 한다: 이 학교는 어떠한 학교인가? 이 학교에서 중요한 것은 무엇인가? 우리가 믿는 것은 무엇인가? 우리는 왜 우리가 하는 방식대로 기능을 수행하는가? 우리는 독특한가? 나는 일이 행해지는 전체 설계 구도에 어떻게 맞추어져 있는가? 이 질문들에 답함으로써 구성원들은 목표의식을 갖고, 학교에는 학교의 질을 높이기 위한 학교생활 질서가 확립될 것이다. 목적과 의미는 학교가 마음 공동체가 되도록 돕는 데 필수적이다. Greenfield(1973)는 다음과 같이 말하였다.

많은 사람들이 학교에서 원하는 것은 학교가 그들의 삶에 중심적이고 의미 있는 가치를 반영하도록 하는 것이다. 이 관점이 맞다면, 학교는 사람들이 자신의 이미지를 형성하기 위해 고군분투하는 문화적 인공물이라 할 수 있다. 오직 그러한 형태로만 구성원은 학교문화를 신뢰하게 되며, 오직 그러한 형태로만 구성원들은 학교문화에 편안하게 참여할 수 있다. (p. 570)

문화적 힘으로 인식되는 리더십의 목적은 무엇인가? 리더십의 과제는 실행지향적인 접근법을 취하고 모든 이해관계자의 가치, 신념, 아이디어를 존중하는 전문적 학습 공동체의 구축을 촉진하는 것이다. 본질적으로, 사람들을 함께 묶는 도덕적 질서를 만드는 것은 리더의 책임이다(Green, 2010; Greenfield, 1984). 이 개념의 또 다른 측면은 Quinn(1981)이 제시한 것인데, Quinn(1981)은 다음과 같이 말한다. "리더의 역할은 편성자(orchestrator)이거나 표지자(labeler) 중 하나이다. 즉, 어떤 실행 방식을 통해 얻을 수 있는 것을 취하고, 그 후에 보통 새로운 전략적 방향에 지속적으로 몰입하도록 구체화한다. 다시 말해, 리더는 의미를 만든다"(p. 59). 문화 구축으로서의 리더십은 새로운 아이디어가 아니다. 우리의 역사에 확고히 뿌리를 내리고 있는 성공적인 학교와 학교의 리더들에게 잘 알려진 것이다. Philip Selznick(1957)은 이 철학을 더 잘 설명하기 위해 다음과 같이 언급했다.

창조적인 리더의 예술은 제도를 구축하는 예술이며, 지속적으로 가치를 구현하기 위한 유기체를 형성하려는 인간과 기술에 관한 작업이다. 제도화라는 것은 당면한 과제의 기술적 요구사항을 넘어, 가치를 불어넣어 주는 것이다. 사회적 조직의 기술적인 역할을 넘어서는 것은 개인적 또는 집단적 요구를 충족시키는 독특한 방식을 반영한 것이다. 개인이 기술자가 아닌 사람으로 조직에서 작업하는 것은 조직을 소중하게 여기는 것을 의미한다. 헌신적인 사람의 관점에서, 조직은 소모적인 도구에서 개인적 만족을 얻을 수 있는 가치의 원천으로 변화한다. 이로 인해 제도적 리더는 가치의 증진과 가치 보호에 힘을 써야 하는 전문가라고 말할 수 있다 (p. 28).

1938년에 저명한 이론가 Chester Barnard는 행정 기능에 대해 다음과 같이 말했다: "본질적인 기능은 먼저 의사소통 체제를 제공하는 것이다. 둘째는 필수적인 노력을 촉진시키는 것이다. 그리고 세 번째는 목적을 공식화하고, 정의하는 것이다." 또한,

"엄밀히 말하자면, 목적은 말로 표현된 어떤 것보다 취해진 실행의 총체로 보다 명확하게 정의된다"(p. vii).

## 성공한 학교와 중심부

성공한 학교의 공동체 구축에 관한 문헌에서 밝혀진 사실 중 하나는 이러한 학교는 신성한 특성을 지닌 가치와 신념을 포함하는 중심부를 지니고 있다는 것이다. 실제로, 의미를 부여하고 적절한 행동을 안내하는 공식 "종교"를 가지고 있다고 생각하면 된다. 가치들의 저장소로서, 이러한 중심부는 교사와 학생들의 학교생활이 의미 있게 되는 정체성의 원천이다. 문화적 리더십의 초점은 이러한 중심부를 개발하고 육성하여 학교 내에 행동의 규범적 근거를 제공하는 것이다.

어떤 면에서, 중심부의 개념은 성공한 학교들이 긴밀하게 구조화되어 있다는 것을 암시한다. 이는 학교 내에서 대단히 엄정한 방식으로 일련의 핵심 아이디어가 조직되어 있다는 것을 의미하며, 사람들이 행동해야 할 방식이 잡혀있다는 것을 의미한다. 이는 학교를 느슨하게 구조화된 실체로 묘사하는 조직 이론의 최근 전개와는 대조적이다(이에 대한 논의는 제1부에서 설명되었다). 예를 들어, Cohen, March, & Olsen(1972)은 교육 조직을 "조직화된 무정부 상태"라고 한다. 같은 맥락에서 Weick(1982)은 학교가 조직되는 방식을 묘사할 때, "이완 결합"이라는 문구를 사용하였다. Weick은 학교가 비효과적인 것의 한 가지 이유는 실무자들이 잘못된 이론을 염두에 두고 학교를 운영하기 때문이라고 보았다.

Weick(1982)은 학교가 4가지의 특성을 보인다고 주장한다: 1) 고도로 상호 의존적인 방식으로 일하는 사람들 사이에서 스스로를 수정하는 합리적인 체제의 존재; 2) 목표에 대한 합의와 이러한 목표를 달성하기 위한 수단; 3) 정보 제공에 의한 조정(coordination by the dissemination of information); 그리고 4) 문제의 예측 가능성 및 문제에 대한 대응. Weick(1982)은 사실, 이러한 속성 중 어느 것이 학교의 진정한 특성인지, 그리고 이러한 특성들이 어떻게 기능하는지를 언급하지는 않았다. 다만 느슨하게 결합된 학교에서 교장은 체제를 하나로 묶기 위해 상징적 리더십을 최대한 활용해야 한다고 주장했다. Weick(1982)에 따르면, "사람들은 합리적인 프로젝트의 일부가 될 필요가 있다. 사람들의 행동은 중요한 기본 주제, 가치, 움직임과 연계될 때 더 풍부해지고, 더 자신감 넘치고, 더 만족스러워진다"(1982, p. 675). Weick(1982)은 또한 "관리자는 느슨하게 연결된 체제를 함께 묶는 '접착제'에 주의를 기울여야 한다. 이러한 형태는 간신히 체제로 엮어져 있기 때문이다"(p. 675)라고 하였다.

> 상징을 다루는 교장은 교장실에 앉아 기발한 구호를 외치지 않는다. 다른 사람을 설득하기 위해 이야기를 해야 하기 때문이다. 그리하여 교장은 교장실에서 나와 사람들에게 비전을 상기시키고 이러한 비전을 적용하는 데 도움을 주기 위해 1:1로 많은 시간을 보내야 한다. 관리자들은 교직원들에게 그들이 하고 있는 일을 모두의 언어인 공용어로 해석하도록 가르친다.
> (p. 676)

성공적인 학교에 관한 문헌에 따르면, 몇몇 학자들은 학교들이 느슨하게 결합되거나 구조화된 것이 아니라 서로 단단하게 결합되어 있다고 말하기도 한다(Cohen, 1983). 이 문헌을 좀 더 자세히 살펴보면, 성공한 학교들은 단단하게 결합되어 있기도 하고, 느슨하게 결합되어 있다고 믿게 된다. Peters & Waterman(1982)은 미국의 최고 경영 기업에 관한 연구에서 이러한 점을 지적한다. 성공한 학교의 구성원들에게는 삶의 본질과 일반적인 추진력을 정의하는 강력한 문화와 명확한 목적의식이 존재한다. 동시에, 교사와 다른 이들에게 이러한 핵심적인 가치를 존중하고 실현하는 방식에 많은 자유가 주어진다. 학교의 문화와 자율성의 핵심을 대표하는 타당한 구조 중심의 명확하고 모호한 주제의 결합은 학교가 성공한 주된 이유가 될 수 있다.

단단한 구조와 느슨한 구조의 결합은 학교 업무와 열의, 충성에 관한 동기부여와 관련된 다음의 인간 특성과 잘 일치한다.

1. 교사, 학생 및 기타 학교 직원이 의미 있고, 목적이 있으며, 합리적이고, 의미 있는 일과 개인 생활을 찾을 필요성
2. 교사, 학생 및 기타 학교 직원이 자신의 업무 활동에 대해 합리적으로 통제하고, 업무 상황에 대해 합리적인 영향력을 발휘할 필요성
3. 교사, 학생 및 기타 학교 직원이 성공을 경험하고, 자신을 승자로 생각하며, 그들의 성공에 대해 인정을 받아야 할 필요성

사람들은 이러한 3가지 요구사항의 개선과 충족을 대가로 시간, 재능, 에너지를 크게 투자할 용의가 있다(Hackman & Oldham, 1980; Peters & Waterman, 1982). 학교에서 조화로운 단단하고 느슨한 결합의 개념은 학교 목표 및 목적의 중요성에 대한 논의로 제4부에서 더 자세히 기술된다. 공동체의 언어에서 가치, 개념의 공유, 규약 및 기타 아이디어 구조의 중심 영역에 집중하는 것은 마음 공동체를 구축하기 위한 열쇠이다.

# 학교문화에 대한 초보적 이해

모든 학교에는 잘 어울려 지내기 위한 게임의 규정들(rules)로 정의되는 관찰 가능한 행동 규칙들(regularities)이 있다. 이 규정들은 사람들에게 무엇이 옳고 그른지, 무엇을 받아들일 수 있는지, 그리고 무엇이 예상되는지를 정의하는 규범(norms)이다. 규범은 집단의 구성원들이 가지고 있는 특정 가치와 신념의 표현이다. 규범이 어떻게 생겨나고 작용하는지를 이해하려고 할 때, 문화의 은유가 도움이 될 수 있다. 일부 전문가들은 학교에 정말로 문화가 있는지 아닌지에 대해 논의할 수 있지만, 문제는 문화의 현실보다는 학교를 일련의 문화로 생각함으로써 배울 수 있는 것이 더 많다는 것이다. 은유적인 *학교 문화*는 상징, 행동 규칙, 의식, 심지어 조직 구성원들이 공유하는 근본적인 가치와 믿음을 사람들에게 전달하는 신화에도 주의를 기울이는 데 도움이 된다.

## 외부 채택 및 통합

Schein은 *문화*에 대해서 "조직 자체와 환경에 대한 조직의 관점을 기본적으로 '당연한 것'으로 규정하는 *기본 가정*과 *신념*의 깊은 수준이 조직 구성원들에게 공유되고, 무의식적으로 내재되어 있어야 한다"고 말한 바 있다(1985, p. 6). 문화의 개념은 매우 중요하다. 왜냐하면 문화의 차원들이 공식적인 경영 체제보다 사람들이 생각하고 행동하는 것을 지배할 가능성이 훨씬 크기 때문이다. 앞서 언급한 바와 같이, 교사들은 관리자가 원하는 방식과 교사 평가 도구에서 언급되는 방식보다는 교직원들이 공유하는 가정과 믿음을 반영하는 방식으로 교육을 수행할 가능성이 훨씬 더 높다.

Argyris(1964), Merton(1957), Parsons(1951a), Schein(1985)은 학교와 같은 기관들이 효과적으로 변모하기 위해서는 다음의 2가지 문제를 해결해야 한다고 하였다: 외부 채택(external adoption)과 생존 그리고 내부 통합. **외부 채택과 생존**의 문제는 다음과 같은 주제에 연결되어 있다.

- 사명과 전략(학교의 핵심 사명과 주요 과제에 대한 공동의 이해에 도달하는 방법)
- 목표(핵심 사명과 연계된 목표에 대한 합의 도출)
- 수단(목표에 도달하기 위해 활용할 관리 및 조직적 수단에 대한 합의 도출)
- 기준들(집단이 목표 달성을 얼마나 잘 하고 있는지 그리고 약속을 이행하는지 여부를 결정하기 위해 활용될 기준에 대해 합의 도출)
- 수정(목표가 달성되지 않을 경우, 어떻게 할 것인가에 대한 공감대 형성)

**내부 통합**의 문제는 다음과 같은 주제에 관련되어 있다.

- 의사소통을 용이하게 하고, 인식을 체계화하며, 공통의 의미를 만드는 것을 돕는 암묵적 합의
- 누가 집단 내에 있고, 집단 밖에 있는지에 대한 기준을 명확히 하고, 누가 집단의 구성원이 될 수 있는지에 대한 기준을 만들기
- 누가 권력을 얻고, 유지하고, 잃는지를 결정하기 위한 준거와 규칙 마련
- 동료 관계를 위한 규칙을 수립하고 조직적인 임무를 추구하면서 개방성과 친밀감을 다루는 방식 추구
- 집단에서 "영웅 혹은 죄가 되는 행동은 무엇인지, 어떻게 보상을 받을 수 있으며, 어떻게 보상을 없앨 수 있는지, 어떻게 해고 등의 형태로 처벌받는지"를 알게 하기
- 이데올로기와 신성한 문제를 다루기: "모든 조직도 모든 사회처럼 설명할 수 없는 사건들에 직면할 수 있기에, 구성원들이 설명할 수 없고 통제할 수 없는 것들에 대한 불안을 피할 수 있도록 의미 부여하기"(Schein, 1985, p. 66).

외부 채택과 내부 통합의 문제가 해결되면 학교와 기타 조직은 목표 달성에 더 많은 관심을 기울일 수 있고, 사람들은 그들의 일을 중요한 것으로 보며, 직업 생활에 대

한 의미를 도출할 수단을 가지게 된다. Schein(1985)은 문화를 "특정 집단이 외부 적응과 내부 통합의 문제에 대처하는 법을 배울 때, 발견되거나 개발되는 기본 가정들의 패턴"이라고 요약했다. 이는 타당하다고 여겨질만큼 잘 작동하며, 지각, 생각 등과 관련된 일련의 가정들은 새로운 구성원들에게 가르쳐진다"(p. 9). 이러한 가정들은 결정과 행동을 반복적으로 하는 데 있어, 당연하게 여겨질 가능성이 있다. 이 점이 매우 중요한데, 상징, 의식, 전통, 행동과 같은 문화적 유산은 문화의 실제 내용이나 본질과 다르기 때문이다. 기본 가정은 무엇이 사실이며, 무엇이 옳은 것인지, 학교의 현실이 무엇인지를 말해주는 의미와 목적에 관련된 사항을 포괄한다. 이전의 논의에서 언급했듯이, Shils(1961)가 말하는 중심부는 가정과 가치 및 신념으로 구성되어 있다. 가치와 신념은 종종 명백하지만, 가정은 암묵적인 특성을 지닌다.

## 문화의 수준

가정과 기본 신념은 암묵적이기 때문에, 학교의 풍토(Dwyer, 1989)와 학교 조직 생활의 의식과 의례같은 문화의 발현으로부터 추론해야 한다(Deal, 1985). 이 2가지를 모두 설명하기 위해서는 적어도 4가지 수준에서 존재하는 학교 문화 차원을 생각해볼 필요가 있다(Dyer, 1982; Schein, 1981, 1985). 가장 구체적이고 관찰할 수 있는 수준은 사람들이 말하는 것, 사람들이 행동하는 것, 그리고 사물이 어떻게 보이는지를 나타내는 **인공물**(artifacts)로 표현된다. 언어적 인공물은 사용되는 언어 체계와 이야기, 특정한 중요한 점을 설명하기 위해 사용되는 예들을 포함한다. 행동적 인공물은 학교에서 의식과 의례 및 기타 상징적인 관행으로 나타난다. 학교 풍토의 개념으로 대표되는 학교의 대인관계는 중요한 인공물이다.

눈에는 덜 띄지만 여전히 중요한 것은 **관점**(perspectives)이다. 관점이란 사람들이 반응하는 공통된 규칙과 규범, 비슷한 문제에 대한 해결책 중 존재하는 공통점, 사람들이 직면하는 상황을 정의하는 방법, 수용 가능한 행동과 허용할 수 없는 행동의 경계를 지칭한다. 사람들이 함께 일하는 방법뿐만 아니라 그들이 공유하는 가치가 포함될 때, 관점에는 학교 목적 등이 포함된다.

세 번째 단계는 **가치**이다. 가치는 사람들이 직면하는 상황과 그들의 행동과 활동의 가치, 우선순위, 그리고 사람들의 행동을 판단하거나 평가하기 위한 기초를 제공한다. 가치는 무엇이 중요한지 뿐만 아니라 종종 중요하지 않은 것들도 명시한다. 학교에서의 가치는 교장과 교사, 다른 사람들이 공유하는 약속을 나타내는 방식으로 정렬된다. 10장에서 논의된 바와 같이, 이 약속은 교육 또는 관리 플랫폼과 학교 철학, 사명 선언문 등의 형태일 수 있다.

네 번째 단계는 *가정*이다. 가정은 "구성원들이 자신들과 다른 사람들에 대해 가지고 있는 암묵적인 신념과 다른 사람들과의 관계, 그들이 소속되어 있는 조직의 특성이다. 가정은 앞선 3가지 수준의 무의식적인 기초로, 보다 분명한 의미의 체계를 결정하는 암묵적이고 추상적인 개념이다"(Lundberg, 1985, p. 172). 4가지 수준의 문화는 [참고 6.2]에 요약되어 있다.

## [참고 6.2] 문화의 수준

| 4수준: 가정 |
| --- |
| 구성원들이 자신과 타인, 타인과의 관계, 그들이 속해 있는 조직의 본질에 대해 가지고 있는 암묵적인 신념 |
| 3수준: 가치 |
| 사람들이 직면하는 상황, 사람들의 행동 및 활동의 가치, 사람들의 우선순위, 함께 일하는 사람들의 행동을 판단하거나 평가할 수 있는 기반 |
| 2수준: 관점 |
| 공유된 규칙과 규범; 유사한 문제에 관한 해결책 사이에 존재하는 공통성; 사람들이 직면하는 상황과 받아들일 수 있고 받아들일 수 없는 행동의 경계를 어떻게 정의하는가 |
| 1수준: 인공물 |
| 사람들이 무엇을 말하고, 어떻게 행동하며, 일이 돌아가는 모습을 어떻게 보는가 |

## 학교문화 식별하기

4가지 수준의 문화는 학교의 문화를 분석하는 틀을 제공한다. 가정은 직접 식별하기 어렵기 때문에 종종 인공물과 관점 및 가치 수준에서 발견되는 것으로 추론해야 한다. 학교의 역사를 살펴봄으로써 많은 것을 배울 수 있다. 예를 들어, Deal(1985)은 다음과 같이 말한 바 있다.

모든 학교에는 학교의 태생에 관한 이야기가 있고, 학교를 설립한 사람들 또는 상황, 그리고 후에 그 과정을 주관한 사람들에 관한 이야기가 있다. 진화론적 발전 -위기와 결의, 내부 혁신과 외부 압력, 계획과 기회 등- 을 통해, 문화의 개념은 전통과 독특한 방식으로 결합되며 재구성된다. 학교 역사를 통틀어 학생, 교사, 교장, 부모의 행진(parade)이 지속적으로 기억될 것이다. 위대한 업적은 잠재적으로 소중히 여길 만한 교훈을 담은 극적인 실패와 함께 병합된다. (p. 615)

Schein(1985)은 조직의 역사를 통해 조직의 기본 가정이 밝혀질 수 있다고 믿으며, 조직의 역사는 위기와 결정적인 전환 및 고조된 감정의 시기를 모두 파악해 분석해야 한다고 말한다. 그런 다음 각 사건에 대해, 관리자들이 문제를 다룬 방법과 그들의 역할을 식별하며, 수행했던 내용과 이유를 재구성할 수 있다. 이 접근 방법을 활용하면 다양한 사건 전반에 걸친 패턴과 주제를 식별하고 분석할 수 있으며, 현재의 사례와 대조할 수 있다. 마지막 단계는 과거에 취해진 조치 뒤에 숨겨진 가정을 확인하고, 이러한 가정이 현재의 행동과 여전히 관련이 있는지를 확인하는 것이다.

신념을 밝히기 위해서는 교사와 다른 사람들이 공유하는 가정과 이해가 무엇인지를 질문해야 한다. 이를 통해 학교의 구조는 어떠한지 교육은 어떻게 이루어지는지, 교사와 학생의 역할은 어떠한지, 규율은 어떻게 받아들여지는지, 학부모와 학교의 관계는 어떠한지 등을 유추할 수 있기 때문이다. 때로 가정과 이해는 철학, 가치 진술의 형태로 어딘가에 기록된다. 그것이 사실이든 아니든, 신념은 사례로부터의 추론을 통해 가장 잘 이해될 수 있다.

Schein(1985)은 가정에 대해 인간 본성의 신념이 어떻게 정책과 결정에 영향을 미치는지를 중심으로 살펴보았다. 이를 살펴보기 위해, Schein(1985)은 조직의 영웅들과 악당들, 성공한 사람들과 덜 성공한 사람들을 확인하고, 그들을 비교할 것을 제안하였다. 아울러, Schein(1985)은 채용과 선발, 진급 기준을 검토하여 특정 유형의 사람을 선출하고 있지는 않는지 편향성을 검토해야 한다고 하였다. 이는 누가 보상을 받고, 누가 처벌받는지에 대한 분석을 통해 드러날 수 있다. 이런 분석에서 패턴이 나타나는가? 등장하기 시작하는 사람들에 대한 일반적인 가정들이 있는가?

가치는 학교에서 언제 어떠한 보상을 주는지를 살펴봄으로써 확인할 수 있다. 또한, 교사들과 교장이 학교에 관해 이야기할 때, 그들이 말하는 것의 기본이 되는 가치는 무엇인지, 반복되는 가치는 무엇인지, 문제의 해결책을 개발하는 데 의존하는 것으로 보이는 가치가 무엇인지를 말해보게 함으로써 파악할 수 있다.

규범과 기준은 교사와 교장의 행동을 포괄하는 의무와 해야할 것과 하지 말아야 할 것이 무엇인지, 어떤 행동이 보상을 받고 어떤 행동이 학교에서 처벌받을 것인지를 검토함으로써 파악할 수 있다. 어떤 일을 하는 데 용인되고 반복되는 방식은 무엇인가, 행동의 패턴과 지배적인 습관 그리고 의식은 무엇인가?

Hansen(1986)은 교사가 학교의 문화를 알아내려고 할 때, 다음과 같은 질문을 해야 한다고 하였다: 학교 안팎에서 일하는 날을 묘사하라. 시간과 에너지를 어디에 쓰는가? 대부분의 학생들이 배운 것을 잊어버린다는 것을 감안할 때, 학생들이 시간이 지나도 무엇을 기억하기를 바라는가? 여러분이 좋아하고 끌리는 학생들을 생각해보라. 이 학생들의 공통된 특징은 무엇인가? 학교에서 교사가 성공하려면 무엇이 필요한가? 성공을 원하는 신규교사들에게 어떤 충고를 할 것인가? 당신은 과거의 교사들과 학생들에 대해 무엇을 기억하고 있는가? 만약 학교의 어떤 면을 나타내는 그림을 그리거나 사진을 찍거나 콜라주(collage)[1]를 만든다면, 그것은 어떻게 생겼을 것 같은가? 학생들은 어떻게 보상을 받는가?

## 학교 문화의 어두운 측면

강력한 학교 문화의 이점은 분명하다. 느슨하게 연결되어 있고 비선형적인 세계에서 문화는 조정과 통제를 위한 효과적인 수단이다. 목적과 공유된 가치는 학교 안에서 일하는 사람들에게 영감과 의미, 중요성을 나타낸다. 이러한 특성은 기대 이상의 성과를 가져올 수 있으며, 이를 통해 학교는 궁극적으로 목표를 더 잘 달성할 수 있다.

그러나 학교 문화에는 어두운 면이 있다. 예를 들어, Weick(1985)은 다음과 같이 말했다.

우리가 누구인지에 대한 논리정연한 진술은 우리가 다른 무언가가 되는 것을 어렵게 만든다. 강력한 문화는 고집이 센 문화이다. 이러한 문화는 변화와 기회를 감지하는 데 더디게 할 뿐만 아니라, 느리게 움직이게 하는 문화일 수 있기 때문에, 강력한 문화는 퇴보적인 적응을 낳을 수 있다. (p. 385)

---

1) 관계없는 것을 짜 맞추어 예술화하는 화법의 일종

아울러, 강력한 규범체계가 존재한다는 것은 사람들의 마음을 프로그래밍화 할 수 있다. 이것이 극단으로 치닫게 된다면, 다른 방식으로 현실을 보는 것이 어렵게 될 것이다. 마지막으로, 합리성의 문제가 있다. 자신의 행동을 바라보는 데 있어 덜 이성적이게 되기 때문이다. 강력한 문화는 헌신적인 문화이다. 헌신하는 것은 이성적인 행동에 해를 끼친다.

Schein은 지배적인 문화는 너무나 확고해져서 혁신을 제약한다고 지적한다. 지배적인 문화는 과거의 영광을 보존하기 위한 자존감 및 방어 수단으로써의 가치를 부여받는다(Schein, 1985).

## 충직한 반대 세력의 중요성

만일 문화 중심부를 구성하는 목적과 규약이 유동적이라면, 학교 문화는 약하고 효과가 없을 것이다. 같은 이유로 만일 문화 중심부가 매우 강하다면, 구성원들의 개성과 혁신을 위한 움직임을 억압할 수 있다. 따라서 회복력이 뛰어난 문화를 만드는 것이 필요하다. 이는 여기저기에서 변화하기 위해 구부릴 수 있지만 끊기지 않는 문화이다. 즉, 새로운 방향으로 뻗어나갈 수 있고 오래된 문화로부터 축소될 수 있지만, 여전히 그 진실성을 유지할 수 있는 문화, 다시 회복하여 힘과 정신을 회복하고 정체성을 유지할 수 있는 문화이다. 이를 위해서는 작지만 활기찬 반대 세력을 양성하는 것이 중요하다.

> 정직하고 신뢰하는 관계를 맺지만 상충되는 비전과 목표 또는 방법을 가진 사람들은 학교 조직을 최고로 이끌어낸다. 그렇기에 우리는 반대하는 사람들에게 감사해야 한다. 왜냐하면, 이들은 우리의 계획에 현실성과 실용성을 가져다 주기 때문이다. (Block, 1987, pp. 135-136)

Block은 충직한 반대 세력과 협력할 때, 리더가 그들을 존중한다는 것을 전달하는 것이 중요하다고 보았다. 리더들은 관계의 질과 신뢰를 기반으로 한다는 점을 재차 확인함으로써 이를 수행할 수 있다. 그리고 리더들은 그들의 입장과 왜 그들이 그러한 입장을 취하고 있는지 이유를 분명하게 설명해야 한다. 또한, 그들이 생각하는 충직한 반대 세력의 입장이 무엇이어야 하는지를 중립적으로 진술할 수 있어야 한다. 리더는 다음과 같이 행동해야 한다.

> 우리는 목적과 목표, 심지어 비전에 관한 의견이 다르다. 그렇기에, 우리의 임무는 반대
> 세력의 입장을 이해하는 것이다. 그 일을 수행하는 방법은 반대 세력에게 긍정적인 방법으로 그
> 들의 주장을 말하게 하는 것이다. 반대 세력의 이견을 이해하고, 이를 인정해야 한다. (Block,
> 1987, p. 137)

이런 종류의 관계를 유지할 수 있을 때, 리더십과 충직한 반대 세력은 좋은 믿음
으로 차이를 협상할 수 있는 위치에 있게 된다.

# [6장 마무리 활동]

## 자신에 대한 이해

<<**안내사항**>> 이 장에서 논의된 내용에 대한 이해도를 높이고, 당신의 생각, 가치, 신념이 그 내용과 얼마나 관련되어 있는지에 대한 성찰을 위해, 다음 각각의 질문 혹은 진술문을 읽고 응답해 보세요. 응답을 모색하는 과정에서, 이 장에서 논의된 내용을 리뷰하는 것이 도움을 줄 수 있을 것입니다.

1. 다음의 표를 활용하여 리더십의 5가지 힘을 각각 발휘하는 교장과 교감의 예를 적어보십시오. 일주일 평균 근무 주간에서 예를 들어보십시오. 교장과 교감이 강조하는 리더십의 힘은 무엇인가? 표에 적절한 예를 기록하십시오. 어떤 패턴이 등장하는가? 교장과 교감이 강조하는 리더십이 다른가? 어떤 리더십이 가장 관심을 적게 받는가?

| | 기술적 힘 | 인간적 힘 | 교육적 힘 | 상징적 힘 | 문화적 힘 |
|---|---|---|---|---|---|
| 우리 학교의 교장 | | | | | |
| 다른 학교의 교장 | | | | | |
| 우리 학교의 교감 | | | | | |
| 다른 학교의 교감 | | | | | |

2. 충직한 반대세력을 신뢰해야 하는가? 아니면, 그냥 단지 반대 세력은 반대 세력일 뿐인가? 당신이 속한 학교의 교장이 당신과 비슷한 목표를 공유했지만, 목표

를 잘 달성하기 위한 방법에 있어 차이를 보였던 적이 있는가? 교장은 당신을 반대 세력으로 보았는가? 아니면, 충직한 반대 세력으로 보았는가? 만약 당신이 목표나 그러한 목표를 달성하기 위한 방법을 공유하지 않았다면, 그래도 서로를 존중하고 신뢰했을까? 당신은 충직한 반대 세력 반열에 합류할 만큼 좋은 관계 인가? 어떻게 하면 충직한 반대 세력이 더 나은 교장이 되도록 도울 수 있을까?

3. 다음 질문에 답하면서, 속해 있는 학교의 역사를 파악하고, 학교 문화를 파악하 십시오.

- 현재 학교생활은 어떠한가?
- 어떤 전통이 그대로 남아 있는가?
- 어떤 이야기가 반복해서 전달되고, 들리는가?
- 학교 역사 중 간과되거나 잊혀진 사건이 있는가?
- 영웅은 존재하는가?
- 지난 수년 동안 학교의 전통과 역사적 사건은 어떻게 재해석되었는가? 예를 들어, 사실 로 부터 신화로 기억될 만한 역사적 사건을 생각해 낼 수 있는가?

4. 중심부로 분류될 수 있는 학교의 3가지 특성을 파악하고, 동료 교사와 그 근거 를 논하십시오.

5. 속해 있는 학교에서 교직원들이 공유하는 신념과 가치, 가정들은 무엇인가? 최 소한 3가지 이상을 논하고, 그것이 학교 효과성에 어떻게 영향을 미치는지를 설 명하십시오.


## 시나리오 분석

<<**안내사항**>> 이 시나리오에서는 본 장에서 다루어진 개념들이 실제에서 어 떻게 적용되고 있는지를 보여줍니다. 시나리오 뒤에 일련의 질문들이 제시됩니다. 시 나리오를 읽고 난 후 각 질문에 답하세요. 질문들에 답하는 데 어려움을 느낀다면, 이

장의 주요 내용을 다시 읽어봄으로써 도움을 받을 수 있을 것입니다.

# RED 중학교 문화의 변화

2008년 4월, Shelia Hawthorn은 한 해가 끝나기 5주 전에 Red 중학교의 교장으로 임명되었다. NCLB의 결과, 그 학교는 실패했다고 여겨졌고, **새로운 출발**(fresh start－ed)을 했다. Red 중학교의 학생들은 3년 연속 평균에 도달하지 못했기에 새로운 출발을 했던 것이다. Hawthorn 교장은 2009－2010년 학기 마지막 2주 동안 Red 중학교를 탐방할 수 있는 기회를 얻었다.

## RED 중학교

Red 중학교는 학교 내 폭력성이 높은 학교로 분류되며, 학습이 원활하게 이루어지지 않는 학교로 알려져 있다. 학교에는 학생들의 정서적·신체적 성장을 지원하는 프로그램이 마련되어 있지 않으며, 학생들이 조기에 사춘기에 진입함에 따라, 각종 문제가 발생하여 어려움을 겪었다. 학교에 들어서자마자 Hawthorn 교장은 상황을 즉각적으로 알아차렸다. 벽에 칠한 페인트가 벗겨지고, 건물과 문을 지탱하는 철제 기둥이 녹슬어 있는 것을 발견했기 때문이다. 또한, 복도를 따라 계속 걸어가면서 문간과 건물 벽에 낙서들이 있다는 것을 발견하였다. 아울러, 교실과 복도에는 전등이 하나씩 밖에 달려 있지 않았다. 이로 인해 Hawthorn 교장은 학생들이 조명으로 인해 학습지를 실제 볼 수 있는지에 대해 의문을 품었다. 좋지 않은 학교 풍토와 문화가 학생들의 성취에 영향을 미치고 있음이 분명했다. Hawthorn 교장은 학교가 어떻게 그렇게까지 심각한 상태일 수 있는지에 대해 의아해했다.

## 지역사회

Red 중학교의 학생들은 학교로부터 반경 5마일 이내 5개 지역사회에 거주하는 청소년들로 구성되어 있다. Red 중학교에 다니는 학생들 중 15%만이 걸어서 갈 수 있는 거리에 살았는데, 이는 다시 말해 85%의 학생들이 버스를 타고 학교에 다닌다는 것을 의미했다. 많은 학생들은 저소득층이 주로 살고 있는 아파트에 살고 있었다. 2000년 인구조사에 따르면 1990년 이후, 이 동네 인구의 4.7%가 감소했다. 1990년에는 동네의 인구가 12,686명, 2000년에는 12,066명이었다. 그중 아프리카계 미국인이 95.3%, 백인계가 3.5%, 히스패닉계가 1%, 아메리칸 인디언/에스키모가 10%, 아시아계가 10%였다. Red 중학교 인근의 지역사회에는 다양한 직업군을 가진 사람들이 거주했다. 그중 화이트칼라 일자리를 가진 사람은 43.90%, 블루칼라의 일자리를 가진 사람은 56.1%였다. 지역사회의 76%의 가정에는 취학 연령의 아동들이 있었다.

**학부모/보호자의 인구통계**. Red 중학교의 학부모를 설명하는 자료는 몇 가지를 제외하고는 지역사회에 대한 자료와 거의 유사하다. Red 중학교 사회에서는 부모의 98.6%가 아프리카계 미국인이었다. 백인은 0.56%이고, 히스패닉계는 0.84%였다. Hawthorn 교장은 21.7%의 학생들만이 부모와 함께 살고 있다는 사실을 알아차렸다. 34%의 학생들은 한부모 가정에서 살고 있었다. 27.2%는 부모 혹은 양부모(stepparent)와 함께 살았다. 17.1%는 부모가 아닌 다른 보호자와 함께 살고 있었다. 학부모의 62%는 고등학교를 졸업하지 않았다. 학부모의 42%는 빈곤층으로 분류되어진 82.5%의 학부모와 함께 일했다. 평균 가구 소득은 23,735달러였고, 평균 소득은 33,849달러였다.

## 성과가 저조한 학교 문화의 변화

Hawthorn 교장은 교내와 교외를 관찰하여 얻은 정보와 규율과 출석, 학업성취 등과 관련된 자료들을 분석한 결과 4가지 영역에서 변화가 필요하다고 생각했다: (1) 학교 및 교실의 환경, (2) 관리자, 교직원들의 전문성, (3) 학생/교사 관계, (4) 학생들이 스스로에 대해 느끼는 방식.

이후 교사, 학생, 학부모, 지역사회 구성원을 포함한 학교개선 계획을 개발하였다. Hawthorn 교장은 학교 리더십 강의에서 배운 내용과 동료 교장과의 상호작용, 그리고 리더십의 사례와 과정 및 절차에 관한 연구로부터, 다음의 4차원 틀이 현실화될 때, 학교문화에 변화가 일어날 것이라고 생각했다.

학교개선 계획은 Green(2010)이 언급한 4차원에 기반하여 만들어졌다. 1차원:

*자신을 이해하고, 타인을 이해*하면 관리자 및 교직원의 전문성을 제고시키는 데 필요한 정보와 절차를 얻을 수 있다. 2차원: *조직의 복잡성을 이해*함으로써, 학교의 내부 및 외부 환경을 변화시키는 데 필요한 정보와 절차를 얻을 수 있다. 3차원: 교사와 학생, 학교와 지역사회 간의 변화를 이끌어내기 위해서는 *관계를 통한 가교를 구축*해야 한다. 4차원: 리더십의 모범 사례를 검토하여, 학교의 변화를 위해 *모범 리더십을 실천*해야 한다. 학교개선 계획을 위한 틀은 [참고 6.3]과 같다.

## [참고 6.3] 학교를 육성하는 이론적 틀

**Dr. Reginald Green의 이론**

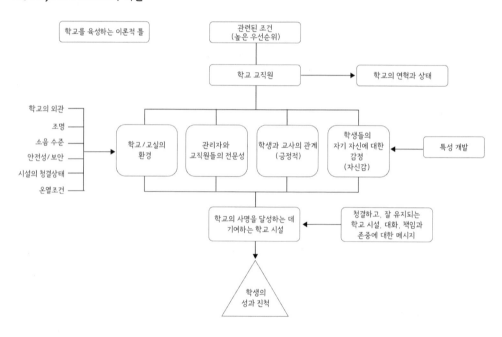

Red 중학교 문화변화에 영향을 미치는 주된 요인은 인간적 힘이었고, 그중 의사소통은 가장 필수적인 부분이었다. 교장은 학생들에게 일관되고 분명한 기대의 메시지를 전달했다. 교사들에게는 교장은 리더십에 대한 책임을 공유할 수 있도록 하고, 동기를 부여하여 교육 개선을 위한 책임을 떠맡고 수행하도록 하였다. 아울러, 리더를 육성했을 뿐만 아니라, 리더들에게 필요한 권한을 주었으며, 이들이 리더 역할을 맡을

때 필요한 부분을 지원했다.

교사 리더를 양성함으로써 협력적인 문화를 조성할 수 있기에, 교장은 이러한 절차를 학교 변화에 있어 매우 중요한 부분이라고 판단하였다. 협력적인 문화가 정착됨에 따라 교직원들은 자료 중심의 의사결정 과정에 참여할 수 있었고, 측정 가능한 목표에 초점을 맞추어 학생의 성취도를 향상시킬 수 있게 되었다.

### 변화를 관리하는 절차

학교를 효과적으로 변화시키기 위해서는 의사소통이 가장 중요했기에, 이해당사자들에게 정보를 제공하기 위한 다양한 의사소통 수단을 활용해야 했다. 모든 교직원들은 양방향 대화에 참여하라는 요청을 받았다. 또한 교직원들은 모든 학생들의 높은 학업 성취를 궁극적인 목표라고 생각하고, 그에 따른 행동을 하기를 요구받았다. 이러한 절차에 기반하여 Hawthorn 교장은 학생들의 학습에 도움이 되는 환경을 조성하고자 하였다.

효과적인 양방향 의사소통 체계를 확립하는 것 외에도, 안전하고 질서 있는 환경이 되도록 변화를 지원하는 조직 구조가 만들어졌다. 그리고 해당 구조를 관리하기 위한 절차가 수립되었고, 모든 교직원과 학생들은 그 절차를 따를 것을 요구받았다. 교사들과 학생들은 학교개선 과정에 적극적으로 참여함으로써 다른 사람들을 변화 과정에 참여시키고 다른 사람들에게 힘을 실어주는 일에 가치를 둘 것을 요청받았다. 이를 위해 학교 전체에 교류의 중요성을 알리는 게시물들이 부착되었다.

교직원은 학교 환경을 학생들이 지적 능력의 수준에 따라 그리고 과학적, 수학적, 분석적 교수법을 통해 발전될 수 있는 학생 중심의 환경이라고 정의내렸다. 그리고 그러한 환경을 조성하기 위한 교직원 위원회가 만들어졌으며, 관련된 정보는 모든 교직원들에게 알려졌다. 또한 해당 정보는 학교 내에 게시되었고, 관련 사안은 교직원 회의에서도 검토되었다.

가장 중요한 일은 교직원이 성공하고, 학생이 뛰어난 성과에 도달했을 때, 보상하는 것이었다. 이에 따라 교장은 탁월한 성과와 목표를 달성한 교사와 학생에게 공로를 인정하는 상을 수여하도록 하는 절차를 수립하였다.

Hawthorn 교장은 Red 중학교의 문화를 변화시키고, 학생들의 학업 성취도와 출석률을 높이며, 징계 발생률을 줄이기 위해 3년에 걸쳐 필요한 관행 및 절차들을 점검하였다. 그리고 다음의 3가지 문화를 갖추도록 하기 위한 각종 계획을 시도하였다. 강력한 공동체 의식 갖추기, 학생들에 대한 높은 기대치를 설정하고 학습에 중점을 두는 문화를 구축하기, 학교 구성원들의 복지를 배려하는 것이다.

### 성찰적 질문과 시나리오 분석

1. 변화 과정에서 가장 크게 영향을 미친 리더십의 힘은 어떤 것인가? 시나리오의 단락과 장에 수록된 내용을 활용하여 질문에 대한 답을 작성하십시오.

2. Hawthorn을 교장으로 임명하기 이전에 Red 중학교의 문화를 어떻게 설명할 수 있는가? 해당 답변을 4가지 수준의 문화를 활용하여 설명하십시오.

3. Hawthorn 교장은 어떤 리더십 힘을 강조했는가? 본 장의 절들을 활용하여 답변을 작성하십시오.

4. Hawthorn 교장이 학교 문화 변화에 강력한 영향을 미치기 위해 지위를 활용했던 방식을 설명하십시오.

5. Hawthorn 교장이 Red 중학교에서 새로운 문화를 만들기 위해 적용한 절차 등에 관한 짧은 글을 쓰십시오.

6. Hawthorn 교장이 모든 학생들의 학업 및 사회적 성공에 관련된 일련의 체제를 구축하기 위해 활용한 접근 방식을 설명하십시오.

7. Hawthorn 교장이 활용한 기예적 지식을 설명하십시오.

8. Hawthorn 교장은 어떻게 교직원, 학생을 포함한 학교 공동체 구성원들의 마음 풍경(mindscapes)을 바꾸는 데 성공하였는가?

9. 변화 전후에 교직원들이 공유했던 신념을 비교하고 대조하십시오.

출처: 이 시나리오는 Sharon Williams-Griffin의 박사학위 논문인 "성과가 낮은 중학교를 성과가 높은 중학교로 전환하기: 자전적 민속기술지 연구(The Transformation of a Low Performing Middle School into a High Performing Middle School: An Autoethnography)"를 참고하여 재서술하였다.

# 리더십의 단계: 발전적 관점

본 장에는 2가지 주제가 전개된다. 첫 번째 주제는 리더십의 단계를 이해하고 발전적 관점을 취해야 한다는 것이다. 각각의 상황에는 해당 상황에 요구되는 리더십의 단계가 있다. 성공한 교장들은 자신이 처한 상황을 직시하여, 상황에 가장 부합하는 리더십을 발휘한다. 상황이 변할 경우, 다른 종류의 리더십을 발휘해야 한다. 두 번째 주제는 3가지 리더십의 **원형**(archetypes)인 예술가, 명장(craftsman), 기술 관료 (technocrats)에 관한 것이다. 3가지 유형은 리더십 발휘에 있어 각각 강점을 보이지만, 이 유형들이 동일하게 중요한 것은 아니다. 예술가와 기술 관료들(technocrats)이 중요한 역할을 하지만, 비전을 현실로 만드는 연결고리 역할을 담당하는 이는 장인 (craftsman)이기 때문이다.

교장들이 직면하는 모든 상황에 항상 동일한 리더십 전략이 요구되는 것은 아니다. 유능하고 동기부여가 잘된 교직원들을 둔 교장은 특정 방향으로 리더십을 발휘해야 하고, 그렇지 않은 경우, 교장은 다른 방향으로 리더십을 실천해야 한다. 유사 기예적인(craftlike) 상황에 맞는 기술 지식을 활용하는 것 같이, 리더십에 있어서도 교장은 상황에 맞는 각기 다른 리더십을 실천하려는 노력이 필요하다. 이 장에서 우리는 교장이 활용할 수 있는 4가지 리더십 전략과 전술을 살펴보고자 한다. 각각의 전략과 전술은 효과적인 학교를 발전시키는 동안 서로 다른 시점에서[1] 적합하다(Sergiovanni, 1990, 1994):

1. *거래(bartering)*. 교사들은 리더가 원하는 것을 제공하는 대가로 필요로 하는 것을 제 공받는 거래를 한다. 거래의 주안점은 교사가 원하는 것과 리더 입장에서 교사의 복종 및 협조의 필요 간 교환에 주어진다. 이러한 접근은 교장과 교사들이 공통의 목표와 이익을 공유하지 않을 때, 가장 효과적이다.

2. *구축(building)*. 교장은 교사들이 성취와 책임, 능력 등과 관계된 개인적 욕구를 충족 시킬 수 있는 기회를 조성하는 풍토와 대인관계를 지원한다. 이러한 리더십을 발휘하는 데 있어 강조되어야 할 것은 교사들에게 심리적인 성취를 경험할 수 있는 조건을 제공 해야 한다는 점이다. 그러나 일정 수준이 지나서는 그 강조점을 외부적인 보상에서 본 질적인 보상으로 전환할 필요가 있다.

3. *결합(binding)*. 교장과 교사들은 함께 공유하고 싶은 관계와 만들고자 하는 관계에 관해 공유된 가치들을 발전시켜, 서로가 학습자와 리더가 되는 실천 공동체가 된다.

4. *결속(bonding)*. 교장과 교사는 학교의 일상생활 속에서 학교개선을 도모하는 방식으 로 서로 간의 관계를 변화시키고, 공동체로서 연결이 되는 특징을 보인다. 결속에서 강 조하는 것은 상호 간에 지켜야 할 책임과 의무 및 약속이 있다는 점이다. 지속적인 리 더십 발휘와 지속적인 학교개선이 보장되는 것은 바로 이 결속 단계에서이다. 이러한 전략이 적용되는 학교에서는 사람들이 마음 공동체, 가슴 공동체, 실천 공동체로 모이 게 되며, 해당 공동체 내에는 도덕적 권위가 확립되는 경향을 보인다.

이상을 종합해보면, 각각의 전략들은 서로 다른 학교 역량과 우수성을 고려하여 적용될 필요가 있다는 것을 알 수 있다. <표 7.2>에는 이에 대한 설명이 기술되어 있다. 그러나 무엇보다도 우선적으로 고려해야 할 사항은 교장의 리더십 실천을 정당 화하기 위해 활용하는 가정과 이론에 주의를 돌릴 필요가 있다는 점이다.

---

1) *이 책의 이전 판에서 제시한 리더십의 네 단계는 거래, 구축, 결속, 결합이었다.* 지금 독자들은 구성원들의 결속이 공유된 가치와 이념들(ideas)로 묶인 결과라는 것을 이해하고 있을 것이다. 이와 같이 리더십의 네 단 계는 거래, 구축, 결속에 앞선 결합으로 재정렬된다.

# 리더십 권위의 원천

리더십에 발전적 단계가 있다고 할 때, 강조가 되어야 할 점은 어떤 리더십 전략을 활용하는 것이 최선일지를 생각하는 것이 아닌, 학교개선 단계를 우선적으로 고려하여 각 단계에 맞는 전략에는 어떤 것이 있는지를 생각하는 것이다. 예를 들어, 거래로서의 리더십은 효과적으로 작동되지 않는 학교에 가장 적합하다. 반면, 기본적인 역량이 어느 정도 구축이 되어 있고, 건강한 대인관계가 형성되어 있으며, 사람들이 실행을 위한 어떤 공통적인 틀(common framework for action)로 연결된 학교에는 결합으로서의 리더십을 발휘하는 것이 적합하다. 각 단계의 리더십 전략은 리더십 권위의 원천을 검토함으로써, Burns(1978)의 거래적 리더십과 변혁적 리더십 유형을 연계시켜 이해할 수 있다.

교장은 보상이 있을 때뿐만 아니라, 보상이 없을 때에도 학교 내 기본 역량을 구축하는 데 필요한 리더십을 발휘하고, 이후 그 역량을 뛰어넘어 탁월한 헌신과 성과를 얻을 수 있도록 리더십을 발휘해야 하는 과제를 지닌다. 구성원들의 지속적인 헌신과 성과를 얻기 위해서는 사람들이 도덕적인 사유로 일하도록 연결시키는 리더십 접근이 필요하다. 도덕적 사유들은 학교의 문화적 중심을 형성하는 목적과 가치, 규범으로부터 나온다. 이러한 중심은 사람들을 공통의 대의명분으로 결합시킨다. 도덕적 사유는 사람들을 결속시키기 때문에, 도덕적 사유를 기반으로 한 리더십을 결합적 리더십(a binding leadership)이라고 한다. 결합적 리더십은 교사들이 자기 관리를 하는 데 있어 매우 중요하다. 결합적 리더십은 기존의 전통적 접근과 인적자원 접근법과는 다음의 면에서 대조되는 특징을 보인다.

1. *전통적 리더십.* 계층 구조와 규칙, 규범 등을 강조하고, 관료적 연계를 통해 구성원들이 부하로서 작업을 수행하도록 한다.
2. *인적자원 리더십.* 지원적인 풍토와 대인관계 기술을 강조하고, 사람들이 궁극적으로 자기실현을 할 수 있도록 하는 동기부여에 주된 관심을 둔다.
3. *결합적 리더십.* 가치와 신념을 강조하고 도덕적 연계를 통해 구성원들이 행동할 수 있도록 한다.

## 전통적 리더십

전통적 리더십(traditional leadership)의 실천은 리더십 권위의 원천을 관료적 가치에 둔다. 교사들은 규칙과 안내된 길을 따르고 그에 따른 결과를 보일 것으로 예상된다(권위의 원천과 암묵적 가정에 대한 논의는 교장과 교사가 학생과 관련하여 발휘하는 리더십에도 적용되기 때문에 학생들도 마찬가지이다). 어떤 의미에서, 교사들은 문제를 피하기 위해 추종하는 것(compliance)을 체제와 거래한다. 관료적인 권위는 가장 진보적인 학교에서도 나타나고 있다. 그러나 관료적인 권위가 중심이 된다는 것은 다음과 같은 가정이 암묵적으로 내포된다는 것을 의미한다.

- 교사들은 위계적으로 배열된 체제에서 하위직에 속해 있다.
- 교장은 신뢰할 수 있지만, 교사는 신뢰할 수 없다.
- 교사와 교장의 목표와 이해관계는 동일하지 않으므로 교장은 주의를 기울여야 한다.
- 위계(hierarchy)는 전문지식을 얼마나 보유하고 있는지와 동일하다. 그렇기에 교장은 교사보다 우위에서 많은 것들에 대해 알고 있다.
- 외부로부터의 책무성이 가장 잘 적용된다(Sergiovanni & Starratt, 1993, p. 25)

전통적 리더십에 의존할 경우, 교장의 점검이 잘 이루어지지 않으면, 교사들은 교장이 점검하지 않을 때에는 일을 효과적으로 수행하지 않는 경향을 보인다(Sergiovanni, 1990-1991; Weick, 1976). 그리고 점검이 잘 이루어질 때, 교사들은 정해진 바에 따라 일을 수행하며, 그 일을 수행하기 위한 기술자적인 특성을 보인다. 교사들은 탈숙련화(deskilled) 되어 있다(McNeil, 1986; Rosenholtz, 1989; Wise, 1979). 교사들이 자신의 재능을 충분히 발휘하지 못할 때, 일상이 고될 때, 자신의 일을 교육이라고 여기기보다는 그저 하나의 직업이라고 바라보고, 학생들을 인격적으로 대우하기 보다는 하나의 사례로 대하는 경향이 있다.

소수의 사람들만이 관료적 권위에 기초한 전통적 리더십 실천을 옹호하려고 하거나 이 리더십의 배후에 있는 가정을 받아들인다. 예를 들어, 교장은 교사를 신뢰할 수 없다고 생각하고, 교사들은 학교와 동일한 목표와 관심사를 공유하지 않는다고 생각하는 것이다. 교장이 더 전문성이 많다고 보기 어려움에도 불구하고, 이 관점을 받아들이는 교장들은 교사들을 부하라고 생각하며, 이들을 잘 감시할 때 학교가 원활하게 돌아간다고 생각한다. 이러한 이유로 "점검과 감시"가 계속된다. 교장은 정해진 기준을 점검하고, 교사들의 능력을 향상시키려 하기 보다는 통제를 목표로 하는 감독을 한다.

## 인적자원 리더십

인적자원 리더십(human resource leadership)의 실천은 사람들을 권위의 원천으로 보고, 사람들에게 동기를 부여하고, 이들의 전문 지식과 능력에 의존하는 경향을 보인다. 본질적으로, 이 아이디어는 교사에게 동기를 부여할 때 이들이 어떤 심리적 버튼(psychological buttons)을 눌렀는지 파악하고, 이들이 올바른 것을 선택했다면 교사는 자신의 필요를 충족시키기 위해 교장의 요구에 기꺼이 응하는 교섭을 할 것이라 본다. 교장이 개인의 권위(personal authority)를 리더십 실천의 중심에 놓을 때에는 다음과 같은 가정이 암묵적으로 내포되어 있는 것 같다.

- 교사와 교장의 목표 및 이해관계는 동일하지 않다. 이로 인해 교사와 교장은 상대방이 원하는 것을 제공하여, 자신이 원하는 것을 얻을 수 있도록 교환한다.
- 교사들은 욕구(needs)를 갖고 있으며, 욕구가 직장에서 충족될 경우, 원활하게 업무를 수행한다.
- 쾌적한 대인관계 풍토에서 형성된 우호적 관계는 교사들로 하여금 교장과 함께 일하기를 편하게 하며, 협동하는 것을 어려워하지 않게 한다.
- 교사의 협력과 헌신을 이끌어내기 위해 교장은 교사의 욕구를 읽고, 이를 다룰 수 있는 전문가(experts)가 되어야 한다(Sergiovanni & Starratt, 1993, p. 27).

교사들은 보상이 주어질 때에는 반응하지만, 그렇지 않을 때에는 반응하지 않는다. 교사들은 계산된 이유로 업무에 관여하기에, 거래적 협상을 지속하지 않는 경우, 업무를 지속하지 않는 특성을 보인다.

## 결합적 리더십

결합적 리더십의 실천은 권위의 원천을 도덕적 가치에 두고 있다. 도덕적 권위는 교사들이 널리 공유하고 있는 가치와 이념, 이상과 연계된 결과로, 학교에 대해 느끼는 의무로부터 비롯된다. 도덕적 권위가 자리를 잡으면, 교사들은 공유된 약속과 창조된 의미에 상호의존적으로 반응한다. 도덕적 권위가 교장의 실천에 있어 중심이 됨에 따라, 학교는 도덕적 공동체로 변화한다. 도덕적 권위는 5장에 나타난 공동체 구축에 관한 논의의 핵심을 이룬다. 권한의 원천과 리더십 실천과의 관계는 <표 7.1>에 요약되어 있다.

**〈표 7.1〉 리더십과 리더십 발휘를 위한 권위의 원천**

| 원천 | 가정:<br>주요 원천의 사용이<br>한창일 때 | 리더십/장학 전략 | 기대되는 결과 |
|---|---|---|---|
| 관료적 권위 | | | |
| · 위계<br>· 규정, 규칙<br>· 의무<br>· 역할 기대<br>· 교사들이 따르거나 직면할 것으로 예상됨. | · 교사들은 위계적으로 배열된 체제에서 하위직에 해당됨.<br>· 교장은 믿을 만하지만 교사들은 전적으로 믿을 수는 없음.<br>· 교사와 교장의 목적과 관심사는 같지 않음. 따라서 교장은 주의를 기울여야 함<br>· 위계구조는 전문지식의 보유 정도와 같음. 따라서 교장은 교사보다 많은 것을 알고 있음<br>· 외부로부터의 책무성이 가장 효과적으로 작동함 | · "기대와 점검"이 가장 중요<br>· 미리 정해진 기준에 따라 제재를 가하거나 조치를 취해야 함<br>· 교사의 업무를 직접 감독하고 면밀히 점검하여 규정 준수의 여부를 판단해야 함<br>· 교사들에게 동기를 부여하고 그들이 변화하도록 하는 방법을 찾아야 함 | · 적절한 모니터링을 통해, 교사들은 미리 안내된 길을 따르는 기술자로 행동할 것임<br>· 교사들의 성과는 제한된 수준 |

| 개인적 권위 | | | |
|---|---|---|---|
| · 동기부여 기술<br>· 대인관계 기술<br>· 인간관계 리더십<br>· 교사들은 우호적인 풍토 때문에 잘 따르고, 교환을 통해 이에 대한 보상을 얻고 싶어함 | · 교사와 교장의 관심사가 동일하지는 않지만 각자가 원하는 것을 얻도록 교환할 수 있음<br>· 교사는 요구를 지니고 있으며, 이러한 요구가 직장에서 충족될 경우, 그 대가로 업무를 수행함<br>· 친밀한 관계와 조화로운 대인관계 풍토는 교사의 만족도를 높이고 상호 간의 협동을 쉽게 함 | · 교사들과 교장 사이의 친밀감을 특징으로 하는 학교 분위기를 조성해야 함<br>· "기대와 보상"<br>· "보상을 통해 원하는 것을 성취할 수 있음" | · 교사들은 보상이 주어질 때 요구에 따라 반응하지만 그렇지 않을 때는 요구에 반응하지 않음. 교사들의 참여는 계산적이며, 성과는 좁은 범위에 국한됨 |
| 도덕적 권위 | | | |
| · 널리 공유된 공동체의 가치관, 이념 및 이상으로부터 의무를 느낌<br>· 교사는 공유된 약속에 반응하며, 상호 의존성을 느낌 | · 학교는 전문적 학습 공동체<br>· 공동체는 공유된 가치, 신념, 약속을 중심으로 정의됨<br>· 공동체에서 무엇이 옳고 좋다고 여겨지는지는 무엇이 효과가 있고 무엇이 효과적인가 만큼 중요함<br>· 사람들은 자기 이익뿐만 아니라 감정과 신념에 의해서도 동기 부여가 됨<br>· 동료 간 협조는 전문직적 미덕임 | · 학교를 공동체로 정의하는 가치와 믿음을 확인하고 명확히 해야 함<br>· 위의 내용을 행동으로 전환하는 비공식적 규범을 만듦<br>· 마음으로부터 느껴지는 것과 도덕성으로 주도되는 상호 의존성이 동료애를 장려함<br>· 공동체 구성원의 능력에 의지함<br>· 공동체의 비공식적 체제에 의존하며, 전문가 공동체의 가치를 구현함 | · 교사는 도덕적 이유로 공동체의 가치에 응답함. 교사들의 실천은 집단적으로 이루어지며 그 수행 능력은 광범위하고 지속적임 |

출처: Sergiovanni(1992)에 기초함

# 리더십의 단계

1978년 James MacGregor Burns는 리더십이 발휘되는 방식을 정리하여 리더십 이론을 고안하였다. Burns(1978)는 리더십의 실천이 특정한 동기와 목적을 가진 사람들이 팔로워들의 동기를 자극하고 만족시키기 위한 자원을 동원할 때 이루어진다고 하였다. Burns(1978)는 2가지의 리더십을 제안했다. 하나는 *거래적 리더십*이다. 이는 외적 동기와 요구에 초점을 맞추고 있다. 다른 하나는 *변혁적 리더십*이다. 이는 내적 동기와 수준 높은 질서에 중점을 두고 있으며, 도덕적 동기와 요구에 초점을 두고 있다. 이 책의 후반부는 Burns의 이론을 이해하는 데에 중요하다. 예를 들어, Burns(1978)는 리더십을 "리더와 팔로워들이 서로 더 높은 수준으로 도덕성을 고양시키고, 동기를 부여하는 과정"이라고 설명했다(p. 20). 변혁적 리더십은 존경과 자율, 자아실현에 관한 높은 차원의 심리적 요구와 관련된 것과 선, 의무, 정의 등에 관한 도덕적 문제를 다루는 단계로 구분할 수 있다.

거래적 리더십에서 리더와 팔로워는 독립적인 목표를 달성하기 위해 자신의 욕구와 서비스를 교환한다. 리더와 팔로워는 조직에서 공통된 이해관계를 공유하지 않는다고 여겨지기에, 거래는 필수적이다. 이 협상 과정은 이전에 *거래에 의한 리더십*의 형태로 설명되었다. 팔로워들의 요구와 리더의 요구는 교환을 통해 거래된다. 이는 업무 성과에 따른 긍정적인 강화, 업무에 따른 성과급 부여, 승진 등 긍정적인 강화의 형태로 나타난다.

이와 대조적으로 변혁적 리더십은 리더와 팔로워가 서로 더 높은 수준의 목표를 추구하기 위해 단결하는 특징을 보인다. 리더와 팔로워는 모두 최고가 되기를 원한다. 리더와 팔로워는 학교를 새로운 방향으로 만들고 싶어한다. 변혁적 리더십이 성공적으로 실천될 경우, 별개로 시작된 목적들이 서로 결합되기 시작한다.

10년 뒤, Etzioni(1988)는 도덕적 차원에 관한 획기적인 연구에서 동기부여와 관리를 위한 도덕적 권위의 사례를 제시했다. Etzioni(1988)는 외재적·내재적 동기의 중요성은 인정하지만, 사람들에게 가장 중요한 것은 이들이 믿는 것과 느끼는 것, 그리고 집단과 공동체에 내재된 공통된 규범과 문화적 메시지라고 하였다. Etzioni는 도덕적, 감정적, 사회적 유대감이 거래적 리더십의 외적 동기보다 훨씬 더 강력한 동기를 부여한다고 하며, 이는 변혁적 리더십의 초기 단계에 내재된 심리적 관심사라고 언급하였다.

변혁적 리더십은 **구축으로서의 리더십** 형태를 취한다. 변혁적 리더십의 초점은 인간의 잠재력을 일깨우고, 높은 수준의 요구를 충족시키고, 높은 수준의 헌신과 성과를 위해 동기를 부여를 하는 방식으로 리더와 팔로워의 기대를 높이는 데에 있다. Burns는 변혁적 리더십이 리더와 팔로워들의 행동 수준과 윤리적 목표를 높이기 때문에 도덕적이라고 언급한다. 변혁적 리더십은 **결합으로서의 리더십** 형태로 발휘된다. 리더는 학교 목표와 목적을 달성하기 위해 리더와 팔로워들을 도덕적 약속으로 묶으며, 이들의 행동을 공유된 약속 수준으로 높이도록 하는 데 중점을 둔다. 결합으로서의 리더십은 인간의 요구에 대한 응답이자, 목적과 의미에 대한 요구로 반응한다. 변혁적 리더십과 관련된 개념에는 문화적 그리고 도덕적 리더십의 결합이 있다.

거래로서의 리더십, 구축으로서의 리더십, 결합으로서의 리더십은 학교개선을 위한 리더십 단계들이다. 거래로서의 리더십은 업무를 시작하는 데 필요한 추진력을 제공한다. 구축으로서의 리더십은 사람들이 더 높은 수준의 요구를 충족시키는 데 필요한 심리적 지원 제제를 만드는데 필요한 추진력을 제공한다. 이와 더불어, 결합으로서의 리더십은 성과와 헌신에 필요한 영감을 제공한다.

**결속으로서의 리더십**은 학교 개선을 위한 네 번째 단계의 리더십이다. 사람들이 비슷한 가치와 신념을 공유할 때, 이들의 관계는 변화된다. 사람들은 서로에게 보다 개방적이 되고, 서로를 지원하게 되며, 서로를 위한 도움을 주게 된다. 신뢰에 따른 결합은 사람들 간의 협력을 보다 쉽게 한다. 이로 인해 학교에서는 실천 공동체가 나타날 가능성이 높아진다.

결속으로서의 리더십을 발휘하는 교장은 사람들이 자신의 일을 더 잘 수행할 수 있도록 하기 위하여 교사들에게 보다 잘 봉사하는 경향이 있다. 교장은 관리자, 목사, 섬기는 자로서의 역할을 담당할 뿐만 아니라, 학교의 가치를 보호하기 위한 "성직자"로서의 역할을 수행한다. "성직자"의 역할은 6장에서 논의된 리더십의 문화적 영향력을 표현한 것이다.

리더십의 각 단계는 학교 개선을 위한 뚜렷한 전략으로 간주될 수 있다. 그러나 전략적으로 말하자면, 거래로서의 리더십, 구축으로서의 리더십, 결합으로서의 리더십, 결속으로서의 리더십은 다른 목적이나 어떤 단계에 있는 사람들을 위해서도 동시에 발휘될 수 있는 리더십의 유형이기도 하다. 예를 들어, 고집이 센 교사에게 교장은 현재 발휘하는 리더십의 유형과 관계없이 거래로서의 리더십을 발휘하는 것이 적합할 수 있다.

거래로서의 리더십은 학교가 역량 구축 하나에만 초점이 맞추어져 있을 때, 효과적일 수 있다. 그러나 학교의 역량이 갖추어진 뒤에는 교사들의 능력과 탁월한 성과를 이끌어내기 위해 구축으로서의 리더십과 결합으로서의 리더십을 발휘할 필요가 있다. <표 7.2>는 리더십의 단계와 학교개선 간의 관계에 관한 내용을 요약하고 있다.

〈표 7.2〉 학교개선과 리더십의 단계

| 리더십의 종류 | 리더십의 유형 | 학교개선의 단계 |
|---|---|---|
| 거래적 리더십 | 거래로서의 리더십 | 리더와 팔로워의 목표를 만족시킬 수 있는 요구와 이익을 교환하는 일부터 시작함 |
| 변혁적 리더십 | 구축으로서의 리더십 | 인간의 잠재력을 이끌어내고, 더 높은 수준의 헌신과 성과를 도출해내기 위해 리더와 팔로워들에게 동기를 부여하며, 기대치를 높임 |
| | 결합으로서의 리더십 | 조직의 목표 및 목적을 공유되는 약속의 수준으로 높이고, 리더와 팔로워를 도덕적 책무로 묶어 변화를 추구함 |
| | 결속으로서의 리더십 | 학교의 요구에 부응하여 자율적인 관리를 장려하고, 봉사함. 가치를 유지하며 동료 간의 협력과 실천공동체의 출현을 장려함 |

# 리더십이 결합과 결속에 의해 작동하는 이유

결합으로서의 리더십과 결속으로서의 리더십은 다음과 같은 이유로 작동한다.

- 이러한 리더십들은 학교가 실제로 어떻게 작동되는지에 관한 현실적 관점과 일치한다. 그렇기에, 이러한 리더십들을 실천하는 것은 실용적이다.
- 이러한 리더십들은 개인과 조직의 성과를 향상시키는 합리성 이론에 근거한다.
- 이러한 리더십들은 구성원들의 헌신 및 성과 충족으로 이어지는 높은 수준의 심리적, 정신적 욕구에 대응된다.

학교 리더가 학교 현장에서 리더십을 실천하기 위한 이론을 선택한다고 하였을 때, 해당 이론이 실제 현장에 부합되는지 아닌지에 대한 특정한 합리성의 이미지를 가정할 수 있다. 먼저, 현실에 맞는 합리성의 이미지를 선택하고, 합리성의 이미지에 맞는 이론을 찾아야 한다.

Shulman(1989)은 인간의 합리성에 대한 3가지 이미지를 언급한다. 3가지 모두 그럴 듯 하지만, 이들 중 어떤 이미지는 다른 이미지에 비해 더 진실되다고 여겨지는 것들도 있다. 3가지 중 어떤 것을 선택하느냐에 따라 혹은 3가지 중 어떠한 조합을 선택하느냐에 따라 리더십 실천을 위한 전략적 기초가 달라지는 차이가 있다. 10점을 만점으로, 다음의 3가지에 대해 각각 얼마나 진실이라고 믿어지는지 점수를 표시해보자.

1. 인간은 이성적이다. 인간은 자신의 목표와 이익, 보상과 일치하는 방식으로 생각하고 행동한다. 만약 당신이 사람들로 하여금 주어진 대로 행동하기를 바란다면, 당신이 원하는 행동이 무엇인지를 명확히 하고, 그러한 행동을 하는 동안 가치를 느낄 수 있도록 해야 한다.

2. 인간의 이성은 제한되어 있다. 사람들은 한 번에 세계의 작은 부분만 이해할 수 있기에, 인간들은 제한된 이해 속에서 합리적으로 행동하려고 노력한다. 그러므로 상황에 수동적으로 반응하기 보다는 상황에 대한 개념이나 정의를 구성한다. 만약 교사들이 변화하기를 기대한다면, 그들에게 무엇을 해야 하는지 말하지 말고, 문제의 해결과 판단에 교사들을 참여시켜야 한다.

3. 인간은 함께 행동할 때에만 이성적이다. 인간의 사고가 너무 한정되어 있기 때문에, 사람들은 중요한 문제를 풀어나가기 위해 공동으로 노력할 기회를 찾아야 한다. 개인의 이성과 능력으로 달성할 수 없는 것들은 공동으로 노력함으로써 달성할 수 있다. 변화를 원한다면 동료와 공동으로 변화 과정에 참여할 수 있는 방법을 개발해야 한다(Shulman, 1989, p.171).

합리성의 첫 번째 이미지는 거래를 한다는 점에서 전통적 관리이론과 전통적 리더십 이론과 관련된다. 그러나 합리성의 두 번째와 세 번째 이미지는 제3장에서 논의된 '혼란족'의 관리에 대한 관점과 구축으로서의 리더십, 결합으로서의 리더십의 이미지와 관련된다. 두 번째와 세 번째 이미지에서 합리성은 사람들이 그들의 세계를 이해하도록 도와줌으로써 획득된다. 의미를 구축함으로써, 합리성에 대한 한계가 극복될 수 있다. 의미를 구축하는 능력은 사람들로 하여금 상황에 대한 정의를 세울 수 있게 한다. 그리고 이러한 능력은 문제를 능동적으로 해결해가는 리더가 있을 때 쌓아질 수 있다. 그러나 이를 혼자하기에는 무리가 있다. 따라서 의미를 구축하기 위해서는 개인의 합리성과 능력이 효과적으로 작동하도록 하기 위해 인적 자원을 잘 활용하고, 동료들과 협조를 잘 이루어 나가려는 노력이 필요하다.

거래로서의 리더십은 구성원들의 신체적 안전, 사회적·자아적 욕구와 대응된다. 동기-위생이론에서 Herzberg(1966)는 이러한 욕구들과 직무 요인들은 교사들의 헌신 및 학교의 성과를 높이기 위한 것과는 관련이 적다고 언급하였다. 그러나 욕구를 충족시키지 못할 경우, 근로자의 성과와 책임 수준은 만족스러운 수준 이하로 떨어질 것이라고 지적했다. 이러한 욕구는 충족된다 할지라도 기본적인 직무 요건을 충족하는 것일 뿐이다. 성취, 도전, 책임에 대한 인정과 역량을 입증할 수 있는 기회가 있을 경우, 근로자들의 능력, 자율성, 자기실현 등과 같은 고차원적 욕구가 충족될 가능성이 있다. 이러한 요소 및 요구들은 구축으로서의 리더십과 관련된다. 구축으로서의 리더십은 리더와 팔로워가 기대 이상의 성과를 거두고자 할 때, 반드시 발휘되어야 할 리더십이다.

결합으로서의 리더십과 결속으로서의 리더십의 강점은 학교의 목표 및 목적으로 리더와 팔로워들을 하나로 묶고, 이들의 신념을 공유된 약속으로 끌어올릴 수 있도록 하는 도덕적 헌신을 자극하는 데에 있다. 결합으로서의 리더십과 결속으로서의 리더십은 사람들이 일의 목적과 의미 등을 일깨우도록 하는 데에 중요성이 있다. 2가지 리더십은 모두 사람과 조직을 하나로 묶는 데 필요한 문화적 견고함을 제공한다는 데에 의의가 있다.


# 리더십 유형이 역시 중요하다

고차원적인 욕구에 관한 관련 연구로는 다음을 들 수 있다. Patricia Pitcher(1997)는 8년 동안 세계 금융 회사의 임원 15명을 대상으로 연구를 수행하였다. Patricia Pitcher(1997)는 리더십과 성격 유형, 조직 효과성 간의 연계에 관심이 있었다. Patricia Pitcher(1997)의 연구는 기업 세계에 기반을 두고 있지만 리더십 원형이 우리에게 친숙하고(예: Blumberg, 1988), 그러한 결과를 우리의 상황에 적용했을 때, 직관적으로 이해하기 쉽기 때문에 도움이 된다.

Pitcher는 3가지 리더십 원형을 밝혀냈다. 첫째, 리더는 뛰어난 비전을 제시하고, 인간지향적이며, 개방적이고, 직관성을 갖춘 예술가이다. 둘째, 리더는 이해심이 있고, 효과적으로 사람들의 개발을 이끌어내며, 구성원들을 북돋고, 이들의 최고 상태를 이끌어내는 명장(craftsmen)이다. 셋째, 리더는 감정에 치우치지 않고, 항상 이성적으로 생각하며, 사물을 다루는 데 탁월하지만, 사람들을 효과적으로 관리하는 데 어려움을 겪는 기술 관료(technocrats)이다. 적절한 역할과 책임을 부여한다면, 3가지 유형 모두는 조직에 효과적이다. 그러나 상황과 잘못 결부될 경우에는 좋지 않은 결과를 야기한다. 우리는 어떤 학교에서는 성공적이었지만, 다른 학교에서는 성공하지 못한 교장들에 관한 이야기를 듣는다. 중요한 것은 상황 맥락이다. 예를 들어, 몇몇 교장들은 특권의식을 지닌 학생과 학교에 깊이 참여하는 학부모가 있는 학교에서는 좋은 성과를 거두지 못할 수 있다. 아울러, 그들은 이러한 학교에서 요구되는 "홍보" 역할을 수행할 인내심이나 성격을 갖지 못할 수도 있다. 그러나 이들이 어려움을 겪고 있는 다른 학교로 전근을 갈 경우, 오히려 좋은 성과를 낳기도 한다.

Pitcher는 3가지 원형을 묘사하기 위해 익숙한 언어를 활용한다. 우리는 예술가들의 선견지명이 중요하지만, 이들이 실제 비전들을 모두 결합시킬 수 없다는 것을 알고 있다. 이들이 떠나면, 리더십 공백으로 인해, 오히려 학교는 피해를 입는다. 그러나 주변에 명장들을 두는 예술가들은 명장들에 의해 사람들과 연결되며, 아이디어와 사고의 틀을 얻을 수 있어, 비전을 일상생활에서 구현시킬 수 있다.

## 명장 리더들이 매우 중요하다

명장들은 비전을 현실로 바꾸는 방법과 더불어 교사들이 아이디어를 이해하고, 아이디어가 그들에게 실제 도움이 되게 하는 방법, 그리고 이를 통해 학교 업무를 효과적으로 수행하게 하는 방법을 잘 알고 있다. 명장으로서의 역할을 잘 수행하기 위하여, 리더들은 제1장에서 논의된 8가지의 기본적인 능력을 숙달할 필요가 있다. 이러한 능력에는 교사들을 집중시키는 능력과 의미를 만들어내는 방법, 신뢰를 보장하는 방법,

자신을 관리하는 방법, 패러독스에 대처하는 방법, 효과성을 관리하는 방법, 후속 조치를 마련하는 방법과 책임감을 지니도록 하는 방법 등이 있다. 예술가들도 명장 리더와 같이 학교의 비전을 그려볼 수 있지만, 8가지 능력으로 무장한 명장들이야말로 비전을 현실에서 구체화할 수 있고, 장기적으로 학교의 개선을 지속시켜나갈 수 있는 리더이다.

학교에서 비전을 구체화하기 위한 전략을 세우고, 프로그램을 개발하여, 일을 완수해나가기 위한 인적 자원을 모으기는 쉽지 않다. 비전을 구체화하기 위해서는 많은 수의 명장 리더들이 필요하다. 비록 수가 많지는 않고, 담당할 수 있는 역할이 제한되어 있지만, 학교 내에서 중요한 역할을 담당하는 기술 관료(technocrats) 리더를 마주칠수 있다. 이러한 원형의 리더들은 수많은 규칙과 규제를 고수하고, 비인격적이며, 정해진 바에 따른 관리를 해나갈 것이다. 기술 관료(technocrats) 유형의 리더들이 강하다는 증거는 교수·학습 기준들에 의해 입증되고 있다. 현재, 교수·학습에 있어서의 기준과 시험이 극단적으로 지지를 받고 있는 현상은 오늘날의 학교 교육 세계에서 기술 관료(technocrats) 유형의 리더들이 위치할 수 있는 여지를 보이고 있다. 다만, Pitcher는 기술 관료(technocrats) 유형의 리더들이 많아지는 현상에 대하여 우려를 표하고 있다. Pitcher는 기술 관료(technocrats) 유형의 리더들이 많아질 경우, 회복하기 어려운 피해가 나타날 수 있다고 언급하고 있다.


## 검토 중인 리더십 원형들

예술가는 리더십을 *비전*으로 보며, 이러한 비전은 일련의 아이디어들이 목표로 전환되는 것을 의미한다. 명장은 리더십을 아이디어를 구현하는 *설계*로 본다. 그러나, 기술 관료(technocrats)는 리더십을 이러한 아이디어를 규칙이나 단계, 절차로 옮기는 각본으로 본다. Pitcher(1997)는 예술가의 경우, 감정적이고 상상력이 풍부하며 기업가다운 경향을 보인다고 했다. 그리고 명장은 현실주의자로서 안정적이고 현명하며, 책임감을 보이는 경향을 나타낸다고 하였다. 세밀한 부분까지 신경쓰는 기술 관료들(technocrats)은 매사에 진지하고 꼼꼼하며, 체계적인 경향이 있다고 하였다. 이들은 비전을 각본으로 여기는 경향이 있다.

학교에서 직무를 수행해나가기 위해서는 비전과 설계, 각본으로서의 리더십이 요구된다. 그러므로 문제는 3가지의 리더십을 포함시켜야 하느냐 마느냐의 문제가 아니라, 어디에서 어떻게 이러한 리더십이 분배되어야 하는가에 있다. 이러한 리더십 원형에 대한 그림은 [그림 7.1]에 제시되어 있다.

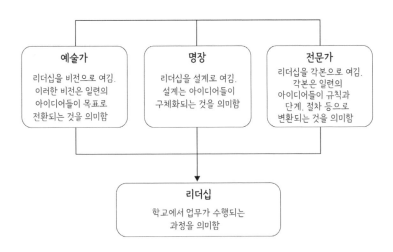

[그림 7.1] 리더십의 원형

　예술가들이 초기에 열정을 불어넣는 중요한 역할을 수행하지만 실제 아이디어를 구체화하기 위해 설계를 하고, 인적 자원을 확보하며 아이디어를 실현시키는 것은 명장이다. 심지어 이들은 기술 관료(technocrats)들이 관리 기술을 행동화시켜 학교 업무 수행에 필요한 조치를 취할 수 있도록 도와주기도 한다. 만일, 예술가와 기술 관료(technocrats)가 너무 많다면, 학교는 개선되기보다는 오히려 이론 자체로 끝나거나, 사람들이 효과적으로 일할 수 있는 능력을 오히려 감소시키는 각본에 더 열중하여 학교개선이 나타나지 않을 수 있다.

　이러한 메시지는 학교의 진정한 영웅은 비전을 제시하는 사람이 아니라 그 비전을 실현시킬 수 있는 사람들임을 알게 한다. 명장 유형의 리더들은 주의를 끌지 못할 수도 있고, 흥미가 떨어지는 유형의 사람으로 비춰질 수도 있지만, 이들이야말로 학생들을 위해 업무를 잘 수행해나갈 수 있는 사람들이다.

# 아이디어 기반 리더십[2]

제4장에서 소개된 바와 같이, 자기 자신과 타인을 이해하는 것은 리더십의 매우 중요한 측면이다. 먼저, 리더는 자신의 신념과 가치, 장점과 더불어 개인적인 측면에 대한 이해를 꾀하고, 함께 일하는 사람들의 신념과 가치, 장점 및 개인적인 측면에 대한 이해를 발전시킨다. 일단 리더가 이러한 요소들을 깊이 이해하게 되면, 해당 요소들은 학교생활로 반영될 수 있다(Green, 2010). "가치와 신념이 학교생활에 반영될 때, 가치와 신념은 관리 노하우와 계층적 권위, 대인관계 기술 및 성격을 초월하게 된다"(Kelly, 1988, p. 144). 교장은 다음의 2가지 측면의 역할을 수행하도록 강조되고 있다. 자신을 이해함으로써 자신의 행동이 다른 사람에게 어떤 영향을 미치는지 알고, 다른 사람의 행동을 이해함으로써 다른 사람의 행동이 자신에게 어떠한 영향을 미치는지를 아는 것이다. 이를 통해 리더는 다양한 상황에서 자신의 행동을 점검하고 조정할 수 있는 능력을 갖추게 된다. 이 경우, 리더와 팔로워 모두 이념과 가치, 규약에 이끌려 이를 수행할 것이라고 기대 된다. 이로 인해 시간이 지남에 따라 리더들은 팔로워들이 위계적 의미에서 리더와 연결되기보다는 동일한 이념과 가치, 약속에 반응하도록 통솔 체계의 재구조화를 추구하게 된다.

| 전통적 통솔 체계<br>(위계적 권위) | 새로운 통솔 체계<br>(도덕적 권위) |
|---|---|
| 리더<br>↓<br>팔로워 | 이념, 가치, 약속[3]<br>↓<br>팔로워로서의 리더와 리더로서의 팔로워 |

그 과정에서 위계적 권위와 개인적 특성으로부터 얻어진 권위는 목적과 관리로 대

---

2) 원어는 idea-based leadership, 본서에서 idea는 원어로 그냥 쓰기도 하고, 경우에 따라서는 이념으로 번역하기도 한다. 이 책에서 idea는 standard의 경우와 마찬가지로 개별적인 의미로 쓰일 때는 문맥상 신념(belief)과 유사하게 사용되고 있어서, 우리말로 신념(belief)과 구별하기 위해 '이념'으로 번역한다. 그러나 idea가 때로는 신념, 가치 등을 통칭하는 의미로도 사용되고 있어서, 이 때는 그냥 '아이디어'로 번역한다.

3) 원어는 commitments로 헌신 혹은 몰입으로 흔히 번역되나 여기서는 '아이디어'의 일종으로 공동체 구성원들의 헌신을 위한 언약을 의미하고 있어서 '약속'으로 번역한다.

체된다. 리더는 상사나 구세주가 아닌 관리자일 뿐이다.

　상사로서의 리더에게 부여된 권위는 조직적이고 위계적이다. 구세주로서의 리더에게 부여된 권위는 카리스마적이며, 대인관계와 관련된다. 그리고 관리자로서의 리더에게 부여되는 권위는 공유된 가치와 목적을 위해 봉사해야 할 의무로부터 비롯된다 (Sergiovanni, 1990, p. 15). 교장들은 속해있는 학교의 요구에 따라 "봉사"할 책임이 있으며, 이러한 행동은 학교에서 공유하는 가치와 목적에 따라 정의된다. 교장은 도움을 제공하고 학부모, 교사 및 학생을 섬기며 봉사한다. 교장들은 다른 사람들이 리더가 되도록 격려하는 방식으로 리더십을 실천한다. 또한 학교의 가치를 강조하고 보호한다. 여기에서 말하는 교장은 대의명분과 사명, 일련의 신념을 위해 헌신하고, 명분을 위해 자신이 봉사해야 할 의무를 받아들이는 사람들이다. 궁극적으로, 교장의 성공은 팔로워십의 질에 의해 알 수 있다. 팔로워십의 질은 도덕적 권위가 관료적 권위를 얼마나 대체했는지를 보여주는 지표이다. 도덕적 권위로 리더십을 발휘할 때, 교장은 리더들의 리더인 동시에, 신념을 따르는 자, 가치를 지키는 자, 팔로워들의 하인이 된다.

# [7장 마무리 활동]

## 자신에 대한 이해

&lt;&lt;**안내사항**&gt;&gt; 이 장에서 논의된 내용에 대한 이해도를 높이고, 당신의 생각, 가치, 신념이 그 내용과 얼마나 관련되어 있는지에 대한 성찰을 위해, 다음 각각의 질문 혹은 진술문을 읽고 응답해 보세요. 응답을 모색하는 과정에서, 이 장에서 논의된 내용을 리뷰하는 것이 도움을 줄 수 있을 것입니다.

1. 3명의 예술가, 명장, 기술 관료(technocrats) 원형의 리더 중 당신이 속해있는 학교의 교장은 어떠한 모형에 속하는지를 생각해보시오. 그리고 교장의 이미지에 잘 부합된다고 생각한 모형을 10점 만점으로 표시하시오.
2. 제1장에서 제시된 기본 역량을 다시 생각을 해보시오. 각각의 기본 역량은 어떻게 측정할 수 있는가? 역량을 1점부터 10점까지의 척도로 점수를 부여해보십시오.
3. 당신의 리더십 유형은 어떻게 특징지을 수 있는가?
4. 권위의 원천은 무엇인가?
5. 리더십의 도덕적 측면을 밝혀내기 위해 살펴보아야 할 것은 무엇인가?

## 시나리오 분석

&lt;&lt;**안내사항**&gt;&gt; 이 시나리오에서는 본 장에서 다루어진 개념들이 실제에서 어떻게 적용되고 있는지를 보여줍니다. 시나리오 뒤에 일련의 질문들이 제시됩니다. 시나리오를 읽고 난 후 각 질문에 답하세요. 질문들에 답하는 데 어려움을 느낀다면, 이 장의 주요 내용을 다시 읽어봄으로써 도움을 받을 수 있을 것입니다.

# LOVEJOY 고등학교에서 교육을 개선하기

Lovejoy 고등학교는 Lovejoy City 학교구에 있는 여섯 개의 고등학교 중 하나의 학교이다. 지난 5년 동안 Lovejoy 고등학교의 수학 성적과 영어 성적 그리고 졸업률이 떨어졌다. 다른 고등학교들은 수학 성적과 영어 성적이 국가 기준을 충족하거나 넘어서기에 Lovejoy 고등학교의 일부 학생들과 학부모들은 전학을 가려는 마음을 가지고 있다.

지난 5년 동안, 주 정부에서는 교육을 개선하고 수학과 영어 성적을 향상시키기 위한 노력의 일환으로, 2가지 변화를 시도했다. 우선, Lovejoy 고등학교의 학생 성취도를 향상시키기 위해 Lovejoy 고등학교에 Sam Harris가 배정되었다. 교육장과의 면담에서 Sam Harris는 해당 지구 내에 소속된 Mitchell 고등학교의 성적을 향상시키는 데 엄청난 공을 세웠기에, Lovejoy 고등학교로 전근을 독려받는다는 의견을 전달받았다. 더불어 Lovejoy 고등학교의 학생 성취를 향상시킬 경우, 교육청으로 승진될 것이라는 말을 들었다.

Harris 교장은 교육감이 전달한 사항들을 검토한 뒤, 요구를 충족시키기 위한 일련의 계획을 수립하였다. Harris 교장은 각 부서의 장을 임명하고, 2년 내에 달성하고자 하는 목표와 목적을 설정하며 임기를 시작하였다. 교직원들은 각 부서장들의 리더십을 따르고, 그들이 제시한 프로그램을 시행할 것을 요구받았다. Harris 교장은 Mitchell 고등학교에서 적용했던 것과 유사한 일정을 추진했다. Harris 교장은 효과적인 교수·학습을 위해서는 이러한 일정이 도움이 될 것이라고 생각했다. Harris 교장은 위계질서, 규칙, 관리 규약 등을 강조하며, 이를 잘 따를 경우, 학교가 순조롭게 운영될 것이라고 확신했다.

많은 교직원들은 조직 구조에 대해서는 높이 평가했지만, 부서장을 선출하는 과정(또는 과정이 없음)에 대해서는 의문을 제기했다. 학사 일정이 시작되면서, 일부 교직원들은 수수방관하는 태도를 취했고, 교실에서 교과과정 안내 책자에 명시된 교육과정을 단순히 따르는 데에 집중했다. 학생들의 요구에 주의를 기울이거나 학생들의 평가에 기초하여 학생들의 요구에 맞는 수업을 진행하지는 않았다. 부서장이 교사들에게 제공한 프로그램을 교사들이 따르도록 하는 일은 사실상 매우 어려웠다. 교사들은 보상이 주어졌을 때는 반응했지만, 반대의 경우에는 반응하지 않았기 때문이다.

Harris 교장은 교장실에서 Mitchell 고등학교에서 수행하였던 일련의 계획들을 검토하고, 이를 Lovejoy 고등학교에 적용하는 데에 대부분의 시간을 보냈다. 결과적으로, Harris 교장은 자신의 계획과 리더십 유형을 Lovejoy 고등학교에 적용했을 때 나타나는 결과가 이전 학교와 매우 다른 모습에 당황했다. 이에 따라 Harris 교장은 몇몇 교사들을 교장실로 불러 학교의 목표와 목적에 대해 논의하기 시작했다. Harris 교장은 업무가 만족스럽게 수행될 경우, 교사들이 보상을 받게 된다는 것을 분명히 했다. 교직원들과 Harris 교장 사이에는 명확한 기대치가 있었으며, Harris 교장은 그러한 기대치를 충족시킬 경우 교직원들은 경제적 이익이나 사회적 혜택을 받을 것임을 분명히 했다. 그러나 외부로부터의 보상은 일부 교직원들에게는 공정한 것처럼 느껴지지 않았기 때문에, 분열이 나타나기도 했다.

2년의 임기가 끝나갈 즈음에는 교무실에 대한 불만이 엄청나게 증가하여, 결국 교장을 교체해야만 하는 상황에 이르게 되었다. 결국, Harris 교장의 뒤를 이어 Donielle Williams가 교장으로 임명되었다.

Williams는 Foster 고등학교의 교장으로 5년 간 근무하였다. Foster 고등학교는 도시 중심에 위치한 학교로, 한 세기에 걸친 역사와 전통을 자랑하고 있었다. Foster 고등학교는 1950년대 초에 세워졌으며, 500명의 남학생과 900명의 여학생으로 구성되어 있었다. Williams 교장의 임기 동안 학교의 중퇴율이 매우 낮아졌을 뿐만 아니라, 성적 향상이 두드려져 학교 순위가 전국 상위수준에 위치하게 되었다. 그 결과, Foster 고등학교로 입학과 전학을 오려는 학생들이 증가하였다.

Lovejoy 고등학교로 전근을 온 Williams 교장은 학교의 상태를 검토하였다. Williams는 학생들의 평균 출석률이 85%이고, 교사들의 출근율 역시 그 정도에 해당된다고 파악했다. Lovejoy 고등학교의 교사 보유율은 90% 미만이었고, 학생들의 졸업률은 63%였다. Williams 교장은 지난 2년 동안 지역사회에 Lovejoy 고등학교가 폐교한다는 소문이 떠돌면서, 재학생 및 졸업생들의 불만이 엄청나게 커진 상황임을 파악했다. 지역사회 구성원들은 학교에서 무슨 일이 일어나고 있는지에 대해 잘 모른다고 대답하는 비율이 높았다. 그 외에 파악한 사항들은 학생들이 학교 수업시간 동안 거리를 배회하고 있다는 사실과 더불어 학교에서는 아무도 학교와 지역사회의 문제에 대해 지역 구성원들과 대화하지 않았다는 사실이다.

Williams 교장은 첫 주 동안 각 교직원들과 면담하면서 다음과 같은 질문을 했다. "당신은 무엇을 가르칠 때가 가장 즐겁습니까? 만약 당신이 기획위원회에서 일하게 된다면, 그 위원회의 초점은 무엇이 되는 것이 맞다고 생각합니까? 당신이 리더십을 발휘한 성공 사례에 대해 언급해보십시오" 등이다. Williams 교장이 면담 내용을 검토했을 때, 교직원 절반 이상이 학교를 이끌어가는 데 있어, 자신의 가치와 신념을 다루는 활동을 하고 싶다는 바람을 나타냈다는 것을 발견했다.

Williams 교장은 과거 자신이 직면했던 도전에 비추어, 향후 성공적으로 학교를 개선시키기 위해서는 도움이 필요하다는 것을 깨달았다. Williams 교장은 "Foster 고등학교에서 교직원들에게 동기를 부여하고, 그들의 헌신을 위해 혁신적인 방법을 실행하여 많은 활동들을 성공적으로 수행했던" 기억을 떠올렸다. 예를 들어, Williams 교장은 "이전에 학생을 정학시키고 싶었지만 학부모와 대화를 통해 해당 학생에게 필요한 것은 정학이 아니라 새로운 학급의 배치라는 것을 깨달았다"고 회고했다. 그리고나서 Williams 교장은 자신의 멘토와 교육감이 학교를 개선하기 위한 노력을 기울이는 데 있어 혁신적인 전략을 활용하는 데 직접적이면서도 신중하고, 공격적으로 행동하도록 조언했던 경우를 상기하였다. Williams 교장은 과거의 경험을 되돌아본 후, 현재 처한 상황에 맞는 합리성의 이미지를 찾았고, 이를 활용하고자 하였다.

Williams 교장은 첫 번째 교직원 회의에서 교직원들과 대화하며, 그간의 상황에 대한 의견을 구했다. 교직원들은 다음과 같이 응답했다.

1. 많은 학생들이 고등학교 수준의 공부를 하는 데 있어 준비가 부족했다.
2. 교사들이 독립적인 업무를 수행하는 방식은 교사들로 하여금 동기를 불러일으키게 했다.
3. 학부모와 지역사회의 리더, 교육감은 학교에 거의 관심을 보이지 않았다.
4. 학부모와 목사, 지역사회의 리더들은 학교 관련 문제에 다소 많이 관여하기를 원했다.
5. 교직원들이 전문적 성장을 도모하거나 교육과정을 재구성하기 위한 시간이 거의 없었다.
6. 이 지역사회는 교사들이 학교생활뿐만 아니라 가정생활도 있다는 것을 알아야 한다고 생각했다.
7. 학교에서 교사를 신뢰하고 교사의 노력에 감사한다면 교사들은 학교를 위해 더 많은 일을 할 것이다. 다만, 이 학교에서 새로운 것을 시도하려는 노력은 위험하다.

Williams 교장은 교직원 회의에서 대부분의 교직원들이 45세 이상이라는 것을 알아차렸다. 실제로 30세 미만의 교직원은 4명뿐이었다. Williams 교장은 몇몇 교직원들의 의견을 요약하고 자신이 수집한 정보와 교직원들의 의견을 연결시키며, 어떠한 리더십이 필요할지를 생각하기 시작했다. Williams 교장은 자신의 비전을 현실로 바꾸고 학교를 운영해나가기 위해 자신의 생각을 이해하고, 유용한 프로젝트를 시행해나가는 데 도움을 줄 수 있는 인적 자원이 필요하다는 사실을 깨달았다.

그리고 몇 주 동안, Williams 교장은 자발적으로 일을 수행하는 몇몇 교직원들에게 비전과 사명 위원회에서 일할 것을 요청했다. 몇몇 교직원들은 그러한 요구에 응했다. 위원회에서는 학교의 비전과 사명을 공동으로 개발했다. 델파이 기법을 활용하여, 공동체 구성원뿐만 아니라 모든 교직원들이 비전과 사명에 대한 의견을 작성하였다. 간단히 말해서, 공유된 비전과 사명을 구현할 준비가 된 것이다. 비전과 사명이 개발된 뒤, 교직원들과 학교 공동체 구성원들은 협력하여 3년간의 학교개선 계획을 실현하기 위한 목표와 목적을 수립하려는 위원회를 구성하였다. Williams 교장은 모든 이해당사자들을 포함하는 학습 공동체를 만드는 것이 교장의 바람이라고 언급했다.

교직원들은 Williams 교장의 행동에 생각과 가치, 신념이 나타나 있다는 것을 깨달았고, 이에 서로에게 관계적 신뢰가 생겨났으며, 교사들의 참여 수준이 높아졌다. 의심할 여지없이 Williams 교장은 협동과 신뢰, 학습, 그리고 높은 기대의 문화를 조성했고 현재까지 그 문화를 유지하고 있다.

## 시나리오 분석과 성찰적 질문

1. Lovejoy 고등학교에서 교사들이 Harris 교장을 다른 학교로 전근가게 한 원인은 무엇일까?

2. Lovejoy 고등학교에서 요구되는 학교개선에 비추어 볼 때, 이 장에서 논의된 4가지 전략 중 필요한 전략은 무엇인가? 선택에 대한 근거를 제시하십시오.

3. Harris 교장의 리더십에 대한 불만 사항은 무엇인가?

4. Lovejoy 고등학교 교직원들의 헌신을 높이고, 학교의 성과를 내기 위해 교장은 어떠한 전략을 시행해야 한다고 생각하는가?

5. 이 장에서 논의한 3가지 유형 중, 예술가 유형의 리더, 명장 유형의 리더, 기술

관료(technocrats)로서의 리더 중 어떠한 유형이 이 상황에 가장 적합하다고 보이는가? 대답에 대한 근거를 제시하십시오.

6. Harris 교장과 Williams 교장이 임기 동안 발휘한 리더십 유형은 어떠한 것인가? 그리고 그 차이는 무엇인가?

7. 3가지 리더십 스타일 중 Harris 교장이 활용한 것은 무엇인가? 이것이 이 상황에서 사용하기에 적합한 유형인가? 그렇지 않다면, 그 이유는 무엇인가?

# CHAPTER 08

# 리더공동체 안에서 이끌어가기

공동체라는 아이디어는 대부분의 교장에게 호소력이 있기에, 오늘날 많은 학교들은 스스로를 돌봄 공동체와 학습공동체로 분류한다. 그러나 대화가 리더 공동체로서의 학교에 대한 논의로 흘러갈 경우, 많은 교장들은 불편함을 느끼기 시작한다. 예를 들어, 문헌에서는 학교를 효과적으로 만드는 데 있어 교장이 강력하고 직접적인 리더십 발휘하도록 자주 권장한다. 결과적으로, 리더십은 혼자 행동하는 리더가 사람들이 생각하고 행동하는 것에 영향을 미치기 위해 노력하는 상호작용적 영향 체제의 일부이다.

7장에서 논의한 바와 같이, 우리는 교장이 홀로 발휘하는 과거의 리더십을 거래에 의한 리더십이라고 이해하고 있다. 이 때의 리더는 이끌어지는 사람들(the led)과 흥정을 하게 된다. 리더는 자신이 원하는 것을 제공받는 대가로 구성원들이 요구하는 것을 준다. 이와 같은 리더십을 발휘하는 리더들은 훌륭한 비전을 가지고 있으며, 올바르게 업무를 처리하고 싶어할지도 모른다. 그러나 이러한 방식으로 리더십을 발휘하는 것은 일과 사람들을 통제하는 것을 의미한다. 진보적인 리더들은 독재적이어서는 안 된다. 진보적인 리더들은 리더십에 대한 책임의 일부를 다른 사람들과 나누고, 권위의 일부를 다른 사람들에게 위임하도록 권장받는다. 이와 같은 방식으로 리더십을 발휘할 때, 사람들이 더 잘 반응할 것이고, 리더들이 학교를 위해 좋다고 생각하는 것을 팔로워들이 더 잘 따를 가능성이 높아진다.

그럼에도 불구하고 공유된 리더십의 개념은 실제 부분적으로 문제가 될 수도 있다. 예를 들어, 리더십을 공유하는 것은 리더십이 지정된 리더에게만 속해지는 개념임을 암시한다. 공유를 하거나 하지 않는 것은 리더의 선택이라고 보는 것이다. Webster 사전에서는 '공유하는 것'(to share)을 "허용하거나 한 몫을 나누어 주는 것"으로 그리고 '공유'(sharing)를 "… 원래 리더십을 보유하고 있던 사람이 다른 사람들에게 부분적인 사용을 허락하는 것, 일부의 소유권을 부여하는 것"이라고 정의한다. 효과적인 실천을 위해서는 교장이나 다른 지명된 리더가 직위나 직책을 통해 자신이 가진 리더십의 책임을 공유해야 한다는 광범위한 동의가 형성되어 있다. 그러나 개인이나 특정 직급에 있는 집단에 의해 "소유된" 리더십이 다른 이들과 공유될 때, 리더십은 과도하게 의존적으로 나타나거나 리더십에 대한 책임이 희석되는 경향을 보인다.

리더십이 효과적이기 위해서는 충분한 자원이 필요하다. 이것은 개인의 책임과 권위가 일치할 때, 그리고 다른 사람들이 주도하기 위한 재량권을 가지고자 할 때 모두 해당된다. 충분한 재량권이 없다면, 그 일을 완수할 수 있는 리더십을 충분히 발휘할 수 없을 것이다. 이것은 교사들만의 문제가 아니다. 교장 또한 위로부터 자원이 충분히 제공되지 않는 리더십 공유에 직면해 있다. 점점 더, 그들의 책임은 자신이 지닌 권한을 초과한다. 아무리 교장이 주도하려고 해도 재량권이 위태로워진다면, 교장은 제대로 된 리더십을 실천하지 못하게 된다.

학교를 공동체로 만들기 위해 고군분투하면 이 모든 것이 변한다. 처음에는 거래로서의 리더십을 발휘해야 할지 모르지만, 이후에는 구축으로서의 리더십, 결합으로서의 리더십, 결속으로서의 리더십의 형태로 리더십이 발전된다. 공동체를 만드는 데 있어, 가장 중요한 것은 공동체가 함께 공유하는 것, 공동체가 함께 믿는 것, 공동체가 함께 달성하고자 하는 것이다. 공유된 아이디어의 구조와 마음 공동체는 사람들이 하는 일에 관한 권위의 주요 원천이 된다. 교장과 교사들은 꿈의 추종자가 되고, 그 꿈을 현실화하는 데 전념한다. 이러한 관점에서, 리더십은 단지 모든 것을 일어나게 하는 수단일 뿐이다. 교장들과 교사들은 공동체의 가치를 구현해야 하는 동등한 의무를 가지고 있기 때문이다. 교장과 교사는 이끌어야 할 의무를 동등하게 공유해야 한다.

# 실제적인 쟁점들

학교에서 리더십이 구축될수록 사람들은 자신의 재능을 충분히 발휘할 수 있는 기회를 갖게 되고, 더욱 헌신적일 가능성이 높아진다. 학교와 같은 민주사회는 리더십이 공유되고 표현될수록 더 나은 사회인 것으로 간주된다. 모든 사람들의 이익을 위해 리더십을 발휘하는 것은 시민의 의무 중 하나로 여겨진다. 또 다른 고려사항은 오늘날과 같이 복잡한 학교 조직에서는 문제를 파악하고, 학교의 원활한 운영을 모색하기 위해 공유된 리더십이 필요하다는 점이다. 리더십을 공유하는 것은 우리가 알고 있는 것을 통합하는 방식이다. 교장들은 공유된 리더십을 구축하기 위한 공동체를 만들어야 한다. 교장은 교사들과 함께 전문성을 개발해나가기 위해 힘써야 하며, 교육과정, 교육 및 평가에 관한 결정을 내릴 때, 모범적인 모습을 보여야 한다(Wilhelm, 2010). 공유된 리더십의 결과로 학생 성취도를 높이는 데 성공한 교장은 스스로를 학습 선도자라고 간주한다. 이들은 리더십을 공유하는 것과 리더십을 위임하는 것의 차이를 이해하고, 교사들이 업무를 수행하기 위한 역량을 개발하도록 하는 방법을 알고 있다. 이러한 교장은 교육과 책임 그리고 기술의 변화에 주된 관심을 두고 있다(Wilhelm, 2010).

Lieberman and Miller(1986)는 학교개선에 관한 문헌을 검토하며 비슷한 결론을 내리고 있다. 이들은 학교를 개선시키기 위한 노력이 교사들의 삶과 그들의 작업에서 드러난 것처럼 교실의 사회적 현실에 기반해야 한다고 하였다. 이들이 발견한 것은 4장에서 논의된 이론의 원칙과 2장에서 설명한 교장들의 실천과 일치한다. Lieberman and Miller(1999)는 사회적 현실에 대해 다음과 같이 언급하였다.

> 변화의 중심에 있는 교사와 학교에 관한 연구에서 우리가 얻었던 가장 큰 교훈은 교육과 공동체에 대한 새로운 시각이 만들어지고 있다는 것이다. 이러한 시각은 교실과 학교 내부뿐만 아니라 외부에서 일어나는 관점으로 다양성을 존중하고 차이점에 맞서는 관점이다. 특히 후자는 학생들이 생활하는 동안 전체의 삶에 민감하게 관여하는 것을 나타낸다. 단순히 지식을 적용하는 것보다는 지식을 창출하고, 도전과 지원을 동시에 제공하는 새로운 학습 공동체의 구축이 자신과 세상을 변화시키는 과정에 있는 교사에게 희망을 갖게 한다. (p. 91)

변화의 수단으로써 교사를 위한 새로운 학습 공동체를 만드는 것을 강조하는 것은 가르치는 것의 사회적 현실에 대한 8가지 새로운 이해를 도모하게 하며, 교사 개발과 학교개선 사이의 연관성을 생각해보게 한다.

1. 가치와 실천, 조직 구조와의 원활한 연결망 구축
2. 전문성 개발을 학교생활에 필수적인 것으로 만듦
3. 학교 밖에서도 교사의 학습을 지원함
4. 집단적 책임으로 학습을 이끌고, 선도함
5. [경쟁하는 여러 요구들에 대해서] 균형 유지하기
6. 새로운 사회적 교육 현실을 뒷받침하는 조건 설정하기
7. 변화 과정을 이해하고 학습하기
8. 희망과 열정, 헌신을 키우고, 지켜내기(Lieberman and Miller, 1999, pp. 84-90)

Lieberman and Miller의 8가지 복복은 성공적인 학교개선을 위해 학교생활의 보이지 않는 부분까지 다가가, 교사들의 열정과 헌신을 이끌어내려는 노력이 중요함을 보여준다. 교사들은 주도권을 잡고, 책임을 받아들이고, 적극적인 리더가 되어야 한다. 교장과 교사는 함께 리더 공동체를 이끌어야 한다.

Proteroe(2011)는 Lieberman and Miller의 의견을 지지하면서, 성공적인 학교개선을 위해서는 교장이 방향을 설정하고, 사람들을 개발시키고, 교육 프로그램을 관리하려는 노력이 중요하다고 강조하였다. 교장은 교사들의 동기부여와 근무환경에 많은 영향을 미치며, 교사들은 학생들의 성취에 큰 영향을 끼친다. 그렇기에 학생들의 성과를 향상시키기 위하여 교장과 교사는 (1) 학교와 학생 성취에 대한 기대와 목표에 초점을 두고, (2) 교사들의 전문적 요구를 충족시키기 위해 노력해야 하며, (3) 교사들의 협동을 위한 기회와 구조를 만들어야 한다. 학교의 변화를 위해서는 교장과 교사, 학생, 그리고 학부모 사이의 연결이 필요하다.


# 실천으로서의 리더십

앞서 설명한 리더십의 관점은 다음의 중요한 질문으로 이어진다. 리더십은 항상

직위 및 직무와 연계되어야만 하는가? 아니면 리더십은 하나의 기능으로 생각할 수 있는 것인가? 직위와 직무 사이의 차이를 모호하게 하는 하나의 방법은 교장과 교사가 교장이 가지는 책임과 직무, 실천을 공유하는 것이다. 교육 또한 교사와 교장이 공유하는 실천적인 것으로 생각할 수 있다. 실천은 공유 그 자체의 특성을 지니고 있다. 이는 각각의 개인에 의해 분리되는 사안이 아니다. 예를 들어, 교장이 책임 교사의 역할을 맡을만한 전문적 견해와 헌신할 자세를 갖추고 있다면, 교장은 그러한 역할을 맡을 충분한 자격이 있다고 할 수 있다. 아울러 교사들도 리더십 역할을 충분히 맡을 수 있는 유능한 능력과 헌신적인 태도를 갖추고 있다면 리더십을 발휘해나갈 수 있는 것이다.

따라서 우리가 보통 공유된 리더십에 관해 생각하는 방식의 대안은 리더십을 실천과 관련된 자격으로 보는 것이다. 리더십이 모든 사람들에게 분배된다고 보기보다는 리더십을 잘 발휘할 수 있는 자격을 갖춘 사람들에게 분배된다고 보는 것이다. 리더십을 발휘할 수 있는 자격은 전문성과 헌신적인 태도에 의해 정당화될 수 있다. 공동체를 이끌 책임을 지닌 사람들은 보통 목표를 달성하도록 도와주려는 의지와 전문성, 자질, 기술 등을 갖춘 사람들이다. 다른 사람들은 또한 다른 영역에서 리더로서 리더십을 발휘할 권리가 있다.

자격은 능력과 권한의 격차를 해결할 수 있는 해결책이다. 4장에서도 언급했다시피, 능력과 권한에 대한 원칙은 1961년 Victor Thompson이 제안하였다. Victor Thompson은 현대 조직이 직면하고 있는 주요 문제는 권한은 있지만 이끌 수 있는 능력이 없는 사람들과 권한은 없지만, 이끌 수 있는 사람들 사이에 존재하는 격차라고 하였다. 권한을 부여하는 것은 의사 결정의 최전선에 실천 능력을 가진 사람들을 배치하는 것이다. 성공한 학교에서는 능력에 기반하여 권한이 부여되는 조직 구조를 구축하고 있다. 권한이 조직 계층의 직위와 공식적으로 연계되는 학교와 학군에서는 능력과 헌신적인 태도를 지닌 사람들에게 이 권한을 공식적 또는 비공식적으로 위임하는 특징이 있다. 그러나 조금 더 장기적으로 보았을 때의 해결책은 이끌 자격을 갖춘 사람들에게 자격을 부여하는 것이라고 말할 수 있다.

누가 이끌어 갈지를 결정하는 것이 우리를 혼란에 빠뜨릴 것인가? 그리고 이러한 혼란으로 인해, 수행해야 할 일과 방법, 수행할 사람을 정하지 못하게 될까? 이러한 질문에 대한 대답은 '그렇지 않다'이다. 리더십을 직위와 분리하는 것은 교육감과 교장, 교사의 권한을 훼손하지 않는다. 법적 권한과 마찬가지로 직위는 여전히 중요하다. 그러나 직위와 법적 권한에도 불구하고 리더십은 여전히 자격의 문제로 남아있다. 만일 공동체를 이끄는 데 필요한 능력을 가지고 있지 않거나 이끄는 일에 대해 충분히 전념하지 않는다면, 우리는 공동체를 이끌만한 자격이 없다. 우리는 여전히 책임을 지고 있다. 예를 들어, 필요한 자원과 관리 지원을 제공하고, 얼마나 잘하고 있는지 평가하고, 학교를 돌보는 것은 여전히 우리의 책임이다. Bennis and Nanus(1985)가 일깨워 준 것처럼 직무의 중요한 부분은 사람들이 올바른 일을 하면서 동시에 교육과 학습을 위해 올바른 일을 하는 사람들이 리더십을 발휘할 수 있도록 지원을 제공하는 것이다.

# 교장론을 위한 새로운 리더십 가치

리더 공동체가 되기 위해서는 목적화, 팔로워십, 권한 부여와 성취, 동지애, 내재적 동기 부여, 질 관리, 단순화, 반성과 같은 새로운 리더십 가치를 선택해야 한다. 가치들은 결합으로서의 리더십과 결속으로서의 리더십을 발휘하기 위한 실체를 제공한다. 이는 아래에 제시된 리더십 원칙을 통해 이해될 수 있다.

## 목적화와 가치 공유

Harvard Business School의 Abraham Zaleznik(1989) 교수는 관리의 실패가 본질을 위한 과정의 대용(substitution of process for substance)이라고 믿고 있다. 학교 효과성에 대한 관리 과정의 중요성을 과소평가할 수는 없지만, 그러한 과정이 본질을 대신할 수는 없다는 것이다. 예를 들어, A에서 B로 가는 방법을 아는 것은 중요하고, 건전한 관리는 도움이 될 수 있다. 그러나 관리적 리더십의 본질은 B가 A보다 나은지 그리고 왜 그런지에 대해 관심을 갖는 데에 있다. 나아가 방향을 결정하는 것은 여러 인적 자원들을 한데 모아, 구성원들의 헌신을 고무하여 놀라운 성과를 달성하는 방법이다.

관리 절차만으로도 근로자들은 부하 직원이 된다. 이와는 대조적으로 본질은 팔로워십을 구축한다. 부하직원들은 경영 규칙과 절차 그리고 리더의 지시에 따른다. 그러나 팔로워들은 이념, 이상, 가치, 그리고 목적에 반응한다. 결과적으로 일은 성과를 나타내게 된다.

Barnard(1938)는 자신의 고전적 저서인 ***행정가의 기능**(The Functions of the Executive)*에서 "공통의 목적이 실재한다는 믿음에 대한 설득은 행정가의 필수적인 기능이다"라고 말했다(p. 87). 그리고 그러한 신념에 대한 **설득**은 리더들이 행동하는 목적의 총체로부터 나온다고 하였다. 다른 방법으로 말하면, 목적은 조직의 기본 목적에 대해 명확하고 합의를 이끌어내는 조직의 공식 리더십에 의한 행동이며, 명시된 결과를 달성하기 위한 노력이다(Vail, 1984). Vail(1984)은 미국 사회에서 높은 성과를 내는 체제에 관해 연구하였다. 그는 이 체제들이 공통적으로 보이는 특성과 그러한 체제에서 발견할 수 있는 리더십을 탐구했다. 그 결과, 성공의 열쇠는 목적화의 존재임이 밝혀졌다.

목적화는 미국 소재의 성공적인 학교에 관해 연구한 사람들이 공통적으로 발견한 주된 특징이다. 연구에서는 공유된 목표와 기대, 강력한 학교문화를 창출해내는 일련의 행동들이 중요하다고 말하고 있다. 문화는 구성원들에게 응집력 및 정체성과 관련된 규범과 가치를 내포한다는 점에서 중요하다. 그리고 이러한 문화는 교사와 학생들이 방향과 의미, 중요성을 얻을 수 있는 도덕적 질서를 만들어낸다. 예를 들어, Joan Lipsitz(1984)는 성공적인 중학교에 관한 연구를 했다. Joan Lipsitz(1984)는 네 개의 학교가 다른 학교에 비해 교육목적에 대해 유별나게 명확했고, 해당 학교의 학생들이 말과 실천 모두에서 교육의 목적과 관련된 말을 하고 있다는 것을 발견했다. 구성원들은 믿는 것에 관해서는 의견 차이가 거의 없었고, 구성원들이 하는 말과 실제로 하는 일 사이에는 거의 차이가 없었다.

> 학교 문화는 목적화와 가치 공유에 관한 합의를 통해 구축된다. 문화는 사회의 전반적인 삶의 방식, 즉 한 사회의 구성원들에 의해 공유되고 전달되는 사회적 학습의 유산이다. 달리 말하면, 문화는 이전 세대에서부터 지속되어 현 세대의 마음속에 존재하고 있는 일종의 지도이며, 이는 이후 세대에게 직접적으로 혹은 간접적으로 가르쳐지는 것이다. (White, 1952: 15)

목적화에는 학교 리더의 비전과 모든 이해당사자들이 공유하는 합의가 포함된다. 이는 조직이 바라는 것과 달성할 수 있는 것에 대한 분명한 해석이며, 학교 리더는 비전 달성에 활용된 절차를 포함하여, 비전의 세부 사항을 모든 이해 관계자에게 명확하게 전달할 수 있어야 한다. 비전은 목적화의 중요한 차원으로, 비전 없이는 리더십이 있을 수 없다. 학교의 비전에는 교사와 학생, 학부모들의 가치와 신념 그리고 희망과 꿈, 요구 등이 반영되어야 한다. 비전은 학교가 중요하게 여기는 것이다. 성공한 학교에서는 의견 일치가 나타난다. 무엇을 지지하고 무엇을 성취해야 할지를 이해하는 것만으로는 충분하지 않다. 함께하기 위해서는 가치 체계를 대표하는 결합적이고 엄숙한 합의가 필요하며, 이는 향후 학교의 결정과 행동을 위한 기초를 제공한다. 이와 같은 결합과 합의는 학교의 규약을 나타낸다.

비전과 규약이 모두 존재할 때, 교사와 학생들은 동기가 부여되며, 헌신적인 태도를 보인다. 또한, 성과는 기대 이상으로 나타난다. 목적화에 수반된 가치를 확인하는 것은 거래적 그리고 구축으로서의 리더십으로 특징지어지는 관료적, 거래적 리더십보다 훨씬 더 강력하게 동기를 부여한다. 이러한 것들은 우리가 현실을 구성하고 의미를 얻는 것들의 기반이 된다. Gardner(1986)는 다음과 같이 말했다.

> 위대한 문명은 사람들의 마음속에 있는 드라마이다. 이것은 공유된 비전과 규범, 기대 그리고 목적이다. 보통 공동체를 보면, 우리는 똑같은 현실을 보게 된다. 공동체는 구성원의 마음속에 공유되는 가정과 신념, 관습, 의미를 부여하는 이념, 동기를 부여하는 이념들을 통해 지속된다. (p. 7)

## 팔로워십 구축하기

Meyers(1971)는 자신의 고전적인 저서인 **모든 피고용인은 고용인이다**(Every Employee a Manager)에서 관리직과 같은 직무가 많아질수록, 근로자들은 더 쉽게 책임을 받아들이고, 동기를 더 많이 부여받는다고 하였다. Meyers(1971)는 **관리직과 같다**(managementlike)는 것은 자신의 삶을 계획, 조직, 통제하고 결정을 내리며 그에 따른 책임을 받아들이는 자율적인 행동을 의미한다고 언급하였다. 모든 직원이 관리자가 될 수 있도록 하는 것은 리더십의 목표이다. 이를 통해 **리더십의 밀도**(leadership density)가 높아지기 때문이다. 리더십의 밀도는 리더십 역할이 공유되고 리더십 자체가 광범위하게 행사되는 범위를 의미한다. 리더십의 밀도를 이해하기 위해서는 리더십과 팔로워십이 얼마나 밀접하게 연관되어 있는지, 훌륭한 팔로워가 되는 것과 훌륭한 부하직원이 되는 것 간의 차이는 무엇인지를 이해할 필요가 있다. 훌륭한 팔로워들은 자기 자신을 잘 관리하며 자신을 잘 통제하고, 책임과 의무를 받아들이며, 자신이 하고 있는 것을 잘 보살피며, 스스로 동기부여를 한다. 그러므로 이들은 학교에 필요한 일을 잘 수행할 수 있으며, 끈기 있게 지속할 수 있고, 그 어떤 관리 감독 없이도 맡은 일을 잘 수행해낸다(Kelly, 1988). 팔로워들은 학교의 비전과 일련의 목적을 위해, 그리고 조직을 위해 헌신하는 사람들이다. 팔로워들은 무엇을 가르치고 학습시켜야 하는지에 대한 신념을 지니고 있으며, 고수하는 가치와 기준이 있다. 그리고 이를 위해 업무에 전념한다.

이와 대조적으로 훌륭한 부하 직원은 자신이 해야 할 것으로 여겨지는 것들에 대해서는 잘하지만, 그렇지 않은 것에 관해서는 관심이 없다. 이들은 조직이 자신에게 무엇을 기대하는지를 구체적으로 알기를 원한다. 이들에게는 수행을 적절히 하는지를 감시 감독하려는 일련의 활동이 이루어진다. 부하 직원들은 조직의 목표 및 목적과 이를 달성하기 위한 방법과 수단을 제공하는 리더에게 의존적이다. 이들은 일을 수행하는 데 필요한 규칙이 무엇인지 알고 싶어 하며, 문제를 피하기 위한 방식으로 일을 수행할 것이다. 이러한 사람들과 리더의 삶은 편안하고 쉽다. 이들이 속해있는 학교와 이들이 가르치는 학생들은 탁월함보다는 평범함이 표준이 된다.

부하 직원은 조직과 가치 혹은 신념에 전념하지 않고 학교의 규칙과 규정, 감독자의 기대 및 기타 관리 요구사항 및 권위에 대해 반응한다. 이것은 중요한 차이이다. 부하 직원은 권위에 대해 반응하고, 팔로워들은 신념에 반응한다.

팔로워에 대한 사전정의는 조직에 봉사하는 사람 혹은 조직을 대표하는 또 다른 사람이다. 팔로워는 의견과 교육과 관련된 규율을 따르는 사람이다. 이처럼 팔로워십은 신념과 연계되어 있기 때문에, 목적화로서의 리더십을 발휘하지 않고 학교에서 팔로워십이 나타나게 하는 것은 어렵다.

팔로워십의 개념은 수많은 패러독스를 지니고 있다. 효과적으로 따르는 것은 실제로 리더십의 한 형태인 것으로 밝혀졌다(Kelly, 1988). 조직에 대한 헌신과 자기 관리의 실천은 훌륭한 리더십의 특징이며, 이러한 것들은 또한 훌륭한 팔로워십의 특징이기도 하다. 그렇기에 성공적인 리더는 다른 사람들의 리더십을 구축하고, 리더들의 리더가 되기 위해 노력하는 사람이다. 또한, 훌륭한 리더는 아이디어와 가치와 신념을 따르는 훌륭한 팔로워이다. 팔로워십이 구축되었을 때, 관료적이고 심리적 권위는 도덕적 권위에 의해 초월된다. 이러한 학교는 목적과 가치, 헌신을 최고점에 두고, 학교에는 목적을 위해 봉사하는 교장과 교사, 학생, 학부모가 있다(<그림 8.1> 참고).

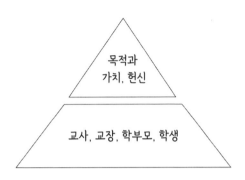

**[그림 8.1] 팔로워십의 구축**

## 공유된 목적을 달성하기 위해 사람들이 자발적으로 일하게 하기

이를 가능하게 하도록 하기 위해서는 다음의 3가지 차원을 고려해야 한다. (1) 교장과 교사, 학부모, 그리고 다른 이들이 학교의 목표와 목적을 달성할 수 있도록 자율적으로 일을 수행하는 데 필요한 재량권을 주는 일이다. (2) 자율적으로 일을 수행하는 데 필요한 지원과 교육을 제공하는 일이다. (3) 자율성을 방해하는 관료적 장애물을 제거하는 일이다.

효과적인 리더는 권한 투자의 원칙(the principle of power investment)을 실천한다. 리더들은 더 큰 권한을 얻기 위해 다른 사람들에게 권한을 분배한다. 이들에게 중요한 것은 권한이 아니라 공유된 목표와 목적을 실현하기 위한 가능성이다. 이에 따라 효과적인 리더들은 실질적으로 통제권을 얻기 위해 표면적인 통제권을 위임하거나 포기해야 한다는 것을 인정한다. 비선형적이고 느슨하게 연결된 세상에서, 리더들은 위임과 권한 부여가 불가피하다는 것 또한 인정한다.

목적화가 없는 권한 부여(empowerment)는 가치가 있다고 보기 어렵다. 목적화와 권한 부여는 함께 가야 한다. 교사들과 다른 사람들에게 권한을 부여하면서, 목적화를 명확하게 하고, 이를 풍요롭게 할 때, 교사들은 동기가 부여되고, 헌신이 증가할 뿐만 아니라, 놀라울만한 능력을 발휘한다. 이러한 과정을 통해 교사들은 더욱 똑똑해지고, 재능을 완전하게 발휘하게 되며, 직무를 성공적으로 수행한다. 그러므로 권한을 부여할 때, 고려해야 할 첫 번째 질문은 *무엇을 위해 권한이 부여되어야 하는가?* 이다. 권한 부여를 위한 규칙은 *모든 사람들이 일을 수행할 때, 자유롭다는 것을 의미하며, 공유된 가치를 구현하기 위해 해야 할 일에 대한 결정을 내릴 수 있다는 것을 의미한다.* 권한 부여를 위한 가장 좋은 전략은 교사 혹은 어떠한 특정 집단의 역할에 초점을 맞추는 것이 아니라, 학교 자체에 권한을 부여하는 방안을 도모하는 것이다. 공통된 목적으로 함께 묶인 교장, 교사, 학부모는 효과적으로 기능할 필요가 있는 재량권을 부여받는다. 권한 부여는 책무성에 대한 자연스러운 보완책이다. 교사와 교직원, 학부모에게 결정을 내리는데 필요한 책임을 주지 않고서는 책임을 물을 수 없다. 권한 부여와 자유를 동일시하는 실수는 피해야 한다. 권한 부여는 의무와 관련된다. 자신이 바라는 것을 자유롭게 할 수는 없지만, 공유된 가치에 비추어 현명한 결정을 자유롭게 내릴 수 있는 것을 의미한다.

## 리더십을 무엇인가를 달성해나가기 위한 권력으로 보기

성공한 리더는 권력을 장악하는 것과 권력을 위임하는 것의 차이를 알고 있다. 리더십과 권력 사이에는 연관성이 있으며, 실제로 리더십은 영향력 있는 권력의 특별한 형태다. 권력에는 2가지 개념이 있다. 권력을 장악하는 것과 권력을 위임하는 것이다. 권력을 장악하는 것은 "내가 원하는 방식으로 일을 진행할 수 있게 하기 위해서 어떻게 사람들과 일을 통제할 수 있는가?"에 관심을 갖는다. 이는 지배력, 통제력, 위계구조와 관련이 있다. 권력을 행사하려면 지배, 통제, 위계가 있는 구조의 상단에 위치해야 한다. 또한, 보상과 처벌인 "당근"과 "채찍"에 대한 고려가 필요하다. 그러나 현실에서 대부분의 교장들이 당근과 채찍을 가지고 있지 않다. 게다가 사람들은 당근이나 채찍을 좋아하지 않으며, 공식적으로나 비공식적으로 권력을 장악하는 리더십에 저항한다. 따라서 이 접근법은 거의 효과가 없다.

권력 장악에 대한 개념은 지배와 조종과 관련된 도덕적 문제를 제기한다. 그러나 권력 위임의 개념은 도구적이라기보다는 촉진적 형태를 취한다. 권력 위임은 무엇인가를 달성하기 위한 것과 관련되어 있으며, 다른 사람들이 그들이 중요하다고 생각하는 무엇인가를 달성해나갈 수 있도록 돕는 것이다. 권력 위임은 사람들이 하는 일이 무엇인가가 강조되기보다는 사람들이 달성하고자 하는 것이 무엇인지가 더욱 강조된다.

## 동료 간의 협조를 우선시하기

목적화와 리더십의 밀도, 권한 부여가 잘 결합되어 있을 때, 동료 간의 협조는 비선형으로 느슨하게 구조화된 학교를 잘 작동할 수 있도록 돕는 중요한 전략이다. 그러나 동료 간의 협조를 친목과 헷갈리는 경향이 있다(Barth, 1986). *친목(congeniality)*은 교사들 사이에 존재하는 우호적인 인간관계를 말하며, 밀접하게 짜여진 사회 집단이 발전된 것으로, 충성심과 신뢰 및 가벼운 대화를 특징으로 한다. 이와 대조적으로 동료 간의 *협조(collegiality)*는 교사와 교장 간의 높은 수준의 협업이 존재한다는 것을 의미하며, 상호존중과 공동의 가치를 공유하는 것, 협동과 교수·학습에 관한 구체적인 대화가 이루어진다는 것을 주된 특징으로 한다. 친목의 정도가 높으면, 사회적 규범에 부합하는 강력하고 비공식적인 문화가 학교에 나타난다. 그러나 그러한 규범은 학교 목적에 부합할 수도 있고 그렇지 않을 수도 있다. 그러한 규범은 조직 구성원들의 헌신과 성과 향상을 가져오기도 하지만, 때로는 오히려 그러한 헌신과 성과 향상을 방해하기도 한다. 이와 대조적으로 동료 간의 협조가 높을 때, 학교 내에는 공유된 규범이 강하게 나타나는 전문적 문화가 구축된다. 이러한 규범은 학교의 목적과 일치하고, 조직 구성원들의 지속적으로 헌신을 높이며, 성과 향상에 기여한다.

Little(1981)과 Rosenholtz(1989)는 연구를 통해 동료 간 협조의 중요성과 이를 위한 지원을 지지하며, 동료 간의 협조를 통해 전문적 교육 문화를 구축할 수 있으며, 조직 구성원들의 헌신과 수행을 높일 수 있다고 하였다. 이들은 교장의 리더십 발휘가 동료 간의 협조와 관련된 규범을 구축하는 데 영향을 미친다고 언급했다. Rosenholtz(1989)는 교장과 교사의 협조정도가 높은 학교에서는 교장이 매우 지원적이고, 학교에서 발생한 문제를 집단적으로 해결하고자 학습을 하려는 경향이 있다고 언급하였다. 이와 대조적으로 교장과 교사의 협조 정도가 낮은 학교에서는 구성원들이 고립되고 소외감을 느낀다는 연구보고가 나타났다. Little(1981)은 연구를 통해, 교장이 다음과 같은 행동을 취할 때 협조 관계가 나타난다고 언급했다. 우선, 교사의 협력에 대한 기대를 명확히 전달할 때이다. 다음으로, 학교 개선을 위해 교사들과 직접 협력하며, 협조 관계에 모범을 보일 때이다. 그리고 교사들 간의 협조 관계에 대한 인징을 표할 때이다. 아울러 협조 관계를 구축하기 위해 필요한 시간과 돈, 자원 등을 지원할 때이다. 마지막으로, 동료들 간의 협조 관계를 구축하기 위해 개인주의와 고립으로부터 벗어나고자 하는 교사들을 독려할 때이다. 비록 협조적인 규범은 전통적 학교 구조 속에서도 나타날 수 있지만, 해당 구조에서는 동료 간의 협조를 가로막는 장애물들이 자주 나타난다. 5장에서 요약한 학교 교육 공동체는 소규모이며, 공유된 목표와 도덕적 연계를 강조하고 있다는 특징을 보이는데, 이러한 공동체에서는 동료 간 협조를 위한 기회가 제공되는 특징을 보인다. 이러한 때에, 학교의 질은 향상될 가능성이 높다. 그렇기에 다음 장에서는 질 관리에 대한 논의를 다루고자 한다.

## 질 관리 이해하기

일반적인 리더들과 성공한 리더들의 차이는 **질 관리**(quality control)에 대한 개념과 신념의 차이에 달려 있을 것이다. 일반적인 리더들에게 질 관리는 일정 관리와 문제에 대한 처방, 프로그램을 설정하는 일, 평가하고 점검하는 일과 같은 방식으로 해결할 수 있는 관리상의 문제로 간주된다. 성공한 리더들에게도 질 관리에 대한 개념이 유사하게 인식되고는 있지만, 성공한 리더들은 질 관리의 문제를 단순한 관리 차원의 문제가 아닌 문화적인 문제라고 여긴다. 질 관리는 직장에서 일을 하는 사람들의 마음에 달려있다. 이들에게 질 관리는 교사들과 교직원들이 믿는 것과 질에 대한 헌신과 자부심, 그리고 그들이 업무에 대해 느끼는 것, 그들이 자신의 일에 대해 주인의식을 느끼는 것, 일 자체로부터 얻는 내재적인 만족감과 관련된다. 이러한 이유로 질 관리는 계획과 조직화, 일정 관리, 규제라고 여겨지기보다는 목적화와 권한을 부여하는 것, 리더십의 밀도, 동료 간의 협조, 내재적 동기부여와 같은 정체성과 헌신을 구축하기 위한 방법으로 여겨진다.

## 가치를 단순화하기

성공한 교장들은 행동 지향적이고, 복잡하지 않은 조직 구조에 대해 확신을 가지고 있다. 이들에게 "소규모는 아름답고", "단순한 것은 좋은 것"이라고 여겨진다. 소규모는 교사와 학생들 간의 직접적인 관계를 장려하고, 권한 부여를 보다 쉽게 할 수 있게 하며, 개인의 정체성과 소속감을 높일 수 있다는 데에 이점이 있다. 단순성은 행동 지향적이며, 요점을 벗어나지 않는다. 그것은 규약과 절차상의 문제를 과도하게 강조하지 않고 무엇을 달성해야 하고 그것을 가장 잘해야 하는가에 중점을 둔다.

소규모는 단순히 인원수가 적은 것을 의미하는 것뿐만 아니라, 질과 관련된다. 리더십을 발휘하는 데 있어, 도전적일 수는 있지만, 대규모의 학교에서 역시 소규모의 질과 단순성의 질을 채택할 수 있다. 예를 들어, Illinois 주의 Lincolnshire에 있는 Adlai Stevenson 고등학교에는 4,000명의 학생들이 보육 환경에 놓여있지만, 어떻게 생각하고 무엇을 행하느냐에 따른 소규모와 단순성의 이점을 누리고 있다. Stevenson 학교의 보육을 위한 헌신은 전설적이다. 예를 들어, 보육은 고등학교로 전환하는 데 어려움을 겪고 있는 학생들과 학업과 사회 활동에 문제가 있다고 여겨지는 학생들을 위한 12단계 지원 프로그램인 '개입의 피라미드(The Pyramid of Interventions)'로 제도화되어 있다. 개입의 피라미드는 여름 학기에 시작된다. 이 프로그램은 또래 지원을 포함하며, 학생들을 학교와 연결시켜, 학업에까지 참여시키게 하는 것으로 끝이 난다.

## 실천 성찰하기

성공한 학교의 리더들은 빠른 수정과 확실한 처리방안, 교수·학습과 장학 평가에 있어서 최상의 혹은 단일의 해결책이 있다는 것을 의심스럽게 생각한다. 대신 이들은 학교 교육에 대해 복잡한 관점을 견지하며(Brandt, 1985; Glatthorn, 1984; Joyce and Weil, 1980 참고), 교육의 모든 목표를 달성하기에 어떤 단일 모델도 충분하지 않다고 본다. 예를 들어, 이러한 문제는 지시하거나 격식에 얽매이지 않는 것 대(對) 체계적이고 직접적인 것이 아니라, 교수·학습에 대한 다양한 관점들이 지니는 비용적 손실과 이익에 관한 것이다. 특정 접근법을 사용함으로써 얻는 것과 잃는 것은 무엇인가? 현재의 상황을 고려해 볼 때, 이득은 손실을 보면서까지 가치가 있는 이득인가? 마찬가지로 장학과 평가에 있어 단일 방법을 적용하는 것은 적합하지 않다.

성공한 교장들은 연구와 실제 사이의 직접적인 연관을 받아들이지 않는다. 대신 이들은 연구의 목적이 사람의 이해를 높이는 것이지 실천을 처방하는 것은 아니라는 것을 인식한다(Tyler, 1984). 이론과 연구에 세심한 주의를 기울이며, 교장들은 실천에서 나오는 성공 사례에 주의를 기울이지만, 그러한 지식을 도구적 관점으로 바라보기보다는 개념적으로 이해하려고 한다(Kennedy, 1984). 지식을 도구적으로 볼 경우, 지식은 문제를 해결하기 위해 직접적으로 적용되어야 할 것으로 여겨진다. 그러나 지식을 개념적으로 볼 경우, 지식은 전문적인 판단을 강화하기 위한 정보라고 여겨진다. 즉, 실천을 위한 전제조건이라고 여겨지는 것이다.

## 감정표출에 의한 리더십의 발휘

전통적 관리에 따르면, 리더들은 말하거나 수행하는 일들에 냉정함을 취해야 하고, 계산적이어야 하며, 신중해야 한다(예, Lipsitz, 1984; Peters and Waterman, 1982; Sergiovanni, 1990; Vaill, 1984). 그러나 성공한 리더에 대한 연구는 이와는 다른 이미지를 보여주고 있다. 실제로 성공한 리더들은 열정적으로 행동하고, 때로는 위험성이 있는 일도 마다하지 않는다. 뭔가 가치가 있다고 강하게 여겨지는 것이 있다면, 다른 사람들에게 그 가치의 중요성을 전달한다. 성공한 리더들에 관한 연구에서, Vail(1984)은 교장들의 리더십 발휘가 *시간*과 *감정*, *집중*으로 특징지어진다는 것을 발견했다. 성공한 리더들은 엄청난 시간을 투자하고, 체제의 목적을 달성하는 것에 대해 강한 감정을 갖고, 문제에 관심과 열정을 쏟으며 집중하고 있었다. 이러한 특성은 조직 내 목적화를 구축하는 데 많은 기여를 하는 데 있어 핵심이 되는 요인이다. Vaill는 감정이 시간과 집중 사이의 중요한 연결고리라고 하였다. 성공한 리더들은 조직의 복지와 목적, 구조와 경영, 역사 등과 관련된 근본적인 가치와 헌신에 깊은 관심을 보였다. 이들은 열정을 보이고 있었고, 일이 잘 풀리지 않을 때, 이 열정은 종종 감정을 표출하는 형태로 나타났다.

감정표출에 의한 리더십(leadership by outrage)은 중요하고 의미 있는 것에 관해 대화를 하거나, 리더십이 객관적이고 계산적이라고 비춰질 때, 사람들을 감동시키는 것이 불가능할 때 적용할 수 있는 상징적인 행위이다. 리더들은 감정표출을 통해 공유된 규약으로 정의된 학교 목적에 대한 이슈를 강조하며, 리더십에 상당한 가치를 더하는 경향을 보인다.

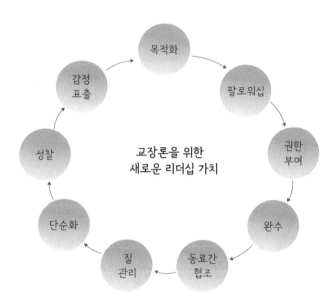

[그림 8.2] 교장론을 위한 새로운 가치

감정표출을 목적과 연계시키는 것은 매우 중요하다. 예를 들어, 결속적 리더십을 발휘하는 리더는 진정한 강인함과 단지 강인해 보이는 것 혹은 거칠게 행동하는 것의 차이를 알고 있다. 진정한 강인함은 항상 원칙적인 가치관에 근거한다. 리더들은 구성원들이 공통의 가치에 충실할 것을 기대하지만 이러한 가치를 구현하는 방법에 대해 폭넓은 재량권을 부여한다(이들은 권한을 부여하고, 팔로워십을 강조한다). 교장들은 가치가 무시되거나 훼손될 경우, 감정을 표출한다. 공동의 핵심 가치들은 협상할 수 없는 것으로 표상되며, 학교에서 삶의 방식을 정의하는 문화적 요소를 구성한다. 사람들은 공유된 가치를 구체화하고, 학교의 규약을 수행할 것이라고 기대 받는데, 이들이 그렇게 행동하지 않을 경우 교장들의 감정표출이 나타난다. [그림 8.2]에는 10가지의 새로운 가치들이 언급되어져 있다.

### 다른 사람에 대한 감정에 불 붙이기

감정표출은 교장에게만 나타나는 것이 아니다. 목적이 설정되면 팔로워십이 뒤따르고, 구성원들에게 권한이 부여되며, 동료 간의 협조가 나타나며, 지정된 리더들은 감정표출의 리더십을 발휘한다. 그리고 이와 같이 감성을 표출하는 것은 학교 이해당사자들의 의무가 된다. 공유되는 이상과 헌신이 발현되지 않을 때, 감정이 표출된다. 결합력 있는 리더들은 다른 사람들의 감정을 분출시키기 위한 행동을 취한다.

# 분산적 리더십

리더십을 개인적인 활동으로 보기보다는 실천과 연계된 집단 활동이라고 보는 것은 직면한 문제와 상황을 학교의 전문 지식과 일치시키는 데 도움이 된다. 물론 개인 활동으로서의 리더십도 필요하지만, 집단 활동을 포함할 경우, 구성원들의 리더십의 발휘가 자유로워지고, 학교개선에 필요한 광범위한 참여를 포괄할 수 있게 된다.

리더십이 많은 사람들이 공유하는 실천이라면, 리더십은 적시적소에 있는 사람들과 일을 제대로 할 수 있는 능력을 가진 사람들에게 분배되어야 한다. 요구되는 역량을 보유한 사람 중 누가 리더십을 발휘할 것인지를 결정해야 한다. 이것은 매우 중요한 사안이다. 왜냐하면, 책임감에는 자격이 필요하기 때문이다. 자격이 있는 사람이 리더십을 발휘해야 한다. 만일 그 사람이 정당한 이유 없이, 이러한 리더십 발휘를 위한 책임을 거절할 경우, 헌신과 관련하여 도덕적인 문제가 제기될 수 있다.

요구되는 리더십의 기능은 상황에 따라 다르기 때문에 필요한 능력도 다양하다. 이러한 복잡성은 리더십을 개인의 활동이라고 치부하는 것이 얼마나 어려운 일인지를 다시금 생각하게 한다. Spillane, Halverson, Diamon(2001, p. 24)은 "우리는 주도적인 실천에 대한 관점을 개발한다. 이는 리더의 사고와 실천을 현장에 안내하는 것이다. 리더십은 교수·학습을 위한 조건을 세우는데 필요한 사회적, 물적, 문화적 자원을 확인하고, 획득하고, 배분하고, 조정 및 활용하는 것을 포함한다." 이들은 더 나아가 "학교에서 리더십을 발휘하는 주된 주체를 개별 리더로 인식하는 것이 아니라 분석 단위가 직위 및 비공식 리더들 사이에 리더십 실천이 어떻게 분산되어 있는지에 초점을 두고 있다"라고 하였다(p. 24).

Spillane et al.(2001)은 학교의 목표와 목적을 달성해야 하는 상황에서 리더십이 발휘된다고 보기에, 리더십은 계획되고, 조직되고 평가되어야 할 과제라고 언급한다. 비전과 신념 역시 중요하지만, 실제적인 목표와 교수·학습을 위해 계획되어져야 하고, 완성시켜야 할 과제들은 더욱 중요하다. 목표와 실제적인 업무가 잘 도출될 때, 리더십의 역할과 기능은 보다 잘 발휘될 수 있다. 분산적 리더십에 대한 예는 이 장의 마지막 시나리오에 잘 설명되어 있다.

# 호혜주의가 열쇠이다

역할과 역할 기대치를 이해하는 것은 리더십의 효과를 거두는 데 있어 매우 중요하다. 역할은 개인이 무엇을 해야 하는지를 정의하는 데 도움이 되는 표식이지만, 역할은 규약을 의미하기도 한다. 역할에 대한 책임이 상호적이고 역할의 관계에서 상호작용이 나타날 때에는 더욱 그러하다. 예를 들어, 나의 역할은 비행기를 조종하는 것이고, 당신의 역할은 항해하는 것이라고 가정해보자. 우리는 성공적인 비행을 위해 서로가 필요하다. 이러한 상황을 학교에 적용해보면, 역할은 우리가 서로에 대해, 학교에 대해, 그리고 목적에 대해 가지고 있는 가장 성스러운 의무이자 규약으로 표현할 수 있다. 규약으로부터 주어진 역할은 우리가 서로에 대한 책임을 지고, 조직과 지역사회에 대한 책임을 충족시킬 수 있도록 의무화된 것이다. 교사와 학생, 학부모가 적절히 동기를 부여받을 때, 학교 내 업무의 표식으로서의 역할은 효과가 있다. 규약으로서의 역할은 계약 당사자들이 그들이 원하는 것을 얻도록 하는 한 효력을 발휘한다. 규약으로서의 역할은 우리가 원하지 않거나 우리가 교환으로 원하는 것을 얻는지 아닌지에 상관없이 도덕적으로 책임을 질 의무가 있다고 느낄 때 작용한다.

역할에 대한 이러한 정의들은 학교의 일상생활에서 이루어지며 이러한 역할들은 학교를 운영하는데 필요한 관계를 발전시키는 데 기여한다. 따라서 문제는 어떤 정의가 적절한가가 아닌 이러한 관계들의 적절한 균형이라고 볼 수 있다. 예를 들어, 역할에 대한 어떠한 정의가 중심에 있는지, 어떠한 정의가 우리의 주변에 있는지에 대한 질문에 관한 나의 대답은 규약으로 정의된 역할이 우리의 중심에 있어야 하고, 계약으로 정의된 역할이 우리의 주변부에 있어야 한다는 것이다.

## 리더십 가치들의 중요성

독립적으로 고려되는 리더십의 가치는 질 높은 교육을 위한 변화를 가져올 만큼 영향력이 강력하지는 않다. 리더십에는 여러 가치들이 상호의존적으로 존재한다고 여겨진다. 개인들에게 권한을 부여하는 형태로 리더십을 발휘할 경우(예를 들어, 이러한 리더십이 발휘되는 경우는 공유된 가치를 구축하거나 목적화를 강조하는 리더십이 아닌 경우이다), 양질의 교육을 꾀하기 위한 관리보다는 자유방임적인 관리로 이어질 가능성이 크다. 또한, 관리를 강조하고, 통제와 규율을 적용하려 하고, 권한을 강조하며, 학교 교육의 흐름과 일을 규제하려고 하는 리더십을 발휘할 경우에는 의미 있는 권한 부여가 나타나기 어렵다. 영감을 주지 못하는 목표와 결과에 관해 기술적으로만 서술된 가치들, 상징적 표현이 부족한 학교, 교장과 학부모, 교사, 학생들에게 의미를 부여하지 못하는 학교에서는 헌신이나 성과가 나타나기 어려울 것이다. 리더십을 발휘하는 데 있어 가치를 반영하기 위해서는 구성주의 리더십과 Lambert와 그의 동료들의 연구를 고려해볼 필요가 있다.

# 구성주의 리더십

Lambert et al.(1995, p. 33)은 *리더십*을 학교 공동체의 구성원들이 공통의 목적을 달성해나가기 위한 의미를 구축하도록 하는 호혜적 과정을 포함하는 것이라고 정의하였다. 상호 관계에 참여하는 것은 우리가 속해있는 세계를 이해하고, 자신을 정의하며, 함께 성장하기 위한 일련의 방법이라고 할 수 있다. 이들은 이러한 종류의 리더십을 *구성주의* 리더십이라고 부른다. 구성주의 리더십의 핵심은 학교 내 사람들 간의 역량을 기르는 것이다. 구성원들이 의미를 만들어내고, 공동의 목적을 설정하도록 돕는 데 능숙한 학교는 역량 강화와 광범위한 참여를 꾀하는 데 있어 고도의 기술을 갖추고 있을 것이다. Lambert(1998)는 구성주의 리더십이 발휘되는 학교에서는 학습이 촉진되고 학교의 성공에 대한 공동의 책임 수용이 장려된다고 본다. 리더십의 목적이 의미를 형성하고, 학습을 촉진하고, 집단적 책임을 촉진하게 할 때, 리더십은 학교 문화의 핵심과 직접적으로 연계된다.

# 리더들의 공동체

Rost(1991)는 *리더십*에 대한 정의가 공동체를 구축하는 데 도움을 줄 수 있다고 하였다. "리더십은 리더와 팔로워 간의 영향력 있는 관계로, 이들은 상호의 목적을 반영하여 조직의 진정한 변화가 나타나기를 원하는 사람들이다"(p. 102). Rost(1991)는 사람들 사이의 관계를 리더십으로 부르기 위해서는 다음의 4가지 사항이 리더십에 포함되어야 한다고 말한다. 만일 4가지 중 하나라도 누락될 경우에는 이러한 관계를 관리라고 부르는 것이 더 낫다고까지 말했다. 4가지 사항은 다음과 같다.

1. 관계는 영향력에 기초한다.
2. 리더와 팔로워는 이 관계하에 있는 사람들이다.
3. 리더와 팔로워는 진정한 변화를 추구한다.
4. 리더와 팔로워는 상호 목적을 발전시킨다(Rost, 1991, pp. 102-103).

Rost(1991)는 리더십을 영향력 있는 관계로 인식하는 것은 리더십이 상호적이고 다방향적임을 의미한다고 하였다. 만일 영향 관계가 하향식으로 나타나면, 리더십이 존재한다고 말할 수 없다. 게다가 Rost(1991)는 영향력은 설득을 통해 나타나는 것이지, 보상이나 처벌, 지위나 법적 권력을 통해 발휘하는 것이 아니라고 하였다. 어떤 사람이 명령하거나, 요구하거나, 감언이설로 꾀하거나 위협한다면, 이것은 리더십이 아닌 것이다.

Rost(1991)는 리더십으로 불리기 위해서는 리더와 팔로워가 모두 리더십 발휘를 해야 한다고 하였다. 이들은 관계 내에서 평등할 필요도 없고 모든 사람이 항상 앞장서야 할 필요는 없지만, 주어진 시간과 상황에서는 모두 리더십을 발휘해야 할 의무를 공유한다. 또한, 리더와 팔로워는 진정한 변화를 모색해야 하며, 리더십은 목적을 가지고 발휘되어야 한다. 그리고 리더와 팔로워는 개인적 이익이나 관료적 요구에 의해서가 아니라, 목적을 보다 잘 수행하고자 하는 욕구를 통해 동기가 부여되어야 한다. 이러한 과정을 통해 이들은 함께 발전한다.

Rost(1991)의 정의는 설득력 있는 아이디어의 중요성과 이러한 아이디어에 관한 공동의 헌신에 의존한다. 리더와 팔로워의 역할은 모호하다. 공유된 신념을 권위의 원천으로 삼으면 모두가 팔로워가 되고, 누군가가 주도권을 잡을 때, 팔로워십은 리더십으로 재정의되기 시작한다. 리더와 팔로워가 서로를 신뢰할 때, 리더십은 번영한다. 이러한 신뢰성(credibility)이 강할수록, 사람들은 리더십에 의해 영향을 받을 가능성이 높아진다.

Rost and Smith(1992, p. 199)에게 신뢰성은 다음의 5가지 C들을 포함하는 것으로 간주된다: (1) 정직, 신뢰 및 성실로 정의되는 *인품(character)*, (2) 자신의 신념을 지지하고 변화하려는 의지로 정의되는 *용기(courage)*, (3) 기술적 및 대인적 감각으로 정의된 *역량(competence)*, (4) 압박감 속에서 우아하고 적절한 감정을 나타내는 것으로 정의되는 *평정(composure)*, (5) 다른 사람들의 복지에 관심을 갖는 것으로 정의되는 *보살핌(caring)*이다.

이와 같은 5가지 요소는 학교에서 리더십이 충분히 발휘되기 전에 충족되어져야 할 요구사항이 있음을 시사한다. 다시 말해, 이러한 5가지 요소를 갖추고 있을 경우 리더가 될 수 있는 것이다. 제5장에서 논의된 바와 같이 이러한 관계 요건은 게마인샤프트이다. 서로 얼마나 개방적인가? 말하고, 감정을 표현하고, 도움을 요청하고, 믿는 것을 지지할 용기가 있는가? 가르치고 배우는 것에 대해 지식이 있다고 말할 수 있는가? 다른 사람들의 관점에 민감한가? 우리는 서로 우리의 일, 그리고 우리가 봉사하는 학생들을 신경 쓰는가? 리더들의 공동체가 된다는 것은 학교의 일을 용이하게 하기 위한 노력의 일환으로 모든 사람들이 리더의 의무와 책임을 함께 할 수 있다는 것을 의미한다. 또한, 모든 사람은 보살핌의 의무와 책임을 공유한다는 의미를 포함한다. 리더십은 무엇인가를 한다는 것뿐만 아니라 무엇인가가 되는 것이 중요하다. 우리는 리더십의 부담에 대한 책임을 함께 받아들일 만큼 충분히 기꺼이 노력하고 있는가?

# [마무리 활동]

## 자신에 대한 이해

<<**안내사항**>> 이 장에서 논의된 내용에 대한 이해도를 높이고, 당신의 생각, 가치, 신념이 그 내용과 얼마나 관련되어 있는지에 대한 성찰을 위해, 다음 각각의 질문 혹은 진술문을 읽고 응답해 보세요. 응답을 모색하는 과정에서, 이 장에서 논의된 내용을 리뷰하는 것이 도움을 줄 수 있을 것입니다.

1. 공유된 리더십과 권한을 부여하는 방식의 리더십의 차이는 무엇인가? 대부분의 교장들은 공유된 리더십의 아이디어에 대해서는 수용하지만, 권한을 부여하는 방식의 리더십에 대해서는 수용하지 않을 수 있다. 왜 그러한가? 권한을 부여하는 방식의 리더십에 대해서 당신은 어떠한 감정을 갖는가?
2. Zaleznik는 관리의 실패가 본질을 위한 과정의 대체라고 하였다. 이것이 의미하는 바가 무엇인가? 당신이 속한 학교나 학군에서 이에 대한 예를 제시할 수 있는가?
3. 권력을 지배하는 것과 권력을 위임하는 것의 차이를 예를 들어 설명하십시오.
4. 전문적 학습 공동체에 대해 정의하고, 당신이 교장이라면, 학교를 전문적 학습 공동체로 변화시키기 위해 활용할 절차에 대해 설명하십시오.

## 시나리오 분석

<<**안내사항**>> 이 시나리오에서는 본 장에서 다루어진 개념들이 실제에서 어떻게 적용되고 있는지를 보여줍니다. 시나리오 뒤에 일련의 질문들이 제시됩니다. 시나리오를 읽고 난 후 각 질문에 답하세요. 질문들에 답하는 데 어려움을 느낀다면, 이 장의 주요 내용을 다시 읽어봄으로써 도움을 받을 수 있을 것입니다.

## 전문적 학습 공동체에서 리더십을 형성하고 육성하기

Johnson 교장은 Jefferson 고등학교에 대한 새로운 비전을 가지고 연례 리더십 회의에서 돌아 왔다. 회의의 주제는 "전문적 학습 공동체의 선도 및 교육"이었다. Johnson 교장은 발표자가 발표한 내용에 대해 굉장한 감명을 받았다. 소속된 학교의 9학년과 10학년 학생들의 학업적 필요를 충족시키기 위한 새로운 전략을 찾고 있었기 때문이다. 해당 학교의 학생들과 또래 학생들 간 학업 성취의 차이는 점점 벌어지고 있었다. Johnson 교장은 지난 2년 동안 부장교사들에게 교육 개선을 위한 4가지 아이디어를 제시했으나 반응이 좋지 않았고, 실제 시행을 한 사람들도 없다는 점을 상기했다. Johnson 교장에게는 "고립된 수월성(pockets of excellence)"의 문제가 있었다. 이는 그동안 동료들과 모범적인 실천을 공유한 적이 없었던 교직원들을 선택한 결과로 발생된 것이었다. Johnson 교장은 이러한 "고립주의"가 규범으로 받아들여졌음을 깨달았다. 이에 Johnson 교장은 전문적 학습 공동체를 구축하면, 모든 이해 관계자 사이에 신뢰와 공유가 존재하는 협업적이고 전문적인 분위기가 나타날 것이라고 생각하였다.

Johnson 교장이 참석한 세 개의 세션은 교육 개선에 관한 것이었고, 각 세션은 전문적 학습 공동체에 초점을 맞추었다. 과거 이러한 세션들은 변화에 대한 좋은 이미지를 불러일으키기는 하였지만, 실제 변화가 실현되지는 않았다. 왜냐하면 교직원들이 이러한 내용들을 학생 성취에는 그다지 큰 영향을 미치지 않는 더 많은 일을 요구하는 일시적인 유행으로 받아들였기 때문이다.

Johnson 교장은 전문적 학습 공동체가 일시적인 유행이 아니라 학교 문화의 일부이며, 전문적 학습 공동체는 구성원들을 위한 삶의 방식이라는 발표자의 말을 떠올렸다(DuFour, 2004, and Pullan, 2011을 참조하였음). 전문적 학습 공동체로 인해 문화적 변화가 발생하는데, 이러한 변화에는 새로운 규범의 확립이 포함된다. 그리고 이 규범은 상호간의 전문성을 강화한다. 교사들과 관리자들이 지속적으로 학습을 추구하고 공유하고, 그들이 배우는 것들을 실행하면서 교사들은 고립으로부터 벗어나게 된다.

Jefferson 고등학교의 올해 회의에서 부상한 전문적 학습 공동체가 되겠다는 생각은 예년에 나왔던 아이디어와는 달랐다. 초점은 협력을 통해 교육을 지원하고, 그러한 과정에서 교직원들은 학생들의 학업성취를 향상시키기 위한 방법을 찾기 위해 모범 사례를 공유하는 등 협력적인 학교 문화를 만들어나가는 데 있었다. Johnson 교장은 이러한 생각이 자신의 행동을 변화시키고, 학교의 문화와 풍토를 변화시키며, 교직원들이 리더십을 바라보는 방식을 변화시킬 수 있다는 것을 깨달았다. Jefferson 고등학교에서는 이러한 새로운 제도가 도입될 시기가 적절하였던 데다가, Wilhelm(2010)이 발표한 전문적 학습 공동체에 관한 연구에서 공유 리더십이 학교의 규범으로 자리 잡으면 학생들의 성취가 급격하게 향상될 것이고, 성취 간격의 차이가 적어질 것이라고 언급했기에 제도를 추진하는 데 있어 탄력을 받을 수 있었다.

Johnson 교장은 자신의 노트와 과거 자신의 실천을 되돌아보며, 그간 자신이 교직원들에게 지시적으로 요구하는 독재적인 방식으로 리더십을 발휘했다는 것을 깨달았다. 한 세션의 발표자는 실적이 저조했던 학교의 성과를 향상시키기 위해 구축으로서의 리더십, 결합으로서의 리더십, 결속으로서의 리더십을 발휘한 교장이 있었다고 하였다. 그는 집단 학습과 문제 해결이 교사와 학생의 성과를 향상시키는 열쇠라는 전제 하에 행동하였다. 또한, 발표자는 교직원과 함께 일하면서 통일된 주제를 강조했다고 말했다. "학교 공동체의 모든 개인들을 위한 높은 수준의 학습"을 하게 하는 것이었다. Johnson 교장은 DuFour, Eaker and DuFour(2005)의 연구에서 학교가 전문적 학습 공동체가 될 때, 학습이 교사의 직무 중 하나로 추가되어서는 안된다는 견해를 지지했다. 그래야만 전문적 학습 공동체가 지속적인 활동이 될 것이고, 공동체의 모든 구성원들이 함께 배우는 방법을 계속해서 행하게 될 것이라고 보았기 때문이다. 이러한 유형의 리더십을 발휘한 덕분에 학교 내에 협력이 생겨났고, 교직원들은 지속적으로 개선과 발전을 도모하기 위해 서로 다른 아이디어와 관점을 공유하여 서로 힘을 합쳤다.

Johnson 교장은 리더십 발휘는 학교 공동체의 효과를 위해 반드시 필요하며, 교장의 리더십 발휘가 부족할 경우 학교의 성과가 나타나기 힘들다는 것을 깨달았다. 교사와 교장의 관계가 전문적 학습 공동체의 핵심이라고 이해한 뒤, Johnson 교장은 학교 구성원들과 개별적으로 그리고 집단적으로 긍정적인 대인관계를 발전시키기 위한 노력을 이어나갔다. 그 결과, 학교의 집단적 비전에 대한 교사들의 전반적인 이해가 증가하였고, 교사들은 교육자로서 발전하는 데 전념했다.

교직원들과 수많은 세션을 계획한 이후, Johnson 교장은 일련의 행동을 위한 계획을 발표할 준비가 되었다. 그 계획은 Dufour, Eaker, and DuFour(2005)의 3가지 원칙에 의거하여 세워졌다. 여기에는 (1) 모든 학생들이 확실히 배울 수 있도록 보장하는 것, (2) 협동을 위한 문화를 구축하는 것, (3) 결과에 초점을 두는 것이 포함된다. 교직원들이 우수한 성과를 거두는 팀의 구성원이 될 구조가 갖추어졌으며, 각 집단은 학생의 성과를 높이는 데 중점을 두도록 하였다. 혁신과 실험이 표준으로 받아들여지는 최적의 학습 조건도 확립되었다. Johnson 교장은 상징적 리더십을 발휘하여, 어떤 경우에는 개인이 리더가 될 수도 있고, 어떤 경우에는 같은 사람들이 팔로워가 될 수도 있다는 것을 보여주었다. 직무 배정과 관련된 결정은 개인의 준비 상태 및 성숙도 수준, 배정할 직무에 기초해 결정하였다.

세션 발표 이후, 1년이 지났다. 한 해 동안 관리자와 교사, 학생, 외부 공동체 구성원으로 구성된 팀들은 전체 학교 프로그램을 위해 열심히 일했다. 우선, 이들은 학교의 새로운 비전을 세우기 위해 협력했다. 새롭게 공유된 비전은 "모든 학생들의 학업 성과를 향상시키기 위해 전문가들이 그들의 실천에 대해 대화하고, 모범 사례를 공유하고, 지식을 가르치고, 서로를 관찰하고 응원하는 것을 편안하게 느끼는 (전문가) 동료 문화를 형성하는 것"이다.

구성원들은 활동을 계획하고 구성할 수 있는 자유가 있어 일을 즐기는 듯 보였고, 명료함이 필요한 경우, Johnson 교장을 만나 문제를 제기하고 학교 조직에 영향을 미치는 문제에 대한 결정을 내렸다. 교사가 교직원 회의를 열거나, 전문성 개발을 위한 리더십을 발휘하고, 학사 일정을 기획하기 위한 위원회를 이끌었다. 학생이 특정 문제에 관해 가장 잘 알고 있다면, 학생이 리더가 되었다.

개개인이 학생들의 성적을 향상시키는데 전념함에 따라 권위는 사라지기 시작했다. 모든 교직원들은 다른 교직원의 아이디어에 반응했다. 공유된 약속과 신념이 훼손될 때, 감정을 표출한 사람은 Johnson 교장이 아니라 여러 집단의 구성원들이었다. Jefferson 고등학교에서 Nelson(2010)의 확신은 현실이 되었다. 전문적 학습 공동체가 성장함에 따라 구성원들의 대화는 성찰적이고 탐구기반적이며, 실천적 행위 지향으로 나타났고, 교사들의 일과 공유된 가치, 학생들의 학습에 집중되었다.

## 성찰적 질문과 시나리오 분석

1. Johnson 교장이 전문적 학습 공동체를 만들기 위해 발휘한 리더십은 무엇인가?

2. 교사의 헌신과 참여에 영향을 준 요인은 무엇인가? 자신의 입장을 뒷받침 할 시나리오의 구절들을 찾으십시오.

3. Jefferson 고등학교에서 전문적 학습 공동체를 만드는 데 있어, 성찰적 실천이 어떠한 역할을 했는지를 설명하십시오.

4. Rost(1991)는 4가지 요소를 포함하는 리더십의 정의를 제시하였다. 각 요소의 존재를 증명하는 시나리오의 구절을 찾아보십시오.

5. 시나리오의 내용에 기초할 때, Jefferson 고등학교는 학습 공동체가 되었는가? 그렇지 않다면, 무엇이 더 필요한가? 그렇다면, 학습 공동체를 만드는 핵심 요소는 무엇인가?

04

수업
리더십

이번 4부에서는 수업 리더십을 다룬다. 이는 교장이 수행하는 역할과 학교교육의 비전 및 사명을 제시할 때 행동하는 방식을 말한다. 교장은 자신이 이끌어가는 학교의 교육적 우수성에 대한 분명한 비전을 가지고 있으며, 이를 교육적으로 실천 가능하도록 학교환경을 구성한다. 또한, 교사와 파트너십을 맺고 협력을 통해 학습 문화를 구축하고 유지하며, 다양한 상황에 맞는 적절한 교육 전략을 수립한다.

이러한 각각의 요소들은 4부에서 논의된다. 우선 성공적인 학교의 특징을 검토한다. 또한, 교장이 어떻게 구성원을 마음의 공동체로 결속시키는지, 학교를 일반적 조직에서 집중, 배려, 학습, 탐구의 공동체로 전환시키는지에 대해 규명하고 기술한다. 다음으로 교수학습 공동체를 논의한다. 이는 효과적인 교수법에 관한 연구, 배움의 공동체로서의 교실, 그리고 교수학습법에 대한 접근을 포함한다. 교장이 교수·학습을 감독하고 평가하는 것이 얼마나 효과적인지 검토하며, 교사가 교실 및 학교에서 우수성을 지속적으로 추구할 수 있는 전문성 개발 프로그램을 만드는 방법을 다루며 장을 마무리한다.

9-13장을 완독하면 효과적인 학교의 특징(학습 공동체를 구축하는 과정 및 절차, 높은 수준의 학습전략과 효과적인 의사소통 기술에 관한 비전을 개발하는 방법)과 교육활동을 장학하고 효과적인 교사를 양성하는 데 활용 가능한 검증된 실제적 지식을 더 깊이 있게 이해할 수 있을 것이다.

# 성공적인 학교들의 특징

미국에서 학교교육이 시작된 이후 학교의 질과 학습의 질 사이의 관계에 대한 신뢰가 있어 왔다. 그러나 1964년 Benjamin Bloom의 「*Stability and Change in Human Characteristics*」와 1966년 James Coleman과 그의 동료들이 저적한 「*Equality of Educational Opportunity*」이 출판되며 이러한 믿음이 깨지기 시작했다. 일반 대중들에게 널리 받아들여지고 있던 학교가 그리 중요하지 않을 수도 있다는 생각이 교사와 교장들에게도 받아들여지게 되었기 때문이다.

Coleman은 사회적 불평등, 빈곤, 인종 차별적 교육이 많은 학생들의 불충분한 학습에 영향을 주는 핵심 요소이기에 학습을 개선하기 위해서는 이러한 사회적 요인들이 개선되어야 한다고 하였다. 또한, 인종이나 종교와 무관하게 가정환경이 학생들의 학습 성과를 설명하는 가장 중요한 요인임을 밝혔다. 교육역량 개발에 관한 Bloom의 고전적 연구에서는 학생의 학습 규모와 범위를 결정하는데 학교 외적인 요소가 중요함을 강조하였다. 그는 다음과 같이 기술하였다.

> 17세의 지능 변화량 중 50%는 4세부터 17세까지의 지능 변화 측면에서 설명이 된다. 태아부터 4세까지의 개인은 성숙한 지능의 50%가 발달되고, 4세에서 8세 사이에는 또 다른 30%가 개발된다. 그리고 8세에서 17세까지는 나머지 20%가 개발된다... 우리는 환경의 변화가

IQ에 상대적으로 거의 영향을 미치지 않을 것으로 기대하지만 8세 이후부터는 환경의 변화가 IQ에 현격한 영향을 미칠 수 있을 것으로 본다. 8세 이전에는 약 1~5세 사이에 큰 영향이 나타날 것이다. (Bloom, 1964, p. 68)

이러한 생각들이 받아들여지면서 교장과 교사들은 학교가 아닌 가정환경이나 태생적 학습능력이 학생들의 학업 성취도에 있어 중요한 차이를 설명해 준다고 믿게 되었다. 일부 교장들과 교사들은 이러한 뉴스를 그들이 도출한 교육적 결과에 대한 정당한 변명거리로 삼으면서 환영하기도 했다. 결국, 그들은 이런 연구결과가 성적이 저조한 학생을 학교가 통제할 수 없다는 것을 분명히 보여주고 있다고 주장했다.

1980년대에는 학교교육과 학습의 질 사이의 관계에 대한 다른 논의가 등장하며 학교가 변화를 만들 수 있다는 믿음이 다시 한번 받아들여졌다. 양질의 학교교육은 양질의 학습으로 이어지며, 양질의 학교교육에 중요한 열쇠는 교장이 학교 구성원에게 직접적으로 발휘하는 리더십의 종류와 수준에 달려있다는 것이다. 이러한 주장은 학교효과와 성공에 관한 다수의 연구들에 의해 증명되기도 하였다. 예를 들어, 1978년에 Gilbert Austin이 수행한 전형적인 연구에는 메릴랜드의 모든 학교 중에서 성취도가 높은 18개의 학교와 성취도가 낮은 12개의 학교들이 비교되었다. 선발된 학교들은 메릴랜드 전역의 평균점수 범위를 벗어났기 때문에 "아웃라이어(outlier)"로 간주되었다. 이 연구는 성적이 좋은 학교와 낮은 학교의 한 가지 차이점이 교장의 영향이라는 점을 밝히고 있었다. 성취도가 높은 학교에서 교장들은 강한 리더십을 발휘했고, 교육 문제에 직접적으로 자주 참여했으며, 성공에 대한 기대가 높고 학업 목표를 지향했다. 이 연구를 통해 학교 교육의 질이 교장의 리더십에 의해 크게 영향을 받는다는 사실을 분명히 알 수 있게 되었다.

많은 전문가들은 교장이 학교 효과 촉진에 미치는 영향은 간접적이라고 지적한다(Hallinger and Heck, 1996a; Hallinger and Murphy, 1985). Far West Lab의 연구를 예로 들면, 교장의 주요 행동이 학교의 전반적인 분위기와 수업 환경(예: 학급 크기, 학교 크기, 교육 시간, 학습에 활용할 수 있는 시간, 교육과정 진도)에 직접적인 영향을 미친다는 결론을 내리고 있다. 이러한 요인들은 학생의 성취도 및 기타 효과 지표와 관련이 있는 것으로 보인다(Bossert, Dwyer, Rowan, and Lee, 1982). 교장의 성향과 행동으로 정의되는 *초기 변수*들 사이의 상호작용은 학교풍토와 학습을 위한 조직화 등으로 정의되는 *매개 변수*에 영향을 주며, 이는 결국 학생의 성취 및 선(goodness)의 다른 차원이라는 *결과 변수*에 영향을 준다.

교장의 리더십은 성공적인 학교를 만들기 위한 해답의 일부일 뿐이다. 많은 전문가들과 선행연구들은 가장 중요한 것이 학교에 존재하는 리더십의 양 및 질의 밀도일 것임을 밝히고 있다. 8장에서 논의된 바와 같이 *리더십의 밀도*는 단순히 학교 업무만을 의미하는 것이 아니라, 교사, 직원, 학부모 및 기타 사람들에게 유효한 리더십의 총량을 의미한다. 물론 교장은 리더십의 밀도를 구축하고 유지하는 데 중요한 역할을 하게 된다. 이러한 점에서 교장 리더십은 실현 가능한 과정으로 이해할 수 있다. 교장은 학교를 대표하여 교직원 및 학생들을 지원하고자 할 때 리더십을 발휘할 수 있다. 그리고 이들이 학교의 업무와 역할에 더 효과적으로 참여하게 하고, 학교의 목표 달성을 촉진하기 위해 리더십을 발휘하고 실천해야 한다. 이는 구성원들의 리더십 역량을 구축하는 데 중요하기에 교장은 리더들의 리더라고 볼 수 있다.

# 성공적인 학교의 특징들

효과적인 학교의 상관 요인들에 대해 논의하는 것은 여전히 유행이다. 많은 학구, 그리고 주(州)에서는 모든 학교에 균일하게 적용할 수 있는 상관요인(교장의 강력한 수업 리더십, 안전하고 질서 있는 환경, 명확하고 집중된 과제, 학생에 대한 기대치가 높은 학교 풍토, 학습 기회와 학업을 위한 시간, 학생 성장에 대한 관찰빈도, 긍정적인 학교와 가정의 유대관계 등)을 유목화하기도 했다(<표 9.1> 참고). 그러나 최근의 연구 경향은 *상관요인* 분석이 지나친 일반화일 수 있으며, 특정 유형을 균일하게 적용하는 것은 학교의 장기적 관점에서 위험할 수 있음을 암시한다. 하지만 연구결과 및 시사점은 특정한 상황에서 무엇이 중요한지를 결정하는 데 도움을 줄 수 있는 일반적 특징의 형태로 제시되므로, 다양한 통찰력을 제공해주기도 한다.

〈표 9.1〉효과적인 학교의 전통적인 상관요인

| 상관요인 | 조작적 정의 |
| --- | --- |
| 교장의 강력한 수업 리더십 | 교장의 리더십이 가장 중요하다. 교장은 리더들의 리더이다. 교장은 교육기관을 이해하고, 효과적인 방법으로 교육적 특성을 적용하여 모든 구성원이 교육 프로그램을 수행하는 데 적극적인 역할을 하도록 보장한다. |
| 안전하고 질서 있는 환경 | 학교환경은 질서가 있고 신체적 상해의 위험으로부터 안전하다. 교사와 학생 간의 상호작용은 보호적이고, 협동이며 협력적이다. 학교가 추구하는 학생의 행동은 명확하고 간결한 방식으로 일관되게 전달된다. |
| 명확하고 집중된 과제 | 학교의 사명은 명확한 형태로 표현되어 있다. 교수진과 교직원은 임무에 대한 이해를 공유하고 임무, 교육목표, 우선순위 및 평가 절차에 전념한다. 그들은 모든 학생들의 학습에 책임을 진다. |
| 학생에 대한 기대치가 높은 학교 풍토 | 모든 학생들이 배울 수 있다는 믿음을 바탕으로 학생들에게 높은 기대감이 조성되어 있다. 교수진과 교직원은 모든 학생들이 필수적인 내용과 학교 기술을 숙달할 수 있다고 믿고 가르친다. 이러한 높은 기대치를 충족시키기 위한 초점은 가르침이 아니라 배움에 있다. |
| 학습 기회와 학업을 위한 시간 | 교실 수업의 상당한 시간을 필수적인 기술을 배우는 데 할당한다. 높은 시간적 비율을 보장하기 위해, 학생들은 학급 전체 또는 대규모 그룹으로 참여하고, 교사가 주도하여 계획한 학습 활동에 참여한다. 이는 가치 있게 평가된다. |
| 학생 성장에 대한 관찰빈도 | 다양한 평가절차를 활용하여 학생의 학업 상황을 수시로 모니터링하고 측정한다. 평가 결과는 학생 개인의 성적 향상 및 교육 프로그램을 개선을 위해 활용된다. |
| 긍정적인 학교와 가정의 유대관계 | 신뢰가 구축되고 교직원, 학부모 및 지역 사회 구성원 간에 의사소통이 이루어진다. 학부모는 학교의 기본적인 과업을 이해하고 지원하며, 학교가 해당 과업을 완수하도록 돕는데 중요한 역할을 한다. |

## 연구결과 발표

Brookover and Lezotte(1979), Brookover et al.(1979), Edmonds(1979)의 주요 연구결과들은 효과적인 학교가 목표와 목적, 명확한 사명, 적극적인 목적화 달성에 관한 직원 간 합의 등으로 특징 지어질 수 있다고 일관되게 밝히고 있다. Bossert et al.(1982), 그리고 Greenfield(1982)의 연구에서는 목표 지향성과 교장에 의한 학교 목적의 표현 및 모델링 등을 공통적인 특징으로 분석하였다.

Blumbeg and Greenfield(1980)의 연구는 성공적인 교장은 '학교가 무엇인지'에 대한 비전을 명확하게 제시하고 구축하는 것에 있어서 적극적이며 진취적이라는 점을 밝혀냈다. 이러한 관점은 Prunty and Wells(1982) 및 Newberg and Glatthorn(n.d.)의 사례연구에서도 뒷받침된다. Rutter et al.(1979)의 연구를 비롯한 대다수의 연구들은 집단의 기풍(ethos)[1]이나 강한 학교문화의 개념을 중요한 특징으로 주목하고 있다. 이는 응집력과 정체성을 제공하며, 교사들과 학생들에게 방향성, 의미, 중요성 등을 이끌어낼 수 있는 통합된 도덕적 질서 또는 이데올로기를 만드는 규범과 가치를 형성한다는 점에서 중요하다.

Duttweiler(1988, 1990)의 후속 연구는 선행연구(Purkey and Smith, 1982; Roueche and Baker, 1986; Tedman, 1987; Wimpelberg et al., 1989)들보다 효과적인 학교의 구성요소에 대한 보다 포괄적인 그림을 밝혀내었다. Duttweiler는 그간 효과적인 학교들을 설명하기 위해 '*효과적인*'이란 어휘를 지속적으로 사용하였음에도 불구하고, 이 용어를 재정의했다. <표 9.2>에 수록된 9가지 특성은 효과적인 학교에 관한 그의 연구를 종합한 것이다(Duttweiler, 1990, p. 72-74).

Stedman(1987)은 이러한 특성 목록에다가 소수민족, 인종적 다원주의, 학교 문제에 대한 학생의 책임감, 학부모와 교사 사이의 거버넌스 공유 등을 추가했다. Stedman의 결론은 1960년대와 1970년대 초에 수행된 성공적인 학교에 관한 연구와 최근 연구를 종합하여 '종단적인' 관점을 제공하기 때문에 흥미롭다고 할 수 있다.

---

1) 공유된 목표 및 기대와 관련하여 나타나는 행동 양식(원저자 주석).

## 학교효과에 관한 그밖의 연구

Bryk et al.(2010)은 시카고 내 400개 이상의 학교를 대상으로 종단연구를 실시했다. 연구진들은 실질적으로 학교가 발전하기 위해 필요한 5가지 요소를 밝혀냈다. 그들은 아래와 같은 강력한 지표가 있는 학교가 그렇지 못한 학교보다 개선될 가능성이 훨씬 높다는 것을 발견했다. Bryk은 다음과 같은 5가지 필수 요소를 제시한다.

1. *수업의 내용과 방법을 명확하게 만드는 일관된 수업지도 체계가 존재한다.* 학생들이 알아야 할 것을 평가하고 후속 조치를 알리는 피드백을 제공한다.

2. *학교의 전문적 역량은 공식적으로 규정지어져야 한다.* 교육은 인적 자원이 집약된 영역이다. 이는 교수진의 질이라고 볼 수 있다. 효과적인 학교는 문제를 해결하고 교육을 개선하기 위해 함께 일하는 유능한 교직원을 모집하고 보유한다. 교수진은 양질의 피드백을 받게되고, 학습을 지원하기 위한 전문성 개발의 기회가 제공된다.

3. *학부모 – 지역 사회 – 학교 사이에 강한 유대관계가 존재한다.* 이러한 유대관계는 학교의 중요한 자원이며 학생들의 동기부여와 관련이 있다.

4. *학교에는 학생 중심의 학습 환경이 존재한다.* 모든 성인 구성원들은 학생들이 안전하고 질서 정연한 환경에서 스스로를 학습자로 생각할 수 있게 해주는 보조자의 역할을 한다.

5. *리더십이 변화 과정을 주도한다.* 교장은 역동적 상호작용에 참여하는데, 여기서 포괄적이고 촉진적 리더십을 발휘한다. 다음과 같은 내용을 포함한다.

- 교장은 주요 수업 프로그램을 둘러싼 지역 활동에 영향을 미친다.
- 교장은 보충 가능한 학술적, 사회적 지원을 제공한다.
- 교장은 교직원을 채용하고 발전시킨다.
- 교장은 자원을 활용하기 위해 전략적으로 우선순위를 설정하고, 일관된 개혁을 방해할 수 있는 외부 효과를 완화한다.
- 교장은 교수학습 장소가 관계를 요구한다는 것을 깨닫고, 학교 공동체 전반에 걸쳐 관계를 구축한다.
- 교장은 변화 노력에 있어 교사를 동참시키는 동시에 교육적 목표를 발전시키고, 교장-교사-학부모 및 지역 사회 구성원의 핵심그룹을 육성한다(Bryk et al., 2010).

〈표 9.2〉 Duttweiler의 효과적인 학교의 특성 종합

| 효과적인<br>학교의 특성 | 설 명 |
|---|---|
| 학생 중심의 운영 | 효과적인 학교는 모든 학생들에게 봉사하기 위해 노력하며 학생들의 관심사를 우선시한다. 협력과 신뢰의 분위기가 조성되어 있고 학생과 교사 간에 높은 수준의 상호작용이 있다. 지원적 네트워크가 형성되면서 학생들이 학습에 참여한다. |
| 풍부한 학습<br>프로그램 제공 | 효과적인 학교는 풍부한 학습 환경을 제공하며 학생들에게 능동적이고 협동적인 교육과정 프로그램(cucurricular program)을 포함하여 다양한 교육적 옵션을 제공한다. 교수·학습 과정을 모니터링하고 학생들의 성장 과정에 대한 적절한 피드백을 제공한다. |
| 학생의 배움을<br>촉진하는 수업 | 효과적인 학교에서 교사와 교장은 모든 학생들이 배울 수 있다고 믿는다. 이들은 모든 학생들에게 높은 기대치를 제시하고 각 학생의 성공을 보장하는 교육 프로그램을 설계한다. 일반적으로 효과적인 학교는 높은 기준을 세우고, 그 성과를 정기적으로 모니터링하며, 노력과 성공을 인정하고 보상한다. |
| 긍정적인<br>학교 분위기 | 효과적인 학교에서 학습 환경은 개방적이고 친근하며 매력적인 문화를 갖고 있다. 교사들 사이에는 교수·학습의 순서, 목표, 방향 등에 관한 일관성이 유지된다. 상호 격려하는 분위기 속에서 학생들은 칭찬을 받고 보상을 받는다. 직무 중심의 환경이 존재하며 학생 학습에 대한 높은 낙관주의와 기대가 있다. |
| 동료 간<br>상호작용의 촉진 | 효과적인 학교는 교사들의 과업 완수를 위해 전문적 환경을 만들고자 노력한다. 교사들은 동료로서 협력하여 가르치고 교육과정을 계획하며, 교육적 실천을 개선한다. |
| 광범위한<br>자기개발 | 교원평가 시스템은 교사가 지식과 기술을 향상시킬 수 있도록 돕는 데 활용된다. 실질적 수업 기술에 대한 교류와 훈련을 협동적인 교육 환경의 필수적인 부분으로 만드는 것이 중요하다. |
| 리더십의 공유<br>실천 | 학교 지도자들이 분산적 리더십을 이해하고 적합한 리더십 스타일을 사용함에 따라 수업 리더십이 공유된다. 문제는 협업, 팀 또는 집단 의사결정을 통해 해결된다. 관리자는 직원에 대해 알고 책임을 위임하며, 의사소통하고 응집력을 구축하며, 직책을 활용하여 직원과 학생 모두의 업적을 인정하고 보상한다. |
| 창의적인<br>문제해결능력<br>배양 | 효과적인 학교의 교직원은 실패를 부인하거나 평범함에 안주하지 않는다. 그들은 문제점을 도전 과제로 바꾸고 해결한다. 또한 헌신, 창의력, 끈기 및 전문성을 바탕으로 업무를 수행한다. 시간, 시설, 교직원의 전문성, 자원봉사자와 같은 자원들은 교수·학습 과정을 원활하게 하는 데 최대한 활용된다. |
| 학부모와<br>지역 사회의 참여 | 효과적인 학교는 학교와 지역 사회 간에 파트너십이 형성되어 있다. 학교는 다양한 방법으로 의사소통을 할 뿐만 아니라 학부모와 지역 사회 구성원을 학교생활에 참여시킨다. |

출처: Duttweiler(1990, pp. 72−74).

## 효과적인 학교 개발을 위한 교장의 실천요강

Brown(2012)의 최근 연구는 교장들이 효과적인 학교를 개발하기 위해 사용하고 있는 7가지 실천요강과 이것들이 암시하는 몇 가지 의미를 밝혀냈다. 그는 미국 전역의 수상 경력이 있는 163명의 교장들을 대상으로 연구하였는데, 이들은 빈곤한 지역의 열악한 학교를 우수한 학교로 변화시킨 바 있다. 그의 연구에서 검증된 실천요강은 다음과 같다: (1) 리더십, (2) 전문성 개발, (3) 학생 중재, (4) 협업, (5) 교육과정 설계, (6) 정보 분석, (7) 조직구조이다. 실천요강에 대한 구체적은 설명은 <표 9.3>과 같다.

〈표 9.3〉 수상 경력이 있는 학교에서 검증된 실천요강

| 실천요강 | 조작적 정의 |
|---|---|
| 리더십 | 교장은 학습자의 학습에 도움이 되는 안전하고 질서정연한 환경 조성을 위해 힘쓴다. 교장은 구성원들과 이해관계자들이 기대하고 요청하는 사항에 대하여 잘 알고 이해하며, 성공적인 관계를 극대화하기 위한 지식을 알고 활용한다. |
| 전문성 개발 | 전문성 개발은 성취도 및 교육성과 분석을 기반으로 한다. 여기에는 교수·학습 과정이 최신의 교수법으로 유지될 수 있도록 하는 과정이 포함된다. |
| 학생 중재 | 중재 프로그램은 어려움을 겪고 있는 학생들에게 제공되는 지원체계이다. 이 프로그램에는 정기적인 평가, 개별화 학습 및 주기적인 학교-학부모 의사소통 등이 포함된다. |
| 협업 | 긍정적인 관계는 교수진 사이의 신뢰 관계에서 도출된다. 이러한 신뢰와 함께 교수진은 전문적인 성장이 촉진되고, 상호 간에 아이디어와 도움을 주고받으면서 서로를 지원할 수 있다. |
| 교육과정 설계 | 교육과정은 양질의 정량적 학습기준을 기반으로 한다. 교육과정은 교수학습의 성격과 기술을 결정하며 모든 학생들에게 학습경험을 제공한다. |
| 정보 분석 | 정보는 개선을 목표로 활용된다. 학생 정보는 정기적으로 교육 격차와 학생 학습의 약점을 파악하고, 교육적 결정을 유도하기 위해 활용된다. |
| 조직구조 | 학교는 효과적인 교수학습을 위해 구조화된다. 개별적 역할, 팀, 일과표 및 계획 등은 명확하게 제시되어야 하며, 수시로 조정되어야 한다. 그리고 학교는 교육적 개선을 위해 필요한 변화를 지원한다. |

Brown(2012)의 연구에서 밝혀진 실천요강은 다른 연구의 결과들과 크게 다르지 않으며 널리 받아들여지고 있다. 중요한 것은 연구에서 도출된 교장 리더십의 강한 영향력이다. Brown(2012)의 연구는 성적이 부진한 학교를 변화시킬 때, 교장의 실천이 중요하다고 밝히고 있다. 리더는 학습을 모니터링하고 개별화 교육 계획을 포함한 혁신적인 개혁 전략을 구현해야 한다. 전문성은 전반적으로 개발되기보다는 학교의 요구와 개인 및 교사집단의 필요에 맞게 개별화되고 구체화되어야 한다. 또한, 교장들은 엄격한 교육과정에 따라 교육활동을 조정해야 하며, 학교 내에서 학생들의 중재, 협업, 조직구조 등과 관련된 결정을 내리기 위해 다양한 출처에서 확보된 정보를 분석하고 활용해야 한다.

리더십의 부차적 효과는 '교사의 신념 및 행동의 변화'라고 할 수 있다. 교사들은 학생들의 학업성취도를 분석하는 일에 더 확신을 갖고 참여할 필요가 있다. 또한, 각자의 필요에 따라 전문성 개발 활동에 참여해야 하며 엄격한 교육과정에 맞춰 수업을 계획하는 방법을 습득해야 한다.

마지막으로 연구에서는 위에서 검증된 7가지 실천요강이 적용되었을 때, 학생들 스스로 자신의 능력과 학습능력에 대한 인식이 높아지며, 그로 인해 자신의 선택에 대해 책임감을 갖게 되고 다른 사람들의 감정도 살피게 된다고 밝혔다. 학교 리더들이 이러한 실천요강을 실행하게 되면, 교사와 학생들에 대한 인식이 바뀌게 되고, 이러한 인식의 변화는 빈곤하고 열악한 학교의 개선에 영향을 미칠 수 있다.


## 학업에 대한 압박과 공동체

연구는 학업성취를 촉진하는 중요한 요인으로 학업에 대한 압박과 공동체를 지목한다. 이 2가지 요인은 개성 있는 초점, 목적, 행복감 등 학교의 조직적인 특성을 강화하고 발전시키는 데 기여한다. Sebring and Bryk(1996)이 설명했듯이, "학생들의 성취가 높은 학교들은 안전하고 질서정연하며 존경스럽다. 그런 학교에서는 학생들이 의미 있는 학업 활동을 수행할 것을 요구한다. 그리고 교직원들은 학생들에게 도덕적이며 개별화된 지원을 제공하기 위해 열심히 일한다." 연구자들은 공동체를 평가하는 척도로 *인격주의(personalism)*에 의존했다. 여기서 '인격주의'는 학생들이 개인적으로 보살핌을 받는다고 느끼고 이를 아는 정도를 의미한다. 또한 '학업에 대한 압박'이란 학생들이 지속적으로 도전적 과제를 수행하고, 수업 준비를 해오며, 모든 과제를 완료할 것이라는 기대가 강하게 전달되는 정도를 의미한다. 이런 요인은 광범위하고 강렬한 관심에서 비롯되지만, 다른 한편으로는 교사들의 지지에 의해서 달성된다. 추가적인 도움은 필요할 때에만 제공되며, 학생들은 도전하고 과제를 잘 해낼 때 칭찬을 받는다.

Sebring and Bryk(1996)은 '학업에 대한 압박'과 '인격주의'를 강조하는 것이 다른 요소들보다 학업에 전념하는 학생들에게 훨씬 더 큰 영향을 미친다는 것을 발견했다. 학생 성취의 전제조건으로 여겨지는 **학업 참여**(*Academic engagement*)는 학생들이 학업과 연결되고, 열심히 노력하고 집중하며, 학습에 전념하는 정도로 정의될 수 있다.

Bryk, Lee, and Holland(1993)는 저소득층 소수 아동에게 효과적이었던 도시 지역 카톨릭 고등학교에 관한 연구에서, 학업에 대한 압박(높은 기대와 명확하고 강하게 유지되는 규범을 결합한) 및 강력한 공동체 의식과 학업 성취도 향상 사이의 상관관계를 확인하였다. 높은 공동체 의식과 낮은 학업적 압력, 낮은 공동체의식과 높은 학업적 압력을 보인 학교 모두 매우 효과적이지 못했다. 이러한 사실은 Shouse(1996)가 빈곤층 학생이 많은 전국의 고등학교를 대상으로 한 연구에 의해서도 규명된 바 있다.

'인격주의'와 '학업에 대한 압박'은 학교가 학생들이 좋은 성적을 거두기 위해 필요한 사회적 자본을 창출할 수 있는 돌봄과 초점있는 공동체가 되도록 돕는데 중요한 것으로 보인다. 이는 청소년들이 바르게 성장할 수 있도록 사회적 자본을 창출할 수 있도록 도와주는 데에도 역시 중요하다. 그러나 학생 돌봄과 학업성취도는 각본대로 이루어지지 않는다. 인격주의와 학업에 대한 압박은 모두 중요한 것에 관한 특정 학교의 의식, 가치관과 목표의 목록, 그리고 잘해내겠다는 약속, 독창성과 집중, 그리고 궁극적인 특성을 제공하는 다른 특성들을 나타내고자 하는 노력에서 파생되어야 한다.


# 학교 특성의 중요성

Hill과 Foster, and Gendler(1990)는 학교 특성(school character)[2]과 학교 효과

---

2) 본서에서 character는 인격(제1장) 혹은 특성(9장)으로 번역된다. 원저자들은 1장에서 character를 학생 혹은 교사의 개인적 형성 및 구축의 대상으로 쓰고 있고, 9장에서는 조직 혹은 기관의 독특한 특성으로 적용한다.

사이의 상관관계에 대한 증거를 제시한다. 이들은 뉴욕과 워싱턴 DC에 있는 13개의 고등학교를 연구했다. 이 학교들 중 일부는 카톨릭 학교이고, 일부는 공립학교, 나머지는 마그넷(magnet) 학교였다. 연구자들은 이 연구사례에서 보다 성공적인 학교들(카톨릭 학교와 공립 마그넷 학교)은 학생들의 학업 성취도를 개선하기 위해 특별하고, 명확하며, 단순화된 목표를 갖고 있다는 것을 발견했다. 또한, 학교가 특별한 목표를 달성하도록 돕기 위해 관리, 관심, 필요한 준비를 제공한다는 것을 발견했다. 여기서 특별하고 분명한 사명을 가진 가톨릭학교와 공립학교는 "집중된 학교(focus school)"로 분류되었고, 개성이 부족하고 효과적이지 못한 공립학교는 "와해된 학교(zoned school)"로 분류되었다.

각각의 범주에 속한 학교들은 서로 닮았지만 2가지 학교는 크게 2가지 측면에서 달랐다. 집중된 학교는 (1) 명확하고 직접적인 사명을 설정했는데, 이는 학생들에게 제공하려는 목적과 학생들의 수행, 태도 및 행동에 영향을 미치려는 의도를 기술한 것이다. (2) 그 사명을 추구하기 위해 외부적 관계를 맺고, 문제를 해결하고, 시간이 지남에 따라 스스로를 유지할 목적으로 강력한 조직구조를 구축했다(Hill, Foster, and Gendler, 1990).

이와는 대조적으로, 와해된 학교의 과업은 외부 자금 투자자와 규제 기관의 요구에 의해 결정되고 규정되었다. 이 학교의 조직구조는 교육청에 의해 조정되어 교직원들에게는 문제를 해결하는 능력과 내적 특성을 정의하고 외부와의 관계를 관리할 수 있는 능력이 거의 없었다. 와해된 학교는 본질적으로 프랜차이즈 형식이었고 교육청이 수립한 표준 모델을 단순히 반영만 하고 있는 것이 분명했다(Hill, Foster, and Gendler, 1990).

두 그룹의 학교들이 내부적으로 그리고 학교문화 및 풍토가 교내 인사들의 일하는 모습에 미치는 영향 측면에서 볼 때, 집중된 학교의 학생들과 교직원들은 '자신들의 노력을 반영하고 요구를 충족시키는 독특한 창조물'로써 그들의 학교가 특별하다고 생각했다. 반대로, 와해된 학교의 교직원과 학생들은 그들의 학교가 특별하다고 생각하지 않았다(Hill, Foster, and Gendler, 1990).

또한, 연구자들은 집중된 학교가 학생들의 성과에만 집중한 것이 아니라, 학교 구성원 사이에서 상호적인 역할과 책임에 대해 소통할 수 있는 사회적 규약이 맺어지고

---

이와 같이 원저자들은 character를 그 대상이 개인 혹은 조직이냐에 따라 다른 의미로 사용하고 있다.

있다는 것을 발견했다. 더 나아가, 그들은 돌봄의 수준, 시민성, 학력 등을 향상시키는 것을 목표로 일련의 가치와 아이디어들을 통합하는 강력한 공동체를 구성했다. 그중에서 가장 중요한 사실은 이 학교들이 많은 재량권을 가지고 있다는 사실이다.

그들은 외부로부터의 관료적 명령과 구조들에 의해 상대적으로 간섭받지 않고 업무를 하는 특유의 방법을 고안할 수 있었으며, 이런 성공은 독창성과 특수성을 바탕으로 한 것이라고 연구자들은 주장했다. 또한, 특정 행동을 유도하는데 활용되는 중심부(central zones) 혹은 교육적이고 윤리적인 특별한 원칙과 기준이 있었다. 이러한 중심부는 학교생활에 학생과 교사를 깊게 개입시킬 수 있는 도덕적 중심으로서 기능한다. 반면, 와해된 학교(zoned schools)는 일원화된 사고(one-size-fits-all mentality)를 가진 것으로 모든 면에서 다른 면모를 보였는데, 믿을만한 대안이 거의 없고 분별력이 많이 부족하여 기관 특성(institutional character)이 침식되는 결과를 야기하였다.

Hill and Celio(1998)는 학교의 효과성에 관한 분석 연구에서 학교를 효과적으로 만들 수 있는 방법에 대해 이견이 있었던 개혁가들까지도 널리 수용할 수 있는 효과적인 학교의 특징을 밝혀냈다. 예컨대 이러한 학교 특징은 개혁에 대한 시장주의자와 반시장주의자 모두에게 받아들여졌다. *효과성*은 학생의 높은 학습 성취도로 정의될 수 있다. 효과적인 학교의 특성에는 작은 학교 규모, 개별화, 학생에 대한 높은 기대 심리, 교사들 간의 협력, 단순하고 집중된 일관성 있는 교육과정, 강한 리더십, 학생 과업에 대한 일관된 기준, 학부모 및 동료의 지원 등이 포함된다. Hill and Celio는 이 모든 특징이 동반되는 것이 중요하며, 특정 요소 하나만으로는 학생들의 성취도를 향상시키기에 충분치 않다고 지적한다.


## 사회정서적 학습

사회정서적 학습은 삶의 기술을 배우는 과정이다. 삶의 기술을 배우는 학생들은 자신과 타인에 대한 이해를 발전시켜야 하며, 효과적인 방식으로 학업을 해낼 수 있는 관계를 구축해야 한다(Green, 2011). 자신을 이해하게 되면, 감정을 잘 관리하고 긍정적인 관계를 유지할 수 있으며, 건설적이고 도덕적인 방식으로 다양한 상황을 효과적으로 해결하는데 집중할 수 있게 된다. 또한, 정서적 혼란에서 벗어나 학습에만 전념할 수 있다. 안정된 환경에서 학생들은 배움에만 집중할 수 있고 그것들을 기억할 수 있다(Green, 2010). 반면에 불안하고 적대적인 학교 환경에서는 학습 및 교육과정이 오히려 학생들을 혼란스럽게 만들고, 감정적으로 불안정하게 되어 사고(思考)를 소진하게 만든다.

결과적으로 학생들은 학교의 환경, 행사, 교과목, 개인적으로 처한 상황 등에 대한 그들의 감정을 개방적으로 소통할 수 있는 기회가 필요하다. 그렇게 되면 학생들은 정서적 혼란에서 벗어나게 되어 수업에 보다 집중할 수 있으므로 학업 성취도를 향상시킬 수 있다(Durlak, 2013).

앞 장에서 우리는 학교에서 관계의 중요성에 대해 논의했다. 기술된 것들 중에 하나는 교사와 학생 사이에 존재하는 관계였다. 교사와 학생 사이에 긍정적인 관계가 구축될 때, 교사는 학생들이 학교에 대해 어떻게 느끼는지, 서로를 어떻게 대하는지, 그리고 그들에게 어떤 개별화 전략이 가장 적합한지에 대한 깊은 이해를 촉진할 수 있었다. 교사들이 학생과 교류할 때, 그들은 신뢰를 쌓을 수 있으며 학습에 대한 학생의 감정에 긍정적인 영향을 미칠 수 있게 된다(Bridgeland, Bruce and Hariharan, 2013; Durlak, 2013).

## 교장 리더십 및 학생 성취

교장 리더십과 학생의 성취 사이에는 강한 상관관계가 있다. Leithwood(2004)는 교장 리더십은 학생들의 학업성취도 향상 측면에서 직·간접적으로 약 25%의 영향력을 미친다고 밝혔다. 이와 더불어 교장 리더십은 교실수업 다음으로 중요한 요소라고 보고했다. 성공적인 리더십에 대해 논할 때, 연구자들은 다음과 같이 기술한다.

(1) 공유된 비전 개발, 동기부여, 성과 측정, 효과적인 의사소통 촉진 등을 포함한 방향 설정

(2) 지적 자극의 제공, 개인적 요구 지원, 우수한 모범 사례의 제공 등을 포함한 인적 개발

(3) 학교 조직문화 강화, 협력 프로그램 구축 등을 포함한 구성원의 성과 지원을 위한 학교 조직 체계 구축

Edgerson and Kritsonis(2006)는 효과적인 학교의 첫 번째 덕목이 교육 리더, 즉 교장의 수업 리더십이라고 강조한다. 유능한 교장은 개방적이고 효과적이며, 교사들의

노력을 격려하고, 교사와 학생의 성과에 대한 높은 기대감을 전달한다. 또한, 교사를 의사결정 과정에 적극적으로 참여시키고 그들이 창조적 접근을 시도할 수 있도록 자율성을 제공한다. 이러한 주장은 21세기의 학교를 효과적으로 이끌기 위해 반드시 이해·습득·실천해야 하는 6가지 기술을 제시했던 ISLLC 표준에 의해 뒷받침된다(2장의 기준 참조). 이 표준은 현재 학교가 직면한 과제들을 효과적으로 해결하기 위해 우선시 되는 리더십을 제공한다(Green, 2013).

Davis, Darling－Hammond, La Pointe, Meyerson(2005)에 따르면 유능한 교장은 효과적인 교사 개발 및 조직 프로세스의 구현이라는 중요한 2가지 요인을 통해 학생 성취에 영향을 미친다고 밝히고 있다. 교사는 학교 전문성의 가장 핵심적인 부분을 차지하고 있는데, 그들은 하루종일 학생들과 가장 빈번하게 접촉함으로써 학교의 환경을 지배한다. 교사들이 자신의 지위에 대해 긍정적으로 생각할 때, 그들은 학생들과 학교에 긍정적인 영향을 미치는 경우가 대부분이었다. 그 반대 역시도 사실이다. 교사들이 그들의 지위에 대해 부정적인 감정을 가지고 있을 때 학생과 학교에 부정적인 영향을 미칠 수 있다(Eaker and Gonzalez, 2006; Edgerson and Kristonis, 2006; Green, 2011). 그러므로 교사의 직업 만족도는 학생들의 성취도를 높이는 데 있어 가장 중요한 요소이다. 따라서 교장의 리더십은 교사들의 직업 만족도와 상당한 상관관계가 있다. Waddell(2010)은 교사의 직업 만족도가 교장의 지원, 의사결정 참여 확대, 동료관계, 양질의 전문성 개발, 협업 등을 통해 높아질 수 있다고 분석했다.

위에서 언급된 연구결과를 포괄하는 다수의 연구들은 교장의 리더십이 학생의 학업성취에 미치는 영향의 중요성에 대해 언급하고 있다. 위 연구에서 언급된 교장의 리더십 행동은 분명 교수·학습 과정에서 중요한 요소들이다. 이와 더불어 위 연구들은 자신의 업적을 평가하고 효과적인 학교를 만들기 위해 노력하는 교장들에게 지침서로써 도움이 될 수 있을 것이다.

## 성찰적 실천

비록 일반적인 리더십 특징들에 관한 목록이 도움은 될 수는 있겠지만, 이를 리더십 실천과 운영에 대한 구체적인 처방으로 쉽게 받아들여서는 안 된다. 학교의 효과성을 증대시키기 위한 방법은 상황마다 다르다. 예를 들어, 실패한 학교에 효과가 있었던 방법이 우수한 학교에 효과가 있는 것은 아니다. 사회경제적으로 열악한 학교에 효과가 있는 것이 중간 수준에 있는 학교에 적용되지는 않을 것이다. 학교의 효과성에 관한 초기 연구들 교장의 강력한 수업 리더십이 중요하다고 지적했다. 이 견해에 따르면 교장의 임무는 교사의 과업을 평가하는 절차 및 기준을 선정하고, 학급을 개선하기 위해 교실을 정기적으로 순시하여 교사의 우수성을 보상해주는 것이다. 더 나아가 수업 내용이 학교의 교육목표와 일치하는지, 학습목표와 내용 모두가 평가와 일치하는지 확인하기 위해 모든 노력을 기울여야 한다. 교사의 교수학습 업무를 관찰하고 감독하는 것 역시 교장의 필수적인 역할이다.

이러한 교장의 행동과 기대는 다수의 상황에서 분명히 용납이 되지만, 또 다른 어떤 상황에서는 용납이 되지 않는다. 강력한 교육 리더가 되는 것이 교사들이 제대로 교육받지 못했거나 의지가 부족한 학교를 운영할 때에는 좋은 방법이 될 수도 있지만, 능력과 헌신이 문제가 되지 않는 학교에서는 그리 좋은 방법은 아니다. 예를 들어, 일부 학교에서는 교수학습 방법에 대해 교사가 교장보다 더 많은 것을 알고 있는 경우도 있다. 이러한 상황에서 강력한 수업 리더십을 계속 발휘하기 위해서는 교사를 추종자나 부하로 치부해야 하는데, 이럴 경우 더 나은 교수학습 방법을 장려하기 위해 학교에서 활용될 수 있는 리더십의 총량이 제한될 수 있다.

많은 연구자들(Gersten, Carnine, and Green, 1982; Pajak and Glickman, 1989)은 선도 교사(lead teacher), 교감, 학년부장, 교육청 장학사, 교육부 행정가, 교사 팀들에 의해 발현되는 리더십이 교수·학습 개선에 가장 중요한 요소라는 점을 언급하고 있다. 학교를 개선하는 데 있어 중요한 것은 '누가 리더십을 제공하는가가 아니라 얼마나 많은 리더십이 있는지'라고 볼 수 있다. 그러므로 구성원의 능력과 헌신이 문제가 되지 않는 학교에서는 리더들의 리더 격인 교장이 고유한 역할을 수행하는 것이 교육 리더로서의 역할보다 더 중요시 된다.

약술하면, 효과적인 학교에 관한 연구결과를 무차별적으로 적용하는 것, 특히 후속적으로 모든 학교에 적용되는 상관관계 또는 일반적인 지표의 개발은 연구 활용에 대한 심각한 의문을 제기할 수밖에 없다. 이와 더불어 교수-학습에 예기치 못한 부정적 결과를 초래할 수도 있다. Wimpelberg, Teddlie, Stringfield(1989)는 보다 더 직설적으로 이렇게 주장했다. "효과적인 학교가 되기 위한 제반 요소들이 결핍된 학교 환경에서, 효과적인 학교로 변화를 시도하는 것은 명백히 어리석은 일이다(103쪽)." 노련한 연구자들이 제안한 효과성 목록은 일반적인 지표로만 바라볼 때 유용할 수 있다. 그것들은 일률적으로 적용되는 진리가 아니라, 오히려 교장 및 구성원들이 무엇을 해야 하고 어떻게 학교를 발전시킬 수 있는지를 정보에 입각하여 결정 내릴 수 있도록 도와줄 수 있는 식견을 제공한다.

아마도 Cuban(1998)의 의견이 옳을 것이다. "좋은 학교란 무엇인가?"라는 질문에 대한 단 하나의 답을 찾는 것은 잘못된 것일 수 있다. 좋은 학교는 보수적일 수도 진보적일 수도 있다. 직접적인 리더십을 활용하는 교장들이 있기에 직원들은 더 적은 노력을 할 수도 있다. 간접적인 리더십을 활용해서 직원들이 능력을 더 많이 발휘할 수 있게 할 수도 있다. '좋은 학교'를 정의할 때 정말 중요한 것은 다음과 같다고 Cuban은 주장한다.

- 학부모, 직원, 학생들은 학교생활에 만족하는가?
- 학교가 스스로 정한 명확한 목표를 달성하고 있는가?
- (이 학교를 졸업한) 학생들에게서 민주주의적 가치, 행동, 태도가 명백히 나타나는가?(p. 48)

# [마무리 활동]

## 자신에 대한 이해

<<**안내사항**>> 이 장에서 논의된 내용에 대한 이해도를 높이고, 당신의 생각, 가치, 신념이 그 내용과 얼마나 관련되어 있는지에 대한 성찰을 위해, 다음 각각의 질문 혹은 진술문을 읽고 응답해 보세요. 응답을 모색하는 과정에서, 이 장에서 논의된 내용을 리뷰하는 것이 도움을 줄 수 있을 것입니다.

1. 여러분 학교의 특성을 검토해보기 바랍니다. 이 장에서 확인했던 성공적인 학교의 특성들과 어떻게 비교되고 있습니까?
2. 여러분이 교육청 내에서 성과가 나쁜 학교의 교장으로 임명되었다고 가정해봅시다. 그 학교를 우수한 학교로 변모시키기 위해 구체적으로 어떤 조치를 취하겠습니까?

## 시나리오 분석

<<**안내사항**>> 이 시나리오에서는 본 장에서 다루어진 개념들이 실제에서 어떻게 적용되고 있는지를 보여줍니다. 시나리오 뒤에 일련의 질문들이 제시됩니다. 시나리오를 읽고 난 후 각 질문에 답하세요. 질문들에 답하는 데 어려움을 느낀다면, 이 장의 주요 내용을 다시 읽어봄으로써 도움을 받을 수 있을 것입니다.

## WALNUT RIDGE 고등학교의 교육 프로그램

누군가는 기억하겠지만 Jhonson 시에 위치한 WALNUT RIDGE 고등학교에서 교육프로그램이 활기를 되찾은 사례가 있다. 그런 생각을 염두에 두고 Adams 교육장은 새로운 Paul Williams를 고용하여 WALNUT RIDGE 고등학교를 이끌도록 했다. 교육장은 Williams 박사와 면담하며 21세기에 적합한 학교로 발전시키기를 바란다고 조언하였고, Jhonson 시의 모든 아이들을 위한 학교를 만들어달라고 하였다.

Williams 박사는 그러한 도전에 응하여 새로운 프로그램을 만들기 위한 계획을 세우기 시작했는데, 계획 과정에만 1년 이상이 걸린다는 것을 깨달았다. 그는 교사를 포함한 직원들을 면담함으로써 그들의 장점, 목표, 가치, 포부를 결정하기 시작했다. 일련의 면담 후에, 그는 교육 프로그램을 위한 혁신적인 아이디어에 집중했다. 그는 교수진, 지역사회 구성원들을 대상으로 설문조사를 했고, 교육장 및 학교의 직원들과 아이디어를 논의하였다. Williams 박사는 모든 이해관계자로부터 의견을 청취한 후 "학교 안의 학교(School Within−a−School)"라는 개념을 기반으로 교육 프로그램을 설계하기 위해 위원회를 구성했다.

이러한 개념을 구현하기 위한 회의 직후에, 위원회는 교직원, 학생, 학부모 단체, 지역사회 구성원들과 이 개념을 공유할 수 있는 리더십을 발휘했다. 이 학교가 도시 전역에 걸쳐 학생들에게 서비스를 제공할 것이라는 점을 감안하여, 위원회 구성원은 도시 전역에서 워크숍과 세미나를 개최하고, 아이디어를 모으고 새로운 교육 프로그램의 지원체계를 구축했다. 몇 주간에 회의를 통해 정보를 나눈 후에 교수진들과 회의가 열렸다. 회의를 통해서 4가지 프로그램에 관한 아이디어가 제시되었다.

프로그램:
a. 컴퓨터 기술
b. 보건 과학
c. 교수 전문성
d. 의사소통(비디오, 텔레비전, 라디오 재생 및 기타 소통 영역)

교수진, 지역사회 이해당사자들의 동의와 교육청의 지원을 통해, 앞서 언급했던 교육 프로그램의 실천이 학교의 사명이 되었다. 교수진들은 자신들이 가르치고자 하는 프로그램을 선택하고 지원했다. 원칙적으로 개별적 관심, 배경 지식, 프로그램 영역의 교수 기술 등을 기반으로 특정 영역의 프로그램을 가르치는 것이 허용되었으며, 이는 전문적 훈련 프로그램에 참여하겠다는 약속에 근거했다.

각각의 진로 선택에 대한 학생 입학 기준이 있었으며, 프로그램에 참여하는 학생들이 정해진 기준을 충족하기 위해 진로 선택에 대한 입학 신청 절차가 마련되었다. 모든 학생들은 진로 분야를 선택하고 그 분야에서 요구하는 수준을 유지해야 했다. 학교의 상담 프로그램 전반은 각 분야의 학생들에게 도움이 되었다. 상담사들은 학생들에게 교육과정에 대한 정보를 제공하면서 학생 자신의 희망, 가치, 직업적 관심사를 바탕으로 선택하도록 지도했다. 상담사들은 집단 상담뿐만 아니라 개별화 프로그램에서도 학생들과 만나 진로 설계, 각종 프로그램 신청서 작성, 인턴십 보장, 대학 진학문제 해결, 대학 지원서 완성 등의 업무를 수행했다.

교육과정은 각 프로그램 영역에서 요구하는 특수한 내용을 기반으로 구성했다. 그러나 영어, 수학, 과학 등의 핵심 교과과정은 모든 학생들에게 요구되었다. 세미나는 학교 전체와 각 프로그램 영역에서 실시되었다. 각 프로그램 영역에서 열리는 세미나를 위해 매주 할당된 읽기자료가 제공되었고, 주말에는 각 프로그램 영역의 학생들이 전체 세미나를 위해 모였다. 세미나를 통해 학생들은 삶의 기술을 배웠고, 자신과 다른 사람들에 대한 이해를 발전시켰으며, 효과적인 방법으로 학습할 수 있는 대인관계를 구축했다. 자신에 대한 이해를 바탕으로, 감정을 관리하고 긍정적인 관계를 유지할 수 있었으며, 건설적이고 윤리적인 방식으로 다양한 상황을 효과적으로 해결하는데 집중할 수 있게 되었다. 또한, 정서적 혼란에서 벗어나 학습에만 전념할 수 있었다.

학교교육의 질은 교장의 리더십에 의해 지대한 영향을 받았다. 교장은 모든 프로그램 활동을 조정하고, 수업을 관찰했다. 또한, 진로 프로그램을 연계시키며, 학교를 지역사회와 연결시켰다. 그는 학교에 영향을 미칠 수 있는 의사결정에 모든 교수진이 참여하여 문제를 해결할 수 있는 절차를 구축했다. 그는 유능한 리더, 리더들의 리더였다. 때때로 그는 리더로서 일했고, 때때로 그는 추종자로서 일했다. 예를 들어, 어느 날 학교 메인 컴퓨터가 작동하지 않았다. 마침 학교의 컴퓨터 기술자도 결근했다. 교장은 컴퓨터 프로그램 구역을 찾아가 시스템을 복구해달라고 팀장에게 요청했다. 팀장은 복구 과정을 주도했고 간단하게 문제가 해결되었다. 이런 상황에서 교장은 추종자가 되었고, 컴퓨터 프로그램 팀장은 리더가 되었다.

학교의 리더십은 수행과제에 대한 헌신을 보여준 구성원에게 분배되었으며, 이는 당면한 과제를 효과적으로 수행하는데 필요한 기술과 자세라는 것을 입증했다. 여러 프로그램 분야에서 리더십을 제공하는 것은 전적으로 해당 보직교사에게 책임이 있었다. 그들은 종합적으로 수업포럼(instructional forum)의 역할을 했다. 매주 교장과 만나 교육 프로그램을 평가하고 학생들의 진척 상황을 진단했다. 또한, 각종 정보를 분석하였으며, 교육적 결정을 내렸다. 이러 한 수업포럼은 정기 교수진 회의와는 별개의 것이었다.

학교환경은 질서정연해졌고 해로운 물리적 위협으로부터 벗어날 수 있었다. 교사와 학생들 간의 돌봄, 협력, 조화 등의 상호작용이 일어났다. 학생들에게 요구되는 행동 지침은 명확하고 간결한 방식으로 일관성 있게 전달되었다.

## 성찰적 질문과 시나리오 분석

1. 교장의 리더십 스타일을 보여주는 시나리오가 있다면, 관련 시나리오에 대한 설명을 기술하시오. 그의 리더십 스타일은 학생 성취도와 어떻게 연관이 되어 있습니까?

2. 학교의 사명이 무엇이라고 생각하십니까?

3. WALNUT RIDGE 고등학교가 성공적인 학교라고 생각하십니까? 만약 그렇다면, 그것이 성공적이라고 믿게 만드는 특징은 무엇입니까? 혹시 그렇지 않다면, 무엇이 더 필요하다고 생각하십니까?

4. WALNUT RIDGE 고등학교의 교육 프로그램의 전반적인 강점은 무엇이라고 생각하십니까? 이러한 장점들이 학생들의 성취도를 어떻게 향상시키는지 설명하십시오.

5. 여기에는 WALNUT RIDGE 고등학교의 특성을 부여하는 몇 가지 요인들이 열거되어 있습니다. 전술된 시나리오를 통해 답안을 구성해보십시오.

6. 본 시나리오에서 어떤 활동이 안전하고 질서정연한 학교 환경을 구성하는 데 기여했다고 생각하십니까?

7. WALNUT RIDGE 고등학교에서는 학부모의 참여가 충분했다고 보십니까? 만약 그렇지 않다면, 학부모 참여를 증대시키기 위해 무엇을 해야 한다고 생각하십니까? 만약 여러분이 학부모의 참여가 적절했다고 생각한다면, 왜 그렇게 생각하는지 그 까닭을 설명하십시오.

8. 프로그램 영역에 합격한 모든 학생들을 높은 수준으로 유지시키려면 어떻게 해야 합니까?

9. 학생이 해당 프로그램 영역의 기준을 충족하지 못하고 다른 프로그램 영역으로 이동할 것을 요청한다면, 해당 요청을 어떻게 처리하시겠습니까?

# CHAPTER 10

# 마음의 공동체되기

　가정과 학교 구성원이 함께 학습과 돌봄에 대한 지원적인 학교 분위기를 조성하는 것이 성공적인 학교를 만드는 것보다 더 중요하다. 사회과학자들은 이러한 지원적 풍토를 사회적 자본이라고 부르기도 한다. 성공적인 학교는 모든 학생들에게 이러한 사회적 자본을 제공하고 있으며, 이 사회적 자본은 학생들이 어떻게 배움에 참여하고 있는지와 관련된 학업 성취에도 영향을 미친다(Putnam, 2000, pp. 296-306). 이는 앞서 살펴본 9장의 주제를 바탕으로 하는 메시지로, 이 책의 다른 장에서도 반복적으로 언급된다.

　사회적 자본은 학교나 학교 공동체 구성원 사이의 관계에 의해 생성된 규범, 책임, 신뢰 등으로 구성된다(Coleman, 1988, 1990, Gamoran, 1996). 사회적 자본이 강력할 때, 학생들은 동료, 학부모, 교사, 학교 자체로부터 성공을 위해 필요한 격려와 지원을 모색한다(Sergiovanni, 2005). 또한, 학교는 공동체를 관리함으로써 사회적 자본을 발전시킨다(Battistich, Solomon, Watson, and Shaps, 1994, Bryk & Driscoll, 1988, Sergiovanni, 1994). 사회적 자본이 축적됨에 따라 인적자본 역시 동반하여 성장하게 된다.

인적자본은 기술과 능력을 가진 사람들이 새로운 방식으로 행동하도록 만드는 변화에 의해 형성된다. 하지만 사회적 자본은 행동을 촉진하는 사람들 사이의 관계 변화를 통해 형성된다. 인적자본은 생산적인 활동을 촉진하는데 사회적 자본도 역시 그렇다. 예를 들어, 광범위한 신뢰가 있는 집단은 그렇지 못한 집단보다 훨씬 더 많은 것을 성취할 수 있다. (Coleman, 1988, pp. S100-S101)

학교에 사회적 자본을 축적하는 것은 주로 마음 공동체를 구성할 수 있는지 여부에 달려있다. 제5장에서, **공동체**는 일련의 공유된 아이디어들과 이상이 결합된 사람들의 집합으로 정의되었다. 이 상호 결합(전략)은 그들 사이에 신뢰, 방향성, 지원을 제공하는 결속을 형성한다. 아이디어들의 결합은 '나'라는 무리(collection)를 "우리"라는 집합체(collective)로 변모시킬 정도로 충분히 단단한 결속을 강화한다. "우리"의 구성원들은 의미 있는 관계로 단단하게 짜인 네트워크의 일부라고 할 수 있다. 이러한 "우리"는 일반적으로 공통된 장소를 공유하며, 시간이 흐름에 따라 정서와 전통을 지속적으로 공유하게 된다.

[참고 10.1] 성공적인 학교의 인적·사회적 자본

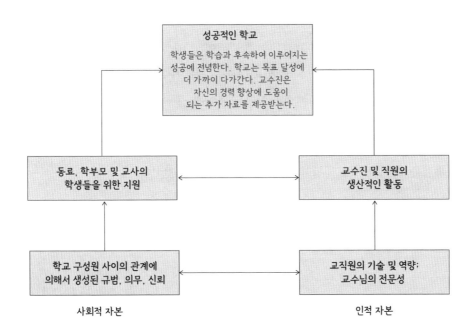

공동체에 대한 이러한 정의가 학교에 적합할 때, 학교는 공식조직에서 돌보고 배우고 탐구하는 공동체로 변모한다.[1] [참고 10.1]에서 보는 바와 같이, 이러한 변화의 핵심은 사람들 사이에 새로운 형태의 관계가 구축된다는 점이다. 이를 위해서는 교사와 학생의 정체성을 분명하게 하고, 학교의 과업 및 학교 정체성을 명확하게 만드는 방향으로 학교생활과 학습 환경을 재구성할 필요가 있다. 그 목표는 구성원과 그들의 과업 사이에 새로운 아이디어와 규준에 기반한 연결고리를 만들고, 여기에 중요한 의미와 풍부한 전통을 부여하는 방식으로 이러한 연결고리를 신성시하게 하도록 의식화하는 것이다. 연대가 형성됨에 따라, 학교는 공간, 정서, 추억 간 관계 맺기를 통해 공동체가 된다. 공동체가 중요한 까닭은 다음과 같다.

> 학생들이 학교와 목적에 헌신하지 않는다면 그리고 학교생활에 전념하지 않는다면 이들은 성공하지 못할 것이다. 소외와 이탈 현상은 대다수의 학교들이 직면하고 있는 심각한 문제들인데, 이를 해결할 수 있다면 그밖에 직면하는 다른 모든 문제들을 해결할 수 있다. 그렇기 때문에 학교는 공공기관이나 은행(형식화된 조직) 같기보다는 가족이나 공동체(사회적 조직)와 같아야 한다. 이 점이 바로 공동체적사고와 실천에 바탕을 둔 교장의 새로운 리더십을 필요로 하는 까닭이다. (Sergiovanni, 1994; Strike, 2004)

교사가 학생들에게 "최상의 경험들"을 할 수 있는 배움의 기회를 제공할 때, 학생들의 졸업 성공률이 향상된다(Green, 2010). K-12를 이수하는 학생들은 적어도 6번의 최상의 경험을 필요로 한다(Green, 2011). 최상의 경험에는 성적 우수상 수상, 스포츠 경기, 클럽이나 밴드 활동, 친구 사귀기, 연극 배역 맡기, 지도부 활동과 기타 여러 가지 활동들이 포함될 수 있다. 무엇보다 중요한 것은 활동 그 자체가 아니라 학생들이 소속감을 느끼고 학교생활에 의미 있게 참여하는 것이다.

---

[1] 학교가 공식 조직으로 간주되지 않는 경우가 더 많긴 하지만 학교는 사회 조직으로 간주되어야 한다는 주제에 대한 자세한 설명은 제5장을 참조.

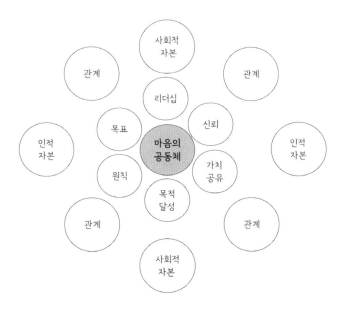

[그림 10.1] 마음의 공동체가 되기 위한 요소

　공동체의 4가지 차원 중에서, 구성원을 특유의 방식으로 결속시킬 수 있는 이데올로기를 공유하도록 만들기 위한 노력이 무엇보다 중요하다. 예를 들면, 학교가 돌봄을 가치 있게 여기지 않는다거나, 돌봄에 집중하는 표준시스템을 개발하지 않는다거나, 돌봄을 소홀하게 하는 것을 대수롭지 않게 여길 경우, 학교는 돌봄의 공동체를 이룰 수 없다. 또한, 학교가 이와 같은 관념에 가치를 부여하지 않는다거나, 상호호혜적인 이미지를 체화할 수 있도록 유도하는 표준 시스템을 개발하지 않고서는 배움과 탐구에 집중하는 공동체가 될 수 없을 것이다.

　공동체는 공유된 이데올로기의 네트워크로부터 나온다. 이데올로기는 사람들을 하나로 묶고 인과관계의 측면에서 자신이 하는 일들을 사람들에게 설명하는 일관성있는 신념의 집합이다(Trie & Beyer, 1984). 이데올로기는 우리의 삶을 이해하고, 방향을 찾으며, 행동의 과정에 스스로를 의탁하는 수단이기도 하다. 공동체에서 이데올로기는 교장과 교사들이 무엇을 믿고 그것을 어떻게 실천할 것인지를 구체화한다. 또한, 학생들의 표준화된 구조와 행동에도 영향을 미친다. 이 장에서 논의되는 마음 공동체를 구성하는 요소는 [그림 10.1]과 같이 동그라미를 활용한 설계를 통해 묘사가 가능하다.

# 목표의 중요성

목표(goals)[2]는 학교가 마음의 공동체가 되는 데 있어서 매우 중요한 부분이다. 그럼에도 학교를 연구하는 사람들 사이에는 어떻게 **목표**를 정의하고 이해할 것인가에 대해 불일치가 존재한다. 심지어 목표가 교장과 교사가 학교교육에 대해 내리는 결정에 실질적인 차이를 만드는지에 대한 의견 역시 분분하다. 다수의 저명한 조직론자들은 조직이 실제로 목표를 갖고 있는지에 대해 의문을 제기한다. 예를 들어, Perrow(1981)는 "목표의 개념은 유동적이고 불규칙하고, 변화무쌍한 신비로운 영역이다"라고 언급한다. 또한, 그는 다음과 같이 이야기한다.

> 그렇다면, 합리적인 조직 이론에서 조직은 목표를 가지고 있을까? 그렇게 생각지 않는다. 실제로 한 임원이 이것이 "우리의 목표"라고 말할 때, 그는 그 집단이 무엇을 하고 있는지 살펴보고 "우리 모두는 여기서 매우 이성적이고 이를 행하고 있기에, 이것이 우리의 목표가 되어야 한다"고 말할 가능성이 있다. 이런 의미에서 조직은 뒤로 한 걸음 물러서야 한다. 행동은 아이디어의 아버지이지 그 반대가 아니다. (p. 8)

다른 조직 이론가들은 학교가 느슨하게 구조화되어 있다고 언급해왔다(Bidwell, 1965; Weick, 1976). 예를 들어, 교사들은 교실에서 혼자 일한다. 이들의 업무는 다른 사람들에게 드러나지 않는다. 이런 상황에서 세심한 감독은 어렵고, 가르치는 일에 대한 지속적인 평가도 불가능하다. 학교의 명시된 교육목표를 실제 교육 현장에 반영할 수 있는 메커니즘은 존재하지 않는다. 일부 교사들의 업무는 구조화하기 어려운 측면도 있다.

느슨하게 구조화된 학교에서는 직접적인 감독과 긴밀한 협조가 성공적으로 시행되기 어렵기 때문에, 교장은 교사를 공통의 명분으로 단합시키기 위한 상징적 관리에 의존할 필요가 있다. 비록 학교가 느슨하게 구조화될 수는 있지만, 효과적인 학교는 이 느슨하게 구조화된 특성을 긴밀하게 구조화된 주요 가치관 및 신념과 결합시키기도

---

2) 흔히 goal은 '목적'으로 번역되나 본서에서는 이 책의 전반에서 중요한 개념으로 쓰인 purpose(목적)와 구별하기 위해서 '목표'로 번역하였다. 또 다른 용어인 objective는 goal보다는 보다 세부적인 의미의 '목표'로 번역되었다.

한다. 이 핵심 영역은 구성원을 하나로 묶고, 정체성을 느끼게 해주며, 과업에 대한 지침을 제공하는 문화적 접점 역할을 한다. 느슨하게 구조화된 학교에서, 관료적인 수단은 학생들과 교사들에게 과업을 제시하고, 이를 지속적으로 유지시키는데 한계가 있는 것으로 받아들여지고 있다. 그러므로 문화적 연계성이 강조되어야 한다. 효과적인 학교에는 규범이 지배하기 때문이다(Sergiovanni, 2005).

그렇다면 상징이 목표와 같은 것인가? 일정한 수준에서는 상징과 목표는 공통적 특성과 유사한 기능을 공유한다. Wick의 관점에서 상징은 목표라기보다는 *헌장 (chaters)*으로 보인다. 상징과 목표는 구성원에게 무엇을 할 것인지, 왜 해야 하는지를 말해준다. 또한, 구성원에게 그들의 과업의 중요성과 의미를 부여한다. 그러나 목표는 방향을 제시하고, 구성원들이 언제 어떻게 업무를 잘 해내고 있는지를 알려주는 장치들이다(Weick, 1982, p. 676).

일반적으로 목표가 명시될수록 상징에 가까워진다. 목표가 명확해짐에 따라, 상징은 가치를 잃고 일상적인 학교활동 계획을 위해 고안된 도구적 목표가 되는 경향도 있다. 목표는 교사에게 목적의식(a sense of purpose)을 부여하거나 의미를 부여하는 것보다는 교사가 주어진 시간에 해야 할 일을 안내하는 데 더 크게 기여한다. 상징으로서의 목표는 정밀함보다는 의미와 중요성을 더 중시한다. 학교에서 목표는 교사들을 정신적으로 단합시키려고 한다. 그러나 세부적인 목표(objectives)는 교사가 주어진 시간에 수행하는 시도에서 중요성과 의미를 희생하고 이러한 작업을 얼마나 잘 수행하고 있는지에 대한 준비된 측정을 제공한다.

학교를 느슨한 구조로 묘사하는 전문가들은 수단적 통제로는 학교 목표를 달성하기는 어렵다고 주장한다. 방과후에 교사들이 학습 자료를 선택하고 교수법과 학습목표를 결정할 때, 학교의 교육목표를 따르는 것이 아니라, 활용 가능성, 교사의 직관과 능력, 인지에 대한 응답, 학생의 필요, 시간 제약 및 기타 상황적 특성 등에 따라 각기 다른 선택을 한다고 주장한다. 견고한 학교 구조를 유지하면서 교사와 교실에 영향력을 행사하는 것은 제한적이다. 사실상 교사의 자율성으로 직접적 통제의 영향력은 약화되기 때문에, 학교에서 영향력을 행사하는 수단으로써 목표-상징이 갖는 중요성은 증대된다.

## 패턴으로서 목표

Hills(1982)는 학교현장에서 교장들이 한 번에 하나씩 목표를 추구할 수 있는 경우는 거의 없다고 지적한다. 학교는 여러 개의 목표를 동시에 추구하고 있기 때문이다. 게다가 때때로 목표가 상충되기도 한다. 한 목표를 향한 신선은 다른 목표를 향한 진전을 잃는 것을 의미할 수 있다. 그러므로 개별적인 목표 또는 개별적인 여러 목표를 교장이 순차적으로 처리한다고 생각하는 것은 학교 고유의 가치 체계의 특징에 부합하지 않는다. 느슨하게 구조화된 조건하에서, 학교는 특정한 가치에 반응하고자 하는 목표를 달성하지 못하고 시간이 지남에 따라 생존을 보장하는 특정한 의무에 집중하는 경향이 있다.

예를 들어, Parsons(1951)는 학교 및 기타 기관들이 생존하기 위해 최적화된 방식으로 서로 균형을 이루어야 할 필요가 있는 4가지 필수요소를 식별해냈다. 이러한 필수요소 중 어느 하나라도 소홀히 하게 하면, 다른 부분들은 쇠퇴하게 되고, 학교에 문제가 발생한다는 것을 의미한다. 필수요소는 목표달성, 조직 내부의 일상적 안정과 기능 유지, 외부 요구에 대한 대응, 오랜 시간 학교사회를 묶어 온 문화적 패턴과 규범이다. 예를 들어, 외부 요구에 따른 관련 안을 채택하는 것은 종종 내부적 안정을 위협하기도 하고 문화적 패턴을 악화시킨다. 문화적 패턴을 유지하는 것은 종종 목표달성에 지장을 주기도 한다.

Hills(1982)는 교장이 분산적 목표달성 방식이 아니라, 소위 **패턴 합리성**(pattern rationality)이라고 부르는 방식으로 목표를 달성해야 한다고 한다. 이는 "다른 사람들에게 영향을 미치는 영역에서 각각의 이득이 있는 상호 제한적인 여러 차원에 대한 패턴 개발의 개념(p. 7)"이다. 성공적인 교장은 서퍼(surfers)가 되고, 패턴의 파도를 타는 데 능숙해진다. 또한, 교장은 여러 가지 목표가 서로 상충할 때 패턴들의 가치를 따지는 방식으로 대응한다. 패턴 합리성의 개념에서 가장 중요한 것은 교장이 비용과 이익에 관심을 갖고 업무를 추진한다는 것이다.

## 상징으로서 목표

학교 위원회, 주 교육부, 여러 단체들과 기관들은 학교가 목표를 수립했을 것으로 기대한다. 이에 학교를 외부인들에게 이성적이고 합법적인 곳으로 묘사하기 위한 상징적인 교육목표 진술이 요구된다. 합리적인 학교들은 목표와 목적(goals and pur-poses)을 가지고 있어야 하고, 이것들을 신중하게 추구해야 한다. 예를 들어, 인증기관, 주 정부, 지방 언론, 지역 교육위원회, 기타 단체 등은 학교가 이성적으로 운영될 것이라고 예상한다. 그러므로 교육목표 및 목적 진술은 여러 기관들로부터 합법성을 획득하기 위해 반드시 필요하다.

성공적인 학교와 관련된 연구결과는 Peters and Waterman(1982)의 성공적인 기업경영 사례연구 결과와 유사하다. 그들은 다음과 같이 언급했다. "우리가 연구한 훌륭한 회사들은 추구하는 가치가 무엇인지 분명히 알고 가치형성 과정을 진지하게 받아들인다. 사실, 가치에 대한 명확한 이해 없이, 올바른 가치를 지니지 않고 훌륭한 기업이 될 수 있는지는 의문이다."

> 우리가 첫 번째 연구에서 살펴본 더 나은 성과를 거둔 거의 모든 기업들은 잘 정의된 일련의 신념체계를 갖고 있었다. 반면에 성과가 낮은 회사들은 2가지 중 하나로 특징지어졌다. 첫째, 대다수가 일관성 있는 믿음을 가지고 있지 않았다. 둘째, 다른 목표들이 개성 있고 광범위하게 논의되었지만, 그들이 활기를 띠고 폭넓게 논의한 유일한 목표는 수량화할 수 있는 것(주당이익과 성장대책 등) 뿐이었다. (p. 281)

우리가 "데이터 중심" 세계에 살고 있기 때문에 후자에서 언급된 것은 중요하다. 우리에게 데이터가 없다면 아무것도 할 수가 없다. 또한, 우리가 무언가를 측정할 수 없다면 계산할 수도 없다. Peters and Waterman(1982)은 "정보 중심"이라는 용어가 "데이터 중심"이라는 용어보다 더 적합하다고 하였다. 정보에는 데이터 등이 포함되기 때문이다. 정보 문화에는 가치, 신념, 가설, 신조, 기타 사려 깊고 일관성 있는 생각 등 많은 영역이 존재한다. 가장 중요한 것은 데이터에는 결코 특권이 없다는 사실이다. 데이터는 우리에게 무슨 일을 해야 할지를 알려주지 못하며, 다른 출처의 정보와 함께 우리가 결정을 내릴 수 있게 도와줄 뿐이다.

IBM을 수년 간 경영해 온 Thomas Watson, Jr.(1963)는 다음과 같이 목표와 상징의 중요성을 강조한다.

나는 살아남고 성공을 이루기 위해서는 어떤 조직이든 정책과 실무를 뒷받침하는 건전한 신념이 있어야 한다고 굳게 믿는다. 기업의 성공에 있어 가장 중요한 요소는 이러한 믿음에 충실하는 것이다. 조직이 변화하는 세계의 도전에 부합하려면, 조직생활을 통해 신념을 제외한 모든 것을 바꿀 자세가 되어 있어야 한다고 믿는다. 즉, 조직의 기본 철학, 정신 및 추진력은 기술적·경제적 자원, 조직 구조, 혁신 및 시기보다 상대적으로 성과와 더 관련이 있다. 이 모든 것은 성공에 있어서 매우 중요하다. 그러나 성공은 해당 조직의 구성원들이 기본 교훈을 얼마나 강하게 믿고 있으며, 그것을 얼마나 충실히 수행했는지에 달려있다고 생각한다. (pp. 4-6)

물론, 기업은 학교와 다르다. 기업은 일반적으로 더 정량적이고, 비인간적이며, 도구적이다. 대조적으로 학교는 훨씬 인간중심적이다. 비록 양측 모두에게 가치라는 요소가 중요하긴 하지만, 학교 활동에서는 더 중요한 것으로 여겨진다. 그러므로 목표, 가치, 믿음의 중요성을 보여주는 기업 사례들은 교장을 비롯한 교육자들에게 위와 같은 사실들이 학교에서 더욱 중요함을 말해준다. 이러한 현실을 반영하여 Mike Schmoker(1999, 2006)는 학교에서 목표에 더 주의를 기울이고, 교육자가 지금보다 더 정보 중심이 되도록 장려하는 강력한 사례를 제시한다.

# 교육 플랫폼 활용하기

신념 선언서(statements of belief)는 학교를 대표해서 일하는 구성원들을 하나로 결속시키는 접점을 제공한다. 학교 경영상 이러한 신념은 학교와 교장을 위한 **교육 플랫폼**을 형성한다. 교육 플랫폼은 개인의 행동을 인도하고, 그러한 행동을 평가하기 위한 기초를 제공하며, 원칙과 신념을 포괄하는 것으로 간주되어야 한다. 성공적인 학교의 리더들은 교육 플랫폼을 잘 갖추어 운영한다. 실제로 성공한 학교에서는 잘 발달된 교육 플랫폼이 교사를 비롯한 구성원들의 과업을 안내하는 시스템을 갖추고 있다. 플랫폼은 정확히 무엇을 달성하기 위한 목표나 상술을 의미하는 것이 아니다. 플랫폼에는 개인이 무엇을 해야 하고 어떻게 해야 하는지를 결정하는 지침이나 원칙이 포함되어 있다. 학교가 더 느슨하게 구조화될수록, 중요한 것은 화합과 단결된 행동을 이끌어내기 위한 교육 플랫폼의 개념이다. 플랫폼은 사명을 진술하고, 광범위한 목표와 목적을 실천으로 인도해주는 수단이다.

플랫폼, 사명선언서(mission statements), 진술, 광범위한 목표와 목적이 함께 조화될 때 학교 문화의 중심으로서 작동(구성원 모두가 신성시하는)하는 공유된 가치가 형성된다. 4장에서 언급했듯이, 저명한 사회학자인 Edward A. Shils(1961)는 어떤 문화든 그 중심에는 "중심 구역"이라고 부르는 것이 존재한다고 하였다. 그는 사회의 모든 조직이 질서와 안정을 제공하는 중심구역을 가지며, 사람들의 삶에 의미와 중요성을 불어넣는 규범 개발의 원천을 지닌다고 믿는다. 학교의 중심구역은 도덕적 권위의 기반이 되는 정서와 가치들의 집합이다.

중심구역은 인간의 필요에 따라 자연스럽게 진화하지만, 방치하면 "야만적인 문화"의 형태를 취할 수도 있다. 야만적인 문화는 교육목표, 개선된 교수학습, 성장 지향 등의 모순을 보일 수 있는 감정과 가치에 의해 주도된다. 교장의 직무 중 하나는 야만적인 문화를 분석하고 이해하며 이를 풀어나가려고 노력하는 것이다. 그러한 작업은 구성원들이 원하는 가치와 신념을 이해하는 데 노움이 된다. "길들이는" 문화는 양질의 교육과 학습에 전념하는 모든 삶의 방식을 정의하는 공유된 가치와 믿음이 시스템으로 나타난 것이다 이러한 길들이기의 목표는 공동체를 만드는 데에 있다.

길들이기가 될 때, 학교 문화를 정의하는 중심구역은 집단적 의사결정의 기반이 되고, 도덕적 행위의 기반이 된다. 학부모, 교사, 학생 등은 사리사욕보다는 학교에 옳거나 좋을 것으로 판단되는 생각에 따라 생각하는 것에 의해 행동한다. 본 장에서는 학교를 위해 무엇이 옳고 좋은지를 결정하고, 학교의 사명은 무엇이며 그 역할과 책임은 무엇인지를 규정한다. 그리고 그런 약속을 지키기 위해 무엇을 해야 하는지를 공통의 가치관을 중심으로 기술하고자 한다.


# 목적화가 핵심이다

공동체를 중심으로 학교문화를 길들이는 핵심은 암묵적이고 비공식적인 규범을 대체할 수 있는 공유된 가치의 약속을 맺는 것이다. Zaleznik(1988)은 "미국 관리의 실패는 결과가 과정을 대체했기 때문"이라고 믿는다. 그는 이러한 대체는 학교에 관리 시스템, 구조 및 프로그램을 구축하고, 사람들이 하는 일을 더 잘 통제하기 위해 인간

관계를 강조하는 것이라고 말하며 이는 과장된 믿음이라고 하였다. 절차적·관계적 수단은 그 자체로 끝나버리는 경우가 흔하기 때문에 학교 개선 전략이 허술해지는 결과를 가져오기도 한다(Sergiovanni & Duggan, 1990).

Zaleznik(1988: 15)은 다음과 같이 언급하고 있다. "리더십은 이끄는 사람과 따르는 사람들을 동일한 도덕적, 지적, 정서적 헌신으로 묶는 협약을 기초로 한다"(p. 15). 목적화(purposing)[3]는 교장들의 주요한 사명이다. 목적화는 리더의 비전과 집단이 공유하는 약속 모두를 포함하기 때문이다.

학교 리더십에서 비전은 그것이 기업에서 나타나는 방식과 다르게 이해될 필요가 있다. Peters and Austin(1985)을 예로 들면, 그들은 비전이 한 사람부터 비롯되어야 하며 '공동체 비전'을 경계해야 한다고 지적한다. 이러한 주장은 일부 진실일 수도 있지만, 문제점 역시 공존한다. 교장과 교육장은 그들의 신념과 헌신에 대해 공개적으로 자주 이야기할 책임과 의무가 있다. 이들은 학교가 무엇을 상징하고 어디로 나아가야 하는지에 대한 논의를 장려할 책임이 있다. 그러나 비전을 리더가 추구하는 특정한 현실에 도달하기 위해 필요한 순서를 나타내는 로드맵 기능을 하는 전략적 계획으로 해석해서는 안 된다. 비전은 구성원이 추구해야 할 방향을 가리키고, 열정을 고무시키며, 주인의식을 갖도록 허락하고, 학교의 과업을 수행하는 데 참여하도록 하는 나침반으로 작용해야 한다. 이런 비전을 구체화하려면 공통의 주제를 중심으로 사람들을 결합시킬 수 있는 강력한 힘을 만드는 목적과 신념에 대한 합의가 있어야 한다. 이런 결합(전략)은 사람들에게 무엇이 중요한지, 무엇이 가치 있는지에 대한 신호를 제공한다. 결속력이 생기며 학교는 조직에서 공동체로 변모하는데, 이때 공동체 구성원들 사이의 관계 변화가 일어난다. 이들 사이의 유대감이 더욱 견고해지는 것이다.

종종 간과되는 것은 교사 각자의 개인적인 비전의 중요성이다. Barth(1986)는 다음과 같이 언급한다.

교육에 참여하고 있는 우리 모두는 바람직한 학교상을 가지고 있다. 우리는 각자 개인적인 비전을 가지고 있으며, 그것을 위해 고군분투할 준비가 되어 있다. 그러나 시간이 흐르며

---

3) 어떤 것(예: 의도되거나, 원하는 결과)이 존재하거나 끝나게 되는, 만들어지거나 사용되는 이유에 대한 합리적 근거; "조직의 기본 목적에 관하여 명확히 하고, 합의 및 몰입을 이끌어내는 효과를 지닌 조직의 공식 리더십에 의한 지속적인 실행의 흐름"(Vaill, 1984).

개인적인 비전은 타인의 비전, 요구 및 요청들로 인해 흐지부지되고 만다. 이제 많은 교사들의 개인적인 비전은 외부적 처치에 의해 대부분 사라지고 있다. (p. 478)

비전은 교장을 포함한 다른 사람들이 학교를 특정 방향으로 움직이도록 하는 것을 뜻한다. 목적설정은 공감대를 형성하기에 충분하고, 공통된 사유로 사람들을 하나의 공동체로 결속시킬 수 있을 정도로 일관성이 있어야 하는 점을 강조하는 용어이다. 더불어 각자 자기표현을 허용할 수 있을 만큼의 느슨한 측면도 있어야 한다.

## 실행 안에서의 목적

목적은 구성원에게 학교가 어디로, 어떻게, 왜 가고 있는지를 알려준다. 때로 목적의 진술은 인간 본성에 대한 가치 기준 및 가정을 구성하는 기초신념을 포함한다. 예를 들어, Purkey and Novak의 제안에 근거한 4가지 신념은 *초청교육(invitational education)*이라고 부르는 학교 교육방식에 대한 접근이다.

1. 교사, 학부모, 학생, 그리고 학교에서 함께 일하는 모든 사람들은 능력이 있고, 가치가 있고, 책임감이 있으며, 그에 합당한 대우를 받아야 한다.
2. 교육은 협력적이고 협동적인 활동이어야 한다.
3. 교사, 학부모, 학생, 그리고 학교에서 함께 일하는 모든 사람들은 가능한 모든 분야에서 개발되지 않은 잠재력을 가지고 있다.
4. 인간의 잠재력은 고안된 장소, 정책, 과정에 따라 최대로 실현될 수 있어야 한다. 또한, 의도한 사람의 행위, 활동 등에 의해서 가장 잘 실현될 수 있다.

4가지 신념은 학교와 교육과정의 조직, 업무분장, 교수학습 분위기 등을 결정하는 정책 플랫폼이 된다. 예를 들어, 첫 번째 신념은 성공과 실패에 대한 정책의 틀을 구성한다. 만약 교장과 교사가 학부모들이 존중받을 가치가 있고 배울 수 있다고 믿는다면, 학부모들이 본인의 양육 기술을 향상시키고, 집에서 자녀들을 도울 수 있는 방법을 찾아볼 것이다. "그들은 무식하다", "영어를 할 줄 모른다"와 같은 변명은 용인될 수 없다. 이러한 방식은 학생의 성공에도 적용된다.

두 번째 신념도 경쟁보다는 협력의 방향으로 정책을 움직이게 한다. 이러한 신념에 기초한 학교의 좋은 정책과 관행은 특정인만 행하는 것이 아니라 구성원 모두가 함께 행하는 것으로 학부모와 학생들에게 목소리를 내게 하고 그들의 목소리에 귀 기울이게 한다. 실행에 대한 유사한 지침은 신념 3번째 신념과 4번째 신념에서 살펴볼 수 있다.

때로 목적은 신념, 이해, 기대를 결합하는 "공통의 원칙" 형태를 취한다. Coalition of Essential Schools(CES)의 공통의 원칙, Theodore Sizer에 의해 설립된 중학교 구조조정을 위한 국가적 노력이 이러한 접근법의 사례이다. Sizer는 어떤 좋은 학교도 완전히 유사하지는 않다고 믿는다. 각각의 학교는 학교 공동체들의 고유한 창조물이 되어야 한다. 따라서 특정 모형을 모방하도록 유도하기보다는 공통의 원칙을 고수하도록 하는 것이 이치에 맞는다. CES 공통의 원칙과 핵심 신념은 [표 10.1]과 같다.

공통의 원칙은 1996년에 발표된 'Breaking Ranks'(NASSP) 권고안과 관련이 있다. Breaking Ranks II(NASSP, 2004)에는 원칙이 구현되는 상황들을 업데이트하여 Breaking Ranks 틀을 도입하였다. 해당 문서는 의사결정을 하는 데 도움이 될 수 있는 아이디어의 원천을 제공한다. 그러나 언급된 원칙들은 불가피하게 타협을 요구하기도 한다. 교사 한 명이 맡는 학생을 80명 이하로 요구하는 원칙 9항은 좀 더 개별적이고 일관성 있는 학습 환경으로 만들기 위해 학교 규모를 축소해 주기를 요구하고 있다. 지침들이 중구난방으로 제시되면 학교, 교육구, 시민은 이해하기 어려울 뿐만 아니라, 재정 형편에도 부정적인 영향을 줄 수 있다. 그렇기에 그러한 원칙은 몇 년에 걸쳐 충족되어야 할 기준으로 보아야 한다. Breaking Ranks II에는 다양한 권고사항을 이행 중인 세 학교의 이야기를 알려주는 삽화가 있다.

뉴 아메리카 학교들이 지지하는 몇 가지 학교 모델 중 하나인 현장체험학습(expeditionary learning)은 학교의 목적설정이 어떻게 아이디어로 구조화될 수 있는지(학교들이 결정하는 방향과 지침을 주는)를 보여주는 예다. 이 움직임에 참여한 사람들은 학교를 현장체험교육의 중심지로 바꾸려고 한다. 그들은 학습이 자아발견을 촉진하고, 지식습득을 위한 개별적인 경험과 지적 성장을 동반하는 미지의 체험이라고 믿는다.

〈표 10.1〉 CES 공통의 원칙과 핵심 신념

| CES 공통의 원칙 | 핵심 신념 |
|---|---|
| 마음을 잘 다스리는 학습 | 학교는 학생들이 마음을 잘 다스리는 법을 배우도록 도와야 한다. |
| 적은 양의 심오한 학습 | 학생은 적은 양의 필수적 기술을 습득해야 한다. |
| 모든 학생을 위한 목표 | 학교의 교육목표는 모든 학생에게 적용된다. |
| 개별화 | 교수학습은 최대한 개별화되어야 한다. |
| 학습체험자로서의 학생, 코치로서의 교사 | 학교에 적용되는 실제적 비유는 지식 전달자로서 교사보다는 학습체험자로서 학생이어야 한다. |
| 숙달도 | 교수학습은 학생의 성과에 기반하여 도구적으로 평가되고 문서화되어야 한다. |
| 숙달되고 관대한 분위기 | 학교의 분위기는 사람들이 터놓고 말할 수 있고, 기대, 신뢰, 품위의 가치를 존중해줄 수 있어야 한다. 학교의 특정 학생과 교사들에게는 적절한 인센티브가 강조되어야 하며, 학부모들은 학교공동체의 핵심 협력자이자 필수적인 구성원이 되어야 한다. |
| 학교에 대한 헌신 | 교장과 교사는 특수 분야 전문가(specialist)가 되기보다는 교육 전반에 대한 전문가(generalist)가 되어야 한다. 교직원은 여러 가지 책무(교사, 상담사, 관리자)와 학교 전반에 대한 헌신적인 자세가 요구된다. |
| 교수학습 지원 자원 | 예산은 개별화를 촉진해야 한다. 궁극적인 행정 및 예산 목표에는 다음이 포함되어야 한다. 교사 1인당 총 학생 수는 80명 이하가 되어야 하며, 교사 계획 및 기타 지원 서비스에 상당한 시간이 소요되어야 한다는 것이다. |
| 민주주의와 형평성 | 학교는 차별적이어서는 안되며, 포괄적인 정책과 관행, 교육방식을 보여주어야 한다. |

출처: Sizer (1989, pp. 2-4).

현장체험학습 접근법에 전념하는 학교에는 정해진 시나리오는 없지만, 설계 원리와 구성 요소가 있다. CES 움직임의 경우와 마찬가지로, 설계원칙과 구성 요소는 학교가 내린 결정에 정보를 제공하는 역할을 한다. "현장체험학습"의 원칙에 대한 표준 및 프로그램의 핵심 구성요소 등은 현장체험학습 웹 사이트에서 검색할 수 있다.

# 학습의 원칙

많은 학교들은 리더십을 뒷받침하기 위해 진실이라고 가정되는 행위이론을 채택한다. 이러한 가정은 신념에 근거하지만, 때로는 연구에 근거하기도 한다. 오늘날 가장 잘 알려진 연구 기반의 행위이론은 Pittsburg 대학 학습연구소(Institute for Learning)에서 개발한 학습의 원칙일 것이다. 학습의 원칙은 다음과 같다.

(1) 노력 기반의 학습을 위해 학교를 조직화하기
(2) 기대치를 명확히 하고, 학생의 학업을 평가하기 위한 표준과 기준척도 활용하도록 지원하기
(3) 교육과정 전반에 걸쳐 학생들에게 문제해결 연습 기회를 제공하고, 이를 학술적으로 엄격한 사고과정과 조합하는 것을 강조하기
(4) 교실 내 의사소통(서면포함)을 효과적으로 하기 위한 책임감 있는 대화 및 심의 기준 채택하기
(5) 타고난 인지능력의 중요성을 인정하고, 이를 활용하기 위해 체득한 성향에 일차적 주의 기울이기
(6) 학생들이 학습 결과를 도출, 평가, 수정하는 일련의 과정으로 학습에 임하기
(7) 교사를 학습자에 포함시키고, 교사와 학생들을 학습 공동체로 보기

학습의 원칙이 표준화와 연계될 때, 학습의 원칙으로 무엇을 가르칠 것인지, 어떻게 학생들을 가르칠 것인지 어떻게 평가할 것인지를 결정하게 된다. 그러나 정답은 없다. 교사가 독창성을 활용하고, 이해하고 즐기는 교육적 방법에 의존할 여지가 많기 때문이다.

여전히 한계는 있다. 학습의 원칙은 교사가 내리는 교육적 결정에 반영된다는 사실이 교실장면을 관찰하며 밝혀져야 한다. Resnick and Glennan Jr.(2001)의 표현에 따르면, "이러한 원칙은 엄격한 수준의 설계 사양(仕樣)을 요구하지 않는다. 조직 및 운영의 세부사항은 지역의 역사, 규모, 교직원 규모, 특수성 등에 따라 다르다. 이러한 원칙들은 유동적이므로 다른 기관이나 지역구성원의 경험을 통해 배울 때, 발전하게 된다(pp. 10-11)."

그럼에도 원칙의 기본 가정은 교수·학습 내용의 세부사항이 교사들에 의해 전적으로 결정되어서는 안 된다는 것이다. 교육청에 중요한 사항을 결정할 권한이 있어야 하며, 교사들에게 연수 및 장학을 실시하여 이들이 성공적으로 과업을 수행할 수 있도록 하는 일관성 있는 조치가 필요하다.

이러한 경고로부터 다음과 같은 결론을 내리는 것이 타당할 것이다. 학생의 학습을 다루는 변화 과정에 대한 교육 프로그램 일관성의 중요한 특성에도 불구하고 한계가 있을 수밖에 없다. 수업 일관성은 교사 자신이 강점을 느끼는 분야를 가르칠 때 가장 잘 작동한다. 그러나 교사가 원할 때마다 교사가 원하는 것을 가르치는 것이 문제에 대한 답은 아니다. 수업 일관성이 침해받지 않는 한, 일관성은 충분한 재량권을 허용하면서 신중하고 의도적으로 길을 가리키게 하는 나침반으로 생각해야 한다.

# 아이디어로 이끌기

리더십을 지원하기 위한 아이디어의 활용은 이야기들(stories)을 전달하는 데에 달려있다. 이러한 이야기는 리더로부터 전달되기도 하지만 교사와 학생을 포함한 다양한 사람들로부터 퍼져 나가기도 한다. 아이디어를 효과적으로 활용하는 경우, 개인과 집단에게는 개별 집단의 정체성이 형성된다. 이야기는 구성원에게 무엇이 중요한지를 전달할 뿐만 아니라 구성원들이 학교와 학교의 신념에 적합한지를 판단할 수 있는 방법을 제공한다. Howard Gardner(1995)는 다음과 같이 설명한다.

> 리더는 분명하고 설득력 있는 이야기를 구성하여 전달할 수 있을 때 성공을 거둘 수 있다. 청중들의 성격(변화가능한 특징을 포함하여)을 파악하고, 자신의 에너지를 조직 구성과 유지에 투자하며, 자기 삶의 주요 윤곽을 구체화해야 한다. 그리고 직접적으로 리더십을 발휘하거나 간접적인 수단을 통해 영향력을 얻을 수 있는 방법을 찾아야 한다. 마지막으로, 기술적 전문성을 향상시키지 않고도 이해하고 활용할 수 있는 방법을 찾아야 한다. (p. 302)

어떤 면에서 아이디어와 이야기는 설득, 관리, 결합, 정당화 등을 위한 의사소통에 도움이 된다. 아이디어는 다른 사람들로 하여금 관점을 채택하도록 설득하게 할 뿐만 아니라, 아이디어를 구현해야 한다는 의무감을 갖게 한다. 또한, 사람들로 하여금 자신의 약속과 행동이 아이디어를 구현하는 정도와 학교 자체가 이러한 아이디어를 구현하는 정도를 측정하는 데 활용할 수 있는 기준을 제공하여 진행 상황을 관리하는 역할을 한다. 교사, 관리자, 학생 등은 학교의 비전에 미치는 영향에 비추어 자신의 행위를 검토하고, 학교의 비전을 더 잘 구현할 수 있는 방법을 확인한다. 우리는 얼마나 잘하고 있는가? 다양한 구성의 집단들은 이러한 아이디어를 실무에 구현해야 한다고 느끼기 때문에 아이디어 자체가 책임을 담보로 하는 도구가 될 뿐만 아니라 해야 할 일과 하지 말아야 할 일을 구분하기 위한 지침이 된다.

아이디어는 사람들을 함께 묶는 데(to bind people together) 도움이 된다. 아이디어가 공유될 때, 아이디어를 공유하는 구성원 간의 관계가 변화한다. 아이디어를 공유하는 이들 사이에 생기는 책임감을 느끼게 하는 연대는 도덕적 성격을 띤다. 마지막으로, 아이디어는 행동을 정당화시켜준다. 위에서 지적한 바와 같이, 아이디어는 우리의 행동에 대한 권위의 원천을 구성한다. 의심할 여지없이 교장, 교사, 학생, 기타 구성원들은 보상을 받거나 처벌을 피하기 위해 다양한 이유로 책임을 진다. 그러나 이러한 전략은 자신이 책임을 지고 참여하는 것과 비교할 때, 보상을 바라거나 처벌을 피하기 위한 다른 이유로 의무감을 느끼게 하기 때문에 효과가 떨어진다. 밀어붙일 때 가장 중요한 것은 관료적 리더십, 개성에 기반한 리더십(personality−based leadership)이 아닌 인지적 리더십(cognitive leadership)이다.

아이디어를 어떻게 이끌어 나가야 하는가에 대한 미스터리는 존재하지 않는다. 예를 들어, 학습의 원칙은 연구 또는 학교 개혁에 관련된 사람들의 경험에 권위의 원천이 내재된 공식적인 목록을 제공한다. 덜 공식적인 접근법은 학교가 자체의 약속들(promises)을 사용하기로 결정하고, 아이디어 구조의 일부로서 약정의 예들(examples of commitments)을 활용하는 것이다. 이러한 규약과 약정은 학교 내 교실, 복도 벽, 식당, 교장실, 주요 로비, 기타 장소 등에 부착되는 포스터에 기재될 수 있다. 포스터는 다음과 같이 다양한 주제를 다룰 수 있다.

- 우리가 학생들에게 하는 5가지 약속
- 우리가 서로에게 하는 5가지 약속
- 우리학교 교육에서 볼 수 있는 5가지 특징

- 훌륭한 학업의 5가지 예
- 교사들이 제시하는 훌륭한 과제의 5가지 예
- 학생들에게 기대하는 5가지 사항
- 학부모들에게 기대하는 5가지 사항
- 학부모가 우리에게 기대하는 5가지 사항
- 이곳이 교사가 되기에 좋은 5가지 이유

위와 같은 합의에 도달하기 위해 대화에 참여하는 것은 그 자체로 가치가 있다. 이러한 작업이 공개될 때, 구성원들의 역할에 대한 일련의 지침과 각 집단으로 하여금 역할에 책임을 지도록 하기 위한 일련의 아이디어도 제공할 수 있게 된다. 물론, 이러한 포스터의 주제 중 일부는 변화 속도가 느릴 것이다. 우리가 학생들에게 하는 5가지 규약, 우리가 서로에게 하는 5가지 규약이 그 예이다. 훌륭한 학업의 예와 교사가 제시하는 훌륭한 과제의 예는 2~3주에 한 번 또는 그 이상 자주 바뀔 것이다. 5가지 사항을 제시하는 것은 학교가 학생들이 무엇을 해야 하는지에 대한 기준과 교사들이 제시해야 하는 교실환경에 대한 기준 등을 공유하고 평가하기 위한 유용하고 쉬운 방법이다.

책무성은 어떠한까? 5가지의 목록이 널리 공유되는 기준이라고 생각해보자. 교사, 관리자, 학부모와 학생들이 "규약을 유지"하고 있다는 정도를 문서화할 경우, 형성적 특징과 종합적 특징을 모두 갖춘 의미 있고 지속적인 책무성 시스템을 가지고 있다고 할 수 있다.

## 목적 선언의 특징

아이디어 구조화의 또 다른 중요한 차원은 목적 선언(purpose statement)이다. 다음의 이야기는 목적 선언의 특징을 추가로 정의하고 열거한다.

공유된 가치의 규약을 개발할 수 있는 일반화된 비법은 없다. 이는 특정 학교 공동체에 의해 개발되고 공유되는 "개별적" 진술이기 때문이다. 훌륭한 규약은 학교의 주된 목적이 담겨야 한다. 학교에 도움이 될 수 있는 몇 가지 일반적인 성격의 목적이 있다. 목적은 다음의 9가지 준거들을 충족해야 한다.

1. 목적을 성취하고 있다는 것을 알만큼 충분히 명확해야 한다.

2. 기존 자원으로 달성할 수 있을 만큼 접근이 가능해야 한다.

3. 학교에 이해관계를 가진 사람들이 공유하는 핵심 가치와 신념을 충분히 반영해야 한다.

4. 관리체계는 느슨하나 문화적으로 강하게 결합되어, 학교 구성원에게 충분한 영감을 주고 감동시킬 수 있을 만큼 강력해야 한다.

5. 무엇이 중요하고, 중요하지 않은지를 명확히 하기 위해 소수의 것에 집중할 필요가 있다.

6. 협동을 통해 특성화된다(목적은 결속력 제공): 모순된 목적을 관리할 수 있어야 한다.

7. 도전을 불러일으키나, 사람들이 인내하며 지속할 수 있을 정도의 난이도가 필요하다.

8. 쉽게 변경되지 않고 세월에 견디는 회복탄력성을 필요로 한다.

9. 신중하게 숙고한 후에 변경될 수 있을 만큼 유연해야 한다.

이를 종합해보면, 좋은 목적을 위해서는 경쟁이 아니라 학교 내 협력을 장려해야 한다. 협동적인 목적은 구성원이 집단의 성과를 공유하도록 허용함으로써 함께 일하도록 장려한다. 누구든지 성공하게 되면 구성원 모두에게 이익이 된다. 이와 대조적으로, 경쟁적인 목적은 한 사람을 다른 사람과 겨루게 한다. 구성원은 집단의 성공과 무관하게 보상을 받고, 집단의 성과와 상관없이 자신의 성과에 대해서만 보상이 주어진다.

## 마음가짐에서 사명, 규범, 그리고 행위로

지금까지 이 장에서 주장하고 있는 바는, 오늘날 세계적으로 강력하고 효과적이라고 여겨지는 리더십은 본질을 중심에 두고 부차적인 부분들을 측면으로 밀어내는 강력하고 효과적인 틀이 있느냐에 달려있다는 것이다. 만약 이러한 리더십 노력이 성공한다면 우리의 리더십과 실제에 대한 권위의 원천을 근본적으로 바꿀 수 있다(자세한 내용은 <표 7.1> 참조). 교사들은 명확한 관료적 보상 제도에 따라 통제되기 때문에 교장의 리더십을 따르는 것이 아니다. 또한, 교장이 매력적이고 효과적인 대인관계 기술을 가지고 있기 때문에 그들을 따르는 것이 아니다. 교사들의 팔로워십은 공유된 가치와 신념, 성공적인 이론과 실제, 그 외에 "아이디어"라고 할 수 있는 다른 중요한 속성들과 연관되어 있다.

만약 리더십 권위의 원천을 관료적인 측면으로 구성하도록 허용할 경우, 특정한 가정을 한다. 예컨대 교사들은 위계적 체계에서 하위 계층으로 간주되며, 사람들은 교사를 전적으로 신뢰하지 못하지만 교장은 신뢰할 수 있다고 생각한다. 교사와 교장의 목표와 관심사는 서로 다른 것으로 여겨진다. 이러한 가정은 교장으로 하여금 교사에게 경계심을 가지도록 요구한다. 위계성은 전문성과 동일하다고 가정된다. 학교나 지역에서 지위가 높을수록, 더 많은 교수·학습 및 기타 교육 문제를 알고 있다고 생각한다. 이것이 외적 책무성이 가장 잘 작용하는 이유다. 어떻게 일이 진행되고 있는지 알고 싶다면 교사들에게 서로와 자신의 실상을 공유하지 않도록 하면 된다. 대신에 절차를 공식화하고 관료적 객관성과 무심함이 느껴지도록 다양한 계층 및 수준에서 구성원 사이에 거리를 두도록 한다.

개인 권한을 리더십 실천의 원천으로 활용할 경우, 일반적으로 다음과 같은 가정을 한다. 교사와 관리자의 목표와 관심사가 같지 않더라도, 거래적 교환이 있을 수 있다. 교사들은 요구사항을 가지고 있으며, 이러한 요구가 충족될 수 있다면, 필요에 의해 거래(전략)를 한다. 우호적 관계 및 조화로운 대인관계가 지배적 분위기가 되면, 교사의 직무 만족도가 높아지며 협업이 쉬워진다. 리더십은 교장이 원하는 것을 교사에게 주는 대가로 교사가 원하는 것을 주는 거래적 교환으로 확립된다.

반면, 아이디어를 리더십 실천의 근거로 활용할 경우, 다음과 같은 가정을 한다. 학교는 일련의 아이디어에 초점을 맞추고 의미를 부여하며, 구성원들의 헌신을 이끌어내는 전문적 학습 공동체이다. 이러한 공동체는 공유된 가치, 신념, 규약을 중심으로 정의된다. 공동체에서는 무엇이 옳은 것인가의 문제가 무엇이 효과적인가의 문제만큼 중요하다. 사람들은 자신의 이익만큼 감정과 신념에 의해 동기를 부여받는다. 실제로 이들은 공공의 이익을 위해 기꺼이 자신의 이익을 희생하며, 상호 협업이 전문적인 미덕이라고 생각한다(Sergiovanni, 2001, 2005).

Silva and Mackin(2002)은 비판적 동료장학모임(critical friends groups)에서 서로 대화하고 가르치면서 교수-학습 개선에 집중할 경우, 전문적 학습 공동체로서 기능할 수 있다고 하였다. 이러한 비판적 동료장학모임은 다음과 같은 사항을 달성하려고 노력한다.

- 학생을 위한 학습 목표는 특히 다른 사람도 관찰할 수 있을 정도로 자세하게 기술한다.
- 학생들이 이러한 목표를 성취할 수 있도록 전략을 설계한다.

- 그러한 전략의 효과를 입증할 수 있는 증거를 수집한다.
- 그러한 증거를 분석하고 학습에 반영한다.
- 교수 전략을 조정하고 학습 목표를 수정한다(Silva & Mackin, 2002: 123).

비판적 동료장학모임으로부터 벗어난 전문적 학습 공동체의 회원들은 자신의 교육적 실천을 공유하기 위해 노력한다. 그리고 다음 단계로서 학교에서 실천 공동체 네트워크를 발전시키려고 한다. 이들은 학생들이 자신의 기량을 더 발전시키고 신념을 숙련시키도록 하는 방법으로 아이디어 실현을 꿈꾸고 있다.

## 도덕적 권위를 지향하며

다른 종류의 권위의 원천을 사용한 결과는 어떠할까? 관료적 권위는 적절한 감시의 형태를 취한다. 이 경우, 교사는 미리 만들어진 각본을 실행하는 기술자가 되고, 이는 미흡한 성과로 이어지게 된다. 개인적 권위가 리더십의 기반으로 사용되면, 교사들은 보상이 주어질 때만 움직이게 된다. 참여는 계산적으로 이루어지고, 성과는 줄어든다. 마지막으로 아이디어가 리더십의 원천으로 사용될 때, 교사는 도덕적으로 공동체 가치에 반응한다. 강력한 규범도 등장한다. 관행은 더욱 집단적이고 지속적으로 변한다. 아이디어는 학교에서 도덕적 권위를 발전시키는 토대가 된다.

New Hampshire 주 Amherst 시에 있는 Souhegan 고등학교는 학교의 사명을 수립하고, 사명이 구성원들로 하여금 무엇을 왜 수행해야 하는지에 대한 권위적 원천으로서 기능하도록 활용했다. 우선 그들은 CES 공통의 원칙을 구체적으로 개별화시켜 민주적인 문화를 형성하는 데 열중했다. 그 후 이런 사고방식을 활용하여 그들의 사명 선언문(mission statement)을 개발했다. 사명 선언문은 공동체 생활을 위한 일련의 규칙과 규범을 정립하는 데 활용되었고, 이를 통해 각계각층에는 책임이 부여되었다.

사고방식과 사명은 초기에 형성된다. 효과적으로 개발된 사고방식과 사명은 우리가 무엇을 왜 수행해야 하는지를 알려주며, 규범과 실천을 유도하는 틀을 제공한다. Silva and Mackin(2002)은 이에 대해 다음과 같이 언급했다. 대부분의 고등학교와 달리, Souhegan 고등학교에서 '사명'은 조직적 행동을 유도해내기 때문에 매우 중요하다. 이들은 더 나아가 "사명의 개념에 대해 생각해 볼 가치가 있다. 학교를 포함한 대부분의 조직들은 역사적으로 해당 조직을 이끄는 일련의 신념이나 가치에 대한 공식적인 약속을 의미하는 철학과 사명을 지녀왔다. 그렇지만 불행하게도 실용적인 측면에서 이러한 선언문들은 의미가 없는 경우가 종종 있다. 사명의 선언이 학교 프로그램을 설계하거나 교사 관행에 영향을 미칠 수 있는 진정한 원천이 되는 경우는 드물다 (p. 29)." 그러나 Souhegan 고등학교 사례에서는 아니다. 사명의 선언서는 실제로 과업에 대한 일상적 지침이었고, 인간적 기대를 정의하는 근거였다. Silva and Mackin는 사명 선언서가 강력한 힘으로 작용됐다는 점에 주목하고 있다. 그들은 "때때로 학생들이 사명의 지속적인 압박 때문에 짜증이 날 정도였다"라고 밝히기도 하였다.

## 두터운 비전이 강력한 아이디어가 된다

두터운 비전의 개념은 2장에서 소개된 바 있다. 두터운 비전은 사명 진술 이상의 것임을 상기하기를 바란다. 본질적으로 학교와 학교의 비전에 대한 구성원의 역할과 책임을 상세히 기술하는 것이 비전 제시이다. 교장은 두터운 비전을 만들고, 이를 강력한 아이디어로 전환시켜야 할 중요한 책임이 있다. 비전이 유용하게 활용될 수 있도록 하는 것이 교장의 과업이다.

강력한 아이디어가 얼마나 막강한 권한을 교장의 리더십에 부여하는지 알게 된다면 도움이 될 것이다. 위계적 요구사항과 건전한 관리체제 역시 도움이 된다. 효과적인 대인관계 기술도 역시 도움이 되지만, 이러한 권위의 원천은 아이디어만큼 강력하지는 않다. 그리고 비전 제시가 실제로 문서화되지 못할 경우는 의사결정을 돕거나 평가하는 데 활용되지 못한다.

비전 제시에 많은 내용이 담겨 있지만, 그에 비해 많은 것을 표현해내지 못하는 주요 원인은, 그 자체만으로는 방향을 제시하지 못하기 때문이다. 또한, 이러한 비전들이 다양한 구성원 집단에서 필요로 하는 규약들을 담아내지 못하기 때문이다. 이러한 비전은 구성원에게 무엇을 해야 하는지 알려주지 못하며, 비전을 구현하기 위한 우리의 책임이 무엇인지 역시 알려주지 않는다.

Dufour et al.(2006)은 고상한 비전이 제시될 때 역할 관계는 모호해진다고 주장한다. 그 경우 상호관계성은 명시되지 못하고, 비전의 유용성도 제한된다. 그러나 학교가 비전에 더 가까이 다가갈 수 있도록 돕기 위해 구성원들이 헌신할 때, 비전은 가치 있게 변할 수 있다. 효과적인 비전은 이를 공유하는 사람들에 의해 만들어진다. 이러한 책임은 비전을 관리 수단에서 도덕적 진술로 바꿔놓는다. Stevenson 고등학교의 비전은 사려 깊고 유용하다. 이는 어떤 결정을 내리고 성장을 평가하는 데 유용하다. 비전과 헌신은 구성원들이 자신의 일에 몰두하도록 돕는다.

## 규율과 자유재량 모두 중요하다

전술한 것처럼 비전과 헌신의 중요성은 잘 알려져 있다. 더불어 목적의 공유, 진술, 설계 원리 및 기타 합의 등은 교사의 업무를 보다 명확하고, 조화롭고, 집중적으로 만들도록 하는 규율을 제공해야 한다. 규율이 교사들이 직면하고 있는 특수한 상황을 고려하여야 하며, 어떠한 결정을 내리는 데 필요한 재량권을 침해해서는 안 된다. 다시 말해, 좋은 아이디어 구조는 사람들에게 무엇을 하라고 지시하는 것이 아니라, 무엇을 해야 하는지에 관한 결정을 내릴 수 있도록 도와주어야 하는 것이다. 규율과 재량을 모두 달성하는 방법은 교육과정을 계획할 때 수업 성과, 문제해결 성과, 구현된 성과 간 균형을 맞추는 것이다(Eisner, 1969, 1979). 수업 성과는 상당히 구체적인 방법으로 사전에 정해진다. 수업의 결과로 학생들이 무엇을 할 수 있어야 하는지에 대한 언급이다. 교육과정과 교수법은 수업 성과로부터 도출하여 설계한다. 문제해결 성과는 학생들이 반드시 해결해야 할 문제와 학생들이 수행하고 숙달해야 할 작업을 결정함으로써 형성된다. 구현된 성과는 신뢰할 수 있는 과목의 교수·학습 과정과 결과에서 발견된다. 여기서 *신뢰된(trusted)*의 의미는 학습을 자극하는 능력으로 알려져 있다.

어떤 의미에서 수업 성과는 야구에서의 스트라이크 존을 나타낸다. 교수는 학생의 학습을 특정 스트라이크 존으로 던지는 것을 의미한다. 수업 성과를 도출하는 데 얼마나 효과적이었는지를 추적하기 위한 볼과 스트라이크를 활용한다. 예를 들어, 배심원 제도와 관련된 단원을 가르칠 때, 다음과 같은 교육적 결과를 진술할 수 있다: (1) 학생은 배심원 재판에서 관계자의 다양한 역할과 기능을 구분할 수 있다(예: 검찰, 변호사, 피고인, 보석인, 목격자 유형), (2) 학생은 형사재판과 민사재판에서 쓰이는 증거 규칙의 차이를 기술하는 일관성 있는 두 개의 보고서를 작성할 수 있다. 만약 학생이 정해진 행동 양식에 따라 행동하면 스트라이크를 얻게 된다. 만약 그렇게 하지 않는다면, 그것은 볼이 된다. 학생이 배운 것이 명시된 수업 성과보다 더 중요할지라도 교육적으로 타당도가 높다고 보지는 않는다. 예를 들어, 학생은 요구에 따라 증거의 규칙을 구별하지 못할 수도 있지만, 이전보다 논쟁에서 결점을 더 잘 발견할 수도 있다. 학생들이 다양한 역할을 아주 잘 구별하지 못할 수도 있지만, 사법 제도의 공정성과 효율성에 대해 더 큰 이해를 할 수도 있다. 그럼에도 유감스럽게도 여전히 볼이다. 해당 수업은 수업 성과를 달성하지 못했기 때문에 타당도를 충족시킬 수 없다.

교육 현장에서, 훌륭한 교사들은 가르칠 때 학생의 마음을 바꾼다. 때로는 학생의 생각을 쫓아 원래 의도했던 것과는 다른 방향으로 돌아간다. 교사가 중요하게 여기는 스트라이크 존을 다른 위치로 옮겨가며(여전히 공식적으로 스트라이크 존은 견고하지만), 건전하고 현명한 스트라이크가 볼로 바뀌게 된다.

오직 수업의 성과만 놓고 봤을 때는, 의도한 교육과정과 교수·학습은 실제로 이루어진 교육과정과 일치해야 맞다. 일단 수업 성과가 규정되면, 교사들은 교수·학습 교육과정에 대한 재량권이 점점 줄어들게 된다. 수업 성과는 학생들이 정확히 무엇을 해내야 하는지 보여줄 수 있어야 한다는 주장이 대체로 받아들여지고 있다. 따라서 수업 성과가 중요한 역할을 하지만, 문제해결 성과와 구현된 성과 역시 중요하다. 규율과 자유재량 모두 달성하려면 3가지 성과 사이에 균형이 필요하다.

문제해결 성과는 특정한 방법으로 미리 확정하기는 어렵지만, 우연히 발생하지는 않는다. 숙련된 솜씨로 문제를 만들어 냄으로써, 구체적인 성과를 도출할 가능성을 높일 수 있다. Eisner(1979)는 다음과 같이 설명한다.

> 문제해결 목표는 행동[수업] 목표와 크게 다르다. 문제해결 목표와 관련하여, 학생들은 다음과 같은 문제를 공식화하거나 해결할 과제를 제시받는다. 흡연을 제지시키기 위해 더 효과적인 방법, 테이블 위에 16인치 높이의 두 개의 벽돌을 지탱할 수 있는 종이구조를 설계하는 방법. 학교 식당에서 제공되는 다양한 종류의 음식을 기존 예산 내에서 증가시킬 수 있는 방법을 탐색하는 활동 등이 이에 해당한다. (p. 101)

문제를 진술하는 것만으로는 충분하지 않으며, 문제의 해결을 위한 구체적인 기준이 설정되어야 한다. 기준을 구체적으로 세울수록 성과의 범위가 압축된다. 하지만 해결방법의 형태는 무한하다. 수업 성과를 통해 질문과 답변이 미리 설정된다. 문제해결

목표를 가지고 질문을 설정하는 경우에는 답이 명확하지 않을 수 있다.

문제기반학습(problem-based learning)은 교사와 학생 모두에게 균형 잡힌 규율과 재량권을 제공한다. 예를 들어, 문제가 주어진 단원, 과정, 수준에서 제공된다는 점에서 교사는 수긍할 수 있을 것이다. 그러나 특정 문제에 대한 해답이 하나만 있는 것은 아니기 때문에, 교사는 학습 내용, 학습자료, 교수법, 학습 설계 방법 등을 선택하는 데 있어서 재량권을 가지게 된다.

학생들 역시 재량권을 가지게 된다. 문제의 요소 안에서, 무엇을 어떻게 배울 것인지를 결정할 수 있다. 교사는 학생의 배움을 관찰하면서, 학생의 학습활동과 관련된 의사결정을 내리게 된다. 이러한 재량권에도 불구하고 일관성 및 핵심은 문제가 제공하는 한도에 의해 유지된다. CES 공통의 원칙과 현장체험학습에 전념하는 학교에서 문제해결 성과는 교육과정 구성, 교수·학습, 학습 내용 정리, 평가 등에 중요한 역할을 담당한다.

Eisner(1969)에 따르면, 구현된 성과는 의도적이든 아니든 학습 경험을 한 뒤 얻게 되는 것이다. "구현된 성과는 개별적 목적화 및 학습 경험 기회 제공을 위해 의도적으로 계획된 교육과정 활동의 결과이다(p. 26)". 중요시되어야 할 것은 학생이 참여하게 될 학습 내용이나 학습주제가 아닌 학습 경험이다. 즉, 학습 참여의 결과로 무엇을 배우게 될 것인지에 관한 것이다.

비록 구현된 성과를 사전에 예상할 수는 없지만, 그럼에도 이는 가치 있는 배움을 나타낸다. 예를 들어, 훌륭한 교사는 학습을 촉진하기 위한 특정 아이디어, 학습활동, 경험 등의 잠재력을 인지하고 신뢰한다. 또한, 학생들이 참여하면 좋은 결과가 생기게 될 것이라는 점을 안다. 비록 교사가 학생이 그 경험에서 얻을 수 있는 것을 정확하게 밝혀낼 수 없지만, 학생들이 학습활동에 참여할 때마다 많은 것을 배웠다는 사실을 알 수 있다.

수업 성과, 문제해결 성과, 구현된 성과는 모두 교육과정 계획에 중요한 역할을 한다. 이들이 함께 상호작용할 때, 교사의 학습공동체 구성에 요구되는 규율에 대한 의사결정에 도움이 된다. 더욱이 일반적인 교수-학습 상황에서 발견되는 모호성을 생각할 때, 이 규율은 재량권을 훼손하지 않는 범위에서 정보에 입각한 의사결정을 하는 데 필수적이다. 재량권은 효과적인 교수·학습 방법 및 관리 방법을 결정하도록 할 가능성을 증가시킨다. 교사들이 어떤 결정이 가장 합리적인지 함께 고민함에 따라, 재량권은 질문하는 공동체를 구축할 수 있게 해준다. 게다가 재량권은 교사들로 하여금 훈련을 설계할 수 있게 함으로써 전문적 공동체를 구현하게 한다.

# 필요한 리더십 제공하기

공유된 목표와 목적, 합의된 규약 및 상호 신뢰에 대한 선언들은 성공적인 학교에서 중추적인 역할을 한다. 이들은 양질의 교육활동을 위해서 필요한 신호, 상징, 자원, 방향을 제공한다. 이들의 명확성과 일관성은 면밀한 감독, 관리, 통제, 기타 규제 조치를 통해서는 이루어질 수 없다. 이러한 관행은 전형적인 학교 활동에서 발견되기보다는 학교 하부 조직의 역할 및 활동 등의 관계에서 훨씬 더 긴밀한 연계를 맺는다. 느슨하게 구조화된 학교는 강력한 규범 체계를 바탕으로 신입생을 사회화시키며, 이미 사회화가 된 학생들에게는 강화를 제공한다. 이 규범 체계는 학교 구성원에게 의미와 방향성을 제공하는 원천으로 작용한다.

단단한 가치와 느슨한 의사결정 구조를 가진 학교에서 교장이 리더십을 발휘하는 것은 처음 나타나는 것보다 더 복잡하며, 유연하고 탄력적인 리더십 유형의 균형을 필요로 한다. 효과적인 교장은 학교의 목표 구조, 교육 플랫폼, 전반적인 철학과 관련하여 대체로 탄력성을 보인다. 동시에, 이러한 가치를 일상적으로 가르치고 배우며, 실습하고 설계하는데 관심을 보이는 상황에서 많은 유연성을 발휘한다. 이러한 논의를 지속하기에 앞서, [참고 10.2]와 [참고 10.3]에서 제시된 리더십 유형 유연성 측정 지표(Style Flexibility Index(SFI))와 리더십 유형 탄력성 측정 지표(Style Resilience Index(SRI))를 살펴보자. 이러한 측정 지표는 W. J. Reddin의 유연성 유형 및 탄력성 유형에 대한 논의로부터 제안되었다. 각 지표에 응답하여 유연성과 탄력성 점수를 확인해보자. 각 지표는 다른 사람들이 당신의 유연성과 탄력성을 어떻게 인지하는지를 보여준다는 점을 명심하기 바란다.

## [참고 10.2] 리더십 유형 유연성 측정 지표

학교장으로서 수업교재, 주제별 내용 구성, 교실 편성, 교수 · 학습 제공 등과 관련된 일간 및 주간 단위의 결정에 대해 교사와 직접 상호작용하는 경우나 상황을 생각해보십시오. 이러한 상호작용의 결과를 바탕으로, 아래에 제공된 10가지 진술을 활용하여 교사들이 당신을 평가할 수 있도록 합니다.

10  9  8  7  6  5  4  3  2  1

| | |
|---|---|
| 배려적인 | 독단적인 |
| 민감한 | 무관심한 |
| 공동 작업 | 거부 |
| 현실 지향적인 | 지위 지향적인 |
| 상호의존적인 | 권위적인 |
| 몰두 | 억제 |
| 협조적인 | 비협조적인 |
| 협업 지향적인 | 통제 지향적인 |
| 관대한 | 인색한 |
| 실용적인 | 편협한 |

10  9  8  7  6  5  4  3  2  1

※ 점수계산: 유연성 지수 측정을 위한 각각의 10점 척도에 주어진 점수를 합산하십시오. 점수는 10점에서 100점까지 다양합니다. 점수가 높을수록 유연성 지수가 높아집니다. 교사가 실제로 교장에 관해 기술하게 함으로써 유연성 지수 점수를 얻을 수 있습니다.

출처: Reddin(1970).

학교장으로서 교육 목적과 목표, 교육 플랫폼, 전반적인 교육철학 등과 관련하여 교사와 직접 상호 작용하는 경우나 상황을 생각해 보십시오. 이러한 상호작용의 결과를 바탕으로, 아래에 제공된 10가 지 진술을 활용하여 교사들이 당신을 평가할 수 있도록 합니다.

10  9  8  7  6  5  4  3  2  1

| | |
|---|---|
| 목표가 분명한 | 불분명한 |
| 충분히 지지하는 | 지지를 보내지 않는 |
| 강한 투지 | 갈등 회피 |
| 개인주의 | 순응주의 |
| 단호한 | 우유부단한 |
| 신뢰할 만한 | 무질서한 |
| 자신감 있는 | 회피하는 |
| 단순화 | 모호한 |
| 집요한 | 굴복하는 |
| 강인함 | 망설임 |

10  9  8  7  6  5  4  3  2  1

※ 점수계산: 탄력성 지수 측정을 위한 각각의 10점 척도에 주어진 점수를 합산하십시오. 점수는 10 점에서 100점까지 다양합니다. 점수가 높을수록 탄력성 지수가 높아집니다. 교사가 실제로 교장에 대 해 기술하게 함으로써 탄력성 지수 점수를 얻을 수 있습니다.

출처: Reddin(1970).

## 유연성 · 탄력성 개념 검토

이제 유연성과 탄력성의 개념을 살펴보자. 유연성은 무기력과의 관계를 파악함으로써 가장 잘 이해될 것이다. 리더십 개념으로서, 유연성과 무기력은 모두 같은 행동양식을 포함한다. 그러나 표출된 행동이 어떤 상황에서는 효과성을, 다른 상황에서는 비효과적인 결과를 가져올 수 있다. 표출된 행동과 상황이 일치할 때, 교장은 융통성 있어 보일 것이다. 그러나 부적절한 상황에서 동일한 행동을 보인다면, 교장은 무기력한 것으로 보인다.

Reddin(1970)에 따르면 리더십 유형에서의 유연성은 높은 모호성, 관용성, 권력민감성, 열린 신념체계, 개방성 등으로 특징지어진다고 이야기한다. 고도로 유연한 교장은 구조화되지 않은 상황에서 편안해하고, 통제 지향적이지 않은 편이다. 또한, 학교업무 과정에서 고정관념을 버리고 다른 사람의 아이디어에 큰 관심을 보인다. 유연성은 느슨하게 구조화된 학교의 재량권 범위 내에서 활용될 때 매우 바람직하다. 그러나 학교의 목표 구조와 교육 플랫폼의 문제에 관해서는 교장의 융통성이 교사와 다른 구성원들에게 부정적으로 여겨지기도 한다. 이런 경우, 교장의 스타일은 유연하기보다는 무기력한 것으로 묘사될 수 있다. 무기력은 목적이나 대의명분에 대한 방향과 약속의 부재를 의미하기도 한다.

경직성은 Reddin이 탄력성의 역효과를 표현하기 위해 제안한 개념이다. 탄력적인 리더십 스타일은 의지력, 강인함, 자신감, 자기 관리 등으로 특징지어진다. 효과적인 학교장들의 가치 중심적인 측면을 다룰 때 이러한 자질을 볼 수 있다. 교사가 학생들과 함께 작업할 때 행하는 일상적인 결정들에 대해 이런 특성들을 보이는 것은 엄격함으로 인식될 수 있다. 탄력성과 유연성 2가지 지표의 점수는 리더십 격자의 형태로 [그림 10.2]에 나타나 있다. 유연성과 탄력성 점수는 상하좌우로 0점에서 100점까지 다양하다. 유연성과 탄력성 점수를 활용하여 교장의 리더십 방식이 확인가능하다.

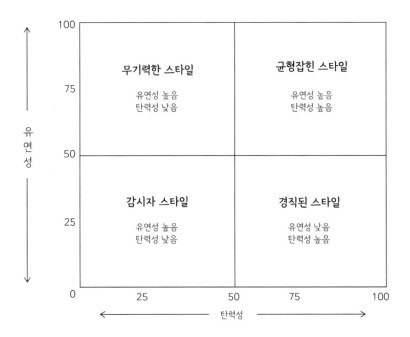

[그림 10.2] 교장의 유연성과 탄력성에 대한 리더십 유형(styles)

## 자신의 리더십 유형을 평가하고 활용하기

높은 탄력성 점수와 낮은 유연성 점수를 조합하면 사분면 우측 하단에 위치한 경직된 유형이다. 점수 30점과 유연성 점수 80점이 결합되면 사분면 좌측 상단의 무기력한 리더십 유형이다. 유연성과 탄력성이 모두 높으면 사분면 우측 상단의 균형 잡힌 리더십 유형이다. 양쪽 지표의 점수가 모두 낮으면 좌측 하단의 감시자 스타일이다. 학교에서 엄격함과 느슨함의 조합을 다루는 것과 관련하여 교장의 4가지 리더십 유형을 살펴보자.

무기력한 유형은 중요한 가치가 위기에 처하지 않았을 때에는 효과적일 수 있으며, 느슨하게 구조화되고 높은 재량권을 가진 분야에서 나타나는 일반적인 문제들을 해결하는 데에는 적합할 수 있다. 그러나 학교의 핵심가치를 다루는 데 있어 융통성이 지나칠 경우, 교장은 무기력한 것처럼 보일 수 있으며, 필요한 목적설정 및 방향을 제시해줄 것으로 기대받지 못한다.

경직된 유형은 학교의 가치관과 관련된 이슈에 적용될 수 있다. 그러나 일상적인 교수학습에 관한 문제에 대해 이러한 방식을 활용하면 교사들에게 부정적으로 여겨질 수 있다. 이때 교장은 탄력적으로 보이기보다는, 독재적이고 경직된 방식으로 보이게 될 것이다.

감시자 유형은 구성원과 목표에 중점을 두지 않고 작업 흐름의 안정성을 보장하기 위한 세밀한 작업을 구상하는 경우에 적용될 수 있다. 교사를 보호하기 위한 설계는 감시자 유형을 지지한다. 학교 규칙 시행과 교수·학습에 대한 실무 훈련작업 등을 제공하는 것이 감시자 유형에 적합한 예시이다. 교장이 이 유형을 과도하게 또는 잘못된 상황에서 활용하는 경우, 구성원들은 교장의 개인적인 목표와 목적 달성을 위해 그들에게 관심을 보이지 않는 것으로 여길 수 있다.

균형 잡힌 유형은 교사들이 날마다 일을 하면서 학교의 가치, 목표, 플랫폼을 실현하는 데 있어 유용하다. 더불어 이 유형은 중요한 가치의 유지 및 증진에 관하여 탄력적인 리더십을 제공한다. 이 접근법은 성공적인 학교에서 발견되는 주요 리더십의 특징과 유사하다. 성공적인 학교의 특징인 균형 잡힌 리더십은 교장 자신의 관리 플랫폼의 초석이 되기도 하며, 교장의 리더십에 있어서 성찰적 실천으로써 중요시된다. 교장이 자신과 타인에 대해 깊게 이해하고 있다면, 교장은 자신의 행동을 성찰하고 해당 문제에 영향을 주는 요인을 고려하여 결정을 내릴 수 있다. 이러한 결정이 내려지면, 교장은 자신의 행동을 합리적으로 조정해나갈 수 있다(Green, 2010).

# [마무리 활동]

## 자신에 대한 이해

<<안내사항>> 이 장에서 논의된 내용에 대한 이해도를 높이고, 당신의 생각, 가치, 신념이 그 내용과 얼마나 관련되어 있는지에 대한 성찰을 위해, 다음 각각의 질문 혹은 진술문을 읽고 응답해 보세요. 응답을 모색하는 과정에서, 이 장에서 논의된 내용을 리뷰하는 것이 도움을 줄 수 있을 것입니다.

1. Perrow는 "목적의 중요성"이라는 절에서, 조직이 역방향으로 운영된다고 주장하며, "행동은 아이디어의 아버지일 뿐이지, 그 반대가 아니다"라고 주장합니다. 이 진술은 어떤 의미로 해석이 가능합니까? 여러분이 알고 있는 주변 학교에서 이는 실제로 여겨집니까? 예를 들어 설명해보십시오.
2. 여러분 학교의 핵심 가치와 신념은 무엇입니까?
3. 여러분의 학교가 "5가지 목록"이란 접근 방식을 사용하여 자신의 신념과 책무를 공유하기로 결정했다고 가정해봅시다. 학교의 교사, 학부모, 학생이 서로 약속하기를 바라는 5가지 규약은 무엇입니까? 당신의 학년, 팀 또는 부서의 교사에게 학생들을 위해 제정한 생활 규범의 예를 제시해달라고 요청해보십시오.
4. 본 장에서 언급된 "5개의 약속"을 확인하고, 이를 다른 사람들의 목록과 비교해보십시오.
5. 본 장은 목적설정과 신념을 매우 중요하게 다루고 있습니다. 여러분은 학습, 사람, 지식에 대한 당신의 신념을 평가받기를 원할지도 모릅니다. 평가에 도움이 되도록 마음을 집중하여 다음 질문에 대한 답을 찾아보십시오.

- 학교의 목적은 무엇입니까?
- 학생에 대해 여러분이 믿는 것은 무엇입니까?
- 학부모에 대해 여러분이 믿는 것은 무엇입니까?
- 여러분이 이끄는 학교의 사명으로 무엇을 선호합니까?

- 여러분이 가장 좋아하는 생활 규범은 무엇입니까?
- 학교 리더십에 대한 여러분의 생각은 무엇입니까?


# 시나리오 분석

<<**안내사항**>> 이 시나리오에서는 본 장에서 다루어진 개념들이 실제에서 어떻게 적용되고 있는지를 보여줍니다. 시나리오 뒤에 일련의 질문들이 제시됩니다. 시나리오를 읽고 난 후 각 질문에 답하세요. 질문들에 답하는 데 어려움을 느낀다면, 이 장의 주요 내용을 다시 읽어봄으로써 도움을 받을 수 있을 것입니다.


# WESTDALE 고등학교의 학교공동체

Westdale 고등학교는 보통 수준의 성적을 거두고 있는 외곽 지역의 학교이지만 교직원 이직률이 높았다. Stephens 교장은 학교 운영 전반에 걸쳐 높은 수준의 통제를 요구하고 있었다. 교장은 교사, 학생, 학부모들이 존중받을 가치가 있다고 믿지만, 문화와 분위기를 창조하거나 신념을 입증하는 정책과 절차를 수립하는 데는 능숙하지 못했다. 해당 학교의 Thomas 교감은 학교를 떠나 이웃 중학교의 교장 역할을 맡았다. Thomas 교장은 Westdale 고등학교에서 교감 역할을 하는 동안 교직원과 학생을 학교 환경의 다양한 측면을 개선할 수 있는 활동에 어떻게 참여시킬 것인지 제안함으로써 지원적 문화를 창출하려고 노력했다. 그는 긍정적인 대인관계가 존재한다고 믿었고, 이것이 교직원들 사이에 형성될 경우, 학생은 성공하는 데 필요한 지원을 받을 수 있을 것이라고 믿었다. 그는 학업의 엄격한 표준화를 추구하는 동시에, 교사, 학생, 공동체와 학교생활에 대해 소통하기를 원했다. 그러나 그러한 생각은 구성원들로부터 지지받지 못했다.

## Scott 교감의 등장

신임 Scott 교감은 Stephens 교장이 통제와 지시로 명성이 자자하다는 사실을 익히 들었다. 교장은 공동체 정신이 있었지만 교직원의 단결을 이끌거나 공통체적 가치관을 만들지는 못했다. 그럼에도 Scott 교감은 Thomas 교장이 생각했던 방식으로 일을 추진해보겠다는 마음으로 이 학교에 왔다. Scott 교감은 관계를 통해 신뢰가 형성되고 규범이 확립되기 때문에 관계를 구축해야 할 필요성을 깨달았다. 그러면 구성원들은 목표 달성에 전념해야 한다는 의무감을 느끼게 된다. 하지만 Scott 교감은 이런 환경에서는 자신의 생각이 받아들여지지 않을 것을 우려했다.

Westdale 고등학교에서 새 학년이 시작되었고, 예상대로 Scott 교감은 Stephens 교장과 아이디어를 공유하는 데 어려움을 겪었다. Scott 교감은 교사들이 자신의 관심사와 강점을 더 밀접하게 연계시킬 수 있는 교육전략 개발에 참여할 수 있도록 기회를 제공하자고 하였다. Stephens 교장은 일전에 교사들에게 의견을 제시할 기회를 준 적이 있었으나 그런 노력은 실패했다고 말하면서 교감의 생각을 불신했다. 또한, 교사를 의사결정에 참여시킨다면, 학교의 미흡한 지원에 대해 불평할 것이라고 믿고 있었다. 교장은 교사에게 자신의 방식대로 할 수 있는 기회를 주지 않는 편이 더 낫다고 제안했다. 만약 교사에게 기회가 주어지게 된다면, 너무 많은 구성원을 만족시키기 위해 노력해야 하는 결과를 초래할 것이라고 보았기 때문이었다.

## 공동체 구성의 가능성 탐색

문화적 양식과 규범들이 학교를 하나로 묶는다는 것을 깨달은 Scott 교감은 포기하지 않았다. 그리고 교수·학습 과정 개선에 기여하기 위해서 개별적으로 일상적인 대화를 하며 교사를 참여시키기로 결정했다. 이런 대화를 통해 교사들이 학생들의 성공을 위해 헌신하고 있지만 창의력은 다소 부족하다고 생각했다. 교사들은 Stephens 교장의 "진부한 계획"을 그대로 따르고 있었다. 교사들은 학생의 장점과 관심사뿐만 아니라, 요구사항을 보완할 수 있는 방법을 배우고, 교수·학습 환경을 개선할 수 있다는 생각에 진심으로 기분이 좋아 보였다.

Scott 교감은 그 후 몇 주 동안 교사들과 대화하고, 교실 및 교수법 관찰을 통하여 교사들에 대해 알아가게 되었다. Scott 교감은 교사들이 학생들의 성공에 매우 열성적이고 헌신적이라는 것을 바로 알아차렸다. 그러나 교실에서는 창의성이 부족하다는 것을 알아챘다. 왜냐하면, Stephens 교장의 진부한 교수법을 활용했고, 지시받은 대로 단순히 계획을 따라왔기 때문이었다.

## 마음의 공동체 구축

다양한 교사들과 만난 후에, Scott 교감은 학교 관련 문제에 교사들을 참여시키는 것을 의미심장한 방식으로 재검토할 필요가 있다는 것을 알았다. 또한, Stephens 교장과 협력하기 위해 다음과 같은 사항을 분명히 해야 한다는 것을 깨달았다. 첫째, 정서와 가치에 기반하여 교장의 조력자가 되어야 한다는 것이다. 둘째, 학교 리더로서의 교장의 권위를 훼손시키려고 시도해서는 안 된다는 것이다. 이를 위해 Scott 교감은 Stephens 교장과 만났고 교사들과 대화를 나눴다. Scott 교감은 교사들에게 교수학습이 유기적인 과정으로 여겨지고, 이에 대한 역동적인 조언을 제공하게 된다면, 교사들의 전반적인 참여는 목적 공유와 더불어 학생의 성장과 성취를 촉진할 것이라고 믿었다.

Stephens 교장은 이런 시도를 무시하기 어렵다는 것을 알았다. Westdale 고등학교에서 일하는 헌신적인 전문가 집단을 가지고 있다는 사실과 학교가 너무 긴밀하게 조직화되어 있다는 것을 깨달았다. 학교와 공동체의 문화를 재검토하고 약간의 수정을 해야 할 필요성을 느꼈을 것이다. Stephens 교장은 교사들이 교칙뿐만 아니라 학급에서 일어난 일에 대한 권한을 더 가지게 된다면 학습 환경이 더 나아질 것이라고 생각하기 시작했다. 또한, 모든 구성원이 장점을 가지고 있으며, 그들 모두의 의견이 가치 있다는 것을 빠르게 배워나갔다.

Stephens 교장은 생각을 바꿨고, Scott 교감과 함께 교사와 학부모들로 구성된 학교자문위원회를 구성하기로 결정했다. 위원회는 학교 운영에 대해 면밀히 검토하고, 학교가 제공하는 교육이 학생들의 요구에 최대한 부합할 수 있는 연구 기반의 효과적인 전략 및 실천 방법을 결정했다. Stephens 교장은 과거에 자신이 교직원들과 어떻게 상호작용했는지를 반성적으로 돌이켜보았다. 지금까지 자신이 학교 운영에 참여하고자 하는 교사들을 지시적으로 다루고 의사결정을 내렸다는 사실을 깨달았다. 이런 깨달음을 통해 교사 참여를 장려하는 것이 그들의 능력을 신장시킬 뿐만 아니라, 희망, 노력, 강점 및 약점 등을 공유함으로써 교사의 의지를 고취시킬 수 있음을 배웠다. 이러한 경험들은 또한 Stephens 교장이 다른 사람들의 요구에 더 민감하고 온정적으로 다가갈 수 있도록 만들었다. Stephens 교장은 다수의 생각이 하나의 아이디어보다 훨씬 위대하고, 여러 이해 관계자들의 유의미한 조언을 통해 조금 더 나은 학습 공동체가 형성된다는 사실을 자각했다.

새로운 시스템이 개발되고 시행되면서, 교사들은 학습의 원칙에 기초한 새로운 전략을 실행하기 시작했다. 그 자극은 확산되었고, 그 해 말쯤에 Westdale 고등학교에는 좀 더 실천적이고 매력적인 학습 환경이 조성되었다. Stephens 교장은 교직원들이 더 많은 참여 기회를 갖게 된 것을 긍정적으로 생각하였다. 그리고 학교의 사명과 비전을 실현하기 위해 구성원들을 참여시키는 데 있어서, Scott 교감이 매우 유능하다는 것을 깨달았다. 그 결과, 학교의 환경은 배우고 성장하는데 더욱 응집력 있고 긍정적인 장소로 변모하였다.

## 성찰적 질문과 시나리오 분석

1. Scott 교감의 행동에 대해 어떻게 생각하십니까? Scott 교감은 교감으로서의 역할을 넘어섰다고 보십니까?
2. 교감은 어떤 상황에서 교직원들과 상호작용을 하며, 학교 운영과 관련된 태도나 감정 등의 정보를 수집할 수 있습니까?
3. 이 시나리오에서 Parsons(1951b)의 4가지 필수요건 중 어떤 항목이 입증되었다고 보십니까? 가장 관련이 깊은 구절을 찾아 답하십시오.
4. Stephens 교장과 Scott 교감 간의 회의를 통해 어떤 예상치 못한 결과가 발생하였다고 보십니까?
5. 여러분의 학교에는 교육 플랫폼이 세워져 있습니까? 만약 그렇다면, 언제 세워졌다고 생각하십니까? 또한 그렇지 못했다면, 무엇이 교육 플랫폼의 설립을 방해했다고 보십니까?
6. 마음의 공동체를 구성하는 데 있어서 가장 핵심은 무엇입니까? 시나리오의 구절을 사용하여 자신의 생각을 기술하십시오.
7. 학교에 목적이 설정이 되었다는 증거를 무엇으로 확인할 수 있습니까?
8. [표 10.1]의 학습 원리 중 시나리오에 나타난 것은 무엇입니까?

# CHAPTER 11

# 교수, 학습, 그리고 공동체

불과 몇 년 전까지만 해도 "효과적인 교수"를 정의하고, 학생들이 어떻게 학습 과정을 이해하는지에 관한 문제가 모두 해결된 것처럼 보였다. 우리는 효과적인 교수법 연구와 학생들이 어떻게 학습하는지, 교사들이 이러한 학습을 극대화하기 위해서는 무엇을 해야 하는지에 대해 행동주의적 학습원리 및 지식기반을 통해 분명한 관점을 얻을 수 있었다. 이 관점에서 학습이란 지식과 기능의 단편적 축적을 통해 수반되는 개별적 문제라는 믿음이 포함되어 있었다. 학습은 학생들에게 직접적인 가르침과 지침을 다양한 방식으로 제공함으로써 촉진될 수 있으며, 올바른 보상을 제공함으로써 동기를 부여할 수 있다.

하지만 오늘날은 사정이 다르다. 1970년대와 1980년대 초의 효과적인 교수법과 관련된 연구결과를 무시할 수 없지만, 최근의 연구는 학생들이 어떻게 배우고 좋은 가르침이 무엇인지에 대한 더 풍부한 관점을 제공한다. 이러한 연구는 구성주의적 인지심리학 및 인간과 학습에 대한 문화적 관점을 기초에 두고 있다.

# 이론 비교하기

　본 장에서는, 교수·학습에 대한 2가지 관점을 비교한다. 만약 누군가가 교수를 상황에 알맞게 반응하는 의도적인 행동이라고 믿는다면, 교수에 대한 양쪽의 관점을 이해하고 사용하는 것이 중요하다. 능동적인 교수행위(직접교수법)는 특정 맥락과 일부 목적을 위해서는 의미가 있겠지만, 다른 맥락과 목적에서는 그렇지 않을 수 있다. 교수·학습에 대한 구성주의적 관점에서도 마찬가지다. 그러나 어떤 관점이 주가 되고 어떤 관점이 부차적이어야 하는지, 어떤 관점이 교육과정, 교수·학습, 평가에 관한 결정에 적합한 총체적 틀을 제공하고, 어떤 관점이 보충적이어야 하는지, 어떤 관점이 학교와 교사가 사용하는 전반적인 교수 전략을 정의할 수 있고 어떤 관점이 보다 미시적 목적이나 제한된 기능을 수행하기 위해 사용될 전략인지 등에 있어서 차이가 발생한다.

　이론은 우리가 다루어야 할 실세를 만들어가기 때문에, 교육과정 구축, 장학, 교직원 개발, 리더십 실천 등을 위한 전반적인 틀에서 교수·학습을 바라보는 2가지 관점 중 어느 것을 선택할지가 중요하다. 이론이 변함에 따라 실제도 변화한다. 전술했던 효과적인 교수에 관한 초기의 연구들은 교육과정을 구축하는 데 있어서 사전에 수립된 학습목표, 교수법, 평가전략 등을 통해 학생들이 무엇을 배울 것인지를 명료하고 엄격하게 규명하는 데 초점을 두었다. 장학은 이렇게 유목화된 여러 가지 부분을 감시하고 필요할 경우, 수정하는 과정으로 활용되었다. 교직원 개발은 훈련을 통해 이루어지며, 리더십은 다른 사람들의 과업을 계획, 조직, 동기부여, 평가하는 과정으로 활용된다. 교수·학습에 대한 구성주의적 관점의 초점은 창발적 교육과정(emergent curriculum), 동료 장학, 탐구와 성찰로서의 교사 개발, 공동체 구축으로써 리더십 등이다. 각 이론은 <표 11.1>에 요약되어 있다. 양쪽 모두에서 훌륭한 실제를 결정하는 것은 교수·학습 이론이다. 기존의 관행을 바꾸고 싶다면, 먼저 자신이 교수·학습에 대하여 진리라고 믿고 있는 것부터 바꿀 필요가 있다.

〈표 11.1〉 교수·학습에 관한 2가지 관점 비교

| 분절적 교수·학습 | | | |
|---|---|---|---|
| 교육과정 수립 | 장학 | 교직원 개발 | 리더십 실천 |
| 사전에 수립된 학습목표, 교수법, 평가전략 등을 통해 학생들이 무엇을 배울 것인가를 명료하고 엄격하게 정렬하는 과정 | 교육과정의 여러 가지 부분들을 감시하고 필요 시 수정하는 과정 | 훈련 | 다른 사람들의 과업을 계획, 조직, 동기부여, 평가 과정 |
| 구성주의적 교수·학습 | | | |
| 교육과정 수립 | 장학 | 교직원 개발 | 리더십 실천 |
| 창발적 교육과정 수립 | 동료 장학 | 탐구와 성찰로서의 교사개발 | 공동체 구축 |

## 교수·학습에 관한 신념

[참고 11.1]은 교수·학습에 관한 7쌍의 신념을 열거한 것이다. 신념에 대한 한 쌍의 지문을 읽고, 진실이라고 생각하는 정도를 반영하기 위해 10점을 분배하면 된다. 예를 들어 1. (a)와 1. (b) 신념이 똑같이 맞다고 생각한다면, 각각 5점을 부여한다. 만약 1. (a) 신념이 절대적으로 사실이고 l. (b)가 절대적으로 거짓이라고 생각하는 경우, l. (a)에는 10점, l. (b)에는 0점을 부여한다.

(a) 진술과 (b) 진술에 부여한 점수를 합산함으로써 교수·학습의 2가지 이론에 각각 동의하는 정도를 알 수 있다.

우리가 지니는 신념에 대한 선택은, 일례로 효과적인 장학 관행으로 간주되는 것을 결정하기도 한다. 때로 교장들이 수행할 것으로 예상하는 사항을 설명하는 평점, 검사, 실습 등은 (a) 진술에 의해 도출되는 교수·학습에 대한 신념을 기초로 한다. 이러한 경우 장학은 교사들이 승인된 교육과정(세부 목표, 교육과정 내용의 개요, 교육일정)을 잘 준수하고 있는지 확인하기 위한 체계와 긴밀하게 연계된다. 또한, 효과적인 교수는 각종 연구로부터 입증된 일반화 행동으로 표현된다. 일반화된 행동 진술로 구성된 목록은 교장이 교사를 관찰하는데 활용되는 경우가 많다.

| | |
|---|---|
| (a) 학습은 정보 및 기능이 부족한 부분을 채우는 과정이다. | (a)_____ |
| (b) 학습은 의미와 이해를 적극적으로 구성하는 것을 포함한다. | (b)_____ |
| (a) 학생은 학습 정보를 받고 저장하는 백지상태이다. | (a)_____ |
| (b) 학생의 사전 이해는 수업 중 학습에 영향을 준다. | (b)_____ |
| (a) 학습은 학생 행동의 변화로 정의된다. | (a)_____ |
| (b) 학습은 학생의 인지구조와 세계관의 변화로 정의된다. | (b)_____ |
| (a) 교수·학습은 교사와 학생 간 상호작용이 포함한다. | (a)_____ |
| (b) 교수·학습은 학생의 적극적인 의미 구축을 포함한다. | (b)_____ |
| (a) 학생은 개별화된 학습자이며, 경쟁을 기반으로 동기부여를 해야 한다. | (a)_____ |
| (b) 다른 학생과 협력하여 학습하는 것은 학생에게 동기를 부여하고 결과를 향상시키기 위해 중요하다. | (b)_____ |
| (a) 교사는 학생의 성공을 위한 교육을 제공하기 위해 열심히 노력해야 한다. | (a)_____ |
| (b) 교사는 학생이 학습을 할 수 있도록 준비해야 한다. | (b)_____ |
| (a) 생각과 학습 기능은 학습 내용과 맥락 전반에서 유사하나. | (a)_____ |
| (b) 사고력과 학습능력은 학습 내용과 맥락에 따라 다르다. | (b)_____ |

출처: From Supervision: A Redefinition, 6th ed. (p. 107) by Thomas J. Sergiovanni and Robert J. Starratt, 1999, New York: McGraw—Hill. Reproduced with permission of The McGraw—Hill Companies. Adapted from James Nolan and Pam Francis, "Changing Perspectives in Curriculum and Instruction" in Carl Glickman (Ed.), Supervision in Transition, 1992 Yearbook of the Association for Supervision and Curriculum Development (pp. 11—15). Alexandria, VA: ASCD.

반대로 (b) 진술에 의해 도출된 신념을 기초로 하는 구성주의적 인지심리학 원리에서는 다른 형태의 교수법과 장학의 실천을 제안한다. 이러한 차이점은 주로 학교 구조 및 관리자−교사 사이의 편의와 관련된다. 학교 리더는 학교 구조 및 관리자−교사 사이의 편의가 학생의 학습과 관련된 결정에 영향을 미치지 않도록 해야 한다. 학생의 학습에 영향을 미칠 수 있는 사항을 결정할 때는 오히려 학생을 참여시키고 학교 구조에 대한 정보를 제공해야 하며, 자신의 요구를 충족시키는 방법을 선택하는 과정에 더 큰 배려를 해야 한다. 다음의 2가지 중요한 질문에 대한 답변이 의사결정 과정에 영향을 미쳐야 한다: (1) 어린 학생은 어떤 방식으로 가장 잘 배우는가? (2) 학생은 언제 가장 큰 성장을 이루는가? 어린 학생은 교수·학습 과정에 적극적으로 참여할 때 가장 잘 배우며, 학업에 관심이 있고 다른 학생과 함께 할 수 있도록 허용되고, 복잡한 과제에 도전할 수 있을 때 가장 큰 성장을 보인다(Tyson, 1990).

교수는 생각처럼 쉽지 않다. 학교 리더는 학습 원리와 교수법 사이의 밀접한 관계를 간과해서는 안 된다. 통상적으로 교수법 전문 개발 프로그램과 교사평가 시스템이 그 자리를 차지하고 있지만, 이들은 지배적인 요소가 될 수 없다. 수학이나 과학교과에서는 교과중심, 주제중심 교수법이 대체로 활용되고 있다. 효과적인 교수법은 두 종류의 지식을 모두 필요로 하며, 높은 수준으로 발전하여 특정 주제 및 학생들에게 유연하고 예술적으로 적용되어야 한다(Tyson, 1990).

새로운 교수법에 관한 연구의 대다수는 관행을 따르는 것이 우위를 점할 수 있다고 결론을 맺고 있다. 그러나 일반적으로 교육은 단순히 관행을 추종해도 될 만큼 단조롭지 않으며, 장학 또한 관행들을 따르는 것 이상의 활동이다(Brandt, 1993; Good & Brophy, 2003; Marzano, 1992; Marzano, Pickering, & Pollock, 2001; Newmann & Associates, 1996; Resnick & Klopfer, 1989). *교육 리더십* 관련 몇 가지 이슈 사례들(1992, 1993, 1994, 1997, 1998)은 본 연구와 관련하여 읽기 쉽고 설득력 있는 요약본을 제공한다.


# 장학에의 함의

교수·학습에 관한 [참고 11.1]의 (b) 신념은 장학이 어떻게 여겨지고 실천되어야 하는지에 대한 다른 관점을 제공한다. Nolan and Francis (1992)에 따르면:

1. 교사는 교수·학습에 대한 주관적 지식을 가진 능동적인 구성자(constructor)로 간주된다.
2. 장학사는 교수·학습에 관한 지식을 만드는 데 있어 협력자로 간주된다.
3. 장학 활동 중 정보를 수집할 때, 필기도구와 같은 관찰 장비에만 의존하는 것이 아니라, 해당 수업에서 포착된 다양한 사건을 여러 수업에서 전반적으로 활용할 수 있도록 광범위한 정보 자원을 확보하는 것이 중요하다.
4. 장학 과정에서 맥락지향적인 지식과 기능을 더욱 강조해야 한다.
5. 장학은 개별적인 방향보다는 공동체 지향적으로 진행되어야 한다(p. 58).

이 목록에 6번째 항목을 추가할 수 있다.

> 6. 행동 변화 자체는 덜 강조되며, 이론, 신념, 가정을 바꾸는 것에 더욱 중점을 둬야 한다.

이러한 입장은 교사의 새로운 역할과 책임을 암시한다. 예를 들어, 교사는 교수·학습에 관한 새로운 지식을 창조하는 데 있어서, 그리고 지식을 구성하는 데 있어서 협력자로 적극 참여하게 된다. 교사는 학교가 학습 및 탐구 공동체가 되도록 교장과 협력해야 한다. 이와 같은 주제들은 12장과 13장에서 더 발전된 형태로 제시될 것이다. 다음 절에서는 효과적인 교수에 관한 연구를 간략하게 검토한 다음, 이런 연구들을 구성주의적 인지심리학에서 나타난 새로운 통찰력과 비교한다.


# "효과적인 교수"에 대한 연구

의심할 여지없이 효과적인 교수(effective teaching)에 대한 초기 연구는 교수에 대한 이해도를 높이는 데 기여했으며, 효과적인 교수에 대한 새로운 통찰력을 구축할 수 있는 기반을 제공했다. 이는 특정 교수·학습 상황에 대한 유용한 아이디어를 제공한다. 그러한 발견은 경험이 많은 교사에게는 친숙하게 들리기 쉬우며 심지어 상식적인 부분으로 여겨질 수도 있다. 이 연구는 교사의 특정 행위가 학생의 준거 및 규준 참조 검사(criterion-and norm-referenced test)에서 나타난 성취와 무관하지 않다는 것을 보여줬다. 이 연구에서 가장 자주 인용되는 행동 사례는 다음과 같다.

- 교사가 확인하지 않고도 학생이 개인적·절차적 요구사항을 처리할 수 있도록 하는 학급 규칙을 제공한다.
- 학생들에게 높은 기대치를 전달한다.
- 과제를 검토하고 이전 차시 수업에서 다룬 자료를 검토하여 수업을 시작한다.
- 학생에게 교육목표를 명확하게 제공한다.
- 평가에서 측정될 내용이나 기능을 직접 가르친다.
- 수업 후에는 발문과 실습을 제공하여 학생의 이해력을 평가한다.

- 성공을 위한 충분한 연습 기회를 제공하고 교실을 돌아다니며 관찰한다.
- 학생들이 학업에 직접 참여하는지 확인한다.
- 과제를 제시한다.
- 매주 및 매월 검토 회의를 개최한다.

이러한 교수 방법은 얼마나 적용이 가능한가? 고등 사고력을 가르치거나 해석력을 요구하는 복잡한 주제를 가르칠 때, 단순한 과목이나 기본기를 가르칠 때처럼 가르치는 것이 효과적인가? 그러한 방법들은 음악, 물리학, 독해, 수학 또는 고등수학 등을 가르칠 때에도 똑같이 효과적인가? 가장 효과적인 교수를 연구하는 사람들은 "아니다"라고 답할 것이다. 연구결과는 모든 상황에 적용될 수 있는 게 아니기 때문이다. 그러나 다수의 컨설턴트, 워크숍 주관자, 정책 입안자들은 종종 "예"라고 대답한다. 이들은 복잡한 조건 아래서도 결과가 일반적인 것으로 간주하며, 이를 모든 상황에 적용하는 경향이 있다.

교육의 효과를 어떻게 정의하는가는 또 다른 문제를 야기한다. 효과의 정의는 실제를 창조하기도 한다. 서로 다른 정의를 통해 서로 다른 효과적인 교수법을 얻기도 한다. 예를 들어, 일부 교원평가 도구는 효과적인 교수법을 직접 교수법이나 능동적 교수법에 관한 연구에서 도출된 행위 목록으로 정의한다. 다른 평가도구들은 구성주의 교수법과 학습 원리의 구체화로서 학습의 효과성을 정의하기도 한다. 각각의 경우에 있어서 "효과성"은 효과가 본질적으로 어떻게 정의되었는지에 따라 다르게 기능한다.

## 효과적인 교수에 대한 The Bill and Melinda Gates 재단의 연구

Bill and Melinda Gates 재단은 효과적인 교사의 특징을 파악하기 위한 연구를 후원했다. "효과적인 교수 측정(Measures of Effective Teaching, MET)"이라는 제목의 프로젝트는 효과적인 교수 방법을 고안하기 위한 다양한 접근법을 개발하기 위해 고안된 3년간의 연구였다. 이 프로젝트에는 전국 7개 학군 내 300개 학교에서 약 3,000명의 교사 및 자원봉사자가 참여했다. 연구 지역은 Charlotte-Mecklenburg, Dallas Independent Schools, Denver Public Schools, Hillsborough County Schools, Memphis City Schools, New York City Schools, Pittsburgh Public Schools 등이었다 (MET Project, 2013).

이 프로젝트의 연구결과는 효과적인 교수가 학업 향상을 가능케 한다고 밝히고 있다. 연구는 학생을 지속적으로 더 많은 것을 배우게 만드는 교사집단과 학생들이 지속적으로 덜 배우게 만드는 교사집단이 존재한다고 보고했다. 연구결과는 이러한 차이가 학생 특성 요인이 아닌 교수 능력에 있다고 보고했다. 또한, 학급 관찰, 학생 설문조사, 학생 성취도 향상이라는 3가지 유형의 측정 도구를 통해서 지속적으로 효과를 내지 못하는 교사들을 가려낼 수 있다는 것을 보여주었다. 이러한 조치들의 결합은 교사들에게 훨씬 더 많은 피드백과 더 많은 맞춤식 지원을 제공할 수 있게 한다. 이러한 결과를 고려할 때, 교육청은 신뢰할 수 있는 여러 가지 척도를 활용하여 교사를 평가하고 환류할 수 있게 된다(MET Project, 2013).

프로젝트 보고서는 또한 학교 리더들이 효과적인 교수법을 측정하는데 활용할 수 있는 9가지 원칙을 도출했다. 9가지 원칙은 3가지 범주로 나뉘는데, 각 범주의 3가지 원칙은 다음과 같다.

*효과적인 교수 방법 측정하기*

- 기대치 설정: 효과적인 교수 방법은 무엇으로 구성되는가?
- 여러 척도 사용: 효과적인 교수 방법을 단일 척도로 파악할 수는 없으며, 여러 가지 방법을 활용해야 한다.
- 균형을 고려한 가중치(Balance Weights): 특정 척도에 가중치를 둘지를 고려할 때에는 균형도 고려해야 한다.

*개선을 위해 투자하기*

- 의미 있는 구별하기: 교사 간에 의미 있는 차이를 만들어낸다.
- 지원 및 피드백의 우선순위 결정: 학교구들은 타깃형 우선순위에 따른 높은 수준의 지원을 제공함으로써 교사 효과성을 위한 책임을 분담해야 한다.
- 모든 수준의 의사결정 과정에서 데이터 활용하기: 학급에 초점을 맞춰야 하고, 모든 단계의 의사결정에 데이터를 활용해야 한다.

*수준높은 데이터 보장하기*

- 타당도 검토하기: 데이터는 학생 학습의 타당한 예측 변수가 되어야 한다.

- 신뢰도 확보하기: 데이터는 신뢰로워야 한다.
- 정확성 확인하기: 학생 데이터와 교사 데이터가 잘 매치되어야 한다(MET Project, 2013).

## 교사의 질에 관한 전국협의회(NCTQ)

MET 프로젝트의 결과는 NCTQ(National Council on Teacher Quality)의 권장 사항과 조합되어 효과적인 교사를 식별할 수 있는 간단한 방법을 제공한다.

- 모든 교사에 대해 매년 평가를 요청한다.
- 교사의 효과성 평가에서 가장 중요한 요소로 학생이 학습했다는 증거를 포함하라. 교사가 교실에서 효과를 내지 못할 경우 만족스러운 평가를 받지 못하게 한다.
- 표준화된 시험 점수뿐만 아니라 주기적인 진단평가 등 여러 가지 학생 성취도를 활용하여 교사의 효과를 평가한다.
- 교사들에게 평가에 대한 피드백을 제공하라: 특히, 신규 교사에게 교실 실습에 대한 초기 피드백을 제공하라.
- 수업의 효과성에 초점을 맞추어 교실을 관찰하고 이를 문서화 하는 것이 필요하다.
- 효과성 평가를 활용하여 재직기간을 결정하고 통보한다.
- 효과적인 상위 면허를 취득하도록 한다(MET Project, 2013).

## 교사의 효과성 측정 도구(TEM)

교사 효과성 측정 도구(Teacher Effectiveness Measure, TEM)는 MET 프로젝트의 참여자인 Memphis City School이 개발하였다. 교사의 전문성 개발과 인사 결정을 지원하는 공통된 교원평가시스템을 개발하자는 취지였다. 설계 및 구현된 모델은 다음과 같은 5가지 가중치 요소로 구성된다.

1. *학교장 실천 관찰* : 교장은 학급에 방문하여 11개 영역으로 구성된 체크리스트를 토대로 교사의 수행을 관찰한다. 일곱 가지 영역은 교사 행동, 수업 전략, 학생과의 상호작용 등을 기반으로 한다. 나머지 4가지 영역은 교실 환경을 기반으

로 한다. 이 구성 요소는 교사의 종합평가 점수의 40%에 해당된다.

2. ***전문성*** : 행정지원팀의 도움을 받은 교사는 일반 업무 이상의 성과를 문서화하기 위해 전자포트폴리오를 구축한다. 교사에게는 전문성에 대한 기대를 설명하기 위해 만들어진 평가표가 제공된다. 교사의 최종 포트폴리오는 해당 평가표에 따라 평가된다. 평가표는 3가지 영역, 전문적 성장과 학습, 정보 활용, 리더십으로 구성된다. 전문적 성장 영역은 교사의 깊이 있고 더 나은 이해를 위한 성찰, 전문성 개발을 위한 적절한 활동 선택, 콘텐츠 및 콘텐츠 전문가들과의 관계 맺기 등이다. 정보 활용 영역은 교사가 학생 정보를 활용하여 교육 관행과 차별화를 가져오는 통찰력을 얻게 한다. 리더십 영역은 교사가 일반적 교실에서 기대되는 것 이상의 지도적 역할과 책임을 부여한다. 이 구성 요소는 교사 종합평가 점수의 5%에 해당된다.

3. ***학생 인지*** : 학생 인지 요소는 Harvard and Cambridge Education의 Ron Ferguson 박사가 개발한 TRIPOD 학생 인지평가를 활용한다. 이 평가는 학생이 자신의 학급 환경을 인지하는 방법, 학습 기회, 학생의 요구에 대한 교사의 반응, 학생과의 관계 및 전반적인 학교 문화에 관한 정보를 수집하도록 설계되었다. 과목이 세분화되어 있지 않은 초등학교의 각 학급은 가을 학기에 한 번, 봄 학기에 한두 번 평가된다. 과목별로 세분화되어 있다면 1년에 두 번(가을과 봄에 각각 한 번), 수업시간을 평가한다. 중학교에서도 같은 방식으로 이루어진다. 각 평가 점수의 평균은 TEM 점수의 5%를 차지한다.

4. ***학생의 부가 가치*** : The Student Growth 또는 TVAAS의 구성 요소는 수업 종료 후부터 다음 연도까지의 학업 성장을 측정하는 것이다. 이는 과정이수 평가 및 TCAP[1] 평가를 포함하며 표준화 검사에 의해 입증된 바 있다. TVAAS의 원데이터는 1~5점의 점수로 변환된다. TVAAS를 통해 1년 단위의 수업이 학생들의 성장

---

[1] Tennessee 주는 유치원에서부터 8학년에 해당하는 학생을 대상으로 테네시 평가 프로그램(TCAP: Tennessee Comprehensive Assessment Program)을 실시한다. 유치원에서 2학년까지는 학교가 자율적으로 선택해서 볼 수 있다. 3학년에서 8학년까지는 의무 시험으로 읽기, 언어 예술, 수학, 과학, 사회과학을 필수로 시험을 봐야 한다. 유치원의 경우는 읽기, 언어 예술, 그리고 수학 교과를 볼 수 있으며, 1학년은 읽기, 언어 예술, 수학, 과학, 사회과학, 문자 분석, 어휘력, 수학 계산 교과를, 2학년은 1학년 교과에 철자법을 포함해서 시험을 볼 수 있다. TCAP는 준거참조평가이지만 1998년도를 기준 년도로 하여 1998년도 학생의 점수와 동등화한 '표준정상점수'로 점수가 전환되어 성취도 부가가치 분석이 수행되고 있다(출처: 김양분, 이광현, 김명숙, 신혜숙, 김난옥(2010). 외국의 국가수준 학업성취도 평가. 서울: 한국교육개발원, p. 9).

을 이끌었는지 확인할 수 있다. 이러한 기대치는 3점으로 표현된다. TVAAS 점수가 3점 미만인 교사는 학생들이 최소 1년 동안은 성장을 보여주지 못했기에 기대에 못 미쳤다는 뜻이다. 3점 이상 점수를 획득한 교사는 1년 동안 성장을 보여주었기 때문에 기대치를 초과했다는 뜻이다. TVAAS 점수가 1점이라는 것은 학생의 성장이 매우 적었다는 의미이며, 5점은 학생 성장이 가장 많았다는 것을 의미한다. 주(州) 단위로 시행되는 특별평가가 없는 교사들은 학교의 종합 TVAAS 점수를 부여받는다. TVAAS 점수는 특정 교사의 총 TEM 점수의 35%를 차지한다.

5. *학생 성취도* : 학생 성취도 점수는 Tennessee 주에서 승인된 매뉴얼을 기반으로 하여 학생 성취도를 측정한다. 또한, 이는 과정이수 평가, 주 단위 평가, 진학률 및 졸업률 등에만 국한되지는 않는다. 학교 행정가의 최종 승인을 받은 교사는 그들이 1년 동안 한 과업을 가장 잘 드러낼 수 있는 방법을 선택할 수 있다. 이 선택은 반드시 해당 학년도의 가을에 확정되어야 한다. 교사와 관리자가 선택한 후에는 변경이 불가능하다. 선택된 도구에 의한 최종 결과는 TEM 총점의 15%를 차지한다(Walker, 2010).

위의 5가지 구성 요소의 점수 종합에 기반하여 다음과 같이 교사들의 순위가 정해진다.

TEM-1: 100점에서 200점 사이의 점수를 얻은 교사는 TEM-1 교사로 분류되며, 기대보다 매우 저조한 점수를 획득한 것으로 기록된다.

TEM-2: 200점에서 274.99점 사이의 점수를 얻은 교사는 TEM-2 교사로 분류되며, 기대보다 다소 낮은 점수를 획득한 것으로 기록된다.

TEM-3: 275점에서 349.99점 사이의 점수를 얻은 교사는 TEM-3 교사로 분류되며, 기대를 충족시킨 것으로 기록된다.

TEM-4: 350점에서 424.99점 사이의 점수를 얻은 교사는 TEM-4 교사로 분류되며, 기대보다 높은 성과를 달성한 것으로 기록된다.

TEM 5: 425점에서 500점 사이의 점수를 얻은 교사는 TEM-5 교사로 분류되며, 기대보다 훨씬 높은 성과를 달성한 것으로 기록된다(Walker, 2010).

각 구성 요소의 백분율은 아래의 [그림 11.1]을 참고하기 바란다.

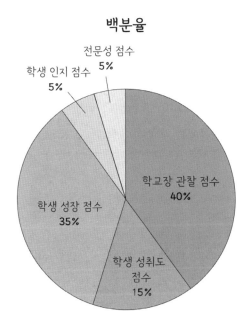

**백분율**

[그림 11.1] TEM의 5가지 점수 구성요소

출처: Walker(2010).

효과적인 교수 방법을 발견한 대부분의 연구는 초등학교 저학년의 읽기, 수학 등의 기본적인 학습 기능 교육에 집중하고 있었다. 이러한 교수 행위가 읽기 및 수학 분야의 고차원 학습이나 역사, 음악과 같은 다른 영역에서의 학습에서도 적합할지는 미지수이다. 교수 효과를 다룬 지표들은 객관적이거나 독립적이지는 못하다. 연구자가 효과성을 정의하는 방식에 따라 상이하기 때문이다.

# 교수와 기초 기능 점수 향상

Good and Brophy는 교사의 특성과 성취도 평가 점수를 비교하는 데 있어서 가장 자주 인용되는 연구결과들을 요약함으로써 진일보하였다. 전반적으로 가장 효과적인 교사는 능동적인 교사이다. 교사는 목표 수립, 의사결정, 흐름 조절, 콘텐츠 선택, 과업 할당, 과업 수정, 평가 실시, 성적 등을 결정한다. 능동적인 교사는 주도적으로 이를 실행하고, 그에 비해 학생은 수동적으로 계속 따라가기만 한다.

능동적인 교사는 "학업 기능을 시연하고, 개념 및 과제를 설명한다. 활동을 구성하고, 필요할 때 검토하여 지시한다. 그들은 교육과정 자료를 통해 학생이 배우기를 기대하기보다는 학생을 가르치는 편이다. 그러나 단편적 사실이나 기능을 강조하지 않는다. 그들은 또한 개념과 이해를 강조한다."(Good & Brophy, 2003, p.368)

# 최근의 연구

최근의 연구들은 우리에게 무엇을 말해주고 있을까? 연구들은 학습에 다양한 형태의 지식이 필요하다고 지적하고 있다. 어떤 지식은 제한적이고, 또 다른 지식은 생산적이다. 한정된 지식은 어디에도 영향을 미치지 않는다. 그것은 단순히 누적되거나 저장되고, 회수된다. 그러나 생산적인 지식은 더 많고 새로우며 광범위한 학습으로 연계된다. 그리고 다른 학습으로의 전이도 이루어진다. 생산적인 지식은 새로운 지식을 창조하는 데 활용된다. 이는 새로운 상황을 이해하고, 생소한 문제를 해결하며, 사고와 추론을 유도하여 학습을 지속하는 데 활용될 수 있다. 구성주의적 인지 연구는 학생들에게 새로운 지식이 생성되기 전에 그들 스스로 무엇을 배울지를 묻고 따져봐야 한다고 밝히고 있다. 그리고 다른 정보와 관련하여 새로운 정보를 검토한 뒤 새로운 지식의 구조를 구축해야 한다고 주장하고 있다.

선언적 지식(declarative knowledge)과 절차적 지식(procedural knowledge) 사이에는 더 많은 차이가 있다. *선언적 지식*은 주체적 내용을, *절차적 지식*은 사고방법, 문제해결방법, 통합방법 등의 과정을 말한다. "바이러스가 무엇인지, 민주주의가 어떻게 작동하는지, *연방주의 논집(Federalist paper)*의 10번[2]은 무엇인지, 민권법이 무엇을

---

2) 연방주의 논집은 제안된 미국 헌법과 그것이 주장하는 강력한 연방 정부를 지지하기 위해 1780년에 쓰여진 에세이 모음집이다. 이 논집은 1787년 10월, 해밀턴, 매디슨 등이 "Publius"라는 필명으로 미국 헌법의 비준을 주장하는 85편의 에세이로 구성되어 있다. 그중 첫 번째가 인디펜던트 저널에 실렸다. 이 컬렉션은 20세

포함하고 있는지, 누가 **위대한 개츠비**(The Great Gatsby)를 썼는지"를 아는 것은 선언적 지식의 예들이다. "지도상의 위치를 고정하기 위해 좌표를 이용하고, 사전에서 단어를 찾아내고, 에세이를 교정하고, 기존 정보를 새롭게 조합하고, 사실과 허구를 구별하며, 문제해결 전략을 사용하는 것"이 절차적 지식의 예다.

선언적 지식이 제한적인지 또는 생산적인지의 여부는 그 내용과 사고방법을 어떻게 가르치느냐에 달려있다. 이를 따로 가르쳐야 하는가? 아니면 동시에 가르쳐야 하는가? 사고를 강조하는 교육과정을 만들기 위해서는 2가지를 조합하는 것이 필요하다. 여기서 교과는 문제 해결과 추론 능력을 발전시키는 핵심적인 수단이 된다. Resnick and Klopfer(1989)는 다음과 같이 설명한다.

> 사고력을 강조하는 교육과정은 사고과정으로만 교육과정을 구성한다. 그와 같은 경우는 어디에나 존재한다. 사고력 및 교과 관련 학습내용은 교수의 도입부에서 시작하여 수업에 녹아들어 있다. 여기서 학습내용과 사고력 중 특정한 것을 선택하여 강조할 수는 없다. 둘 중 어느 쪽도 다른 한쪽이 없이는 불가능하다. (p. 6)

# 이해를 위한 교수

최근의 연구에서는 지식의 이해 및 생성을 위해 교과를 가르치는 것을 강조한다. 지식을 이해하고 활용하려면 학생들이 적극적으로 지식의 구성에 참여해야 한다. 이는 일방적으로 가르치고 설명하는 것이 아니라, 학생들에게 질의응답의 기회를 제공하고, 의미와 의의에 대해 토론하게 하며, 실제 상황에서 진정한 문제해결에 참여하게 하는 것을 의미한다. 본질적 이해를 위해 가르치는 것이 효과적인 교수법이다. 이와 관련된 사항을 분명하게 하기 위해서는 효과적인 교사가 어떻게 하는지를 살펴볼 필요가 있다.

이해를 위한 교수(teaching for understanding)에 있어서 학생, 교사, 교육과정, 수업의 과정 등은 모두 방정식의 일부이다. 학생은 적극적으로 이해를 실천하고 의미 있

---

기에 The Federalist Papers라는 이름이 등장하기 전까지 일반적으로 The Federalist로 알려져 있다. 10번은 매디슨이 쓴 것으로 다수파에 의한 통치를 막는 방법을 논하고 거대 상업 공화국을 옹호한다.

는 활동을 전개해 나간다. 교사의 역할은 단순한 정보 제시가 아니라 학생들의 학습에 대한 비계(scaffolding)[3]와 대응 활동이다. 학급에서는 대화를 통해 이해를 증진시킬 수 있는 사회적 환경, 즉 학습공동체를 구성한다(Brophy, 1992). 피드백, 학습 준거, 성찰 기회 등이 교육 전반에 걸쳐 제공된다.

교육과정은 제한된 내용을 다루지만, 그 깊이와 폭을 균형 있게 맞추어 이해할 수 있는 내용으로 개발되어야 한다. 이것은 학생들이 학교 안팎에서 유용한 지식기능과 가치관, 성향을 갖출 수 있도록 하는 제한적이지만 강력한 일련의 아이디어(핵심 이해와 원칙)를 중심으로 구성되어 있다. 수업목표는 전문지식을 개발하고 자기 규제적 기능 활용에 대한 개념적 이해를 강조한다(Brophy, 1992).

이해를 위한 교수는 학생들이 가르치는 개념을 이해하도록 돕기 위해 교사가 반복해서 사용할 수 있는 구조화된 접근법이다. Good and Brophy(2003)는 다음과 같이 상세히 기술하고 있다.

> 우리는 이러한 방식을 *이해를 위한 교수*라고 간편하게 부르지만, 이는 올바른 이해와 삶의 적용을 의미한다는 것을 명심해야 한다. *이해*란 학생이 관련 주제와 관계된 것들 사이에서 개별 요소를 모두 학습해 자신의 언어로 내용을 설명할 수 있게 하는 것이다. 진정한 이해는 개념을 정의하거나 사실을 제공하는 능력을 넘어선다. 그것은 새로운 학습과 선행 지식 사이의 연결, 더 큰 지식으로 연계과정에서 새로운 학습을 요약하고, 적어도 그것의 잠재적 응용 프로그램 중 일부를 인식하는 행위를 포함한다(Case, 1997; Perkins, 1992; Resnick, 1987). *올바른 이해(appreciation)*는 학생들이 배우고 있는 것을 중요하게 여기는 것을 의미한다. 왜냐하면 그것을 배우는 데는 좋은 이유가 있다는 것을 알게 되기 때문이다. *삶의 적용(life application)* 목표는 학생이 다른 맥락에서 필요할 때 쉽게 찾을 수 있고 사용할 수 있도록 하는 형태로 학습을 유지하는 범위 내에서 달성된다. (p. 406)

계속해서 그들은 아래와 같이 언급한다:

> 학생의 학습을 자극하는 데 있어서 교사의 역할에 대한 이해를 심화시키는 한편, 최근의

---

3) 높은 건물을 지을 때 디디고 서도록 긴 나무 따위를 종횡으로 엮어 다리처럼 걸쳐 놓은 설치물 혹은 발판이라고 한다.

연구에서는 학생의 역할도 강조하고 있다. 이는 교수·학습 대한 구성주의적 관점을 가진 발달 및 인지 심리학자들의 영향을 반영한다. *구성주의자*들은 학생이 새로운 정보와 배경지식의 관계를 연결하는 것을 포함하는 능동적인 구성과정을 통해 배운다고 믿는다. *구성주의자*들은 학생들이 새로운 학습을 처리하고적용할 수 있는 기회를 제공하는 것뿐만 아니라, 학생이 이미 가지고 있는 지식과 새로운 내용을 연관시키는 것의 중요성을 강조한다. 그들은 지식이 새로운 상황을 해석하고, 문제를 해결하고, 사고와 추론을 배우게 해주고, 배우는 것에 대해 학생 스스로 상세히 따져 묻고, 더 친숙한 주제와 관련하여 새로운 내용을 검토하고, 새로운 지식 구조를 구축해야 한다고 믿는다. 그렇지 않으면, 그 지식은 연습에 사용한 것과 유사한 질문이나 시험 항목에 코딩될 때 망각되지 않고 적용될 수는 있지만 일상생활에서 적용할 필요가 있을 때는 유용하지 않을 수도 있다. (2003: 407-408)

또한, Good and Brophy(2003)는 "구성주의 이론이나 최근의 연구는, 교수가 아니라 주로 학습에 집중해 왔지만, 교사가 학생의 학습을 어떻게 지원할 수 있는가에 대한 원칙을 제시해준다"라고 지적하고 있다. 이 부분에서 우리는 4가지 기본 원칙을 고려할 필요가 있다:

(1) 학습자들은 그들만의 독특한 지식의 표현을 구성한다.
(2) 이 지식은 강력한 아이디어를 중심으로 구조화된 네트워크로 표현된다.
(3) 학습자는 이전의 지식과 관련시켜 새로운 정보를 이해한다.
(4) 때때로 새로운 학습은 기존 지식의 재구성이나 핵심개념에 대한 학습자의 이해 변화를 초래한다. (p. 408)

## 학생의 학습 유지도 확인사항

다음은 다양한 학습 방법 목록이다. 나열된 비율은 특정 학습 방법을 통해 유지되는 평균 정보량을 나타낸다. 어떤 방법이 가장 높은 비율을 산출하는지 주목하십시오.

1. 강의 = 5%
2. 독서 = 10%

3. 시청각 학습 = 20%

4. 시연 = 30%

5. 집단토론 = 50%

6. 실행학습 = 75%

7. 타인에게 가르침 / 즉시 학습 활용 = 90% (Brooks & Brooks, 1993)

## 새로운 기준

Zemelman, Daniels, Hyde(1998, 2005)는 교사가 어떻게 가르치고 학생이 어떻게 배워야 하는지에 대한 강한 공감대가 형성되어 있다고 지적한다. 이들은 새로운 기준에 따라 성공적인 교수법을 실행하는 교사에게서 일반적으로 나타나는 6가지 실천사항들(six practices)을 확인한다. 이러한 실천사항들은 '설계에 의한 이해'와 '이해를 위한 교수'로부터 흘러나온 교수를 구조화하는 방식들이다.

1. *단위 통합*. 이는 교사들이 수학, 생물학, 역사, 예술, 생태학, 체육과 같은 많은 교육과정 분야를 다룰 수 있게 해주는 큰 주제나 소 주제와 관련된 여러 주(week) 단위의 큰 덩어리 교육과정(multiweek chunks of curriculum)을 포함한다. 이것은 학생이 더 큰 틀 안에서 개별화된 지식을 서로 연계하여 의미있게 배울 수 있게 해준다. 이런 실천사항은 교사가 모든 학습 영역에 관여하는 경향이 주로 나타나는 초등학교에서 찾아보기 쉽다. 하지만 고등학교 교사들도 일주일에 며칠씩 연차시 수업을 계획하거나 블록수업 등을 함으로써 학생들을 좀 더 통합적인 학습 단위에 참여시킬 수 있다는 증거가 있다.

2. *소집단 활동*. 교사들은 학생들을 2~3명의 단위, 또는 임시 집단 및 장기적인 팀 단위를 구성하여 협동학습에 참여시킬 수 있다. 학생이 서로를 가르치는 직소형 교수 과정(jigsaw-type processes of teaching) 등이 이에 해당한다. 때로 여기에는 다른 팀들과 경쟁하는 연구 활동이 포함된다. 학생들은 주기적으로 매일 20분~40분 단위로 순환식 학습을 하게 된다.

3. *배운 것을 표현하기*. 이것은 원래 "배운 내용을 쓰는 활동(writing to learn)"이 중심이었으나, 지금은 배운 것을 시각화하기, 분명하게 통찰하기, 의문을 제기

하기, 주의 집중하기 등 다양한 표현법을 활용하는 방식으로 확장되고 있다. 이러한 학습의 표현 방법에는 그림 그리기, 벤 다이어그램 활용하기, 추측이나 가설 진술하기, 가능한 해결책을 브레인스토밍하기, 핵심 질문 재구성하기, 다이어그램 관계 구성하기, 잠재적 인과관계 또는 중재효과 구상하기 등이 포함된다. 이러한 학습의 표현 방법들은 교사−학생 간에 의문점을 해결하기 위한 직접적 대화를 할 수 있는 공간을 마련해주고, 집중시켜주며, 학생의 생각에서 불필요한 산만함을 없애준다. 성공적인 교사들은 학생이 일지, 스케치북 또는 개념지도 등을 가지고 반복학습하게 한다. 학생으로 하여금 지속적으로 이들이 학습과정에서 어디로 나아가고 있는지 인지할 수 있도록 해준다.

4. *학급 워크숍*. 워크숍은 학생이 이야기를 읽고, 역사적인 자료를 공부하고, 예술 프로젝트를 완성하여, 창의적인 작품을 만들 수 있는 시간(30분~1시간)을 의미한다. 교실 워크숍의 장점은 학생이 그 시간 동안 무엇을 할 것인지를 스스로 선택할 수 있다는 점이다. 만약 학생이 할당된 시간이 끝나기 전에 프로젝트를 마치게 되면, 남은 시간 동안 또 다른 프로젝트를 시작할 수 있다. 워크숍 기간 동안 교사는 돌아다니며 개별 학생과 개별 지도를 실시한다. 이러한 워크숍은 전원이 동의할 수 있는 기본 학습규칙을 제정하는 것을 원칙으로 한다.

5. *참 학습경험*. 이는 학생들이 흥미를 느끼는 그들의 삶과 관련된 주제에 대한 교사−학생 사이의 대화를 포함한다. 뉴스에서 보도되는 최신 사건들과 학생들을 연관시키는 활동도 이에 포함된다. 어떤 경우에 이것은 학습을 학생이 작업에 활용하는 다중지능과 연계시키기도 하고, 이들의 학업을 가족이나 지역사회 사람들과 연계시키기도 한다. 참 학습경험(authentic experiences)은 지역사회의 구성원들에 의해 평가될 뿐만 아니라, 학생들의 학습에 대한 자기평가도 요구한다. 일부 교사는 학습 프로젝트를 추진하거나 학습 프로젝트의 결과를 표현하는 도구로 비디오 카메라를 사용한다.

6. *성찰적 평가*. 이것은 학생들의 활동과 학습을 포트폴리오와 같이 기록하는 방법이다. 이 기록들은 학생이 학업에 대해 교사와 의논할 수 있게 해준다. 또한, 교사가 수업 평가를 병행할 수 있게 해준다. 수업 중에 진행되는 자기평가는 학생 스스로 실수를 주기적으로 확인하고 교정하기 위한 조치를 취할 수 있도록 해준다. 또한, 학생이 어떻게 수업에 참여해왔는지 일차적으로 관찰할 수 있게 해

주며, 더 복잡하고 도전적인 수행과제로 발전시켜준다.


# 공통 핵심 주 표준 조치

전국 주지사 협의회(NGA)와 주 최고학교담당자협의회(CCSSO)는 공통 핵심 주 표준(Common Core State Standards) 개발을 계속 주도해 나가고 있다. 공통 핵심 주 표준의 개발을 위해 전국의 교사, 학부모, 학교관리자, 전문가들이 주지사들과 함께 투입되었다(Common Core State Standards Initiative, 2010).


## 공통 기준

공통 핵심 주 표준은 주 단위 기준을 기반으로 하여 학생들에게 최상위 교육을 제공할 수 있도록 설계되었다. 주가 주도하는 이 시책은 영어/언어 기능과 수학 분야에서 유치원부터 12학년에 이르는 일련의 교육 기준을 수립하기 위한 노력이다. 영어/언어 기능과 수학은 다른 과목에서도 활용되는 영역이기 때문에 선택되었다. 또한, 책무성을 목적으로 가장 자주 평가되는 과목이기도 하다(Common Core State Standards Initiative, 2010).

또한, 공통 기준은 고등학교 졸업생이 2년제, 4년제 대학 프로그램이나 취업 준비생으로 필요로 하는 지식과 기능을 엄격하게 반영하고 현장과의 관련성을 갖도록 설계되었다. 주거지에 관계없이 모든 학생들이 국내 및 국외 학생들과 협력하고 경쟁하기 위해 필요한 기능과 지식을 철저히 준비할 수 있게 함으로써 형평성을 고려했다(Common Core State Standards Initiative, 2010).

모든 주가 자체적으로 운영했던 과거의 주(州) 단위 표준과 달리, 공통 핵심 주 표준은 다양한 학술 활동에 대한 주 사이의 협업을 가능케 했다. 공통 핵심 주 표준은 학생이 무엇을 배워야 하는지에 대한 일관되고 명확한 이해를 제공하고 있다. 학생이 무엇을 배워야 하는지에 대한 분명한 이해와 함께 교사와 학부모들은 이들이 성취하는 것을 돕기 위해 무엇을 해야 하는지에 대해서도 제시하고 있다. 이러한 주 표준을 자발적으로 주 정부가 채택함으로써, 모든 학생, 교사, 학부모들은 학생 개개인이 각

주의 학교에서 성공을 거두기 위해 무엇을 성취해야 하는지 분명히 알게 되었다.

## 공통 평가

2010년부터 주들은 공통 핵심 주 표준을 독자적으로 채택하기로 결정했다. 공통 핵심 표준을 채택할 때, 미국 내 어떤 주에서도 학생들에 대한 기대를 낮추라고 요청하지 않았다. 실제로 이 표준을 채택한 주들은, 표준에 맞추어 기존의 연말평가를 대체하는 공통 평가(대학·직업 준비도 평가를 위한 파트너십) 개발에 협력하고 있다(Common Core State Standards Initiative, 2010).

## 공통 핵심 주 표준 채택의 이점

공통 핵심 주 표준은 학생 간의 성취도가 다르게 나타나는 것을 막지는 못했다. 그렇지만 학생들의 교육과정, 교수·학습, 교사 연수 등의 지원을 통해 학생이 학습 자료 및 학습 경험에 보다 일관성 있게 노출되도록 할 수 있었다. 본질적으로 공통 핵심 주 표준은 모든 학생들이 주거지에 상관없이 동등한 교육의 기회를 제공받는데 도움을 줄 수 있다.

# 학습공동체로서 교실

앞서 설명한 Good and Brophy의 연구를 되새겨보자. Brophy 원칙 중 2가지 특성이 눈에 띈다. 하나는 학급이 사회공동체가 되도록 돕는 것의 중요성이고, 다른 하나는 실제 학업에서 참여를 통해 학습하는 힘이다. 효과적인 교수에 관한 초기 연구의 대부분은 가르치는 것과 배우는 것이 상호 독립적인 일이며 주로 개인 학습자에게 초점이 맞춰져야 한다고 가정하고 있다. 반면에 구성주의 학습이론은 사회관계의 중요성과 학습공동체와 탐구공동체가 되기 위한 학급의 필요성을 지적한다. 예를 들어, 새로운 연구의 대부분은 학습공동체로서 교실 내에서의 협동적인 생활과 학습 가치를 강조하고 있다.

학습공동체에서 지식은 개인 소유이지만 동시에 공동체에서 공유된다. 따라서 개인과 공동체 모두가 성장할 수 있다. 특정 학생의 개인적 성장과 지식의 축적은 학급 전반에 공존하는 성장과 지식의 공유 및 축적에 기여한다. 이 축적된 지식이 확장됨에 따라 개인의 지식도 확장된다. 지식 공유에 대한 이러한 관점은 몇 가지 가정에 기초하고 있다.

첫째, 학습은 학생의 지식 및 감각 구성에 관한 능동적인 과정이다. 둘째, 지식은 인간의 문화적 산물이다. 우리는 그것을 생산하고, 공유하며, 그것은 개인과 집단을 변화시킨다. 셋째, 지식은 집단의 구성원들 사이에서 분배되고, 이러한 분산된 지식은 어떤 한 구성원이 가지고 있는 지식보다 더 크다. (Linhardt, 1992: 23)

## 문화연계 교수법

교실이 사회공동체가 되도록 돕고 효과적인 교수-학습에 기여하도록 하는 또 다른 교수 방법은 문화연계 교수법(culturally relevant teaching)이다. 문화연계 교수법은 모든 인종적·민족적 배경을 가진 학생들에게 효과적인 수업의 형태 중 하나로 입증된 교육방법이다(Brown & Cooper, 2011). 다른 민족적 배경을 가진 학생들의 다양한 문화적 특성을 인식하고, 다양성을 설명하기 위해 교육방법을 조정하는 교육방법론이다(Gay, 2010). 많은 연구자들이 문화연계 교수법의 특성을 밝히고 있는데, 여기에는 정체성 개발, 형평성 및 우수성, 발달 적합성, 학생들의 교육 참여, 검증 및 확인 등이 포함된다. 또한, 문화연계 교수법은 포괄적이고 다차원적이며, 자유롭고 변혁적이며, 학생-교사 간의 관계에 초점을 둔다(Castagno & Brayboy, 2008; Gay, 2010; Lipman, 1995).

문화연계 교수법을 활용하는 교사는 학생이 어떻게 생각하고, 믿고, 행동하는지를 다루면서 문화적인 능력이나 기능을 비교문화적 환경이나 다문화적인 환경에서 보여준다. 이러한 기능들은 각 학생이 수업 내용을 자신의 문화적 맥락과 연관시킬 수 있게 한다. 숙련된 교사가 이 교수법을 활용할 때, 학생은 지적·사회적·정서적·정치적으로 힘을 얻게 된다(Banks, 2004; Gray et al., 2010; Ladson-Billings, 1994).

# 참학습

구성주의 학습이론 연구가 내포하는 가장 기본적 교훈은 새로운 학습과 배경 지식을 연계시키는 일의 중요성과 실제적 학습 세계에 몰입하게 만드는 교수법의 중요성일 것이다. 새로운 학습을 만들어내기 위해 이해되고 활용될 수 있는 **생성적 학습**(generative learning)은 진공 상태에서 일어나지는 않는다. 항상 맥락을 바탕으로 일어난다. 학습은 무엇보다도 배경 지식에 달려있으며, 새로운 배움과 배경 지식을 연결하는 연결고리나 비계가 발달할 때 가장 잘 이루어진다.

때로 배경 지식은 학습에 방해가 되거나 잘못된 것을 배우도록 장려하기도 한다. 예를 들어, 학생들은 종종 오개념이나 그릇된 이론과 사고방식을 학업에 적용한다. 새로운 아이디어를 잘못된 배경 지식에 연결시키면 오개념이 더 누적될 수 있다. 이 문제는 개별화 학습, 학습에 대한 친밀한 환경 설정, 학습의 사회적 본질을 인정하는 것의 중요성을 강조한다. 교사는 학생의 지식이 어디에서 왔는지 이해할 수 있도록 "가까이 다가가야" 한다. 학생들이 습득한 지식을 평가하고 새로운 지식을 제공하는 최선의 방법에 대한 깊은 이해를 얻기 위해 학생과 관계를 형성해야 한다(Green, 2010). 교사와 학생 사이에 관계적 신뢰가 구축되면 학습이 이루어질 수 있는 기반이 마련되지만, 만약 낡은 방식의 일제식 수업 관행을 지속한다면 이러한 기반은 마련되지 않을 것이다.

참학습(authentic learning)의 중요성과 그것을 촉진하기 위한 "인지적 도제(cognitive apprenticeship)"[4]의 제공이 과소평가되어서는 안된다. 학생들은 실제와 관련된 문제를 해결할 때, 가장 잘 배우고 실전처럼 최선을 다한다. 효과적인 학습 설계는 학습자가 실생활 맥락에서 공유된 지식을 활용하여 문제를 해결하고 기능을 연습하면서, 관념적 학습활동과 실용적 학습활동의 융합을 가능하게 한다. 이러한 교육방법은 이해를 위한 교수의 가능성을 높이고, 학생들이 진정으로 배울 수 있는 기회를 제공한다.

---

4) 인지적 도제란 전문가의 사고과정을 학습자가 실제로 내면화시키는 것을 의미한다. 인지적 도제의 원리에 따른 교수절차는 전문가의 지적 모델링(mental modeling) 제공, 교수적 지원(scaffolding) 제공, 교수적 지원의 점진적 중단(fading) 단계로 구성되어 있다(교육심리학용어사전, 2000).

# 참학습을 위한 기준

Newmann, Secada, Wehlage(1995)는 학생이 교육과정에 적극적으로 참여하게 만드는 **참학습**을 정의하고 있다. 참 학습(혹은 진정한 학습)은 학생이 학교에서 성공할 수 있는 것 이상의 성과, 즉 학생에게 의미를 부여하는 담론, 산출물, 행위 등을 만들어내기 위해 엄격한 연구로 축적된 지식들을 반영할 것을 요구한다. 저자들은 참 학습의 존재를 검증하기 위해 충족되어야 할 4가지 기준을 다음과 같이 제안하고 있다.

1. **고차원적 사고(지식의 구성)**: 교육은 학생이 새로운 의미와 이해를 만들어 내는 결론에 도달할 수 있도록 해야 한다. 그리고 일반화, 설명, 가설설정 등으로 정보와 사고를 조작하는 능력을 갖추도록 해야 한다. (p. 29)

2. **심도 있는 지식(학문기반 탐구)**: 수업은 연계성과 관계성 및 비교적 복잡한 이해를 도출하기에 충분하도록 철두철미하게 주제 및 학문의 중심 아이디어를 다뤄야 한다. (p. 31)

3. **실질적 대화(학문기반 탐구)**: 학생들은 교사 혹은 친구들과 아이디어 및 주제를 공유하고 개선된 이해를 확장해나가는 방식으로 대화와 교류를 확대해야 한다. (p. 35)

4. **교실 밖 세상과 연계(학교를 넘어서는 가치)**: 학생은 공공 문제 또는 개인적 경험을 실질적인 지식과 연결해야 한다. (p. 40)

그러나, 교수와 학습은 서로 분리될 수 없으며, 교수-학습은 교육과정상의 과업, 과제, 그 밖에 요소 등과도 분리될 수 없다. 이 3가지를 함께 **참교육학**(*authentic pedagogy*)이라고 한다. Newmann et al.(1995)은 교사가 학생에게 학업을 완수하도록 부여하는 전략으로 과제 평가, 교수학습의 역동성 평가, 실제 과업 평가 등을 제안한다. 그런 다음에 탐구 기반 표준 및 과제, 교육 및 학습, 학생 작업 등을 평가하기 위한 점수 기준을 제공한다. 교수학습과 학생활동 계획안은 Wisconsin 교육연구센터에서 제공받을 수 있다(예: Newmann et al., 1995).

# 통합적 관점

교수·학습에 관한 새로운 연구를 진지하게 받아들인다는 것은 우리가 학급, 수업 계획, 교육과정 정리 등에 대해 생각해왔던 방식에 변화를 준다는 것을 의미한다. 핵심은 정량적 사고방식에서 정성적 사고방식으로 전환하는 것이다. Gardner는 다음과 같이 설명한다.

> 이해의 가장 큰 적은 적용 범위이다. 당신이 수업에서 전체 범위를 다루기로 결심했다면, 당신은 실제로 대부분의 학생이 이해하지 못할 것이라고 확신하게 된다. 학생이 무언가에 깊이 빠져들게 만들기 위해서는 충분한 시간을 들여서 학교뿐만 아니라 어느 곳에서나 다양한 방법으로 배운 것을 적용할 수 있어야 한다. (Brandt, 1993: 7에서 인용)

게다가 우리는 광범위한 정보를 제공하는 교과서를 덜 의존해야 하고, 좁은 주제에 대해 심층적인 내용을 제공하는 그 밖의 자료들에 더 의존해야 한다. 교육과정을 다시 검토하여 필수적인 자료와 그렇지 못한 자료, 학문적 본질에서 유추된 학문의 기본 구조, 다소 제한적이거나 오래된 지식을 구성하는 교육과정 등의 측면을 식별해내기 위한 진지한 검토가 이루어져야 한다. 학습은 문제해결에 중점을 두어야 한다. 교육과정은 학습공동체를 이끄는 교사와 학생들이 사고 및 학습 흐름에 따라서 무엇을 할 것인지, 언제 어떻게 할 것인지에 대한 결정을 내릴 때 긴요하다.

Robert Marzano(1992: 154-155)는 교사가 가르치고 학습할 때 답해야 한다고 생각하는 5가지 질문으로 구성된 "학습의 차원(dimensions of learning)"이라는 틀을 제공한다. 1차원에서는 학생이 학습에 대한 긍정적인 태도를 갖도록 돕고, 교실이 생산적인 방식으로 편안하게 학업이 수행되는 장소로 인식되기를 바라는 교사에게 초점을 맞춰 질문을 제시한다. 이러한 질문에 대한 답은 학생들에게 공유된 의미와 지식의 원천이 되며, 새로운 지식을 창조할 수 있는 공유기반을 제공하는 등 일종의 사회적 관계 발전을 위한 토대가 된다. 나머지 4가지 차원은 교수 전략과 기능에 관한 질문, 지식과 학습 습관에 관한 결정 등에 초점을 맞추고 있다.

Marzano(1992)는 2가지 폭넓은 교수 전략을 추천한다. 바로 프레젠테이션 전략과 워크숍 전략이다. 프레젠테이션 전략은 학생들이 명제적 지식이든 절차적 지식이든 새로운 지식을 습득하고 통합함으로써 2차원의 학습에 도움을 준다. 또한, 지식을 확장하고 다듬는데 도움을 주는데, 이는 3차원의 학습에도 도움이 된다.

프레젠테이션 전략은 본질적으로 효과적인 교수법 연구의 많은 기능을 통합한 것이다. 일례로는 학습해야 할 주제에 관한 관심을 자극하고, 새로운 정보를 기존 정보와 연관시키며, 학생들에게 명확한 목표와 방향을 제공한다. 또한, 중요한 활동을 모형화하며, 활동의 종착점을 제공한다는 면에서 중요하다. 그러나 이러한 기능들을 선형적이고 단계적인 방식으로 보지 않고 각각의 기능이 모든 학습 차원의 일부라고 주장한다면, 5가지 기능은 서로 다르게 이해될 수 있다. Marzano는 모두가 프레젠테이션의 일부가 될 필요도 없고, 정해진 순서에 따라 수행할 필요도 없다고 지적한다. 그러면 5가지 학습의 기능은 선형 목록이 아니라 [그림 11.2]와 같이 나타낼 수 있다.

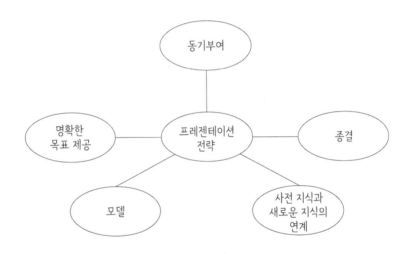

[그림 11.2] 프레젠테이션 전략의 5가지 기능

예를 들어 학생과 교사는 목표를 염두에 두고 새로운 학습 단위를 시작한다거나, 학습할 내용을 모형화하게 된다. 관심을 자극하는 활동을 시작한 다음, 합리적인 방식으로 하나 또는 다른 기능으로 전환할 수 있다. Marzano(1992)는 자신의 학습 틀의 4차원에 포함된 질문에 대해 워크숍 전략을 추천한다. 워크숍 전략은 은유를 가르치는 것이 더 학생 중심적이고, 더 활동 지향적이라는 것을 암시한다. "워크숍 수업"은 일반적으로 학생들이 프로젝트를 시작할 때 지도하고 도움을 주기 위해 고안된 모의 수업에서 시작된다. 모의 수업은 학생들에게 필수적인 정보, 자원 등을 제공한다. 교육의 주요 영역은 **활동**일 것이다. 학생들은 개별적으로, 또는 두 명씩 짝을 지어, 아니면 작은 집단을 구성하여 프로젝트를 진행한다. 마지막으로 학생이 다양한 주제와 이슈를 토론할 수 있는 **공유의 시간**(*sharing period*)이 부여된다. "공유의 시간이 지닌 우수한 특징은 학생이 프로젝트를 진행하며 학습에 대해 자유롭게 논의할 수 있다는 점이다"(Marzano, 1992: 162).

## 목적과 목표

능동적 교수법(active teaching)과 구성주의 교수법(constructivist teaching) 모두 명시적인 목적과 목표가 중요하다. 목적 진술은 좀 더 일반적이며, 교사 재량권을 더 허용하고 활용 중인 교수법의 창작을 장려한다. 교사는 상황의 변화에 대응하기 위해 상황 변화에 알맞게 가르치게 한다. 반면 목표를 제시하는 것은 목표점을 정하게 되므로 더 적은 재량권을 부여하게 만든다. 목표 설정에 관한 연구에서 나온 3가지 일반화는 목적 진술과 목표 진술 사이의 연속선상에서 적절한 위치를 찾으려 할 때 도움이 될 수 있다. 이러한 일반화는 Marzano, Pickering, Pollock(2001: 94−95)에 의해서 도출되었다.

1. 교육목표는 학생의 관심을 압축시킨다. 이 연구에서 더 흥미로운 발견 중 하나는 목표나 목표설정이 목표에 의해 지정된 것을 제외하고는 결과에 부정적 영향을 미친다는 사실이다.

2. 수업목표를 너무 구체화하면 안된다. 목표설정에 관한 문헌의 상당히 설득력 있는 발견 중에 하나는, 행동목표 형식으로 명시된 교육목표들이 보다 일반적인 형식으로 명시된 교육목표들보다 높은 효과를 산출하지 못했다는 것이다.

3. 교사가 제시한 목표를 학생이 개별화할 수 있도록 장려해야 한다. 일단 교사가 수업목표를 세웠을 때, 학생이 그들의 개인적인 필요와 욕망에 따라 적응할 수 있도록 격려해야 한다. 이는 목표가 너무 구체화되어서는 안되는 이유 중 하나이다. 만약 목표가

매우 구체적인 행동목표로 명시된다면, 목표들이 학생에 의해 변형되는 것을 허용할 수 없게 된다. Marzano et al.(2001)은 교사가 학생을 위해 목표를 설정하는 것은 중요하지만, 이러한 학습목표가 학생에게 어느 정도 융통성을 부여할 수 있을 정도로 포괄적으로 진술되는 것도 중요하다고 결론지었다.

# [마무리 활동]

## 자신에 대한 이해

<<**안내사항**>> 이 장에서 논의된 내용에 대한 이해도를 높이고, 당신의 생각, 가치, 신념이 그 내용과 얼마나 관련되어 있는지에 대한 성찰을 위해, 다음 각각의 질문 혹은 진술문을 읽고 응답해 보세요. 응답을 모색하는 과정에서, 이 장에서 논의된 내용을 리뷰하는 것이 도움을 줄 수 있을 것입니다.

1. 구성주의 교수법에 관한 초기 연구는 학습을 독자적인 활동으로 묘사한다. 최근에는 학습에 있어 사회적 상호작용의 중요성을 강조하는 쪽으로 옮겨가고 있다. 함께 배우는 것은 학생들에게 중요하며, 이는 교사들에게도 역시 중요하다. 또한, 학교의 일을 협업하는 데 있어서 함께 배우는 것은 교장과 교사 모두에게 중요하다. 학습을 능동적인 의미 구성과 결합시키면 '사회적 구성주의'가 된다 (Vygotsky, 1962, 1978). 그러므로 우리는 교수와 학습에 대한 2가지 거시적인 관점을 가진다. 한 가지 관점은 정보의 전달을 강조하고 있으며, 다른 관점은 지식의 사회적 구성을 강조한다. 양자 사이의 차이점은 <표 11.2>에 요약되어 있다.

   <<**안내사항**>> <표 11.2>에는 지식을 바라보는 관점을 사회적 구성과 정보의 전달로 비교하는 8개의 진술이 제시되어 있다. 2가지 관점을 읽으면서, 각각이 옳다고 생각하는 정도를 여덟 쌍으로 구성된 질문에 각 10점씩을 배분하여 부여한다. 만약 당신이 진술 1과 진술 1a가 똑같이 진실이라고 생각한다면, 각각 5점씩을 부여하면 된다. 만약 당신이 진술 1이 항상 진실이고 진술 1a가 거의 진실이 아니라고 생각한다면, 1에 10점을 부여하고, 1a에 0점을 부여하라. 이제 "정보의 전달로 보는 관점" 및 "사회적 구성으로 보는 관점"이라고 쓰여진 표제를 제거하거나 덮어서 질문지만 남겨 두면 된다. 이 체크리스트를 당신의 부서, 업무 또는 학년 단위 교사들과 공유하고, 그들에게 관찰한대로 점수를 부여해달라고 요청한다. 이상적으로 점수가 잘 조합

〈표 11.2〉 지식을 바라보는 2가지 관점 비교

| | 정보 전달로 보는 관점 | | 사회적 구성으로 보는 관점 | 총점 |
|---|---|---|---|---|
| 1. ___ | 지식은 교사나 문서로부터 학생에게 전달되는 고정된 정보체계이다. | 1a. ___ | 지식은 토론을 통해 구성된 해석을 발전시킨다. | 10 |
| 2. ___ | 교재, 교사는 학생들이 따라야 하는 전문적이고 권위 있는 지식의 원천이다. | 2a. ___ | 구성된 지식에 대한 권한은 교재나 교사뿐만 아니라, 학생들에 의해 인용된 주장과 증거에도 있다. 누구나 기여할 수 있는 전문적 지식을 가지고 있다. | 10 |
| 3. ___ | 교사는 활동이나 과제를 통해 정보를 제공하고 학생을 지도하는 등 학생의 학습 관리를 책임진다. | 3a. ___ | 교사와 학생들은 학습 시작과 안내에 대한 책임을 공유하고 있다. | 10 |
| 4. ___ | 교사는 설명하고, 그들의 이해를 확인하며, 학생들이 정확하게 반응하는지를 판단한다. | 4a. ___ | 교사는 질문을 제기하고 명쾌한 답을 추구하며, 대화를 촉진하여 집단이 합의된 부분과 계속되는 불화의 영역을 인식하도록 돕는 등 토론의 리더 역할을 한다. | 10 |
| 5. ___ | 학생들은 설명되거나 모형화된 것을 외우거나 모사한다. | 5a. ___ | 학생들은 그들의 배경 지식을 새로운 지식에 연관시키고, 공유된 이해를 강화하기 위해 다른 사람들과 대화하고 협력함으로써 새로운 지식의 의미를 이해하려고 노력한다. | 10 |
| 6. ___ | 토론에서 수렴적 질문에 대한 대응 훈련과 반응을 강조한다. 정확한 답을 도출하는 데 초점을 맞춘다. | 6a. ___ | 토론에서 연결된 지식 네트워크에 대한 성찰적인 토론을 강조한다. 학생들의 생각을 이끌어내는 데 초점을 맞춘다. | 10 |
| 7. ___ | 활동은 순차적 단계에 따라 알고리즘을 필요로 하는 모형이나 적용의 반복을 강조한다. | 7a. ___ | 활동은 고차원적 사고를 필요로 하는 실제적 문제와 문제의 적용을 강조한다. | 10 |
| 8. ___ | 학생들은 대부분 자신에게 전달된 정보를 스스로 공부하고 실천하며, 경쟁에서 요구되는 것을 재생산하면서 보상을 얻기 위해 준비한다. | 8a. ___ | 학생들은 지속적인 대화를 통해 공유된 이해를 형성하며 학습공동체 역할을 함으로써 협력한다. | 10 |
| ____ | 총점 | ____ | 총점 | 80 |

되어 있으면 가장 적절한 결과다. 대부분의 지식이 고정된 정보체계로써 교사에 의해서 학생에게 전달되고 있다. 하지만 대다수의 지식은 고정되어 있지 않다.

심층적이고 장기적인 학습은 토론을 통한 해석의 발견과 의미 형성이 중요하다는 사실을 인정할 필요가 있다. 주어진 상황에서 교장이 성찰해야 할 질문은 다음과 같다. "우리가 어떻게 지식을 다루고 있는가? 교사는 어떤 목적을 가지고 있는가? 학생이 학습과제를 위해 동원하는 배경지식은 얼마나 풍부한가? 마음이 잘 통하는 것이 학습의 핵심 요소인가? 아니면, 이것이 학생들이 지식을 더 진보적으로 활용할 수 있도록 준비시키는 데 필요한 정의, 전문용어, 명확성을 제공하는 요소인가?"

여기서 제공하는 메시지의 의미는 "교수-학습은 복잡하며, 특정한 상황을 위한 좋은 교수와 좋은 학습이 무엇인지에 대한 결론을 내리는 데 있어서 무엇보다 교장의 깊이 있는 지식이 필요하다"는 점이다. 만약 교장이 성공적인 교수 리더가 되고 싶다면, 학교가 교수-학습을 진보시키는데 가장 효과적이라고 밝히고 있는 연구와 모범적 사례에 집중해야 한다.

2. 학생의 학습유지도에 관한 확인사항이라는 부분에는 다양한 학습 방법 목록이 있다. 당신의 학교에서 교사를 두 집단으로 식별해보라. 집단 1은 학생이 지역의 기준을 충족하거나 초과한 교사가 되어야 한다. 집단 2는 학생들이 지역의 기준을 충족하지 못하는 교사여야 한다. 두 사례를 비교하여 그들이 사용하고 있는 학습 방법에 대해 검토해보라.

3. 이 장에서 훌륭한 교수와 효과적인 학습에 대한 발견들을 주의 깊게 검토한 후, 여러분이 교장이 된 후에 학급에 반영해 보고 싶은 10가지 학습 원리를 써보라. 그리고 이것들을 동료와 공유할 준비를 해보라.

4. 당신의 학생들에게 할당하고 있는 (각 표준에서 제시된 인지 수준에 알맞은) 과제의 범위를 조사하기 위해 <참고 11.1>에 제공된 기준을 활용하라. 서로 다른 두 집단의 교사와 함께 협업하도록 하라. 해당 집단은 어떻게 측정하고 있는가? 학교에서 어떻게 평가 프로토콜(assessment protocol)을 직원 개발 수단으로 활용할 수 있을까?

# 시나리오 분석

<<**안내사항**>> 이 시나리오에서는 본 장에서 다루어진 개념들이 실제에서 어떻게 적용되고 있는지를 보여줍니다. 시나리오 뒤에 일련의 질문들이 제시됩니다. 시나리오를 읽고 난 후 각 질문에 답하세요. 질문들에 답하는 데 어려움을 느낀다면, 이 장의 주요 내용을 다시 읽어봄으로써 도움을 받을 수 있을 것입니다.

## WASHINGTON 중학교의 수업 리더십, 교수, 학습, 그리고 공동체

24년차 노련한 교사 Sue Watson은 최근 워싱턴 중학교의 영어/언어 기능(ELA) 부장으로 임명되었다. Watson의 교수와 학습에 대한 신념과 학생들이 ELA부분 국가 수준 성취도 평가에서 이루어낸 업적 덕분에 Watson은 부장으로 임명될 수 있었다.

처음 회의에서 Johnson 교장은 자신의 교육적인 기대는 '6~8학년에서 학생들의 ELA 성취도를 높이는 것'임을 분명히 밝혔다. Watson은 주(州) ELA시험에서 학생들의 실태를 확인하였으며, 동료들과 교수–학습을 개선하기 위한 전략을 논의할 기회를 가진 것에 매우 기뻐하며 열정적으로 회의를 떠났다. Watson은 자신이 교실에서 성공을 거둘 수 있었던 교수 방법을 학교 전체에 시행할 수 있는 기회라고 믿으며 그 직책을 맡았다.

회의가 끝난 후 Watson은 새로운 과제에 어떻게 접근할 것인지 곰곰이 생각해보기 시작했다. Watson은 자신이 추진할 과업에 대해 고민해 보면서, 과거 자신의 성공은 학생들이 어떻게 배우고, 교사들이 어떻게 가르치는지에 대한 기본적인 신념의 결과라는 것을 깨달았다. Watson은 현재 워싱턴에서 활발하게 진행되고 있는 활동중심 교수법이 의미가 있음을 알고 있었지만, 모든 학생들의 학업성취도 향상을 위해 리더십을 발휘하려면 또 다른 접근이 필요한지 궁금해졌다. Watson은 충분한 숙고를 거친 후에, 부서 내 교사들과 관계를 구축하여 성공적으로 협력하는 방법, 학생의 요구에 대해 이해하고 검증된 연구를 바탕으로 교수 전략을 확인하는 방법 등의 사항을 포함하는 직무 계획을 개발하기로 결정했다.

## 첫 번째 부서 회의

Watson은 첫 번째 부서 회의를 준비하기 위해 의자를 원형으로 배치하고, 명패와 회의 안건을 정리했다. Watson은 모든 구성원들을 환영하며, 자신을 새 부서장으로 받아준 것에 대해 구성원들에게 감사하면서 회의를 시작했다. 그 후에 Watson은 그들 앞에 놓인 도전과제들에 대해 말하고 싶은 사람이 있는지 물었다. 몇 분간의 침묵이 흐른 후 두 번째 의제로 넘어갔는데, Watson은 학생이 어떻게 배우고 교사가 어떻게 학습을 최대화시키는가에 대한 참여자들의 신념을 발표하도록 요청했다. Harris는 "가르치는 것은 계획된 행동이고 학생은 그대로 받아들여야 합니다. 그래서 나는 강의법을 활용합니다. 나는 학생들에게 교과서의 한 장을 읽게 한 다음 그 내용에 대해 강의하고 숙달시킨 후 시험을 치릅니다."라고 대답했다. Clark는 같은 방법을 사용하고 있다고 말하면서 재빨리 동의했다. Williams는 다음으로 발언했는데, 그는 세부 목표, 교육과정 내용 및 개요, 승인된 관행을 따르는 것을 좋아하지 않는다고 말했다. Jones는 교수·학습 과정은 관리자가 정한 규율이나 지침이 아니라 학생의 필요에 의해 형성되어야 한다고 말하면서 즉시 동의했다. 그 후 15분 동안, 다른 교사들은 교수·학습에 대한 자신들의 신념을 밝혔다. Watson은 구성원 모두의 말을 듣고 많은 메모를 한 후, 세 번째 주제인 '교수·학습에 관한 최근 연구'로 의제를 전환할 것을 제안했다. Watson은 그 주제에 관한 세 개의 논문을 나눠주며 다음 회의에서 그에 대한 전반적인 논의가 열릴 것이라고 팀원들에게 알렸다.

## 부서 회의를 마친 후

부서 회의 후 며칠 동안 Watson은 ELA 팀의 각 구성원들을 만나는 것으로 시간을 보냈다. Watson은 그들이 부서 회의에서 공유했던 신념과 관련된 진술들을 확인하고, 장점, 목표, 포부 등에 대해 논의했다. Watson은 ELA 부장으로서 훌륭한 출발을 했다고 믿으며 기운이 넘치고 있었다. 이제 Watson은 모든 학생들이 교수·학습 과정에서 혜택을 받을 수 있고, ELA 부분 국가 수준 시험에서 높은 점수를 받을 수 있도록 하는 과정 등의 내용을 담고 있는 '90일 계획'을 수립하기 위한 두 번째 부서 회의를 열 준비가 되어 있었다.

## 두 번째 부서 회의

다음 부서 회의에서 Watson은 연말에 실시될 주(州) ELA시험에 대비할 수 있는 수준으로 교육과정을 강화하기 위해, ELA를 가르치는 다른 학습 과정의 활용을 고려해야 한다고 부원들에게 알렸다. Watson은 교수·학습에 대한 그들의 신념에 대해 메모를 작성했으며, 각자 자신의 능력 및 부서 개발을 위한 협력적 아이디어를 논의했다. 모든 구성원들은 결정된 바에 따르기로 동의했다. 이에 Green은 "Watson 부장님. 당신은 이 부서에 실행의 중요성을 강조하므로, 우리는 학생의 요구에 부응하는 교육적 접근이 필요합니다."라고 말했다. "맞습니다. 우리는 모든 학생을 학습에 참여시킬 필요가 있습니다"라고 Ward가 말했다. Jackson은 "어떻게 그게 가능합니까?"라고 물었다. 그는 "내 수업에서 학생들을 참여하게 만드는 게 거의 안됩니다. 학생들 중 일부는 조금도 배우고 싶어 하지 않습니다."라고 이어서 말했다.

이후 Whilmer Henderson은 "나는 학생들의 배경 지식을 평가하고, 무엇을 가르칠 것인지를 그들의 배경 지식과 연관시킴으로써 학생의 관심을 집중시킵니다. 학생은 그들이 이해될 때 성취하기 때문에 교사는 학생들의 배경 지식과 관련된 자료를 가르쳐야 합니다. 학생들로부터 몰입을 얻어내려면 그들과 관계를 쌓아야 하고, 학생들과 우리가 서로 관계를 맺어야 합니다"라고 말했다.

"모두들 훌륭한 아이디어입니다"라고 Watson이 대답했다. Harris는 "이제 이것들을 실천 계획으로 통합해야 합니다."라고 하면서 일종의 소위원회를 구성할 것을 제안했다. Watson의 동의를 얻어, (1) 교육과정 구성 (2) 효과적인 교수 (3) 학습 (4) 장학 및 교직원 연수 (5) 평가 등 5개 소위원회가 구성됐다. 각 위원들은 위원회 중 한 곳에서 자원봉사를 하고, 그 주제에 관한 최근의 연구를 수집하여 다음 회의에서 보고서를 제출하기로 했다.

## 세 번째 부서 회의

2주 후 세 번째 부서 회의가 소집됐다. 회의 주제는 수일 전에 사전 배포가 되었으며, '학교 개선의 틀'을 마련하는 것이 핵심 의제였다. Watson은 회의실에 입장했을 때, 흥분을 느낄 수 있었다. 팀의 모든 구성원이 참석했고, 소위원회 의장들은 보고서 배부를 준비하고 있었다. 교사들은 서로 대화를 나누고 있었는데, Watson은 그들이

'ELA를 가르치기 위한 새로운 틀'에 대해 의문을 가지며 그 가능성에 대해 토론하고 있다는 것을 알 수 있었다. Watson은 개회하기 전에 방 안을 돌아다니며 구성원들에게 공손하게 학교와 개인의 다양한 활동에 관해 이야기했다. 모두에게 인사를 마친 후, 그녀는 회의를 시작했다.

Watson은 첫 발언에서 지난 2주 동안 모든 구성원이 회의에 참여하며 ELA 분야에서 전문성과 경험을 공유하며 협력했다는 점을 강조하였다. 그리고 이에 대해 모든 사람에게 감사의 인사를 전했다. 이후 Watson은 여러 위원회로부터의 보고를 요청했다.

## 학교 개선을 위한 틀 개발하기

소위원회 의장들은 그들의 보고서에 열정을 가득 담아서 전달했다. 각각의 보고서에는 ELA, 교수진, 학생, 학교가 위치한 지역사회에 대한 정보와 권고사항 등이 포함되어 있었다. 다음과 같은 권고안이 받아들여져 'ELA 분야 발전을 위한 틀'이 완성되었다.

- **교육과정 구성 위원회** : 교사는 교육 목적과 목표가 학생들이 목표를 달성하도록 돕기 위해 교사가 무엇을 하고 그 목표를 달성하는 데 대해 좋은 감정을 느끼는지, 교사가 학생이 학습한 정보의 가치를 지각하는 것을 돕기 위해 무엇을 할 것인지에 대한 설명과 일치하도록 만들 것이다. 하지만 그러한 과정에서 학생을 이해하고 참여시키기 위해 가르치는 것이 핵심이 되어야 할 것이다.
- **효과적인 교수법 위원회** : 교사는 지식의 이해와 생산적 적용을 위해 가르쳐야 하며 학생이 자신의 언어로 설명할 수 있도록 개념을 가르쳐야 한다. 또한, 통합 및 소규모 단체 활동을 활용하며 목적을 갖고 가르쳐야 한다.
- **학습위원회** : 학생에게 제공되는 정보는 그들의 배경 지식과 관련되어 있어야 하며, 그것은 생산적이어야 한다. 학생들은 서로 사교적으로 상호작용하면서 학습에 참여할 수 있도록 허용해야 한다. 교사는 학생이 교수·학습 과정에 접근하는 방법에 대한 깊은 이해를 얻을 수 있도록 적합한 관계를 맺어야 한다.
- **장학 및 교원연수 위원회** : 장학은 개별적인 활동이 아니라 집단 지향적인 활동이 되어야 하며, 교사들은 장학과 전문성 개발을 위해 협업해야 한다. 이를 위해

교육적 신념과 가정의 변화에 초점을 맞춰야 한다.

- **평가위원회** : 학생 개개인의 학업성취도 점수를 검토하고, 학생의 흥미와 요구에 따라 학생마다 다른 전략을 활용한다. 학생들에게 자신의 학업과 학습 내용을 기록하게 한다.

Watson은 모든 보고를 경청한 후에, 자신이 앞장서서 Johnson 교장에게 권고안을 제시하고 필요한 승인을 얻고 필요한 재원을 확보하겠다고 팀원들에게 약속했다. 하지만 Watson은 우리 모두가 함께 해야 한다는 것을 팀이 이해해 줬으면 좋겠다고 거듭 말했다. "이런 계획은 아마도 학교 전체에 활용될 수 있을 것이다"라는 Watson의 발언과 함께 회의는 종료됐다.

## 성찰적 질문과 시나리오 분석

1. 자신의 비전을 ELA 부서에 제시한 Watson의 접근방식을 어떻게 평가하겠습니까?
2. 본 장의 이론 중 어떤 부분이 ELA 부서가 계획의 기본 틀을 설계하는 데 활용되었습니까? 답변을 정당화하기 위해 시나리오의 구절과 본 장의 내용 및 자료를 비교해보세요.
3. 새롭게 개발된 틀을 검토하면서, 당신은 학습공동체로서 교실에 대해 어떻게 생각합니까? 시나리오의 구절을 활용하여 응답해 보세요.
4. 새로운 틀의 개발에 따라 문화연계 교수법과 참 학습이 구현될 가능성에 대해 평가해 보세요. 시나리오의 구절을 활용하여 응답해 보세요.
5. 교직원의 변화에 대한 거부감, 그리고 학교 전체에서 긍정적인 대인관계 형성의 필요성에 대한 여러분의 지식에 근거할 때, 학교 내의 다른 부서 교사들이 Watson의 계획에 대해 어떤 반응을 보일 것으로 예상합니까? 이 계획이 학교 조직에 긍정적 또는 부정적으로 어떻게 영향을 줄 수 있습니까?
6. Watson이 믿고 있는 신념을 2~3가지 발견해보세요. Watson은 아마도 교수-학습에 대해 몇 가지 신념을 가지고 있을 것입니다.

# 수업 리더십, 장학 그리고 교사개발

    교장이 학교에서의 교수·학습에 직접적으로 관여하는 수업 지도자이어야 한다는 점에 대해서는 강한 공감대가 형성되고 있다. 많은 사람들이 관리의 역할과 다른 역할들을 가정하지만, 장학에 대한 전반적인 책임은 교장에게 있다. 결과적으로 교장은 교사의 학습을 강조하고, 그리고 그 결과로 가능하게 되는 집단지성을 향상시킴으로써 다른 무엇보다도 교사들의 역량을 키우는 것이 중요하다. 교장은 학교가 더 현명해질 수 있도록 도와야 할 책임이 있다. 더 현명한 학교는 학생의 학습을 증진시키는 학교를 의미한다.

    교장론에 관한 많은 교육과정과 책들은 '교사 장학'과 '교사 학습'의 세부사항을 '수업 리더십'의 주제와 분리하여 제시하고 있다. 그것들은 '개념으로서 수업 리더십'의 중요성에 초점을 두고 이를 정의하고 있지만, 세부적인 내용은 전문적인 교육과정과 책에 위임했다. 수업 리더십에 대한 전문적인 교육과정과 책들은 유용할 것이다. 그러나 이러한 접근은 '개념으로서 수업 리더십'과 '장학' 및 '교사 학습 전략' 등을 이어줄 수 있는 가교(bridge) 역할을 누락하고 있다. 이러한 가교는 '수업 리더십'이 교장의 일에 깊숙이 내재되어 있어야 하며, 학교 리더십, 교수·학습이 서로 쉽게 분리될 수 없음을 가정한다. 뿐만 아니라, 이러한 가교는 장학의 이유와 방법에 관한 책과 교육과정의 목적, 이론, 실제에 대한 기반을 구성하며, 실제적 과제와 표준화된 평가 모두에서 학생 성취의 향상을 이끄는 역할을 한다. 12장과 13장에서 이러한 가교를 살펴보게 될 것이다.

지난 10년 동안 Wallace 재단은 학교 리더십과 학생 성취에 관한 수많은 연구결과를 보고했다. 그들의 연구에서 리더십의 복잡성과 학생 성취와의 연관성이 밝혀졌다. 그것들은 학교 리더십과 교수－학습이 쉽게 분리될 수 없다는 증거를 제공하고 있다. 교장과 교사는 학교 개선을 촉진하는 인력, 자료 및 과정을 관리하는 데 능숙한 수업 지도자가 되어야 한다.

수업 리더십을 제공하는 데 있어 교장이 높은 기준을 바탕으로, 모든 학생의 학업적 성공을 위한 비전을 수립하는 것이 중요하다. 비전이 수립된 후, 이는 협동 정신과 유익한 상호작용을 촉진할 수 있는 안전하고 우호적인 환경에서 실행되어야 한다 (Wallace Foundation, 2013). 수업 지도자로서의 역할을 수행하는 학습의 우두머리 관리자로서 교장의 행동은 수업을 개선하는 것이 가장 중요한 관심사이고, 교사들로 하여금 최선을 다해 가르칠 수 있도록 하는 것이 최우선 과제임을 증명할 수 있어야 한다.

교사의 학습은 또한 학교 개선의 핵심 요소이다. David and Shields(1999)는 예를 들어 다음과 같은 점들이 개선에 중요한 요소라는 것을 발견했다: (1) 교사의 학습 및 양질의 수업에 대한 교육구의 강하고 지속적인 관심, (2) 교사의 일상적인 직무의 일부분으로 여겨지는 교직원 개발의 개념, 그리고 (3) 새로운 교수법을 동료, 현장 교직원 개발자(on－site staff developers) 및 그들의 교장으로부터 학습함으로써 그리고 새로운 내용과 지식을 배우는 것을 강조하는 교사 학습 전략. David and Shields는 체계적인 표준 기반(Standards－Based) 개혁에 참여한 7개 도시의 교육구를 연구했다. 개혁은 달성하기 어려웠지만, 개선이 이루어진 곳에서는 위에 열거한 학습 원칙이 중요했다.

Louis and Marks(1998)는 학업적으로 성공한 24개의 도시 학교를 대상으로 한 연구에서 가장 성공적인 학교는 교사들이 강한 공동체 의식과 사명감을 공유하고 있음을 발견했다. 교사들은 함께 계획하고 이야기하고, 서로의 교수 활동을 관찰하며, 자신의 실행을 함께 성찰하는 시간을 가졌다. 다른 말로 하면, 그들은 강력한 전문적 공동체를 지니고 있었고, 이러한 공동체들은 더 높은 수준의 학생 성취와 관련이 있었다 (Viadero, 1999, p. 27). Peterson, McCarthey, Elmore(1996)는 세 학교에서 교사의 실천을 면밀히 조사한 후에 교사의 학습이 교사가 교실에서 직면하는 특정 문제와 관련하여 주로 발생한다고 제안했다. 개인의 실천을 변화시키는 것은 조직이 아니라 '학습 문제'이며, 학교의 '구조'가 교사에게 배움의 기회를 제공할 수 있지만, 그 자체로는 학습이 이루어지게 하지는 않는다. 그리고 학교 구조의 변화는 좋은 실천으로부터 온다. 구조는 중요하지만 교수법의 변화를 선도하는 데 도움을 주지는 않는다. 대신에 교수 활동에 있어서 무엇이 중요한지, 그리고 어떤 종류의 실천이 먼저 이루어져야 하는지를 결정해야 하며, 새로운 구조로의 교육과정 재구성을 허용해야 한다. 이러한 대안은 교사들의 학습을 촉진한다. 교사 학습은, 현재의 정책이 가정하고 있는 것처럼, 학교 개혁을 위한 발판인 것으로 보인다.

교장들은 어떻게 교사들이 그들 자신과 일에 대해 더 많이 배우도록 도울 수 있을까? 교장은 어떻게 교사들이 그들의 교수법을 개선할 수 있도록 도울 수 있을까? 이러한 질문에 대한 대답은 좋은 교수 활동에 대한 교장의 관점, 학습 환경이 어떻게 개발되어야 하는지, 어떤 교육과정 결정이 이치에 맞는지, 효과적인 학습을 위해 학교들이 어떻게 구성되어야 하는지, 그리고 학교가 지역사회를 학습하고 조사하는지 정도에 달려있으며, 학생뿐만 아니라, 교사들을 비롯한 다른 구성원들에게도 마찬가지이다. 만약 교장의 관점이 제11장에서 논의된 능동적인 교수법에 관한 연구와 일치한다면, 1가지 답이 가장 타당하다. 그러나 교장의 관점이 교수 활동에 대한 새로운 인지 연구를 포함하고 이 연구를 중심에 둔다면, 다른 일련의 결정들도 이치에 맞을 것이다. 교장이 교사들로 하여금 어떻게 가르치길 원하는지와 교장이 어떻게 교사들이 그런 방식으로 가르칠 수 있도록 도울 수 있는지는 서로 관련이 있다.

예를 들어, 인지심리학에 기반을 둔 교수·학습의 몇 가지 원칙을 검토해보자.

· 학습은 개인적으로 구성한 의미를 이해하는 과정이다.
· 의미는 기존의 이해와 비교하고 아이디어, 개념 및 정보 블록 간의 연결을 발전시킴으로써 구성된다.
· 의미는 참조된 규범이며 사회적인 맥락에서 구성되며 다른 사람들의 견해에 영향을 받는다.
· 학생의 선행 지식은 새로운 학습에 중요한 가교(bridge) 역할을 한다.
· 학습 동기는 부분적으로 개인 목표 및 열망과 관련이 있으며, 개인의 타인과의 연결과 그에 따른 집단 규범에 의해 영향을 받는다.

- 학습자가 동일한 것을 배우는 데 필요한 시간과 학습에 필요한 인지 과정에는 차이가 있다.
- 학습자는 학습에 필요한 적성과 지능의 종류가 다르며, 강점이 부각될 때 학습하기 쉬운 경향이 있다.
- 지식과 기술은 그것들이 실제 사용될 상황과 유사한 상황에서 가장 잘 학습된다.
- 학습은 생성적인 지식의 숙달을 강조함으로써 촉진되며, 이는 학습자가 스스로 새로운 지식을 습득하도록 도와준다.
- 능동적인 교수법이 중요한 지원 역할을 한다.

교수−학습의 이러한 이미지에서, 학습자들은 지식의 소비자가 아니라 '생성자'이며, 그들이 학습에 가져오는 개인적인 의미는 '무엇을 배우고 어떻게 잘 배울 것인가'를 결정하는 중요한 요소이다. 교사들이 이러한 정보에 따라 그들의 교수 활동을 개선하도록 돕는 것은 교사개발에 대한 우리의 이해의 변화를 필요로 한다. 교수 활동에 대한 이러한 관점은 활용(consumption), 암기 및 반복을 과도하게 강조한다고 해서 달성될 수 있는 것이 아니다. 혼자서 하는 연수도 목적을 달성하지 못할 것이다. 대신, 교장들은 전문성 개발 및 **갱신**(renewal)[1] 향상 전략을 강조할 필요가 있을 것이다. 연수, 전문성 개발 및 갱신(renewal) 전략은 <표 12.1>에 서로 대조적으로 설명되고 있다.

상황에 따른 *강조(emphasize)*가 핵심이다. 3가지 전략 모두 중요한 역할을 담당하지만 3가지 전략이 모두 동일하지는 않다. 우리가 이해, 사고력의 발달, 그리고 생성적 지식의 숙달을 가르치는 것을 중요하게 생각한다면 연수 모형에 관한 관심을 줄이고 전문성 개발 및 갱신(renewal) 모형에 더 많은 관심을 기울일 필요가 있다.

---

1) renewal이라는 용어는 재생, 부활, 갱신 등 다양한 단어로 해석되고 있으며, 혹은 이러한 단어들이 여의치 않아 그냥 리뉴얼로 번역하기도 한다. 본서에서는 renewal을 "관리자 및 교사가 개인적으로 혹은 집단적으로 그들뿐만 아니라, 다른 이들의 실천과 그들 학교에서 공유하는 교수 활동과 지도력의 실천을 성찰함에 따라, 반복적으로 수행하고, 수정하며, 새롭게 만들고, 복원하며, 재구축 및 재평가하는 것"(본서의 용어사전 참조)으로 정의하고 있기 때문에 재생이나 부활의 의미보다는 변화의 종합적이고 복합적인 의미를 담고 있는 용어인 '갱신'이라는 말로 번역함.

| | 연수 | 전문성 개발 | 갱신(Renewal) |
|---|---|---|---|
| 가정 | · 지식은 교사보다 우위에 있다.<br>· 지식은 도구적이다. 그것은 교사에게 무엇을 말해야 하는지 말해준다.<br>· 가르치는 일은 직업이고, 교사는 기술자이다.<br>· 기술을 숙달하는 것은 중요하다. | · 교사는 지식보다 우위에 있다.<br>· 그러므로 지식은 개념적이다. 이것은 교사의 의사결정에 도움을 준다.<br>· 가르치는 일은 전문직이며, 교사는 전문가이다.<br>· 전문성을 개발하는 것은 중요하다. | · 지식은 교사에게 있다.<br>· 그러므로 지식은 개인적인 것이다. 이것은 교사 그들 자신과 다른 교사를 연결해준다.<br>· 가르치는 일은 소명이며, 교사는 고용인이다.<br>· 개인적이고 전문적인 자아의 개발은 중요하다. |
| 역할 | · 교사는 지식의 소비자이다.<br>· 교장은 전문가이다. | · 교사는 지식의 생성자이다.<br>· 교장은 동료이다. | · 교사는 지식을 내면화한 사람이다.<br>· 교장은 친구이다. |
| 실천 | · 기술적 역량을 강조한다.<br>· 훈련과 연습을 통해, 연수를 계획하고 제공함으로써 개별 교사의 역량을 구축한다. | · 진단적 역량을 강조한다.<br>· 문제해결과 연구를 통해, 연구, 문제해결, 그리고 실행연구를 강조함으로써 전문적 공동체를 구축한다. | · 개인적, 비판적 역량을 강조한다.<br>· 성찰과 재평가를 통해, 그리고 성찰, 대화, 담론을 장려함으로써 돌봄의 공동체를 구축한다. |

# 연수 모형

교사개발을 위한 연수 모형은 중요한 역할을 한다. 그것들은 교사와 교장에게 잘 알려져 있는 전통적인 현직 프로그램과 유사하다. 그것들은 문제가 어떤 종류의 '지식 부족'으로 정의될 수 있는 경우에 가장 적합하다. 예를 들어, 교사들이 어떤 것에 관해 알지 못하거나 일부 영역에서 그들의 기술을 향상시킬 필요가 있는 경우에 적합하다. 외부 또는 내부 전문가에 의해 운영된다. 연수는 명확한 목표와 관련이 있으며, 잘 수행된 기존의 교수 활동에 의존한다. 예를 들어, 교사가 학생들의 흥미를 이끌어낼 수 있는 다양한 방법, 학생 포트폴리오를 평가하는 방법, 세계사를 가르치는 데 사용할 시뮬레이션 활용을 위한 새로운 기법, 학생의 학습 정도를 관찰하는 방법에 대한 팁, 또는 학생들이 계속 과업을 수행하도록 돕는 기본적인 교수기술을 안내 받게 될 것이다. 일반적으로 교사는 수동적인 역할을 맡는다. 가장 많이 사용되는 기법은 '구두 발표', '삽화 발표', '시연' 및 '모범 사례 관찰'이다. 효과적인 연수 프로그램은 교사들에게 그들이 배운 것을 실행할 기회를 제공하는 것이다. 이상적인 것은 그들은 교실에서 배운 것을 실제로 사용하는 것과 같은 코칭을 받는 것이다.

## 전문성 개발 모형

비록 연수가 그 자리를 차지하고 있지만, 대부분의 관찰자들은 더 이상 연수가 교사개발을 위한 기본 모형이 되어서는 안 된다고 생각한다. 해야 할 일과 하지 말아야 할 일의 목록, 표준 기술 레퍼토리(repertory)를 구현하는 것은 교사들이 교수활동에 대해 이해하고, 학생의 사고를 발전시키고, 생성적인 지식을 촉진하는 데 도움이 되는 방법이 아니다. 대신에 교사는 그들의 실행을 창안하면서 스스로 생각하는 방법을 배워야 한다.

교수법과 교수법에 대한 지식기반 간의 관계는 전문성 발달에서 연수와는 다르게 이해된다. 전문성 개발은 교사가 교수법 연구를 우선시한다는 것을 전제로 한다. 연구 결과를 적용하도록 훈련받은 기술자와 달리, 전문가들은 '연구'를 그들이 내린 결정을 알리는 지식으로 본다. 전문가들은 그들이 사용하는 실천방식을 창조한다.

전문성 개발 접근법은 교사들에게 교수-학습 자료, 미디어, 책, 그리고 장비들로 채워진 풍부한 환경을 제공하는 것을 강조한다. 격려와 지원으로 교사는 탐구와 발견을 통해 이러한 환경과 상호작용한다. Thelan(1971)은 가장 유용한 교사개발 프로그램은 "개인 참여의 강도, 교실에서의 실천에 대한 즉각적인 결과, 의미 있는 동료에 의한 자극과 자아 지원, 그리고 외부보다는 교사에 의한 시작"을 특징으로 한다고 제안하였다. Judith Warren Little(1993)은 이러한 제안을 뒷받침하고 학교에서의 전문성 개발에 정보를 제공한다고 생각하는 6가지 원칙을 추가한다. 그녀는 학교 지도자들에게 전문성 발달을 다룰 때, (1) 교실에서의 실천을 보다 큰 학교에서의 실천 그리고 학생의 교육적 경험에 두어야 하며, (2) 관료주의적 제한을 줄이고 개인 이익과 기관 이익의 균형을 유지하는 것을 고려해야 하며, (3) 대안의 평가를 특히 중요하게 여겨야 하며, (4) 교사뿐만 아니라 학생들도 연구의 기법과 관점을 채택할 수 있도록 준비하고, (5) 정보에 근거한 이의제기를 지지하며, (6) 포커스 그룹, 교사 협력 및 장기적인 파트너십을 개발해야 한다고 제안한다.

Little은 교사에게 얕고 파편화된 내용을 제공하고, 교사들에게 수동적인 역할을 하게 하는 교육 모형의 대안으로 원칙들을 제시한다. 이 원칙들은 흔히 제기되는 연수에 두루 적용될 수 있는 내용에 관한 것이다. 또한, 그녀는 이 원칙들이 기술적인 활동으로 좁게 정의된 교수 활동에 대한 관점에 도전한다고 주장한다. Little은 오늘날의 학교에서 교사들이 그들이 참여하는 전문성 개발 활동에 더 많은 영향력을 행사할 필요가 있다고 본다. 그녀는 교사개발에 대한 강조가 교육구가 보조하는 공식 프로그램에서 융통성 있으며 교사의 참여를 유도하는 프로그램으로 옮겨가야 한다고 주장한다. 전문성 개발 모형에서 교사의 능력, 필요 및 관심사가 무엇보다 중요하다. 그들은 자료 및 정보에 대한 의견을 제시하며, 문제를 해결하고 분석하는 등 적극적으로 참여한다. 여기서 교장은 동료로 참여한다. 교장과 교사는 함께 교수학습의 개선을 주제로 공통된 목적을 개발하기 위해 노력한다. 교장과 교사는 함께 배우고 연구하는 공동체를 구축하기 위해 노력한다. 2010년 Little의 원칙을 바탕으로 전국교직원개발협의회(National Staff Development Council)는 전문성 발달에 새로운 국면을 맞이하였다.

# 전문성 개발의 새로운 면

전통적인 전문성 개발의 기회는 수많은 교사들이 학교 개선의 계속되는 주기에 대한 지속적인 지원이나 실천 없이, 그리고 상호작용이 거의 혹은 전혀 없는 채로 앉아서 정보를 얻는 것으로 비춰지는 경향이 있었다.

대부분의 전문성 개발 기회는 자료 또는 학생 결과에 초점을 두지 않고 사일로(silos)[2]에 제시되었다. 그러나 전문성 개발은 변화하고 있다. 2010년 국가인력개발협의회(NSDC)는 "전문적 학습"에 전문성 개발의 새로운 초점을 부여하였으며, "Learning Forward"로 이름을 바꾸었다. 새로운 초점은 그 조직의 세계적인 영향력을 반영한다.

---

2) silos는 큰 탑 모양의 곡식 저장고, 핵무기 등 위험 물질의 지하 저장고, 그리고 가축 사료 지하 저장고를 의미한다. 여기서는 '감춰진', '베일에 싸인' 등의 의미로 사용되는 것으로 보인다.

전 세계적으로 7,000명 이상의 회원을 보유한 NSDC는 현재 매우 우호적인 회원 협회이다(Learning Forward, 2011).

Learning Forward는 교육자들이 모든 학생들을 위해 교수자의 효율성과 결과를 향상시키는 전문적인 학습 유형을 수용하도록 제의하는 것이다. *전문적 학습 표준(Standards for Professional Learning)*으로 언급되는 새로운 표준은 이 분야의 현재 연구와 관행을 반영한다. "*전문적 학습 표준(The Standards for Professional Learning)*은 전문적인 학습에 대한 자금 지원, 규제, 관리, 계획, 조직, 실행 및 평가에 책임이 있는 모든 사람들의 결정과 실천을 안내하는 내용들을 제시한다"(Learning Forward, 2011:14). 이 새로운 관점은 모든 작업환경을 아우르는 세계적인 운동으로, 학생들의 학업성취도 및 대학 진학률을 높이기 위한 목적으로 학교 지도자 및 정책 입안자 간의 풍부하고 전문적인 대화를 유도하고, 교사들의 강력한 협업을 이끌어내고, 이러한 정보를 다원화하기 위한 의도로 외부 커뮤니티와의 파트너십까지 확장한다. 교육자의 효율성을 높이기 위해 고안된 새로운 NSDC 표준은 (1) 전문적인 학습 **공동체**를 개발하고, (2) 지원 체제를 개발하고 옹호하며 역량을 발전시킬 수 있는 능력이 있는 지도자들을 창출하고, (3) 교육자 학습을 위해 자원의 우선순위를 결정하고, 모니터링 및 조정하며, (4) 인간 학습의 이론, 연구 및 모형을 통합하고, (5) 변화에 관한 연구를 적용하고 장기간의 변화 도출을 위한 지원을 지속하며, (6) 결과를 교육자의 수행 및 학생 교육과정 표준에 맞추어 조정해 나아가야 한다고 주장한다(Learning Forward, 2011). 새로운 표준의 전체적인 목록은 Learning Forward 웹 사이트에서 다운로드 받을 수 있다.

# 갱신 모형

연수 및 전문성 개발 모형은 모두 교사들의 실천을 개선하도록 돕고자 하는 목적을 공유한다. Bolin and Falk(1987)은 개선(improvement)이 정당한 목표이기는 하지만, 교사들이 개인적으로나 전문적으로 성장할 수 있는 잠재력을 충분히 활용할 만큼 강력하지는 못하다고 지적한다. 예를 들어, Bolin(1987)은 다음과 같이 기술한다.

우리가 교사들을 어떻게 개선할 것인가에 대한 질문은 제쳐두고 대신 우리가 교사를 격려하기 위해 무엇을 할 수 있을까?... 교사를 격려하는 방법을 묻는 것은 개선의 일을 교사의 손에 맡기는 것이다. 그것은 교사가 성장하고, 스스로 정의하며, 관계없는 일이 아닌 삶의 중요한 부분으로 교직에 종사하기를 희망한다는 것을 전제로 한다. 이것은 교직을 헌신이나 소명으로 보는 것으로 이어진다... 그것은 전문성이라는 용어에 충분히 포함되지 못한다. (p. 11)

Bolin은 강조점이 교사들을 '향상'시키는 것에서 '격려'하는 것으로 이동하면서, 연수와 전문성 개발이 모두 새롭게 갱신(renewal)될 것이라고 믿는다. 그녀의 견해로, 갱신(renewal)이란 전문적인 문제라기보다는 천직으로서의 교직에 의한 것이다. **갱신(renewal)**은 다시 하고, 새로 만들고, 복구하고, 재정립하고 재평가하는 것을 의미하며, 뿐만 아니라, 교사로서 개인적으로 집단적으로 그들 자신뿐만 아니라 그들이 학교에서 공유하는 교수법을 성찰하는 것을 의미한다.

연수에서 중요한 것은 수업을 계획하고 전달함으로써 각 개인의 교수 기술을 구축하는 데 있다. 전문성 개발에서 강조점은 교사들이 탐구자, 문제 해결사, 자신의 실천에 관한 연구자가 될 수 있도록 전문적인 공동체를 구축하는 데 있다. 갱신(renewal)에서는 교사들이 대화와 담론에 참여하고 '성찰'하도록 격려함으로써 '돌봄의 공동체'를 구축하는 데 중점을 둔다.

## RTTT(Race To The Top) 법안

교사개발과 학교의 효과성을 연결하는 또 다른 원천에는 Race To The Top(RTTT) 법안이 있다. 이 프로그램은 2009년 7월에 발표되었다. 44억 달러에 달하는 오바마 행정부의 예산에 따라, 주 정부들은 교사평가를 학생들의 성적과 연계시키는 데 사용할 계획을 주요 내용으로 하는 신청서를 제출하도록 했다. Columbia 지역구와 더불어 11개 주는 RTTT 보조금을 받았다. 보조금을 받은 11개 주는 Tennessee, Delaware, New York, Hawaii, Florida, Rhode Island, Maryland, Georgia, North Carolina, Massachusetts, 그리고 Ohio였다. 이러한 주들은 교사의 평가에서 학생의 '성적'을 중요한 요소로 사용할 것을 제안하였고, 교사평가를 고용, 해고, 종신 재직, 그리고 무엇보다도 보상에 관한 결정에 사용할 것을 제안했다(Buckley, 2011).

Race to the Top법의 제정으로 학생들의 성취는 교사평가 모형의 중요한 구성요소가 되었다(Buckley, 2011). 이 구성요소는 시험을 거친 성적과 과목 및 시험을 보지 않은 성적과 과목을 별도로 설계하였다. 시험을 거친 성적과 과목의 교사평가에서 주 평가 시험 및 학생 학습에 대한 다른 척도들이 고려되었을 뿐만 아니라 교실 전반에 걸친 엄격함과 호환성을 입증하는 다른 항목들도 고려되고 있다. 시험을 거치지 않은 성적과 과목의 경우, 다른 대안적인 수단들이 사용된다. 이러한 대안적인 수단들은 사전시험(pretest) 및 과정 종료 후의 시험에서의 학생 점수, 영어 능력 평가에 대한 학생의 성취도, 그리고 교실 전반에 걸쳐 엄격함과 호환성을 입증하는 학생들의 기타 성취기준들로 구성될 수 있다(Buckley, 2011). 13장에서 몇 가지 새로운 모형이 논의될 것이다.

## 교사개발과 교사 역량의 유형

Zimpher and Howey(1987)는 연수, 전문성 개발, 갱신(renewal)의 각 접근법을 가장 적합하게 분류하는데 도움이 되는 4가지 주요 유형의 교수 역량(teaching com-petence)에 대해 설명한다. 4가지 유형의 역량은 기술적(technical), 임상적(clinical), 개인적(personal), 비판적(critical) 역량이다. 기술적 역량으로 표현되는 교수 활동은 아마도 4가지 중 가장 널리 알려졌을 것이다. 이것은 여전히 교사교육 프로그램과 교육구 및 주에서 요구하는 교사평가 도구에서 가장 많은 관심을 받는 분야로 남아있다. 기술적 역량에 중점을 둔 예로는 표준으로 간주되는 교수 행동 목록에 초점을 두고 있다. 이러한 목록들은 역량 수준을 나타내는 루브릭을 사용하여 평가된다. 기술적 역량은 성공적인 교수학습에 중요하지만, 일단 기술적 역량이 확보되면, 교사들은 임상적(clinical), 개인적(personal) 및 비판적(critical) 역량 개발에 주된 주의를 기울여야 한다.

임상적 역량을 다룰 때, 교사들이 문제점과 이슈를 구조화하고, 해결책을 파악할 수 있는 더 나은 문제 해결자가 되도록 돕는 데 중점을 둔다. 이 경우 교사 발달의 목적은 탐구를 강화하고, 성찰을 장려하며, 문제해결 능력을 키우고, 교사들이 자신들의 실천에 대한 정보에 입각한 결정을 내리도록 도움을 주는 데 있다.

개인적 역량에 중점을 둘 때, 그 의도는 교사들이 그들에게 의미와 중요성을 제공하는 방식으로 그들 자신의 교수 활동을 이해하고 해석하도록 돕는 데 있다. 교사의 인식을 높이고 교수법을 더 완전하게 이해하게 함으로써 개인 역량이 향상된다.

비판적 역량은 가치의 문제와 교수법에 내재된 숨겨진 의미와 관련이 있다. 비판적 역량에서 교사는 효과적인 행위와 좋은 행위를 구별하고, 윤리적인 입장을 취하며, 가치와 목적에 관심을 가짐으로써 개발된다. 연수는 교사의 기술적 역량을 향상시키는 데 도움이 될 수 있지만, 다른 3가지 유형을 향상시킬 정도로 충분히 강력하지는 않다.

임상적 역량은 전문성 개발 모형에 의해 가장 잘 다루어지는 것으로 보인다. 전문성 개발은 또한 개인적 역량과 비판적 역량 강화에 가장 적합한 갱신(renewal) 모형을 구축하는 데 도움이 될 수 있다.

비록 연수가 교사의 기술적 역량을 향상시키는 데 도움이 될 수 있지만, 다른 3가지 유형의 역량을 향상시킬 정도로 강력하지는 않다. 임상적 역량은 전문성 개발 모형에 의해 가상 살 다루어지는 것 같다. 전문성 개발은 또한 개인 및 비판적 역량 강화에 가장 적합한 갱신(renewal) 모형을 통해 개인 역량을 구축하는 데 도움이 될 수 있다.

# 전문적 지식의 성격

Wilson and Peterson(1997)은 교사들을 '학생'과 '교과'에 대해 생각하고 이 둘 사이에 가교(bridge)를 놓는 지식인이라고 본다. 즉,

> 훌륭한 교사는 많은 질문들을 고려하면서, 학생들이 배우고 싶은 것을 열심히 생각해야 한다. 교사는 다음과 같은 질문을 고려해야 한다. 이 과목이 학생들에게 흥미로운 점은 무엇인가? 어떤 아이디어와 개념이 특히 어려운가? 왜? 학생들이 이러한 생각들을 해결하도록 돕기 위해 내가 사용할 수 있는 다른 방법은 무엇인가? 우리 학생들에게 도움이 될 만한 것을 이미 알고 있는 것은 무엇인가? 방해가 될 수 있다고 여겨지는 것에는 무엇이 있는가? 그들은 그것을 어떻게 얻을 수 있다고 믿는가? 내가 가지고 있는 자원 중 접근할 수 있는 것은 무엇인가? 학생들은 어떻게 그들의 이해를 형성하는가? 의미 구축 과정을 돕기 위해 내가 어떤 교육적 조치를 취할 수 있는가? (pp. 8-9)

더 나아가 Wilson and Peterson은 교사들이 학생들의 생각을 조사하고 이해를 도모하기 위해 가르치는 방법을 찾아냄으로써 그들의 실천을 연구하는 청취자이자 탐구자라는 점을 지적한다.

전문적 지식을 신중한 행위(deliberative action)의 관점에서 보는 교장은 여전히 또 다른 입장을 취한다. 그들은 교사들이 높은 수준의 지적 숙련을 모델링한 교사처럼 생각하는 법을 배우는 것을 강조한다. 신중한 행위(deliberative action)는 교수법(teaching practice)이 다른 자원, 학생, 요구, 시간 제약 및 교육과정의 틀(framework)과 관련된 맥락에서 이루어지고 있음을 인식한다. 실제 신중한 교사들은 다른 목적을 이러한 맥락에 가져오고, 목적과 맥락 사이의 상호작용은 그들이 하는 것을 형성한다. 교사들은 다른 상황을 분석하고 실천이 이루어짐에 따라 상황이 어떻게 변하는지 모니터링한다. 그들은 사고와 행위를 결합하는 전략을 세운다. 한 가지 아이디어는 패턴이 나타나기 시작할 때 또 하나의 아이디어로 이어진다(Mintzberg, 1987, p. 68). 교사들은 일반적인 원칙에 대한 지식과 그들의 경험을 좋은 결정을 내리는데 사용할 수 있다. 이러한 분석은 개인의 독특한 교수적 실천의 맥락에서 이루어지기 때문에, 상용 지식(knowledge in use)의 생성과 유사하다(Schon, 1983). 전문가는 실천(practice)의 특이 사항에 관여할 때, 자연스럽게 직관력을 형성하고 사전에 예상할 수 없었던 새로운 경로를 발견하면서 상용지식을 생성한다.

다시 말해 교수 활동에서의 전문적인 지식은 교사들이 맥락과 무관한 기술 목록으로 표현된 일련의 일반화 및 규칙성을 숙달하고 적용하는 것 이상의 것을 요구한다. 따라서 전문적인 지식은 모든 학생들에게 어떤 경우에도 어디서든 적용될 수 있는 것으로 여겨진다(Sergiovanni, 2000).


## 장학에 대한 성찰

교사개발과 장학은 함께 이루어진다. 교장은 교사들이 그들의 실천을 개선하고, 그들의 교수·학습에 대한 그들의 의무를 다하도록 책임을 져야 할 의무가 있다. 이러한 책무성을 일반적으로 '*장학*'이라고 한다. 장학이 잘 이루어짐으로써 교사개발이 강화된다.

실용적이고 의미 있는 장학 프로그램을 구축하기 위한 첫 번째 단계는 교장과 교사가 장학과 평가에 대한 보다 복잡한 관점을 직시하고 고군분투해야 하며, 수용하려는 의지가 있어야 한다. 다음으로 필요한 것은 위계적이고, 지배적, 통제의 역사로부터 유발되는 장학에 대한 부정적인 고정관념을 다루는 것이다.

처음부터 장학을 위한 최선의 전략, 모형 또는 일련의 절차가 존재하지 않음을 분명히 해야 한다. 대신, 교사의 성장 수준, 성격 특성, 요구와 관심사, 전문적 헌신에 더 부합하는 차별화 된 장학 제도가 필요하다. 4장에서 설명한 것처럼 교장은 다른 사람들의 이해를 발전시켜 이러한 방향에서 주된 조치를 취해야 한다.


## 장학과 평가

장학의 초점이 교수와 학습에 있다면, 평가는 이러한 과정에서 피할 수 없는 부분이다. 선행연구들은 교사들이 평가를 경멸한다는 것을 강조하는 보고서 및 시나리오로 가득하다(예: Blumberg, 1980 참조). 그러한 태도에 대한 한 가지 이유는 평가가 목적과 방법이 모두 너무 좁게 정의되었기 때문이다. 평가는 장학의 한 부분으로 남아 있으며, 이러한 현실은 무시될 수 없다. 용어의 사용을 기피하거나, 평가가 이루어지는 것을 부정함으로써, 또는 평가가 단지 개인의 교수 행동에 대한 연간 관리 검토용으로만 국한된다고 선언함으로써, 장학의 평가적인 측면을 숨기려는 시도는 도움이 되지 않을 것이다. 그러한 주장은 교사에게 의심스럽게 여겨지고 있으며, 평가는 불가피한 것임을 합리화하기 위한 이유로 여겨지고 있다. 우리는 끊임없이 우리가 경험하는 모든 것을 평가하고 있으며, 교사들과 그들의 교수 활동에 대한 우리의 경험도 다르지 않다.

장학 내에서 그 의미를 확장하면 평가가 덜 문제시 될 수 있다. 예를 들어, 평가는 종종 교사들이 기존의 기준(standard)에 상응하는 정도를 산정하는 과정으로 좁게 정의된다. 표준은 프로그램 목표 또는 교육적 의도, 또는 '바람직한' 교수 역량 또는 수행기준일 수 있다. 평가에 대한 보다 폭넓은 개념은 특정 교실에서 어떤 일이 일어나고 있는지를 묘사하는 것, 실제로 달성된 학습 성과를 발견하는 것, 그리고 그 가치를 평가하는 것을 포함한다. 보다 넓은 개념에서, 평가의 초점은 측정보다는 교수-학습 장면(event)을 설명, 조명하는 것뿐만 아니라, 이러한 사건이 다른 사람들에게 갖는 일련의 '의미'를 확인하는 데 있다. 폭넓게 보면 평가는 측정 이상의 판단을 포함하는 것으로 여겨지고 있다. 교수-학습에 관한 판단은 고정되어 있지 않고 개인적이며 특정 맥락이나 상황에 내포되어 있다(Dewey, 1958). 판단적 평가의 관심은 특정한 교사와 학생들, 특정한 교수 상황과 사건, 실제 교수와 학습의 문제, 이해 및 교수 활동에서 나오는 의미들에 있다. 장학과 평가 과정에 이전부터 존재하는 기준에 따른 측정이라는 의미가 자리하고 있지만, 교장의 판단적 측면을 강조한다면 현재 평가에 대한 부담스러운 관점은 크게 줄어들 것이다.

'*평가(evaluation)*'라는 단어를 전문적이라기보다는 일반적인 용어로 사용하는 것은 또한 교사들 사이에서 부정적인 효과를 없애는 데 도움이 될 것이다. 일상적으로 평가는 우리가 하는 일의 대부분에서 피할 수 없다. 신발 한 켤레를 구입하든, 저녁 파티를 위한 요리법을 선택하든, 거실 가구를 재배치하든, 영화, 야구 경기 또는 예술 쇼를 즐기든 상관없이 평가는 과정의 일부분이다. 일반적인 의미에서, 평가란 한편으로는 분별하고, 이해하고, 인식하기 위한 것이며, 다른 한편으로는 가치를 매기고, 판단하고, 결정하기 위한 것이다. 이러한 자연적이고 평범한 과정들은 교수 활동을 평가하는데 있어서도 매우 동일한 것이다. 일상생활에서와 마찬가지로, 이러한 과정들은 교수 활동에 대한 이해를 높이고, 교수 활동에 관한 결정을 내릴 때 우리의 직관을 알리는 역할을 한다. 높은 민감도와 통찰력 있는 직관력은 모든 주요 전문직에서의 성취의 트레이드마크(trademark)이다. 변호사, 건축가 및 의사가 더 나은 의사결정을 내리고 수행을 개선하는 것은 그들의 민감성과 직관력을 높이기 때문이다. 교직, 장학 및 교장직에서의 전문적인 실천도 이와 유사하게 개선된다.

장학 및 교수 활동에 대한 평가는 다음 질문에 대한 답을 찾아야 한다.

- 이 교실에서 실제로 어떤 일이 일어나고 있는가?
- 교사와 학생들은 실제로 무엇을 하고 있는가?
- 실제 학습의 성과는 무엇인가?
- 우리의 전반적인 목표, 교육적 기반, 학생들이 배우는 방법에 대한 지식, 그리고 가르쳐야 할 과목의 구조에 대한 이해를 고려할 때 이 교실에서 해야 할 일은 무엇인가?
- 교사와 학생 및 다른 사람들에게 이러한 교수-학습 장면(events)과 활동은 무엇을

의미하는가?

- 교사의 의도와 관계없이 학생들이 축적하는 개인적인 의미는 무엇인가?
- 교수의 현실에 대한 교사와 교장의 해석은 어떻게 다른가?
- 교수와 학습에 대한 이해를 높이고, 우리의 실행과 신념 사이의 일관성을 높이기 위해 취해야 할 행위는 무엇인가?

이러한 질문은 단지 교사를 평가하거나 명시된 의도와 비교하여 결과를 측정하는 데에서 암시되는 것보다 장학 과정에 광범위하고 복잡한 개념을 제공한다. 실제로 장학이 제대로 작동하기 위해서는 교사들은 성공에 대한 책임을 공유해야 한다. 이것은 교사들이 장학사의 역할을 맡아야 한다는 것을 의미하며, 교수 활동의 질을 개선하고, 질 관리(quality control)[3]를 유지하기 위해 서로 협력해야 함을 의미한다. 만약 교사들이 이러한 책무성을 받아들이지 않는다면, 장학은 오늘날 너무 흔한 것과 마찬가지로, 교장이 체크리스트를 가지고 수업에 들어가서 대부분의 교사들에게 타당성이 의심스러운(거의 혹은 전혀 의미가 없는) 빠른 평가 정도로 남게 될 것이다.

또한, 교장들은 교사들과 함께 수업을 계획하고 함께 가르치며 수업시간에 일어나는 일들을 함께 이해하려고 노력하는 코치 및 최상위 교사(principal teacher)로 자신을 바라볼 책임이 있다. 돌아다니며 코치하며 장학을 수행하는 교장들은 교사들과 신뢰를 구축하고, 도우며 학습하는 데 상당한 영향을 미칠 수 있다.

## 목적

교사 장학과 평가의 다면적 특성은 과정의 주요 측면을 묘사하고 통합하기 위한 틀(framework)을 제공함으로써 설명될 수 있다. 이 틀에는 장학의 일반적인 목적 및 이러한 목적에서 비롯된 특정한 관점에서의 평가, 평가를 위한 벤치마크의 역할을 하는 핵심역량 영역 및 교수 역량을 정의하고 설명하는 데 도움이 되는 중요 지식 영역이 포함된다. 이 틀은 교장이 장학 문제를 분석하고 장학 전략을 설계하는 것을 돕기 위해 고안되었다.

---

3) 용어사전 참조할 것.

장학이란 무엇인가? 누구에게 제공되어야 하는가? 왜 평가를 하는가? 이러한 질문에 어떻게 대답하느냐가 개인이 장학과 평가 업무에 접근하는 방법을 결정하며, 교사와 교장 간에 그리고 교사들 간에 나타나는 관계에 영향을 준다. 장학과 평가에는 많은 목적이 있다. 이러한 목적들은 최소 기준을 충족하고, 교사들이 학교의 전반적인 목적 및 교육 플랫폼에 충실하도록 하는 것에서부터 시작하여 교사들이 개인 및 전문가로 성장하고 발전하도록 돕는 것까지 다양하다. 목적은 아래와 같이 크게 3가지 범주로 나눌 수 있다.

1. *질 관리.* 학교장은 학교에서의 교수-학습을 감독할 책임이 있으며, 정기적으로 교실을 방문하고 학교를 순회하며 사람들과 이야기하고 학생들과 함께 방문하는 것을 담당한다.
2. *전문성 개발.* 교장은 교사의 교수 활동 및 교실 생활에 대한 이해, 기본 교수 기술의 향상, 그리고 교수 레퍼토리 활용 및 지식의 확대를 발전시켜야 할 책임이 있다.
3. *교사 동기부여.* 교장은 가르침, 학교의 전반적인 목적, 그리고 정의된 학교의 교육 플랫폼에 대한 동기와 헌신을 구축하고 육성할 책임이 있다.

훌륭한 장학 시스템의 한 가지 특징은 이러한 여러 가지 목적을 반영한다는 것이다. 단 하나의 목적에 기초한 장학 시스템은 시간이 지남에도 성공할 수 없다. 질 관리에만 중점을 두는 시스템은 교사들에게 어려움을 초래하고, 필요한 확장된 자질의 부족을 초래한다. 마찬가지로 교사들을 지원과 도움을 제공하는 것에만 관련된 장학 시스템[4] 또한 충분히 포괄적이지 못하다. 그러므로 질 관리와 교사개발은 모든 감독 및 평가 시스템을 가동시키는 기본 목적이다. 세 번째 목적은 종종 소홀히 여기지만 장기적으로 중요한 것이 '교사 동기부여'이다. "결과에 대한 지식(knowledge of results)"이 개인의 일에 대한 동기를 높이고 자신의 직업에 대한 헌신과 충성심을 키우는 데 중요한 요소라는 증거가 있다(Hackman & Oldham, 1976; Hackman, Oldham, Johnson, & Purdy, 1975). 더 나아가, 아마도 가장 강력한 동기는 성공일 것이다. 더 성공적인 교사들은 더욱 헌신적이며, 보다 더 기꺼이 자신의 실천을 공유하려 하며,

---

4) 교사들에게 지원과 도움을 제공하는 것에만 관심을 두는 장학 시스템은 최우선의 목적과 플랫폼을 정의하는 것이 무시되는 교수의 결함과 사례들을 소홀하게 됨에 따라 충분히 포괄적인 장학 시스템을 제공하지 못하게 된다.

더 성장할 가능성이 높다.

## 다른 목적, 다른 기준

교사평가의 목적에 따라 교사평가 기준과 준거가 달라진다. 교사들의 교수학습 능력을 보장하는 '질 관리'가 목적일 때, 기준, 준거, 기대 및 절차는 하나의 형식을 취한다. 교사의 이해를 높이고 교수법을 향상시키는 데 도움이 되는 '전문성 개발'이 목적일 경우, 기준, 준거, 기대 및 절차는 다른 형태를 취한다. '질 관리'를 위한 평가에서 과정은 공식적이고 문서화되어 있다. 준거(criteria)는 명확하고, 기준(standard)은 모든 교사에게 동일하며, 준거(criteria)는 기초적인 교수 역량의 핵심으로서 법적으로 방어 가능하며, 교사들은 최소 수용 가능성의 요건을 충족하는 것에 중점을 둔다. 그리고 평가 책임은 행정가와 다른 임명된 관리들에게 있다. 반면, 교사평가의 목적이 '전문성 개발'에 있을 때, 그 과정은 비공식적이나, 준서(criteria)는 개별 교사의 필요와 능력에 맞게 조정되며, 준거(criteria)는 평가에 포함되기 전에 교사에게 적절하고 유용한 것으로 여겨진다. 교사들이 합의된 전문성 개발 목표를 달성하도록 돕는 데 중점을 둔다. 교사들은 자기평가 및 동료 평가에 참여하고 학생으로부터 평가 정보를 얻음으로써 과정에 대한 주요 책임을 진다.

질 관리를 위한 평가의 결과는 무능한 교육으로부터 학생들과 대중들을 보호하는 것이다. 이는 의심할 여지 없이 매우 중요하며 교장들과 그리고 다른 장학사들에게 매우 중요한 책임이다. 반면, 전문성 개발을 위한 평가 결과는 상당히 다르다. 교수 활동의 최소 수용 가능성을 보장하기보다는 전문성 개발은 학생들과 대중에게 양질의 교수 활동과 학교 교육을 보장한다.

80/20의 질 관리법칙(quality rule)5)은 학교가 교사평가에 참여할 때 강조의 균형이 어떻게 되어야 하는지를 설명한다. *교장의 시간과 돈의 20% 이상이 질 관리를 위*

---

5) 80/20법칙은 80%의 효과는 20%의 노력으로 얻어진다는 법칙으로 경제학자인 파레토(Pareto)가 소득과 부의 관계를 연구하다가 발견했다. 이를 개별기업에 적용하면 20%의 제품이 전체 매출이나 이익의 80% 이상을 차지하고 전체 고객 중 핵심 고객 20%가 매출의 80% 이상을 소비하는 현상을 해석할 수 있다. 이 법칙을 통해 기업은 생산·재고관리에 있어서 핵심 사업군을 정하고 중요 제품과 고객을 집중 관리해 경쟁력을 높여야 한다는 결론을 얻을 수 있는 것이다. 개인에게 80/20 법칙은 20%의 중요한 일에 노력을 집중해 성공적인 삶을 살 수 있다는 것으로 시간관리에 있어서 긴급성보다는 중요도에 따라 행동해야 한다는 의미이다.

한 평가에 소비하거나 교장의 시간과 비용의 *80% 미만이 전문성 개발에 사용되는 경우, 양질의 학교교육은 실현되기 어렵다.* 80/20 법칙은 교원평가를 담당하는 사람들이 실제로 그들의 노력이 양질의 학교 교육을 지향하는지 여부를 평가할 수 있는 틀을 제공한다. 이러한 평가를 할 때, 개인은 수사학(예를 들어, 교사평가의 책임자가 그들의 목적에 대해 말하는 것)에 덜 관심을 가지고, 그들이 사용하는 기준과 절차에 좀 더 주의를 기울여야 한다. 평가의 2가지 목적과 관련된 각각의 기준 및 절차는 [참고 12.1]에 요약되어 있다. 만약 [참고 12.1]의 위쪽에 있는 기준이 강조되어 있다면, 요구되는 것에 관계없이 질 관리가 평가의 목적이다.

**[참고 12.1] 교사평가와 그 성과에 대한 서로 다른 목적들**

| 교사평가의 목적 | 목적 | 평가의 기준 | 평가의 결과 |
|---|---|---|---|
| 질 관리<br>-교장은 그들의 시간과 돈의 20% 이상을 평가에 쓰고, 그들의 돈과 시간의 80% 미만을 전문성 개발에 사용함. | 교사들의 교수학습 능력 보장<br>- 교사들이 최소 책무성 요건을 충족하는지에 초점을 둠. | 공식적인 과정이 사용되며, 문서화됨<br>- 명확한 준거와 통일된 기준이 있음. | 무능한 교수 활동으로부터 학생과 일반 대중을 보호함. |
| 전문성 개발<br>- 교장은 20% 혹은 그보다 적은 시간과 돈을 평가에 사용하며, 80% 이상의 그들의 시간과 돈을 전문적 개선에 사용함. | 교사들의 이해를 향상시키고, 교수적 실천을 강화하는 것을 돕는 것<br>- 합의된 전문성 개발 목표에 교사들이 도달할 수 있도록 돕는데 초점을 둠. | 비공식적인 과정이 사용되며, 준거는 개별 교사의 능력과 필요에 따라 조정됨.<br>- 준거는 교사들에게 적절하고 유용한 것으로 간주되며, 교사들이 이러한 과정에 주로 책임을 짐. | 전문성 향상의 결과로 학생과 일반 대중을 위한 양질의 교수 활동과 학교 교육을 보장함. |

## 교수 역량 영역

전형적인 평가 프로그램은 잘못된 것에 중점을 둔다. 이는 교실에서의 교수 행동 혹은 이러한 행동들의 존재 여부를 도구로 기록하는 것에 거의 전적으로 의존한다. 이러한 결과들은 관찰되는 동안 교사들이 요구되는 직무들을 수행할 수 있는지에 중점을 둔다. 올바른 교수 행동의 목록을 식별할 수 있다고 해도 이러한 접근법은 여전히 제한적이다. 훌륭한 평가는 '할 수 있는 것' 뿐만 아니라 다른 교수 역량 분야와도 관련이 있다.

교사들이 책임을 져야 하는 주요 역량 분야는 무엇인가? 교사들은 그들의 직무를 수행하는 방법과 이러한 지식을 최신 상태로 유지하는 방법을 알아야 한다. 전문적인 교수 활동을 위한 지식의 영역에는 목적, 학생, 가르쳐야 할 과목 및 교수법이 포함된다. 그러나 알고 이해하는 것만으로는 충분하지 않다. 교사들은 이러한 지식을 사용하여, 가르치는 일을 할 수 있음을 증명해야 한다. 그러나 지식을 입증하는 것은 상당히 낮은 수준의 역량이다. 대부분의 교사들은 그들이 그렇게 하도록 요구될 때, 적절한 교수 행동을 제시할 수 있을 정도로 충분히 유능하고 능숙하다. 더 중요한 것은 그들이 일관되고 지속적으로 업무를 수행할 수 있는지 여부이다.

마지막으로, 모든 전문직들은 평생 자기 계발(self-improvement)에 헌신적으로 참여하는 것이 기대된다. 자기 계발은 자발적인 *의지-성장(will-growth)* 역량의 영역이다. 의사 및 변호사와 같은 자영업 전문직들은 경쟁과 보다 더 가시적인 성과물에 힘입어 자발적인 성장 역량 영역에 큰 관심을 기울인다. 이에 반해 교사들의 '산출물'은 측정하기 어렵고, 지속적인 전문성 개발을 위한 외부의 압력을 많이 느끼지 못했던 조직의 전문가이다. 그러나 점점 더 많은 학교구들이 자발적 성장 차원을 장학 및 평가 프로그램의 중요한 부분으로 만들고 있다. 교사들이 전문성을 더 추구하기 때문에, 그들 또한 이 차원을 중요하다고 인식한다.

따라서 종합적인 장학 및 평가 시스템은 4가지 전문성 개발 역량 영역(① 교수활동에 관한 지식, ② 실제 교수 활동으로 이러한 지식을 입증할 수 있는 능력, ③ 이러한 능력을 지속적으로 유지하고자 하는 의지, ④ 지속적인 전문성 성장에 대한 헌신을 증명하는 것)과 관련이 있다. 각 역량 영역은 서로 다른 평가전략을 제시하는 개별 범주를 나타내지만, 실제로는 상호의존적이다. 교실을 관찰할 때 교장은 자연스럽게 교사들이 보여주는 지식기반에 관심을 갖는다. 이에 따라, 이러한 관찰은 대부분 지속적인 성장 계획과 보다 공식적인 교직원 개발 프로그램에 대한 정보를 제공하는 데 기반이 되는 이슈와 아이디어로 이어진다.

다양한 평가 목적과 관점, 다양한 교수 역량 및 실체 영역을 고려할 때, 장학이나 평가전략을 교실 관찰, 평가 척도, 지필 평가, 목표설정, 임상 장학(clinical super-vision),6) 포트폴리오 또는 다른 단일 전략으로 제한하는 것은 포괄적이고, 유의미하며, 유용한 평가 체제를 제공하는데 포함되는 복잡성을 설명하지 못한다. 요약하자면, 교장들은 학교의 장학 프로그램을 책임져야 한다. 이러한 책무성은 도움이 되고 유용하며 포괄적인 장학 시스템을 운영하는 것을 최소한으로 포함한다. 교사들은 이러한 시스템이 도움이 되고 만족스럽다는 것을 알게 된다. 다음은 학교의 장학 프로그램을 평가할 때 합리적으로 제기될 수 있는 질문들이다.

- 교사들이 장학 프로그램을 구성, 실행 및 평가하는 데 참여해야 하는가?
- 여러 목적이 제공되는가? 예를 들어, 이 프로그램은 질 관리, 전문성 개발, 교사의 동기부여 및 헌신에 관한 문제를 다루고 있는가? 형성적, 종합적 그리고 진단적 관점이 모두 프로그램에 포함되어 있는가?
- 프로그램이 어떻게, 할 수 있고, 할 것이며, 기본적인 교수 활동 성과가 기대치만큼 성장할 것이라는 것을 알기에 충분히 포괄적인가?
- 이 프로그램이 교수 활동의 기본적인 필수 요소(예: 목적, 학생의 요구 및 특성, 주제 및 교수법 등)와 관련된 지식과 기술을 향상시키는 데 중점을 두는가?

이러한 질문들은 학교의 전반적인 장학 설계 일부분으로 교사개발 프로그램을 포함시키는 것이 중요하다는 것을 강조한다. 장학의 주된 강조는 교사의 성장과 발달에 두어야 한다. 장학 및 교사개발은 모두 계획되고, 질적 향상을 위한 학교의 전반적 노력의 상호의존적인 부분으로 제공되어야 한다.

# 교사개발을 학교 효과성에 연결하기

이 장은 교사 학습과 학교 개선 사이의 관계를 인정함으로써 시작되었고 이 주제로 이 장을 마무리하고자 한다. 학교가 모든 학생들을 가르치기 위한 새로운 요구에

---

6) 직접적이고 협력적이며, 교실을 중심으로 하며, 교사의 문제에 중점을 두고, 교사가 자신의 교수 활동을 이해하고 개선하도록 돕는 것을 목표로 하는 장학 활동을 설명하는 데 사용되는 용어.

높은 수준에서 효과적으로 대응하는 것과 교사들의 전문성 개발이 최우선 과제가 되어야 한다는 점은 이제 널리 받아들여지고 있다. Darling-Hammond는 *교사의 교육: 미국 교육학 연구회 1998년 연보(Ninety-Eighth Yearbook of the National Society for the Study of Education)*에서 다음과 같이 지적했다.

점점 더 많은 연구들은 교사의 전문적 지식이 학생의 성취에 영향을 미치는 보다 중요한 학교 요소 중 하나라는 점을 밝혀냈으며, 일반적으로 작은 학교와 소규모 수업의 긍정적인 영향이 이를 뒷받침하고 있다. 즉, 교수와 학습에 대해 많이 알고 있고, 학생들을 잘 알 수 있는 환경에서 일하는 교사들은 성공적인 학습의 중요한 요소이다. 예를 들어, Texas[Ferguson, 1991], Alabama[Ferguson andLadd, 1996], New York [Armor-Thomas et al., 1989]에서의 학생 성취에 관한 연구들에서 교사의 자격(지식 측정, 교육 및 경험에 기반한)은 다른 단일 요소보다 학생들의 성취도에서 많은 부분을 설명한다. (p. 228)

많은 주에서는 교사 학습과 학교 개선을 연결하기 위한 목적으로 효과적인 교사평가에 있어서 진전을 보이고 있다. 현재 44개 주에서는 교사들에게 교사 면허를 부여하거나 갱신(renewal)하기 전에 일반적인 특정하지 않은 교육과정을 완수하도록 요구한다(Jacobs, Brody, Doherty, Lakis, & Maltz, 2013). 그러나 목표요건이 잠재적으로 교사의 지식을 넓히고 실천을 향상시킬 수 있지만, 이러한 주들에서의 일반적인 요구사항은 단지 교사들에게 일정 시간 동안 자리에 앉아있을 것을 요구한다. 더 좋은 아이디어는 교사의 효율성 평가를 승진 정책과 연계하는 것이다.

NCTQ(National Council for Teacher Quality)는 승진과 평가를 연계하여 교사의 효과성을 측정하기 위한 모형을 어느 주에서 개발할 것인지를 결정하는 연구를 수행했다. 다음의 7가지 기준이 사용되었다.

■ 모든 교사에 대한 연간 평가를 요구하기
■ 교사 효과성 평가에서 학생 학습의 증거가 가장 중요한 요소가 되도록 하기
■ 표준화된 시험 점수뿐만 아니라 주기적인 진단평가를 포함하여 학생 학습의 다양한 수단들을 사용하여 교사의 효과 평가하기
■ 교사들에게 평가에 대한 피드백 제공하기. 특히, 신규 교사에게 교실에서의 실천에 대

한 피드백 제공하기
- 수업의 효과성에 중점을 두고 기록한 교실 수업 참관 요구하기
- 종신고용 결정을 알리기 위하여 효과성 평가를 사용하기
- 면허증 승급과 효과성을 연계하기. (Jacobs et al., 2013)

연구결과 Rhode Island가 가장 큰 성과를 이룬 것으로 밝혀졌으며 뒤이어 Delaware, Florida, Tennessee, Colorado, 그리고 Nevada가 성과를 이룬 것으로 밝혀졌다. 다른 많은 주들도 성과에서 3위를 차지했고, 다른 주들은 거의 성과를 이루지 못했다(National Council on Teacher Quality, 2012).

Little(1997)은 다음과 같이 학교 성공에 있어서 교사개발의 중요성을 요약한다.

높은 성과를 거둔 학교들은 상당한 역경에도 불구하고, 일관되게 교사 학습에 도움이 되는 작업 환경을 제공하는 모습을 보인다. 이러한 장면에서 교사 학습은 1) 학생들과 그들의 일과의 긴밀한 관계에서, 2) 학생의 진보에 대한 공유된 책임에서, 3) 현명하게 조율된 시간 속에서, 4) 학교 내외의 동료들의 전문성에 대한 접근에서, 4) 개인 수행 및 교실 또는 학교 실천의 측면에 초점을 둔 적절한 피드백에서, 그리고 5) 교사의 학습이 가치 있게 여겨지고 전문적 공동체가 배양되는 전체적인 기풍(overall ethos) 속에서 이루어진다. (제12장, p. 1)

Little은 다음과 같은 상황에서 학교가 성공 가능성이 높다는 것을 발견했다. 첫째, 학생 학습에 대한 교사의 개인 및 집단적 책임을 강조하고, 둘째, 교사에게 보다 많은 학습의 기회를 제공하는 방식으로 교사의 업무들을 조직하며, 셋째, 학교의 수행에 관한 피드백을 얻고, 이러한 피드백을 사용하여 보다 나은 결정을 내리기 위한 학교의 능력을 향상시키기 위하여 직원 개발 자원을 사용하며, 넷째, 교사 학습과 일치하는 방식으로 교직원 개발 및 다른 평가 노력들을 재조정한다.

# 교사가 목표를 성취하도록 도와주기

장학 방법을 개발하는 핵심은 바로 학생 학습의 지원에 있다. 교사들은 그들에게

중요한 전문적인 목표를 가지고 있다. 기회가 주어지면, 그들은 이러한 목표를 성실히 달성하기 위해 노력할 것이다. 많은 측면에서 장학은 교사가 중요하다고 생각하는 목표를 달성하도록 교사를 돕는 시스템이다. 이 과정에 교장들은 도움을 제공해야 한다.

House(1971)는 많은 논의를 요약하고 효과적인 도움의 핵심적인 측면에 대한 지침들을 제공하는 "경로-목표(path-goal)" 리더십 이론을 제안하였다. 그는 리더들에게 "업무 목표 달성을 위해 부하 직원들에 대한 개인적 보상의 수와 종류를 늘리고 경로를 명확히 하고, 장애물과 함정을 줄이며, 그리고 개인적인 만족의 기회를 늘리면서 이러한 보상에 대한 경로를 가장 쉽게 만들어야 할 책임이 있다"고 믿는다(p. 323).

이를 교사장학으로 돌려서 해석하면, 교장은 교사가 중요하다고 생각하는 목표를 향해 "경로를 명확히 하고 정리해야 할" 책임이 있다. 경로를 명확하게 하기 위해서는 목표를 설정하고 합리적으로 정의하며 이해해야 한다. 모호하고 구조화되지 않은 상황과 불명확한 기대는 교사들의 좌절과 불만의 원인이 될 수 있다. 따라서 목표를 명확히 하는 데 필요한 과업을 강조하는 것이 중요하다. 경로 명확화를 위해 교장은 목표 달성을 돕기 위해 필요한 지원, 교육, 지원 및 보강을 제공해야 한다. 경로-목표(path-goal) 접근법의 핵심은 교사들을 위한 보다 풍부한 만족의 원천은 일의 성취와 분리된 인간관계와 사회적 상호작용에 있는 것이 아니라 즐거운 분위기 속에서 가치 있고 도전적인 일을 성취하는 데서 온다는 것을 이해하는 것이다.

# [12장 마무리 활동]

## 자신에 대한 이해

<<**안내사항**>> 이 장에서 논의된 내용에 대한 이해도를 높이고, 당신의 생각, 가치, 신념이 그 내용과 얼마나 관련되어 있는지에 대한 성찰을 위해, 다음 각각의 질문 혹은 진술문을 읽고 응답해 보세요. 응답을 모색하는 과정에서, 이 장에서 논의된 내용을 리뷰하는 것이 도움을 줄 수 있을 것입니다.

1. 장학과 평가를 어떻게 구분할 수 있습니까?
2. 본문에는 80/20 질 관리 법칙(quality rule)이 학교가 교사평가에 참여하면서 강조해야 할 균형점을 설명한다고 언급하고 있습니다. 교장의 시간 및 비용의 20% 이상이 질 관리를 위한 평가에 사용하거나 교장의 시간과 비용의 80% 미만이 전문성 개발에 사용되는 경우, 학교 교육의 질은 떨어집니다. 당신의 학교에서 교사평가 및 장학 시간은 어떻게 사용되고 있습니까? 80/20 법칙에 들어맞습니까? 당신의 교장과 당신이 알고 있는 다른 교장을 평가해보았을 때, 몇 % 정도의 시간이 질 관리에 사용되며, 몇 % 정도의 시간이 교사들이 교실에서 더 효과적이도록 그들의 능력을 기르는 데 사용됩니까?
3. 교사의 성과를 평가하고 전문성 개발 활동을 계획하기 위해 어떤 접근 방법을 사용합니까?
4. 모든 학생이 배울 기회를 갖게 하기 위해 어떤 접근 방법을 사용합니까?
5. 교장으로서 수업 리더십, 장학 및 교사 학습 전략을 연결하기 위해 어떤 접근 방법을 사용합니까? 당신의 답변을 뒷받침하기 위해 이 장의 구절들을 활용하십시오.

# 시나리오 분석

<<**안내사항**>> 이 시나리오에서는 본 장에서 다루어진 개념들이 실제에서 어떻게 적용되고 있는지를 보여줍니다. 시나리오 뒤에 일련의 질문들이 제시됩니다. 시나리오를 읽고 난 후 각 질문에 답하세요. 질문들에 답하는 데 어려움을 느낀다면, 이 장의 주요 내용을 다시 읽어봄으로써 도움을 받을 수 있을 것입니다.

## 전문성 개발에서 나아가는 학습으로[7]

Foster 중학교 교장인 Smartt 박사는 협력, 공유된 의사결정 및 초점이 맞춰진 전문성 개발(PD)을 믿는 창의적이고 혁신적인 교장이었다. 사실상 그는 리더십 팀과 교과 부장들에게 교사 성과 평가, 수업장학, 그리고 수업 개선 등 리더십 기능을 분배했다.

Foster 중학교는 효과적인 학교로 여겨지고 있었지만, 교사와 학생 간에는 효과적이지 못한 부분도 있었다. 학생들의 40%는 보통 학업성취도를 보였고, 나머지 60%는 보통보다 뛰어났다. 지난 2년간 성취 점수를 검토한 결과, 보통 40% 중 15%는 아프리카계 미국인, 5% 라틴계 미국인, 10% 히스패닉, 그리고 10%는 백인으로 구성되어 있는 것으로 밝혀졌다. 적어도 90%, 즉 대다수의 교사는 그들의 업무수행 평가에서 효과적인 것으로 평가되었다. 반면에, 나머지 10%는 두 개 이상의 영역에서 도움이 필요한 것으로 평가되었다. 이러한 점은 교사들의 성과 점수가 학생 성취도 점수에 반영될 것이라 생각하는 Smartt 박사에게는 매우 골칫거리였다. 학생 성취도 부족은 그에게 압박감을 불러일으켰다. 그는 100%의 교사가 효과적이라고 평가받고, 모든 학생들이 가능한 우수한 성적을 취득할 수 있기를 희망했다.

그는 이 문제를 곰곰이 생각한 끝에 이 학교의 PD 프로그램에 대한 재설계가 필요하다는 결론을 내렸다. 그러나 그의 딜레마는 노력한 교사를 지원하면서(레벨 4, 5)

---

7) from professional development to learning forward

분발할 필요가 있는 교사들의 기술과 특성(레벨 1, 2)을 높이는 PD 프로그램을 원했기 때문에 양쪽 상황을 어떻게 풀어가느냐에 있었다. 요약하면, 그는 교직원의 역량을 쌓고 집단지성을 고취하며, 그 결과가 모든 학생들의 학업성취도를 높이는 데 일조할 것이라고 믿고 싶었던 것이다.

그는 상황을 어떻게 풀어갈지, 새로운 프로그램을 어떻게 발전시켜 나아가야 할지를 고민하면서 몇 가지 생각을 떠올렸다. 첫째, 그는 가르치는 것을 직업이라고 생각했다. 그러므로 교사들은 기술을 숙달해야 한다. 그리고 나서, 그는 교직이 직업이고 교사들은 전문가라고 생각했다. 따라서 이 프로그램은 교사들의 전문성을 발전시키기 위해 고안되어야 한다. 마지막으로, 그는 교직은 아마도 소명이고, 만약 그렇다면, 교사들은 하인이며, 새로운 프로그램은 교사들의 개인적, 직업적 자아를 개발하는 데 초점을 두어야 한다고 생각했다. 그는 최근 "초점을 갖춘 교육 계획"과 "전문성 개발" 전략을 강조한 변화에 관한 책에서 읽은 실천방식을 상기시켰다. 이 독서를 통해 그는 어떤 새로운 모형에 대한 작업이 전략적인 것이어야 한다는 것을 알게 되었고, 이를 목표로 삼았다. 이것을 하는 더 좋은 방법은 그의 리더십 팀에서 시작하여 그들을 교사들의 전문성 발전을 증진시키고 궁극적으로 모든 학생들의 학업 성취도를 향상시킬 수 있는 모형을 만드는데 헌신하도록 하는 것이다.

## 리더십 팀 미팅

간단히 말해, Smartt씨는 그의 리더십 팀 회의를 소집했다. 그는 팀원들에게 만약 여러분이 진정으로 효과적인 수업 리더로서의 역할을 하고자 한다면, 그는 교육 프로그램에 더 많이 참여하고, 장학을 강화하며, 교사들의 능력을 키워야 할 것이라고 설명했다. 그는 교실 관찰, 수업 장학, 교사 성과, 그리고 개인적 향상을 포함하는 PD 프로그램에 대한 자신의 비전을 공유했다. 그는 이 프로그램이 리더십을 배양하고, 사람들에게 동기를 부여하며, 수업을 개선하는 호의적인 학교 풍토를 조성하는 결과를 가져올 필요가 있다고 설명했다. 그는 "그의 마음속의 질문"은 "어떻게 하면 교사들이 그들 자신과 그들의 실천에 대해 더 많이 배울 수 있고 그 과정을 통해 학생들의 성취도를 높일 수 있도록 도울 수 있느냐는 것이다"라고 말했다. 학습과 관련된 상당한 논의, 기존의 이해, 개인의 목표와 포부, 그리고 생성적 지식을 비교한 후, 팀원들은 비전을 공유하고 현실화하는 방법에 대해 아이디어를 내기 시작했다. 전체 교직원 회의에 상정될 예정인 일련의 아이디어로 회의가 마무리되었다.

## 교직원 회의

Smartt 교장은 전체 교수 회의를 활성화하면서 교사들에게 "학교의 전문성 개발에 일신하기를 원한다"고 설명했다. 그의 비전은 모든 학생들의 결과와 교육자의 효과성을 높이는 프로그램이었다. 그는 각기 다른 연수 모형, 전문성 개발 모형, 갱신(renewal) 모형에 대해 자세히 정의하고 각각의 장단점에 관해 이야기하면서 토론했다. 이 시점부터, 그는 각 전문성의 개발 세션이 이러한 표준에 의해 좌우될 것이라고 충고했다. 기준은 (1) 학습공동체, (2) 리더십, (3) 자원, (4) 데이터, (5) 학습 설계, (6) 실행, (7) 결과 등을 중심으로 한다. Smartt 교장은 학교에서 교사들이 전반적인 학교 개선에 도움이 되는 결정을 하기 위해 자료를 얻을 수 있는 몇 가지 영역이 있다고 설명했다. 물론 가장 분명한 데이터 출처는 시험 결과일 것이다. 그러나 그는 학생들의 출석을 개선하는 데 사용될 수 있는 출석 자료와 교사 효과를 높이는 데 사용될 수 있는 교실 관찰 자료와 같은 다른 자료들로 그들의 주의를 환기시켰다. Smartt 교장은 (1) 자료 분석, (2) 기술에 대한 공통 핵심 조정, (3) 수업계획, (4) 참 평가를 강조했다. 그는 전문성 개발과 함께 수행해야 할 일들이 자료 분석, 교사들의 협업, 행정부의 지원, 그리고 자원 획득이라고 언급하며 발언을 마쳤다.

## 갱신(renewal) 모형

상당히 심사숙고한 후에 모형이 구체화되었다. 그것은 교사들에게 교수 활동 자료들과 매체, 책, 그리고 도구들로 채워진 풍부한 환경을 제공하는 것을 강조했다. 대안적인 평가 방식이 많은 지지를 받았고, 교사들은 그들의 실천방식을 만들어가면서 자립을 생각하도록 격려 받았다. 이 모형은 또한, 교사들이 서로의 교수 활동을 참관하기 위하여 계획하고 대화하며, 그들의 실천을 함께 성찰할 수 있는 시간을 제공하였다.

교사들은 이 모형이 이전까지 했던 어떤 것과도 많이 다르다는 것을 인정해야만 했다. 이들은 교내 PD 프로그램이 새로운 의미를 갖고 있다는 것을 느끼고 회의장을 빠져나갔다. 그들 학교의 "전문성 개발"은 필요한 분야에 초점을 맞추어 교직원들을 발전시키고 향상시키는 것을 의미할 것이다. 더불어, 그들이 학교 공동체를 위한 최선의 결정을 내리는 것을 돕기 위해 관련된 현재 추세 자료를 사용함으로써 요구들이 확인될 수 있다.

### 성찰적 질문과 시나리오 분석

1. 전문성 개발 측면에서, Smartt 교장은 교수와 학습을 어느 정도 연결하고 있는지 설명하십시오.
2. 당신이 생각하기에 Smartt 교장이 만든 모형은 연수 모형입니까? 아니면 전문성 개발 모형입니까? 당신의 선택에 대한 근거를 제시하십시오.
3. Smartt 교장의 실천이 어떻게 교사개발을 학교의 효과성에 연결시켰는지 설명하십시오.
4. 이런 상황에서 당신이라면 어떻게 시험 점수를 올릴 수 있을지 기술해보십시오.
5. Smartt 교장의 리더십 스타일이 Foster의 난제에 어떻게 기여할 수 있겠습니까?
6. Smartt 교장은 새로운 전문성 개발 프로그램에 대한 비전을 만들기 위해 연구를 이용했습니까? 그렇다면 그 자료들은 무엇이었습니까? 만약 그렇지 않다면, 그가 어떤 자료들을 이용할 수 있었겠습니까?
7. Foster 중학교에 추천하고 싶은 장학과 평가 방식은 무엇입니까? 추천한 이유를 설명하십시오.

# 임상장학, 코칭, 동료간 탐구, 그리고 다른 장학 실제

교장들은 더 이상 교수 및 학습을 발전시키는 데 있어서 교사 질의 중요성과 그들 학교에서 집단지성 구축의 중요성에 관한 논의를 피할 수 없게 되었다. 그들은 장학의 책임을 가시적으로 그리고 직접적으로 맡아서 주도해야 한다. 그들은 자신이 믿는 것을 모델링함으로써 이를 수행할 수 있다. 또한, 교장들은 교사들이 함께 배우고 학교에서 함께 일하도록 교사들을 격려하는 장학 문화 구축에 대한 책임을 공유함으로써 이를 수행할 수 있다.

이 장에서는 교장들과 교사들이 리더십과 장학에 대해 책임을 공유할 때 사용할 수 있는 여러 가지 실천방식들을 제공한다. 이 장을 교직원들이 고려해야 할 제안들을 설명하는 현장 지침으로 생각하라. 이러한 아이디어들을 어떻게 구현할지에 대한 엄격하고 고정된 규칙은 없다. 따라서 이것들을 여러분의 상황과 요구사항에 맞게 변형하는 것을 권장한다.

훌륭한 장학시스템(a good supervisory system)은 공통적인 특징과 선택적인 특징을 모두 가지고 있다. 공통적인 특징은 교육적 일관성(instructional coherence)[1]을 확보하는 것이 필요하다는 것이다. 교육적 일관성이 제자리를 잡게 되면, 학교는 중요하

---

1) 용어의 정의에 제시된 의미 해석을 참고할 것.

다고 생각하는 것을 보다 잘 전달하고, 모든 사람들에게 기대하는 바를 강조할 수 있다. 이러한 조건들은 학교가 그 가치를 실현하고 목적을 달성하는 것을 더욱 쉽게 만든다. 또한, 공통적인 측면은 교장이 리더십을 위한 권위의 원천으로 사용할 수 있는 아이디어 틀을 제공한다. 공통적 장학시스템(a common system of supervision)이 선택적 장학시스템(a differentiated system of supervision)과 결합될 때, 더욱 강력한 힘이 창출된다. 선택적 시스템은 선택을 제공하고 교사들의 개인적인 관심과 필요에 따라 응답한다. 그럼에도 불구하고 이러한 관심사와 필요는 학교의 목적이 무엇인지, 그리고 그것들을 달성하기 위해 무엇을 할 필요가 있는지를 정의하는 데 도움이 되는 공통적인 틀에 연결되어 있다.[2]

교사 학습은 교사들이 학습한 것이 어떻게 실천으로 바뀌고, 학생들의 배움에 보다 잘 연결될 수 있으며, 높은 수준을 달성할 수 있도록 도울 수 있을지를 보여줄 때, 책무성 평가를 통과할 수 있다. 이러한 학습에 의해 실천 공동체(community of practice)[3]는 강화된다. 실천 공동체의 구성원들은 함께 배우고, 나누고, 돌보는 일에 전념한다. 신뢰하는 관계(trusting relationships)가 중요하다. 왜 우리는 실천 공동체를 필요로 하는가? 우리는 실천 공동체가 가르치는 것을 공유하는 중요한 협력관계를 형성하기 때문에 이를 필요로 한다.

장학에 대한 선택적 접근의 근거는 간단하다. 교사들은 모두 다르다. 그들은 서로 다른 욕구와 기질을 가지고 있으며, 이러한 필요를 인식해야 한다. 교사들에게 일방적인 접근을 사용하는 것보다 장학에 더 적극적으로 반응할 가능성이 높다. 제도를 바꾸기 위해서는 교장과 교사의 역할도 바뀌어야 한다. 교사들은 자신이 직면한 문제에 상응하는 장학에 대한 접근 방법을 개발해야 할 책임이 있다. 그들은 또한 자신에게 가장 의미 있는 접근 방법을 선택할 때 중요한 역할을 할 수 있어야 한다. 가장 중요한 것은 그들의 선택이 작동하도록 책임져야 한다는 것이다. 그들은 다른 말로 장학사가 되어야 하는데, 오래된 공장에서 모니터링하고, 검사하고, 평가하는 의미의 장학사가 아니라, 동료들과 서로 협력하여 그들 자신의 교수방식을 이해하고 개선하도록 돕는다는 의미의 장학사가 되어야 한다.

---

2) 5장에서 제시된 일관성에 대한 논의를 참고할 것.

3) 실천의 가치를 존중하고 더 많은 것을 배우기 위해 함께 학습하도록 이끄는 교사들의 협력으로, 이 과정을 통해 학생들에게 보다 효과적으로 (교육활동을) 제공함.

# 장학 모형: 역사적 개관[4]

임상장학은 1950년대 후반부터 1970년대 후반까지 지배적인 수업장학 모델이다. 교육 분야의 혁신은 신속하게 확산되는 경우가 거의 없다(Marzano, Frontier, & Livingston, 2013). 1980년까지 Bruce and Hoehn이 수행한 연구에 따르면, 약 90%의 학교관리자가 임상 장학 모델의 일부 버전을 사용했음이 밝혀졌다. 1969년 Goldhammer는 「*임상장학(Clinical Supervision)*」이라는 제목의 그의 책에서, 행정가들과 교사들의 성찰적 대화가 포함되도록 설계된 5단계 임상장학의 주기를 재정의하였다. 이 과정에는 수업관찰 전 협의회, 수업 참관, 분석, 수업 협의회 및 분석이 포함되었다. Goldhammer(1969)는 교수법이 전체적으로 관찰되고 평가되어야 한다는 것을 분명히 했으며, 학생의 학습에 관한 교사와 학생의 상호작용 및 대화는 교사의 실천을 평가할 때 중요하고 관찰 가능한 증거였다. 그러나 임상 모델에의 적용에서 Goldhammer의 의도된 대화는 상호작용에 대한 관찰 가능한 구조의 단순성을 위해 종종 열외로 취급되었다.

그 후 1980년대 중반에 이르러서 Madeline Hunter의 수업 디자인 모델이 효과적인 수업을 만들기 위한 잘 알려진 틀로 부상하였다. 일곱 가지 수업 설계 요소는 ① 예상 설정(anticipatory set), ② 목표와 목적(objective and purpose), ③ 입력(input), ④ 모델링(modeling), ⑤ 이해 점검(checking for understanding), ⑥ 안내된 실천(guided practice) 그리고, ⑦ 독자적 실천(independent practice)이었다. 즉, Hunter의 효과적인 수업의 7가지 요소는 많은 주에서 교사평가의 기준이 되었다(Fehr, 2001). *마스터 티칭(master teaching)*이라고 불리는 Hunter의 7단계 모델은 수업 관찰 전 협의회, 참관 및 참관 후 협의회의 주요 내용이 되었다. 교사들은 Hunter의 모델의 관점에서 자신의 수업을 설명했으며, 장학사들은 모델과의 일치 측면에서 관찰된 수업의 효과성을 결정하였다(Marzano et al., 2013).

1980년대 중반까지 다른 연구자들은 교사의 경력에 따른 목표를 고려한 장학 모델을 분명히 할 수 있는 대안적인 방법을 모색했다. Glatthorn(1984)은 *선택적 장학(Differentiated Supervision)*에서 교사들이 자신의 발전에 대한 목소리와 통제력을 가

---

4) 이 절은 Lora Link에 의해 발전된 것으로, 그녀의 허락을 받아 실었음.

져야 한다고 주장했다. *수업 장학: 선택적 접근*에서 Carl Glickman(1985, 1998)은 장학의 가장 중요한 목표는 수업을 개선하는 것이며, 이는 현대적 평가를 위한 단계를 설정하는 것이라고 말했다(Glickman, Gordon, & Gordon, 2001).

1996년 Charlotte Danielson은 이전 모델들5)의 복잡성을 포착하였다. Danielson의 저서인 *전문적 실천 향상: 교수를 위한 하나의 틀(Enhancing Professional Practice: A Framework for Teaching*(1996)은 장학 및 평가에 관한 중대한 연구로 간주되며, 수업 책무성에 대한 변화하는 요구를 충족시키기 위해 2007년에 최신화되었다. 현재까지 그것은 K−12 교육을 통해 널리 적용되어 왔다. Marzano et al.(2013)에 따르면, 과거와 현재의 인기를 감안할 때, Danielson 모델이 장학과 평가에 관한 새로운 제안의 기준점이 되어야 한다.

Danielson 모형은 계획 및 준비, 교실 환경, 수업 및 전문적 책무성의 네 영역을 포함한다. 각각의 영역에 Danielson은 교실에서 능력을 보여주기 위해 필요한 구체적인 지식, 기술, 그리고 특성들을 설명한다. 이 모델은 연구에 기초하고 있으며 모든 학년과 학과목에서 사용할 수 있을 만큼 유연하다. Marzano et al.(2013)은 Danielson의 틀에서 가장 강력한 측면 중 하나는 양질의 교수 활동의 76개 요소가 각각 4가지 수준의 수행(불충분함, 기본, 능숙함, 두각을 나타냄)으로 나누어진다는 것에 주목하였다. 이러한 수행 수준은 발달 연속체에 따른 명확한 식별을 가능하게 하며, 장학사로 하여금 특정 분야의 강점과 필요한 성장을 목표로 할 수 있는 능력을 제공한다. Danielson이 자신의 평가 영역이 "실천에 대한 유일한 설명이 아니다"라고 설명함에도 불구하고, Danielson 모델과 그 영역의 유용성은 오늘날의 많은 평가 시스템에서 활용되고 있다.


## 장학: 반응적 실천

장학은 실천의 필요성에 반응적이어야 할 뿐만 아니라, 전문적 실천가의 배움에 대한 요구에도 반응적이어야 한다. 논의의 시작점은 성인들, 특히 전문가들이 어떻게 배우는지에 대해 알려진 것에서 부터이다. 그들은 그들의 기관과 프로그램에 덜 의존

---

5) 임상장학 모형의 의도된 대화, Hunter의 교실수업 설계의 특수성, Glatthorn의 교사의 자기 계발을 포함하는 것, Glickman의 수업 개선을 위한 수단으로서 장학의 전제 등

하고 공식적인 장학에 덜 의존하면서 자립할 수 있는 기회가 있을 때 가장 잘 배운다. 그들은 일상의 실천에서 직면하는 문제로부터 학습이 이루어질 때 그리고 학습이 실제 상황에 놓여있을 때 가장 잘 배운다. 그들은 상호 호혜적인 헌신과 의무에 의해 서로 연결되어 있고 목표가 공유되는 실천 공동체의 일원으로서 기능할 때, 그들이 그들 자신을 발견하여 그들 자신의 맥락에서 생각과 실천을 실험할 기회를 가질 때, 그리고 그들에게 그들과 그들 동료의 실천을 성찰해볼 시간이 있고 이를 격려를 받을 때 가장 잘 배운다.

이러한 설계에서 교장은 제외되지 않으며, 중요한 역할을 한다. 그들은 장학 프로그램에 대한 리더십을 부여하고, 프로그램이 제대로 작동하게 하기 위해 자원을 모으며, 교사들이 효과적으로 함께 일할 수 있도록 행정 구조와 기타 준비사항들을 제공하고, 장학사로서 대화에 참여하고, 그들이 할 수 있는 모든 곳에서 교수 활동을 개선하는 데 도움을 줄 필요가 있다.

# 한 예로서 임상장학

장학이 학교문화에 깊숙이 파고드는 것은 중요하다. 장학은 다음과 같은 경우에 가장 잘 이루어진다.

- 때로는 직접적이고, 때로는 간접적일 때
- 때로는 교실에 집중되고, 때로는 교실 밖에 집중되기도 할 때
- 때로는 교사에게 중요한 문제에 초점을 두기도 하고, 때로는 다른 사람에게 중요한 문제에 초점을 두기도 할 때
- 때로는 교사들이 그들의 실천을 이해하고 개선하는 것을 돕는 것을 목표로 하고, 때로는 효과성을 측정하는 것을 목표로 할 때
- 때로는 협업하기도 하고, 때로는 개인적으로도 할 때

장학이 직접적이고, 교실에 집중되어 있으며, 교사들의 문제에 초점을 두고, 주로 교사들이 그들의 교수 활동을 이해하고 개선하는 것을 도우며, 협력하는 것을 목표로

할 때, 임상장학이라는 용어가 종종 이를 묘사하기 위해 사용된다. 전문가들은 다양한 형태의 임상장학이 교사들의 학습 속도를 가속화하고 학교에서의 교수-학습을 상당히 개선할 수 있는 잠재력을 지니고 있다는 데 동의한다. 그럼에도 불구하고, 우리는 이러한 잠재력을 실현하기 위해 갈 길이 멀다. 임상장학은 시간이 많이 소요되며 현재의 관료적인 패턴의 학교체제하에서 잘 수행되기 위해서는 많은 노력을 필요로 한다. 그러나 학교 개선에 관심을 둔 장학사들과 교사들은 임상장학이 추가적인 노력을 기울일 가치가 있는 강력하고 매력적인 전략이라는 것을 알게 될 것이다. 교장과 장학사들이 교사들로 하여금 지금보다 그들 자신을 장학하는데 더 많은 책임을 지도록 돕는 일에 투자하는 것이 다른 무엇보다 중요하다. 교장들이 가장 열망하는 수업 리더가 되려면 교사 리더십이 필수적이다. 현명한 교장들은 혼자서는 그것을 할 수 없다는 것을 안다. Morris Cogan(1973)은 다음과 같이 임상장학을 정의한다.

> 이론적 근거와 실천은 교사의 교실에서의 수행을 향상시키기 위해 고안되었다. 그것은 교실에서의 사건으로부터 주요 자료를 취합한다. 이러한 자료와 교사, 장학사 사이의 관계를 분석하여 교사의 교실행동을 개선함으로써 학생들의 학습을 향상시키기 위한 프로그램, 절차, 전략의 기초를 형성한다. (p. 54)

비슷한 맥락에서 Robert Goldhammer(1969)는 다음과 같이 임상장학에 대해 언급한다.

> 무엇보다도, 나는 장학사들과 교사들 사이에 얼굴을 마주하는 대면적인 관계의 이미지를 전달하려고 한다. 역사는 이러한 강조의 주된 이유를 제공한다. 많은 상황에서 오랜 기간, 장학은 멀리서 감독하는 것으로 수행되었다. 예를 들어, 교육과정 개발 장학이나 교사 위원회가 입안한 수업 정책 장학과 같은 것이다. "임상적" 장학은 장학을 면밀하게 가까이에서 한다는 것을 의미한다. (p. 54)

임상장학의 목적은 교사들이 그들의 실행을 더 잘 이해할 수 있도록 돕고, 이치에 맞는 방법으로 기존의 교수 활동 방식을 점검하기 위함이다. 그러므로 평가는 교사의 필요와 요구에 부응한다. 임상장학 주기의 과정, 논의되어야 할 문제, 그리고 목적을 결정하는 것은 바로 교사이다. 분명히 임상장학자로서 교장과 동료교사들은 이러한 상호작용에 상당한 영향을 끼칠 것이다. 하지만 이상적으로, 이러한 영향은 교사들이 필요로 하는 도움과 설명을 제공하는 위치에서 비롯되어야 한다. 장학사의 일은 교사가 개선되어야 할 목표를 선택하고, 주목해야 할 교수 활동의 문제들, 그리고 자신의 실천을 더 잘 이해할 수 있도록 돕는 것이다. 이러한 이해에 대한 강조는 교사에게 더 많은 기술적 지원을 제공할 수 있는 수단을 제공한다. 따라서 임상장학에는 교실 장면의 체계적인 분석도 포함된다. 따라서 임상장학은 교사들이 그들의 실행을 연구할 수 있도록 돕는 기본 틀이라 볼 수 있다. 장학사의 역할은 교사, 교장 또는 다른 동료가 맡을 수 있다.

## 임상장학의 주기

대부분의 권위자들(예: Goldhammer, 1969)은 다음과 같이 5가지 일반적인 단계를 임상장학이 포함해야 한다고 제안한다.

1. 수업관찰 전 협의회
2. 교수 활동 및 도움이 될 수 있는 기타 자료에 대한 관찰
3. 분석 및 전략
4. 참관 후 협의회
5. 협의회 후 분석

**수업관찰 전 협의회**. 수업관찰 전 협의회가 중요하다. 여기서 참관을 위한 틀이 개발되고, '장학'하는 사람과 가르치는 사람 사이에 합의가 이루어진다. 이는 때때로 교장 혹은 동료교사에 의해 이루어진다. 짧은 준비 기간이 지난 후, 장학사는 교실과 교사의 교수 활동에 대한 사고방식에 친숙해질 필요가 있다. 교사는 이 수업을 어떻게 보는가? 이 수업의 질과 특성은 무엇인가? 목적, 교수 모형, 교실 운영 등과 관련하여 교사는 교수 활동에 어떤 참조 틀을 가지고 오는가? 교사의 공간으로 들어가 그 또는 그녀의 관점에서 수업을 이해하는 것은 장학사가 교수 활동의 특정 순서에서 교사가 무엇을 염두에 두고 있는지 이해하는 데 도움이 될 것이다. 특정 수업에서의 질문이

어떻게 교사의 교수 활동에 대한 관점과 보다 폭넓은 틀의 목적에 부합하는지는 장학사가 특정 수업을 넘어서는 관점을 갖는 데 있어서 필수적이다.

장학사는 이제 교사를 정신적으로 또는 개념적인 *리허설*에 참여시킬 준비가 되었다. 교사는 자신의 (수업)의도, 공식적으로 예상하지 못했으나 가능성 있는 결과, 그리고 직면할 가능성이 있는 문제에 대해 개관한다. 교수 활동이 어떻게 전개될 것인가, 교사와 학생들이 무엇을 할 것인가, 그리고 예상되는 학생들의 반응들 또한 제공되어야 한다. 장학사는 교사들에게 명확히 하기 위한 질문을 던지고, 장학사와 교사의 관계에 따라 수업이 전개되기 전에 이를 개선하기 위한 제안을 할 수 있다.

전형적으로, 교사에 의한 이러한 개념적 리허설은 일련의 교수 활동에 관한 흥미로운 이슈들을 밝혀낸다. 임상장학은 한 번에 몇 가지 문제에 대해서만 집중적이고 상세한 연구가 이루어진다는 점에서 선별적이다. 그러므로 장학사는 장학의 의제를 정하는 데 있어 주요한 책임을 지고 있는 교사와 함께 교수 활동의 어떤 측면을 고려할 것인지를 결정해야 한다. 교사가 이 학급과 교수 활동에 대해 무엇을 알고 싶은가? 그 또는 그녀가 어떤 측면의 피드백을 원할 것인가? 임상장학 경험이 없는 교사는 의제 항목을 제안하는데 초기에는 어려움을 겪을 수 있지만, 장학사의 주의 깊은 충고와 지도는 일반적으로 장학의 특정 주기의 기반이 되는 의미 있는 문제를 도출하는 데 도움이 된다. 이 단계의 협의회는 교사와 장학사가 연구해야 할 교수·학습 의제와 함께 장학의 이유에 대해 상당히 명확한 합의 또는 '계약'에 도달하면서 마무리된다. 또한, 계약에는 수집되어야 하는 정보에 대한 약간의 암시, 정보 수집 방법, 장학사가 행해야 할 것 및 장학사가 하지 말아야 할 것 등이 포함될 수 있다. 임상장학을 옹호하는 사람들은 장학 과정이 진행될 때, 교사들이 가능한 한 발생할 수 있는 사건에 대한 완성된 그림을 가지고 있어야 한다고 생각한다.

**교수 활동의 관찰.** 임상장학 주기의 두 번째 단계(기본 단계)는 교수 활동의 실제적이고 체계적인 관찰이다. 이 단계에서는 *실행 중인* 교사와 실행의 결과로 펼쳐지는 교실 이야기에 관심을 갖는다. 임상장학 순수주의자들(purists)은 일반적인 교수 활동의 특성을 평가하기 위한 '가공된' 또는 표준화된 장비나 척도가 유용할 수 있지만, 그 자체로는 충분하지 않으며, 사용될 경우 그러한 장치들은 교수·학습의 실제 관찰에 근거하고 관련되어야 한다고 주장할 것이다. 그것은 실제 교사들이 말하고 행하는 것,

학생들이 어떻게 반응하며, 그리고 특정 교수 활동에서 실제로 무슨 일이 일어나는지에 관한 것이다. 학생 인터뷰, 교실 가공물의 모음, 평가 포트폴리오의 발전, 게시판과 교실 배치, 사진 에세이, 수업의 결과로 학생들이 만들어낸 창작물, 읽혀진 책 등 평가적 자료 수집 전략이 이러한 실제 교수 활동을 보완하고 비추어준다.

교사는 수업관찰 전 협의회를 통해 무엇을 기대하는지 알게 될 것이다. 교사들은 장학사가 눈에 띄지 않는 입장을 취하고 가능한 한 눈에 띄지 않는 상태로 남기를 원한다는 것을 이해해야 한다. 관찰 중에 임상장학사는 교실에서의 모든 사건을 기록하기 위해 많은 메모를 할 수 있다. 노트는 기술적이어야 하며 추론이 없어야 한다. 예를 들어, 장학사는 "범죄학자들에 의한 현미경 사용에 관한 학생들의 질문에서, 학생들은 지루했다"라는 식의 불명확한 기술을 피해야 하며, "존과 메리 둘 다 질문을 듣지 못했다"와 "두 명의 학생이 창문 밖을 보고 있었다." "1/3은 현미경 질문 시간에 책상에 있는 재료를 가지고 놀고 있었다"와 같은 보다 구체적인 진술을 선호한다.

때때로 수집된 정보는 특정한 이슈를 예로 들어, 인지적 수준, 아이들의 주의 집중 시간, 과업 시간 또는 학생들 간의 협동덕 관계와 같은 문제에 초점을 둔다. 그런 다음, 수업 중에 일어나는 모든 것을 기록하려고 시도하는 대신, 장학사는 Bloom의 교육목표 분류에 관한 각각의 질문들을 기록하고 평가하거나 더 상세한 정보를 수집할 수 있다. 많은 임상장학 순수주의자들은 서면 기록이나 직접적인 데이터 수집을 주장하며, 많은 장학사들은 실제 교수 활동을 기록하기 위해 텔레비전과 비디오테이핑 장비를 사용하거나 녹음 장비를 사용하는 등 임상적인 방법들을 사용함으로써 성공을 거두었다. 장학사는 참관이 끝났을 때, 가능한 한 조심스럽게 교실을 떠난다.

**분석 및 전략.** 임상장학 주기의 세 번째 단계는 교수 활동 및 장학 전략의 구축이다. 분석 단계에서는 장학사는 원자료 또는 관찰에서 수집한 정보를 관리 가능하고 의미 있으며 합리적인 형태로 변환할 것을 요구한다. 임상장학 옹호자들은 분석은 유의한 교수 패턴을 나타낼 수 있어야 하며, 장학 협의회에서 사용할 수 있도록 중요한 사건을 밝혀낼 것을 권한다. 가장 중요한 것은 처음에 교사와 합의한 계약이다. 관찰의 목적은 무엇인가? 이러한 목적을 위해 어떻게 정보를 수집할 것인가? 장학사가 이 정보를 그 또는 그녀가 원하는 피드백의 형태로 교사에게 명확하게 전달하는 동시에 교수 활동에 대한 편견은 없는 방식으로 제시할 수 있는가? 이 과정은 교수 활동의 패턴,

즉, 교사의 언어적 행동과 비언어적 행동을 밝혀낸다. 중요한 사건은 교수 및 학습에 특히 긍정적인 또는 부정적인 영향을 끼치는 사건이다.

정보를 정리한 후, 이제 장학사는 교사와 함께 일하는 전략을 세우는 것에 주의를 기울인다. 장학사는 원래 계약의 특성, 관찰과 분석 중에 드러난 평가 문제, 교사와 장학사 사이에 존재하는 대인관계의 질(quality relationships), 권위의 기반, 교사의 능력이나 경험 수준을 고려하여 이러한 전략을 결정한다.

**참관 후 협의회.** 임상장학 주기의 네 번째 단계는 수업 후 협의회다. 장학사는 교사들이 수업을 분석하는 것을 돕기 위해 수집한 특정 정보를 사용한다. 전형적으로, 수업 후 협의회는 이전에 교사와 장학사가 합의한 소수의 문제들에 초점을 맞춘다.

또한, 장학사가 새로운 문제를 도입하는 것도 적절하지만, 이러한 문제들은 소수이며, 또한 조심스럽게 소개되어야 한다. 주된 강조는 관찰 주기의 기반이 되는 계약을 완수하기 위해 교사에게 정보를 제공하는 것에 두어야 한다. 더욱이, 평가적인 정보를 제공하는 것이 아니라 서술적 정보를 제공하는 것에 중점을 둔다. 이러한 정보를 이해하는 과정은 교사와 장학사가 공유하는 공동 작업이다.

수업관찰 전 협의회에서 확인되고 합의된 가장 중요한 문제가 교사가 사용하는 '인지 질문의 수준'과 학생들에게 주어진 과제들의 인지적 수준이라고 가정해보자. 교사는 Bloom의 교육목표 분류의 6가지 모든 수준에 걸친 목표를 사용하지만, 분석 및 통합의 고차적 목표를 강조하고자 희망한다. 아마도 교사가 실제 교수 활동이 이러한 수준을 강조하는 것을 확신하지 못하거나, 또는 교수 활동이 교사들의 의도와 일치하지 않는다고 의심스러운 경우, 장학사는 아마도 지적 질문의 수준이 검토되어야 한다고 제안할 것이다. 어느 경우든, 교사와 장학사는 Bloom 범주(지식, 이해, 적용, 분석, 종합 및 평가)로 질문을 분류할 수 있는 목록을 사용하기로 합의한다. 교수 활동을 관찰하는 동안, 교사들이 묻는 각각의 질문은 적절한 수준으로 분류된다. 실제 질문을 글로 옮긴 전사기록(transcript)이 준비될 수 있다. 장학 주기에서 분석 및 전략 단계 동안 장학사는 질문을 하고, 비율을 계산한다.

그 후 장학사는 교사가 수업 목적뿐만 아니라 수업의 일부를 재진술하도록 요구하는 전략을 결정한다. 그런 다음 질문의 인지적 수준을 제시하고 교사의 의도와 비교한다. 장학사는 이러한 결론이 교사의 책임이라는 점을 고려하여 결론을 도출하거나 불일치에 대해 상세히 설명하지 않도록 주의한다. 교사와 장학사는 다른 수업에서의 특정 교수 단위를 과제로 수집하는 것뿐만 아니라 기출된 시험문제를 검토하는 것이 도움이 될 것이라고 결정할 수 있다. 이러한 과제와 시험문제는 인지적 질문 형식으로 분류될 수 있다. 이러한 과정 내내 장학사의 역할은 비난하거나, 비방하거나, 훈계하는 것이 아니라, 지원적인 분위기에서 교사에게 유용한 정보를 제공하는 것이다. 교사들에게 유용한 피드백을 제공하기 위한 몇 가지 제안은 [참고 13.1]에 제시되어 있다.

**[참고 13.1] 교사들에게 도움이 되는 피드백을 제공하기 위한 몇 가지 제안**

---

*1. 교사들에게 피드백을 줄 때는 판단보다는 서술적이어야 한다.* 임상장학은 교사들이 지속적으로 교수 활동을 개선하는 것을 돕기 위해 마련되었으며, 개인이나 프로그램의 가치를 결정하기 위해 설계된 종합적인 평가도구로 사용되어서는 안 된다. 예를 들어, 생물교사에게 "당신은 강의에 너무 많은 시간을 보내고 있고 학생들과 함께 현장 실습과 실험실에서 충분한 시간을 보내지 않는다"고 말하는 대신, "당신의 일지는 당신이 지난 2주 동안 수업시간의 85%를 강의하는데 사용하였음을 보여준다. 당신의 목표와 계획을 살펴보고 이것이 당신이 의도한 것인지 알아보자."

*2. 교사들에게 피드백을 줄 때, 일반적이기보다는 구체적이어야 한다.* 일반적인 진술은 구체적인 진술보다 잘못 이해되는 경향이 있다. 교사들에게 "당신은 학생들을 방해하고 그들이 말하는 것을 듣지 않는 경향이 있다."라고 말하는 대신, "John에게 질문을 했을 때, 당신은 그의 대답을 방해하고 그가 말해야 하는 것에 관심이 없는 것처럼 보였다"라고 말하려고 노력하라. 질문, 반응 시도 및 중단에 대한 수업 내용을 전사한 기록물이 도움이 될 것이다.

*3. 교사들에게 피드백을 줄 때, 바뀔 수 있는 것에 집중하라.* 교사는 신경쇠약이나 목소리의 질에 대해서는 거의 통제하지 못할 수도 있지만, 자리를 정리하고, 학생들을 그룹화하고, 지식수준과 다른 목표 사이의 균형을 개선하고, 학생들을 훈육하는 데 많은 일을 할 수 있다.

*4. 교사들에게 피드백을 줄 때, 당신 자신의 동기를 생각해 보라.* 종종, 어떤 사람은 자신의 지식을 뽐내기 위해 또는 장학관의 지위를 확립하기 위한 것과 같이 다른 이유로 피드백을 제시한다.

피드백은 오직 한 가지 목적만을 위한 것으로 교사로서의 그녀 또는 그의 실제 행동과 교수·학습에 행동이 미친 결과를 이해하도록 돕기 위한 것이다.

*5. 교사에게 기능한 한 실제 행동에 가까운 피드백을 주어라.* 사건의 세부사항은 잊기 쉽다. 게다가, 상당히 즉각적인 주의는 임상장학의 중요성을 높이고 내면화할 가능성이 있다.

*6. 교사들에게 피드백을 줄 때는 정확성이 합리적으로 입증될 수 있는 정보에 최대한 많이 의존해야 한다.* 게시판의 사진, 교사와 학생의 오디오 및 비디오 테이프, 교실에서의 시험 포트폴리오, 도서관에서 빌린 책들의 기록, 그리고 교육목표의 위계로 분류되는 교사들의 질문들의 기록들이 문서화된 피드백의 예이다. 이러한 유형의 매우 서술적인 피드백을 제공하는 것이 항상 가능하거나 바람직하지는 않지만, 그럼에도 불구하고, 임상장학에 있어서는 하나의 기법으로서 아무리 강조해도 지나치지 않다.

**협의회 후 분석.** 임상장학 주기의 다섯 번째와 마지막 단계는 참관 후 협의회 분석이다. 협의회 이후 단계는 교사와 장학사 모두에게 자연스러운 발판이다. 장학사는 자신의 노력을 향상시키기 위해 장학 협의회와 장학 주기 전반에 걸쳐 무슨 일이 일어났는지를 평가한다. 교사의 성실함이 보호되었는가? 교사가 협동장학사로서 그 과정에 참여하였는가? 교사의 필요와 소망에 대한 피드백이 주어졌는가? 교사를 평가하는 것보다 교수 활동의 개선에 중점을 두었는가? 장학사가 임상장학에서 그녀 또는 그의 기술을 향상시키기 위해 할 수 있는 일은 무엇인가? 임상장학의 첫 4단계의 전형적인 결과는 추가 주기가 수행될 때 다음에 추구해야 할 문제의 종류에 대한 합의이다. 따라서 수업 후 협의회 분석은 [그림 13.1]에서와 같이, 한 주기의 종료이자 다른 주기의 시작이다.

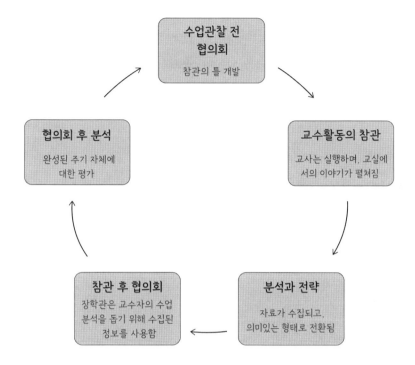

[그림 13.1] 임상장학의 주기

## 임상 장학 모형에 포트폴리오 추가하기

2년간의 사례 구 결과, Sally Zepeda는 수업 장학의 전통적인 임상 모형은 포트폴리오를 활용함으로써 더욱 강화될 수 있다고 주장한다(Zepeda, 2002). 그녀는 포트폴리오를 활용하기 위한 근거로 전통적인 임상장학 모형에 포함된 수업관찰 전 협의회, 수업 관찰 및 수업 후 협의회의 과정을 강화한다는 점을 제시한다(Zepeda, 2002).

Zepeda에 따르면, 교사들의 전문적 성장과 개발은 2가지 유형의 장학, 교사평가 그리고 교직원 개발에 의존해 왔다. 장학에 보다 많은 권한을 부여하는 관점은 교사들을 즉각적으로 교실에서의 실천할 수 있는 지식을 구축하는 협력적인 과정에 참여하는 능동적인 참여자로 제시한다. 포트폴리오 모형은 교사들에게 이러한 기회를 제공한다(Zepeda, 2002).

포트폴리오를 개발할 때, 교사는 학습자로서의 실천을 검토함으로써 활발하게 지식을 구축하며, 발전적이고 차별화된 방법과 교수 전략을 구현함으로써 보다 개인화된 전문적 성장의 기회로부터 이익을 얻는다. 포트폴리오 장학에서 강조된 기술은 성찰, 자기 분석 및 의사결정이다(Zepeda, 2002). 교사들은 21세기에 대비할 필요가 있다. 그러므로 협력, 대화, 그리고 성찰을 지원하고 촉진하는 수업장학이 필수적이다.

## 임상장학을 위한 지름길 전략

대개 여러 가지 자원 수급 관련 문제, 일정 및 기타 실세계의 요구는 위에서 설명한 모든 단계를 따르기 어렵게 만들 것이다. 시간적 여유가 없을 경우, [참고 13.2]에 설명된 단기 전략을 시도해보세요.

**[참고 13.2] 단기적 임상장학 전략**

> *1. 수업관찰 전 협의회*
> 조사할 문제를 확인하기. 자료 및 기타 정보의 원천을 수집하기 위한 전략 개발하기
> *2. 정보 수집*
> 교수 활동을 관찰하고, 중요한 정보의 다른 자료 수집하기. 교사가 이해하기 쉬운 형태로 정보 입력하기
> *3. 수업 후 협의회*
> 발견한 것을 공유하기. 교사가 그들을 이해할 수 있도록 돕기

때때로, 임상장학은 교사들이 세 명으로 이루어진 팀에 함께 참여할 때 가장 잘 작용한다. 이 구성은 교사 A가 교사 B와 C의 도움을 받고, B가 A와 C의 도움을 받도록 하고, 마지막으로 C가 A와 B의 도움을 받도록 한다. [참고 13.3]에서 제시된 임상장학 체크리스트가 확대된 임상장학 버전을 안내하는 데 도움이 될 것이다. 도움을 받고 있는 교사가 문제를 파악하고 장학 전략을 개발하는 데 참여하는 것이 중요하다는 점에 유의해야 한다. 이러한 교사들은 또한 수집된 다른 정보와 이러한 정보를 이해하려고 노력하는 데에도 중요한 역할을 한다.

문제 지향

a) 연구에 초점을 둔 단 하나의 주제 또는 문제를 찾았는가?


협동

b) 이 주제를 연구할 수 있는 하나의 전략을 *함께* 개발하였는가?


전략

c) 수집된 정보(또는 자료)와 자료 수집 방법을 상세히 설명할 수 있을 만큼 전략이 충분히 구체적이었는가?


비평가 친구

d) 최소한의 평가적 논평과 함께 주로 "정확한(신랄한)" 정보로 제시하였는가?


자체 평가

e) 교사가 이 자료를 이해하도록 도와주었으며(거친 자료에서 이해 가능한 자료로), 원래 연구의 초점이었던 주제 또는 문제와 관련된 결론을 도출할 수 있는가?


지역 공동체

f) 이 임상장학의 과정을 시작하기 전에 다른 팀 구성원과 계획을 공유했는가?

g) 세 차례의 조사가 수행된 후에 발견한 사실을 서로 공유했는가?


## 임상 장학은 모두를 위한 것인가?

방금 언급한 바와 같이, 임상장학은 장학사와 교사 모두에게 너무 많은 시간을 요구한다. 모든 교사들과 함께 이 접근방식을 사용할 시간을 찾는 데 어려움을 겪는 교장들은 한 번에 2~3명의 교사들과 함께 일하기 위해 이 방법을 사용하지 않을 수도 있다. 더 많은 교사들이 참여하는 것이 바람직하다면, 동료 임상장학(collegial or peer clinical supervision)을 이용하는 것이 해결책이 될 수 있다. 여기서, 교사들은 서로 임상장학사의 역할을 번갈아 맡는다. 그러나 동료 임상장학은 종종 교사들에게 추가적인 시간을 요구함에 따라 부담을 주기도 한다. 더욱이, 임상장학에의 참여는 다른 형태의 장학이 일반적으로 필요로 하는 것보다 협의회, 정보 수집, 해석 및 기타 장학 기술에 훨씬 더 많은 훈련을 필요로 한다. 만약 교사들이 임상장학사가 되려면, 그들은 적절한 훈련을 받아야 할 것이다. 이것은 또한 훈련 시간이 걸리고 비용이 많이 들기 때문에 문제를 일으킬 수 있다. 또 다른 문제는 공식적인 임상장학이 일부 교사들에게 지나치게 과도한 장학일 수 있다는 점이다. 비록 모든 교사들이 때때로 임상장학으로부터 도움을 얻지만, 모든 교사들이 항상 이 전략을 사용해야만 하는 것 같지는 않다. 이 과정을 매 2년, 3년 또는 4년마다 겪는 것은 일부 사람들에게는 덜 부담스럽고 덜 성가신 일일 수 있다. 그러나 불행히도, 이러한 장학 과정이 너무 남용되면 의례화되고 일상화될 수 있다. 마지막으로, 교사들의 필요와 태도는 물론 일과 학습 방식도 다양하다. 이러한 우려 사항들을 고려할 때 공식적인 임상장학은 일부 교사에게는 적합하지만 다른 교사에게는 적합하지 않을 수 있다.

## 장학의 또 다른 접근

임상장학 외에도, 다른 지원 전략들이 있다. 그중 하나는 수업 연구(lesson study)이다. 수업 연구는 교사들을 그들의 실천과 동료들의 실천에 몰두하는 지속적인 학습에 참여시키는 유망한 방법이다. 수업 연구는 수업에 관한 연구에 초점을 두고, 성찰을 장려하며, 교사들이 현장 커리큘럼 개발에 참여하도록 돕고, 수업에 관한 협력적 연구를 포함하며, 동시에 교사들이 일상적인 실천에서 확인하고 직면해야 하는 문제를 해결하는 데에도 실용적이다. 수업 연구를 통해 새로운 수업이 창안되었을 뿐만 아니라, 현장 검증, 개정, 그리고 개선도 이뤄졌다. 낡은 수업은 다시 보완된다. 실제로, 교사 매뉴얼이나 전문 학술지에서 찾을 수 있는 것과 같이 제시된 수업도 이 수업 연구를 통해 개선될 수 있다. 더욱이, 교사들이 실천 공동체의 일원으로서 함께 모일 때 동료 간의 협력은 증가한다.

이 전제는 Stigler and Hiebert(1999)의 국제적인 연구에서 증명되었다. 그들은 일본인들이 교사 학습과 전문성 발달에 많은 투자를 하고 있고, 그들은 우리와 다르게 투자한다는 것을 발견했다. 연구자들은 일본이 교실수업에 강조점을 두고 있으며, 수업을 어떻게 계획하는지, 실제 교실에서 특정 수업 때 무슨 일이 일어나는지, 그리고 어떻게 이러한 수업들이 지속적으로 개선될 수 있는지에 주목하였다. 예를 들어, 수업 연구에서 교사집단은 새로운 수업을 설계하거나 기존의 수업을 재설계하기 위해 몇 달 동안 정기적으로 만난다. 이 수업은 "비평가 친구"의 피드백을 제공하는 동료들의 관점에서 시행된다(Stigler & Hiebert, 1999). 비평과 이에 수반되는 제안들은 교사가 아니라 수업 자체를 향한다. 따라서 일이 잘 풀리지 않으면, 수업하는 사람이 아닌, 모든 사람이 수업 그 자체를 개선하거나 재정의하기 위해 더 열심히 노력해야 한다고 가정한다. 이러한 가정에서 수업 개선이 시도되며, 이어서 또 다른 비평과 더 많은 변화들이 뒤따른다(Stigler & Hiebert, 1999). 학교에서 이 개념을 어떻게 사용되는지를 설명하기 위해, Lovejoy 초등학교에서 독해력이 어떻게 향상되었는지를 설명하는 시나리오가 아래에 제시되어 있다.

## LoveJoy 초등학교에서의 읽기 능력 제고하기

Lovejoy 초등학교의 읽기 점수가 떨어지고 있었다. 이 문제에 대한 해결책을 찾기 위해, 3학년 독해 팀은 3학년 성적에 대한 검토를 실시했다. 검토 결과, 문제가 독해력에 있음이 밝혀졌다. 학생들은 이야기를 읽을 수는 있었지만, 그들이 읽은 내용을 설명할 수는 없었다. 이 문제를 해결하기 위해, 연구팀은 학생들이 이해하면서 읽을 수 있도록 이를 배울 수 있는 수업을 계획하기로 결정했다. 교사들은 책을 읽고, 독해력을 연구했으며, 비슷한 문제를 겪은 다른 학교들을 방문했다. 이 팀은 Lovejoy의 3학년 학생들이 겪고 있는 문제를 해결하는 데 관심이 있었을 뿐만 아니라, 학생들이 왜 자신들이 읽은 것을 이해하지 못했는지도 알고 싶었다. 몇 달 후, 그 팀은 고안된 수업 계획의 초안을 완성했다. 가능한 최고의 수업을 시행하고자 하는 팀은 전체 교수진에게 그들의 계획을 발표하고 비판적인 피드백을 요청했다. 받은 피드백이 검토되고, 수정되었으며, 수업 준비가 이루어졌다.

3학년 팀은 네 명(Williams, Coleman, Harris, Green)의 선생님으로 구성되어 있다. Harris가 계획된 수업을 하기로 결정했으며, 수업 날짜가 정해졌다. 수업이 진행되기 전 팀의 모든 구성원은 수업에 사용될 자료를 준비하고 과정과 절차에 대해 논의하였다. 수업 당일 교장은 대체 교사에게 수업을 맡겨 Williams, Coleman, Green 등이 수업에 참석할 수 있도록 하였다. 참관하는 동안 그들이 직접적으로 교수 활동에 참여하지 않았다. 오히려 그들은 단순히 관찰하고, 교실을 돌아다니며, Harris가 수업할 때 무슨 일이 일어나고 있는지에 대해 메모를 했다.

Harris의 수업이 끝난 후, 보고를 위한 시간이 마련되었다. 보고 세션 동안 Harris는 사용된 과정과 절차를 기술하고 그녀가 경험한 문제를 강조하면서 수업에 대한 관점을 제시하였다. 그녀의 논평 이후, 팀의 다른 멤버들의 의견이 검토되었다. 그들은 Harris와 그녀의 교수활동에 초점을 맞추지 않았다. 오히려 그들의 논평은 수업, 수업 자료의 효과, 학생 참여, 그리고 그 수업을 개선하는데 필요한 것들에 초점을 두었다.

보고회 이후 수업계획이 수정되었다. 일부 수업 자료는 삭제되고 다른 수업 자료들이 추가되었다. 수업 후반부에 학생들이 흥미를 잃었다고 판단되어 활동시간(time-on-task)이 수정되었다. 수업 계획이 수정된 후, 두 번째 수업 날짜가 계획되었다. 연구팀은 Green 씨가 두 번째 수업을 진행하기로 결정했고, Green이 수정된 수업 계획을 사용하여 수업하기로 했다. 계획의 효과성을 높이고 연구를 강화할 수 있는 비평가 친구들의 논평을 듣기 위해, 모든 교수진이 Green의 수업에 초대되었다.

Green의 수업에 이어 두 번째 보고회가 있었다. 두 번째 보고회는 첫 번째와 유사한 패턴을 따랐다. Green의 논평을 들은 후, 교수진이 논평을 하였고, 3학년 팀이 수업계획을 수정하는 데 도움을 주었다. 실제 나눔이 일어났고, 학생들에게 독해력을 가르치기 위한 수업계획이 더욱 개선되었다. 결과는 매우 효과적이어서 Coleman은 연구 보고서를 발전시켜, 그녀가 다니는 지방 대학 학생들에게 이를 보여주었다. 또한, 3학년 팀은 출판을 위해 원고를 한 저널에 제출하였다.

Lovejoy 초등학교에서 일어난 일은 우리 학교의 장학을 위한 하나의 선택 사항으로 얼마나 실행 가능한가? 당신이 수행하는 방식을 이러한 접근방식에 맞추기 위해 어떠한 조정이 필요한가? 여러분 학교의 몇몇 교사들과 시나리오를 공유해보세요. 그들의 반응은 어떠한가? 이러한 과정이 당신의 학교에서 읽기 수업을 개선하기 위해 어떻게 사용될 수 있는지에 대해 그들이 어떠한 제안을 하는가?

개념과 실행에 있어서 너무나 많은 문화적 차이를 지니고 있기 때문에, 우리는 아이디어 전체를 우리 학교에 차용하는 것에 신중해야만 한다. 하지만, 이 수업 연구를 우리 문화에 적용하는 것은 고려해볼 만한 가치가 있다. 적어도, 이러한 수업 연구는 일련의 지침과 표준을 개발하는 데 도움이 될 수 있다. 이러한 지침과 표준은 의도하는 측면에서 유사하지만, 우리 학교만을 위한 독특한 것을 창안해내는 데에도 사용될 수 있다.

## 동료장학

임상장학에 대한 구조적이고 형식적인 접근법의 대안은 좀 더 비공식적으로 함께 일하는 교사들이 서로 동료로서 의지하는 것이다. 때로는 특정한 단계와 (통신)규약을 따르지만, 교사들은 어떤 것이 어떻게 사용될지를 함께 결정한다. 때때로, 장학의 구조는 연구 중인 문제에 관한 대화와 교사들의 고유한 상황적 맥락에서의 우려 사항에서 발생한다. 예를 들어, 일부 학교에서는 교사들을 세 팀으로 구성할 수도 있다. 그러한 팀을 구성할 때, 교사들은 그들이 누구와 함께 일하고 싶은지를 나타낼 기회를 가질 수 있다. 종종 팀의 구성원 중 한 명은 교장에 의해 선발되지만, 팀을 선발하기 위한 엄격한 규칙은 없다. 일단 팀이 구성되면, 팀들은 공식적인 임상장학에서 덜 집중적이고 더 비공식적인 과정에 이르는 다양한 방법으로 함께 일하는 것을 선택할 수 있다. 예를 들어, 그들은 단순히 서로의 수업을 관찰하고, 관찰되는 선생님의 요구에 따라 도움을 주는 것에 동의할 수 있다. 그런 다음 교사들은 서로에 대해 비공식적인 피드백을 주고, 그들이 중요하다고 생각하는 교수 문제에 관해 토론하면서 의견을 나눌 수 있다. 다른 경우에는 특정 교수 활동의 단계와 수업 설계 요소에 의존하는 접근방식이 사용될 수 있다. 이 경우, 교수 활동에 대한 강조는 교사가 확인한 특정 문제에 국한될 수 있다. 또 다른 경우에는 교수 활동에 대한 일반적인 느낌이나 표현을 제공하기 위해 초점이 맞추어지지 않은 것이 강조될 수 있다. 팀 구성원들이 사전에 만나서 관찰과 후속 대화나 협의회를 위한 '규칙과 문제'를 결정할 필요가 있다.

교실 관찰을 넘어서는 동료장학이 필요하다. 그것은 교사들이 그들이 직면하고 있는 문제에 대해 비공식적으로 토론하고, 아이디어를 공유하고, 수업을 준비하면서 서로 돕고, 생각을 교환하며, 서로 다른 지원을 제공할 수 있는 환경을 제공한다. 동료 장학의 구현을 추구하는 교장을 위한 몇 가지 제안이 [참고 13.4]에 제시되어 있다.

[참고 13.4] 동료장학 실행을 위한 지침

1. 교사들은 그들과 함께 일하는 사람을 결정할 때 목소리를 낼 수 있어야 한다.
2. 교장은 동료장학팀을 구성하는데 최종 책임을 져야 한다.
3. 동료 장학의 구조는 팀들이 어떻게, 어떤 방식으로 시간을 사용하였는지 기록하고, 동료 장학 활동에 대한 일반적인 비평가적 설명을 제공할 수 있도록 충분히 형식적이어야 한다. 이 기록은 매년 교장에게 제출되어야 한다.
4. 교장은 동료장학팀이 정규 수업시간 동안 활동할 수 있도록 필요한 자원과 행정적인 지원을 제공해야 한다. 예를 들어, 교장은 팀원들이 쉽게 협력할 수 있도록 혁신적인 스케줄 조정을 제공하기 위해, 그리고 필요에 따라 수업을 보충하기 위한 자원봉사를 할 수 있다.
5. 교수-학습에 대해 팀 내에서 생성된 정보가 다소 평가적인 것으로 여겨질 수 있다면, 해당 정보는 팀 내에서만 머물러야 하며, 교장과 공유되어서는 안 된다.
6. 교장은 한 교사로부터 다른 교사에 대한 평가자료를 구해서는 안 된다.
7. 각 교사는 자신의 실천을 성찰하고 동료장학 활동의 결과로 전문적으로 성장하고 있음을 증명하는 전문성 성장 기록을 유지해야 한다.
8. 교장은 동료장학 과정에 대한 정보의 공유와 일반적인 평가를 목적으로 1년에 1회 이상 동료장학팀을 만나야 한다.
9. 교장은 1년에 한 번 이상 각 동료장학팀 구성원과 개별적으로 만나 그들의 전문적 성장 기록에 대해 논의하고 필요한 격려와 지원을 제공해야 한다.
10. 일반적으로 매 2년 또는 3년마다 새로운 팀을 구성해야 한다.

# 학생 과업 들여다보기

학교를 전문적 학습공동체로 설립하는 것은 교사의 학습과 학생의 성공에 있어서 핵심적이다. 전문적 학습공동체는 학교 또는 학교 내의 그룹 네트워크로서, 교사들이 서로 보살핌과 지원을 위해 의존하고, 공유된 실천의 구성원으로서 함께 배우고 연구한다. 협력은 중요한 특징이다. 예를 들어, Richard Dufour와 전문적 학습공동체(PLC)에 대한 그의 동료의 작업을 보라(Dufour, 2003; Dufour, Dufour, Eaker, & Many, 2006). 이 저자들은 '교사들에게 강력한 피드백을 제공하고 자료를 교수·학습을 향상시킬 수 있는 정보로 바꾸는 가장 좋은 방법은 팀이 개발하고 분석한 공동 형성평가를 통해서'라고 믿는다(DuFour. et al., 2006, 148쪽). 그들은 "만약 어떤 학교가 전문적 학습공동체(PLC)[6]로서 기능할 수 있는 *교직원의 교수－학습 능력을 개발하기 위해서는,* 각 교사들이 협력팀이 정한 *합의된 숙련도 기준*을 충족함에 있어서, 학생들의 수행에 대한 피드백을 *적시에* 받도록 시스템을 만들어야 한다"고 주장한다. (DuFour et al., 2006, 149쪽). 이런 종류의 효과적인 학습은 학교가 전문적인 학습공동체로 전환될 때 활성화될 수 있다고 주장한다.

유사한 맥락의 연구와 실천은 비평가 친구 집단(CFGs)[7]으로 알려져 있나. Daniel Baron(2005)에 따르면 비평가 친구 집단(CFGs)은 "일반적으로 6명에서 12명의 교사로 구성된 전문적 학습공동체"이다. Baron은 국립학교 개혁 교수진의 공동 이사이며, 학교 개혁에 대한 비평가 친구 집단 접근방식의 후원자이기도 하다.

전문적 학습공동체(PLC)와 비평가 친구 집단(CFGs) 운동 모두 학교를 교사 업무와 학생 학습을 위한 환경을 재정의하는 협력적 문화의 실천 공동체로 변화시킴으로써 개선하려고 한다. 이상적으로 전문적 학습공동체(PLC)는 교사들이 함께 계획하고, 함께 가르치고, 결과를 평가하는 공유된 실천 네트워크를 나타낸다. 비평가 친구 집단(CFG)은 회의와 다른 모임을 통해 교사들이 그들의 교실로 돌아가 학교를 개선하는 데 도움이 되는 강력한 전문성 개발 경험을 제공한다.

Baron은 비평가 친구 집단(CFGs)에 대한 다음과 같이 간단히 이야기한다.

CFG는 보통 2시간에서 2시간 반 정도 동안 한 달에 한두 번 만나 서로의 일을 공개하고, 서로의 학습을 돕겠다고 다짐한 한 학교의 소규모 교사 집단이다. 그 개념은 가르치는 것은 매우 고립된 직업이고, 어떤 의미에서 결국 교사는 전문적 학습 공동체의 삶의 밖에 놓이게 된

---

6) Professional Learning Community

7) Critical Friend Groups

다는 것이다. 전문적 학습공동체는 학습자의 필요를 더욱 충족시키기 위해 그들의 일을 조정하기 위한 피드백을 그들의 동료들로부터 받기 위한 목적으로 그들의 일을 동료들에게 공개하는 실천가들의 모임을 의미한다. 그래서 교사들은 정기적으로 자신의 단위 수업계획, 그들이 개발한 평가도구들, 그리고 과제와 평가에 의한 학생들의 결과물들을 가져와 동료들과 만나 논의한다. (2005, p. 18)

학생들의 결과물들을 검토하는 것은 공동체를 구축하는 강력한 방법 중 하나이다. 교사들이 함께 학생들의 결과물을 볼 때, 그들은 서로 더 자주 그리고 더 사려 깊게 말하게 된다. 이런 식의 성찰은 종종 개인의 실천을 개선하는 것으로 이어진다. Tina Blythe, David Allen, & Barbara Powell(1999)은 "예를 들어, 학년 수준이나 교과목 내에서 공통 기준을 개발할 때, 협력과 대화를 필요로 하는 학생들의 결과물들을 살펴보는 데는 몇 가지 목적이 있다. 이러한 목적을 달성하기 위해 학교나 교사집단은 기준을 개발할 뿐만 아니라 이러한 기준이 무엇을 의미하고 이를 학생활동에 어떻게 적용할 것인지에 대한 공통된 이해를 개발해야 한다. 사실상 학생들의 결과물을 검토하고 토론하는 것은 이러한 목표를 달성하기 위한 유일한 방법이다"(p. 4).

11장에서는 참 학습의 기준들이 논의되었다. Newmann, Secada & Wehlage (1995)는 참 교육을 평가하기 위한 세 갈래 전략을 제안하였다.

1. 교사들이 학생들에게 완성하도록 한 과제물 평가하기
2. 교실수업 참관 시 교수 및 학습의 역동성 평가하기
3. 학생들이 실제로 수행한 결과물 평가하기

Newmann과 그의 동료들은 또한 연구에 기반한 기준과 채점 준거를 제공한다. 그들은 독자들이 "교사가 부여하는 과제의 평가를 위한 기준 및 채점 준거"를 참조하도록 하고, 교사들이 주는 실제 과제와 학생들이 수행한 실제 결과물을 검토하기 위해 제공된 기준과 평가표를 사용하도록 한다. 이러한 학생 과업 프로토콜은 매우 우수하며 다양한 상황에 맞게 다양한 방식으로 조정될 수 있다.

# 코칭

　　교사의 학습이 학생들의 성적을 향상시키기 위한 강력한 전략이라는 점에 반대하는 사람은 거의 없을 것이다. 하지만 우리는 더 잘 할 수 있다. 교사의 학습이 교수 활동으로부터 분리되거나, 교사가 혼자 배우거나, 배움이 개인의 사유재(private good)로 간주되는 이러한 장면들이 너무 자주 일어난다. 코칭은 이 모든 것을 바꿀 수 있다. 좋은 코칭은 교사들의 교실에 내재되어 있고, 동시에 교사들이 가르치고, 협력하며, 공공의 이익을 목표로 한다. 코치는 교사들과 나란히 함께 일하고, 그들의 업무를 관찰하며, 그들이 관심있어 하는 질문을 연구하도록 돕고, 비판을 제공하고, 효과적인 교수법의 모델이 된다. 코칭의 목표는 교사들이 매우 단순한 가치를 존중하기 위해 협력하는 실천 공동체를 개발하는 것을 돕는 것이다. 우리가 함께 배울 때 우리는 더 많이 배우고, 더 많이 배울 때, 우리 학생들에게 더 효과적으로 제공할 수 있을 것이다. 전문성 개발은 코칭이 개입될 때 다른 의미를 갖는다. 전문성 개발은 다음과 같은 특성을 가지고 있다.

- 깊은 탐구, 성찰, 그리고 실험에 근거함
- 협력적, 개인보다는 실천 공동체로서 교사에 초점을 둠
- 모델링에 의해 유지되고 지원됨
- 실제 교수활동이 진행되는 동안 학생들과 교사들의 직무가 연계되어 추진됨
- 교사가 학습하는 동안 교수활동 업무에 참여함
- 보다 큰 목적에 연결됨(Darling-Hammond & McLaughlin, 1995; Neufeld & Roper, 2003, p. 3에서 재인용)

　　코칭은 교사의 필요와 관심에 의해서뿐만 아니라 학교의 목표와 목적에 의해서도 추진되어야 한다. 다음 절에서는 학교에서 일어나는 다양한 유형의 코칭에 대해 설명한다. 하지만, 이들 모두는 교사들의 협업이 전제가 되어야 한다.

## 학교 기반 코칭

연구에 따르면 학생 성취를 결정하는 단 하나의 요소는 '교실에서의 교수적 실천의 개선'인 것으로 나타났다(Honawar, 2008). 일반적으로 교사들에게 일대일 전문적 지원을 제공하는 학교 기반 코치들은 특정 과목 영역 또는 교수활동 전략의 전문가들이다. 그들은 교사들에게 특정 전략이 어떻게 그리고 왜 학생들에게 변화를 가져올지를 보여주면서 사기를 향상시키고 성적을 올리기 위해 노력한다(Russo, 2004).

학교에 기반을 둔 코칭은 보통 외부인이 참여하지 않는다는 점에서 전통적 전문성 개발 프로그램에 비해 개선된 것이다. 반대로, 학교 기반 코칭은 교사들이 동료들과 협력할 수 있게 해주며, 그들 학생들의 고유한 문제들을 해결할 수 있게 해준다. 그들은 전략, 기술, 자원을 공유한다. 이러한 상호작용은 교사들이 학생들의 성적을 향상시키기 위한 목적으로 그들의 실천을 성찰할 수 있게 한다.

학교구들은 교사들을 내부로부터 성장시키기 위해 성찰적 실천을 받아들였다. 그것은 피드백을 제공할 수 있는 다른 동료교사 혹은 코치와 캡쳐된 비디오 정보를 공유함으로써 자아 인식을 개발할 수 있도록 한다. 학교 문화가 성찰적 실천을 수용하면 모든 이해관계자들은 학습자가 되며, 공유된 학습은 교실에서 입증될 것이다(Honawar, 2008). 학교 기반 코칭의 다른 이점은 다음과 같다: 조직화된 학습공동체, 지속적인 수업 개선을 위한 효과적인 리더십, 개선된 교실에서의 실천, 연구 모범 사례를 기반으로 한 교실 전략과 의사결정 기술의 사용, 교사 협업(Russo, 2004).

# 순회하는 리더로서 코치

우리가 그들을 필요로 할 때 순회하는 리더들(Roving leaders)이 거기에 있다. 그들은 즉시 도와줄 준비가 되어있는 순회하는 코치들이다. Herman Miller 가구 회사의 유명 사장인 Max DePree는 코치를 "우리 삶에서 필수불가결한 사람들"이라고 표현하고 있다. 만약 당신이 코치가 필요하다면, 하나를 잡아라. 좋은 코치는 순회하면서 코칭을 실천한다.

코치는 우리가 할 수 있다는 것을 우리에게 말해줌으로써 우리를 흥분시키는 치어

리더들이 아니다. 대신, 그들은 우리가 무엇을 해야 하는지 알 수 있게 해주고, 우리가 그것을 어떻게 해야 하고 그것을 잘 할 수 있도록 도와주는 동료들이다. 치어리더가 된다는 것은 리더에게 방관자의 역할을 맡기는 것이다. 방관자는 곁에서 일하지만, 교사의 공유된 실천 공동체의 능동적인 구성원으로서, 동료로서, 그리고 파트너로서 관여하지 않는다. 치어리더 역할에서 빠진 건 관계이다. Peters & Austin(1985)이 말한 바와 같이, 코칭의 중심에는 개인적인 관계가 있다. "관계란 접촉에 달려 있다. 연락이 없이는 관계도 없다"(p. 388). 관계를 맺는 것은 결코 쉽지 않다. 그래서 효과적인 코칭은 시간, 관심, 재능의 투자를 필요로 한다.

코칭의 중요한 목적 중 하나는 상호 호혜적인 배움을 낳는 방식으로 사람들의 능력을 기르는 것이다. 교사와 코치는 함께 배운다. 아마도 더 중요한 두 번째 목적은 학교에서 공유되는 가치를 강화하고, 공통 의제를 만들고, 우리의 목적을 달성하기 위한 더 나은 방법을 찾기 위해 협력하는 것이다. 우리가 왜 여기 있는가? 우리는 무엇을 성취하려고 노력하는가? 우리의 결정이 이해 가능한가? 이러한 질문에 대한 대답이 더 큰 목적을 이해하는 데 어떻게 도움이 되는가? 코칭은 확실히 효과적이지만, 이는 또한 가치를 형성하고 규범적인 문화를 구축하는 것에 관한 것이다.

코칭의 핵심은 신뢰가 커짐에 따라 발전하는 결속력이다. 코칭은 결국 학습을 위한 친밀한 전략이다. 다른 사람의 실천에 도움이 되는 방법으로 개입하는 것은 높은 수준의 진정성을 필요로 한다. 이러한 종류의 관계는 코치가 다음과 같은 방식으로 행동할 때 위협받는다.

- 교사들이 지나치게 의존하도록 장려함
- 코칭 역할을 사용하여 안내 및 지원보다는 사람들이 하는 일을 통제함
- 나쁜 소식으로부터 사람들을 보호함
- 교사들이 듣고 싶어하는 것만 말함

# 교사 협력

교사들의 협력은 성공 가능성을 향상시킬 수 있는 가장 효과적인 방법 중 하나로

유명하다(Ballard & Bates, 2008). 이전 장에서 교사들의 협력에 관한 많은 논의가 있었다. 우리는 교사들이 관계를 구축하고, 팀을 구성하며, 협력해야 할 필요성을 아무리 강조해도 지나치지 않는다. 교사들의 팀은 개인이 고립되어 일하는 것보다 훨씬 더 강력하다. 팀 내에서 일하는 교사들은 전문적 학습공동체를 형성할 수 있다. 전문적 학습공동체에서 교사들은 문제를 해결하기 위해 성찰하고, 전략화하고, 실험하며, 지속적인 개선 주기를 재평가할 기회를 갖는다(Ballard & Bates, 2008). 그들은 자료를 분석하고 그 결과 그들의 수업에서 학생들의 요구를 정확히 파악하고 해결한다. 그들은 집단적으로 확립된 규범에 따라 일함으로써, 그들의 시간과 실천을 극대화한다. 그들은 학생들의 과제, 공통/형성평가 결과, 그리고 가장 효과적인 수업 전략에서 중요한 것에 대해 지속적으로 의사소통한다. 협력하는 교사들은 교재뿐만 아니라 수업 연구에도 참여한다. 협력 과정을 지속하는 동안, 수업목표를 설정하고, 최상의 교수 전략에 관한 연구를 수행할 수 있다(Ballard & Bates, 2008).

## 진화하는 직업

코칭과 같은 학교 기반의 교직원 개발을 실천하는 많은 사람들은 다양한 직함을 가지고 있다. 일부는 코치라고 불리지만, 다른 이들은 교직원 개발 교사, 선도 교사, 수업 코디네이터, 어드바이져, 그리고 멘토 교사라고 불린다. 그들의 직무도 다양하다. 몇몇은 단지 교감(assistant principals)의 복제품 뿐일 수도 있다. 다른 이들은 주의 책무성 평가에 대응하여 학교의 노력을 장학할 책임이 있다. 코치들은 무엇을 하든, 그들은 학문적이고 교육적인 코치여야 한다.

# [13장 마무리 활동]

## 자신에 대한 이해

    <<안내사항>> 이 장에서 논의된 내용에 대한 이해도를 높이고, 당신의 생각, 가치, 신념이 그 내용과 얼마나 관련되어 있는지에 대한 성찰을 위해, 다음 각각의 질문 혹은 진술문을 읽고 응답해 보세요. 응답을 모색하는 과정에서, 이 장에서 논의된 내용을 리뷰하는 것이 도움을 줄 수 있을 것입니다.

1. 좋은 코칭을 설명하는 교직원 회보(newsletter)를 위한 짧은 기사를 준비하십시오. 좋은 코칭은 교실의 교사를 포함하며, 교사들이 가르치고, 협력하며, 공공의 이익을 목표로 하는 좋은 코칭에 대한 설명을 당신의 틀에 사용하시오. 코지는 교사들과 함께 일하고, 그들이 관심있어 하는 질문을 연구하는 데 도움을 주고, 비판을 제공하며, 효과적인 교수법의 모델이 되는 것을 돕습니다. 코칭의 목표는 교사들이 매우 명확한 가치를 지키기 위해 협력하는 실천 공동체를 개발하는 것을 돕는 것입니다. 우리가 함께 배울 때, 그리고 더 배울 때, 우리는 더욱 효과적일 수 있습니다.

2. 이 장에서 우리는 교장이 일을 올바르게 하는 것(doing things right)으로부터 교장이 옳은 일을 하는 것(doing right things)에 중점을 두는 것으로 변화가 있음에 주목하였습니다. 이러한 설명이 당신 학교의 교장과 어느 정도 일치합니까? 예를 들어보세요.

## 시나리오 분석

    <<안내사항>> 이 시나리오에서는 본 장에서 다루어진 개념들이 실제에서 어떻게 적용되고 있는지를 보여줍니다. 시나리오 뒤에 일련의 질문들이 제시됩니다. 시나리오를 읽고 난 후 각 질문에 답하세요. 질문들에 답하는 데 어려움을 느낀다면, 이

장의 주요 내용을 다시 읽어봄으로써 도움을 받을 수 있을 것입니다.

# FROST 중학교에서의 수업 리더십 실천

Frost 중학교는 21년 동안 존재해왔다. 지난 10년 동안 학생 수는 계속해서 변해왔고, 현재 인구 통계는 주로 육체노동자(blue collar) 공동체로 매우 다양한 학생 인구를 보인다. 최근 경기 침체 이후, 많은 수의 비교적 부유한 학생들의 부모들은 그들의 직업을 잃거나, 가장 수익성 높은 허브 공항의 폐쇄와 이전으로 떠나갔다. 허브 공항의 폐쇄는 그 지역의 인구통계 변화를 야기했다. 많은 교직원들이 (경력 없이 처음 일하는) 신규 직원이었기에, Frost 교직원들에게 인구 통계적 변화는 다루기가 어려웠으며, 현재 그들은 학생들의 교육적 요구의 변화를 다루는 도전을 경험하고 있다. 게다가, 지난 6년 동안 이 학교에는 3명의 교장이 있었고, 새로운 교장인 Cook 박사는 장시간 일하고, 다양한 중재 프로그램을 시행하고, 학생들을 교정하기 위해 수업을 준비하는 계획 시간을 줄일 것을 요구하고 있다.

## Cook 교장의 기대에 대한 교직원의 반응

Williams는 교사 휴게실에 있는 동료들에게 Cook 교장의 리더십 기대감에 대해 다음과 같은 성명을 발표하였다. "나는 새로운 교장이 오기 훨씬 전부터 여기 있었고, 그보다 오래 있을 것이다." Adams는 "그래, 그는 계속해서 협력에 관해 이야기하고 있으나, 나는 혼자 일하는 것을 즐긴다."고 논평하였다. Williams 씨는 대화에 참여하여 이렇게 말했다. "나의 교수 활동을 관찰하고 나서, 그는 나에게 몇 가지 수업 연구에 참여하는 것에 대해 말했다. 나는 스페인어를 가르치는데, 그가 스페인어를 할 수 있는가?" Washington는 "문제를 일으키는 것은 교직원들이 아니라 학생들이다. 진정한 의미에서의 괜찮은 학생들이 있었을 때, 우리는 그리 많은 문제를 가지고 있지 않았다. 나는 더 이상의 장학이 필요하지 않다. 나는 배우고 싶은 학생들이 필요하다."

## Frost의 교직원

Frost의 교직원은 6학년에서 8학년으로 구성되며 각 학년에는 '부장(chair)'이 있다. 학년 부장은 이 학교에서 가장 오랜 시간 있었던 교사들로 구성되며, 학년 부장들은 두 번의 계획 기간을 가지고 있으며, 어려운 학생들을 포함한 과정만을 배정받는다. 교장의 행정 팀의 일원이었던 이전의 8학년의 부장은 이전 교장에 의해 마지못해 과학실에 다시 배치되었다. 학년 부장의 자리를 잃은 후, 그녀는 과제의 양을 늘리고, 모든 학생들이 과제를 완수하게 하였으며, 학생들이 미술이나 음악 수업시간에 실험실을 정리하는 것을 도와 추가적인 학점을 얻도록 하는 데 주력해왔다. 모든 실천이 Cook 박사가 추구하는 프로그램이 아니다. 그럼에도 불구하고 다른 교수진들은 그녀를 신뢰할 수 있는 조언자이자 보호자로 여기고 있으며, 많은 사람들이 그녀를 따랐다. 평가는 8학년 교수진들에게 문제가 되지 않았다. 왜냐하면 현재 8학년 부장은 그들의 교수활동과 동료들과의 사회적 상호작용을 지지하기 때문이다.

## Cook 교장의 리더십 행동

Cook 교장이 Frost에 왔을 때, 그는 교수진의 효과성과 학생들의 성장, 성취 점수를 검토했다. 그는 40명의 교수진 중 30명은 교사 효과성 틀에서 4, 5단계, 5명은 3단계를, 나머지 5명은 2단계(효과성 미달)를 기록한다는 것을 알게 되었다. 전임 교장에 의해 모두가 현재의 학년으로 되돌아가라는 요청을 받았고, 그는 효과성 미달 점수를 받은 이들을 위한 효과적인 전문적 학습 계획이 없다는 사실을 알게 되었다. 학생들의 점수가 교사들의 수행 수준과 일치하지 않았다. 사실, Cook 교장은 전체 학교가 성장과 성취에 있어 능숙하지 못하다는 것을 발견했다. 많은 학생들, 특히 증가하는 SPED 지역 학생들은 학년말에 주 정부에서 실시하는 시험에서 숙련도 이하의 점수를 받았다. 게다가, 그는 지역 자료를 검토하면서, Frost 중학교 학생들이 고등학교 영어와 대수학 수업에서 보충 수업을 듣는다는 것을 알게 되었다. 다른 두 중학교 출신의 학생 수보다 상당히 많은 수의 학생들이 이러한 강좌를 이수할 것을 요구 받았다. 이상하게도, "교장과의 만남"에서 그가 만난 Frost 부모들은 학생들의 학업 성적에 대한 실망이나 고등학교에 대한 걱정을 언급하지는 않았다. 대신 몇몇 사람들은 교사면담의 어려움과 매주 주어지는 과도한 양의 숙제 등에 대해 이야기했다.

## Cook 교장의 관찰

다음 몇 달 동안 Cook 교장은 수업시간, 복도, 공유된 계획 시간에 등 많은 수업들을 관찰했다. 그는 많은 교사들이 학생들과의 교류가 거의 없이 파워포인트로 강의를 자주 한다는 것을 발견했다. 또한, 그는 교사들이 학생들에게 조용하고 순종적인 것에 대해 보상하는 것을 지켜보았다. 만약 학생들이 불복종한다면, 그들을 복도에 앉히는 것이 벌칙이었다. 이것은 교사들이 학생들을 벌하는 방식이었다. 한쪽 또는 두쪽(교실에 따라 다름)을 옮겨 적어야 학생들은 다시 교실로 들어올 수 있었다. 만약 금요일이 시험 날이었다면, 8학년 선생님들 중 일부는 교사들이 시험지침을 검토하는 동안 학생들이 대화를 하다가 걸리면 시험에서 0점을 주었다. 게다가, 그 학생들은 시험이 끝날 때까지 복도에 있도록 보내질 것이다. 어느 특정한 시험 날, 2교시 동안 Cook 교장이 세어보니 복도에서 11명의 학생들이 있었다. 마지막 7교시까지, 그 수는 18명으로 늘어났다. 18명 중 12명은 아프리카계 미국인 남성이었다. Cook 교장은 빠른 시일 내에 몇 가지 변화가 이루어져야 한다고 결정하였다.

## 성찰적 질문과 시나리오 분석

1. Frost에서의 교수−학습 상황을 어떻게 특징지을 수 있겠습니까? 수업 리더로서, 당신은 구체적으로 어떤 관행을 바꾸시겠습니까?
2. 당신은 Frost에서 교육적 일관성이 있는지 없는지를 어떻게 특징지을 수 있습니까?
3. Frost에서 교육적 일관성을 향상시키기 위해 어떤 조치를 취하시겠습니까?
4. 교사들이 협력하고 함께 배우도록 장려하는 장학 문화를 구축하는 것이 교사들에게 그들의 책무성을 공유하는 것임을 받아들이게 하기 위해 Cook 교장이 사용할 수 있는 리더십은 무엇입니까?
5. 이 장에서 논의된 장학 모델 중 Frost 교사들에게 가장 적합한 모델은 무엇입니까? 당신의 논리를 설명하십시오.
6. Frost의 전문적 학습공동체를 설립하기 위해 어떤 리더십을 실천하시겠습니까?
7. Cook 교장이 "수업 연구"를 실시하기로 결정한다면, 그가 그러한 개념적 접근을 교사들에게 어떻게 제안하는 것이 좋겠습니까?

05

동기부여,
헌신,
그리고
변화

오늘날 교사들이 교수·학습 과정에 보다 효과적으로 참여하고 더 열심히 일할 수 있도록 동기가 유발되기 위해서는 교사들 개인적으로도 만족할 수 있어야 한다. 교사들이 만족할 경우, 학생들의 성취도가 높아지기 때문에 교사들의 직업 만족도는 중요하다. 제5부에서 우리는 교사들의 만족도를 높이고 교사들이 학교 목표 달성에 헌신하고, 변화 과정에 적극적으로 참여하도록 동기를 부여하는 데 사용할 수 있는 접근방식을 다룰 것이다.

14장에서는 교사들을 고립된 상황에서 벗어나 동료들과의 협력을 통해 이익을 얻을 수 있는 상황으로 전환함으로써 교사들의 효과성을 높일 수 있는 방법과 함께 근무 여건 및 직무 충실화(job enrichment)[1]를 위한 활동들에 대해 논의할 것이다. 몇 가지 이론과 직무 특성 모델에 대한 논의가 이루어질 것이며, 독자들은 이러한 요소에 주의를 기울일 필요가 있다.

실적이 저조한 학교들을 변화시키고 변화를 위해 장벽을 제거하는 것이 어려움에도 불구하고, 몇몇 학교 지도자들은 성공을 경험하고 있다. 15장에서는 성공적인 변화로 이끄는 몇 가지 과정, 실천방식 및 절차를 탐구한다. 뿐만 아니라, 교육적 변화의 의미, 지속적인 개선, 학교 개선 이론, 변화에 대한 저항 극복, 변화에 대한 체제적 관점, 도덕적 목적과 같은 영역들에 대해 논의할 것이다. 학교장들은 이러한 실천방식들, 과정 및 절차에 대한 지식들을 참조하여 교육 프로그램의 지속적인 변화를 이끌어갈 수 있는 위치에 있다.

---

1) 직무 충실화: 직무 중에 개인의 책임·달성·승인·승진기회 등의 요인을 보다 많이 활용함으로써 구성원의 만족감 및 생산 의욕을 높이려고 하는 직무 개선방안.

CHAPTER **14** ─────────────

# 동기부여, 헌신, 그리고 교사의 직장

교수·학습에 관하여 교사들이 더 개인적으로 만족하며 더 열심히, 더 현명하게 일하게 하기 위해 학교 내에서 직무의 규모와 근무조건을 어떻게 마련해야 하는지에 대해 많은 것들이 알려져 있다. 교수 활동이 지적으로 만족스럽고, 직업적으로 보람 있으며, 교사들에게 더 재미있을 때, 교사들은 연차가 올라갈수록 그들의 효과성을 계속해서 향상시키려고 할 것이다. 결과적으로 학생들은 더 성공적인 학습자가 될 것이다. 높은 수준의 동기부여와 강한 헌신이 동반되지 않을 때, 교사들은 '정당한 보수를 받는 일'로만 그들의 직업을 인식할 가능성이 있다(Sergiovanni, 1968). 이러한 경우 교사들은 그들의 직업에 최선을 다하기보다는 외적 이익에 따른 기본적인 업무 요건을 충족시키는 것을 중시하게 된다.

교사들의 부정적인 태도는 그 사람이 직무에 가져오는 에너지에 영향을 줄 뿐만 아니라, 더 중요하게 그것은 또한 학생들의 학습에도 영향을 미칠 수 있다. 교사들의 불만족의 정도가 높아지면, 그들의 업무수행은 보수에 따른 기대되는 수준에도 미치지 못할 것이다(Brayfield & Crocett, 1955; Vrocnett; Vroom, 1964). 그들이 하는 일의 의미와 중요성을 잃는다면, 그들은 직장에서 소외되고, 분리될 가능성이 있다. 교사들의 헌신은 사라지고 수행 정도는 낮아지게 된다. 예를 들어, McCoss−Yergian and Krepps(2010)는 연구를 통해 읽고 쓰는 능력에 대한 교사들의 태도가 학생의 교과 성취도에 영향을 미친다는 것을 밝혀냈다.

교사의 동기부여와 헌신을 향상시키는 방법에 대해 알려지고, 그러한 향상과 효과적인 학교 교육 사이의 연관성에도 불구하고, 이러한 지식기반은 정책 개발과 행정적인 실천에는 많은 정보를 제공하지 못한 것으로 보인다. 예를 들어, 주와 지방 정책 입안자들은 '동기부여(motivation)'에 대한 연구에 상반되는 방식으로 학교 조직의 형태, 교육과정 그리고 교사 평가를 자주 변경하도록 지시한다. 잘 만들어진 정책일지라도 이러한 정책 이니셔티브는 교사들의 동기와 헌신을 실제로 억제하거나 줄일 수 있다.

# 정책과 실제의 문제와 모순

이 절에서는 동기부여 관련 연구가 우리에게 말해주는 것과 모순되는 것으로 보이는 정책과 실제의 2가지 예를 다룰 것이다. 고도로 구조화된 실행과 지시, 처방적이고, 표준화된 교육과정과 교수 활동의 형태는 교실과 학교 조직의 형태에서 고립과 개인주의 그리고 교사들 사이의 사회적 상호작용을 줄어들게 한다.

## 교실에서의 관료주의

일반적으로 교직은 초보 단계일지라도 전문직이라 여겨진다. 전문가와 관료들은 직장에서 꽤 다른 방식으로 일한다. 관료들의 일은 그들의 업무 체제에 의해 프로그램화되어 있다. 반면 전문가의 일은 가용한 전문지식과 개별 고객의 요구 사이의 상호작용에서 비롯된다. 예를 들어, Webster는 관료들이 "좁고 경직되고 공식적인 틀에 박힌 일상"을 따르는 것으로 묘사한다. 이와 대조적으로, 전문가들은 그들이 독특한 상황과 개별 고객의 요구에 대응하여 정보에 입각한 판단을 할 수 있는 지식의 일체를 갖고 있다고 가정한다. 전문가들이 실천할 때 정보에 입각한 판단을 할 때, 본질적인 핵심은 그들이 충분하게 재량권을 행사하는 것이다.

1970년대 초반부터 현재까지, 학교에서 어떤 자료를, 누구에게, 얼마나 오랫동안 가르칠지 등을 포함하여 무엇을 가르칠지를 결정하는 데 있어서 강한 중앙집권화 경향을 보여왔다. 예를 들어, 2009년과 2010년에 전국주지사협회센터(National Governors

Association Center)와 주교육부장관협의회(Council of Chief State School Officers: CCSSO)에서 유치원, 초, 중, 고등학교를 위한 공통 핵심 주 표준(Common Core State Standards: CCSS)이 채택되었다. 그 목적은 미국의 학교구에 초, 중, 고등학교에 중앙 집중식 교육을 제공하기 위함이었다. 새로운 공통 핵심 주 표준은 학생들에게 중등과정 이후의 교육이나 노동인구로의 진입을 준비시키기 위함이었다. 주가 교육 문제에 관여해야 하는 타당하고 바람직한 이유들이 많이 있으며, 주는 기준을 설정하고, 지침을 제공하며, 형평성을 촉진하고, 책무성을 보장하는 것과 같은 많은 대안들을 지니고 있었다. 문제는 주가 어느 정도까지 개입해야 하는지와 그 결과가 지나치다는 데 있다. 지역구에 리더십을 제공하는 것은 중요한 부분이다. 그러나 학습을 입법화하는 것[2]과 관료적인 교육 체제를 설치하는 것은 전혀 다른 문제다(Wise, 1979).

표준을 옹호하는 사람들은 표준 기반(standards−based)의 개혁이 교사들과 학교들에게 수단에 대한 재량권을 제공함으로써 전문성을 증진시킨다고 주장한다. 학교와 교사들은 주 표준에 도달할 수 있다면, 그들이 필요하다고 생각하는 것에 대한 결정을 자유롭게 내릴 수 있다는 것이다. 이러한 표준은 주가 제공하는 시험에 의해 측정된다. 그러나 현실에서 목적은 항상 수단을 동원한다. 따라서 시험은 곧 교육과정이 된다. 그러한 교육과정은 특정한 모형의 교수 활동, 스케줄링 형식 및 따라야 하는 다른 각본과 연계된다(전문용어로는 *정렬된다*). '권한 부여'라는 수사와 '표준화된 결과' 그리고 '평가'의 현실은 많은 측면에서 물과 기름 같다.

대체로 교육기관은 다음과 같은 상황을 문제로 본다. 학생과 교사의 교수−학습에 관한 결정에 영향력을 감소시키는 방식으로 교육과정과 교수 활동에 관한 결정이 프로그램화될 때, 비인격적이고 표준적이며 공식적인 학습 목표가 우위를 점하게 된다. 즉, 교수−학습이 "어떤 교사도 사용할 수 있는(teacher−proof)"과 "어떤 학생에게도 사용할 수 있는(student−proof)" 것이 된다. 교사들이 보다 많은 시간을 모니터링, 검사, 규제 및 측정을 통해 학습 과정을 관리하는 데 사용하게 됨에 따라, 수업 리더십은 저지되며, 교사와 학생 모두의 "진정한(authentic)" 교수와 학습에 대한 헌신을 줄이게 된다. 그 결과, 주의 대리인으로서 기능을 하는 학교에 의해 규정된 학습과 의미에 초점을 두게 되는 반면(Coombs, 1959; MacDonald, 1964), 학습에 대한 내재적 동기,

---

2) 학습을 입법화한다는 것은 법에 근거하여, 교육을 운용한다는 것을 의미하는 것으로 보인다.

학생의 필요와 관심에 대응하는 것, 학생들이 스스로 기준을 정하고, 지역적으로 규정된 학습에 덜 초점을 둘 수 있다. 학생의 학습은 교수 활동이 개인적으로 그리고 학교에서 규정한 의미와 학습 성과, 그리고 학생의 내적 학습동기가 균형을 이룰 때 강화된다. 이러한 특징들은 관료적 교수 활동에 의해서는 고무되지 않는다. 관료적 교실의 특징은 [참고 14.1]에 나타나 있다.

[참고 14.1] 관료적 교실의 특징

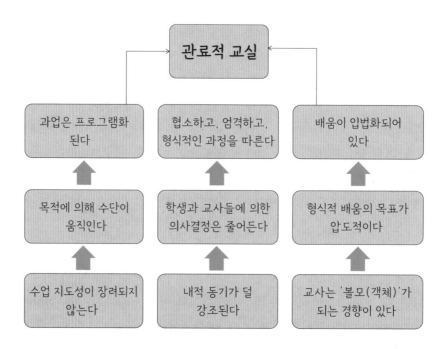

요약하자면, 학교들은 학교 개선에 대한 고부담 표준에 기반한 접근법의 일환으로 주가 요구하는 획일적인 기준을 채택하고 있다(예를 들어, Tucker & Codding, 1998 참조). 이 접근법은 국가가 정한 시험에 의해 기준들이 측정되기 때문에 부담이 크다. 시험에서 좋은 결과를 거둔 학교들은 보상을 받는다. 시험 점수가 향상되지 않으면, 부정적인 제재가 곧 뒤따르기 때문에, 대부분의 주는 낮은 점수의 학생들에게 특별 지

원을 제공한다. 종종, 학생들이 졸업의 요건이나 다음 학년으로 넘어가야 하는 요건으로 통과해야 하는 학기말 시험(exit tests)이 있다.

많은 교장들은 높은 기준을 세우고 향상 정도를 평가하는 것이 교사, 학부모, 학생 등 지역 수준에서 결정할 때 이치에 맞는다고 믿는다. 외부로부터 대규모로 도입되는 통일된 기준들은 너무 자주 지역적 재량권을 침해하고, 학교 조직의 성격을 위험에 빠뜨리며, 지역적인 열망과 요구에 대응하는 학교의 능력을 손상시킨다. 시간이 흐름에 따라, 이러한 침식은 효과적인 교수·학습을 제공하기 위한 노력을 방해한다.

평가 전문가 George F. Madaus(1999)는 "중요한 결정이 시험 결과와 관련이 있다고 여겨지게 되면 교사는 시험(에서 다루어지는 내용)을 가르칠 것입니다"(p. 80)라고 지적했다. 교사들은 시험을 보지 않는 과목을 무시하는 경향이 있으며, 가르치는 과목에서 시험을 보지 않은 주제를 무시하여 교육과정의 범위가 줄어들고 심지어 비뚤어지는 결과를 초래할 것이다. Madaus는 "고부담 시험이 치뤄지는 모든 환경에서 과거의 전통 시험이 발달하게 되어 사실상 교육과정을 정의하게 된다"(p. 83). 시험을 교육과정으로 만드는 것이 교사와 학교의 입장에서는 합리적인 대응처럼 보일 수 있다. 그러나 Madaus이 지적하듯이, 교사의 전문적인 가치가 시험 점수에 의해 결정되면, 교사들은 학생들에게 벼락치기를 하는 전략으로 학생들이 학습해야 하는 개념들을 축소함으로써 개념과 기술을 훼손시킬 것이다. Madaus가 제공하는 또 다른 원칙은 "교사들이 고부담 시험의 질문의 형태(예를 들어, 단답형, 에세이, 객관식)에 특별한 주의를 기울이며, 이에 따라, 그들의 교수 활동을 조정한다"(p. 85). Meier가 지적한 것처럼(Madaus, 1999, p. 86), 독해(및 기타 과목)를 가르치는 것은 독해 시험을 치르는 관행과 매우 흡사하다. 교육과정을 이루는 내용 요소들은 가치 있는 것보다 시험에 출제되는 것에 기반하여 추가되거나 버려진다. 마지막으로, Madaus는 "고부담 시험은 시험을 설정하거나 제어하는 매체로서 교육과정을 통제합니다"(p. 87)라고 주장한다. 이것들은 교사들이 자기 관리 전문가로서 행동하도록 격려하는 조건이 아니다. 뿐만 아니라, 다음에 논의하겠지만, 이러한 조건들이 교수 활동의 효과성을 구축하고, 교사들이 주체적으로 행동하도록 촉구하는 것 또한 아니다.

작업에 대한 동기부여에 관한 연구는 Madaus의 관찰이 다루기 어려운 주제임을 시사한다(Deci, 1995; Kohn, 1993 참조). 학교기반 성과 보상의 동기부여 효과에 관한 최근 연구에서 Kelley(1999)는 다음과 같은 사실을 관찰했다.

인센티브 체제가 의도대로 작동하면, 직원들은 보상을 받는 쪽으로 다른 모든 행동을 바꾸게 됩니다. 따라서 인센티브 제도와 평가도구의 설계가 중요한데, 왜냐하면 측정되지 않거나 쉽게 측정할 수 없는 결과는 교육과정에서 강조되지 않기 때문입니다. 일부 교사는 고차원 기술에 대한 평가의 초점이 기본적인 기술에 관한 관심을 줄이게 되는 결과를 초래하였다고 지적합니다. 다른 교사들은 많은 양의 자료를 다룰 필요가 있기 때문에 진도표를 엄격히 따라야 한다고 지적했습니다. 예를 들어, 한 교사는 학생이 흥미롭고 접하기 쉬운 질문을 던졌을 때, 과거에는 학습에 대한 학생들의 열정을 자극하기 위해 그것에 대한 논의를 계속하였을 것이라고 지적했습니다. 그러나 고부담 평가가 자리 잡으면서, 그녀는 이러한 질문들을 제껴두고, 평가대상이 되는 기술과 주제에 집중할 필요성을 느끼게 되었다고 말했습니다. (p. 320)

## '태생'[3]과 '볼모'[4]로서의 교사

교사의 동기와 헌신에 의한 학습과 관료주의적 교수 활동의 결과는 무엇인가? 교사의 동기부여와 헌신 및 학교 효과성 간에 어떤 관련이 있는가? 성공적인 학교에서는 선생님들이 더 열심히 일하고, 성실하며 학교 일에 더 만족한다. 일에 대한 동기부여에 관한 연구(Hackman & Oldham, 1980; Herzberg, 1966, Peters & Waterman, 1982)는 교사가 동기 부여되는 매우 바람직한 조건을 다음과 같이 제시한다.

- 직장 생활을 *의미있고*, 유목적적이며, 합리적이고, 중요하고, 일 자체가 가치 있고 중요하다고 생각하는 일을 찾아야 한다.
- 그들의 활동 및 업무를 합리적으로 통제하고, 사건 및 상황에 합리적인 *영향력을 행사*할 수 있어야 한다.
- 일과 결과에 대해 *개인적으로 책임을 지는 것*을 경험할 수 있어야 한다.

De Charms(1968)에 따르면, 유의미함, 통제, 그리고 개인적인 책임감은 '볼모'가 아닌 '태생'으로 기능하는 교사의 속성이다. '태생'은 자신이 선택한 것에 의해 자신의

---

3) 원어는 origin. 자신의 선택에 따라 결정한 대로 행동한다고 인식하는 사람. '주체'의 은유적 표현
4) 원어는 pawn. 자신이 통제할 수 없는 외부 세력에 의해 결정된 대로 행동한다고 인식하는 사람. '객체'의 은유적 표현

행동이 결정된다고 인지하는 사람이다. 반면에 '볼모'는 자신의 통제에서 벗어난 외부의 힘에 의해 자신의 행동이 결정된 것으로 인지하는 사람이다. 그는 계속해서,

> '태생'은 개인적 인과관계의 강한 느낌을 가지고 있으며, 그의 환경에 영향을 끼치는 인과관계의 중심이 자신 안에 있다고 느낀다. '볼모'는 자신의 통제를 벗어난 인과적인 힘이나 다른 사람 안에 있는 개인적인 힘 또는 물리적 환경이 그의 행동을 결정한다고 느낀다. 이것은 무력함이나 무능함의 강한 느낌을 구성한다. (p. 274)

개인적 인과관계는 동기부여의 중요한 차원이다. 사람들은 그들 자신의 행동의 '태생'이 되기 위해 사건과 상황에 영향을 미치려고 노력한다. 입법화된 학습과 관료적인 교수 활동은 '볼모'와 관련 있는 작업 여건을 만들어냄으로써 개인적인 인과관계를 위협한다. 교사들 사이의 '볼모'로서의 감정과 행동을 언급하면서, 경제학자이자 노벨상 수상자인 Theodore Schultz(1982)는 다음과 같이 말하였다.

> 학교 교사들의 이러한 태도의 대부분은 학교가 조직되고 운영되는 방식에 비추어 예상되었어야 했다. 교육과정은 그들이 결정할 수 있는 것이 아니며, 가르쳐져야 하는 과정의 내용과 따라야 할 계획들도... 교사들의 성과를 평가할 때 인센티브가 중요하다는 것은 경제학에서 중요하게 여기는 부분이다. 학교 교사들은 그들에게 열려있는 국한된 기회에 대응하고 있다. 그들은 로봇이 아니라 유의미하고 보람있는 사항을 선택하고 해석하며 행동하는 인간 행위자이다. (p. 43)

## 그렇게 간단하지 않다

여기에는 패러독스가 있다. 한편으로 명확한 명령, 임무 진술, 기준과 목표, 목적의 목록, 그리고 교사들의 높은 성취 기대는 교사들에게 무엇이 중요한지에 대한 명확한 신호와 필요한 방향 감각을 제공한다. 이러한 깨달음은 리더십의 목적과 상징적, 문화적 측면의 개념에 대해 논의한 이전의 장들에서의 중요한 리더십의 주제였다. 반면, 이와 같이 명령들을 상세히 기술하고 규정하게 되면, 교사들이 '태생'이 아닌 '볼모'라

느끼게 될 것이고 동기부여에 문제가 생긴다. 그럼에도 불구하고, 교사들이 학교의 목적이 무엇인지 알고, 학교운영의 목표와 목적에 따라 바꿀 수 있다는 것을 아는 것은 중요한 것처럼 보인다.

예를 들어 기대이론(Vroom, 1964)은 교사들이 목표를 이해하고, 교사들이 목표를 달성할 수 있는 수단과 자원을 지니고 있으며, 그리고 교사들이 개인적으로 가치 있는 결과를 가져올 것이라고 믿을 때, 동기부여가 될 수 있음을 제안한다. 이러한 측면은 교장들이 걸을 수 있는 또 다른 줄타기를 제공한다. 목표가 이치에 맞음에도 불구하고, 만약 교사들이 하는 일을 대본으로 너무 세세하고 광범위하게 작성한다면, 오히려 역효과를 낼 것이다.

교장들은 목표와 교사들이 하는 일을 지나치게 제한하는 목표 사이의 미묘한 균형을 모니터링해야 할 책임이 있다. 교장들이 교사들로 하여금 주체라 느끼고 행동하도록 촉진하는 행위들로 지시들이 분별있게 해석되고 표현되도록 하기 위해 노력한다면 도움이 될 것이다. 교장들은 그들의 결정이 교수 활동에 있어서 전문성이나 관료주의를 조장하고 있는 것은 아닌지 의문을 제기해야 한다. 독특한 상황에 반응하여, 전문가들은 그들이 직면한 '문제'와 그들이 대하는 '학생'들로부터 단서를 얻는다. 그들은 학생들이 필요로 하는 것에 대응하여 전문적인 지식을 창출할 때 이용 가능한 풍부한 지식과 기술을 활용한다. 반면 관료들은 학생들의 문제가 아니라 기술 자체에 의해 움직인다. 그들은 규칙의 적용자, 형식 규정자, 방향 추종자, 그리고 관리 실행자들이다. 그들은 모든 경우를 다루기 위한 단 하나의 최선의 방법을 위해 노력하며, 표준적인 결과를 추구하며, 그들은 표준화된 방법으로 공식적인 절차를 적용한다. 이런 의미에서, 제도화된 교육과 관료적인 교수 활동은 교사들과 학생들에게 '볼모'로서의 감정과 행동을 부추겨, 덜 효과적인 교수 활동을 초래할 것이다.

## 공공재인가, 사적재인가?

교사 실천의 결과, 교사의 전문적 개발에 관한 의제와 교수학습의 목적 등을 공공재로 보아야 하는가 아니면 사유재로 보아야 하는가?(예를 들어, Elmore, 2002a 참조) 사유재로 볼 경우, 가장 큰 수혜자는 교사이다. 교사들은 최대의 재량권을 부여받고, 그리고 자신의 전문성 발전에 관한 의제에 관한 결정을 내린다. 교사들은 서로 다른 관심사와 요구를 가지고 있고, 그들이 수행하는 맥락이 다르기 때문에 다른 결정을 할 것이다. 예를 들어, 개인은 컴퓨터 기술을 연마하거나 초등학교에서 대수학을 가르치는 방법에 대해 더 많이 배우기로 결정할 수 있다. 연마한 결과로, 비록 아직 교수 활동에 별로 활용되지 않지만, 개인은 컴퓨터를 사용하는 데 있어서 새로운 수준의 능력에 도달할 수 있을 것이다. 반면, 만약 전문성 발달을 공공재로 여긴다면, 기준은 개인이 얼마나 많이 배웠는지 뿐만 아니라 학교의 목적에 어느 정도 기여했는가가 될 것이다. 공익을 위한 교사의 결정과 교사의 전문성 개발 의제는 학교가 관심을 가지고 있는 것, 학교가 필요로 하는 것, 그리고 실천을 위한 집단적 맥락과 연관되어야 한다.

공공재인지 아니면 사유재인지에 관한 질문은 전문성이 어떻게 이해되는지를 결정한다(Elmore, 2000). 사유재라는 관점이 지배적일 때, 교수 활동은 개인의 판단과 독특한 문제에 대한 독특한 해결책을 개발해야 하는 개별적인 실천으로 간주된다. 재량권이 허용될수록 교직은 전문직으로 추정된다.

공동의 목표, 공유된 수업계획, 표준적인 교수 전략의 채택을 주장함으로써 재량권을 빼앗는 것은 학교를 관료화할 것이다. 그것은 그렇게 간단하지 않다. 대답은 한 가지 견해 또는 다른 관점을 채택하는 것이 아니라, 교육적 일관성(instructional co-herence)을 가져오고 유지하기 위해 충분한 공통성, 표준화 및 연결을 주장하는 것이다. 교육적 일관성은 교수적 경직성과 다르다. 경직성은 교사들이 가진 재량권의 양을 줄이는 반면, 일관성은 공통의 목적과 공동의 노력을 이끌어낼 수 있는 충분한 재량권을 부여한다. 그것은 교사들이 스스로 찾은 상황에 대응할 수 있는 충분한 공간을 허용한다. 교육적 일관성이 핵심이다. 교육적 일관성이 없다면, 교사들이 통제하기 어려울 정도로 고립되거나 예측하기 어려운 관행을 경험하기 때문이다. 교육적 일관성을 지닐 때, 우리의 실천은 목적 달성을 위한 방향 감각을 가지게 되며, 목적적 실천이 바로 교사들이 원하고 필요로 하는 것이다. 일관성을 위한 틀이 바로 그것이다. 그것은 짜여진 대본이 아니라 우리가 합리적인 방향을 잡도록 돕는 일련의 아이디어들이다.

## 교수 활동에서의 고립

가르치는 것은 외로운 직업일 수 있다. 전형적으로, 교사들은 혼자 일한다. 그 결과 학교에서 그들이 무엇을 하고 있는지 혹은 얼마나 잘하고 있는지 아는 사람은 거의 없다(Bidwell, 1975; Lortie, 1975; Waller, 1932). 교수 활동에서의 고립은 개인주의(privatism)의 가치와 사회적 상호작용에서 이러한 가치의 결과를 장려하는 경향과 관련이 있다. 개인주의는 교사들이 내부로 향하게 하고, 공유를 저해하며 경쟁을 장려하도록 강요한다. 게다가, 그것은 불충분함과 불안함을 조장한다. 사회적 상호작용의 부족은 교사들이 다른 사람들에게 도움을 요청하고 도울 수 있는, 피드백을 주고, 다른 사람들로부터 피드백을 받을 수 있는 기회를 박탈하는데, 이것들은 대부분의 업무 모델에서 필수적인 요소들이다. 이러한 조건들은 건전한 경영 실천에 대해 알려진 것과 모순될 뿐만 아니라 전문적인 성장과 효과적인 가르침을 방해한다. 교직에서의 고립 효과가 약화되고 있음에도 불구하고, 학교들은 이러한 상황을 조장하는 조직 구조와 장학 및 평가 관행을 고수하고 있다. 고립, 개인주의, 그리고 교직의 사회적 상호작용 부족이 어떠한 영향을 미치는지를 더 자세히 검토해보자.

Rosenholtz(1984)는 고립이 학교 개선에 주된 장애물 중 하나임을 밝혔다. 이 주제에 관한 연구에 대한 그녀의 검토는 다음과 같은 결론을 이끌어냈다.

고립된 환경에서 교사는 교실 운영에 대한 책임이 교사에게 있다고 믿으며, 동료의 조언이나 도움을 구하는 것은 무능력에 대한 공개적 승인을 의미한다.

교사의 고립은 아마도 가르치는 것을 배우거나 기존 기술을 향상시키는 데 있어 가장 큰 장애물이다. 왜냐하면 대부분의 학습은 필요에 따라 시행착오를 통해 이루어지기 때문이다. 시행착오 학습의 놀라운 결과 중 하나는 교사의 잠재적 성장이 문제를 발견하고 가능한 해결 방법을 식별할 수 있는 개인의 능력에 크게 의존한다는 점이다.

또 다른 결과는 고립된 환경 속에서는 교사들에게 모범을 보여줄 수 있는 좋은 가르침의 역할 모델이 거의 없다는 것이다. 실제로 고립된 환경 속에서 교사들은 동시대인들 가운데 탁월한 교수 활동의 모델을 찾기보다는 자신의 학생 시절을 회상하여 역할 모델로 삼는 것이 더 일반적이다.

교실 문제에 대한 해결책을 해석하고 공식화함에 있어서 교사들은 그들과 함께 일한 동료로부터 조언, 경험 또는 전문성을 거의 활용하지 못한다. 즉, 어떠한 기존의 실용적인 지식이라도 신규 교사에게 거의 전달되지 않으며, 신규 교사는 자발적으로 생존하거나 아니면 가라앉게 된다(sink or swim).

시행착오적 학습에 한정되어 있는 교사들의 경우, 그들의 능력 향상에 있어서 타인의 전문적 지식을 획득할 기회가 부족하여 한계가 있을 수밖에 없다. 교사들은 입직 후 약 4년 또는 5년 후에 가장 훌륭하게 가르친다. 그 이후로는 교수학습에서의 투입, 학생들과의 효과성이 실제로 감소하기 시작한다(pp. 4-6).

Lieberman and Miller(1999)는 교사의 전문성이 '사적'이라는 것(being private)은 교수, 수업, 학생 및 학습에 관한 경험을 공유하지 않는다는 것을 의미한다고 지적했다. 사적인 것이 됨에 따라, 교사들은 동료들과 성공을 공유할 수 있는 기회를 포기하지만, 단점을 공개할 필요가 없는 보안을 얻게 된다. 고립되어 일하고 다른 사람들의 교수 활동에 대한 정확한 지식을 갖지 못한 교사들은 동료들을 평가하지 않는다고 생각하는 경향이 있다.

고립과 개인주의는 교사들 사이의 사회적 상호작용 기회의 감소에 기여한다. 3가지 조건이 결합되어 교사들은 피드백과 보상의 원천을 내부에서 찾게끔 한다. 실제로 교사들은 교수 활동의 만족감의 원천으로 학생들과의 상호작용에 거의 전적으로 의존한다(Lortie, 1975; Waller, 1932). 그러나 의문은 학생과의 사회적 상호작용에서 비롯된 만족이 효과적인 학교 교육에 필요한 동기부여와 헌신을 제공하기에 충분한지의 여부이다.

사회적 상호작용은 장학의 과정에서 핵심적인 요소이다. 교사들은 장학이 알맞게 증가함에 따라 만족도가 높아진다고 보고한다(Dornbush & Scott, 1975). 장학 활동의 완만한 증가는 교수 활동의 효과성 증가와 관련이 있는 것으로 보인다. Natriello(1984년)는 연구를 통해 다음과 같이 결론지었다. "평가 활동을 더 자주 수행하는 교사들은 교수 활동 업무에서 또한 눈에 띄게 더 효과적이라고 보고된다"(p. 592). 자신의 교수 활동에 대한 피드백의 한 형태로서 사회적 상호작용은 이러한 발견에 기여한다. 사회적 상호작용은 또한 인정(recognition)을 주고받는 매개물이다. 게다가, 사회적 상호작용은 직장에서 권력-영향 관계, 성취, 그리고 개인들의 소속 동기를 일으키는 중요한 요소로 여겨지며, 연구들에서 언급되는 대부분의 동기부여와 직무 충실화 모델(job-enrichment models)의 필수적인 부분이다(Hackman & Oldham, 1980).

많은 전문가들은 교사들과 장학사들뿐만 아니라 교사들 사이의 사회적 상호작용이 학교의 변화를 촉진하고 제도화하는데 필수적이며, 성공적인 교직원 능력 개발 노력에도 관련이 있다고 믿는다. 변화를 제도화하는 것에 관한 Clark, Lotto, & Astuto(1984)의 지적에 의하면, 교직원 능력 개발의 초점은 새로운 교수 기술의 개발을 넘어 지원적인 학교 풍토 내의 새로운 개념과 행동의 계발에 이르기까지 도달해야 한다고 한다. 효과적인 학교 개선 노력에 관한 연구에 대한 그들의 검토는 교사들 간뿐만 아니라, 교사들과 관리자들 사이의 상호작용이 효과적인 실행을 강화하는 기술적, 심리적 지원을 제공한다고 결론 짓게 한다. 교사들은 다른 교사들로부터 가장 잘 배운다고 보고한다. 교사들 간의 상호작용은 개인의 강화뿐 아니라 기술적, 심리적 지원을 제공한다(Clark et al., 1984, p. 58). 비록 학교 개선 노력이 성공하기 위해서는 사회적 상호작용의 기회 이상의 것이 필요할 수도 있지만, 사회적 상호작용 없이는 성공하기 어려울 것이다. 비공식적인 전문성 개발 노력도 교사들 간의 사회적 상호작용과 관련이 있다. 기회와 격려가 주어질 때, 교사들은 서로에게서 많은 것을 배우고, 그들이 직면하는 문제들에 대한 공유자로서 서로를 신뢰하게 된다(Glatthorn, 1984; Keenan, 1974).

제도화된 학습과 교수 활동의 관료주의, 직장에서의 고립, 개인주의 전통, 사회적 상호작용 부재 등은 교장들과 그들의 직원들이 학교에서의 직장 생활의 질을 향상시키고, 전문성 발달을 장려하며, 교사들의 동기부여와 헌신을 증가시키고, 학교들의 전문적 공동체를 구축하기 위해 해결해야 할 시급한 문제들이다. McLaughlin and Talbert(Bradley, 1993, p. 7에서 재인용)는 사회적 상호작용이 교사들에게 좋을 뿐만 아니라 학생들에게도 좋다는 결론을 내린다. 그들의 연구는 학습공동체에 속한 교사들이 학생들에 대한 더 긍정적인 시각을 가지고 있고, 그들의 실천을 더 좋게 바꾸는 데 더 성공적이라는 것을 보여준다.

# 동기부여 이론과 연구를 활용하여 실제에 알려주기

7장에서는 "발달 단계"라는 은유적 표현을 사용함으로써 리더십의 실천이 유용하게 이해될 수 있다는 점이 지적되었다. 4단계는 거래(bartering)에 의한, 구축(building)에 의한, 결합(binding)에 의한, 그리고 결속(bonding)에 의한 리더십으로 논의되었다. 동기부여에 관한 거의 모든 가능한 연구는 처음 두 단계를 다루고 있는 데, 바로 '거래에 의한 리더십'과 '구축에 의한 리더십'에 관한 것이다. 거래에 의한 리더십(leadership by bartering)은 지도자들과 이끌어지는 이들의 이해관계가 다르다는 가정하고, 타협을 위해서는 지도자가 지도자의 바람에 따르는 대가로 그들이 원하는 것을 주는 것이 필요하다. 거래에 의한 리더십에서 이뤄지는 대부분의 거래는 외형적 요인에 초점을 맞춘다. 비록 그들이 더 높은 수준의 필요 요소와 본질적인 동기를 다루는 경향이 있지만, 거래 또한 구축에 의한 리더십에 의해 발생한다.

이런 생각들은 심리학자 Abraham Maslow(1943)의 이론화와 Frederick Herzberg (1966)의 연구에 의해 포착되었다. 이러한 전문가들은 사람들이 많은 요구를 가지고 있고, 그러한 요구는 고통, 어려움, 그리고 고난을 피하고자 하는 인간의 욕구와 자신의 잠재력을 실현하기 위한 노력에서 성장과 발달을 위한 욕구라는 2가지 욕구에서 비롯된다. 아마도 가장 잘 알려진 것은 Maslow(1943)가 제안한 욕구 분류체계일 것이다. 그는 인간의 욕구는 생리적, 보안-안전, 사회적 소속, 존중, 자아실현 등 5가지 범주로 분류될 수 있다고 제안했다. 이러한 5가지 범주는 [참고 14.2]에 나타난다. Maslow 이론의 핵심은 필요의 범주가 당시에 가장 중요한 욕구를 충족시키기 위해 동기부여된 개인 행동의 우선순위에 따라 위계화되어 배열된다는 것이다. 더욱이 이 필요성의 강도는 위계구조에서 그것의 위치와 낮은 순위의 욕구가 충족되는 정도에 따라 달라진다. 예를 들어, 존경의 욕구에 대한 압박은 보안 요구가 충족되지 않는 개인에게는 그다지 대단히 크지 않을 것이다. Maslow의 생각은 리더와 리더의 요구를 수용하고 따르는 이들 사이에 일어나는 물질적, 심리적 거래에 기반하고 있다. 리더는 일정한 방식으로 일을 완수해야 하는데, 여기서 리더는 거래를 통해 구성원들의 특정한 욕구를 충족시킬 필요가 있다.

Maslow의 아이디어는 도움이 되지만 한계가 있다. 경영학 문헌에 따르면, 그의 이론에서의 일부 욕구가 다른 것들보다 더 중시되는 가정이 종종 생긴다. 예를 들어 존중, 자율성, 자기실현 등은 소속의 욕구보다 더 높다고 본다. 실제로, 사회적 소속의 욕구는 때때로 더 높은 수준에서 동기부여되기 위해 충족되어야 하는 성가신 것으로 여겨지기도 한다. 수준이 높을수록 동기부여가 되고 생산성이 높아진다. 그러나 이것은 특히 젊은 사람들에게 적용되었을 때에는 터무니없는 생각이다. 대부분의 학생들에게는 '소속감'이 가장 중요하다.

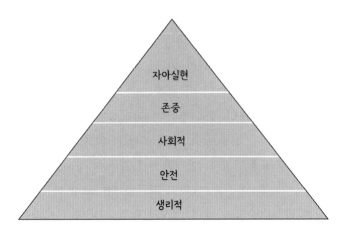

출처: Maslow(1943)

또 다른 문제는 Maslow의 요구가 일반적으로 보편적으로 적용 가능한 것으로 간주되지만, 필요성은 문화적으로 결정된다. 소속감은 한 문화에서 덜 가치 있지만 다른 문화에서 더 가치 있을 수 있다.

Frederick Herzberg(1966)와 그의 동료(Herzberg, Mausner, & Snyderman, 1959)의 연구는 이러한 종류의 물물 교환보다 정교한 아이디어를 제공한다. Herzberg의 접근법은 흔히 *이 요인(two-factor) 이론*으로 칭해지며, 직무 동기에 기여하는 직무 특성과 직무 불만족에 기여하는 직무 특성은 서로 다르다는 전제에 근거한다. 그는 첫 번째 일련의 요인들을 *동기요인(motivators)*으로, 두 번째를 *위생요인(hygienic)*으로 불렀다. 이 이론에 따르면, 교장에 의해 위생요인이 처리되지 않는다면, 직무 위생이 나타날 것이며, 이에 상응하여 직무 불만족과 수행 저하를 초래할 것이다. 그러나 이러한 요소를 보완하고 직무 불만을 해소해도 교사의 헌신이나 직무 수행 능력이 향상되는 것은 아니다. 교사들의 수행향상을 가져오는 동기요인은 이러한 요인이 없다고 해서 현재 직무 불만족이나 직무 수행 저하를 초래하지 않는다. 이론에 따르면, 교장이 동기 요인에 주의를 기울이지 않으면 교사는 일할 동기가 부여되지 않지만, 불만을 품지도 않을 것이다. 그들은 만족스럽다고 여겨지는 일정 수준까지 수행할 것이지만,

이 수준을 뛰어넘기 위한 노력은 거의 하지 않을 것이다(Sergiovanni, 1966).

Herzberg와 그의 동료들에 의해 직무 위생과 관련이 있는 것으로 밝혀진 요소들은 학생들, 교사들, 장학관들과의 대인관계, 장학의 질, 정책과 행정, 근무조건, 그리고 개인적인 삶을 포함한다. 직무 동기와 관련된 요인은 성과, 인정, 직무 그 자체, 책임, 승진이다.

이 요인(two-factor) 이론은 교사들의 직무 만족과 동기가 참여와 성과라는 2가지 결정 가능성과 관련이 있음을 시사한다(Sergiovanni, 1968). 직무에 참여하기로 한 결정은 정당한 일에 대한 개념(the fair day's work concept)과 관련이 있다. 참여하면 최소한의 책무를 충족하기 위하여 필요한 모든 일을 하게 된다. 그 대가로 개인은 급여, 혜택, 사회적 수용, 정중하고 사려 깊은 대우, 합리적인 장학 등의 형태로 "정당한 보상"을 받게 된다. 이러한 차원은 정당한 보상의 일부로 기대되기 때문에, 최소한의 수준을 넘어서도록 동기부여하지 않는 경향이 있다. 그러나 수행에 대한 결정은 정당한 보상 계약보다 초과하여 직무를 수행하게 된다. 모든 학교구에서 교사들에게 적절한 근무를 요구했기 때문에 이 결정은 자발적인 것이다. 일과 관련된 적절한 보상은 대부분이 외적인 것으로, 근무조건에 초점을 둔다. 성과 투자와 관련된 보상은 보다 본질적인 경향이 있다(예: 인정, 성취, 적성, 흥미롭고 도전적인 직무, 흥미롭고 의미 있는 직무). 이 요인 이론을 구성하는 요소들은 [참고 14.3]에 열거되어 있다.

[참고 14.3] Herzberg의 2요인(two-factor) 이론

| Herzberg의 이요인 이론 | |
|---|---|
| 직무 불만족 위생요인 | 직무 만족 동기요인 |
| • 월급 | • 개인적 성취 |
| • 대인관계 | • 지위 |
| • 장학의 질 | • 인정 |
| • 직업 안정성 | • 고무적인 직무 |
| • 근무조건 | • 책임감 |
| • 일과 삶의 균형 | • 성장의 기회 |

교장은 외재적 및 내재적 보상에 관심을 가져야 한다. 교사들의 계속적인 참여가 이루어지지 않는 한 학교는 적절하게 기능할 수 없다. 그러나 대다수의 교사들이 수행

을 발전시키려고 하지 않는 한 학교는 뛰어날 수 없다. 이 요인(two-factor) 이론은 교장에게 2가지 수준에서 행정, 조직, 교육과정 및 교수법에 대한 적절한 지원이 제공 되는지 확인하기 위한 지도(map)를 제공할 수 있다. 그러나 지도는 조리법과 다르다. 모든 것이 모두에게 작용하는 것은 아니다. 교장은 거래적 리더십을 실천하는 과정에 서 많은 시행착오가 필요하다.

## 직장에서 친사회적 동기부여

선행연구들은 동기부여가 개인의 수행과 성과 사이의 균형을 이루는 행동임을 나 타낸다. 동기부여에 관한 많은 이론이 있다. 특히 2가지 고전적 동기 유형(내재적 동 기와 외재적 동기)이 있다(Ambrose & Kulik, 1999; Vallerand & Bissonnette, 1992). 이 구조는 두 개의 상호 배타적인 항목으로 연구되어 왔다(Hayenga & Corpus, 2010). 그러나 내재적 동기는 친사회적 동기와 같은 특성을 일부 지니고 있다.

교사들의 불타는 욕망을 부추기는 요인에는 어떤 것이 있는가? 그들의 직업에서 개인 생활을 변화시키고 다른 사람들의 개인적 성과에 긍정적 영향을 미칠 수 있는 동 기부여 지점에는 어떻게 도달하는가? Batson(1987) and Grant(2007)는 친사회적 동기 에 관한 이론적 연구에서 이러한 문제들을 다루었다. 친사회적 동기부여(어떤 경우 친 사회적 행동으로 언급됨)의 수용 가능한 정의는 다른 사람들에게 이익이나 도움이 되 는 동기를 의미한다(psychwiki.com, 2010).

맥락적으로 친사회적 동기부여는 교직에 가까운데, 왜냐하면 이는 다른 사람들을 도우려는 의지를 지니고 있거나 그들의 역할을 도움을 주는 존재로 보는 조직의 개인 들을 지칭하기 때문이다(Grant & Berg, 2012). 학생들의 학습을 돕기 위해 동기를 부 여받은 교사는 학생들이 참여하고 학습하도록 최대한의 힘을 발휘할 것이다. 그들의 욕구는 학생들에게 유익하며 사회에 도움이 된다.

사람들이 직장에서 최선을 다하도록 동기부여 받으면, 내부 욕구가 그들의 직무 수행에 상당한 영향을 줄 수 있다. 연구는 친사회적 개인들은 긍정적인 자아개념, 높 은 자부심, 자기 효능감, 그리고 정서적 안정성을 가진 교직원임을 제시하였다(Judge & Bono, 2001). 개인이 보여주는 자신감은 다른 사람들에게 호의적인 처치를 제공함 에 있어 절박감을 조성하고 직무에 긍정적인 영향을 미치는 강력한 의지의 긍정적인 지표로 작용한다. 자신의 직업에 대해 좋게 느끼는 것이 더 높은 성과와 직무 만족으로 이어진다고 믿는 것에는 충분한 이유가 있다. 교사들의 경우 학생들을 돌보는 것이 증거인데, 친사회적인 동기는 학생들이 학업적으로 성공하도록 격려하는 방식으로 도움을 준다.

## 동기부여자로서 일 자체의 잠재력

거래적 리더십(leadership by bartering)의 주요한 문제는 '거래'에 크게 의존한다는 것이다. 거래의 핵심은 순응을 얻는 수단으로서의 관료적이고 심리적인 '권위'에 있다. 관료주의적 권위는 순응이 이루어지지 않으면 제재와 처벌을 약속한다. 심리적 권위는 순응에 대한 대가로 보상을 제공한다. 2가지 형태의 권위는 2가지 면에서 한계가 있다. 첫째, 계산된 참여로 이어진다는 점이다. 개인의 순응은 벌을 회피하거나 보상을 얻는 것에 달려 있다. 어느 쪽도 계속되지 않는다면, 지속적인 순응은 위태로울 수 있으며, 때때로 존재하지 않을 수 있다.

보상과 벌칙은 모두 효용적 기능이라는 경제적 개념에 기초한다. 인간은 사리사욕을 극대화하고자 하는 욕구에 이끌려 모든 선택에 따른 비용과 편익을 끊임없이 계산하며, 승자가 되거나 지는 것을 막는 행동을 선택한다. 제4장에서 효용 함수의 개념이 이해관계의 중요성을 무시하지 않고, 감정과 가치에 대등한 가중치를 부여하는 새로운 경제학에 의해 성공적으로 도전받고 있는 것이 밝혀졌다(Etzioni, 1988). 거래적 리더십은 "보상을 받는 것은 이뤄진다"는 원칙에 바탕을 두고 있다. 반대로 구축에 의한 리더십은 "보람있는 일은 이루어진다"라는 원칙에 기초한다. 여기서 강조점은 업무에 관여하는 내재적 보상과 명시적 이유에 있다. 이들에 대해, Etzioni는 "옳고 좋은 것은 행해진다"라는 원칙을 추가한다. 그는 왜 사람들이 어떤 것을 하기로 선택하는지를 이해하기 위한 수단으로 '도덕적 권위(Moral Authority)'의 추가를 염두에 두고 있다.

## 직무 충실화 이론

Hackman and Oldham(1980)의 연구는 일에 대한 동기부여의 가능성을 보여줄 수 있는 또 다른 관점을 제시하였다. 이 학자들은 실제 성공적으로 적용된 직무 충실화 이론(직무 특성 모델)을 개발했다. 모델의 핵심은 사람의 직무 동기 및 직무 만족도를 결정하는 데 결정적인 3가지 심리적 상태가 있음을 나타낸다.

1. *의미있는 경험*, 개인이 자기가 인정한 가치 체계로 보람을 느끼거나 중요하다고 인식하는 범위에 의해 정의된다.
2. *책임의 경험*, 개인이 노력의 결과에 대해 개인적으로 책임이 있다고 믿는 정도에 따라 정의된다.
3. *결과에 대한 앎*, 성과에 대한 만족의 유무 그리고 노력이 결과로 이어지는지를 꽤 정기적으로 판단할 수 있는 정도(Hackman, Oldham, Johnson, & Purdy, 1975, p. 57)로 정의된다.

직무 특성 모델에 따르면, 이러한 심리적 상태를 경험할 때, 기분이 좋고 잘 수행되며, 내적 직무 동기부여가 발생한다. 내적 직무 동기부여는 효과적인 성과로 인해 개인이 긍정적인 감정을 얼마나 느끼는지를 의미한다. Hackman and Oldham은 직무 내용이 내적 직무 동기부여의 중요한 결정 요인임을 발견했다. 또한, 직무의 특정한 특성이 향상되면 내적 직무 동기부여가 향상될 수 있다. 예를 들어, 그들은 기술적 다양성, 중요성, 자율성의 특징을 지닌 직무들에 의해 유의미성을 경험하는 것이 향상된다는 것을 발견했다. 자율성은 책임감과 관련된 직무 특성이었고, 피드백은 결과에 대한 지식과 관련이 있다. 직무 특성화 모델은 교직이 다음과 같은 직무를 필요로 한다고 제안한다.

- 다양한 교사 재능 및 기술의 사용과 직무 수행에서의 다양한 활동(기술적 다양성)
- 교사들은 전체로서 식별되고 식별 가능한 직무를 포함하는 작업에 참여함(직무 특성)
- 교사들은 다른 사람들의 삶이나 일에 상당한 영향을 미침(직무의 중요성)
- 교사들에게 직무를 계획하고 교실 조직 및 교수활동 과정에 대한 결정에 있어서 실질적인 자유, 독립성 및 방향이 제공되어야 함(자율성)
- 교사들은 자신의 수행 결과에 대한 직접적이고 명확한 정보를 제공 받음(피드백)

위와 같은 특성들은 유의미성, 책무성 및 결과 지식에 대한 심리적 상태를 불러일으킬 수 있다. Hackman and Oldham의 연구에 따르면 이러한 조건들로 인해 교사들 사이에서 높은 동기부여, 높은 성과, 높은 직무 만족, 낮은 결근 등이 발생한다. 직무 특성 모델에는 직무 차원, 심리적 상태, 개인 및 업무 성과, 그리고 '개념 구현'을 포함한다. 개념 구현은 학교 업무에 더 많은 직무 차원을 구축하는 데 관심이 있는 교장을 위한 제안이다. 예를 들어 직무를 결합하는 원칙은 가능한 한 교수활동의 분화된 측면을 더 크고 전체적인 모듈로 통합해야 함을 의미한다. 포괄적인 커리큘럼 전략, 학제 간 교육 접근법 그리고 팀−그룹 교수활동 모드는 모두 교수활동 및 교육과정 직무의 결합에 기여한다. 교수활동 직무를 결합하면 교사의 기술의 다양성뿐만 아니라 업무와의 동일시 정도가 높아진다.

학생('고객')과의 긴밀한 관계를 형성하는 것은 교수학습의 자연스런 일부이지만 학교 조직 및 교수활동의 일부 패턴은 교사와 학생 간의 비인간적 관계를 장려한다. '자연 작업 단위(natural work units)'를 구성하는 것은 지역사회 관점에서 생각하는 것의 중요성을 지적한다. 그러한 단위의 목적은 사람들을 서로 더 밀접하게 연결하고 그들을 일과 보다 긴밀하게 연결시킴으로써 직무에 대한 책임을 지속시키고, 소유 의식을 높이는 데 있다. 자립적인 초등학교 교실은 부서별로 빠르게 움직이는 중등학교 진도표보다 이 개념(자연 작업단위)에 더 가깝다. 하지만, 심지어 초등학교 환경에서도 함께 계획하고 함께 일하며, 학생들에 대한 공동의 책임을 공유하는 교수활동 팀을 구축하는 것은 부족하다. '수직 하중(vertical loading)'은 실제 교수활동과 교수 계획을 하나로 모으는 전략을 제안한다. 교사들에게 스케줄, 작업 방법, 평가, 그리고 저경력 교사에 대한 훈련과 장학에 관한 더 많은 통제력을 제공하는 것은 '수직 하중'의 예가 될 수 있다.

'피드백 채널을 여는 것'은 교장들이 교사들 스스로가 얼마나 잘하고 있는지를 알게 할수록 교사들이 더 많은 동기가 부여될 것임을 말하는 또 다른 방법이다. 동기부여와 만족은 교사들에게 유용한 피드백을 제공하도록 설계된 장학 프로그램의 이점을 소홀히 다루게 할 수도 있다. 유용한 프로그램의 예로는 임상장학, 동료 장학, 목표설정 및 유사한 형식이 포함된다. 교장은 교사에게 일상에서 그리고 동료와 긴밀히 협력하는 과정에서부터 피드백이 자연스럽게 발생하는 방식을 만들기 위해 노력해야 한다.

직무 특성화 모델은 학교교육, 교실 조직, 교육과정 개발 및 구현, 교재 선택 및 교수활동 자체에 대한 교장의 모든 결정이 교사의 동기와 헌신을 구축하는 데 시사하는 바를 제시한다. 교장은 교사들의 직무 충실의 기회를 증진하기 위한 특정한 결정의 결과를 평가할 필요가 있다.

교우 관계의 기회와 다른 사람들과 일할 수 있는 기회는 직무 특성화 모델 (Sashkin & Morris, 1984)에서 확인된 다른 2가지 차원이다. '교우 관계의 기회 (friendship opportunities)'는 교사들 간에 긴밀한 관계를 발전시키고 우호적인 상호작용 패턴을 개발하기 위한 작업환경이 제공하는 정도를 나타낸다. '다른 사람들과 일하는 것'은 과제를 성공적으로 완수하기 위해 교사가 다른 교사들과 상호작용해야 하는 정도를 나타낸다. 이러한 차원은 일하는 사람들이 그들의 업무에 관여하고 만족감을 경험하며, 직무의 질 향상을 보고하는 것과 관련이 있는 것으로 여겨진다(Sashkin & Morris, 1984).

요약하면, 직무 특성화 모델은 교장에게 교수활동 직무의 구조와 특성에 관한 정보에 입각하여 결정을 내리는 것을 가능하게 해주는 개념적 틀을 제공해주는데, 이는 교사들이 자신의 업무가 의미 있는 것으로 느낄 수 있도록 돕고, 그들 노력의 실제적인 결과를 학습할 수 있게 하며, 결과에 대한 책임과 통제감을 제공하며, 그들이 사회적 단위의 일부가 되도록 돕는다. 이러한 조건들은 내적 직무 동기부여 향상, 수행의 질적 향상, 직무 만족 향상, 결근 및 이직률 감소와 관련이 있다.

# 특별한 사례로서 여성

동기부여 연구는 대부분은 남성 편향적인 경향이 있기 때문에, 실천에 수반되는 처방들이 여성들에게는 적용되지 않을 수도 있다. 문제는 Shakeshaft(1987)에 의하면, 남성 중심주의는 "남성의 관점에서 세상을 보고 현실을 형성하는 행위, 그리고 보편적이고 이상적인 수준까지의 남성성의 고양, 여성보다 남성 우위의 공경"이라 정의(p. 94)한다는 데 있다. Maslow의 이론, 이 요인 이론, 그리고 직무 충실화 이론은 예를 들어 경쟁, 직무 목표의 설정, 개인의 성취, 자기경쟁과 자신감과 자존감의 구축, 개인의 자율성, 자기실현에 강한 강조점을 둔다. 이와는 대조적으로 여성들은 협력, 친밀감, 제휴, 대인관계망 구축, 그리고 지역사회 구축과 같은 주제를 강조한다. 팀워크를 예로 들면서 Shakeshaft(1987)는 남성은 목표, 역할, 책임의 측면에서 개념을 보는 경향이 있다고 지적한다. 한 팀은 먼저 해야 할 일을 정한 다음, 역할에 책임을 할당해야 하며, 예상되는 것뿐만 아니라 한 사람의 틈새를 다른 사람이 어떻게 메워 갈 것인지를 분명히 해야 한다. 이런 맥락에서 팀을 비유하는 것은 야구, 농구 또는 축구 형태의 스포츠다. 여성에게 팀워크는 남성의 경기와 유사하지 않으며, 새로운 구성을 만들고 공통의 대의명분에 있는 사람들의 결합을 만들어내기 위한 개인 정체성의 혼합이다.

전통적인 동기부여 이론의 개념을 적용하는데 핵심은 개념 지표를 재정의하는 것이다. 예를 들어, 성취는 일련의 개인적인 성공의 축적을 의미할 수도 있고 다른 한편으로는 학습 공동체의 성공적인 구축을 의미할 수도 있다. 그러므로 동기부여 이론과 연구의 적용은 특별해야 한다. 사람들의 동기를 부여하는 것이 무엇인지 알고 싶다면 그들에게 질문하는 것에서부터 시작해야 한다.


# 동기부여, 효능감 그리고 학생 성과

동기가 낮고 재량권이 낮으면 교사의 자긍심이 흐려져 전문성에 대한 신뢰가 떨어지게 된다. 궁극적으로 효능감이 영향을 받는다. '태생' 및 '볼모'의 감정과 그 효과에 대한 이전 논의에서 제시한 바와 같이, 교사의 효능감이 교사의 교실에서의 행동, 교실에서의 학생의 행동 및 그들이 얻은 학업성취의 질과 직접적으로 관련된다.

"모든 학생들은 배울 수 있습니다"라는 말은 관리자들에 의해 교사들이 더 열심히 일하거나 그들의 실천을 바꿀 것을 촉구하는 반복적인 슬로건이 되었다. 대부분의 교사들은 공개적으로 이 슬로건에 충성을 맹세하겠지만, 개인적으로 많은 사람들이 그것을 믿지 않는다. Ashley and Webb(1986)은 그들의 연구에서 낮은 효능감을 가진 교사들은 많은 학생들이 배우지 못하고 배우지 않을 것이라 믿고, 그들이 할 수 있는 일이 별로 없다고 믿게 된다는 것을 발견했다. 대조적으로 높은 효능감을 가진 교사는 모든 학생들이 학습할 수 있다고 믿으며, 교사는 학생들의 성취를 높이기 위해 많은 것을 할 수 있다고 믿는다.

Ashton and Webb은 교사의 효능감에 2가지 차원이 있음을 지적한다. 배우기만 한다면 학생들이 학습할 수 있다는 자신에 대한 믿음뿐만 아니라 학생의 성취를 가져올 수 있는 적절한 교수활동을 할 수 있는 능력이 있다는 신념을 나타낸다. 대조적으로 높은 효능감을 지닌 교사는 모든 학생들이 학습능력이 있으며, 교사가 학생 성취를 높이기 위해 많은 것을 할 수 있다고 믿는다(Allinder, 1995; Bitto & Butler, 2010; Caprara, Barnabelli, Steca, & Malone, 2006; Woolfolk Hoy & Davis, 2006).

효능감에 대한 이 두 부분의 정의를 통해, Ashton and Webb은 높은 효능감을 가진 교사가 따뜻한 교사 행동을 보임을 발견했다. 그들은 학생들의 반응을 더 많이 받아들이고, 더 많은 학생 주도성을 허용하고, 학생의 요구에 더욱 주의를 기울였다. 학생들은 더 열정적으로 반응하고 교사들과 더 많은 상호작용을 했다. 또한, 학생의 성취는 고등학교 수학과 언어 기초 능력 시험 모두에서 높았다.

## 효능감 향상

좋은 소식은 교사의 효능감은 변화될 수 있다는 것이다. 교사들은 다양한 요인에 의해 더 효과적이거나 덜 효과적이 될 수 있다. 또한, 높은 수준의 동기부여와 헌신 및 보다 높은 수준의 효능감은 서로 관련이 있는 것처럼 보인다. 이러한 높은 수준에 기여하는 요인들은 무엇인가? 이러한 요인들이 서로 어떻게 상호작용하는가? Ashton and Webb(1986)은 지원적인 학교 풍토, 동료적 가치와 공유된 의사결정으로 특징지어지는 교수-학습 환경, 그리고 책임감을 동반한 목적의식과 공유된 계약을 제공하는 학교 문화가 중요하다는 것을 발견했다. 더불어, 이러한 요인들은 협력관계와 높은 수준의 상호작용, 결과에 대한 높은 수준의 개인적인 책임, 높은 수준의 표준과 기대감, 그리고 교수활동이 유의미하고 중요하다는 인식에 기여한다. Ashton and Webb의 연구를 요약한 이러한 관계는 다음과 같다.

1. a. 교사가 서로를 지원하고 교장이 교사를 지원하는 학교 풍토는 교사들 간에 협동적 관계와 높은 수준의 사회적 상호작용을 촉진한다.

   b. 공유된 의사결정이 존재하고 공동의 탐구가 빈번하게 나타나는 학교의 전문적 동료 가치들은 교사들 사이 높은 개인적 인과행위감(feelings of high personal causation)과 업무 결과에 대한 높은 책임감을 장려한다.

   c. 목적의식, 가치관 및 생각의 공유, 그리고 이러한 생각을 바탕으로 하는 책무성 체제가 발견되는 학교 문화는 높은 기준과 기대, 높은 자부심과 자긍심, 그리고 자신의

일이 의미 있고 중요하다는 느낌이 들도록 장려한다.

2. a. 협력관계와 교사들 간의 높은 수준의 사회적 상호작용은 교사들의 높은 효능감, 동기 부여 및 헌신을 장려한다.

   b. 높은 개인적 인과행위감과 직무 수행 결과에 대한 높은 책임감은 교사의 높은 효능감, 동기부여 및 헌신을 장려한다.

   c. 높은 기준과 기대, 높은 수준의 자부심과 자긍심, 직장에서의 개인적인 의미와 중요성의 확대는 교사들의 높은 효능감, 동기부여 및 헌신을 장려한다.

3. 높은 수준의 교사 효능감, 동기부여, 그리고 헌신은

   a. 교사로 하여금 따뜻하게 학생들의 반응과 주도성을 수용하며, 학생들의 필요에 주의를 기울이는 행동을 하게 한다.

   b. 학습에 대한 학생들의 열정과 교사와의 상호작용을 통한 학생의 주도성으로 특징지어지는 학생 행동들을 유도한다.

   c. 고등학교 수학 및 언어 기초 능력 시험 점수로 측정되는 학생의 높은 성취를 유도한다.

요컨대 효능감이 중요하다. 개인적 효능감은 교사들의 전문적이고 문화적인 세계에서 중요한 부분이며, 집단적 효능감은 학교들의 전문적이고 문화적인 세계에서 중요한 부분이다. 관료주의적 정책, 관리체제, 그리고 널리 적용되도록 만든 기준 및 평가가 중심에 자리잡고 있으면 개인적 효능감과 집단적 효능감 모두 고통을 겪는다. 이와 같이 효능감은 교사들과 다른 지역적 부분들의 문화적 세계를 결정한다.


# 신념의 파워

이 장과 다른 장에서는 도덕적 권위를 관료적이고 심리적인 권위의 기초로 부여하는 것이 권고되었다. 그렇게 하는 것은 학교가 그들이 누구인지, 무엇을 어떻게 달성하고 싶은지에 대한 일련의 공유된 가치와 신념을 개발할 수 있는지 여부에 달려 있다. 이러한 생각의 중심은 일단 받아들여지면, 존속의 이유를 아는 학습공동체의 구성

원으로서 사람들을 결속시키는 기반을 제공하는 사회계약(covenants)과 같은 기능을 한다는 것이다. 더 나아가, 사회계약은 공동체가 구성원들에게 빚진 내용과 구성원들이 공동체에 빚진 내용에 대해 자세히 설명한다. 이 주제는 리더십과 학교 문화에 대한 초기 논의의 핵심이었다.

교사 동기부여와 헌신 영역에서 이론과 연구는 교사들의 전문적 공동체 구축을 이끄는 계약들이 중요한 이유와 그것들이 어떻게 효과적인 교수−학습을 가능하게 하는지를 이해하는 데 도움이 될 수 있다. 종종, 정책 명령, 행정적 지시, 그리고 현 상태에 대한 만족감은 "평상시와 다를 바 없이 행동하는 것"을 고수함에 따라, 이러한 지식기반에 맞지 않는 조건과 실천들을 제시한다. 예를 들어, 학교 실제(school practices)는 종종 관료주의적 교수활동을 장려하고, 교사들 사이의 고립주의를 촉진하고, 개인주의를 장려하며, 사회적 상호작용을 방해한다. 이러한 조건은 일반적으로 교사의 동기와 헌신 감소와 관련이 있다. 교사가 더 열심히 현명하게 일하고 학교에 대한 헌신과 학교의 성공이 증대됨에 따라 효과적인 교수·학습 및 기타 학교 개선을 위한 노력이 강화된다. 현재의 실제와 우리가 알고 있는 것 사이의 이러한 격차는 교장에게 리더십에 대한 시험을 의미한다.

인간의 본성에 대한 현재의 개념을 넓히려는 시도는 매우 도전적인 작업이다. 자기 이익추구의 중요성을 일축하지 않으면서 교장과 교직원들은 실행 방침(courses of action)의 결정을 위한 의미심장한 도덕적 이유들에 더 많은 주의를 기울여야 한다. 의미심장한 도덕적인 권위가 교사들과 일하는 정당한 방식으로 받아들여짐에 따라 전문적인 학습공동체가 등장한다. 또한, 이러한 아이디어들을 학생들에게 적용하는 데 주의를 기울일 필요가 있다.

# [14장 마무리 활동]

## 자신에 대한 이해

<<**안내사항**>> 이 장에서 논의된 내용에 대한 이해도를 높이고, 당신의 생각, 가치, 신념이 그 내용과 얼마나 관련되어 있는지에 대한 성찰을 위해, 다음 각각의 질문 혹은 진술문을 읽고 응답해 보세요. 응답을 모색하는 과정에서, 이 장에서 논의된 내용을 리뷰하는 것이 도움을 줄 수 있을 것입니다.

1. 만약 당신이 3년 연속 주 수준의 표준에 도달하지 못한 부실 학교의 교장이라면, 그 학교의 성공을 위해 어떻게 구조화하시겠습니까? 그 교직원과 관련된 최소 5가지 단계를 밝혀보십시오.
2. 교직원의 동기부여 수준을 높이기 위해 기대이론의 원리를 어떻게 활용하시겠습니까?
3. 교사들이 초점화된(focused) 전문성 개발에 참여하도록 동기를 부여하는 것과 관련하여 '공공재'로 보는 것과 '사유재'로 보는 것의 이해득실을 비교하고 대조하십시오.
4. 5가지 동기부여 이론 목록을 만들고 각각의 이론을 사용하여 어떻게 교사의 직무만족도를 높일 것인지를 기술하십시오.
5. 교사들에게 교수 및 학습에 관한 결정을 내리는 데 있어 완전한 재량권이 주어져야 하는 학교 상황을 서술하십시오. 만약 교사들에게 완전한 재량권이 부여되지 않아야 한다고 생각한다면, 당신의 논리를 설명하십시오.
6. 이 장의 구절을 참고하여, 전문성에 대한 포괄적인 정의를 작성하십시오.

# 시나리오 분석

<<**안내사항**>> 이 시나리오에서는 본 장에서 다루어진 개념들이 실제에서 어떻게 적용되고 있는지를 보여줍니다. 시나리오 뒤에 일련의 질문들이 제시됩니다. 시나리오를 읽고 난 후 각 질문에 답하세요. 질문들에 답하는 데 어려움을 느낀다면, 이 장의 주요 내용을 다시 읽어봄으로써 도움을 받을 수 있을 것입니다.


# SHREWSBURY 중학교 교수활동의 도전: 문제점과 모순들

Lancaster는 가장 최근의 종합평가 회의에서 최고 점수인 5급을 받았다. 주의 평가지침에 따르면, 이러한 전문적인 성취는 그녀가 Bradshaw 주에서 가장 뛰어난 교사들 중 한 명인 교사라는 것을 의미했다. 이러한 성취의 결과로 Lancaster는 Shrewsbury 중학교의 교감으로 임명되었다. 그녀는 Shrewsbury 교사들에게 학교의 학업 성취도를 높일 수 있는 혁신적인 전략을 시행하도록 동기를 부여하기 위해 교감으로 임명되었다. 교감 임명 시 교육감은 '객체(Pawn)'가 아닌 '주체(Origin)'로 교사를 대하는 그녀의 태도가 마음에 든다고 이야기하였다.

Lancaster는 Bradshaw 중학교와 그녀에게 현재 배정된 학생들뿐만 아니라 양질의 교육을 필요로 하는 Bradshaw 주 지역의 다른 학생들에게도 책무성을 느꼈다. 그녀는 3년 연속 수학교과에서 주 기준을 충족시키지 못했던 학교인 Shrewsbury 중학교의 과제를 받아들였으며, 그녀는 교직원이 의미 있는 직장 생활을 하는데 그리고, 그들에게 (1) 자신의 업무 경험에 대한 통제감, (2) 개인적인 책임, 그리고 (3) 결과에 대한 책무성을 느낄 수 있도록 도움을 줄 수 있다고 믿었다.

## Shrewsbury 중학교의 풍토

Shrewsbury 중학교에 들어간 뒤, Lancaster가 새 학교의 풍토가 이전 학교의 풍토와 매우 다르다는 것을 깨닫는 데 얼마 걸리지 않았다. 환경은 무미건조했고, 행정실과 교직원, 직원이 전문적으로 보였음에도 왜곡된 자긍심으로 단절된 듯 했다. 이러한 깨달음은 학기가 시작되기 전 주에 나타났다. 그녀가 교장 선생님과 오전 9시에 약속을 위해 처음 Shrewsbury에 도착했을 때, 그녀는 불성실하고 사무적인 태도를 보이는 비서의 환영을 받았다. 약속된 시간보다 40분이나 더 기다린 후, Austin 교장은 마침내 도착했고, Lancaster를 그녀의 사무실로 안내했다. Austin 교장은 Lancaster가 학교에 온 것을 환영하고 그녀의 역할과 책임을 규정했다. Austin 교장은 또한 Lancaster가 교사로서 성공했다는 것을 알고 있었고, Lancaster가 교감직을 수락해서 기뻤다고 말했다. 이러한 소개와 함께 Austin 교장은 Lancaster를 지정된 사무실로 안내했다. 지정된 사무실에 도착한 Austin 교장은 Lancaster에게 열쇠 세트를 주었고, 만약 그녀가 추가적인 질문이나 염려하는 점이 있다면, 교장에게 연락하는 것을 주저하지 말라고 충고했다. 그 후 이틀 동안 Lancaster는 그녀의 사무실을 정리하고 학교에 적응하려고 시도했다. 이 건물에서 일하는 교사들은 그녀에게 성의가 없는 미소를 보였고, 그녀를 맞이하거나 그들을 알아가는 데 도움을 줄 의향이 있는 것처럼 보이지 않았다. 사실상 그녀는 동료들과의 교류가 거의 없거나 전혀 없는 상태에서 이틀 동안 일했다.

## 우연한 만남(The chance meeting)

첫 주 동안 세 차례에 걸쳐 Lancaster는 수학 교육과정에 대한 계획을 검토하고 그녀의 책무성에 대한 깊이 있는 이해를 얻기 위하여 교장과의 면담을 요청했다. 그러나 그녀가 교장과 약속을 요청할 때마다 비서에게 교장이 그녀에게 연락할 것이라고 들었다. 그 주가 끝나갈 무렵 Austin 교장이 학교를 떠나려고 할 때 Lancaster는 Austin 교장에게 달려갔다. Lancaster는 Austin 교장 선생님과 수학교과의 교수활동 계획을 검토하고, 교직원 회의에서의 그녀의 책임에 관한 추가 설명을 듣고자 하는 소망을 공유할 기회를 가졌다고 생각했다. 그녀의 질문 이후 Austin 교장은 공식적으로 그녀와 다시 만날 수 있는 충분한 시간이 없다고 대답하였고, 그녀가 알아야 할 모든 것은 개회 교직원 회의에서 다루어질 것이라고 하였다. 개회 회의를 준비하는 동안에도 Lancaster는 계속 질문을 제기했다. Austin 교장은 질문에 대한 답변으로 "나는 피할 수 있다면 같은 일을 반복하고 싶지 않습니다"라고 하였다. 이것은 Lancaster가

Bradshaw 중학교를 떠난 것이 올바른 결정이었는지를 되돌아보게 하는 결정적인 순간이었다. 그녀는 교장이 매우 바쁜 사람들이라는 것을 알았지만, 이런 유형의 지도자 행동에 익숙하지 않았다.

그녀는 전임 교장인 Douglass가 일상적으로 교직원을 관리하는 시간을 가졌고, 만약 그들이 의문이나 우려하는 점이 있다면, 그는 항상 낮 동안 공식적이고 비공식적인 상황에서 그들과 대화할 시간을 찾았음을 회상했다. 그녀는 Douglass 교장이 어떻게 아침 종이 울리기 전에 복도를 걷고, 현장 학습계획에서부터 Family Math and Science Night를 가장 잘 구성하는 방법에 대한 의견 교환에 이르기까지 가능한 모든 순간을 교직원들과 어떻게 소통할 수 있었는지를 상기했다.

## 학교회의 개최

그 다음 주 월요일 교사들은 새 학기를 시작하기 위해 조용히 도서관으로 들어갔다. Austin 교장은 도착해서 주의 표준화된 시험 점수의 데이터 결과를 검토하면서 회의를 시작했다. 그녀는 읽기 점수가 38% 증가했다고 언어 교사들을 칭찬했다. 언어 교사들은 학업성취도 증명서를 받기 위해 앞으로 나와 달라는 요청을 받았다. 그들이 앞으로 나오자마자, 그녀는 이 훌륭한 선생님들에게 박수를 보내달라고 교직원들에게 요청했다. 그 후, Austin 교장은 학교의 수학 성적을 공개했다. 그녀는 수학 점수의 하락이 있었고, 그 하락은 받아들일 수 없다고 언급했다. Austin 교장은 수학 교사들에게 기본적으로 올해에는 수학 점수를 향상시키기 위해 더 열심히 일하는 것이 좋겠다고 말했다. Austin 교장은 Lancaster가 새로운 교감이고, 개선될 기미가 보이지 않는 수학 교사를 추적하기 위해, 매주 학생들의 수업 공통 평가 결과와 그들의 분기별 지역 형성평가 결과를 면밀히 관찰할 것이라고 말했다. Austin 교장은 또한 수학 교사들에게 Lancaster와 다른 관리자들이 그들의 교실에 자주 방문해도 놀라지 말라고 말했다. 게다가, 수학 교사들은 만약 평가 주기가 끝날 때까지 문제가 개선되지 않는다면, 학교에서의 그들의 미래가 논의될 것이라고 들었다. Lancaster는 수학 교사들에게 미안함을 느꼈고 이것이 그녀가 장학을 실행해오던 방식이 아님을 알아주기를 원했다. 그러나 교장을 존중하는 차원에서 그녀는 조용히 있었다. 교장의 발언은 징벌적이고 억압적이었다.

## 커다란 차이

Lancaster는 Bradshaw 중학교에서의 경험과 Shrewsbury 중학교에서의 짧은 시간 동안의 경험을 계속 비교하지 않을 수 없었다. 지난 몇 년 동안, 그녀의 전임 교장인 Douglass 씨는 모든 교직원과 직원들의 노력을 칭송하려고 하였다. 공식적인 주 시험 결과가 향상되었을 때, 모든 사람들은 그 성과를 축하했으며, 그것은 공동체 모두의 노력이었다. 예를 들어, 그녀는 체육과 미술 교사들이 읽기와 수학에 도움이 필요한 학생들을 위한 개인교습자 역할을 했던 것을 회상했다. 이러한 전략은 매주 학생들의 시험 점수를 향상시키고, 주의 기준에 부합되고 초과됨에 따라 유익하다는 것이 입증되었다. 결과적으로, 시험 결과가 발표된 매 학기 초에, Douglass 교장은 일반 교사들의 노력뿐만 아니라, 지원 교사들의 노력도 인정하였다. 그는 모든 교사들의 노력을 인정했고, 교사들이 그들 학생들의 성공을 위해 계획할 때, 훨씬 더 집중된 노력을 보장하기 위해 방과후에 추가적인 활동을 조직하고 시작하였다. 드물게 몇 년 후에, 공식적인 시험 결과가 하락했을 때, Douglass 교장은 학생들의 부족한 부분을 다루기 위해 다시 한 번 모든 교사들, 교직원, 그리고 관리자들을 포함하여 집합적으로 일하는 학교 전체의 전략을 추가적으로 확인하였다. Douglass 교장의 교직원에 대한 비공식적 비전은 '하나는 모두를 위해, 모두는 하나를 위해'였다. 시험 점수가 떨어질 경우 교사들이 결코 좌절하지 않도록 하였으며, 오히려 그들은 격려를 받았고 그들 자신을 전문적으로 발전시키기 위해 필요한 지원을 받았다. 그들은 또한 고립을 피하고 팀을 이루어 일하고, 전략적이며 교수−학습에 대한 그들의 방식이 목표가 되도록 장려되었다.

Bradshaw 중학교의 문화는 전염성이 있었다. 교사들은 학생들을 앞으로 나오게 하며, 평상시 일과 그 이상을 만나고 협력하는 것이 표준이 되었다. 일부 교사들은 일주일에 한 번 지역 서점에서 만났다. 이 광범위한 협력을 통해 공동체 의식이 생겨 학생들의 성장을 촉진하고 향상시키는 공통의 목적이 생겼다. Douglass 교장이 이러한 추가적인 기획 세션에 관해 들었을 때, 그는 교사들에게 그들의 노력에 대해 칭찬을 아끼지 않았다. 자아실현과 열심히 일하려는 열망은 학교의 문화에 크게 영향을 받았다. 학교 개선에 대한 지역사회 기반의 접근 방식은 긍정적이었고 전반적인 학교 개선을 가져왔다.

## Lancaster의 교육적 과제

Lancaster는 수학 프로그램에 대한 초기 평가를 마치고, 교사들이 공통의 계획 시간을 갖고 있지 않으며 동학년 교사들과 만날 수 없음을 발견했다. 그녀가 일정 변경 요청을 한 후, 교장은 그녀에게 교사들이 절대적인 필요성을 느끼지 않는 이상 동학년 교원들이 팀으로 만나지 않을 것이라고 조언했다. 그녀는 모든 교사가 자신의 학생들을 책임지고 있으며, 학생들의 성적을 향상시키는 것이 각 교사의 책임이라는 것을 공유하였다. 계획 기간은 시험지를 채점하고 다음 주 수업을 위해 복사할 시간이었다. 그렇지 않으면 교사들은 이러한 작업을 완료할 시간이 없었다. Austin 교장은 Lancaster에게 이 정책을 계속하도록 촉구하였다. Austin 교장은 또한 Lancaster에게 교사들이 그들이 적어놓은 대로 교육과정 지침을 따르는 것을 확인하도록 지시했다. 교육적 일관성은 학교 전체에서 기대되었고, 이러한 관행에서 조금이라도 벗어나면 교사들이 학생들의 성적 향상을 위해 노력하지 않는다는 것을 의미했다. 그녀는 또한 그녀가 절차를 따르는 사람이고 그녀도 똑같이 할 것임을 기대하고 있다고 말했다.

Lancaster는 이러한 협업의 부재가 낮은 수학 점수의 이유일 것이라고 생각했다. 그녀는 적어도 일주일에 세 번은 팀원들과 만나는 것에 익숙했다. 이러한 회의 동안에 교사들은 전 주의 공통의 평가 결과를 검토하고, 그들의 개별 수업의 학생들이 아닌, 모든 학생들이 수업내용을 숙달하는 것을 도울 전략을 공유했다. 매주 이뤄지는 자료 검토는 교사들에게 학생들이 공식적인 국가 시험에서 어떻게 성적을 올릴 수 있는지에 대한 예측을 주었다. 전략의 공유는 교사들 사이에 강한 공동체 의식을 형성했다. 왜냐하면 그들은 학교에서 개선이 필요한 분야를 다루기 위해 협력적인 접근을 하고 있다는 것을 알았기 때문이다. 또한, Douglass 교장은 일주일에 한 번씩 각 학년을 만났다. 계획된 전문적 학습공동체 회의 동안, 그는 교사들에게 자료를 검토하도록 지도하고 어떤 전략이 효과적이었고 어떤 전략을 정교화해야 하는지에 대한 그들의 의견을 장려하였다.

Lancaster는 모든 학교가 일관된 목표를 공유하고 학생들에게 최적의 학습 경험을 제공하려는 의욕적인 개인으로 구성되어야 한다고 믿었다. 뿐만 아니라, 그러한 개인들이 긍정적인 자아 개념, 높은 자부심, 일반적인 자기 효능감 및 감정적 안정성을 지니기를 원했다. 그녀는 이 수준의 전문성이 모든 관리자와 교사를 위해 존재해야 하며, 모든 사람은 강한 수준의 책무성에 의해 움직여야 한다고 생각했다. 학기가 진행되었지만, 상황이 실제로 바뀌지 않았다. Lancaster는 혼자 일하는 선생님들에게 익숙해졌으며, 하루 일과가 끝나면 빨리 건물을 떠다는 교사들이 놀라웠다. 그녀는 Shrewsbury로 옮겨오기 전, 그녀의 임무를 수행하고 연구하기를 소망하였었다. 그러나 Lancaster는 옮기기로 결정한 것을 후회했다. 그녀는 앞으로 3년 동안에도 이러한 환경에서 견뎌야 한다는 사실에 자진사퇴하였다.

## 성찰적 질문과 시나리오 분석

1. 주의 평가 지침이 어떻게 실제로 학생들의 학업 성취를 억제하고 교사들의 의욕과 헌신을 떨어뜨릴 수 있다고 생각하십니까?
2. 시나리오에서 동기부여 연구와 모순되는 것처럼 보이는 정책 및 관행에는 무엇이 있습니까?
3. Bradshaw 중학교의 업무의 질은 어떻게 특징지을 수 있습니까?
4. Shrewsbury 중학교의 업무의 질은 어떻게 특징지을 수 있습니까?
5. Lancaster는 두 학교 중 어느 학교에서 자신이 '객체' 같다고 느꼈을 것 같습니까? 그리고 그 이유를 설명하십시오.
6. Shrewsbury 중학교의 학교 개선에 가장 큰 장애물은 무엇이라고 생각하십니까?
7. Douglass 교장은 어떤 발달 단계를 보이고 있습니까?
8. Austin 교장은 어떤 발달 단계를 실천했습니까?
9. 두 교장의 리더십 행동을 비교 대조해 보면 Herzberg와 Maslow 이론의 영향력이 무엇인 것처럼 보입니까?

# 변화 과정

미국과 캐나다의 학교들은 변화로 바쁘다. 새로운 기준들이 의무화되었고, 이러한 기준에 부합하는 교육과정이 개발되고 있으며, 그리고 이러한 교수활동들은 평가에 의해 완성되고 있다. 어디에서나 교사들은 시험에 따라 가르치는 방법과 학생들을 준비시키기 위한 과정을 조정하고, 지시사항을 지역 상황에 맞게 조정하며, 교과에 관한 지식을 강화하여 더 높은 수준으로 능숙하게 가르치도록 새로운 교수법에 대해 훈련받고 있다. 변화를 둘러싼 이러한 열정에도 불구하고, 사람들은 실제로 무슨 일이 일어나고 있는지에 대해 궁금해 한다. 교사들이 그들의 실천을 더 나은 방향으로 바꾸고 있는가? 학생들은 준비가 더 잘 되고 있는가? 지난 20년간의 변화는 시간이 지남에 따라 지속될 것인가? 가장 많이 변화한 것들이 정말로 가장 중요한 것들인가?

예를 들어, 일부 학교, 지방, 주에서는 학생들이 "세계 수준의 기준"을 충족하도록 돕기 위해 도입된 변화의 결과로 학생 시험 점수의 급격한 향상을 이루었다. 달성된 지표들은 학생들이 그들의 생각(mind)을 잘 사용하는 방법을 배우고 있다는 것을 의미하는가? 특히 새로운 정보에 직면했을 때 그들은 문제를 해결할 수 있는가? 보다 자립심이 강한 학습자들이 새로운 과제를 해결할 수 있는가? 이러한 질문들에 대한 답은 우리도 모른다. 비록 많은 변화가 도입되었고, 학교들은 다르게 일을 하고 있는 것처럼 보이지만, 그리고 비록 높은 시험 점수가 학습의 일부 향상을 나타냄에도 불구하고, 실제적인 변화를 이루기는 어렵다. 변화를 '채택'하는 것은 변화를 '실행'하는 것과 같지 않으며, 변화를 실행하는 것이 그대로 의도한 결과를 가져오지 않을 수 있다.

# 채택과 실행을 넘어서

학교 변화에 관한 문헌의 상당수는 채택이 실행과 동일하다고 가정한다. 그러나 그렇지 않다(Gaynor, 1975). 학교에서는 흔히 실행되지 않거나, 실행된 경우에는 "변화가 거의 눈에 띄지 않을 정도"의 수준으로 혁신이 이루어진다. 1960년대 후반과 1970년대 초 유행한 열린공간(open-space) 개념이 대표적이다. 열린공간(open-space)의 '실행'은 책꽂이, 공간분리대, 사물함, 그리고 칸막이를 이용, 공간을 분할하여 전통적 교실로 만드는 특징을 띄었다. Goodlad and Klein (1970)은 팀 교습의 채택과 무학년 교실 개념에서도 비슷한 것을 관찰한다. 흔히 '실행'은 '순환식' 교수활동(turn teaching)과 학년이 주어지지 않는 통합교실의 창출로 특징지어졌다. 당신의 경험으로부터 당신은 junior high school의 개념을 도입했지만 실제로 시행되지 않는 중학교(middle school)에 대해 알고 있을 것이다. 비슷한 맥락에서 오늘날의 표준화 운동은 학생들을 위한 광범위하면서도 깊은 교육을 보장하기 위한 것이다. 그러나 기준, 교육과정, 평가의 변화는 교육과정을 좁히고 배우는 것을 제한하고 있는 것으로 보인다.

때때로, 변화가 시스템에 강요될 때 상황을 더 나쁘게 만드는 예상치 못한 결과를 가져온다. 예를 들어, 현장기반 경영방식은 널리 채택되었지만, 어디에서나 우리에게 도움을 주는 수단이 되는 대신 그 자체가 목적이 되어버리는 경우도 있다. 현장기반 경영(site-based management[1])은 학교의 교수학습에서 실제로는 일어나지 않은 일이 되거나, 문제를 발생시킬 수도 있다. Lichtenstein, McLaughlin, & Knudsen(1992)은 다음과 같이 설명한다.

---

1) 현장기반경영은 모든 의사결정이 학교 수준에서 적절하게 이루어진다는 의미를 가진다. 흔히, 우리나라에서는 '학교단위 책임경영제(school-baed management)'로 번역되었다.

우리는 현장기반경영이 교실에 아무런 변화를 가져오지 못한 경우에 관해 읽고 관찰할 수 있었다. 많은 교사들은 교수활동에 있어 더 큰 권한을 위임받았다고 느끼기보다는 대신 강당 무대의 커튼을 어떤 색으로 할 것인지, 아니면 슬라이드 프로젝터나 책꽂이에 500달러를 쓸지 여부에 대한 결정을 두고 위원회와 씨름하는 것과 밀접한 관련이 있는 곳에 시간을 보내게 된다는 것을 발견하였다. 어떤 경우에 우리는 "재구조화" 명령들이 힘이 없는 학교행정가들로 하여금 충분치 못한 안내, 자원, 지원 그리고 전문지식의 부족 때문에 더 망설이는 교사들에게 중요한 책임을 위임한다는 핑곗거리를 제공했다는 것을 발견하였다. 게다가, 교사들의 능력에 주목하지 않은 채 권한을 확장하려는 노력은 오히려 학교, 교실 또는 체제의 기능 저하를 초래하는 아이러니한 결과를 초래하였다. (p. 39)

너무 자주, 서로 모순되는 변화들이 도입된다. 결과적으로, 그들은 대혼란과 혼동을 일으킨다. Deming(1993)의 철학을 옹호하고, "총체적 질 관리(TQM)" 장점을 선전하거나, TQM을 활용해 "양질의 학교(Quality School)"를 만드는 것이 좋은 예이다. Deming은 글이나 강의에서 *질*이라는 단어를 거의 사용하지 않으며, 그것의 사용을 권하지도 않는다. 더군다나, 무언가를 완전히 관리한다는 개념은 그에게 어울리지 않는다. Deming에게 비법은 통제에 대한 관리[2]가 아니라 '다양성'을 의미한다. 그는 교육 환경에서 *고객*이라는 단어를 사용하는 것을 예외로 한다. 대부분의 TQM 적용자들과는 달리, Deming은 자신의 14가지 원칙을 마음에 드는 아이디어만 골라 선택하는 아이디어 뷔페로 볼 수 없다고 믿는다. Deming의 생각은 총체적으로 구성되고 전체적으로 적용되어야 한다. 슬로건 TQM은 슬로건이 없어졌기 때문에 삭제되어야 한다는 뜻이다. 학생을 시험하고 성적을 매길 뿐만 아니라, 교사를 평가하고, 우등생 명부와 다른 학생들의 등수를 매기는 것은 사용될 수 없다. 왜냐하면, 그것들은 그의 원칙 중 2가지(업무 표준을 없애고, 다른 한 편으로 외적 보상을 없애는)에 어긋나는 것이기 때문이다.

때때로 Deming의 아이디어는 결과 기반 교육(outcomes−based education: OBE) 또는 오늘날의 표준 운동과 같은 다른 운동과 함께 묶인다. 그러나 석유와 물과 같이, Deming의 철학과 이러한 접근법들은 쉽게 섞일 수 없다. OBE에서 과정은 중요하지

---

2) 예를 들어, *관리*라는 단어는 라틴어 *manus*와 사촌인 이탈리아어 *maneggio*에서 파생된 것으로 말의 훈련이나 취급을 의미한다.

않다. 사람은 결과에 집중해야 하고 과정이 스스로 처리되도록 해야 한다. 사람들은 그 일이 성사되는 한 그들이 원하는 것은 무엇이든 자유롭게 할 수 있다. 유일한 요건은 결과로부터 여러분이 하는 일을 "설계(design down)"하는 것이다. 그러나 Deming에게 결과는 문제의 일부이며, 그의 해답은 '과정'에 초점을 두는 것이다. 교수－학습 활동, 교육과정, 교실 풍토, 그리고 수많은 사회 계약은 교사와 학생 사이에, 교사 사이에, 그리고 학생들 사이에서 교섭하는 것이다. 이러한 점에 주의를 기울인다면, 결과는 저절로 처리될 것이다. 새로운 아이디어는 엇갈리는 신호를 동반하기 때문에, 변화가 어려운 것은 놀라운 일이 아니다. 흔히 새로운 아이디어들은 미리 포장된 형태로 나오거나 그것들이 마치 새로나온 아침 음식인 것처럼 판매된다.

학교 교육의 변화를 성공적으로 수행하는 것 자체만으로는 충분하지 않다. 학교 개선은 시간이 지남에 따라 그러한 실행이 유지되어야 하며, 변화는 제도화되어야 한다. 제도화는 그 변화가 학교생활에 '고정'된다는 것을 의미한다(Miles, 1983). Huberman and Crandall(1982)이 지적했듯이, "새로운 실제들이 훈련, 조정력, 인력 배치, 예산 주기에 짜 넣어져 있는 경우 살아남고, 그렇지 못하면 살아남지 못한다. 혁신은 부패하기 쉬운 상품이다"(Miles, 1983, p. 14에서 인용). 제도화는 변화를 일상화하는 과정이다. 그것은 학교의 평범한 생활의 일부가 된다. 예를 들어, 새로운 달러를 요구하는 변화는 이러한 새로운 달러가 정기적인 예산으로 짜여지면 제도화된다. 일반적인 학교 정책이 새로운 구조조정을 반영하려고 할 때, 새로운 구조조정을 요구하는 변화가 제도화된다. 새로운 행동 패턴을 반영하기 위하여 정기적인 포상제도(급여, 승진, 심리적 보상)가 조정될 때 변화는 제도화된다. 제도화는 당연하게 여겨질 수 없다. 그러므로 채택, 실행, 그리고 제도화가 요구되는 학교 개선은 [그림 15.1]과 같이 교장이 수행해야 할 목표가 되어야 한다.

[그림 15.1] 학교 개선에서 교장의 목표

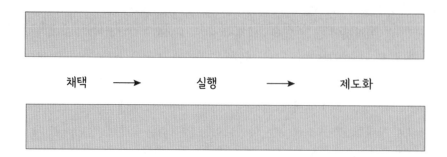

채택 ⟶ 실행 ⟶ 제도화

## 변화에 대한 체제적 관점

모든 성공적인 학교 개선 노력에서 사람들은 성공적이지 못했던 노력에 대한 무서운 이야기를 듣는다. 실패의 한 가지 이유는, 교장의 경영과 리더십 노력의 부족뿐만 아니라, 변화의 과정에 어떤 것이 수반되는지에 대한 제한된 시각 때문이다. 성공적이지 못한 학교 개선 노력은 이 문제에 접근하는 단 하나의 최선의 방법을 사용함으로써 "하나의 바구니에 모든 것을 담는" 경향이 있다.

몇몇 전문가들은 변화를 위해 필요한 지원과 모멘텀을 제공하기 위해 학교가 존재하는 사회적, 정치적 맥락을 설계할 수 있어야 한다고 주장한다. 다른 전문가들은 변화를 위해 필요한 대인적인 지원을 제공하는 우호적인 학교 풍토의 개발을 강조한다. 최근 몇 년 동안, 이 단체의 학자들은 학교 문화의 개념에 초점을 두고 있으며, 변화를 포함하는 가치와 규범을 개발하는 것의 중요성을 강조해왔다. 그러나 다른 전문가들은 거의 전적으로 개인과 개인의 필요, 성향, 제안된 변화에 관한 관심의 단계, 그리고 밀고 당기는 추진력과 변화에 대한 저항력을 야기할 수 있는 제지력(restraining forces)에 집중한다. 마지막으로, 몇몇 전문가들은 학교 개선 노력이 적절하게 시행될 수 있도록 교사 행동을 프로그래밍하고 구조화하기 위한 수단으로 업무 환경을 설계하는 데 일차적인 주의를 기울인다. 이 모든 고려사항들이 중요하지만, 그 어떤 하나도 학교 개선을 위한 적절한 모델이 될 수는 없다. 보다 최근에는 도덕적 의무로서 변화 및 지속가능성과 관련하여 변화의 문제점을 보는데 초점을 두고 있다(Fullan,

2003b; Sergiovanni, 1992). 우리의 목적이 옳은가? 어떻게 우리는 변화가 지속되도록 지원할 것인가?

이러한 각각의 고려사항들을 종합하면, 역동적이고 통합적이며 강력한 변화의 관점을 제공하는 체제의 관점이 등장하기 시작한다. 이러한 관점 안에서, 변화의 단위는 (1) 개별 교사, (2) 학교, (3) 교직과 교육의 업무 흐름, (4) 보다 광범위한 정치 및 행정적 맥락에 국한되지 않는다. 대신에 위의 4가지는 모두에 주의를 요하는, 상호 작용하는 변화의 단위로 여겨진다. 적절하게 처리된다면, 이러한 변화의 단위는 학교 개선을 위한 길이 된다.

[그림 15.2] 상호작용하는 단위들: 변화에 대한 체제적 관점

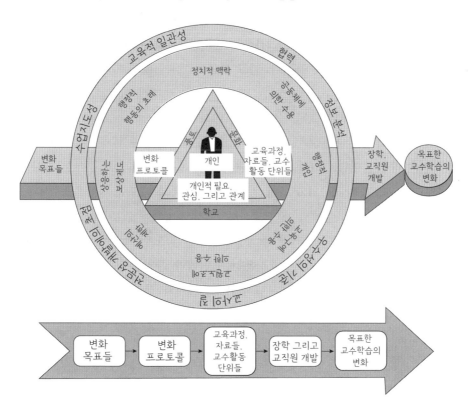

체제의 관점은 [그림 15.2]에 나타나 있다. 교수-학습과 관련된 변화를 직접적으로 도모하는 길은 학교 교육의 작업 흐름을 구조화하는 것이다. 하지만, 교수활동은 인간 집약적이다. 이것은 사람들이 변화를 도입하려고 얼마나 열심히 노력하든 간에, '교사들'을 무시할 수 없다는 것을 의미한다. 원하든 원하지 않든 간에 교사들은 중요하다. 그들은 학생들에게 일어나는 일에 영향을 미치는 매일, 그리고 분 단위의 결정을 내린다. 교직 업무 흐름의 변화를 위해서 교사들은 교수 행위의 변화와 직결되어야 하며, 이것은 필연적으로 개별 교사와 전체 교직원의 태도 및 신념의 변화를 의미한다. 교사가 변화하면 교수-학습도 변화한다.

교사들은 전형적으로 혼자 일한다. 이러한 고립은 교수활동의 효과성과 학교 개선에 부정적인 영향을 끼친다(Lieberman & Miller, 1984; Rosenholtz, 1989). 그럼에도 불구하고 교사들은 더 큰 학교 교직원을 구성하는 사회단체의 일원들이다. 사회단체는 생활방식을 규정하는 규범, 관습, 전통을 만든다. *학교 문화*는 종종 질서의식과 그것이 나타나는 것을 가리키는 용어다. 학교 문화는 교사들에게 가치 있는 것을 정의하고, 행동과 신념의 허용 가능한 한계를 명시하며, 학교 개선 노력을 촉진하거나 저항하는 데 있어 강력한 요인이 된다(Sarason, 1971).

학교는 고립되어 존재하는 것이 아니다. 그러므로 학교 개선 과정에서 또 다른 중요한 차원은 더 넓은 행정, 사회, 정치적 환경이다. 예를 들어, 학교 풍토는 교사 조합, 학교 이사회, 그리고 학교구의 교육청 관리자들의 행동과 태도에 영향을 받는다. 정치 체제의 영향력은 학교 수준에서 개인 교사로, 그리고 마침내 업무 흐름으로 흘러간다. 개인, 학교, 업무 흐름, 정치적 맥락 등 4개의 수준들은 모두 교장이 학교 개선을 촉진함에 따라 관심을 필요로 하는 상호작용하는 변화의 단위들이다. 깊고, 지속적이고, 의미 있고, 효과적인 변화는 단지 하향식이나 상향식과 같이 일방향적으로 이루어질 수 없다.

# 저항을 극복하고 변화하기

변화에 대한 저항은 개인의 기본적인 업무 요구가 위협받을 때 발생한다. 특정한 업무 필요성의 상대적 중요성에 의해 교사들 간의 개인차가 존재하지만, 상당히 보편적인 4가지 요구들이 밝혀졌다.

1. **명확한 기대에 대한 요구.** 우리들 대부분이 효과적으로 기능하기 위해 우리의 직무에 대한 상당히 구체적인 정보를 요구한다. 우리는 우리에게 무엇이 기대되고, 우리가 어떻게 사물의 총체적인 계획을 조정하며, 우리의 책임이 무엇이고, 우리가 어떻게 평가될 것인지, 그리고 다른 사람들과의 관계가 어떻게 될 것인지 알 필요가 있다. 이런 정보 없이는 우리의수행이 저하되고 직무에 대한 만족도가 낮아질 가능성이 높다(Katz & Kahn, 1978). 변화는 역할 정의와 기대의 "균형(equilibrium)"을 뒤엎어서 흔든다.

2. **미래의 확실성에 대한 요구.** 우리가 어떻게 직업 체제에 부합할 수 있는지 아는 것은 미래를 예측하는 것과 밀접하게 관련이 있다. 우리는 우리의 직업 생활에 안정감을 주고 미리계획을 세우기 위해, 약간의 '신뢰성'과 '확실성'을 필요로 한다. 그러나 변화는 '모호성'과 '불확실성'을 가져오는데, 이는 우리가 필요로 하는 상대적으로 안정적이고 균형적이며 예측 가능한 작업 환경을 위협한다.

3. **사회적 상호작용에 대한 요구.** 우리들 대부분은 다른 사람들과 교류할 기회를 필요로 하고 이러한 기회를 소중하게 여긴다. 이러한 상호작용은 우리가 우리 자신의 자아 개념을 정의하고 형성하는 것을 돕고, 작업 환경에서 경험하는 불안과 두려움을 줄이는 데 도움을 준다. 우리는 직장에서 다른 사람의 지지와 수용을 필요로 한다. 변화는 종종 중요한 사회적 상호작용 패턴을 위협하는 것으로 인식되며, 새로운 패턴을 확립할 가능성은 우리에게 안전의 문제를 야기할 수 있다. 협력적인 문화와 실천 공동체는 이 책에서 끈질긴 주제였고, 2가지 모두 교사들의 학습에 필요한 지원과 방향을 장려하기 위한 강력한 수단이다. 배움은 변화를 위한 필수 조건이다.

4. **우리의 작업환경과 작업 결과에 대한 통제의 필요성.** 우리들 대부분은 우리의 작업 환경에대한 합리적인 수준의 통제를 원하고 추구한다(Argyris, 1957). 우리는 체제에 의해 좌우되고 싶어하지 않는다. 마지막 장에서 제안했듯이, 우리

는 우리의 업무 생활에 영향을 미치는 결정을 내리는 것에 있어서 객체(Pawns, 볼모)가 아닌 주체(Origins, 원천)이 되고 싶다(DeCharms, 1968).

스스로 통제할 수 있는 권한이 위협받거나 줄어들면, 교사들의 직무만족도가 떨어질 뿐만 아니라 직무 무관심, 심지어 소외감을 초래할 수 있는 업무상 의미 상실을 가져올 수 있다. 교사들을 참여시키지 않는 변화 노력과 교육, 학습 및 학교 교육에 대한 통제력을 약화시키겠다고 위협하는 변화는 학교 효과성에 심각한 결과를 가져올 수 있다.

위의 4가지 보편적인 요구가 수용되는 강도는 교사에 따라 다르다. 강도가 클수록 변화 위협을 느낄 가능성이 커진다. 그럼에도 불구하고, 모든 교사들에게 변화는 그들의 현재 상황에 약간의 혼란을 일으킨다. 교장은 교사들에게 교직의 변화와 그것이 교수활동에 어떤 영향을 미치는지에 대해 가능한 한 많은 관련 정보를 제공함으로써 좀 더 편안하고 안정적인 상태로 되돌아오도록 도울 수 있다. 변화가 시행됨에 따라 교사들은 그들에게 어떤 것이 기대되는지를 알아야 한다. 실제로, 변화를 계획하는 데 교사를 참여시키는 것은 이러한 필요를 충족시키는 데 도움이 될 것이며, 제안을 개선할 수 있는 방법에 대한 아이디어로 이어질 가능성이 매우 높다. 제안된 변화를 단순하게 유지하고 점진적으로 변화를 실행하는 것은 성공적인 실행자로서 교사들의 자신감을 높일 수 있을 것이다.

Mealliea(1978)는 평가를 받지 않는 기간에도 변화가 동반된다고 제언한다. 물론, 이 기간 동안에 교사의 성과는 그들의 수입, 경력, 혹은 다른 학교의 복지혜택 등에 부정적인 영향을 미칠 수는 없다. 이 기간 동안 중점을 두는 것은 단지 교사들이 변화에 대해 더 많이 배울 수 있도록 돕고, 변화를 시행하는 숙련도를 높이기 위해 교사들에게 피드백을 제공하는 것이다. 롤 모델로 여겨지며, 변화를 빨리 수용하는데 최적인 교사들에게 먼저 변화 노력을 지시하는 것은 성공적인 학교 개선에 도움이 될 수 있다. 타인에게 폭넓게 존경받는 교사들이 먼저 변화를 향해 앞서 나아갈 경우 어느 정도 자신감과 안정감이 생기고 변화에 대한 저항도 줄어들 것이다.

처음에는 교사들이 변화를 지지하지 않을 수도 있지만, 만약 그들에게 도움이 되고, 성공에 필요한 정보가 제공된다면, 그들이 그것을 좋아하게 될 것임을 명심해야 한다. 교사가 변화를 성공적으로 이행하면 할수록 그 변화에 대한 지지가 더욱 커질 것이다. 교장들은 종종 지원하기 위해서 사전에 너무 많은 시간을 소비하며, 특히, 더 지속적인 방법으로 무언가를 지원하기 위해 사람들이 성공할 수 있도록 돕는 것이 더욱 중요할 때 그러하다. 여기서의 교훈은 시작하려는 신념이 충분히 배양되었을 때 교장이 앞으로 나아가야 한다는 것이다. 그러나 대다수의 사람들이 변화를 적극적으로 지지할 경우 이러한 '티핑 포인트(tipping point)[3]'가 필요 없을 수도 있다. 일단 변화 실행 과정이 시작되고, 교사들이 이를 성공적으로 수행하게 된다면 이를 지지하게 될 것이다. 이것이 '학습'이 변화 과정의 중요한 부분인 한 가지 이유이고, 이것이 '지원 네트워크'가 중요한 이유다.

동기에 대한 기대이론은 여기에 도움이 될 수 있다. 기대이론에 따르면, 교사들은 변화에 대한 동기가 발생하기 전에 다음 4가지 질문에 대한 답을 필요로 한다.

1. 성취해야 할 것이 무엇인지 알고 있는가?
2. 성취가 주는 혜택이 나에게 중요하고 내가 바라는 것인가?
3. 이 일을 완수하기 위해 내가 해야 할 일이 정확히 무엇인지 명확히 알고 있는가?
4. 만약 내가 시도한다면 성공할 수 있을까?

이 질문들 중 어느 것도 대답하지 못한다는 것은 교사들이 학교 개선 노력에 참여할 동기가 부여되지 않았다는 것을 의미한다. 동기를 불러오는 긍정의 대답은 학습에 대한 교장들의 관심에 달려있다. 특히, 중요한 것은 성공적인 실행을 보장하기 위해 교사들이 이용할 수 있는 '장학 지원'이다. '역량 구축'이 성공의 열쇠이다.

## 학교 개선의 이론

Susan Fuhrman(2003)은 개혁이 '학교'에서 중요한 변화를 측정하는 잘못된 은유일 수 있다고 주장한다. 그러한 변화는 깊이 있고 지속적인 방식의 교수학습에 실제 영향을 미친다. 그녀의 관점은 우리가 다양한 방식으로 개혁을 시도해왔다는 것이다.

---

[3] 티핑포인트(tipping point): 작은 변화들이 어느 정도 기간을 두고 쌓여, 이제 작은 변화가 하나만 더 일어나도 갑자기 큰 영향을 초래할 수 있는 상태가 된 단계.

우리는 다양한 방식으로 그리고 마치 우리가 변화에 집착하는 것처럼 학교를 재구조화하였으나 그럼에도 불구하고 학교들이 얻는 성과를 개선하지는 못했다(Fuhruman, 2003). 교육개혁이 원하는 결과를 낳지 못하더라도, 아마도 은유적인 변화는 있을 수 있다. 개혁이 종종 일상적인 학교 운영에 관여하지 않는 비교육적 정치 주체에 의한 정책으로 포장돼 있기 때문에, 우리는 개혁(reform)에서 개선(improvement)으로 우리의 생각을 전환할 수 있다(Fuhruman, 2003).

교장의 역할과 수업 개선에 관한 관심에 비례하여 상당히 많은 문헌들이 등장하기 시작하고 있다(Cunningham & Cordeiro, 2009). 이러한 선행연구들은 학업성취 및 교사 효과성과 관련하여 교실에서 일어나고 있는 일들에 의해 개선이 이루어져야 한다고 주장하고 있다. 개선을 촉진하는 것은 교수학습의 기본, 즉 학교 교육의 핵심에 지속적으로 관심을 기울이는 것에 관한 문제이다. 이 작업은 교사들이 가르치는 교육과정에 초점을 둔 충분한 자금이 후원되고 있는 전문성 개발 프로그램, 코칭과 다른 현장 지원이 뒤따르는 프로그램을 포함한다(Fuhrman, 2003). 이러한 프로그램은 교장의 확고한 지도력을 포함한다. Leithwood et al.(2004)는 학교 개선 분야에서 교실수업 다음으로 효과적인 리더십이 중요하다는 것을 밝혀냈다.

Richard Elmore는 단기적으로나 장기적으로 학생 성취도 문제에 대한 최선의 해결책은 지역구와 주 공무원, 교사, 그리고 다른 사람들이 그들의 자원과 노력을 학교 개선을 실천하고 이에 대한 강력한 이론을 개발하는 데 초점을 두는 것이라 믿는다. 이러한 실천은 Fuhrman and Elmore가 제안한 4장 *리더십 모범 사례에 관한 새로운 이론의 4차원(Dimension IV)*을 지지한다(Green, 2010). Elmore는 교장들이 (1) 외적 책무성을 추구하기 전에 내적 책무성을 추구해야 하며, (2) 학교 개선을 발전적 과정으로 보며, (3) 학교의 문화적 요소를 고려하고, (4) 리더십을 분산하며, (5) 사회적 자본(social capital)4)이 미도달의 원인이 될 수 있다고 이해해야 한다고 제안하였다(Elmore, 2003b). Elmore의 실천방식 각각에는 힘이 있으며, 그것을 고수하는 근거가 있다. 우리는 아래 절에 그 근거를 제시한다.

첫 번째 실천방식과 관련하여, 학교 지도자들은 대개 교수−학습 과정이 적절하고 효과적인지(내적 책무성) 확인하기 전에 학생들이 국가 성취도 시험(외적 책무성의 형

---

4) 학교 공동체 사람들 사이의 상호관계에 의해 생성되는 규범, 의무 및 신뢰(Coleman, 1988, 1990; Gamoran, 1996).

태)에서 높은 점수를 받을 수 있도록 하는 내용에 초점을 둔다. 그러나 학생들의 필요에 따라 구안된 교육적으로 적절한 프로그램이 마련되지 않는다면, 외적 책무성이 효과적으로 달성되지 않을 것이다.

둘째, 수업 개선을 과정으로 인식하는 것이 교장의 이익에 부합한다. 그런 다음, 교직원과 협력하여 주어진 상황에서 가장 효과적인 과정과 절차를 파악해야 한다. 수업 개선에 사용할 수 있는 효과적인 과정의 예로는 이 장 뒷부분에서 논의될 "수업 개선을 위한 10단계" 모형을 들 수 있다.

세 번째 실천방식은 교장들이 변화 구상을 시작하기 전에 학교의 문화에 대한 깊은 이해를 발전시키지 못하기 때문에 많은 학교 개선책들이 성공하지 못하고 있다는 점과 관련이 있다. 문화는 강력한 힘이며 학교 문화에 대한 이해를 발전시키지 못하는 것은 확실한 이탈의 요인이 될 수 있다.

오늘날 학교에서 수업 개선의 과제는 어느 한 개인의 능력을 능가하는 것이다. 결과적으로, 과제 완수를 위한 리더십은 조직 전체에 분산되어 있어야 한다. 과제 완수에 대한 책임을 분산시킬 때, 각 교직원의 기술과 특성을 활용할 수 있다.

마지막으로, 다른 학교들은 서로 다른 도전들을 지니고 있고 학교 개선에 대한 어떤 하나의 접근법이 모든 학교 상황에서 성공적이지는 않을 것이다. 따라서 학교 지도자들은 기존 교육 프로그램의 현재 상태를 평가하고, 현재 조건과 비전 사이에 존재하는 차이를 파악해야 한다. 이러한 불일치의 원인이 학생들과 가족들의 '사회적 자본(social capital)'일 수 있다. 이러한 경우 이 변수는 반드시 수업 개선 과정의 일부가 되어야 한다.

위에서 논의된 진술은 학교 개선에 대한 강력한 이론과 실천방법을 개발하는 데 필요한 모든 것을 포함한다는 전제 하에 의도한 것은 아니다. 따라서 독자는 동료와 잠시 시간을 갖고, 함께 학교 교육을 개선하는 데 사용할 수 있는 다른 2가지 가정을 생각해 볼 필요가 있다. 논의에 추가할 수 있는 좋은 후보는 시간, 재능, 그리고 기타 자원의 적절한 투자이다. 이는 학교의 수행이 저조할 경우, 보통 교사들의 능력이 부족하여 효과적으로 가르치지 못하기 때문이 아니라, 교사들이 성공적이기 위해 숙달해야 하는 교수법과 다른 교수적 실천방법에 집중할 여력이 부족했을 가능성이 높기 때문에 고려해야 할 가치 있는 추가 사항으로 보인다. 학교를 개선하기 위해 교직원들은 이러한 과정에 필요한 시간과 자원을 투입하는 데 전념해야 한다(Brown & Green,

2014; Elmore, 2002b; Green, 2013). 교사들은 교과 내용에 대해 잘 알고 있어야 하며, 학생들에게 적합한 교육과정과 절차를 사용할 수 있어야 한다. 또한, 그들은 교육적 의사결정에 사용할 정보를 수집하고 분석하는 데 능숙해야 한다. 교사의 지식과 교육학적 기술에 대한 투자 확대, 학생에 대한 깊은 이해 없이, 그리고 변화를 위한 풍토를 확립하지 않고서는 학교의 성취를 향상시키기는 어렵다(Brown & Green, 2014; Elmore 2002b; Green, 2013).

# 수업 개선을 위한 모형

변화는 계획될 수도 혹은 계획되지 않을 수도 있다. 변화가 계획되면, 일련의 순차적 단계를 통해 이를 알 수 있다. 여러 학교에서 성공적인 것으로 입증된 한 가지 모델은 "수업 개선을 위한 10단계"이다. 다음 절에서는 이 10단계를 살펴본다.

### 1단계: 수월성의 기준 정의하기

첫 번째 단계는 학교의 비전과 목표라는 명확한 목적의식을 확립하는 것으로 구성된다. 본질적으로, 결정은 학교의 교직원이 도달하고자 하는 수월성의 기준에 의해 이루어진다. 이 단계에서 수업 프로그램의 목적과 초점이 정해지기 때문에 학교 리더의 역할이 중요하다. 모든 이해당사자가 모든 학생의 교육가능성(educability)에 대한 이해와 존중이 이루어지는 것이 이 단계이다(Green, 2013).

### 2단계: 현재 상태 평가하기

두 번째 단계는 기존 프로그램, 즉 현 상태를 평가하고 결정하는 것이다. 이 단계는 평가 자료를 사용하여 기존 수업 프로그램의 강점과 약점을 실제로 결정하는 것을 포함한다. 현 단계에서 수업 리더의 역할은 교사들에게 학생 성취도와 관련된 현재 상황에 대한 심층적인 이해를 도모할 수 있는 자료를 수집하는 것이다. 과제의 본질 때문에 수업 리더는 리더십의 책임을 분산시킬 기회를 갖게 되고, 교직원의 가치, 신념,

기술을 존중한다는 것을 보여주고, 그들의 판단을 신뢰한다(Green, 2013).

### 3단계: 차이 확인하기

세 번째 단계는 종종 차이 분석(discrepancy analysis)이라고 불린다. 이 단계에서 수업 리더는 현실과 명시된 목표(비전) 간의 차이를 평가한다. 2단계에서 실시한 자료 분석 결과를 이용하여 우선순위가 부여된 수업 영역을 용이하게 확인할 수 있다. 학교 개선 노력에 관한 최근 연구는 정보가 분산될 때, 몇 가지 필요 영역이 표면화될 수 있다는 것을 보여주었다. 학교의 교직원이 모든 확인된 영역의 변화를 동시에 다루기는 어렵다는 점을 감안하여, 수업 리더는 학교 개선의 과정에서 다루어져야 할 우선순위를 정하는 과정을 주도할 수 있어야 한다(Green, 2013).

### 4단계: 차이의 원인 평가하기

문제가 정확하게 확인될수록 문제 해결을 위해 선택된 전략이 성과를 낼 가능성이 높아지기 때문에 불일치를 파악하고 명확히 하는 것이 중요하다. 따라서 변화의 과정의 4단계에 전체 교직원이 참여해야 한다. 또한, 수업 리더들은 필요한 변경이나 수정을 확인하고 명확히 해야 한다(Green, 2013).

### 5단계: 필요한 변화 및 수정사항 확인하기

5단계에서는 인적 잠재력을 평가하고(교직원의 기술과 특성), 현 상황과 바람직한 목표 사이에 존재하는 불일치(프로그래밍에 관한 결정)를 제거하는 방법에 대한 결론을 얻는다. 우선순위를 설정하고 문제를 명확히 하는 것을 넘어서서 필요한 변화 및 수정사항에 관한 학교 목표와 세부 목표가 설정되어야 한다. 이 과정은 정해진 목표나 원하는 결과 달성에 있어 매우 중요하다. 효과적인 학교의 수업 리더들은 학교구의 장기적인 목표를 검토하고, 학교 개선 계획의 연간 목표를 확인하며, 목표 달성의 척도로 받아들여질 수 있는 증거를 확인하고, 교사들이 학생들의 진행 상황을 어떻게 체크할 것인가에 대한 공개 토론을 통해 이러한 과정을 촉진한다.

## 6단계: 변화를 위한 역량 및 수정사항 평가하기

학교의 변화 역량을 평가할 때, 교육 리더는 여러 가지 요소를 고려해야 한다. 리더는 현재 상황에서 이해당사자들이 겪고 있는 불만족 수준을 판단해야 할 뿐만 아니라 변화하는 데 따르는 어려움이 어느 정도인지를 평가해야 한다. 어떠한 변화 동기에서 중요한 요소는 비용이다. 따라서 수업 리더는 장기, 단기 비용을 알아야 한다. 또한, 변화로 달성해야 할 비전을 개인이 이해하는 정도가 성공적인 실행에 가장 중요하므로 이해당사자가 변화 조치(initiative)를 이해하도록 보장해야 한다. 어떤 변화에 대한 조치(initiative)의 실행을 고려해봤을 때, 최소한의 충돌로 변화가 일어나기 위해서는, 이해당사자들은 변화의 결과에 대해 잘 알고 있어야 한다(Green, 2013).

## 7단계: 변화 역량이 존재하지 않는 경우 새로운 역량 구축하기

학교가 변화 역량을 갖추지 못한 경우, 변화 조치에 관여하기 전에 교장은 변화를 위한 역량을 구축해야 한다. 변화의 근거는 학교 공동체의 모든 구성원들에게 전달되어야 하기 때문에 협력과 의사소통은 변화 역량을 구축하는 데 있어 핵심적인 요소들이다. 이 구성요소는 모든 사람이 그리는 방향을 인지하기 위해 필요하다. 교장은 6단계에서 언급된 분야를 다루고, 공유된 의사결정을 촉진하고, 협력을 촉진하는 문화를 구축함으로써 역량을 쌓을 수 있다(Green, 2013).

## 8단계: 변화 조치 실행하기

변화 과정의 8단계는 변화 조치의 실행과 유지에 초점을 둔다. 일단 수업 리더가 학교가 바람직한 변화 조치를 실행할 능력이 있다고 판단하면, 조치의 실행을 지원하기 위해 학교와 공동체의 자원을 모아야 한다. 모든 이해당사자가 실행 과정에 참여할 기회를 갖기 위해 다양한 집단 기법이 활용되어야 한다(Green, 2013).

## 9단계: 형성평가 수행하기

9단계에서는 형성평가가 수행된다. 프로그램이 완전히 실행되기 전이나 개선 단계에서는 형성평가를 통해 프로그램에 대한 정보를 획득할 수 있다. 이러한 유형의 평가는 프로그램 설계에 하자가 없고 프로그램이 변화에 적합한지를 확인하기 위해 실시한다. 몇몇 예시에서 프로그램 변화를 시범적으로 시행하는 경우도 있다. 그렇게 함으로써, 전면적 실행 전에 혹은 초기 단계에서 변화 계획을 수정할 수도 있다(Green, 2013).

## 10단계: 종합평가 수행하기

10단계에서는 종합평가가 이루어진다. 종합평가는 새로운 프로그램을 총체적으로 다루며 다음과 같은 질문에 답한다. 새로운 프로그램이 계획된 것을 실행했는가? 새로운 프로그램은 목표를 달성하는데 얼마나 효과적이었는가? 일반적으로 이러한 유형의 평가는 새 프로그램이 특정 기간 동안 운영된 후에 실시된다. 수업 리더가 프로그램이나 활동에 대해 종합평가를 할 때, 공식적인 조사를 교직원에게 실시하고, 특별한 시험을 학생들에게 실시한다(Green, 2013). 10단계에 대한 그래픽 표현은 [그림 15.3]에 나타나 있다. 이 모형에 대한 자세한 설명은 *리더십의 기술 실천하기: ISLLC 표준 실행을 위한 문제 기반의 접근법*이라는 책에 제시되어 있다(Green, 2013).

[그림 15.3] 수업 개선을 위한 10단계

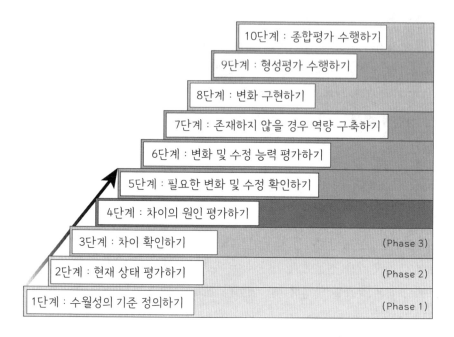

10단계 : 종합평가 수행하기

9단계 : 형성평가 수행하기

8단계 : 변화 구현하기

7단계 : 존재하지 않을 경우 역량 구축하기

6단계 : 변화 및 수정 능력 평가하기

5단계 : 필요한 변화 및 수정 확인하기

4단계 : 차이의 원인 평가하기

3단계 : 차이 확인하기 (Phase 3)

2단계 : 현재 상태 평가하기 (Phase 2)

1단계 : 수월성의 기준 정의하기 (Phase 1)

출처: Educational Services Plus가 1998년 저작권을 가진 Reginald Leon Green의 연구에 근거함. 『*Practicing the Art of Leadership: A Problem Based Approach to Implementing the ISLLC Standards*』 제4판, p. 233.에서 재인용함.

## 개선을 지속적으로 유지하기

변화만으로 충분하지 않다. 따라서 변화는 개선으로 이어져야 한다. 우리는 이제 사물을 바라보는 관점이 어떻게 바뀌어야 할지 알고 있지만, 우리의 목적을 달성하기 위한 지속적인 개선을 가져오는 데에는 비교적 덜 성공적이었다. 우리는 변화에 참여하는 법을 알고 종종 변화 과정에 있는 우리 자신을 발견한다. 필요한 것은 변화가 아니라 지속적인 개선이다. 우리는 일련의 성취할 목표를 설정하고 그 목표의 달성을 향해서 지속적 진전으로 이어지는 변화의 과정에 참여해야 한다. 지속가능성이 있을 때, 개선이 있을 뿐만 아니라 이러한 개선이 시간이 지남에 따라 지속된다. Hargreaves and Fink(2003)는 교육적 변화의 지속가능성은 다음과 같은 5가지 상호 연관된 특성을 갖고 있다고 이야기한다.

1. 학교교육을 바꾸는 단순한 변화가 아닌 배움을 지속시키는 개선
2. 시간이 지남에 따라 지속되는 개선
3. 가용하거나 달성 가능한 자원으로 지원할 수 있는 개선.
4. 다른 학교 및 체제의 주변 환경에 부정적인 영향을 미치지 않는 개선.
5. 교육 및 지역사회 환경 전반에 걸쳐 생태계의 다양성과 수용력을 촉진하는 개선.
   (p. 438)

# 개선의 주도와 학습의 지속적인 유지

학습을 지속하는 것과 개선을 주도하는 것은 교장의 리더십 역할의 중심에 있다. 이 둘은 불가분의 관계이다. 학교는 시간이 지남에 따라 학습목적을 달성하는 데 있어 지속적으로 향상되는 모습을 보일 수 있어야 성공한다. 이러한 목적은 학생들과 학생의 학습에 대한 책임을 공유하는 다른 모든 사람들의 지속적인 학습 없이는 달성될 수 없다. Hargreaves and Fink(2003)는 이러한 관계를 다음과 같이 요약한다. "우리의 관점에서 리더들은 (1) 어떻게 학교에 접근하고, 전념하며, 그리고 깊이 있는 학습을 보장하느냐에 의해, (2) 어떻게 그들 주변의 다른 사람들에게 그러한 학습을 장려하고 지원하는가에 의해, (3) 어떻게 그들 스스로 그렇게 함으로써 그들의 비전을 지속하고, 소진되는 것을 방지할 수 있는가에 의해, (4) 어떻게 시간이 흐름에도 특히 그들이 떠난 후에도 개선 사항들을 어떻게 지속시키려고 노력하는지에 따라 지속가능성은 발전될 수 있다"(p. 440). 그들의 연구는 성공적인 개선을 이룬 리더들이 일반적으로 지니고 있는 7가지 원칙을 보여준다. 이러한 원칙들은 <표 15.1>에 요약되어 있다.

〈표 15.1〉 지속가능한 리더십의 7가지 원칙

| 지속가능한 리더십 원칙 | 설 명 |
|---|---|
| 지속가능한 리더십이 중요하다. | 지속가능한 리더십은 학업 성취도 점수에서의 일시적인 증가를 넘어 학습에 지속적이고 의미있는 향상을 만들어낸다. |
| 지속가능한 리더십은 지속된다. | 지속가능한 리더십을 위해서는 리더십 승계에도 진지하게 관심을 기울여야 한다. 이는 그동안 시작된 중요한 개혁 노력을 이어갈 후계자 지도 및 육성을 의미한다. 이러한 과정은 학교에서 학습을 증진시키는 데 큰 진전을 이룬 성공적인 지도자들이 학교에 더 오래 머물도록 유지시켜 줄 것이다. 이러한 과정을 통해 의사 결정자들은 대체할 수 없는 카리스마 있는 영웅들을 찾고자 하는 유혹에서 벗어날 수 있을 것이다. 또한, 모든 학군 및 학교 개선 계획에 승계 계획을 포함시키는 것이 유익하며, 반복되는 승계 비율을 줄여 교사들이 지속적으로 새로운 지도자를 맞이하는 관행을 줄여나가야 할 것이다. |
| 지속가능한 리더십은 확산된다. | 지속가능한 리더십은 공유되는 책무성이어야 한다. 교육구나 학교는 한 명의 선견지명이 있는 지도자에 의존해서는 안 된다. 리더십의 승계는 교장이 떠난 후 다른 사람들이 성화(torch)를 들고 다닐 수 있도록 학교의 전문가 공동체 전반에 리더십을 분산하는 것을 의미한다. |
| 지속가능한 리더십은 사회적으로도 정의롭다. | 지속가능한 리더십은 단지 소수의 학생만이 아니라 모든 학생과 학교에 혜택을 준다. |
| 지속가능한 리더십은 자원이 풍부하다. | 이러한 체제는 리더들이 네트워크로 연결되고, 서로를 지원하며, 실험을 통해 배울 수 있는 시간과 기회를 제공해야 한다. 후속 세대들을 지도하는 계획이 마련되어야 한다. 지속 가능한 리더십은 검소하다. 그것은 몇몇 검증된 스타들에게 보상을 제공하는데 사치스럽기보다는 모든 교육자들의 재능을 개발하는 데 그것의 자원을 신중하게 절약한다. |
| 지속가능한 리더십은 다양성을 촉진한다. | 지속가능한 리더십이 모두에게 표준화된 템플릿을 부과하는 것이 아니기 때문에 다양성과 유연성은 리더십을 유지하는 데 있어서 중요한 요소이다. 그것은 배움, 교수활동, 그리고 통솔력에 있어서 많은 종류의 우수성을 인식하며 계발한다. 그리고 그것은 이러한 다른 종류의 우수성을 받아들이는 개선 과정을 공유하기 위한 네트워크를 제공한다. |
| 지속가능한 리더십은 활동적이다. | 지속가능한 리더십은 활동가적인 측면을 요구한다. 리더는 용감해야 하며, 자신의 개인적, 전문적 네트워크를 활성화하고, 학교의 사명을 보존하기 위해 끊임없는 캠페인에서 공동체와 전략적인 제휴를 맺어야 한다. 책임감, 투명성, 공동체, 품위 있는 태도도 중요하다. |

출처 : Hargreaves and Fink (2004).

## 변화 촉진자의 유형

어떤 리더십 유형은 다른 것들보다 지속가능한 개선으로 이어질 가능성이 더 높다. 또 다른 리더십 유형은 개선이 아니라, 변화에 집중하는 지도자들을 묘사한다. 교장의 변화 촉진자 유형과 일반 유형 또는 성향의 모든 측면을 분리하는 것은 어렵다. 따라서 당신은 일반 유형과 변화 유형, 즉 리더십과 경영 모두에 초점을 두기를 원할 것이다. 일련의 기술을 분석할 때, 다음의 질문들을 다루는 것이 도움이 될 수 있다. 학교에 어떤 리더십을 가지고 오는가? 당신은 무엇을 지지하며, 이러한 기준을 교사들에게 전달하는 데에는 얼마나 효과적인가? 당신은 어떤 종류의 대인관계적 리더인가? 학교 발전을 가져올 변화를 촉진하기 위해 당신은 어떻게 일하는가? 변화의 과정이 펼쳐질 때, 변화를 촉진하는 데 있어서 리더십과 경영 양쪽 분야에서 기술이 중요하며, 모든 상황에서 작동하는 단일의 리더십 유형은 없다는 것이 명백해질 것이다. 한 상황에서 요구되는 리더십 유형은 다른 상황에서는 효과적이지 않을 수 있다. 게다가 '리더'라고 불리는 개인뿐만 아니라, 변화 이니셔티브에 대해 잘 알고 있는 것으로 나타나는 개인에게서 리더십이 나올 수도 있다.

Austin에 있는 텍사스 대학교의 '교사교육 연구개발센터'에서 행해진 그들의 광범위한 연구로부터, Hall and Rutherford(1983)은 교장들이 변화를 실행하기 위해 사용하는 3가지 일반적인 리더십 유형을 만들었다. 각각의 유형이 학교 개선을 가져올 수 있음에 반해, 교장의 행동은 각각의 스타일에서 현저하게 다르다. 3가지 일반적인 리더십 유형은 **응답자**(Responder), **관리자**(Manager), **선도자**(Initiator)이다.

응답자들(responders)은 그들의 주된 책임이 원활한 학교 운영을 유지하는 데 있다고 믿는다. 그들은 장기적인 교육이나 학교 목표에 집중하기보다는 당면한 상황에 초점을 둔다. 그들은 교사를 별다른 안내 없이 그들의 교육적 역할을 수행할 수 있는 강력한 전문가로 본다. 그러므로 변화 조치를 시행할 때, 그들은 교사들과 다른 개인들이 주도할 수 있도록 허용한다. 그들은 인간관계의 개인적인 측면을 강조한다. 결과적으로, 그들은 교사들과 다른 사람들의 감정을 고려하며 그들에게 그들의 감정을 말하거나 결정할 기회를 제공한다.

교장들에 의해 사용되는 두 번째 유형은 관리자(Manager)로 언급된다. 연구자들은 관리자를 상황이나 사람에 반응적인 행동으로 대답하거나 변화 노력을 지지하는 행동을 모두 보여줌으로써 변화를 촉진하는 개인들이라 묘사했다(Hall & Rutherford, 1983). 그들의 행동 변화는 그들이 특정한 변화 노력을 얼마나 잘 이해하고 있는지 뿐만 아니라 교사들과 교육청 직원들의 관계와도 관련이 있는 것으로 보인다. 관리 방식을 사용하는 교장은 교사의 요구에 민감하며, 혁신의 활용을 촉진하기 위한 기본적인 지원을 제공한다. 만약 교육청이 학교에서 어떤 일이 일어나기를 원한다는 것을 알게 되면, 관리자로서 교장들은 그것을 실현시키는 데 교사를 참여시키게 된다. 하지만, 교장들은 과도한 요구로부터 교사들을 보호하고, 기본적으로 부과된 것을 넘어서려는 시도를 하지는 않는다(Hall & Rutherford, 1983).

Hall and Rutherford(1983)는 제3의 리더십 유형을 사용하는 개인들을 '선도자 (Initiators)'로 특징지었다. 선도자는 현재의 개혁 집행을 포함하면서도 이를 초월하는 명확하고 결정적인 장기간의 정책과 목표를 지니고 있다. 그들은 그들 자신, 교사, 학생에 대해 명확한 기대를 지니고 있다. 그들은 교사들과의 빈번하게 접촉하며 학교가 어떻게 운영되고, 교사들이 어떻게 가르쳐야 하는지에 대한 명확한 설명을 통해 이러한 기대를 전달하고 모니터링한다. 선도자로 분류되는 교장들은 좋은 학교와 교수활동이 어떤 모습이어야 하는지에 대해 매우 강한 믿음을 가지고 있으며, 이러한 비전을 달성하기 위해 열심히 일한다. 결정은 그들의 목표와 그들이 학교와 학생들에게 가장 좋다고 생각하는 것에 따라 내려진다. 선도자는 학교구의 프로그램이나 정책의 변화를 모색하거나 학교의 요구에 맞게 재해석한다. 그들은 단호하지만 불친절하지는 않다. 그들은 직원들에게 의견을 구한다. 일부 개인이 직설적이고 높은 기대감에 곤두서 있을지라도, 학교 목표의 관점에서 결정을 내린다.

Hall and Rutherford(1983)는 선도자로서 교장이 관리자와 응답자 교장보다 성공할 가능성이 더 높다는 것을 발견했다. 응답자들은 성공할 가능성이 가장 낮았다. 선도자들은 무엇이 달성되어야 하는지에 대한 명확한 감각을 지니고 있으며, 계획, 추진, 격려, 조언, 참여, 점검, 자극, 감시 및 변화 노력을 평가하는 데 더 적극적인 역할을 수행한다. 더욱이, 그들은 성공적인 변화 노력에 필요한 물질적, 심리적 지원을 얻고 제공하는데 더욱 직접적인 역할을 한다. 선도자들은 교사들이 그들의 변화 역할에 적극적으로 참여할 수 있도록 권한을 부여하고 가능하게 함으로써 변화 과정에 힘을 실어 줄 수 있다. 이러한 목표를 위해, 그들은 자유방임의 지지자도, 그리고 변화 과정에서의 사소한 일까지 챙기는 관리자도 아니다.

## 리더십 행동의 수준

현직 교장에 대한 연구 결과에서 Leithwood and Montgomery(1986)는 각각의 다른 초점과 유형, 그리고 교장의 효과성에 다른 결과를 가져오는 4가지 수준의 리더십 행동을 발견했다. 그들은 교장의 행동 수준이 높을수록 학교의 효과가 높다는 것을 발견했다. 효과성은 학생 성취에 있어서 기본적인 향상과 학생의 자주성(self−direction)과 문제 해결력의 증가로 정의되었다.

각각의 수준은 점점 더 복잡하고 효과적인 교장의 행동을 나타낸다. 1수준에서 기능하는 *'행정가'*들은 교수활동의 경우 교사의 일이고 학교를 운영하는 것이 교장의 일이라고 믿는다. 2수준에서 기능하는 *'인도주의자'*들은 좋은 교육의 기반이 좋은 대인관계적 풍토에 있다고 믿는다. 3수준에서 기능하는 교장들은 *'프로그램 관리자'*로서 그들의 직무는 학생들에게 가능한 최고의 프로그램을 제공하는 것이라고 믿는다. 4수준에서 기능하는 *'체계적 문제 해결자'*로서 교장은 학생들에게 배울 수 있는 최상의 기회를 제공하기 위한 방법을 통해 필요한 모든 것을 한다. 프로그램 관리자와 체계적 문제 해결사는 둘 다 학생들에게 초점을 맞추지만 프로그램 관리자는 대체로 공식적으로 허가된 목표와 프로그램의 적절한 실행에 전념한다. 프로그램 관리자들은 체계적인 문제 해결사보다 확립된 지침, 자원 및 절차에 더 의존한다.

> 체계적인 문제 해결자는 항상 학생들의 성공을 가장 중시하는 사람이다. 핵심은 학생들이 지니고 있는 '목표'에 있다. 그들의 초점은 주로 확립된 관행에 의해 제한되지 않으며, 그들의 고객지향은 학교가 학생들을 위해 지니고 있는 목표를 실현할 수 있는 어떤 합법적인 서비스의 생산'과 '제공'에 있다. (Leithwood & Montgomery, 1986, p. 83).

Leithwood and Montgomery의 형식화에서 중요한 것은 '수준'의 개념이다. 1수준에서 행정가는 하는 일은 반드시 비효과적인 것은 아니며, 이러한 행동 패턴이 지배적일 경우 다른 세 단계보다 효과적이지 않을 뿐이다. 2수준의 인도주의자들은 관리자 스타일의 일부를 지니고 있지만 주로 인간관계를 강조하는 더 복잡한 행동에 초점을 둔다. 행정가보다 더 효과적이지만, 인도주의자들은 프로그램 관리자만큼 효과적이지 않다. 프로그램 관리자들은 행정가와 인도주의자 유형의 측면을 실행에 옮기지만, 교육 프로그램 개발과 실행의 보다 복잡한 문제에 주된 초점을 둔다. 마지막으로, 문제 해결자는 주로 학생들의 성공에 초점을 둔다. 이러한 선도자적 입장은 행정에서의 유능함, 인간관계, 프로그램 관리 기술에 의해 뒷받침된다.

Leithwood and Montgomery의 연구는 교장들이 그들의 직무를 좀 더 복잡한 방식으로 바라볼 때, 그들이 더 높은 수준의 실천방식에서 더 효과적으로 운영할 수 있게 된다는 것을 암시한다. 이들은 물론 업무에서 중요한 관리상의 요구와 인간관계를 지원하고 강화하는 환경을 제공해야 할 필요성을 인식하고 있다. 그러나 관리와 인간관계 과정 중 어느 것도 그 자체가 목적으로 여겨져서는 안 된다. 그들은 과정이 항상 실체의 역할을 한다고 믿는다. 학교의 실체는 교육 프로그램과 교수－학습에의 전념하는 수준에 의해 정의된다. 그러나 과정과 실체에서 어떤 정적인 것으로 볼 수 없다. 대신 그들은 일련의 요구, 제약, 그리고 선택으로 특징 지어지는 상황에서 추구된다. 선택의 확대가 더 나은 학교교육을 가져온다는 것을 깨달음으로써, 4수준의 교장들은 그들의 리더십 실천에 있어서 문제 해결적, 더 나아가 선도자적인 접근을 취하는 것을 확장하기 위해 노력한다.


## 몇 가지 윤리적인 질문들

교장들은 학교를 변화시키는 데 있어서 상당히 직접적인 역할을 맡도록 요청받았을 때, 종종 불편함을 느낀다. 변화는 일상적이든, 개선으로 이어지든 간에, "사회 공학(social engineering)"의 한 형태로, 변화를 가져오는 데 보다 능숙해짐에 따라, 자연스럽게 윤리적인 문제가 제기된다. 우리가 리더십을 말하는 것인가, 아니면 조종(manipulation)을 말하는 것인가? 이 문제에 대한 쉬운 대답은 없지만, 한 가지 확실한 것은 교장들은 학교에 리더십을 제공해야 할 의무가 있으며, 이것은 학교 개선으로 이어지는 일련의 행동 과정을 따라야 한다는 것이다. 따라서 변화 매개체의 역할은 피할 수 없는 것이다.

Benne(1949)은 교장들에게 그들의 변화 행동이 윤리적이라는 것을 확실히 하기위해 일련의 지침들을 제안한다. 그는 변화를 계획하는 것과 집단과 조직들에게 변화를 위한 압력을 가하는 것이 협력적이어야 한다고 믿는다. 협력은 교장과 교사가 모두 다른 사람의 의도를 인지할 수 있도록 변화 파트너십을 맺는 것을 의미한다. 변화의 의도는 정직하고 직설적이다.

첫째, 변화를 설계하는 것은 그 과정에 연루된 사람들에게 교육적이어야 한다. **교육적이어야 한다는 것**은 교장이 교사들로 하여금 덜 의존적일 수 있도록 문제 해결과 변화 과정에 좀 더 친숙해지도록 도와야 한다는 것을 의미한다. 교사들에게 해결책을 주는 것은 교사들이 그럭저럭 문제를 해결해 나갈 수 있도록 돕는 것보다 교육적이지 않다. 둘째, 변화를 설계하는 것은 *실험적인 것*이어야 한다. 실험적이어야 한다는 것은 변화가 영구히 시행되는 것이 아니라 그들의 가치를 증명하거나 더 나은 해결책이 나올 때까지 잠정적으로 채택되는 것을 의미한다.

마지막으로, 변화를 설계하는 것은 과업 지향적이어야 하는데, 이는 지위나 권력의 유지, 연장에 초점을 두기보다는 문제 및 이에 대한 효과적인 해결책에 의해 통제되어야 한다는 것을 의미한다. 과업 지향성은 변화의 주된 동기를 의미한다. **교장은 학생들을 위한 '교수-학습의 개선'에 관한 것을 첫 번째 목표로 염두에 두어야 한다.** 이러한 학교 개선 노력이 성공한다면, 교장을 비롯하여 변화에 책임이 있는 사람들은 개인적 성공과 어느 정도의 명성 또한 누리게 될 것이다. 이것들은 열심히 일한 것에 대한 보상이지만, 애당초 변화를 가져오는 근본 이유는 아니다. 장학사의 주의를 끌거나 학교구에서 그들의 지위나 영향력을 향상시키기 위해 변화를 강조하는 교장들은 이러한 윤리적 원칙을 위반한 것이라 볼 수 있다.


# 변화 촉진팀

이 책은 교장들을 위한 것이기에 학교 개선을 위한 노력의 중요성과 교장의 역할을 강조하는 것은 당연하다. 그러나 분산적 리더십에 관한 논의에서 드러났듯이 교장 혼자서는 할 수 없다. Hord, Hall, and Stiegelbauer(1983)는 이 문제를 지적하면서 "참고문헌에서의 풍부한 미사여구는 분명히 교장에게 무거운 책임일 것이다. 그러나 확실하고 명확해지고 있는 것은 교장 혼자서 리더십 책무성의 무게를 감당하지 않는다는 것이다"(p. 1). 그들의 연구는 종종 학교에서 한두 명의 다른 핵심 인사들이 주요 변화 촉진자로 부상하고 있음을 보여준다. 학교 개선과 변화에 관한 선행연구 분석 결과, Loucks-Horsley and Hergert(1985)는 "교장은 학교 개선의 핵심이 아니다. 교장도 중요하지만 다른 중요한 사람도 많다"(p. ix)고 결론을 내렸다. 학교에서 교사와 장학담당자는 교육청에서의 교육장이나 전문가처럼 중요한 역할을 수행한다.

이 연구는 교장을 팀에서 4명의 변화 촉진자와 함께 근무하는 변화 촉진팀의 리더로 보는 것이 더 유용할 수 있다는 것을 암시한다(Hall, 1988). 예를 들어, 교장은 일차적인 변화 촉진자로 간주될 수 있다. 연구자에 의해 제2의 변화 촉진자(교감, 부장, 보조 교사 또는 특수임무의 교사)가 확인되는 경우가 매우 많았다. 종종 제3의 변화 촉진자가 존재하기도 했다. 전형적으로, 이 수준의 촉진자들은 교사들이었으며, 이들의 역할은 덜 공식화되었지만 그들의 도움은 상당하고 동료들이 이를 필요로 했다. 이 촉진자 팀은 주로 새로운 실천방식의 사용을 모델링하고, 다른 교사들에게 정보를 전파하며, 격려하고, 지원함으로써 변화의 과정에 기여하였다. 변화를 시행하는데 가장 효과적인 주체는 팀 지향적이며, 다른 수준의 변화 촉진자들과 긴밀히 협력하였다. 종종 그들이 변화 촉진자 팀으로서 함께 일할 수 있는 구조들이 만들어졌다.

일부 학교에서는 매주 만나 학교 개선 과정에 대한 자료를 검토하고 아이디어를 생성해내고 그 다음주에는 누가 무엇을 할 것인지를 계획할 수도 있다. 다시 만났을 때 그들은 무엇이 잘 되었는지 그리고 무엇에 좀 더 관심을 둘 필요가 있는지 확인하기 위해 보고한다. 다른 학교에서 우리는 촉진자 팀보다 위계적인 조직을 보았다: 첫 번째 변화 촉진자(교장)는 세 번째 변화촉진자와 관련된 두 번째 변화 촉진자와만 상호작용하는 것으로 보인다. 모든 의사소통은 이 "지휘 계통"을 통해 흘러갔다. 그러나 변화 촉진자 팀이 "평등한" 혹은 수평적인 동료적 구조이건 보다 계층적인 구조를 가지고 있든 간에, 기억해야 할 중요한 측면은 그들이 '그룹'으로 해야 할 것이 있다는 점이다(Hord et al., 1987, p. 85).

이 연구자들은 네 번째 범주인 외부 촉진자를 확인하기도 했다. 이 역할은 종종 교육청의 자원과 학교의 촉진적 연결을 수행하는 역할을 하는 교육청의 누군가에 의해 수행되었다.

# 교육 변화의 의미

변화의 과정에 대한 논의에서 하나의 주제가 나온다. 교장들은 중요하며 그들의 비전은 변화에 대한 관심과 변화 과정을 성공적으로 수행하는 데 핵심적이지만, 결국 중요한 것은 학교의 성공에 이해관계가 있는 다양한 사람들의 생각과 헌신을 한 곳에 모으는 것이다. 이와 같은 분산적 리더십 과정이 전개됨에 따라, 교장들은 종종 위태로운 상황에 있는 자신을 발견하게 된다. 교장들은 그들이 원하는 것이 무엇인지를 분명히 할 필요가 있지만, 사람들에게 로드맵을 제공할 정도로 이를 명확히 할 수는 없다. 교장들은 학교가 나아가야 할 방향을 정하고 거기에 도달하기 위해 필요한 변화를 결정하는 데 있어서 다른 사람들에게 중요한 발언권을 제공하지만, 그러한 것들은 개인적인 열망들로 서로 동떨어져 있기 때문에 수사적인 것으로 남아있게 된다. Michael Fullan(1991)은 Lighthall(1973)의 연구를 검토한 결과, 다음과 같은 주장에 대해 강력한 근거가 있다고 지적한다.

> 특정 버전의 변화에 대한 리더십의 위임은 그것을 실행하는 능력과 부적(negatively)인 관계가 있다. 교육적 변화는 변화를 구현하는 참여자들의 다양한 현실을 극복하는 과정이다. 변화가 무엇이어야 하는지를 상정하고 현실의 다른 사람들을 배제하는 방식으로 행동하는 리더는 반드시 실패하기 마련이다. (p. 95)

물론 핵심은 교사의 비전이다. 만약 교사가 경험한 변화가 교직 세계에서 반응적이지 않다면, 이는 부적절한 것으로 여겨질 것이다(Lortie, 1975). Fullan(1991)은 교장과 다른 사람들이 변화에 대해 만든 가정이 비록 무의식적이기는 하지만, 개인행동의 원천으로서 강력한 것으로 드러났기 때문에 중요하다고 믿는다.

학교 개선은 쉽지 않을 수도 있지만, 대부분의 학교들은 충분히 도달할 수 있다. 성공적인 노력은 문제에 종합적인 관점을 취하는 교장들에게 달려 있다. 이러한 관점은 리더십의 밀도(leadership density)의 중요성을 인식하고, 변화의 채택은 물론 실행과 제도화를 강조한다. 대부분의 변화는 그다지 중요하지 않다. 어떤 변화들은 실제로 상황을 더욱 악화시키기도 한다. 이것이 바로 학교 변화와 학교 개선을 구분하는 것이 중요한 이유이다. 학교 개선은 시간이 지남에 따라 학교의 목적 달성에 있어서의 이득

(gains)에 기반을 두고 있다. 어떤 목적은 학생들의 학습과 관련이 있고, 다른 목적은 교사의 학습과 관련이 있다. 심지어 다른 목적들은 다른 주제들을 다룬다. 학교 변화 (change)는 종종 무작위로 일어난다. 이에 반해 학교 개선(improvement)은 훨씬 더 표적화된 접근을 필요로 한다.


# 도덕적 목적이 요체이다

변화 이론과 변화 실천에 대한 선구적 전문가인 Michael Fullan은 지속가능한 변화와 지속가능한 리더십의 핵심은 도덕적 목적에 있다고 주장한다. 이 책의 1장은 학교 리더십의 핵심에 있는 도덕적 주제에 초점을 두었다. 그러므로 이 책이 마무리되어 감에 따라, 이 주제로 되돌아가는 것은 적절한 것으로 보인다. Fullan에 따르면,

> 학생들의 생활을 변화시킨다는 직접적인 목표 외에도, 도덕적인 목적은 체제의 변화를 유지하고 전환하는데 더 큰 역할을 수행한다. 조직 내에서 지도자가 다른 모든 사람을 어떻게 대하느냐 하는 것도 도덕적 목적의 한 요소다. 더 큰 차원에서는 도덕적 목적은 (사회적) 환경에 긍정적인 변화를 주겠다는 취지로 행동하는 것을 의미한다. 여기서의 목표는 체제 개선 (지역 내 모든 학교)이다. 이는 학교장들이 그들 자신의 학교에 관한 것만큼이나 이 지역의 다른 학교들의 성공에도 관심을 두어야 한다는 것을 의미한다. 이는 전체 체제가 개선되지 않는 한 지속적인 학교 발전이 불가능하기 때문이다. 이와 같이 사회 환경에 대한 헌신은 최고의 교장들에게 꼭 필요한 것 중 하나이다. (2003c, pp. 452-453)

Fullan은 계속해서 "도덕적 목적은 모든 학교와 학생들의 성취 수준을 높여, 높은 성취를 보이는 학교와 학생 그리고 낮은 성취를 보이는 학교와 학생 간 간격을 좁히는 것이다. 이것은 대규모의 지속가능한 개혁이 일어나는 유일한 방법이며, 그것은 고차원적인 도덕적 목적이다(2003c, p. 453)"라고 하였다.

# [15장 마무리 활동]

## 자신에 대한 이해

<<**안내사항**>> 이 장에서 논의된 내용에 대한 이해도를 높이고, 당신의 생각, 가치, 신념이 그 내용과 얼마나 관련되어 있는지에 대한 성찰을 위해, 다음 각각의 질문 혹은 진술문을 읽고 응답해 보세요. 응답을 모색하는 과정에서, 이 장에서 논의된 내용을 리뷰하는 것이 도움을 줄 수 있을 것입니다.

1. Richard Elmore의 변화 전략을 계획하고 발전시키기 위한 5가지 가정을 검토하십시오. 당신은 어느 정도 Elmore에게 동의하십니까? 다른 어떤 가정을 제안하시겠습니까?
2. 이 장에서 논의된 다양한 리더십 스타일을 검토하십시오. 그런 다음, 당신 학교의 교장이 사용하는 리더십 행동을 평가하십시오. Responder(응답자), 관리자(Manager) 또는 선도자(Initiator) 교장 중에서 당신은 어떠한 스타일의 교장이 가장 잘 맞습니까? 당신이 과거에 행한 리더십 행동을 예로 들어 당신의 입장을 뒷받침해보십시오.

## 시나리오 분석

<<**안내사항**>> 이 시나리오에서는 본 장에서 다루어진 개념들이 실제에서 어떻게 적용되고 있는지를 보여줍니다. 시나리오 뒤에 일련의 질문들이 제시됩니다. 시나리오를 읽고 난 후 각 질문에 답하세요. 질문들에 답하는 데 어려움을 느낀다면, 이 장의 주요 내용을 다시 읽어봄으로써 도움을 받을 수 있을 것입니다.

# 과학 교수법의 변화[5]

Shirley Johnson 교장은 첫 교직원 회의에서 교직원들에게 다음 학년도 말 실시될 과학역량평가에 대비하기 위해서는 과학교과 교수활동에 다른 교수법의 사용이 고려될 필요가 있음을 교직원들에게 알렸다. 그녀는 실천적이고 질문 기반의 방법을 사용할 것을 제안했다. Johnson 교장은 이런 유형의 교육과정의 필요성을 전달하는 데 매우 설득력이 있었다. 그녀는 자신의 목표가 Walton 초등학교의 모든 학생들이 과학적 문해력을 기르도록 돕는 것이라고 말했다. 그녀는 지난 2년 동안 수학 교육과정을 잘 조정한 교수진을 칭찬했고, Walton 교사진의 헌신과 강점에 대해 언급하였다. Johnson 교장은 새로운 과학 목표를 향해 나아가는 것이 Walton으로 하여금 과학 교육 변화의 선두에 설 수 있는 기회가 될 것이라고 교직원들에게 말했다. 또한, 그녀는 "여러분이 과거 우려했던 바가 해소될 것이며, 자주 언급되던 교수학습 과정에 관한 우리의 욕구가 충족될 것"이라고 조언하였다. 그녀는 또한 교사들이 전문성 개발 기회를 갖게 될 것이고, 교육구가 대체 교사를 위한 비용을 부담할 것이라고 말했다.

새로운 과학 교수법의 리더로서 Walton의 미래에 대한 비전을 공유한 후, 그녀는 교직원들에게 어떻게 변화가 작동하도록 할 것인가에 대한 아이디어를 요청했다. 교직원의 논평과 질문들은 상세하게 다루어졌다. Johnson 교장은 모든 문제에 귀를 기울이고 그것들을 차트 종이에 적었다. 교직원들은 그 문제를 해결하는 데 도울 수 있는 기회를 얻었다.

교사들로 위원회를 구성하여 논의하고 교육 계획과 시행 전략을 수립하였다. 새로운 과학 프로그램을 실행하기 위한 교수진은 준비할 것들에 대한 통찰력을 얻은 후, 위원회가 과학 주제에 대해 보고하고, 생각을 공유하며, 자문 그룹을 구성할 날짜를 2주 뒤로 정하였다. 많은 교직원들이 이에 열정을 보였지만, 전부가 그러한 것은 아니었다. 몇몇은 1년 안에 이루어질 수 없다는 의견을 제시하였다. 회의가 끝나자 Johnson 교장은 새로운 것에 불편해하는 교직원들을 조심스럽게 주목했다.

---

5) 이 시나리오는 Practicing the Art of Leadership: A Problem-Based Approach to Implementing the ISLLC Standards 제4판(Green, 2013)에서 가져온 것임.

다음날 Johnson 교장은 그 교사들을 그녀의 사무실로 개별적으로 초대했다. 개별적인 문제를 들은 후, 그녀는 각 교사들에게 읽을 만한 몇 개의 기사를 주고 각각의 교사들의 장점을 보완하는 구체적인 과제를 할당해 주었다. 그 후에는 이미 실천적인 방식을 이용해 과학을 가르치고 있던 교직원들을 자신의 사무실로 초대해 개념을 발전시키는데 도움을 요청했다.

그 후 2주 동안, Johnson 교장은 교실을 방문했고 많은 긍정적인 논평을 남겼다. 그녀는 변화를 관리하는 것과 교사들에게 도움이 되는 것으로 밝혀진 실제적인 교훈에 대한 짧은 글을 교사들의 사서함에 넣었다. 2주간의 기간이 끝날 무렵, 그녀는 위원회가 보고할 내용을 걱정스럽게 기다렸다.

2주 뒤 올해 2차 교직원 회의가 소집되었다. 회의 의제는 며칠 전에 배포되었고, 새로운 과학 교육과정이 유일한 의제였다. Johnson 교장이 회의장에 들어갔을 때, 그녀는 흥분을 느낄 수 있었다. 모든 교직원이 출석했고 위원장들은 보고서를 준비했다. 교사들은 그들끼리 이야기를 하고 있었고, 그녀는 그들이 새로운 과학 프로그램에 대해 의문을 제기하고 가능성을 논의하고 있다는 것을 알 수 있었다. Johnson 교장은 회의를 소집하기 전 돌아다니며 개개인에게 공손하게 말하고 학교와 개인의 다양한 활동에 관해 이야기를 나누었다. 모두에게 인사를 한 후, 그녀는 회의를 소집했다.

개회사에서 Johnson 교장은 모든 사람들이 지난 2주 동안 회의에 참여하고 과학 분야에서 그들의 전문성과 경험을 공유함으로써 협력했다는 것을 주의 깊게 언급하며, 모든 사람들에게 감사를 전했다. 그리고 나서 그녀는 여러 위원회로부터의 보고를 요청했다.

위원장들은 열정과 흥분으로 그들의 보고서를 전달했다. 한 보고서는 내적 환경의 요구에 대한 정보와 권고를 포함하였고, 또 다른 보고서는 외적 환경에서 파트너십 구축 가능성에 대한 정보를 포함하고 있으며, 또 다른 보고서는 여전히 교직원들의 전문성 개발 요구를 다루고 있다. 모든 경우에 있어서, 각 위원회가 만나서 핵심 쟁점을 논의했고, 권고안을 마련했다는 점이 분명했다. 모든 보고서를 경청한 후 Johnson 교장은 매우 카리스마 있는 방식으로 교직원들에게 그녀가 의견들을 분류하고, 필요한 승인을 구할 것이며, 필요한 재원을 획득하고, 새로운 프로그램을 설계하기 위한 일정을 개발하는 데 앞장서겠다고 말했다. 하지만 그녀는 "교직원들도 TF팀을 구성해 함께 일해 줬으면 좋겠다"고 조언했다. 회의는 교직원들이 TF팀에 참여하고 싶다는 의사를 밝히면서 끝났다.

## 성찰적 질문과 시나리오 분석

1. Johnson 교장이 자신의 비전을 교직원들에게 제시할 때 사용한 접근방식을 어떻게 특징지을 수 있습니까? 어떤 특정한 리더십 행동이 성공을 불러오는 데 가장 유익하다고 생각하십니까?

2. Johnson 교장의 리더십 유형(응답자, 관리자, 혹은 선도자)은 어떻게 특징지을 수 있습니까? 당신의 논리를 설명하십시오.

3. Johnson 교장의 '권력의 원천'을 어떻게 묘사하시겠습니까? 시나리오의 구절을 인용하여 당신의 답변을 뒷받침하십시오.

4. Johnson 교장이 보인 행동의 수준은 어떠합니까? 시나리오의 내용을 바탕으로 당신의 선택을 정당화해보십시오.

5. Johnson 교장이 비전을 달성하는데 방해가 되는 장벽을 확인하고, 이를 명확히 하고, 해결하기 위해 취한 행동을 묘사해보십시오.

6. 변화에 대한 교직원들의 저항과 학교 리더와 교직원 사이의 긍정적인 대인관계의 필요성에 대한 당신의 지식을 바탕으로, Johnson 교장의 경험에서 교직원들의 저항을 줄이는데 기여하는 요소들을 어떻게 특징지을 수 있습니까? 당신의 응답을 설명해 보십시오.

# 용어사전(Glossary)

| | |
|---|---|
| **Archetypes** — a pattern of behavior, model, or prototype upon which others are copied, patterned, or emulated; the original pattern or model from which all things of the same kind are copied or on which they are based | **원형** — 어떤 것들이 카피되거나 패턴화 되고 모방되는 행동의 한 형태, 모델, 혹은 기본형; 똑같은 종류의 모든 일들이 카피되거나 기반하고 있는 원래의 패턴이나 모델 |
| **Bartering** — a bargain by teachers and principals within which the leader gives to those led something they want in exchange for what she or he wants | **거래** – 교사들이 원하는 것을 대가로 제공함으로써 교장들이 원하는 것을 이끌어 내는 교사와 교장에 의한 교섭(흥정). |
| **Binding** — a set of shared values de-veloped by principals and teachers about the relationship they want to share and the ties they want to create so that together they can become a community of learners and leaders—a community of practice | **결합** – 학습자들과 리더들이 실천의 공동 체가 될 수 있도록 교장들과 교사들이 공 유하고자 하는 관계와 형성하고자 하는 유대감에 관한 일련의 공유된 가치들의 집합. |
| **Bonding** — a connection of principals and teachers in a community that changes their relationships and changes their commitment in such a way that school improvements are in-stitutionalized into the everyday life of the school | **결속** — 공동체에서의 교장과 교사의 연 결로, 학교 개선이 학교의 일상생활에 제 도화되도록 관계와 약속을 바꾸게 함. |
| **Building** — climate and interpersonal support provided by principals that en-hances teachers' opportunities for fulfill-ment of individual needs for achievement, responsibility, competence, and esteem | **구축** – 교사들로 하여금 성취, 책임, 역량 및 존중 등 개인적인 욕구를 충족시킬 수 있는 기회를 강화하기 위해 교장이 제공 하는 환경 및 대인관계 측면에서의 지원. |

| | |
|---|---|
| Clinical Supervision — a term used to describe a supervisory practice that is direct and collaborative, centered in the classroom, focused on teachers' issues, and aimed primarily at helping teachers understand and improve their teaching | 임상장학 — 직접적이고 협력적이며, 교실을 중심으로 하며, 교사의 문제에 중점을 두고, 교사가 자신의 교수 활동을 이해하고 개선하도록 돕는 것을 목표로 하는 장학 활동을 설명하는 데 사용되는 용어. |
| Collegial Culture — a culture in which professionals talk about practice, share their craft knowledge, and observe and root for one another's success | (전문가) 동료 문화 — 전문가들이 실천에 대해 대화하고, 기예적 지식을 공유하며, 서로의 성공을 위해 관찰하고 응원하는 문화. |
| Community — a collection of people who are bound together to a set of shared ideas and ideals because they find their relationships to be intrinsi—cally meaningful and significant | 공동체 - 사람들 간의 관계가 본질적으로 의미 있고 중요하다고 보기에, 일련의 공유된 아이디어와 이상으로 함께 결합된 사람들의 집합체. |
| Community of Mind — members of an organization bound to a shared ideol—ogy in a special way through a norm system that points the way toward valuing, caring, rewarding caring be—haviors, and frowning on noncaring behaviors Community | 마음 공동체 — 공동체 구성원들은 가치를 평가하고, 배려하며, 배려에 대해 보상하고, 다른 한편으로 비양심적인 행동에 눈살을 찌푸리는 방법 등을 제시하는 규범 체계를 통해 특별한 방식으로 공유된 이데올로기로 묶인 조직의 구성원들. |
| Community of Practice — a collabo—ration of teachers honoring the value of practice and ascribing to learning to—gether to learn more and more, effec—tively serving students through this process | 실천 공동체 — 실천의 가치를 존중하고 더 많은 것을 배우기 위해 함께 학습하도록 이끄는 교사들의 협력으로, 이 과정을 통해 학생들에게 보다 효과적으로 (교육 활동을) 제공함. |
| Congenial Relationships — interactive and positive personal and friendly re—lationships reflecting consideration for others and being helpful when possible | 우호(적) 관계 — 다른 사람들에 대한 배려를 반영하고 가능할 때 도움이 되는 상호작용적이며 긍정적인 개인적·우호적인 관계. |
| Craft Know-How — demonstrated knowledge and skill required to func— | 기예적 노하우 — 특정 전문 분야를 제대로 수행하는 데 필요한 입증된 지식과 기 |

| | |
|---|---|
| tion in a particular profession correctly; demonstrated knowledge and skill needed to develop curriculum pro—grams | 술; 교육과정 프로그램을 개발하는 데 필요한 입증된 지식과 기술. |
| **Craft Knowledge** — knowledge that equips an individual to function in a particular profession | **기예적 지식**- 개인이 특정 전문 분야에 종사할 수 있도록 하는 지식. |
| **Craftlike** — not an authentic craft; not the genuine craft; the resemblance of or characteristic of a genuine craft | **유사 기예적인(기예에 가까운)** — 참된, 진정한 기예는 아니지만 진정한 기예와 유사한 특징을 지닌 것. |
| **Cultural Leadership** — a technology available to achieve any goal and to embody any vision or means to cele—brate a particular set of basic values that emerges from the American dem—ocratic tradition | **문화적 리더십** — 어떤 목표를 달성하고 비전을 구현할 수 있는 기술 혹은 미국 민주주의 전통에서 나온 특정 기본 가치를 표현하는 수단. |
| **Culturally Tight**—strong social norms and very little tolerance for deviation from them; a connection by teachers and students to values and beliefs in a clock—like fashion where things are done based on those values and be—liefs; in a way things are done | **문화적으로 단단하게 결합된** — 강한 사회적 규범과 그것으로부터의 일탈에 대해 관용이 거의 없음. 교사와 학생들이 시계처럼 정밀한 방식으로 신념과 가치에 연결되어 있고, 관련된 일들이 그러한 신념과 가치에 기반하여 정확하게 행해짐. |
| **Culture of Discipline** — a culture built around the idea of freedom, responsi—bility, self—discipline, and willingness to go to extreme lengths to fulfill re—sponsibilities | **규율의 문화** — 자유, 책임, 자기 관리, 그리고 책임을 다하기 위해 극한까지 갈 의지에 바탕을 둔 문화. |
| **Epistemologically Privileged** — con—cerned with issues having to do with the creation and dissemination of knowledge in particular areas of inquiry (Examples: answers questions such as: How to un—derstand the concept of justification? What | **인식론적 특권** — 특정 탐구 분야에서 지식의 창출 및 전파와 관련된 이슈와 관계됨(예: 다음과 같은 질문에 대한 답변들 : 정당화의 개념을 이해하는 방법? 정당화된 신념을 정당하게 하는 것은 무엇입니까? 정당화는 자신의 마음 내적인 것인가 |

| | |
|---|---|
| makes justified beliefs justified? Is justification internal or external to one's own mind?) | 혹은 외적인 것인가?). |
| **Expeditionary Learning** — exemplifies project-based learning expeditions where students engage in inter-disciplinary, in-depth study of compelling topics in groups and in their community with assessment coming through cumulative products, public presentations, and portfolios emphasizing high levels of student engagement, achievement, and character development | **현장체험학습** – 높은 수준의 학생 참여, 성취 및 인격 발달을 강조하는 누적된 결과물, 공개 프레젠테이션 및 포트폴리오를 통해 학생들이 집단과 공동체에서 설득력 있는 주제에 대한 학문 간 심층적인 연구에 참여하는 프로젝트 기반 현장체험학습의 예를 듦. |
| **Fresh Start** — a process of declaring all positions in a school vacant, hiring a new principal, and allowing that person to interview individuals to restaff the school | **새로운 출발** – 학교의 모든 직책의 공석을 선언하는 과정으로, 새로운 교장을 고용하며, 그 사람으로 하여금 개인을 인터뷰하여 학교를 새로운 멤버로 채우는 과정. |
| **Gemeinschaft** — translates to community, a vision of life as a sacred community with individuals relating to one another because doing so has its own intrinsic meaning and significance with no selfish goal or benefits in mind for any of the parties to the relationship | **게마인샤프트** – 서로 연관된 개인들의 성스러운 공동체이자, 삶의 비전인 공동체로 번역함. 관계 당사자들이 이기적인 목표나 이득을 염두에 두지 않고, 공동체가 되는 것에 고유한 의미와 중요성을 두고 있기 때문임. |
| **Generative Learning** — learning that is understood and can be used to create new learning–does not take place in a vacuum, is always contextual, depends on one's prior knowledge, and takes place best when bridges or scaffolds are developed that link the new knowledge with the old | **생성적 학습** — 이해되고 새로운 학습을 창출하는데 사용될 수 있는 학습. 진공 상태에서 이루어지는 것이 아니고 항상 상황에 따라 달라지며, 사전 지식에 의존하며, 새로운 지식과 옛 지식을 연결하는 교량이나 비계가 개발될 때 가장 잘 수행됨. |

| | |
|---|---|
| Gesellschaft — translates to society, a secular society, where within the organization, relationships are formal and distant having been prescribed by rules, expectations, and circumstances, which are evaluated by universal criteria as embodied in policies, rules, and protocols | 게젤샤프트 — 조직 내에서 관계가 규칙, 기대 및 상황에 의해 규정되는 공식적인 사회, 즉 세속적 사회로 번역되며, 정책과 규칙 및 문서에 구체화된 보편적 기준에 의해 평가됨. |
| Heartbeat — the type of leadership that exists in a school; how leadership works, and its relationship to learning; the support provided teachers and students; the provision of caring needed by teachers and students; trusting relationships and reciprocal roles | '심장박동' — 학교에 존재하는 리더십의 유형으로, 리더십의 작동 방식과 학습과의 관계, 교사와 학생들에게 제공되는 지원, 교사와 학생이 필요로 하는 돌봄의 제공, 그리고 신뢰 관계와 상호 역할을 포함함. 은유적인 표현으로 '학교역량'을 의미함. |
| Human Capital — a body of skills, knowledge, and experience that individuals in an organization possess; the creativity and value that they bring to the organization and the capabilities that make individuals able to act in new ways. | 인적 자본 — 조직의 개인이 보유한 기술, 지식 및 경험의 일체를 의미한다. 인적 자본은 조직에 창의성과 가치를 가져오기도 하며, 개인이 새로운 방식으로 행동할 수 있게 함. |
| Inculcation — fixation of something firmly in someone's mind through frequent, forceful repetition | 설득 — 빈번하고 강력한 반복을 통해 누군가의 마음에 어떤 것을 단단히 고정시키는 것. |
| Instructional Coherence — "a set of interrelated programs for students and staff that are guided by a common framework for curriculum, instruction, assessment, and learning climate and that are pursued over a sustained period" (Newmann, Smith, Allensworth, & Bryk, 2001, p. 297) | 교육적 일관성 — "교육과정, 교육, 평가 및 학습 환경에 대해 공통된 틀에 의해 지도되고, 일정 기간 지속적으로 추구되는 학생과 교직원을 위해 상호 연계된 일련의 프로그램"(Newmann, Smith, Allensworth, & Bryk, 2001, p. 297). |

| | |
|---|---|
| **Instructional Leadership** — leadership that focuses on strengthening teaching and learning, professional develop-ment, data-driven decision making, and accountability | **수업 리더십** - 강화된 교수 및 학습, 전문성 개발, 데이터 중심의 의사결정 및 책임에 중점을 둔 리더십. |
| **Intellectual Capital** — the collective knowledge of faculty members in a school organization used to produce student achievement, multiply output of physical assets, gain competitive ad-vantage, and/ or enhance the value of other types of capital | **지적 자본** - 학생 성취도를 산출하고, 물리적 자산의 산출량을 늘리며, 경쟁적인 우위 확보하거나 다른 유형의 자본의 가치를 향상시키는데 사용되는 학교 조직 내 교직원들의 집단 지식. |
| **Leadership Density** — the extent to which leadership roles are shared and leadership itself is broadly based and exercised, being the total leadership available from teachers, support staff, parents, and others on behalf of the school's work | **리더십의 밀도** - 리더십 역할이 공유되고 리더십 자체가 폭넓게 근거하고 행사되는 정도로서, 학교 업무를 위하여 교사, 지원 인력, 학부모 및 다른 사람들로부터 활용할 수 있는 전체 리더십을 의미. |
| **Lifeworld** — a school's local values, traditions, meanings, and purposes determining and legitimizing local ini-tiatives aimed at achieving a school's own destiny (Sergiovanni, 2000) | **생활세계** - 학교의 지역적 가치, 전통, 의미와 목적으로, 학교 자체의 운명을 달성하기 위한 지역의 시책을 결정하고 정당화함(Sergiovanni, 2000). |
| **Linear Conditions** — characterized by stable predictable environments, tight management connections, loose cul-tural connections, discrete goals, structural tasks, single solutions, easily measured outcomes, established op-erational procedures, determinate consequences of action, and clear lines of authority exemplifying simplicity, clarity, order, and predictability | **선형 조건** - 안정적으로 예측 가능한 환경, 경영 측면에서의 긴밀한 결합, 문화적인 측면에서의 느슨한 결합, 불연속 목표, 구조적 작업, 하나의 해결책, 쉽게 측정된 결과, 확립된 운영 절차, 행위 결과 결정 및 단순성, 명확성, 질서 및 예측성을 보여주는 명확한 권위. |

| | |
|---|---|
| Loosely Structured — parts of an organization tending to operate independently of one another with bureaucratic means, which are not as controlling as in a tightly structured organization | 느슨하게 구조화된 — 긴밀하게 조직화된 조직에서 통제되는 것과 달리, 관료적인 수단으로 통제되지 않아 서로 독립적으로 운영되는 경향이 있는 조직의 부분들. |
| Mindscapes — a mental or psychological scene or area of the imagination; the manner in which an idea or issue is viewed and/ or sanctioned | 마음풍경 — 정신적, 심리적 장면 또는 상상의 영역; 어떤 아이디어나 이슈가 검토되고 인정되는 방식. |
| Moral Authority — derived from obligations and duties that teachers feel toward one another and toward the school as a result of their connection to widely shared values, ideas, and ideals; response to shared commitments and to the felt interdependence that comes from the sense of "we" that is created | 도덕적 권위 — 널리 공유된 가치, 아이디어 및 이상에 대한 교사들 간의 연결로 인해 교사들이 서로에 대해 그리고 학교에 대해 느끼는 의무와 책임의식에서 비롯됨; 공동의 약속과 '우리'라는 의식에서 비롯된 상호 의존성에 대한 반응. |
| Moral Craft — describes a school that contains a just and caring environment where standards are set for teaching and learning in a professional learning community and teachers know their subject matter, know how to teach students, and are committed to them and their learning | 도덕적 기예 — 전문적 학습공동체에서 교수·학습을 위한 기준이 설정되어 있고, 교사들이 교과를 잘 알고 학생들을 가르치는 방법을 알고 있으며, 교사들이 학생과 학생의 학습에 전념하는 공정하고 배려 깊은 환경을 포함하는 학교를 말함. |
| Moral Imperative — the institutionalization of such leadership values as purposing, empowerment, outrage, and kindling outrage in others; arguing for balance among bureaucratic, psychological, professional, and moral sources of authority in schools and placing concerns for substance firmly | 도덕적 명령(도덕적 차원의 요구사항) — 목적화, 권한 부여, 분노 및 타인의 분노에 불붙이기와 같은 리더십 가치의 제도화; 학교에서 권위의 관료적, 심리적, 전문적, 그리고 도덕적 원천 간의 균형을 주장하며, 과정에 관한 관심 보다 실질적인 것에 관한 관심을 더 확고히 하는 것. |

| | |
|---|---|
| over concerns for process | |
| **Moral Leadership** — engages oneself and others in the process of decision making without thought to self—interest | **도덕적 리더십** — 자기 이익을 생각하지 않고 의사결정 과정에서 자신과 다른 사람들을 참여시키는 것. |
| **Neats** — individuals who believe it is both possible and desirable to identify the one best way to practice leadership based on the one best list of standards that specifies what everyone every—where must learn | **'깔끔족'** — 모든 사람이 배워야 할 것을 규정하는 최고의 표준 목록을 기반으로 리더십을 실천하는 가장 좋은 방법을 식별하는 것이 가능하고 바람직하다고 믿는 개인들; 이러한 개인들에 대한 은유적 표현. |
| **Nonlinear Conditions** — relationships between two events that lead to un—predictable consequences; the act of playing the game that has a way of changing the rules (Example: As sit—uations change, leadership behavior changes to fit the situation. Under nonlinear conditions, management re—sembles following a compass when the position of north changes with each step taken.) | **비선형 조건** — 예측할 수 없는 결과를 초래하는 두 사건 간의 관계; 규칙을 바꾸는 방법을 지닌 게임을 하는 행위(예: 상황이 변화함에 따라 리더십 행동이 상황에 맞게 바뀜. 비선형 조건하에서는 각 단계마다 북쪽 위치가 바뀌면 이에 따라 경영진이 나침반을 따르는 것과 비슷함). |
| **Normative Assertion** — a statement, description, or declaration of what ought to be, not based on facts (Example: All third graders ought to be able to read.) | **규범적 주장** — 사실에 근거하지 않은 해야 할 것에 대한 선언, 설명 또는 진술 설명(예: 모든 3학년 학생들이 읽을 수 있어야 한다). |
| **Normative Rationality** — rationality based on what we believe and what we consider to be good, providing the basis for moral leadership | **규범적 합리성** — 우리가 믿는 것과 좋은 것으로 간주하는 것에 근거한 합리성, 도덕적 리더십의 기초를 제공함. |

| | |
|---|---|
| **Origin** – a person who perceives her or his behavior as determined by her or his own choosing | **태생** – 자신의 선택에 따라 결정한 대로 행동한다고 인식하는 사람. '주체'의 은유적 표현. |
| **Quality Relationships** – the degree or standard of excellence regarding the connection between two or more people or groups and their involvement with one another, especially in regard to the way they behave toward and feel about one another | **관계의 질** – 둘 이상의 사람 또는 그룹과 그들 서로 간의 관계 및 관여에 관한 탁월함의 정도 또는 기준, 특히 그들이 서로 행동하고 느끼는 방식과 관련 있음. |
| **Pattern Rationality** – a conception of pattern development on a number of mutually limiting dimensions with re-spective gains in a given area having implications for others (Hills, 1982) | **패턴 합리성** – 다른 사람들에게 함축적인 의미를 갖는 특정 영역에서 각각의 이익을 상호 제한하는 수 많은 차원들 위에서 합리적인 패턴을 개발한다는 개념(Hills, 1982). |
| **Pawn** – a person who perceives her or his behavior as determined by ex-ternal forces beyond her or his control | **볼모** – 자신이 통제할 수 없는 외부 세력에 의해 결정된 대로 행동한다고 인식하는 사람. '객체'에 대한 은유적 표현. |
| **Purposing** – a rationale for why something exists or is done, made or used; an intended or desired outcome; "that continuous stream of actions by an organization's formal leadership which has the effect of inducing clarity, consensus, and commitment regarding the organization's basic purposes" (Vaill, 1984) | **목적화** – 어떤 것(예: 의도되거나, 원하는 결과)이 존재하거나 끝나게 되는, 만들어지거나 사용되는 이유에 대한 합리적 근거; "조직의 기본 목적에 관하여 명확히 하고, 합의 및 몰입을 이끌어내는 효과를 지닌 조직의 공식 리더십에 의한 지속적인 실행의 흐름"(Vaill, 1984). |
| **Quality Control** – a supervisory proc-ess where principals monitor teaching and learning in schools by regularly visiting classrooms, touring the school, talking with people, and visiting with | **질 관리** – 교장이 정기적으로 교실을 방문하고, 학교를 순시하며, 사람들과 이야기하고 학생들을 찾아가는 등 학교에서의 교수·학습을 모니터링하는 장학의 절차 |

| | |
|---|---|
| students<br><br>(formal and documented process where criteria are explicit and standards are uniform for all teachers with legally defensible criteria central to basic teaching competence and emphases on teachers meeting requirements of minimum acceptability; responsibility for evaluation in the hands of admin-istrators and other designated officials) | (기준이 명확하게 공식적으로 문서화된 과정으로, 모든 교사들에게 적용되는 기준이 동일하고, 법적으로 방어 가능한 기본적인 교수 역량에 초점이 맞춰져 있으며, 최소한의 수용 가능한 수준에 대한 교사들의 충족을 강조함; 행정가 및 기타 지정된 담당자의 평가 책무성이라고도 볼 수 있음). |
| **Reasoned Discourse** − a cause that explains a particular phenomenon, thinking logically as a basis for knowledge as distinct from experience or emotions; the use of reason rather than force | **조리 있는 담론** − 경험이나 감정으로부터 벗어나, 지식에 기반한 논리적 사고로서 특정 현상을 설명하는 명분; 세력적 힘보다는 이성을 사용. |
| **Reflective Practice** − based on the re-ality that professional knowledge is different from scientific knowledge; the capacity to reflect on one's action so as to engage in a process of continuous learning, paying critical attention to the practical values and theories that in-form everyday actions by examining practice reflectively and reflexively | **성찰적 실천** − 전문적 지식이 과학 지식과 다르다는 사실에 기초함; 지속적으로 학습 과정에 참여할 수 있도록 자신의 행동을 성찰할 수 있는 능력. 반복적으로 실천을 검토함으로써 일상적인 행동에 정보를 제공하는 실천적인 가치와 이론에 주의를 기울임. |
| **Relational Trust** − respect and per-sonal regard that two or more in-dividuals involved in a relationship hold for each other; the competencies and integrity that individuals bring to the relationship | **관계적 신뢰** - 두 명 이상의 개인이 서로에게 유지되는 상호관계에서 나타나는 존중과 개인적 관심; 개인들에게 그러한 관계를 초래하는 역량과 성실성. |

| | |
|---|---|
| Renewal — implies doing over again, revising, making new, restoring, reestablishing, and revaluing as administrators and teachers individually and collectively reflect on not only their practice but also themselves and the practice of leading and teaching that they share in the school | 갱신 — 관리자 및 교사가 개인적으로 혹은 집단적으로 그들뿐만 아니라, 다른 이들의 실천과 그들 학교에서 공유하는 교수 활동과 지도력의 실천을 성찰함에 따라, 반복적으로 수행하고, 수정하며, 새롭게 만들고, 복원하며, 재구축 및 재평가하는 것을 의미함. |
| Scruffies — individuals who view the principalship as a science of the practical—a science that stems from theories of practice and that provides principals with practical, as well as theoretical mindscapes from which to work | 혼란족 — 실용 이론에서 비롯되고, 교장이 어떤 일을 해야 하는지에 대해 실천적이면서 이론적인 마음풍경을 제공해주는 과학, 즉 실천과학의 관점에서 교장직을 바라보는 개인들; 이러한 개인들에 대한 은유적 표현. |
| Social Capital — norms, obligations, and trusts that are generated by relationships among people in a school community (Coleman, 1988, 1990; Gamoran, 1996) | 사회적 자본 — 학교 공동체 사람들 사이의 상호관계에 의해 생성되는 규범, 의무 및 신뢰(Coleman, 1988, 1990; Gamoran, 1996). |
| Social Contracts — parties engaged in a deal wherein self-interest is presumed to be paramount (Example: Each of the parties to the contract gives up something to the other party in order to get something else back that is valued.) | 사회적 계약 — 사리사욕이 가장 중요한 것으로 간주되는 거래에 종사하는 당사자들(예를 들어, 계약에 참여한 각각의 당사자들은 가치 있는 것을 되찾기 위해 무엇인가를 포기함). |
| Social Covenants — individuals connected to shared ideas and values, bound together by ideas where bonding forms a fabric of reciprocal roles, duties, and obligations that are internalized by members of the group. (Example: The connections are more moral than conditional or calculated. | 사회적 규약 — 집단 구성원에 의해 내면화된 상호 역할, 의무의 구조를 형성하는 결합된 아이디어에 의해 묶인 공유된 아이디어와 가치에 의해 연결된 개인들(예: 연결은 조건적이거나 계산된 것보다 더 도덕적임. 규약은 충성심, 충실도, 동족의식, 정체성, 의무, 책임감, 책무성 및 상호주의에 의해 유지됨). |

| | |
|---|---|
| The covenant is maintained by loyalty, fidelity, kinship, sense of identity, ob-ligation, duty, responsibility, and reciprocity.) | |
| Social Integration—the blending and unifying of social groups, which re-quires proficiency in an accepted common language of the society, ac-ceptance of the laws of the society, and adoption of a common set of values of the society; it does not require assim-ilation or require individuals to give up all aspects of their culture; may require them to sacrifice some aspects of their culture if those aspects are inconsistent with the laws and values of the society | 사회적 통합 – 사회에서 통용되는 공통 언어를 숙달하고, 사회 법칙을 수용하며, 사회의 공통적인 일련의 가치관의 채택을 요구하는 사회 집단의 혼합과 통일; 사회적 통합은 동화나 개인이 그들 문화의 모든 측면을 포기하도록 요구하지는 않음. 그들 문화의 일부 측면이 사회의 법과 가치와 일치하지 않는 경우 문화의 일부 측면을 희생해야 할 것을 요구할 수도 있음. |
| Standards—Based – a representation of the judgments of committees of ex-perts, policy makers, and others where judgments are influenced and informed by what research says | 표준 기반 – 연구결과에 의해 영향을 받고 정보를 제공받는 전문가, 정책 입안자 등으로 구성된 위원회의 판단에 대한 표상 |
| Strategic Problem Solving – a skill used by principals, faculty, and staff that involves predicting problems that subordinates might encounter and documenting procedural solutions in advance, often through manuals or logic tree flowcharts with the problem solver knowing the strengths and weaknesses of individuals and assign-ing tasks that play to their personal strengths | 전략적 문제 해결 – 교수, 교직원 및 교장들이 사용하는 기술로, 직원이 겪을 수 있는 문제를 예측하고 사전에 절차적 해결책을 문서화하는 것을 포함하며, 기술은 종종 매뉴얼 혹은 로직 트리 순서도를 통해 문제 해결자에게 개인의 강점과 약점을 알고 개인의 강점을 발휘할 수 있는 작업을 할당하게 함. |
| Systemsworld — the management, in-strumentalities of efficiency, outcomes, | 체계세계 – 학교의 관리, 효율성의 도구들, 성과와 생산성으로, 관리 설계, 스크 |

| | |
|---|---|
| and productivity of a school where the management designs and scripts pro-tocols, pathways, procedures, efficien-cies, and accountability assurances that help principals achieve stated goals | 립트 프로토콜, 경로, 절차, 효율성, 그리고 책무성은 학교장이 명시된 목표를 달성하도록 지원하는 학교를 의미. |
| **Technical Rationality** — rationality based on what is efficient and effective | **기술적 합리성** — 효율적이고 효과적인 것에 근거한 합리성. |
| **Tightly Structured** — schools that are closely organized in a highly dis-ciplined fashion around a set of core ideas spelling out the way of life in the school and governing the ways in which people should behave | **단단하게 구조화된** — 학교생활 방식을 설명하고 사람들의 행동 방식을 통제하는 일련의 핵심 아이디어를 중심으로 고도로 절제된 방식으로 긴밀하게 조직화된 학교. |
| **Thick Vision** — working documents that state publicly what is important, why it is important, obligations, and how individuals in the organization get where they want to go; contracts, even covenants that spell out faculty and staff roles and responsibilities to the school and its vision | **두터운 비전** - 무엇이 중요하고, 왜 중요한지, 의무, 그리고 조직 내 개인이 원하는 곳에 어떻게 도달하는지를 공개적으로 설명하는 작업 문서; 계약, 구체적으로 학교와 학교의 비전에 대한 교직원의 역할과 책무성을 설명하는 규약. |
| **Traditional Management** — based on bureaucratic and personal authority that relies on rules, mandates, procedures, regulations, and formal expectations to get someone to do something; heavily biased toward standardization and routinization | **전통적 관리** — 규칙, 명령, 절차, 규정 및 누군가가 무언가를 하도록 하는 공식적인 기대에 의존하는 관료적, 개인적 권위에 근거함. 표준화 및 관례화에 크게 의존함. |
| **Trusted Meaning** — firm reliance on the integrity and capability of a pro-gram or activity to be effective in de- | **신뢰된 의미** - 기존의 목적을 전달하는데 효과적인 프로그램이나 활동의 진실성과 가능성에 대한 확고한 믿음. |

| | |
|---|---|
| livering its prescribed purpose | |
| **Trusting Relationships** — relationships with an individual or group of individuals who demonstrate through their actions creditability, consistency, legitimacy, dependability, and honesty | **신뢰하는 관계** - 행동을 통해 신용성, 일관성, 정당성, 의존성 및 정직성을 입증하는 어떤 개인 혹은 개인들의 집단과의 관계들. |
| **Value** — a person's principles or standards of behavior; what is important to an individual; what one holds in high regard; someone or something that an individual considers to be important or beneficial | **가치** - 개인의 원칙 또는 행동 기준; 개인에게 중요한 것; 개인이 높게 여기는 것; 개인이 중요하거나 유익하다고 생각하는 사람 또는 그 어떤 것. |
| **Values—Based Approach**—assumptions and beliefs presumed to be important, which are specified and used as a basis for deciding what it is that principals and others should do; the specification of assumptions and beliefs that provides a standard for determining what is good and bad, effective and ineffective, and acceptable and unacceptable; using a values—based approach to ensure that what principals decide to do meets acceptable standards and also provides the school with a set of indicators that defines its educational and moral health | **가치기반 접근** — 중요한 것으로 여겨지는 가정과 신념은 교장과 다른 사람들이 해야 할 일이 무엇인지를 결정하기 위한 기초로 명시되고 사용됨; 무엇이 좋고 나쁘고, 효과적이며 비효율적이며, 수용 가능하고 수용 불가능한지를 결정하기 위한 표준을 제공하는 가정과 신념을 명확히 함; 가치기반 접근을 사용하는 것은 교장의 결정에 따라 수용 가능한 기준을 충족하는 것을 보장하며, 학교에 교육적이고 도덕적 건강을 정의하는 일련의 지표들을 제공함. |

# 참고문헌

Allinder, R. M. (1995). An examination of the relationship between teacher efficacy and curriculum−based measurement and student achievement. *Remedial and Special Education*, 26(4), 247−255.

Ambrose, M. L., & Kulik, C. T. (1999). Old friends, new faces: Motivation research in the 1990s. *Journal of Management*, 25(3), 231−292.

Argyris, C. (1957). *Personality and organization*. New York: Harper & Row.

Argyris, C. (1964). *Integrating the individual and the organization*. New York: Wiley.

Aristotle. (1962). *Nicomachean ethics*. Trans. M. Ostwald. Indianapolis: Bobbs−Merrill.

Armour−Thomas, E. (1989). *An outline study of elementary and middle schools in New York City: Final report*. New York: New York City Board of Education.

Ashton, P. T., & Webb, R. B. (1986). *Making a difference: Teachers' sense of efficacy and student achievement*. New York: Longman. Association for Supervision and Curriculum Development. (2003, Winter). An "insider's" view of ASCD: What's behind ASCD's what works in schools program. *Associate News*.

Augenstein, J. J. (1989). Socialization differences among principals in Catholic schools. *The Living Light*, 25(3), 226−231.

Augenstein, J. J., & Konnert, W. W. (1991). Implications of informal socialization process of beginning elementary school principals for role preparation and initiation. *Journal of Educational Administration*, 29(1), 39−50.

Austin, G. (1978). *Process evaluation: A comprehensive study of outlines*. Baltimore: Maryland State Department of Education. Retrieved from database. (ED) 160 644.

Ballard, K., & Bates, A. (2008). Making a connection between student achievement, teacher accountability and quality classroom instruction. *The Qualitative Report, 13(4),* 560−580.

Banks, J. A. (2004). Multicultural education: Historical development, dimensions, and practice. In J. A. Banks & C. A. Banks (Eds.), *Handbook of research on multicultural education* (2nd ed., pp. 3−29). San Francisco: Jossey−Bass.

Barnard, C. (1938). *The functions of the executive*. Cambridge, MA: Harvard University Press.

Baron, D. (2005, Fall). The national school reform faculty: Reforming schools from the inside. Interview in *Educational Horizons*, 多4(1), 17−28.

Barth, R. S. (1980). Reflections on the principalship. *Thrust for Educational Leadership,* 9(5).

Barth, R. S. (1986). The principal and the profession of teaching. *The Elementary School Journal* 86(4), 471−492.

Barth, R. S. (1988). Principals, teachers, and school leadership. *Phi Delta Kappan,* 69(9), 639−642.

Barth, R. S. (1990). *Improving schools from within.* San Francisco: Jossey−Bass.

Barth, R. S. (2006, March). Improving relationships within the schoolhouse. *Educational Leadership,* 63(6), 8−13.

Bass, B. M. (1985). *Leadership and performance beyond expectations.* New York: Free Press.

Bates, R. (1981). Management and the culture of the school. In R. Bates & Course Team (Eds.), *Management of resources in schools: Study guide 1* (pp. 37−45). Geelong, Australia: Deakin University.

Batson, C. D. (1987). *Prosocial motivation: Is it truly altruistic?* Wikimedia Foundation. Retrieved from en.wikimedia.org/wiki/empathy.altruistic

Battistich, V., Solomon, D., Watson, M., & Schaps E. (1994, April). *Students and teachers in caring communities and school communities.* Paper presented at the annual meeting of the American Educational Research Association, New Orleans.

Bellah, R. N., Madsen, R., Sullivan, W. M., Swidler, A., & Tipton, S. M. (1985). *Habits of the heart: Individualism and commitment in American life.* New York: Harper & Row.

Benne, K. D. (1949). Democratic ethics and social engineering. *Progressive Education,* 27(4).

Bennis, W. (1984). Transformative power and leadership In T. J. Sergiovanni & J. E. Corbally (Eds.), *Leadership and organizational culture* (pp. 64−71). Urbana: University of Illinois.

Bennis, W. (1989). *Why leaders can't lead: The unconscious conspiracy continues.* San Francisco: Jossey−Bass.

Bennis, W., & Nanus, B. (1985). *Leaders: The strategies for taking charge.* New York: Harper & Row. Bid well, C. E. (1965). The school as a formal organization. In J. G. March (Ed.), *Handbook of Organizations* (pp. 972−1022). Chicago: Rand McNally.

Bidwell, C. E. (1975). The school as a formal organization. In J. G. March (Ed.), *Handbook of Organizations* (pp. 972−1022). Chicago: Rand McNally.

Bitto, L., & Butler, S. (2010). Math teacher selfefficacy and its relationship to teacher effectiveness. *Journal of Cross−Disciplinary Perspectives in Education,* 3(1), 40—45.

Blau, P. M., & Scott, W. R. (1962). *Formal organizations: A comparative approach.* San Francisco: Chandler.

Block, P. (1987). *The empowered manager.* San Francisco: Jossey–Bass.

Block, P. (2008). *Community: The structure of belonging.* San Francisco: Berrett–Koehler.

Bloom, B. S. (1964). *Stability and change in human characteristics.* New York: Wiley.

Blumberg, A. (1980). *Supervisors and teachers: A private cold war* (2nd ed.). Berkeley, CA.

Blumberg, A. (1988). *School administration as a craft: Foundation of practice.* Boston: Allyn and Bacon.

Blumberg, A., & Greenfield, W. (1980). *The effective principal: Perspectives on school leadership.* Boston: Allyn and Bacon.

Blythe, T., Allen, D., & Powell, B. S. (1999). *Looking together at student work: A companion guide to assessing student learning.* New York: Teachers College Press.

Bolin, F. S., & Falk, J. M. (1987). *Teacher renewal: Professional issues, personal choices.* New York: Teachers College Press.

Bonnici, C. A. (2011). *Creating a successful leadership style: Principals of personal strategic planning.* Lanham, MD: Rowman & Littlefield.

Bossert, S. T., Dwyer, D. D., Rowan, B., & Lee, G. V. (1982). The instructional management role of the principal. *Educational Administration Quarterly, 18(3),* 34–64.

Boyer, E. (1983). *High school: A report on secondary education in America.* New York: Harper & Row.

Bradley, A. (1993, March). By asking teachers about "context" of work, center moves to cutting edge of research. *Education Week,* 7.

Brandt, R. (1985). Toward a better definition of teaching. *Educational Leadership,* 42(8).

Brandt, R. (1993). On teaching for understanding: A conversation with Howard Gardner. *Educational Leadership,* 50(7), 4–7.

Brayfield, A. H., & Crockett, W. H. (1955). Employee attitudes and employee performance. *Psychological Bulletin,* 52(1), 415–422.

Bricker, H. (1985, November–December). As quoted in R. H. Hayes, Strategic planning—forward in reverse? *Harvard Business Review.*

Bridgeland, J., Bruce, M., & Hariharan, A. (2013). *Instructional practices that support socialemotional learning in three teacher evaluation frameworks.* Chicago: Collaboration for social and emotional learning. Retrieved from http://www.casel.org

Brody, D., Lakis, Kv & Maltz, S. T. (2012, Spring). *The state teacher policy yearbook. National summary report.* Retrieved from http://www.netq.org/p/edschools

Brookover, W. B., Brady, C., Flood, P., Schweigen, J., & Wisenbater, J. (1979). *School systems* and school achievement: Schools can make a difference. New York: Praeger.

Brookover, W. B., & Lezotte, L. W. (1979). Changes in school characteristics coincident with changes in school achievement. East Lansing: Institute for Research on Teaching, Michigan State University.

Brooks, J., & Brooks, M. (1993). In search of understanding: The case for constructivist classrooms. Alexandria, VA: Association for Supervision and Curriculum Development.

Brophy, J. (1992). Probing the subtleties of subject－matter teaching. Educational Leadership, 49 (7), 4－8.

Brown, A. A. (2012). Turnaround schools: Practices used by national recognized principals to improve student achievement in high poverty schools. Dissertation, University of Memphis.

Brown, A. A., & Green, R. L. (2014). Practices used by nationally blue ribbon award winning principals to improve student achievement in high－poverty schools. National Forum of Applied Educational Research Journal, 27(1&2), 2－18.

Brown, J. S., & Cooper, J. (2011). Toward a conceptual framework of culturally relevant pedagogy: An overview of the conceptual and theoretical literature. Teacher Education Quarterly, 38(1), 65－84. Greensboro: University of North Carolina.

Bruce, R. F., & Hoehn, L. (1980, December). Supervisory practice in Georgia and Ohio. Paper presented at the annual meeting of the Council of Professors of Instructional Supervision, Hollywood, FL.

Bryk, A. S. (2010). Organizing schools for improvement. Phi Delta Kappan, 91(7), 23－30.

Bryk, A. S., & Driscoll, M. E. (1988). The school as community: Theoretical foundations, contextual influences and consequences for teachers and students. Madison, WI: National Center for Effective Secondary Schools.

Bryk, A. S., Lee, V. E., & Holland, P. B. (1993). Catholic schools and the common good. Cambridge, MA: Harvard University Press.

Bryk, A. S., & Schneider, B. (2002). Trust in schools: A core resource for improvement. New York: Russell Sage Foundation.

Bryk, A. S., Sebring, P. B., Allensworth, E., Easton, J. Q., & Luppescu, S. (2010). Organizing schools for improvement: Lessons from Chicago. University of Chicago Press.

Buckley, F. J. (2011). Establishing a framework for evaluation and teaching: What should be the different components of a fair teacher evaluation system? Thousand Oaks, CA: Sage.

Burns, J. M. (1978). Leadership. New York: Harper & Row.

Caprara, G. V., Barnabelli, C, Steca, P., & Malone, P. S. (2006). Teachers' self−efficacy beliefs as determinants of job satisfaction and students' academic achievement: A study at the school level. *Journal of School Psychology,* 44(6), 473−490.

Carey, G. W., & Frohnen, B. (1998). *Community and tradition: Conservative perspectives on the American experience.* Lanham, MD: Rowman & Littlefield.

Case, R. (1992, April). Beyond inert facts and concepts: Teaching for understanding. *Educational Leadership 49(2).* In R. Case and P. Clark (Eds.), *The Canadian anthology of social studies: Issues and strategies for teachers.* Vancouver, BC: Simon Fraser University.

Case, R. (1993, April). Beyond inert facts and concepts: Teaching for understanding. *Educational Leadership 50(7).* In R. Case and P. Clark (Eds.), *The Canadian anthology of social studies: Issues and strategies for teachers.* Vancouver, BC: Simon Fraser University.

Case, R. (1994, November). Beyond inert facts and concepts: Teaching for understanding. *Educational Leadership 52(3).* In R. Case and P. Clark (Eds.), *The Canadian anthology of social studies: Issues and strategies for teachers.* Vancouver, BC: Simon Fraser University.

Case, R. (1997, March). Beyond inert facts and concepts: Teaching for understanding. *Educational Leadership 54(6D).* In R. Case and P. Clark (Eds.), *The Canadian anthology of social studies: Issues and strategies for teachers.* Vancouver, BC: Simon Fraser University.

Case, R. (1998, November). Beyond inert facts and concepts: Teaching for understanding. *Educational Leadership 56(3).* In R. Case and P. Clark (Eds.), *The Canadian anthology of social studies: Issues and strategies for teachers.* Vancouver, BC: Simon Fraser University.

Castagno, A. E., & Brayboy, B. (2008). Culturally responsive schooling for indigenous youth: A review of the literature. *Educational Research, 78(4),* 941−993.

Christensen, J. S., Robertson, J., Williamson, R., & Hunter, W. C. (2013). Preparing educational leaders for special education success: Principals' perspectives. *The Researcher는* 25(1), 94−107.

Clark, B. R. (1972). The organizational saga in higher education. *Administrative Science Quarterly* 27(2), 178−184.

Clark, D. L., Lotto, L. S., & Astuto, T. A. (1984). Effective schools and school improvement: A comparative analysis of two lines of inquiry. *Educational Administration Quarterly* 20(3), 41−68.

Clark, D. L., & Meloy, J. M. (1984). Renouncing bureaucracy: A democratic structure for leadership in schools. In T. J. Sergiovanni &J. H. Moore, *Schooling for tomorrow: Directing reforms to issues that count.* Boston: Allyn and Bacon.

Clifford, M. R., Menon, R., Gangi, T., Condon, C., & Hornung, K. (2012). *Measuring school climate for gauging principal performance: A review of the validity and reliability of publicly accessible measures.* Quality School Leadership, American Institutes for Research.

Coffer, C. N., & Appley, M. H. (1964). *Motivation: Theory and research.* New York: Wiley.

Cogan, M. (1973). *Clinical supervision.* Boston: Houghton Mifflin.

Cohen, M. (1983). Institutional management and social conditions in effective schools. In A. Odden & L. D. Webb (Eds.), *School finance and school improvement: Linkages in the 1980's. Yearbook of the American Educational Finance Association.*

Cohen, M. D., March, J. G., & Olsen, J. (1972). Garbage can model of organizational choice. *Administrative Science Quarterly.* 27(1), 1−25.

Coleman, J. (1987). Families in schools. *Educational Research* 26(6), 32−38.

Coleman, J. (1988). Social capital in the creation of human capital. *American Journal of Sociology 94* (Supplement), S95−S120.

Coleman, J. (1990). *Foundations of social theory.* Cambridge, MA: Harvard University Press.

Coleman, J., Campbell, E. Q., Hobson, C. J., McParland, J., Mood, A. M. Weinfeld, F. D., & York, R. L. (1966). *Equality of educational opportunity 2.* Washington, DC: U.S. Government Printing Office, OE−38001.

Coleman, J. S., & Hoffer T. (1987). *Public and private high schools: The impact of communities.* New York: Basic Books.

Colvin, G. (2007). *Seven steps for developing a proactive school−wide discipline plan: A guide for principals and leadership teams.* Thousand Oaks, CA: Corwin Press.

Common Core State Standards Initiative. (2010, March), *18(15).* State Department of Education.

Coombs, A. W. (1959). Personality theory and its implication for curriculum development. In A. Frazier (Ed.), *Learning more about learning.* Washington, DC: Association for Supervision and Curriculum Development.

Council of Chief State School Officers. (1996). *Interstate School Leaders Licensure Consortium: Standards for school leaders.* Washington, DC: Author.

Council of Chief State School Officers. (2012). *National Governors Association Center for Best Practices.* Washington, DC: Author. Retrieved from http://www.corestandards.org

Cuban, L. (1988). *The managerial imperative and the practice of leadership in schools.* Albany:

State University of New York Press.

Cuban, L. (1998, January 28). A tale of two schools: How progressives and tradi仕onalists undermine our understanding of what is "good" in schools. *Education Week, 33*(48).

Cunningham, W. G., & Cordeiro, P. A. (2009). *Educational leadership: A bridge to improved practice.* Boston, MA: Pearson Education.

Cziko, G. A. (1989). Unpredictability and indeterminism in human behavior: Arguments and implications for educational research. *Educational Researcher, 18(3),* 17−25.

Danielson, C. (1996). *Enhancing professional practice: A framework for teaching.* Alexandria, VA.: Association for Supervision and Curriculum Development.

Darling−Hammond, L. (1997). *The right to learn: A blueprint for creating schools that work.* San Francisco: Jossey−Bass.

Darling−Hammond, L. (1999). Educating teachers for the next century: Rethinking practice and policy. In G. A. Griffin (Ed.), *The education of teachers: Ninety−eighth yearbook of the National Society for the Study of Education* (pp. 221−256). Chicago: University of Chicago Press.

Darling−Hammond, L., & McLaughlin, M. W. (1995). Policies that support professional development in an era of reform. *Phi Delta Kappan, 76*(8), 597−604.

David, J. L., & Shields, P. M. (1999, April 14). Standards are not magic. *Education Week,* 40,42.

Davis, S., Darling−Hammond, L., LaPointe, M., & Meyerson, D. (2005). *School leadership study: Developing successful principals* (Review of research). Stanford, CA: Stanford University, Stanford Educational Leadership Institute.

Deal, T. E. (1985). The symbolism of effective schools. *The Elementary School Journal, 85(5).*

Deal, T. E., & Kennedy, A. A. (1982). *Corporate cultures.* Reading, MA: Addison−Wesley.

De Charms, R. (1968). *Personal causation: The internal affective determinants of behavior.* New York: Academic Press.

Deci, E. L. (1995). *Why we do what we do.* New York: G. B. Putnam's Sons.

Deci, E. L., & Ryan, R. M. (1985). *Intrinsic motivation and self−determinism in human behavior.* New York: Plenum Press.

Deming, W. E. (1993). *The new economics for industry, government, and education.* Cambridge, MA: MIT Press.

Dewey, J. (1958). *Art as experience.* New York: Putnam.

Diller, J. V., & Moule, J. (2005). *Cultured competence: A primer for educators.* Belmont, CA: Thomson Wadsworth.

Dornbush, S. M., & Scott. W. R. (1975). *Evaluation and the exercise of authority.* San Francisco: Jossey−Bass.

Doud, J. L., & Keller, E. P. (1998). *A ten−year study: The K−8 principal in 1998.* Alexandria, VA: National Association of Elementary School Principals.

DuFour, R. (2003). Building a professional learning community. *The School Administrator,* 60(5), 13−18.

DuFour, R. (2004, May). What is a professional learning community? *Educational Leadership Magazine, Schools as Learning Communities.*

DuFour, R., & DuFour, R. (1998). *Professional learning communities: Best practices for enhancing student achievement.* Bloomington, IN: National Education Service.

DuFour, R., DuFour, R., Eaker, R., & Many, T. (2006). *Learning by doing: A handbook for professional learning communities.* Bloomington, IN: Solution Tree.

DuFour, R., DuFour, R., Eaker, R., & Many, T. (2010). *Learning by doing: A handbook for professional learning communities.* Bloomington, IN: Solution Tree.

DuFour, R., & Eaker, R. (1998). *Professional learning communities at work: Best practices for enhancing student achievement.* Bloomington, IN: Solution Tree.

DuFour, R., Eaker, R., & DuFour, R. (2005). Closing the knowing−doing gap. On common ground: The power of professional clearing communities. In *The National Education Service.*

Durkheim, E. (1960). Rousseau's social contract. In *Montesquieu and Rousseau: Forerunners of sociology* (pp. 65−138). Ann Arbor: University of Michigan Press.

Durlak, J. A. (2013, September 23). Schools teaching social emotional intelligence skills in class? *New York Times Magazine.*

Duttweiler, P. C. (1988). New insights from research on effective schools. *Insights,* No. 4. Austin, TX: Southwest Educational Development Laboratory.

Duttweiler, P. C. (1990). A broader definition of effective schools: Implications from research and practice. In T. J. Sergiovanni & J. H. Moore (Eds.), *Target 2000: A compact for excellence in Texas's schools.* Austin: Texas Association for Supervision and Curriculum Development.

Dwyer, D. (1984). The search for instructional leadership: Routines and subtleties in the principal's role. *Educational Leadership, 41(5).*

Dwyer, D. C. (1989). School climate starts at the curb. In *School climate: The principal difference.* Hartford: Connecticut Principals' Academy.

Dwyer, D., Lee, G., Rowan, B., & Bossert, S. (1983). *Five principals in action: Perspectives on instructional management.* San Francisco: Far West Laboratory for Educational Research and Development.

Dyer, W. G. (1982). *Patterns and assumptions: The keys to understanding organizational culture.* Office of Naval Research, Technical Report TR－O NR－7.

Eaker, R., & Gonzalez, D. (2006). Leading in professional learning communities. *National Forum of Educational Administration and Supervision Journal,* 24(1), 6－13.

Edgerson, D. E., & Kritsonis, W. A. (2006):,Arialysis of the influence of principal－teacher relationships on student academic achievement: A national focus. *Doctoral forum: National journal for Publishing and Mentoring Doctoral Student Research,* 1(1).

Edmonds, R. (1979). Some schools work and more can. *Social Policy,* 9(2). Edmontom: The University of Alberta. Paper presented at the leadership course for school principals.

Eisner, E. (1969). Instructional and expressive educational objectives: Their formulation and use in curriculum. In W. J. Popham (Ed.), *Curriculum Evaluation: Instructional Objectives.* AERA Monograph Series. Chicago: Rand－McNally.

Eisner, E. (1979). *The educational imagination: On the design and evaluation of school programs.* New York: Macmillan.

Elmore, R. F. (2000). *Building a new structure for school leadership.* Washington, DC: Albert Shanker Institute.

Elmore, R. F. (2002a). *Bridging the gap between standards and achievement: The imperative for professional development in education.* Washington, DC: Albert Shanker Institute.

Elmore, R. F. (2002b, January /February). The limits of change. *Harvard Education Letter Research.* Retrieved from http://edletter.org/past/issues/2002－jf/limitsofchange.shtml

Elmore, R. F. (2003). A plea for strong practice. *Educational Leadership,* 61(3), 6－10.

Elmore, R. F., & Fuhrman, S. H. (2001). Holding schools accountable: Is it working? *The Phi Delta Kappan,* 83(1), 67－72.

Etzioni, A. (1961). *A comparative analysis of complex organizations.* New York: Free Press.

Etzioni, A. (1988). *The moral dimension: Toward a new economics.* New York: Free Press.

Etzioni, A. (1996/1997). The community of communities. *The Responsiν e Community,* 7(1), 21－32.

Evans, R. (2012). Building true collegiality in schools. *Independent School,* 71(2), 99－107.

Farkas, S., Johnson J., & Duffett, A. (2003). *Rolling up their sleeves: Superintendents and principals talk about what's needed to improve public schools.* Report from Public

Agenda for the Wallace Foundation. New York: Public Agenda.

Fehr, S. (2001, August). *The role of educational supervision. in the, · United States public schools from 1970 to 2000 as reflected in the supervision literature.* Doctoral dissertation, Pennsylvania State University.

Ferguson, R. F. (1991). Paying for public education: New evidence on how and why money matters. *Harvard Journal on Legislation,* 28(2) /465 − 498.

Ferguson, R. F., & Ladd, F. H. (1996). How and why money matters: An analysis of Alabama schools. In L. Ladd (Ed.), *Holding schools accountable* (pp. 265 − 298). Washington, DC: Brookings Institution.

Flanary, R. A., & Simpson, J. H. (2008, December 12). *Educational Leadership Policy Standards.*1SLLC 2008. National Policy Board for Educational Administration. Washington, DC.: Council of Chief State School Officers.

Fredricks, J. A., Blumenfeld, P. C., & Paris, A.H. (2004). School engagement: Potential of the concept, state of the evidence. *Review of Educational Research,* 74(1), 59 − 109.

Fuhrman, S. H. (2003). Is "reform" the answer for urban education? *Penn GSE: A Review of Research.* Philadelphia: University of Pennsylvania.

Fullan, M. (1991). *The new meaning of change* (2nd ed.). New York: Teachers College Press.

Fullan, M. (2003a). *The hope for leadership in the future.* Unpublished paper.

Fullan, M. (2003b ). *The moral imperative of school leadership.* Thousand Oaks, CA: Corwin Press.

Fullan, M. (2003c). Principals in a culture of change. In B. Davies & J. West − Burnham, (Eds.), *Handbook of educational leadership and management.* London: Pearson Longman.

Fullan, M. (2011). Learning is the work. Retrieved from http:/ /www.michealfullan.com/media/13 396087260. pdf

Gamoran, A. (1996). Student achievement in public magnet, public comprehensive and private city high schools. *Educational Eη aluation and Policy Analysis,* l, 1 − 18.

Gardner, H. (1995). *Leading minds: An anatomy of leadership.* New York: Basic Books.

Gardner, J. (1986, March). *The tasks of leadership.* Leadership Papers No. 2. Washington, DC: Independent Sector.

Gay, G. (2010). *Culturally responsive teaching:* Theory research and practice (Multicultural Education series, 2nd ed.). New York, NY: Teachers College Press.

Gaynor, A. K. (1975, March 27 − 30). *The study of change in educational organizations: A review of the literature.* Paper presented at the University Council for Educational

Administration, Ohio State University Career Development Seminar, Columbus'.

Gersten, R., Carnine, D., & Green S. (1982, December). The principal as instructional leader: A second look. *Educational Leadership*, 40, 47−50.

Glatthorn, A. A. (1984). *Differentiated supervision*. Alexandria, VA: Association for Supervision and curriculum Development.

Gleick, J. (1987). *Chaos: Making a new science*. New York: Viking Penguin.

Glickman, C. D., (1985). *Supervision of instruction:* A developmental approach. Boston: Allyn and Bacon.

Glickman, C. D., Gordon, S. P., & Gordon, J.M. (1998) . *Supervision of instruction: A developmental approach* (4th ed.). Boston: Allyn and Bacon.

Glickman, C. D., Gordon, S. P., & Gordon, J. M. (2001). *Supervision of instructional leadership: A developmental approach* (5th ed.). Boston: Allyn and Bacon.

Goldhammer, R. (1969). *Clinical supervision: Special methods for the supervision of teachers*. New York: Holt, Rinehart and Winston.

Goleman, D. (2000, March−April). Leadership that gets results. *Harvard Business Review*, 78−90.

Good, Thomas L., & Brophy, J. E. (2003). *Looking in classrooms* (9th ed.). Boston: Allyn and Bacon.

Goodlad, J. I., & Klein, F. M. (1970). *Behind the classroom door. Worthington*, OH: C. A. Jones.

Goodlad, J. I. (1978) . Educational leadership: Toward the third era. *Educational Leadership* 35(4), 322−331.

Grant, A. M. (2007). Relational job design and the motivation to make a prosocial difference. *Academy of Management Review* 32(2), 393−417.

Grant, A. M., & Berg, J. M. (2012). Prosocial motivation at work: When, why, and how making a difference makes a difference. In K. S. Cameron & G. M. Spreitzer (Eds.), *The Oxford handbook of positive organizational scholarship* (pp. 28−44). Oxford, New York: Oxford University Press.

Gray, M., Coates, J., & Bird, M. Y. (2010). *Indigenous social work around the world: Towards culturally relevant education and practice*. Burlington, VT: Ashgate.

Green, R. L. (2010). *The four dimensions of principal leadership: A framework for leading 21st century schools*. Upper Saddle River, NJ: Pearson Education.

Green, R. L. (2013). *Practicing the art of leadership; A problem−based approach to implementing the ISLLC standards* (4th ed.). Upper Saddle River, NJ, Pearson Education.

Greene, D., & Lepper, M. R. (1974). *How to turn play into work, Psychology Today*, 8(4).

Greenfield, T. B. (1973). Organizations as social invention: Rethinking assumptions about change. *Journal of Applied Behavioral Science*, 9(5).

Greenfield, T. B. (1984). Leaders and schools: Willfulness and non−natural order in organization. In T. J. Sergiovanni & J. E. Corbally(Eds.), *Leadership and organizational culture.* Urbana: University of Illinois Press.

Greenfield, W. (1982). *A synopsis of research on school principals.* Washington, DC: National Institute for Education.

Greenfield, W. D. (1985, June 29). *Instructional leadership: Muddles, puzzles, and promises.* The D. M. Smith Lecture. Athens: University of Georgia.

Greenleaf, R. K. (1977). *Teacher as servant.* New York: Paulist Press.

Griffin−Williams, S. (2012). *The transformation of a low performing middle school into a high performing middle school: An autoethnography.* Dissertation, University of Memphis.

Habegger, S. (2008, September−October). The principal's role in successful schools: Creating a positive school culture. *Principal,* 88(1), 42−46.

Habermas, J. (1987). *The theory of communicative action.* Vol. 2: *Lifeworld and system: A critique of functional reason.* Boston: Beacon Press.

Hackman, J. R., & Oldham, G. (1976). Motivation through the design of work: Test of a theory. *Organizational Behavior and Human Performance,* 16(2), 250−279.

Hackman, J. R., & Oldham, G. R. (1980). *Work redesign.* Reading, MA: Addison−Wesley.

Hackman, J. R., Oldham, G. R., Johnson, P., & Purdy, K. (1975). A new strategy for job enrichment. *California Management Review*, 17(4).

Hackman, R. C. (1969). *The motivated working adult.* New York: American Management Association.

Hall, G. E. (1988). The principal as leader of the change facilitating team. *Journal of Research and Development in Education*, 22(1).

Hall, G. E., & Rutherford, W. L. (1983, April). *Three change facilitator styles: How principals affect improvement efforts.* Paper presented at the annual meeting of the American Educational Research Association, Montreal, Canada.

Hallinger, P., & Heck, R.H. (1996a). Reassessing the principal' s role in school effectiveness: A review of empirical research 1980−1995. *Educational Administration Quarterly*, 32(1), 5−44.

Hallinger, P., & Heck, R.H. (1996b). The principal's role in school effectiveness: A review of methodological issues, 1980−1995. In K. Leithwood (Ed.), *The international handbook of research in educational administration.* New York: Kluwer.

Hallinger, P., & Heck, R.H. (1999). Can leadership enhance school effectiveness? In T. L. Bush, R. Bell, R. Bolan, P. Glatter, & P. Ribbens (Eds), *Educational management: Redefining theory, policy and practice.* London: Paul Chapman.

Hallinger, P., & Murphy, J. (1985). Assessing the instructional management behavior of principals. *The Elementary School Journal* 86(2), 217−247.

Hansen, C. (1986). *Department culture in a highperforming secondary school.* Unpublished dissertation. Teachers College, Columbia University.

Hargreaves, A. (1989). *Contrived collegiality and the culture of teaching.* Presentation at the annual meeting of the Canadian Society for the Study of Education, Quebec City, Canada.

Hargreaves, A., & Fink, D. (2003). Sustaining leadership. In B. Davies and J. West−Burnham, (Eds.), *handbook of educational leadership and management.* London: Pearson Longman.

Hargreaves, A., & Fink, D. (2004). The seven principles of sustainable leadership. *Educational Leadership,* 61(7), 9−13.

Harvey, J., & Holland, H. (2012). More effective principals. *Phi Delta Kappan* 93(7).

Hayenga, A., & Corpus, J. (2010). Profiles of intrinsic and extrinsic motivations: A personcentered approach to motivation and achievement in middle school. *Motivation & Emotion,* 34(4), 371−383. doi:10.1007 /sl1031−010−9181.

Hayes, R.H. (1985, November−December). Strategic planning−forward in reverse? *Harvard Business Review.*

Heifetz, R. A. (1994). *Leadership without easy answers.* Cambridge, MA: Harvard University Press.

Herzberg, F. (1966). *Work and the nature of man.* New York: World.

Herzberg, F., Mausner, B., & Snyderman, B. (1959). *The motivation to work.* New York: Wiley.

Hess, F. M., & Kelly, A. P. (2007). Learning to lead: What gets taught in principal−preparation programs? *Teachers College Record,* 109(1), 244−274.

Hill, Paul T., & Celio, M. B. (1998). *Fixing urban schools.* Washington, DC: Brookings Institution Press.

Hill, P. T., Foster, G. E., & Gendler, T. (1990). *High schools with character.* Santa Monica, CA: RAND.

Hills, J. (1982). *The preparation of educational leaders: What's needed and what's next?* UCEA Occasional paper, No. 8303. Columbus, OH: University Council for Educational

Administration.

Hofstede, G. (1980). *Culture's consequences.* Beverly Hills, CA: Sage.

Honawar, V. (2008). Teachers achieving "highly qualified" status on the rise: Poorer schools still not getting their share, data show. *Education Week,* 27(41), 14.

Hord, S. M., Hall, G. E., & Stiegelbauer, S. (1983, April). *Principals don't do it alone: The role of the consigliore.* Paper presented at the annual meeting of the American Educational Research Association, Montreal, Canada.

Hord, S. M., Rutherford, W. L., Huling−Austin, L., & Hall, G. E. (1987). *Taking charge of change. Alexandria,* VA: Association for Supervision and Curriculum Development.

Horng, E. L., Klasik, D., & Loeb, S. (2010). Principal's time use and school effectiveness. *American Journal of Education,* 116(9−3), 491−523.

Hosford, P. L. (1984). The problem, its difficulties and our approaches. In P. L. Hosford (Ed.), *Using what we know about teaching.* Alexandria, VA: Association for Supervision and Curriculum Development.

Houchens, G. W., & Keedy, J. L. (2009). Theories of practice: Understanding the practice of educational leadership. *Journal of Thought,* 44(3−4), 49−61.

House, R. J. (1971). A path goal theory of leader effectiveness. *Administrative Science Quarterly* 16(3), 321−338.

Hoy, A. W., & Hoy, W. K. (2013). *Instructional leadership: A research−based guide to learning in schools* (4th ed.). Boston: Allyn and Bacon.

Huberman, A. M., & Crandall. D. P. (1982). People, policies and practices: Examining the chain of school improvement. *Implications for Action* (Vol. IX). Andover, MA: The Network. Information obtained from NASSP, Breakthrough Schools.

Institute for Education and Transformation. (1992). *Voices from the inside. A report on schooling from inside the classroom.* Part I: Naming the Problem. Claremont, CA: Claremont Graduate School.

Interstate School Leaders Licensure Consortium(ISLLC). (2008). *Educational Leadership Policy Standards.* Council of Chief State School Officers.

Jacobs, S., Brody, S., Doherty, K., Lakis, K., & Maltz, S. (2013). *State teacher policy yearbook: Improving teacher preparation national summary.* Washington, DC: National Council on Teacher Quality.

James, W. (1892). *Talks to teachers on psychology: And to students on some of life's ideals.* New York: Holt.

Joyce, B., & Weil, M. (1980). *Models of teaching*(2nd ed.). Englewood Cliffs, NJ: Prentice Hall.

Judge, T. A., & Bono, J.E. (2001). Relationship of core self−evaluations traits−Self−esteem, generalized self−efficacy, locus of control, and emotional stability−with job satisfaction and job performance: A meta−analysis. *Journal of Applied Psychology*, 86(1), 80−92. doi: 10.1037 I /0021−9010.86.1.80.

Katz, D., & Kahn, R. L. (1978). *The social psychology of organizations* (2nd ed.). New York: Wiley.

Keenan, C. (1974). *Channels for change: A survey of teachers in Chicago elementary schools.* Doctoral dissertation. University of Illinois, Urbana: Department of Educational Administration.

Kelley, C. (1999). The motivational impact of school−based performance awards. *Journal of Personnel Evaluation in Education*, 12(4), 309−326.

Kelly, R. E. (1988, November−December). In praise of followers. *Harvard Business Review.*

Kennedy, M. (1984). How evidence alters understanding and decisions. *Educational Evaluations and Policy Analysis*, 16(3), 207−226.

Kirst, M. W. (1984). *Who controls our schools?* New York: Freeman.

Kohn, A (1993, September−October). Why incentive plans Can not Work. *Harvard Business Review.*

Ladson−Billings, G. (1994). T*he dreamkeepers: Successful teachers of African American children.* San Francisco: Jossey Bass.

Lakomski, G. (1985). The cultural perspective in educational administration. In R. J. S. Macpherson and H. M. Sungaila (Eds.), *Ways and means of research in educational administration.* Armidale, New South Wales: University of New England.

Lambert, L. (1998). How to build leadership capacity. *Educational Leadership*, 55(7), 17−19.

Lambert, L. (2002). Toward a deepened theory of constructivist leadership. In L. Lambert, D. Walker, D. P. Zimmerman, J. E. Cooper, M. D. Lambert, M. E. Gardner, & M. Szabo (Eds.), *The constructivist leader* (2nd ed.). New York: Teachers College Press.

Lambert, L., Walker, D., Zimmerman, D. P., Cooper, J. E., Lambert, M. D., Gardner, M. E., & Ford Slack, P. J. (1995). *The constructivist leader.* New York: Teachers College Press.

Learning Forward. (2011). *Standards for professional learning.* Leaming Forward. Amazon.com.

Lee, V. E., & Smith J. B. (1993). Effects of school restructuring on the achievement and engagement of middle school students. *Sociology of Education*, 66, 64−187.

Lee, V. E., & Smith, J. B. (1995). Effects of high school restructuring and size on early gains in achievement and engagement. *Sociology of Education*, 68, 241−270.

Leinhardt, G. (1992). What research on learning tells us about teaching. *Educational Leadership*, 49(7), 20−25.

Leithwood, K., Louis, K. S., Anderson, S., & Wahlstrom, K. (2004). *How leadership influences student learning.* New York, NY: Wallace Foundation.

Leithwood, K. A., & Montgomery, D. J. (1986). *Improving principal effectiveness: The principal profile.* Toronto: Ontario Institute for Studies in Education Press.

Leithwood, K. A., & Riehl, C. (2003). *What we know about successful school leadership.* Nottingham: National College for School Leadership.

Leithwood, K., Louis, K. S., Anderson, S., & Wahlstrom, K. (2004). *How leadership influences student learning.* New York, NY: Wallace Foundation.

Leithwood, K., Wahlstrom, K., & Anderson, S. (2010). *Investigating the links to improved student learning−Final report of research findings.* Minneapolis: University of Minnesota and New York, NY: The Wallace Foundation.

Lenz, B. (2007). A community of learners: Building a supportive learning environment. *Teacher Leadership.* Retrieved from http:/ /www.edutopia.org/envision−schools−learning−community−respect

Lichtenstein, G., McLaughlin, M. W., & Knudsen, J. (1992). Teacher empowerment and professional knowledge. In A. Lieberman (Ed.), *The changing context of teaching. Ninety−first yearbook of the National Society for the Study of Education*, Part I. Chicago: University of Chicago Press.

Lieberman, A., & Miller, L. (1984). *Teachers, their world and their work: Implications for school improvement.* Alexandria, VA: Association for Supervision and Curriculum Development.

Lieberman, A., & Miller, L. (1986). School improvement: Themes and variations. In A. Lieberman, *Rethinking school improvement: Research, craft, and concept.* New York: Teachers College Press.

Lieberman, A., & Miller, L. (1999). *Teachers transforming their world and their work.* New York: Teachers College Press.

Lightfoot, S. L. (1983). *The good high school: Portraits of character and culture.* New York: Basic Books.

Lighthall, F. (1973, February). Multiple realities and organizational nonsolutions: An essay on anatomy of educational innovation. *School Review.*

Lipman, P. (1995). Bring out the best in them: The contribution of culturally rele´ rant teachers to education reform. *Theory into Practice*, 34(3), 202−208. Retrieved from http://www.eric.ed.gov /PDFS/E0374173.pdf

Lipsitz, J. (1984). *Successful schools for young adolescents.* New Brunswick, NJ: Transaction Books.

Little, J. (1981). *School success and staff development in urban desegregated schools.* Boulder, CO: Center for Action Research.

Little, J. W. (1993). Teachers' professional development in a climate of educational reform. *Educational Evaluation and Policy Analysis*, 15(2), 129−151.

Little, J. W. (1997, March). *Excellence in professional development and professional community.* Working paper, Benchmarks for Schools. Washington, DC: Office of Educational Research and Improvement, U.S. Department of Education.

Lortie, D. (1975). *Schoolteacher: A sociological study.* Chicago: University of Chicago Press.

Loucks−Horsley, S., & Hergert, L. F. (1985). *An action guide to school improvement.* Arlington, VA: Association for Supervision and Curriculum Development and the Network.

Louis, K. S., & Marks, H. (1998). Does professional learning communities affect the classroom? Teachers' work and student experiences in restructured schools. *American journal of Education*, 106(4), 532−575.

Lundberg, C. C. (1985). On the feasibility of cultural intervention in organizations. In P. J. Frost, L. F. Moore, M. R. Louis, C. C. Lundberg, & J. Martin (Eds.), *Organizational culture.* Beverly Hills, CA: Sage.

MacDonald, J. (1964). An image of man: The learner himself. In R. Doll (Ed.), *Individualizing instruction.* Washington, DC: Association for Supervision and Curriculum Development.

Madaus, G. F. (1999). The influence of testing on the curriculum. In M. J. Early & K. J. Rehage (Eds.), *Issues in curriculum: A selection of chapters from NSSE yearbooks. Ninety−eighth yearbook of the National Society for the Study of Education.* Part II. Chicago: University of Chicago Press.

March, J. G. (1984). How we talk and how we act: Administrative theory and administrative life. In T. J. Sergiovanni & J. E. Corbally (Eds.), *Leadership and organizational culture* (pp. 18−36). Urbana: University of Illinois Press.

March, J. G., & Simon, H. A. (1958). *Organizations.* New York: Wiley.

Markow, D., & Scheer, M. (2003). *The MetLife survey of the American teacher: An examination of school leadership.* Long Island City, NY: Harris Interactive.

Marzano, R. J. (1992). *A different kind of classroom: Teaching with dimensions of learning.*

Alexandria, VA: Association for Supervision and Curriculum Development.

Marzano, R. J. (2000). *A new era of school reform: Going where the research takes us.* Aurora, CO: Mid Continent Research for Educational Learning.

Marzano, R. J. (2003). *What works in schools: Translating research into action.* Alexandria, VA: Association for Supervision and Curriculum Development.

Marzano, R. J., Frontier, T., & Livingston, D. (2013). *Effective supervision: Applying the art and science of teaching.* Alexandria, VA: ASCD.

Marzano, R. J., Pickering, D. J., & Pollock, J. E. (2001). *Classroom instruction that works: Research-based strategy for increasing student achievement.* Alexandria, VA: Association for Supervision and Curriculum Development.

Marzano, R. J., Waters, T., & McNulty, B. A. (2005). *School leadership that works: From research to results.* Alexandria, VA: Association for Supervision and Curriculum Development; Aurora, CO: Mid-continent Research for Education and Learning.

Maslow, A.H. (1943). A theory of human motivation. *Psycholog al Review,* 50(2), 370-395.

McCoss-Yergian, T., & Krepps, L. (2010). Do teacher attitudes impact literacy strategy implementation in content area classrooms? *Journal of Instructional Pedagogies,* 4, 1-18.

McNeil, L. (1986). *Contradictions of control: School structure and school knowledge.* New York: Routledge and Kegan Paul.

McNeil, L. (2011, February). *The public's schools and our children.* Invited address. Conference on Leading the Nation: A Texas Retrospective on Educational Reform. Austin, TX: Texas Center for Education Policy.

Mealiea, L. W. (1978). Learned behavior: The key to understanding and preventing employee resistance to change. *Group and Organizational Studies,* 3(2), 211-223.

Merton, R. K. (1957). *Social theory and social structure.* New York: Free Press.

MetLife Survey of the American Teacher: Challenges for school leadership. (2013). New York, NY: Metropolitan Life Insurance Company. Retrieved from https://www.metlife.com/asse ts/cao/https:// www.metlife.com/assets/cao/ foundation/MetLife-TeacherSurvey-2012 -pdf

MET Project. (2013). *Ensuring Fair and Reliable Measures of Effective Teaching.* Culminating Find ings from the MET Project's Three-Year Study. Bill & Melinda Gates Foundation. http:// www.metproject.org/downloads/MET   Ensuring_Fair_and_Reliable_Measures_Practitioner Brief. pdf

Meyers, S. (1971). *Every employee a manager.* New York: McGraw-Hill.

Miles, M. B. (1983). Unraveling the mystery of institutionalization. *Educational Leadership*, 41(3), 14−19.

Mintzberg, H. (1973). *The nature of managerial work.* New York: Harper & Row.

Mintzberg, H. (1979). *The structuring of organizations.* Englewood Cliffs, NJ: Prentice Hall.

Mintzberg, H. (1987, July I August). Crafting strategy: *Harvard Business Review,* 65(4), 66−75.

Morris, R. C., Crowson, R. L., Porter−Gehrie, C., & Hurwitz, E. (1984). *Principals in Action. Employee*
*and Manager.* New York: McGraw−Hill.

National Association of Elementary School Principals (NAESP). (2008a). *The K−8 principal: A 10−year study, eighth in a series of research studies launched in 1928.* Alexandria, VA: Author.

National Association of Elementary School Principals (NAESP). (2008b). *Leading learning communities: Standards for what principals should know and be able to do.* Alexandria, VA: Author.

National Association of Secondary School Principals (NASSP). (1996). *Breaking Ranks: Changing an American institution. Report of the Secondary School Principals Association on the High School for the 21st Century.* Reston, VA: Author.

National Association of Secondary School Principals (NASSP). (2001). *Priorities and barriers in high school leadership: A survey of principals.* Reston, VA: Author.

National Association of Secondary School Principals (NASSP). (2004). *Breaking Ranks II: Strategies for leading high school reform.* Reston, VA: Author.

National Association of Secondary School Principals (NASSP). (2013). *The comprehensive frame -work for school improvement.* Retrieved from http://www.nassp.org/SchoolImproveme nt

National Policy Board for Educational Administration. (2011). *Educational leadership program recognition standards: 2011 ELCC building level.* (No. 2013). Washington, DC: National Policy Board for Educational Administration.

Natriello, G. (1984). Teachers' perceptions of the frequency of evaluation and assessments of their effort and effectiveness. *American Educational Research Journal,* 21(3), 579−595.

Nelson, R. (2010, August). Learning and working in a collaborative age, principal learning communities. *Journal of Professional Development.* Retrieved from http://www.deutopia.org

Neufeld, B., & Roper, D. (2003). *Coaching: A strategy for developing instructional capacity.*

Washington, DC: Aspen Institute Program and the Annenberg Institute for School Reform. Retrieved from http://www.aspeninstitute.org

Newberg, N. A., & Glatthorn, A. A. (n.d.). *Instructional leadership: Four ethnographic studies of junior high school principals.* Washington, DC: National Institute for Education (G—81—008).

Newmann, F. (1991). Student engagement in academic work: Expanding the perspective on secondary school effectiveness. In J. R. Bliss & W. A. Firestone (Eds.), *Rethinking effective schools: Research and practice* (pp. 58—76). Englewood Cliffs, NJ: Prentice Flail.

Newmann, F. M., & Associates. (1996). *Authentic achievement: Restructuring schools for intellectual quality.* San Francisco: Jossey—Bass.

Newmann, F. M., Bryk, A. S., & Nagaoka, J. K. (2001, January). Authentic intellectual work and standardized tests: Conflict or coexistence? In *Improving Chicago Schools.* Chicago: Consortium on Chicago School Research.

Newmann, F. M., Secada, W. G., & Wehlage, G. G. (1995). *A guide to authentic instruction and assessment: Vision, standards and scoring.* Madison: Wisconsin Center for Education Research.

Newmann, F. M., Smith, B., Allensworth, E., & Bryk, A. S. (2001, Winter). Instructional program coherence: What it is and why it should guide school improvement policy. *Educational Evaluation and Policy Analysis, 23*(4), 297—321.

Newmann, F., Wehlage, G. G., & Lamborn, S. D. (1992). The significance and sources of student engagement. In F. Newmann (Ed.), *Student engagement and achievement in American secondary schools* (pp. 11—39). New York: Teachers College Press.

No Child Left Behind, Public Law U.S.C. 107—110. (2001).

Nolan, J., & Francis, P. (1992). Changing perspectives in curriculum and instruction. In C. Glickman (Ed.). *Supervision in transition. Yearbook of the Association for Supervision and Curriculum Development* (pp. 44—59). Alexandria, VA: Association for Supervision and Curriculum Development.

Outward Bound USA Convener. (1992). *Expeditionary learning: A design for new American schools. A proposal to the New American Schools Development Corporation.* Greenwich, CT: Author.

Pajak, E. F., & Glickman, C. D. (1989). Dimension of school district improvement. *Educational Leadership, 46*(8), 6164.

Parsons, T. (1951a). *The Social System*. Glencoe, IL: Free Press.

Parsons, T. (1951b). *Toward a general theory of social action*. Cambridge, MA: Harvard University Press.

Perkins, D. (1992). *Smart schools: From training memories to educating minds*. New York: Free Press.

Perrow, C. (1981). Disintegrating social sciences. *New York University Education Quarterly*, *10*(2), 2−9.

Peters, T. (1989a, July 25). Structure vs. spirit battle lines are drawn. *San Antonio Light*.

Peters, T. (1989b, January 24). Business can learn from military strategy. *San Antonio Light*.

Peters, T., & Austin, N. (1985). *A passion for excellence*. New York: Random House.

Peters, T. J., Waterman, R. H. (1982). *In search of excellence: Lessons from America's best−run companies*. New York: Harper & Row.

Peterson, K. (2002, Winter). The necessary principal: The importance of instructional leadership. Association for Supervision and Curriculum Development. Retrieved from http://www.ascd.org/publications/curriculum.update

Peterson, P. L., McCarthey, S. J., & Elmore, R. F. (1996). Learning from school restructuring. *American Educational Research Journal*, *33*(1), 119−153.

Pitcher, P. (1997). *The drama of leadership*. New York: Wiley.

Pondy, L. (1978). Leadership is a language game. In M. W. McCall & M. M. Lombardo (Eds.), *Leadership: Where else can we go?* Durham, NC: Duke University Press.

Portin, B. (2004). The role that principals play. *Educational Leadership*, *61*(7), 14−18.

Protheroe, N. (2011). What do effective principals do? *Principal, 90*(5), 26−30.

Prunty, J. J., & Wells, H. (1982). *The principal's role in school effectiveness: An analysis of the practices of elementary school leaders*. National Institute of Education (G8−01−10). CEMRL.

Psychwiki.com. (2010). Retrieved from http://www.psychwiki.com/wiki/Pro social Behavior

Public Agenda. (2003). *Where we are now: 12 things you need to know about public opinion and public schools*. Public Agenda/Washington Mutual. Retrieved from http://www.publicagenda.org/files/where_we_are_now.pdf

Public Agenda Survey. (2006). *Reality check 2006: The insiders. Selected survey results*. Retrieved from http://www.publicagenda.org/research/pdfs/rc0604_questionaire.pdf

Purkey, S. C., & Smith, M. S. (1982). Synthesis of research on effective schools. *Educational Leadership*, *40*(3), 64−69.

Purkey, W. W., & Novak, J. M. (1988). *Education: By invitation only*. Bloomington, IN: Phi Delta Kappa Foundation.

Putnam, R. D. (2000). *Bowling alone: The collapse and revival of American community*. New York: Simon & Schuster.

Quantz, R. A., Cambron—McCabe, N., & Dantley, M. (1991). Preparing school administrators for democratic authority: A critical approach to graduate education. *The Urban Review*, *23*(1), 3–19.

Quinn, J. B. (1981, Winter). Formulating strategy one step at a time. *Journal of Business Strategy*.

Rawls, J. (1971). *A theory of justice*. Cambridge, MA: Harvard University Press.

Reality Check. (2006). *A Public Agenda initiative to build momentum for improving American schools*, http://files.eric.ed.gov/fulltext/ed494314.pdf

Reddin, W. J. (1970). *Managerial effectiveness*. New York: McGraw—Hill.

Reeves, D. B. (2007, February), The principal and proficiency: The essential leadership role in improving student achievement. Instructional leaders should use their leadership leverage to create building—wide proficiency. *Leadership Compass, 4,* 3.

Resnick, L. (1987). *Education and learning to think*. Washington, DC: National Academy Press.

Resnick, L. (2001/2002, Fall/Winter). Learning leadership on the job. *Reader's Digest Funds Leaders Count Report, 1*(2).

Resnick, L. B., & Glennan, T. K. (2001). Leadership for learning: A theory of action for urban school districts. Pittsburgh: Institute for Learning. Retrieved from http://www.institute forlearning.org/media/docs/Theoryof ActionResnickGlenna.pdf

Resnick, L. B., & Klopfer, L. E. (1989). *Toward the thinking curriculum: Current cognitive research. Yearbook of the Association for Supervision and Curriculum Development*. Alexandria, VA: Association for Supervision and Curriculum Development.

Rosenbach, W. E., Taylor, R. L., & Youndt, M. A. (2012). *Contemporary issues in leadership* (7th ed.). Boulder, CO: Westview Press.

Rosenholtz, S. J. (1984). *Political myths about educational reform: Lessons from research on teaching*. Paper prepared for the Education Commission of the States Conference, Denver, CO.

Rosenholtz, S. J. (1989). *Teachers' workplace: A social—organizational analysis*. New York: Longman.

Rost, J. (1991). *Leadership for the twenty—first century*. New York: Praeger.

Rost, J., & Smith, A. (1992). Leadership: A post-industrial approach. *European Management*

*Journal, 10*(2).

Rothman, R. (1992, December 2). Study "from inside" finds a deeper set of problems. *Education Week*, 12(13).

Roueche, J. E., & Baker, G. A. (1986). *Profiling excellence in America's schools.* Arlington, VA: American Association of School Administrators.

Rousseau, M. F. (1991). *Community: The tie that binds.* New York: University Press of America.

Rowan, B. (1990). Commitment and control: Alternative strategies for the organizational design of schools. *Review of Research in Education, 16,* 353−389.

Russo, A. (2004). School−based coaching: A revolution in professional development—or just the latest fad. *Harvard Education Letter, 20*(4).

Rutter, M., Maughan, B., Mortimore, P., Ouston, J., & Smith A. (1979). *Fifteen thousand hours: Secondary schools and their effects on children.* Cambridge, MA: Harvard University Press.

Sacks, J. (1997). Rebuilding civil society: A Biblical perspective. *Responsive Community, 7*(1), 11−20.

Saphier, J., & King, M. (1985). Good seeds grow in strong cultures. *Educational Leadership, 42*(6), 67−74.

Sarason, S. B. (1971). *The culture of the school and the problem of change.* Boston: Allyn and Bacon.

Sashkin, M., & Morris, W. C. (1984). *Organizational behavior concepts and experiences.* Reston, VA: Reston.

Schein, E. H. (1981). Does Japanese management style have a message for American managers? *Sloan Management Review, 24*(1), 55−68.

Schein, E. H. (1985). *Organizational culture and leadership.* San Francisco: Jossey−Bass.

Schein, E. H. (1992). *Organizational culture and leadership* (3rd ed.). San Francisco: Jossey−Bass.

Scherff, L., & Spector, K. (2011). Culturally relevant pedagogy. Lanham, MD: Rowman & Littlefield Education.

Schmoker, M. (1999). *Results: The key to continuous school improvement* (2nd ed.). Alexandria, VA: Association for Supervision and Curriculum Development.

Schmoker, M. (2006). *Results now: How we can achieve unprecedented improvements in teaching and learning.* Alexandria, VA: Association for Supervision and Curriculum Development.

Schön, D. A. (1983). *The reflective practitioner: How professionals think in action*. New York: Basic Books.

Schön, D. A. (1984). Leadership as reflection in action. In T. J. Sergiovanni & J. E. Corbally, *Leadership and organizational culture* (pp. 64−72). Urbana: University of Illinois Press.

Schön, D. A. (1987). *Educating the reflective practitioner: Toward a new design for teaching and learning in the professions*. San Francisco: Jossey−Bass.

Schultz, T. W. (1982). Human capital approaches in organizing and paying for education. In W. McMahan & T. Gi Geste (Eds.), *Financing education: Overcoming inefficiency and inequity* (pp. 36−51). Urbana: University of Illinois Press.

Sebring, P. B., &. Bryk, A. S. (1996). Student−centered learning climate. In P. B. Sebring (Ed.), *Charting reform in Chicago: The students speak*. Report sponsored by the Consortium on Chicago School Research, University of Chicago.

Sebring, P. B., Bryk, A. S., Eston, J. Q., Luppescu, S., Thum, Y. M., Lopez, W., & Smith, B. (1995). *Charting reform: Chicago teachers take stock*. Chicago: Consortium on Chicago School Research.

Sebring, P. B., Bryk, A. S., Roderick, M., Camburn, E., Luppescu, S., Thum, Y. M., Smith, B., & Kahne, J. (1996). *Charting reform in Chicago: The students speak*. Chicago: Consortium on Chicago School Research, University of Chicago.

Selznick, P. (1957). *Leadership in administration: A sociological interpretation*. New York: Harper & Row. Paperback edition (1984). Berkeley: University of California Press.

Senge, P. (1990). The fifth discipline: The art and practice of the learning organization. *Teacher Education in Practice, 6*(2), 89−93.

Sergiovanni, T. J. (1966). Factors which affect satisfaction and dissatisfaction of teachers. *Journal of Educational Administration, 5*(1), 66−82.

Sergiovanni, T. J. (1968). New evidence on teacher morale: A proposal for staff differentiation. *The North Central Association Quarterly, 62*(3), 259−266.

Sergiovanni, T. J. (1984, February). *Leadership and excellence in school improvement*. San Francisco: Jossey−Bass.

Sergiovanni, T. J. (1987). *The principalship: A reflective practice perspective*. Boston: Allyn and Bacon.

Sergiovanni, T. J. (1990). *Value−added leadership: How to get extraordinary performance in schools*. New York: Harcourt Brace Jovanovich.

Sergiovanni, T. J. (1990−1991). Biting the bullet: Rescinding the Texas teacher appraisal system.

Teacher Education and Practice, 6(92).

Sergiovanni, T. J. (1992). *Moral leadership: Getting to the heart of school improvement.* San Francisco: Jossey−Bass.

Sergiovanni, T. J. (1994). *Building community in schools.* San Francisco: Jossey−Bass.

Sergiovanni, T. J. (2000). *The lifeworld of leadership: Creating culture, community and personal meaning in our schools.* San Francisco: Jossey−Bass.

Sergiovanni, T. J. (2001). *Leadership: What's in it for schools?* London: Routledge/Falmer.

Sergiovanni, T. J. (2005). *Strengthening the heart-beat: Leading and learning together in schools.* San Francisco: Jossey−Bass.

Sergiovanni, T. J. (2007). *Rethinking leadership: A collection of articles* (2nd ed.). Thousand Oaks, CA: NSDC/Corwin Press.

Sergiovanni, T. J., & Duggan, B. (1990). Moral authority: A blueprint for managing tomorrow's schools. In T. J. Sergiovanni & H. Moore (Eds.), *Target 2000: A compact for excellence in Texas schools.* Austin, TX: Texas ASCD.

Sergiovanni, T. J., & Starratt, R. J. (1988). *Supervision: Human perspectives.* New York: McGraw−Hill.

Sergiovanni, T. J., & Starratt, R. J. (1993). *Supervision: A redefinition* (5th ed.). New York: McGraw−Hill.

Shakeshaft, C. (1987). *Women in educational administration.* Beverly Hills, CA: Sage.

Shils, E. A. (1961). Centre and periphery. *The logic of personal knowledge: Essays presented to Michael Polanyi.* London: Routledge and Kegan Paul.

Shouse, R. C. (1996). Academic press and a sense of community: Conflict, congruence, and implications for student achievement. *Social Psychology of Education,* 1, 47−68.

Shulman, L. (1989). Teaching alone, learning together: Needed agenda for new reforms. In T. J. Sergiovanni & J. H. Moore (Eds.), *Schooling for tomorrow: Directing reforms to issues that count.* Boston: Allyn and Bacon.

Silva, P., & Mackin, R. A. (2002). *Standards of mind and heart: Creating the good high school.* New York: Teachers College Press.

Simon, H. A. (1957). *Administrative behavior* (2nd ed.). New York: Free Press.

Sizer, T. R. (1989). Diverse practice, shared ideas: The essential school. In H. J. Walberg & J. Lane (Eds.), *Organizing for learning: Toward the 21st century.* Reston, VA: National Association of Secondary School Principals.

Smith, J. K., & Blase, J. (1987). *Educational leadership as a moral concept.* Washington, DC:

American Educational Research Association.

Smith, M. K. (2000 – 2009). *Social capital. The encyclopedia of informal education.* Retrieved from

   www.infed.org/biblio/social_capital.htm

Smith, W. A., & Andrews, R. L. (1989). *Instructional leadership: How principals make a difference.* Alexandria, VA: Association for Supervision and Curriculum Development.

Southern Regional Education Board (SREB). (2011). *Toward better teaching: A view of evaluation policies, practices and lessons in SREB states.* SREB Educator Effectiveness Series. SREB.org.

Spillane, J.P. (2009). Managing to lead: Reframing school leadership and management. *Phi Delta Kappan,* 9(3), 70 – 73.

Spillane, J. P., Halverson, R., & Diamond, J. B. (2001). Investigating school leadership practice: A distributed perspective. *Educational Researcher* 30(3), 23 – 28.

Sproul, L. S. (1976, November). *Managerial attention in new educational systems.* Seminar on Organizations as Loosely Coupled Systems. Urbana: University of Illinois.

Starratt, R. J. (1973). Contemporary talk on leadership: Too many kings in parade? *Notre Dame Journal of Education,* 4(1), 5 – 14.

Staw, B. (1984). Leadership and persistence. In T. J. Sergiovanni & J. E. Corbally, *Leadership and organizational culture.* Urbana: University of Illinois Press.

Stedman, L. C. (1987). It's time we changed the effective schools formula. *Phi Delta Kappan* 69(3), 215 – 227.

Sternberg, R. J. (1996, November 13). What is successful intelligence? *Education Week,* 48.

Stewart, R. (1982). The relevance of some studies of managerial work and behavior to leadership research. In J. E., Hunt, U. Sekaran, & C. A. Schriesheim. *Leadership beyond establishment views.* arbondale: Southern Illinois University.

Stewart, T. A. (1997). *Intellectual capital: The new wealth of organizations.* New York: Doubleday.

Stigler, J. W., & Hiebert, J. (1999) . *The teaching gap: Best ideas from the world teachers for improving education in the classroom.* New York: Free Press.

Strike, K. A. (2004). Community, the missing element of school reform: Why schools should be more like congregations than banks. *American Journal of Education, 110(3),* 215 – 232.

Sydney Catholic Schools. (2013). *Leadership success series.* Sydney, Australia: Catholic Education

Office.

Taylor, P. W. (1961). *Normative discourse.* Englewood Cliffs, NJ: Prentice－Hall.

Teddlie, C., Kirby, P. D., & Stringfield, S. (1989). Effective versus ineffective schools: Observable differences in the classroom. *American Journal of Education,* 97(3).

Thapa, A., Cohen, J., Higgins－ D' Alessandro, A., & Guffey, S. (2012). *School climate research summary.* National School Climate Center. No. 3.

Thelan, H. (1971). A cultural approach to in－service education. In L. Rubin (Ed.), *Improving in－service education* (pp. 72－73). Boston: Allyn and Bacon.

Thompson, V. A. (1961). *Modern organizations.* Tuscaloosa, AL: University of Alabama Press.

Tom, A. (1980). Teaching as a moral craft: A metaphor for teaching and teacher education. *Curriculum Inquiry* 10(3).

Tom, A. (1984). *Teaching as a moral craft.* New York: Longman.

Tonnies, F. (1957). *Community and society (Gemeinschaft und Gesellschaft)* (C. P. Loomis, Trans. & Ed.). New York: Harper & Row. (Originally published 1887.)

Traviss, M. P., & Shimabukuro, G. (1999). Ensuring the catholicity of the church's schools: The University of San Francisco responds to the challenge. *Catholic education: A journal of inquiry and practice,* 2(3), 338－339.

Trice, H. M., & Beyer, J. M. (1984). Studying organizational cultures through rites and ceremonials. *Academy of Management Review,* 9(4), 653－669.

Tucker, M. S., & Codding, J.B. (1998). *Standards for our schools: How to set them, measure them, and reach them .* San Francisco: Jossey－Bass.

Turnbull, A., Turnbull, R., Wehmeyer, M., & Shogren, K. (2013). *Exceptional lives: Special education in today's schools.* Upper Saddle River, NJ: Pearson.

Tyler, R. (1984). The problem, its difficulties, and our approaches. In P. L. Hosford, *Using what we know about teaching.* Alexandria, VA : Association for Supervision and Curriculum Development.

Tyson, H. (1990, March). Reforming science education/restructuring the public schools: Roles for scientific community (pp. 22, 24). Prepared as a background paper for the New York Academy of Sciences and the Institute for Educational Leadership Forum on Restructuring K－12 Education. New York.

U.S. Department of Education.1(2001). *Elementary and Secondary Education Act.* No Child Left Be hind . Retrieved from http:/ /www2.ed.gov/policy/elsec/guid/esea－flexibility/index.html

U.S. D epartment of Education. (2002). No Child Left Behind Act of 2001. Washington, DC.: Depar tment of Education. Retrieved from http://www.ed.gov/policy/elsee/leg/esea02/index.html

U.S. Department of Education. (2011). Data Accountability Center: Individuals with Disabilities Education Act (IDEA). Retrieved from http://tadnet.public. tadnet.org/pages/712

U.S. Department of Education. (2012). Race to the Top. Retrieved from http://www2..edgovprograms/racetothetop/index.html

U.S. Senate, Select Committee on Equal Educational Opportunity. (1972). Revitalizing the role of the school principal. *In Toward equal educational opportunity* (pp. 305−307). Senate Report No. 92−0000.

Vaill, P. B. (1984). The purposing of high−performing systems. In T. J. Sergiovanni & J. E. Corbally, *Leadership and organizational culture*. Urbana: University of Illinois Press.

Vaill, P. B. (1989). *Managing as a performing art*. San Francisco: Jossey−Bass.

Vallerand, R. J., & Bissonnette, R. (1992). Intrinsic, extrinsic, and motivational styles as predictors of behavior: A prospective study. *Journal of Personality*, 60.

Viadero, D. (1999, February 10). A key to high achievement. *Education Week,* 27.

Vroom, V. H. (1964). *Work and motivation*. New York: Wiley.

Vygotsky, L. (1962). *Thought and language*. Cambridge, MA: MIT Press.

Vygotsky, L. (1978). *Mind in society: The development of higher psychological processes*. Cambridge: Harvard University Press.

Waddell, J. (2010). Fostering relationships to increase teacher retention in urban schools. *Journal of crriculum and Instruction,* 4(1), 70−85. Retrieved from http://www.joci.ecu.edu

Walker, K. M. (2010). *Teacher effectiveness initiative: A chronicle of the implementation of Memphis City Schools' teacher effectiveness reform*. Memphis, TN: University of Memphis.

Wallace Foundation. (2012). *The school principal as leader: Guiding schools to better teaching*. Retrieved from http://www.wallacefoundation.org

Wallace Foundation. (2013). The mission is to improve learning and enrichment opportunities for children. New York.

Waller, W. (1932). *Sociology of teaching*. New York:Wiley.

Watson, T. J. (1963). *A business and its beliefs: The ideas that helped build IBM*. New York: McGraw−Hill.

Wayson, W. W. (1988). *Up from excellence : The impact of the excellence movement on schools*. Bloomington, IN: Phi Delta Kappa Foundation.

Weick, K. E. (1976). Educational organizations as loosely coupled systems. A*dministrative Science Quarterly* 2, 1−19s.

Weick, K. E. (1982). Administering education in loosely coupled schools. *Phi Delta Kappan* 27(2), 673−676.

Weick, K. E. (1985). The significance of culture. In P.J.Frost, L.F.Moore, M.R.Louis, C. C. Lundberg, & J. Martin (Eds.), *Organizational culture.* Beverly Hills, CA: Sage.

Weick, K. E. (1986, December). The concept of loose coupling: An assessment. *Organizational Theory Dialogue.*

White, R. W. (1952). *Lives in progress: A study of the natural growth of personality.* New York: Dryden Press.

Wilhelm, T. ( 2 0 1 Fostering shared leadership. *Leadership, 40(2), 22−38.*

*Wilkins, A. L. (1989). Developing corporate character: How to successfully change an organization without destroying it.* San Francisco: Jossey−Bass.

Wilson, S. M., & Peterson, P. L. (1997). Theories of learning and teaching: What do they mean for eucators? Working paper, Benchmarks for Schools. Washington, DC: Office of Educational Research and Improvement, U.S. Department of Education.

Wimpelberg, R. K., Teddlie, C., & Stringfield, S. (1989). Sensitivity to context: The past and future of effective schools research. *Educational Administration Quarterly,* 25(1), 82−108.

Wise, A. E. (1979). *Legislated learning: The bureaucratization of the American classroom.* Berkeley: University of California Press.

Woolfolk Hoy, A., & Davis, H. A. (2006). Teacher self−efficacy and its influence on the achievement of adolescents. In F. Pajares & T. Urdan(Eds.), *Self−efficacy of adolescents* (pp. 117−137). Greenwich, CT: Information Age.

Zaleznik, A. (1988, September 3). Bid to rejuvenate leadership. *New York Times.*

Zaleznik, A. (1989). *The managerial mystique: Restoring leadership in business.* New York: Harper & Row.

Zemelman, S., Daniels, H., & Hyde, A. (1998). *Best practice: New standards for teaching and learning in America's schools* (2nd ed.). Portsmouth, NH: Heinemann.

Zemelman, S., Daniels, H., & Hyde, A. (2005). *Best practice: Today's standards for teaching and learning in America's schools* (3rd ed.). Portsmouth, NH: Heinemann.

Zepeda, S. (2002, Fall). Linking portfolio development to clinical supervision: A case study. *Journal of Curriculum and Supervision,* 18(1), 83−102.

Zimpher, N. L., & Howey, K. R. (1987). Adapting supervisory practice to different orientations of teaching. *Journal of Curriculum and Supervision,* 2(2), 101−127.

# 색인

## 역자 소개

**신현석(Shin, Hyun-Seok)**
위스콘신대학교 대학원 교육행정학과 졸업(철학박사)
한국교육정치학회, 한국교원교육학회, 한국교육행정학회 회장 역임
고려대학교 기획예산처장, 사범대학장 및 교육대학원장 역임
현 고려대학교 사범대학 교육학과 교수

**이경호(Lee, Kyoung-Ho)**
고려대학교 대학원 교육학과 교육행정학 및 고등교육학 전공 졸업(교육학박사)
한국교육행정학회 학술위원회 위원 및 한국교육정치학회 교육정치포럼 위원장 역임
고려대학교 교육대학원 교수 및 서울특별시교육청 교장 중임 심사위원 역임
한국교육리더십연구소 블로그 운영
현 고려대학교 사범대학 교육학과 연구교수

**정양순(Jung, Yang-Soon)**
고려대학교 대학원 교육학과 교육행정학 및 고등교육학 전공 졸업(교육학박사)
경기도교육청 중등교사 역임
교육부 교육연구사 및 교육연구관 역임
현 경기도 발산중학교 교장

**윤지희(Yoon, Ji Hee)**
고려대학교 대학원 교육학과 교육행정학 및 고등교육학 전공 졸업(교육학박사)
한국교육정치학회 교육정치포럼 위원 역임
현 인천숭의초등학교 교사

**신범철(Shin, Beomchul)**
고려대학교 대학원 교육학과 교육행정학 및 고등교육학 전공 졸업(교육학박사)
현 인천논현초등학교 교사

**이예슬(Lee, Ye-Seul)**
고려대학교 대학원 교육학과 교육행정학 및 고등교육학 전공 졸업(교육학박사)
현 교육부 교육연구사

교장론: 성찰적 실천의 관점

| | |
|---|---|
| 초판발행 | 2022년 10월 11일 |
| 지은이 | Thomas J. Sergiovanni · Reginald Leon Green |
| 옮긴이 | 신현석 · 이경호 · 정양순 · 윤지희 · 신범철 · 이예슬 |
| 펴낸이 | 노 현 |
| 편 집 | 배근하 |
| 기획/마케팅 | 조정빈 |
| 표지디자인 | BEN STORY |
| 제 작 | 고철민 · 조영환 |
| 펴낸곳 | ㈜ 피와이메이트 |
| | 서울특별시 금천구 가산디지털2로 53 한라시그마밸리 210호(가산동) |
| | 등록 2014. 2. 12. 제2018-000080호 |
| 전 화 | 02)733-6771 |
| f a x | 02)736-4818 |
| e-mail | pys@pybook.co.kr |
| homepage | www.pybook.co.kr |
| ISBN | 979-11-6519-348-5   93370 |

* 파본은 구입하신 곳에서 교환해 드립니다. 본서의 무단복제행위를 금합니다.
* 역자와 협의하여 인지첩부를 생략합니다.

정 가    33,000원

박영스토리는 박영사와 함께하는 브랜드입니다.